독자의 1초를 아껴주는 정성을 만나보세요!

세상이 아무리 바쁘게 돌아가더라도 책까지 아무렇게나 빨리 만들 수는 없습니다.

인스턴트 식품 같은 책보다 오래 익힌 술이나 장맛이 밴 책을 만들고 싶습니다.

땀 흘리며 일하는 당신을 위해 한 권 한 권 마음을 다해 만들겠습니다.

마지막 페이지에서 만날 새로운 당신을 위해 더 나은 길을 준비하겠습니다.

코딩 자율학습 **리액트 프런트엔드 개발 입문**

Introduction to Frontend Development with React

초판 발행 • 2025년 9월 1일

지은이 • 김기수
발행인 • 이종원
발행처 • (주)도서출판 길벗
출판사 등록일 • 1990년 12월 24일
주소 • 서울시 마포구 월드컵로 10길 56(서교동)
대표 전화 • 02)332-0931 | **팩스** • 02)323-0586
홈페이지 • www.gilbut.co.kr | **이메일** • gilbut@gilbut.co.kr

기획 및 책임편집 • 정지연(stopy@gilbut.co.kr) | **제작** • 이준호, 손일순, 이진혁
마케팅 • 임태호, 전선하, 박민영, 서현정, 박성용 | **유통혁신** • 한준희 | **영업관리** • 김명자 | **독자지원** • 윤정아

교정교열 • 이미연 | **디자인 및 전산편집** • 책돼지 | **출력 및 인쇄** • 예림인쇄 | **제본** • 예림인쇄

ISBN 979-11-407-1554-1 93000
(길벗 도서번호 080440)

정가 42,000원

페이스북 • https://www.facebook.com/gbitbook
코딩 자율학습단 • https://cafe.naver.com/gilbutitbook
예제 파일 • https://github.com/gilbutITbook/080440

코딩 자율학습

이러다 코딩천재?

리액트 프런트엔드 개발 입문

리액트 19와 타입스크립트로 배우는 실무 중심 프런트엔드 자습서

김기수 지음

베타 학습단의 한마디

JSX 문법부터 컴포넌트 생성과 상태 관리, 스타일링까지 실무에 필요한 기본기를 탄탄히 쌓을 수 있도록 구성되었습니다. 리액트 개발에 필요한 지식 전반을 쉽고 명확하게 설명하며, 필수 개념과 패턴을 실습과 함께 균형 있게 다루어 초중급 개발자에게 매우 유용합니다. **_박상길**

자율학습에 최적화한 구성으로, 처음부터 차근차근 따라 하니 마치 1:1로 강의를 듣는 듯한 친절함을 느낄 수 있었습니다. 짧지만 실용적인 예제를 풍부하게 제공해 내용을 이해하는 데 많은 도움이 되었습니다. 각 단원 끝에 있는 문제들로 복습할 수 있어 학습 효과가 높았습니다. **_박명철**

리액트의 개념을 체계적으로 설명해 입문자도 쉽게 이해할 수 있고, 실전 프로젝트로 배운 이론을 즉시 적용해 개발 능력을 향상시키는 데 큰 도움이 되었습니다. 리액트에 입문하려는 사람이 보면 개념 이해와 실전 적용 능력을 동시에 다질 수 있는 훌륭한 책입니다. **_박상덕**

리액트에 관해 다른 자료를 찾아보지 않아도 될 만큼 내용이 매우 잘 정리되어 있습니다. 다양한 실습 예제로 리액트를 어떻게 활용해야 하는지 익힐 수 있었고, '1분 퀴즈'와 '마무리'는 중요 개념을 복기하고 정리하는 데 충분했습니다. 리액트를 처음 접하는 입문자는 물론, 리액트를 알고 있지만 다시 한번 정리하고 싶은 사람에게도 매우 유익한 책입니다. **_박서영**

이론 설명에 그치지 않고, 계산기와 할 일 관리 애플리케이션을 직접 구현하면서 개념을 즉시 활용해볼 수 있어 학습 효과가 뛰어났습니다. 또한 셀프체크와 도전과제는 정말 유용했습니다. 단순히 따라 하기에서 끝나지 않고, 스스로 문제를 해결하며 리액트 개발 역량을 한 단계 끌어올릴 수 있었습니다. 리액트 학습서로 단연 최고의 선택이라고 자신합니다. **_여병훈**

방대한 분량에 놀랐다면, 상세한 설명에 더욱 감탄할 것입니다. 짧은 코드만 보여주는 것이 아니라, 리액트의 원리와 기능을 초보자도 쉽게 이해할 수 있도록 설명합니다. 저자의 노하우가 담긴 팁과 조언은 독자가 입문 단계를 넘어 실력을 발전시키는 데 큰 도움을 줍니다. 이 책은 리액트의 기초를 넘어 그 이상을 확실히 다질 수 있는 훌륭한 길잡이가 되어줄 것입니다. **_김동우**

바이브 코딩으로 프런트엔드 부분을 쉽게 개발할 수 있었으나 원하는 페이지로 만들려면 결국 리액트를 배워야 하더라고요. 어떻게 공부해야 할지 고민이 컸는데 이 부분을 딱 해결해주는 것이 바로 이 책이었습니다. 책을 읽는 동안 컴포넌트를 어떻게 배치하고 최적화할지 생각해볼 수 있어서 너무 좋았습니다. 내용도 읽기 쉽게 잘 서술되어서 리액트를 처음 공부하는 분께 강력히 추천합니다! **_이장훈**

단순히 지식을 나열하는 것이 아니라, 실무 경험이 풍부한 개발자의 조언이 곳곳에 녹아 있어 큰 도움이 되었습니다. 실습과 퀴즈로 이해하지 못한 부분을 스스로 점검할 수 있었습니다. 한 번 읽고 끝나는 책이 아니라 필요할 때마다 꺼내어 볼 수 있는 든든한 길잡이와 같은 책입니다. **_최보아**

복잡한 개념을 쉽게 풀어 설명해주는 점이 인상 깊었습니다. 장마다 예제와 실습 코드가 제공되어 직접 따라 하며 이해도를 높일 수 있었고, 실제 프로젝트에 적용 가능한 간단한 프로그램도 만들어볼 수 있어 실전 감각을 익히는 데 도움이 되었습니다. 특히 훅이나 리액트 라우터 등 최신 문법도 반영되어 실무에 바로 적용 가능한 지식도 습득할 수 있었습니다. 리액트를 처음 접하는 분께 자신 있게 추천합니다. **_박광하**

'왜 리액트를 배워야 하는가'라는 기초적인 질문에서 출발해, 입문자가 꼭 알아야 할 핵심 내용을 단계적으로 소개하고 있습니다. 실습 예제 또한 상세하게 구성되어 독자가 직접 코드를 따라 하며 핵심 개념을 자연스럽게 익힐 수 있습니다. 특히 리액트 18과 19 버전에 따른 사용법 차이와 최신 정보까지 포함되어서 향후 리액트 프로젝트를 진행할 때 실질적인 도움이 될 만한 내용이 풍부하게 담겨 있습니다. **_이승현**

문법과 기초 사용법을 상세하게 설명해줘서 초보자도 이해하기 쉬웠고, 실무에서 사용하는 코드 작성 방법도 알려줘서 매우 유익했습니다. 실습 예제를 따라 작성하면서 리액트의 사용법과 프런트엔드 웹 개발 방법을 자연스럽게 배울 수 있었습니다. 리액트의 기본기를 학습하고 싶다면 이 책을 꼭 추천하고 싶습니다. **_정한민**

용어를 쉽게 풀어 설명해 입문자도 이해하기 쉬웠고, 장마다 학습한 개념을 다시 상기하도록 중간에 1분 퀴즈를 통해 학습한 내용을 확인하는 부분이 매우 유용했습니다. 컴포넌트 상태 관련 장에서는 다양한 예제 코드를 제공해 개념을 확실히 숙지하는 데 많은 도움이 되었습니다. **_김준성**

저자의 노하우가 담겨 있는 점이 특히 좋았고, 장이 끝날 때마다 퀴즈나 마무리로 정리해주는 부분도 만족스러웠습니다. 한 번에 다 이해하진 못하더라도 꼭 알고 넘어가야 할 내용을 간단히 정리해서 학습하는 데 도움이 되었습니다. **_황수지**

베타 학습단에 참여해주신 모든 분께 감사드립니다.
여러분의 소중한 의견이 모여 더 좋은 책을 만들 수 있었습니다.

지은이의 말

대학 시절 전공과는 전혀 상관없는 우연한 계기로 개발을 시작했고, 그 길을 걸은 지도 어느덧 10년이 넘었습니다. 돌이켜보면 쉽지 않은 순간도 많았지만, 지금까지 한 번도 이 길을 선택한 것을 후회한 적은 없습니다. 오히려 매 순간 새로운 기술을 배우고, 문제를 해결하며 성장할 수 있다는 것이 저에게는 큰 즐거움이자 감사한 일입니다.

이번에 출간하게 된 〈코딩 자율학습 리액트 프런트엔드 개발 입문〉은 제 개인적인 열정과 욕심에서 비롯되었습니다. 저는 개발 공부를 시작할 때부터 늘 책으로 배웠습니다. 제 개발 지식과 경험의 뿌리 또한 대부분 책에서 비롯되었다고 해도 과언이 아닙니다. 제가 책을 통해 배움의 기회를 얻었던 만큼 언젠가는 다른 누군가의 배움에 도움을 줄 수 있는 책을 쓰고 싶다는 생각을 늘 마음 한구석에 품고 있었습니다.

운 좋게도 길벗출판사의 도움으로 프런트엔드와 관련한 몇 권의 책을 집필할 기회가 있었습니다. 이 경험은 저에게 큰 배움이자 도전이었습니다. 이번에는 현업에서 가장 많이 사용하는 리액트를 주제로 책을 집필하게 되었습니다. 특히 이번 책은 리액트 19의 최신 기능과 타입스크립트 기반의 실무 패턴을 함께 담고자 했습니다.

리액트는 국내외를 막론하고 프런트엔드 생태계에서 가장 널리 사용하는 라이브러리입니다. 그만큼 학습 자료가 많고 다양한 방식으로 접근할 수 있습니다. 하지만 새로운 버전이 나올 때마다 변화의 폭이 크고, 생태계가 워낙 빠르게 발전하다 보니 처음 접하는 사람에게는 오히려 혼란스러울 수 있습니다. 특히 타입스크립트와 함께 리액트를 사용하려는 초보 개발자는 문법과 개념을 동시에 익혀야 해서 어려워하는 경우가 많습니다.

그래서 이 책은 리액트 19의 최신 기능을 쉽고 명확하게 설명하면서 실무에서 자주 마주치는 타입스크립트 패턴과 함께 익힐 수 있도록 구성했습니다. 단순히 이론을 나열하기보다는, 실제로 현업에서 부딪히는 문제를 해결하는 데 도움이 되는 예제와 패턴을 중심으로 설명하려 노력했습니다. 이 책을 통해 독자들이 리액트와 타입스크립트를 보다 자연스럽게 이해하고, 스스로 응용하는 힘을 기를 수 있기를 바랍니다.

책을 집필하면서 느낀 점은, 좋은 책을 쓰는 일은 결코 쉽지 않다는 사실이었습니다. 여러 번 원고를 수정하고, 더 나은 예제와 설명을 찾기 위해 수없이 고민하다 보니 집필 기간도 예상보다 길어졌습니다. 하지만 그만큼 애정을 쏟은 책이기에 리액트와 타입스크립트를 배우는 분께 조금

이라도 도움이 될 것이라 믿습니다. 이제 이 책의 평가는 독자 여러분께 맡기겠습니다.

이 책을 읽는 분 중에는 리액트가 처음인 사람도, 이미 현업에서 리액트를 사용하지만 타입스크립트를 더 깊이 적용하고 싶은 사람도 있을 것입니다. 누구에게나 이 책이 리액트와 타입스크립트를 더 깊이 이해하고, 더 나은 코드를 작성하는 데 도움이 되는 든든한 가이드가 되어주길 진심으로 바랍니다.

마지막으로, 이 책이 여러분의 개발 여정에 작은 이정표가 되어 새로운 가능성을 발견하고 끊임없이 성장할 수 있는 계기가 되길 바랍니다. 감사합니다.

Thanks to

이 책이 세상에 나올 수 있도록 끝까지 힘이 되어주신 길벗출판사 정지연 팀장님과 편집팀에게 진심으로 감사드립니다. 부족한 제 원고가 더 나은 책으로 완성될 수 있도록 함께 고민해주신 노력이 없었다면 이 책은 완성되지 못했을 것입니다.

그리고 책 집필에 몰두하느라 가족과 보내야 할 소중한 시간을 많이 놓쳤습니다. 부족한 저를 대신해 묵묵히 자리를 지켜준 사랑하는 아내에게 미안함과 고마움을 전하며, 아직 어린 나이에도 아빠가 힘들 때마다 환한 웃음으로 가장 큰 위로가 되어준 아들에게도 진심으로 고맙다는 말을 전합니다.

마지막으로, 제가 지금의 길을 선택할 수 있도록 늘 믿어주고 묵묵히 뒷바라지해주신 부모님께도 깊은 감사를 드립니다.

지은이 소개 **김기수**

비전공자 출신으로 안드로이드/iOS 개발로 커리어를 시작해 10년이 넘는 시간 동안 프런트엔드, 백엔드 분야의 다양한 언어를 접하고 활용하며 여전히 개발자의 길을 걷고 있습니다. 현재는 코딩 유튜브 채널인 '수코딩'을 운영하며 많은 사람이 코딩을 쉽게 배울 수 있도록 끊임없이 연구하며 노력하고 있습니다.

- **유튜브 채널**: https://www.youtube.com/@sucoding
- **수코딩 사이트**: https://www.sucoding.kr

리액트 공부, 걱정 마세요.
코딩 자율학습과 함께라면 할 수 있습니다!

대상 독자

이 책은 HTML, CSS, 자바스크립트를 익히고 본격적으로 리액트 개발을 시작하려는 입문자, 리액트의 핵심 개념부터 컴포넌트 설계, 상태 관리, 스타일링, 성능 최적화 등 실무에 필요한 개발 흐름을 체계적으로 익히고 싶은 주니어 개발자, 리액트는 알고 있지만 최신 리액트 기능과 타입스크립트 기반의 실무 패턴까지 배우고 싶은 프런트엔드 개발자를 위한 책입니다. 최신 리액트 생태계와 실무 흐름을 반영한 설명과 실습 중심 구성으로, 프런트엔드 개발 역량을 한 단계 끌어올리고 싶은 분께 적합합니다.

다루는 내용

이 책은 최신 리액트 19와 타입스크립트 기반의 실무 흐름을 반영해 다음과 같은 내용을 다룹니다.

- **리액트의 기본 개념과 작동 원리:** JSX, 컴포넌트 구조, props와 state, 조건부 렌더링 등 리액트의 필수 개념을 기초부터 다룹니다.
- **상태 관리와 이벤트 처리:** `useState`, `useEffect` 같은 기본 훅부터 `useReducer`, Context API 등 복잡한 상태 관리까지 예제를 통해 설명합니다.
- **스타일링 기법:** 전통적인 CSS부터 CSS-in-JS, Tailwind CSS 등 다양한 스타일링 방법을 실습 예제에 적용해 비교해 봅니다.
- **라우팅과 폼 처리:** 리액트 라우터를 활용한 페이지 전환, 사용자 입력 처리와 검증 등 실제 애플리케이션 구현에 필요한 기술들을 다룹니다.
- **성능 최적화와 최신 문법:** `React.memo`, `useCallback`, `useMemo`, `useTransition`, `useDeferredValue` 등 최신 최적화 기법과 리액트 19 기능을 예제를 통해 자연스럽게 익힙니다.
- **실전 예제를 통한 학습:** 계산기와 할 일 관리 애플리케이션을 직접 만들어보며 리액트 문법과 구조를 실습 중심으로 익힙니다.

이 책의 구성

이 책은 HTML, CSS, 자바스크립트를 공부했다면 자세한 설명과 다양한 예제로 막힘없이 따라 할 수 있습니다. 기본 설명 외에도 팁과 노트, 조언 등을 적재적소에 배치해 완벽한 자율학습을 할 수 있게 이끕니다. **형식과 예제 → 팁과 노트 → 수코딩의 조언 → 1분 퀴즈 → 마무리 → 셀프체크** 순으로 이어지는 단계별 학습으로 리액트 문법과 개념을 완벽하게 이해할 수 있습니다.

① 형식과 예제

문법을 이해하고 예제로 연습

함수 내부에서는 주로 switch 문을 사용하여 action.type에 따라

리듀서 함수의 기본 형식은 다음과 같습니다.

형식
```
function reducer(state:StateType, action:ActionType
  switch (action.type) {
    case 'ACTION_TYPE_1':
      return { ...state, 변경_값 }; // 새로운 상태 반환
    case 'ACTION_TYPE_2':
```

② 팁과 노트

실습하며 생길 수 있는 의문점 해결

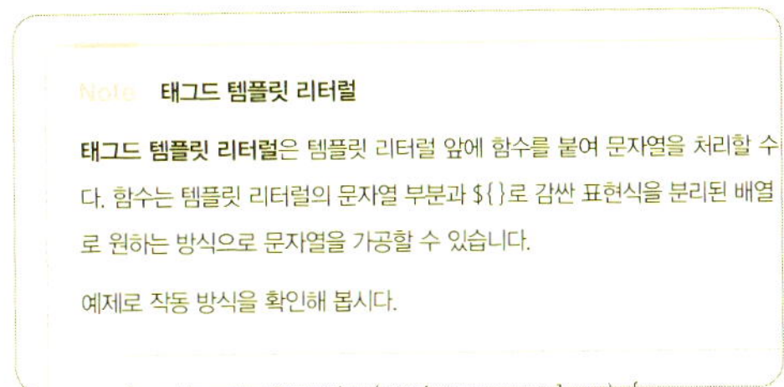

Note 태그드 템플릿 리터럴

태그드 템플릿 리터럴은 템플릿 리터럴 앞에 함수를 붙여 문자열을 처리할 수 다. 함수는 템플릿 리터럴의 문자열 부분과 ${}로 감싼 표현식을 분리된 배열로 원하는 방식으로 문자열을 가공할 수 있습니다.

예제로 작동 방식을 확인해 봅시다.

③ 수코딩의 조언

실무 경험이 담긴 노하우 습득

수 있으므로 코드가 훨씬 간결해지고, 유지보수도 쉬워집니다.

수코딩의 조언

FormData 객체를 사용하면 useRef 훅 없이도 입력 요소의
이 있다면, FormData 객체를 생성할 때마다 <form> 요소를
니다. 하지만 한 번만 넘기면 <form> 안 모든 입력 요소 값을
할 수 있습니다.

라디오 버튼처럼 여러 요소가 논리적으로 하나의 값으로
FormData 방식이 특히 유용합니다. 반면, 대부분의 경우에

④ 1분 퀴즈

간단한 퀴즈를 풀며 배운 내용 바로 확인

1분 퀴즈

01. JSX에서 컴포넌트가 반환할 수 있는 루트 요소의 개수는 몇 개인가요?

① 여러 개 ② 1개 ③ 2개

02. JSX에서 빈 태그와 관련한 내용으로 알맞은 것은 무엇인가요?

① 종료 태그를 생략해도 된다.

⑤ 마무리

장마다 핵심 내용 요약 정리

마무리

1. **컴포넌트**

① 컴포넌트는 UI를 구성하는 독립적이고 재사용 가능한 작은
컴포넌트를 조합해 애플리케이션을 구성합니다.

⑥ 셀프체크

코드를 직접 짜보면서 배운 내용 확인

셀프체크

다음 요구사항을 참고해 간단한 리액트 애플리케이션을 만들어 보세요.

요구 사항

① 버튼(button)을 렌더링하는 Button 컴포넌트를 만듭니다.

코딩 자율학습단과 함께 공부하기

혼자 공부하기 어렵다면 코딩 자율학습단에 참여해 보세요. 코딩 자율학습단은 정해진 기간 안에 도서 1종을 완독하는 것이 목표입니다. 학습단 운영 기간에는 도서별 학습 가이드와 학습 Q&A를 제공하고, 완독을 독려하는 다양한 이벤트도 진행합니다.

학습단 제대로 활용하기 **1. 학습 가이드 참고하기**

혼자 공부하기 쉽도록 도서마다 학습 멘토가 공부한 내용을 정리해 학습 가이드를 제공합니다. 혼자 공부하면서 이해하기 어려운 부분이 있다면 학습 가이드를 활용해 보세요.

15기 공지사항 >

코딩 자율학습단 멘토의 학습 가이드 안내

 **코딩자율학습 매니저** 부 매니저 + 구독 1:1 채팅

안녕하세요, 코딩 자율학습단 매니저입니다.
도서별로 멘토의 학습 가이드를 제공해 드립니다.

멘토분들이 4주 일정에 맞춰 도서를 처음부터 끝까지 학습하면서 도움이 될 만한 내용을 정리해 두었습니다.
학습하실 때 참고하시기 바랍니다.

해당 가이드는 PDF 파일과 구글 시트 두 가지 형식으로 제공됩니다. 편하신 방식으로 이용해 주세요.
(일자별로 정리해두었으니 쉽게 확인하실 수 있습니다.)

***도서별 커리큘럼 참고**

파이썬 커리큘럼	C언어 커리큘럼	HTML+CSS+자바스크립트 커리큘럼
스프링부트 커리큘럼	제로초 자바스크립트 커리큘럼	Vue.js 커리큘럼
리눅스 커리큘럼	자바 커리큘럼	SQL 커리큘럼
파이썬 데이터 분석 커리큘럼		

학습단 제대로 활용하기 2. 질문 게시판 이용하기

공부하다가 모르거나 막히는 부분이 있다면 질문 게시판에 물어보세요. 튜터가 친절하게 답변해 드립니다.

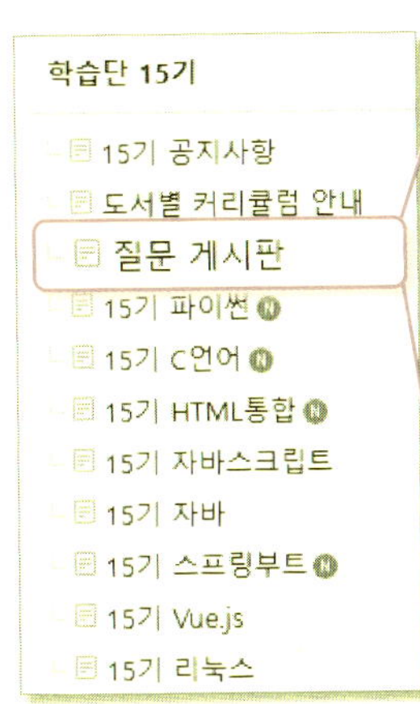

질문 게시판

공부하다가 궁금한 점을 올려주세요.

말머리	제목	작성자	작성
18587	[파이썬] p.196 def 함수 내용 중에서 def deposit(balance, money): 입금 처리 함수 학습 중에 질문있습니다. [2]	아침연모닝콜필수	2025.0
18488	[C 언어] Visual studio 설치가 안돼요 [1]	황조롱이	2025.0
18475	[C 언어] c언어 입문 pg 62~64 질문입니다 [1]	돼지	2025.0
18317	[파이썬] 파이썬 106쪽 [1]	해커	2025.0
18256	[스프링부트] 스프링부트 질문입니다. [2]	개발의 신	2025.0
18245	[파이썬] 파이썬 입문 관련 질문드립니다. <125p 함수로 문자열 처리하기> [1]	히밤양갱	2025.0
18241	[C 언어] [c언어] 2.6 경찰조서쓰기 [1]	마리486	2025.0
18164	[C 언어] [C 언어] 34 페이지 [2]	마리486	2025.0

코딩 자율학습단 참여 방법

코딩 자율학습단 참여에 관한 자세한 내용은 코딩 자율학습단 공식 카페 (https://cafe.naver.com/gilbutitbook)의 공지사항에서 확인할 수 있습니다.

지원도 받고 공부도 하는 코딩 자율학습단 참여 혜택

학습 독려
문자 서비스

학습단 전용
이벤트 제공

학습 완료 시
길벗 포인트 제공

우수 학습자 선정 및
추가 혜택

*코딩 자율학습단은 상황에 따라 진행 및 혜택이 변동될 수 있습니다.

목차

3장 컴포넌트 075

4장 컴포넌트 상태 139

5장 컴포넌트 스타일링 187

8장 폼 다루기 301

9장 실습: 할 일 관리 애플리케이션 만들기 379

11장 컴포넌트 최적화 453

14장 비동기 데이터 통신과 처리 기법 625

1장

리액트 시작하기

이 장에서는 리액트가 무엇인지 알아보고, 리액트를 배우기 위한 개발 환경을 구성하는 방법을 살펴봅니다. 개발 환경이 준비되면 간단한 리액트 애플리케이션을 직접 만들어보며 기본 흐름을 익힙니다.

1.1

리액트 개요

리액트(React)는 사용자 인터페이스(UI, User Interface)를 구축하기 위한 자바스크립트 라이브러리입니다. 2013년 페이스북(현 메타)에서 처음 공개되었으며, 현재는 가장 널리 사용하는 프런트엔드 라이브러리로 자리 잡았습니다.

> **수코딩의 조언**
>
> 리액트는 공식적으로 '프레임워크'가 아니라 '라이브러리'로 소개합니다. 이 표현은 리액트가 다른 프런트엔드 프레임워크보다 구조에 대한 강제성이 덜하고 유연하다는 특징을 강조합니다. 실제로 리액트는 특정한 방식에 얽매이지 않고, 다양한 도구나 라이브러리와 쉽게 통합할 수 있는 장점이 있습니다.

1.1.1 리액트의 핵심 철학

리액트의 등장은 단순한 기술 혁신을 넘어 UI를 바라보는 방식 자체에 큰 변화를 가져왔습니다. 2013년 당시 많은 웹 개발자는 jQuery나 AngularJS와 같은 도구를 활용해 명령형 프로그래밍 방식으로 직접 DOM을 조작했습니다. 이런 방식은 복잡한 애플리케이션에서는 점점 관리가 어려워졌습니다.

이런 상황에서 등장한 리액트는 선언적이며 컴포넌트 기반의 접근 방식을 제시했습니다. 이 새로운 방식은 개발자가 더 나은 코드 구조를 만들고 더 쉽게 유지보수할 수 있게 했고, 점차 현대 웹 개발의 표준으로도 자리 잡게 되었습니다.

리액트가 가장 인기 있는 프런트엔드 라이브러리로 자리 잡을 수 있었던 이유는 단순한 기술력 때문만은 아닙니다. 그 배경에는 중요한 설계 철학이 있습니다. 리액트는 개발자의 생산성을 높이고, 대규모 애플리케이션에서도 안정성과 유지보수성을 보장하며, 사용자에게는 더 나은 경험을 제공할 수 있도록 설계되었습니다. 특히, '모든 UI를 컴포넌트로 바라본다'는 리액트의 관점은 복잡한 웹 애플리케이션을 구조적이고 체계적으로 설계할 수 있는 방향을 제시했습니다.

리액트를 깊이 이해하려면 그 안에 담긴 핵심 철학을 이해하는 것이 중요합니다. 이 절에서는 리액트의 설계 철학이 무엇인지 하나씩 살펴보겠습니다.

컴포넌트 기반 아키텍처

리액트의 가장 큰 특징은 복잡한 UI를 작고 재사용 가능한 컴포넌트로 나누어 개발한다는 점입니다. 마치 레고 블록을 조립하듯이, 작은 컴포넌트들을 조립해 웹 페이지 하나를 완성할 수 있습니다. 이러한 방식은 코드의 재사용성을 높이고 유지보수하기 쉽게 만들어 줍니다.

그림 1-1 컴포넌트 기반 아키텍처의 추상화

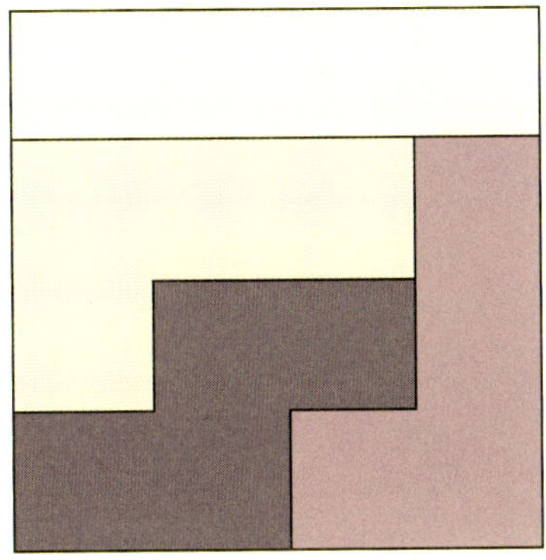

가상 DOM

기존 자바스크립트나 jQuery 기반의 웹 개발에서는 화면에 표시하는 요소를 직접 DOM(Document Object Model)에 접근해 조작했습니다. 이 방식은 렌더링 비용이 매우 높다는 단점이 있었습니다. **렌더링**(rendering)은 화면에 표시할 내용을 생성하고 그리는 과정입니다. 렌더링 비용이 높다는 것은 화면을 다시 그릴 때 시간, CPU, 메모리 자원을 많이 소모한다는 의미입니다.

특히 DOM이 트리 구조로 깊게 구성된 경우, 일부 요소만 변경하더라도 전체 하위 요소를 모두 다시 그리는 경우가 많아 성능 저하로 이어졌습니다.

그림 1-2 실제 DOM 기반의 요소 변경 방식

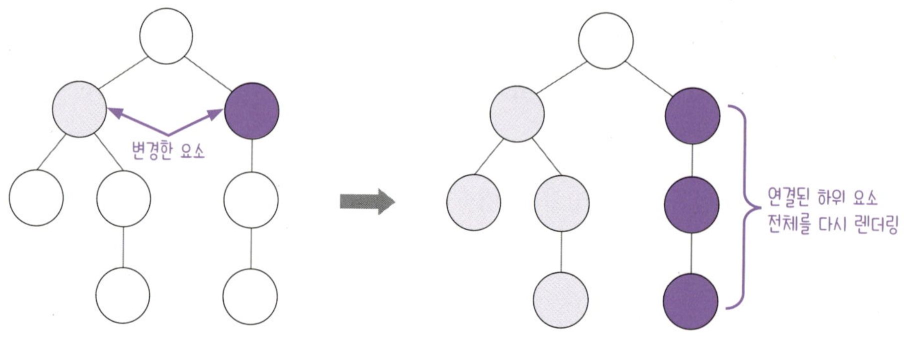

리액트는 이러한 문제를 해결하기 위해 가상 DOM이라는 개념을 도입했습니다. **가상 DOM**(virtual DOM)은 실제 DOM을 복사한 자바스크립트 객체 형태의 트리 구조로, 메모리에서 관리합니다. 실제 화면에 구성 요소를 추가하거나 변경하면 리액트는 이를 가상 DOM에 먼저 반영합니다. 모든 추가 및 변경이 끝난 뒤에 가상 DOM과 실제 DOM을 비교합니다. 이 과정을 **디핑**(diffing)이라고 합니다. 디핑 결과에 따라 실제 DOM에는 변경한 부분만 최소한으로 업데이트하며, 이 과정을 **재조정**(reconciliation)이라고 합니다.

그림 1-3 가상 DOM을 이용한 효율적인 렌더링 방식

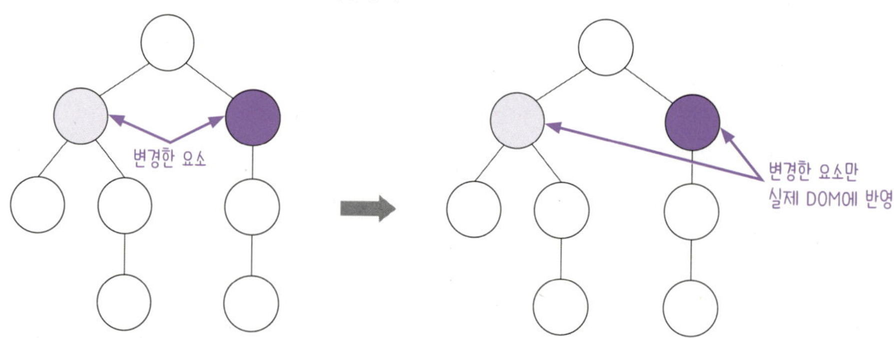

리액트는 가상 DOM을 활용한 효율적인 렌더링 구조를 통해 기존 웹 개발 방식의 문제점을 극복했습니다.

• 선언적 프로그래밍

자바스크립트나 jQuery와 같은 기존 웹 개발 도구는 대부분 **명령형 프로그래밍**(imperative programming) 방식을 사용합니다. 이는 UI를 만들 때 '어떻게 변경할지(how)'를 작성하는 방식입니다. 예를 들어, 명령형 방식에서는 화면에 표시된 숫자를 증가시키기 위해 모든 단계를 개발자가 직접 코드로 작성해야 합니다. 숫자를 직접 1씩 증가(❶)시키고 증가한 값을 화면에 반영(❷)하도록 코드를 작성합니다. 따라서 명령형 방식은 변수 값 변경과 DOM 업데이트를 모두

직접 처리해야 합니다.

```
const increment = () => {
  count += 1; ----------------------------------------------- ❶
  document.getElementById('countDisplay').innerText = `Count: ${count}`; ------ ❷
};
```

반면, 리액트는 **선언적 프로그래밍**(declarative programming) 방식을 따릅니다. 이는 UI를 만들 때 '무엇을 보여줄지(what)'를 선언하는 방식입니다. 선언형 방식에서는 화면에 출력하는 숫자를 1씩 증가시키고 싶다면 단순하게 숫자만 1을 증가시키면 됩니다. 즉, 숫자 값을 바꾸는 상태(state)만 변경하면 됩니다. 증가한 숫자를 화면에 반영하는 것은 리액트가 내부적으로 알아서 처리합니다. UI를 직접 조작할 필요 없이 상태만 관리하면 되기 때문에 코드는 더 간결하고 직관적입니다.

```
export default function App() {
  const [count, setCount] = useState(0); // 상태 선언: count 변수를 0으로 초기화
  const increment = () => { // 버튼 클릭 시 상태를 업데이트하는 함수
    setCount(count + 1);
  };
  ...
}
```

이와 같은 방식은 개발자가 UI 구조와 상태 관리에 집중할 수 있게 합니다. 또한, DOM 조작 코드를 줄여 실수를 방지할 수 있고, 코드가 간결하고 이해하기 쉬워집니다.

1.1.2 리액트의 특징

리액트는 유연하고 강력한 특징들 덕분에 개발 생산성, 유지보수성, 성능, 확장성 면에서 뛰어난 프런트엔드 도구로 자리 잡았습니다.

● 단방향 데이터 흐름

리액트는 **단방향 데이터 흐름**(one-way data binding)을 채택합니다. 이는 데이터가 부모 컴포넌트에서 자식 컴포넌트로만 흐르고, 자식 컴포넌트는 부모의 상태를 직접 변경할 수 없는 구조입니니

다. 이 구조 덕분에 다음과 같은 이점을 얻을 수 있습니다.

- 데이터 흐름을 예측하기 쉬움
- 상태 변화를 추적하기 용이함
- 대규모 애플리케이션에서도 복잡성을 줄일 수 있음
- 애플리케이션의 동작을 명확히 이해할 수 있음

● JSX 사용

JSX(JavaScript XML)는 리액트에서 사용하는 문법 확장으로, HTML과 유사한 형태로 UI를 정의할 수 있습니다. JSX 덕분에 코드는 더욱 가독성 높고 직관적이며, 자바스크립트의 기능과도 자유롭게 결합할 수 있습니다.

```
function App() {
  return <h1>Hello, React!</h1>;
}
```

JSX는 컴포넌트 구조를 명확하게 표현할 수 있으며, 컴파일 과정에서 최적화된 자바스크립트 코드로 변환되어 성능도 우수합니다. JSX에 대한 자세한 내용은 **2장**에서 다룹니다.

● 상태 관리 도구 제공

리액트는 컴포넌트의 상태를 효과적으로 관리할 수 있도록 다양한 기능의 훅을 제공합니다. **훅**(hook)은 함수형 컴포넌트에서 상태를 관리하고, 생명주기(lifecycle)와 관련한 기능을 사용할 수 있도록 하는 리액트의 내장 기능입니다.

- `useState`, `useReducer`: 로컬 상태 관리를 위한 기본 훅
- `useEffect`: 컴포넌트의 생명주기 처리를 위한 훅

또한, Context API를 사용하면 전역 상태를 관리하고 여러 컴포넌트 간 데이터를 쉽게 공유할 수 있습니다. 복잡한 애플리케이션에서는 Redux나 Zustand 같은 외부 상태 관리 라이브러리를 사용해 상태를 더욱 체계적으로 관리할 수 있습니다.

● 풍부한 생태계

리액트는 방대한 생태계를 기반으로 다양한 도구와 라이브러리를 함께 사용할 수 있습니다. 대표적인 구성 요소는 다음과 같습니다.

- **Next.js와 Gatsby**: 리액트를 기반으로 한 프레임워크로, 서버 사이드 렌더링(SSR, Server-Side Rendering), 정적 사이트 생성(SSG, Static Site Generation)을 지원하며, 검색 엔진 최적화(SEO, Search Engine Optimization)와 초기 로딩 속도를 향상해 줍니다.
- **React Native**: 하나의 코드베이스로 iOS와 Android 애플리케이션을 동시에 개발할 수 있는 모바일 프레임워크입니다.
- **상태 관리 라이브러리**: Redux, Zustand는 중앙 집중식 스토어를 통해 상태를 일관되게 관리하고, 복잡한 애플리케이션의 유지보수를 쉽게 만듭니다.
- **UI 컴포넌트 라이브러리**: Material UI, Chakra UI 등은 세련된 UI 구성 요소를 제공해 빠르고 일관된 화면 구현을 돕습니다. 이를 사용하면 디자인 고민을 줄이고, 비즈니스 로직에 집중할 수 있습니다.

1.1.3 리액트를 배워야 하는 이유

현재 프런트엔드 개발에 사용하는 라이브러리와 프레임워크는 수십 가지가 넘습니다. 하지만 그중에서도 단연 독보적인 인기를 자랑하는 라이브러리는 리액트입니다. npm trends는 npm(자바스크립트 패키지 매니저)으로 관리하는 여러 패키지의 다운로드 수를 비교한 그래프를 제공합니다. 다음 그래프를 보면 리액트는 여러 해 동안 꾸준히 가장 많은 사용량을 기록했으며, 사용량도 매년 증가하고 있음을 확인할 수 있습니다.

그림 1-4 npm trends의 프런트엔드 라이브러리 다운로드 수 비교(출처: https://npmtrends.com)

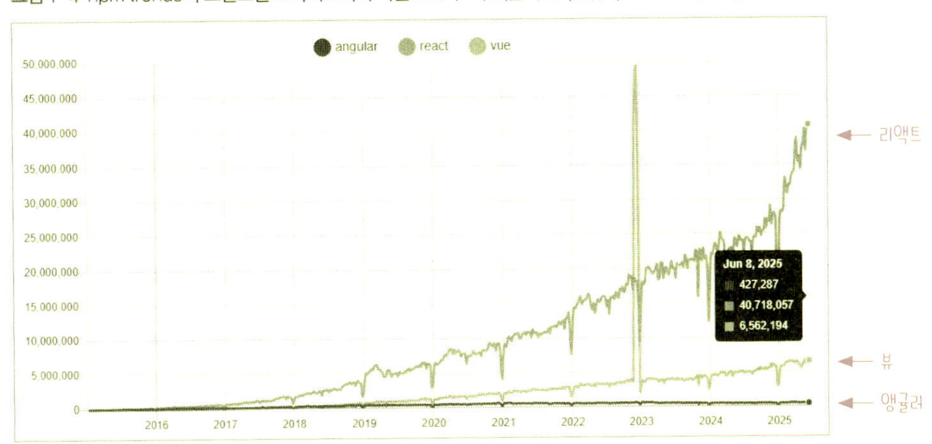

수코딩의 조언

npm trends를 보면 2022년 11월에 뷰 사용량이 급증했습니다. 이는 전 세계에서 발생한 버그로, 아직까지 명확한 원인은 밝혀지지 않았습니다.

국내 기업에서도 리액트를 점점 더 적극적으로 도입하고 있습니다. 다음 그림은 국내에서 리액트를 사용하는 주요 기업 목록입니다.

그림 1-5 리액트를 사용하는 기업(출처: https://www.codenary.co.kr/techstack/detail/reactjs)

차이코퍼레이션	42dot	카카오엔터테인먼트	의식주컴퍼니
카카오엔터프라이즈	위대한상상	두나무	원티드랩
무신사	쿠팡	비바리퍼블리카	야놀자
하이퍼커넥트	카카오모빌리티	뱅크샐러드	카카오
우아한형제들	스켈터랩스	라인	네이버
스노우	네이버웹툰	스포카	브이씨앤씨

리액트는 기업 수요가 많고, 학습 자료와 커뮤니티가 풍부하며, 확장성과 생산성이 뛰어납니다. 따라서 리액트를 배우면 취업 시장에서도 경쟁력 있는 포지션을 차지할 수 있으므로 프런트엔드 개발 입문자와 취업 준비생에게 가장 추천하는 기술입니다.

1.1.4 리액트의 발전

리액트는 출시 이후 꾸준한 기능 개선과 성능 향상을 통해 개발자에게 더 쉽고 효율적인 UI 개발 경험을 제공해 왔습니다.

1. 리액트의 등장(2013): 컴포넌트와 가상 DOM의 혁신

초기 리액트는 컴포넌트 기반 아키텍처와 가상 DOM을 도입하며 주목받았습니다. 이러한 구조는 복잡한 UI도 효율적이고 재사용 가능한 방식으로 구성할 수 있도록 만들었고, 싱글 페이지 애플리케이션(SPA, Single Page Application)의 대중화를 이끄는 데 큰 역할을 했습니다.

2. 리액트 16(2017): 혁신의 전환점, 안정성과 유연성 확보

2017년에 출시된 리액트 16은 리액트의 기술적 기반을 더욱 견고하게 만든 전환점이었습니다. 컴포넌트 렌더링 중 오류가 발생해도 전체 애플리케이션이 중단되지 않도록 보호하는 Error

Boundary와 불필요한 DOM 요소 없이 여러 요소를 그룹화할 수 있는 기능인 프래그먼트(fragments)가 도입되며 대규모 애플리케이션의 안정성과 구조적 유연성을 크게 향상시켰습니다.

3. 리액트 18(2022): 동시성과 성능의 진화

2022년 출시된 리액트 18은 성능 향상을 중심으로 다양한 기능이 추가되었습니다.

- **동시성 렌더링(concurrent rendering)**: 여러 작업을 동시에 처리해 UI 반응성 개선
- **자동 배치(auto batching)**: 여러 상태 업데이트를 자동으로 하나의 렌더링으로 묶어 성능 최적화
- **서버 컴포넌트(server components)**: 서버에서 일부 UI를 렌더링해 초기 로딩 속도 개선

이 버전은 보다 부드럽고 빠른 사용자 경험을 제공하는 데 큰 기여를 했습니다.

4. 리액트 19(2024): 새로운 가능성의 시작

2024년 12월 5일 출시된 리액트 19는 또 한 번의 큰 진화를 보여주었습니다. 새로운 액션과 훅, 리액트 DOM 개선 등을 통해 성능을 대폭 향상했습니다. 이러한 변화는 더 빠르고 직관적인 애플리케이션을 구축할 수 있게 했습니다.

리액트는 지금까지 개발자 커뮤니티의 활발한 피드백과 기여를 바탕으로 성장해 왔습니다. 앞으로도 리액트는 웹 개발의 트렌드를 이끌고, 더 나은 개발 경험과 사용자 경험을 위한 진화를 계속해 나갈 것입니다. 리액트를 배우는 여러분은 이 변화에 발맞추어 더 창의적이고 혁신적인 웹 애플리케이션을 만드는 여정을 시작하게 될 것입니다.

1.2

개발 환경 설정하기

새로운 언어나 프레임워크를 배우려면 먼저 그 기술이 동작할 수 있는 개발 환경을 구성해야 합니다. 다행히도 리액트를 학습하는 데 필요한 개발 환경 설정이 비교적 간단합니다. 이 절에서는 리액트를 개발하고 실행할 수 있는 환경을 단계별로 설치하고 설정해 보겠습니다.

> **수코딩의 조언**
>
> 이 책은 윈도우 운영체제를 기준으로 개발 환경 설정 과정을 설명합니다. 하지만 맥OS에서도 거의 동일한 방식으로 설치할 수 있으므로 책에 나오는 과정을 그대로 따라 해도 큰 어려움 없이 진행할 수 있습니다.

1.2.1 Node.js 설치

리액트는 Node.js 환경에서 실행됩니다. 따라서 리액트를 제대로 학습하려면 먼저 Node.js를 설치해야 합니다.

1 웹 브라우저에서 Node.js 다운로드 페이지(https://nodejs.org/ko/download)에 접속합니다. 페이지를 스크롤하면 하단에 설치 프로그램을 다운로드하는 버튼이 보입니다. 각자 운영체제에 맞게 설정한 후 버튼을 클릭하면 설치 파일을 내려받을 수 있습니다.

그림 1-6 운영체제에 맞는 설치 파일 다운로드

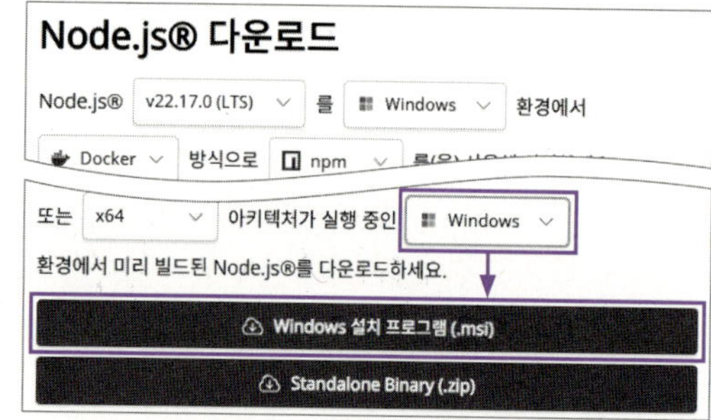

2 다운로드한 설치 파일을 더블 클릭하면 Node.js 설치 마법사가 실행됩니다. 첫 화면에서는 설치를 시작하기 위한 안내가 표시됩니다. [Next] 버튼을 클릭합니다. 라이선스 약관이 표시되면 **I accept the terms in the License Agreement** 항목에 체크한 뒤, [Next] 버튼을 클릭합니다.

그림 1-7 Node.js 설치 및 라이선스 사용 동의 화면

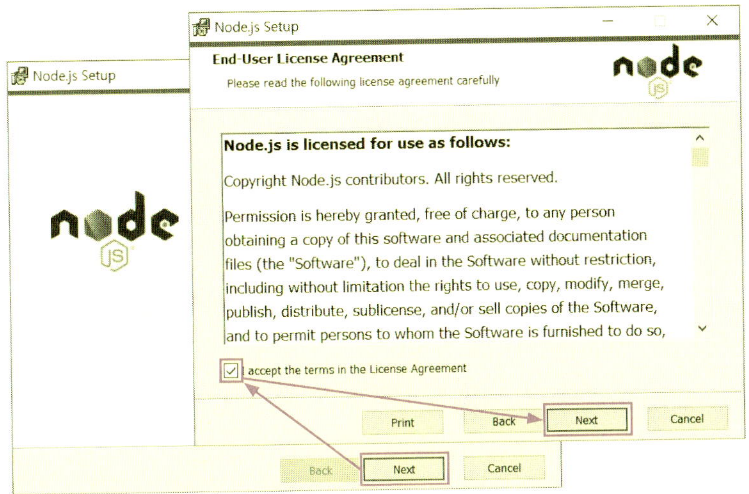

3 Node.js를 설치할 경로를 묻는 화면이 나타나면 기본 경로 그대로 [Next] 버튼을 클릭합니다. 추가 설정 화면이 나타나면 기본값을 그대로 두고 [Next] 버튼을 클릭합니다. 이후 나오는 화면에서는 Windows용 패키지 관리자 Chocolatey 설치 여부를 묻는 체크박스가 보입니다. 이 항목도 변경하지 말고 그대로 [Next] 버튼을 클릭해 넘어갑니다.

그림 1-8 설치 경로 지정, 사용자 설정, Chocolatey 설치 화면

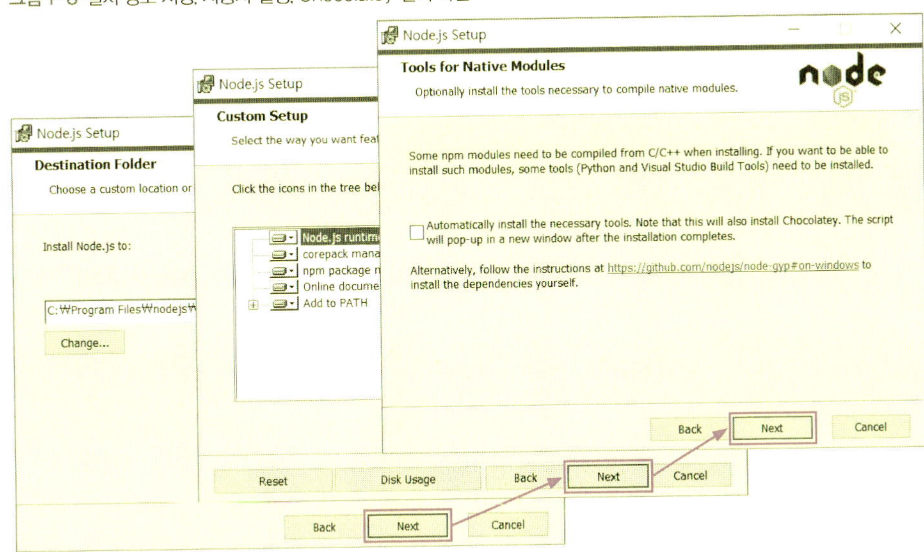

4 설치 준비가 완료되면 [Install] 버튼이 활성화됩니다. 이 버튼을 클릭하면 Node.js 설치를 시작하며, 몇 분 정도 시간이 걸릴 수 있습니다. 설치가 끝나면 설치 완료 화면이 나타납니다. [Finish] 버튼을 클릭해 설치 마법사를 종료합니다.

그림 1-9 Node.js 설치 완료 화면

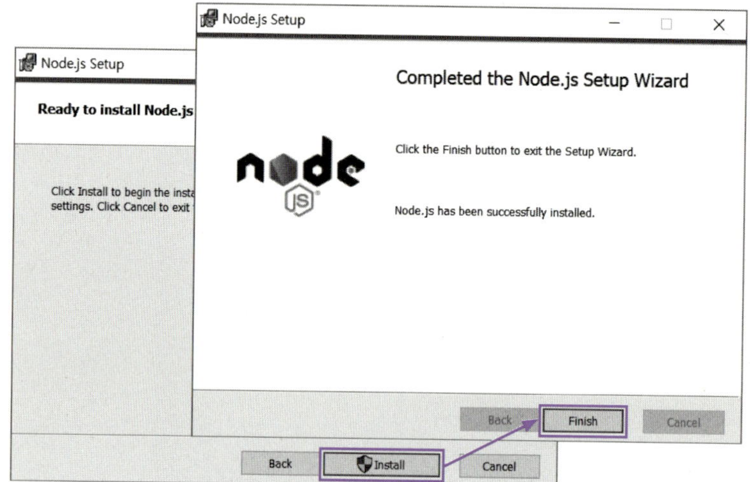

5 Node.js가 제대로 설치되었는지 확인합니다. 키보드에서 Win + R 키를 눌러 실행 창을 열고, cmd를 입력한 후 Enter를 누릅니다. 명령 프롬프트가 실행되면 node -v 명령어를 입력하고 Enter를 누릅니다. 그림과 같이 Node.js 버전 정보가 출력되면 설치가 정상적으로 완료된 것입니다.

TIP — 맥OS는 command + Space 키를 누른 후 **터미널**(terminal)을 검색해 실행합니다.

그림 1-10 Node.js 설치 확인

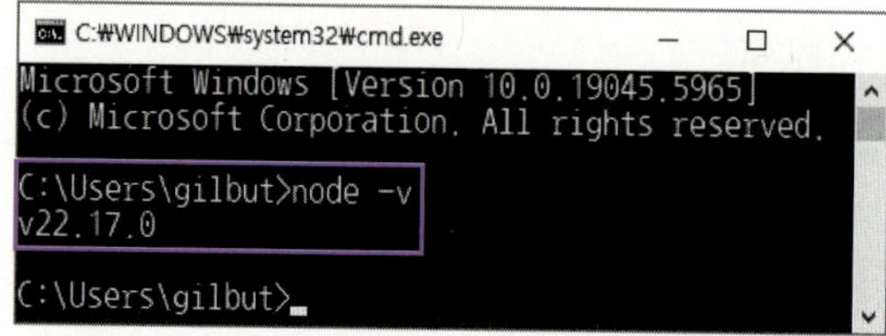

수코딩의 조언

명령 프롬프트(또는 터미널)에서 node -v 명령어를 입력했는데도 버전 정보가 출력되지 않는다면 Node.js가 시스템에 적용되지 않아서 그럴 수 있습니다. 이럴 때는 컴퓨터를 재부팅한 후 다시 명령어를 입력해 보세요. 재부팅한 후에도 버전 정보가 출력되지 않는다면 예기치 않은 문제가 발생한 것일 수 있습니다. 이런 경우 입문자가 직접 해결하기 어려울 수 있으니 화면에 나타나는 오류 메시지를 구글에 검색해 보거나 필자에게 문의해 주세요.

1.2.2 VSCode 설치

리액트 프로젝트를 개발하려면 코드를 작성할 수 있는 코드 에디터가 필요합니다. 실무에서는 아톰(Atom)이나 서브라임 텍스트(Sublime Text), 브라켓(Brackets), 비주얼 스튜디오 코드(VSCode, Visual Studio Code)와 같은 코드 에디터를 자주 사용합니다. 이 책에서는 가장 널리 사용하며 기능이 강력한 VSCode를 사용하겠습니다.

1 웹 브라우저에서 공식 홈페이지(https://code.visualstudio.com)에 접속합니다. 홈페이지에 접속하면 사용 중인 운영체제에 맞는 다운로드 버튼이 자동으로 보입니다. 여기에서는 윈도우 운영체제이므로 [Download for Windows] 버튼이 나왔습니다. 해당 버튼을 클릭해 설치 파일을 내려받습니다.

그림 1-11 VSCode 설치 프로그램 다운로드

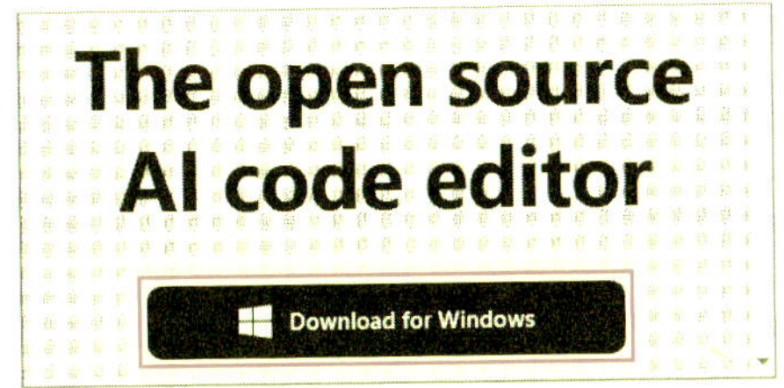

2 다운로드한 설치 파일을 더블 클릭하면 VSCode 설치 마법사가 시작됩니다. 처음 나오는 화면은 사용권(라이선스) 계약 화면입니다. **동의합니다** 항목을 선택한 뒤, [다음] 버튼을 클릭합니다.

그림 1-12 사용권 계약 화면

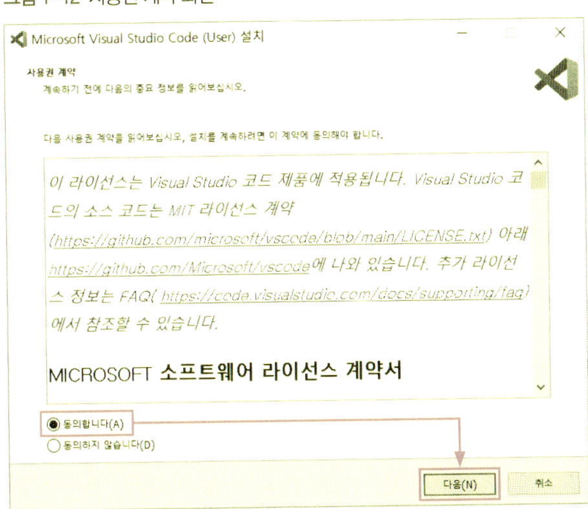

3 VSCode를 설치할 폴더 경로를 묻는 화면이 나타납니다. 변경하지 않고 기본값 그대로 [다음] 버튼을 클릭합니다. 시작 메뉴에 표시할 폴더 이름을 설정하는 화면이 나옵니다. 이 역시 기본값 그대로 두고 [다음] 버튼을 클릭합니다.

그림 1-13 설치 위치 선택 및 시작 메뉴 폴더 선택 화면

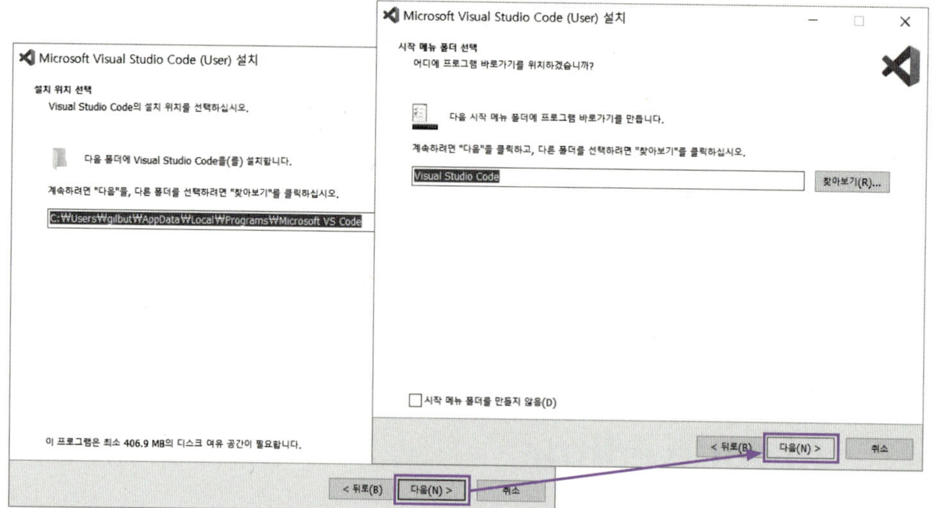

4 추가 작업 선택 화면이 나타나면 항목을 모두 체크한 후 [다음] 버튼을 클릭합니다.

그림 1-14 추가 작업 선택 화면

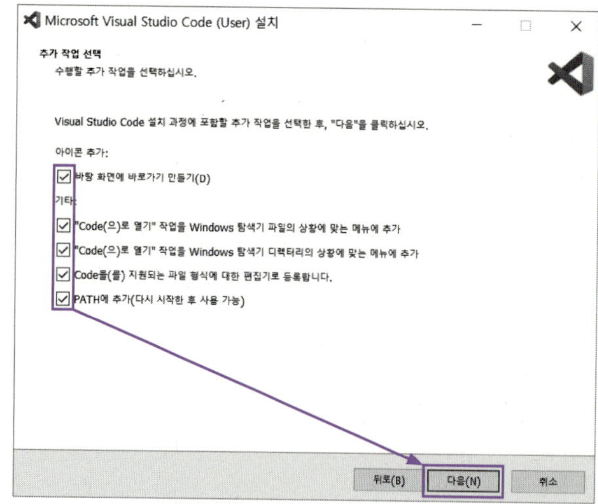

5 설치 준비 완료 화면에서 [설치] 버튼을 클릭합니다. 설치가 끝나면 **Visual Studio Code 실행**을 체크하고 [종료] 버튼을 클릭합니다.

그림 1-15 설치 준비 완료 및 설치 마법사 완료 화면

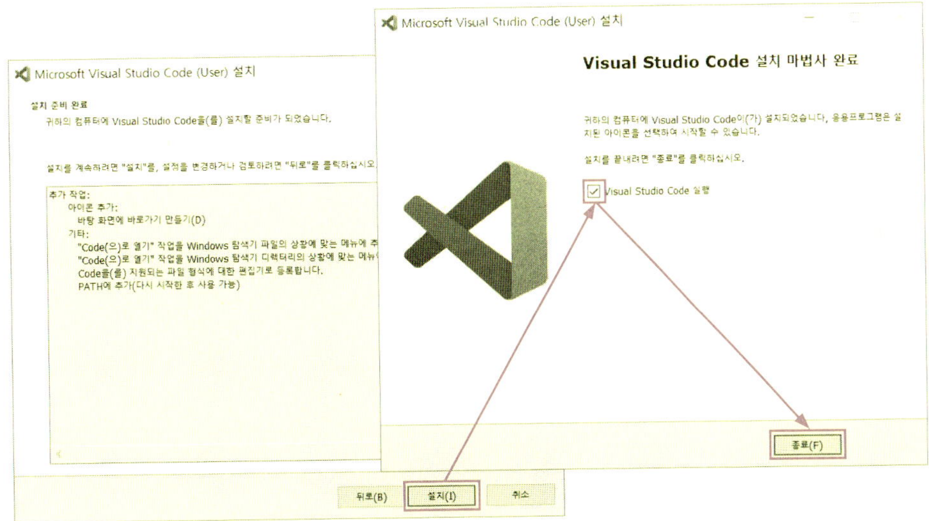

6 VSCode가 자동으로 실행되면서 초기 화면이 나타납니다.

그림 1-16 VSCode 초기 화면

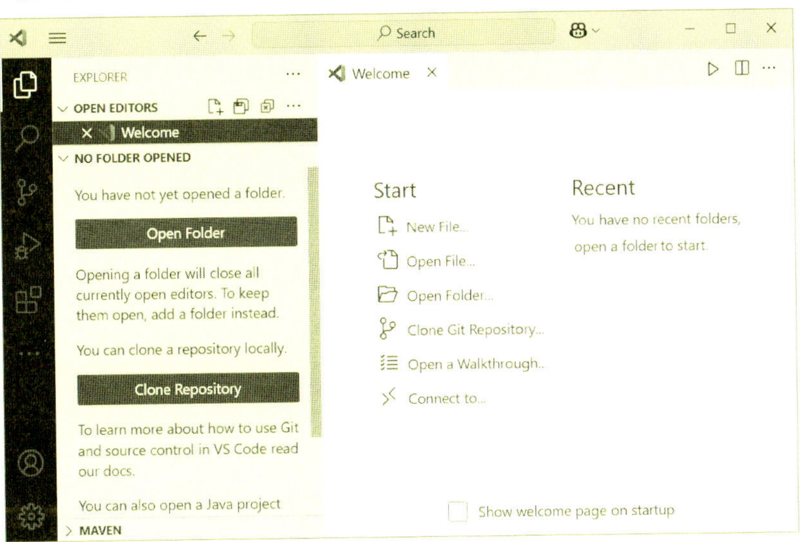

7 처음 VSCode를 실행하면 어두운 테마(Dark Theme)가 기본으로 설정되었을 것입니다. 개인 취향이나 가독성을 고려해 테마를 변경하면 더 편하게 코드를 작성할 수 있습니다. 테마는 상단 메뉴바의 **File → Preferences → Theme → Color Theme**에서 바꿀 수 있습니다. 이 책에서는 기본으로 제공하는 테마 중 **Light (Visual Studio)**를 사용합니다. 원하는 테마가 없다면 Marketplace(마켓플레이스)에서 추가로 설치할 수도 있습니다.

그림 1-17 테마 선택

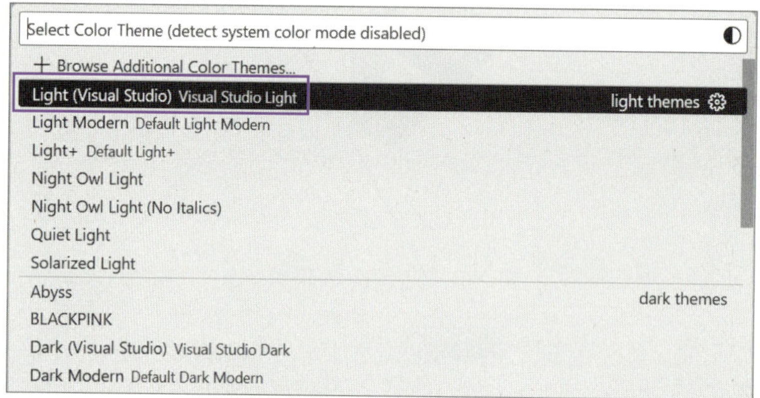

1.2.3 VSCode 익스텐션 설치

VSCode는 다양한 기능을 확장할 수 있는 익스텐션을 제공합니다. **익스텐션**(extension)은 개발에 필요한 기능을 추가해주는 작은 프로그램으로, 설치하면 코딩을 더 편리하고 효율적으로 작업할 수 있습니다.

VSCode 화면 왼쪽 **액티브바**(active bar)에서 Extensions(⊞) 아이콘을 클릭합니다. 상단에 검색창이 열리면 설치하려는 익스텐션의 이름을 입력합니다.

- ### ES7+ React/Redux/React-Native snippets

리액트를 학습하는 데 매우 유용한 ES7+ React/Redux/React-Native snippets부터 설치합니다. 이 익스텐션은 리액트에서 자주 사용하는 코드 조각(스니펫)을 빠르게 입력할 수 있도록 도와줍니다.

검색창에 **ES7+**라고 입력합니다. 목록에서 **ES7+ React/Redux/React-Native snippets**를 선택합니다. 우측에 있는 [Install] 버튼을 클릭해 설치합니다.

그림 1-18 ES7+ React/Redux/React-Native snippets 설치

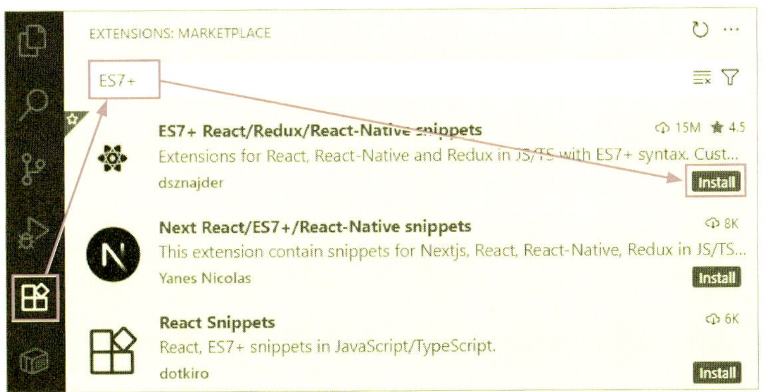

스니핏(snippet)은 자주 사용하는 코드 조각을 저장해두고, 단축어처럼 빠르게 입력할 수 있도록 도와주는 기능입니다. VSCode 기본 기능에는 리액트 스니핏이 포함되지 않기 때문에 이와 같은 익스텐션을 설치해 더 빠르고 효율적인 개발 환경을 만듭니다.

● ESLint

앞에서와 마찬가지로 Extensions 검색창에서 **ESLint**라고 입력합니다. 목록에서 **ESLint**를 선택한 후 우측에 있는 [Install] 버튼을 클릭해 설치합니다.

그림 1-19 ESLint 설치

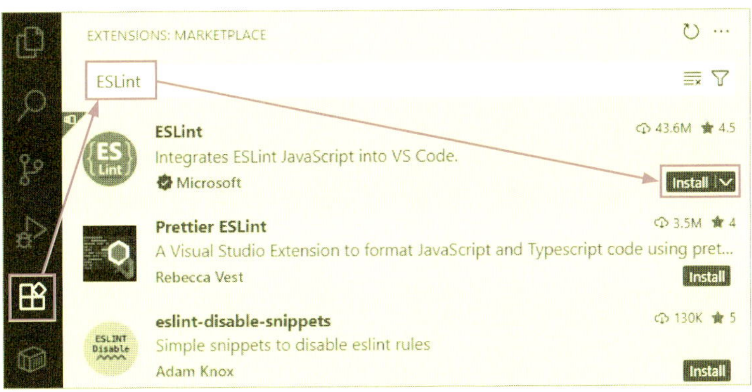

ESLint는 리액트 문법을 작성할 때 발생할 수 있는 오류를 실시간으로 검사해주는 도구입니다. 이를 사용하면 실수하기 쉬운 문법 오류를 빠르게 확인하고 수정할 수 있습니다. ESLint는 개인 프로젝트뿐만 아니라 팀 단위 개발에서도 필요한 익스텐션입니다.

● Tailwind CSS IntelliSense

Tailwind CSS를 학습하는 데 필요한 Tailwind CSS IntelliSense도 설치합니다. 검색창에 **Tailwind CSS IntelliSense**라고 입력합니다. 목록에서 **Tailwind CSS IntelliSense**를 선택한 후 우측에 있는 [Install] 버튼을 클릭해 설치합니다.

그림 1-20 Tailwind CSS IntelliSense 설치

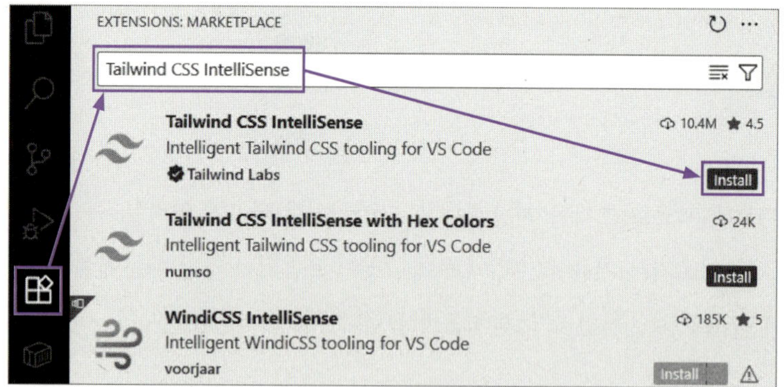

이 익스텐션을 설치하면 Tailwind CSS에서 제공하는 유틸리티 클래스를 보다 편리하게 사용할 수 있도록 도와주는 다양한 기능을 활용할 수 있습니다. 대표적인 기능은 다음과 같습니다.

- **자동 완성**: 유틸리티 클래스 이름을 입력할 때 Tailwind CSS에서 제공하는 모든 클래스를 실시간으로 추천합니다.
- **클래스 유효성 검사**: 오타가 있거나 더 이상 사용하지 않는(deprecated) 클래스를 입력하면 에디터에서 즉시 경고 메시지를 표시합니다.
- **문서 링크 제공**: 클래스 이름 위에 마우스 커서를 올리면 해당 클래스가 어떤 스타일을 적용하는지 요약된 설명과 함께 공식 문서로 이동할 수 있는 링크가 포함된 툴팁을 표시합니다.

Tailwind CSS은 **5.3 Tailwind CSS로 스타일링하기**에서 자세히 소개합니다.

● 그 외 익스텐션

VSCode는 다양한 익스텐션을 설치해 개발 환경을 확장할 수 있습니다. 리액트와 웹 개발을 할 때 유용한 익스텐션 몇 가지를 소개합니다.

1. Live Server(제작자: Ritwick Dey)

HTML 파일을 실시간으로 확인할 수 있는 가상 서버 실행 도구입니다. 파일을 저장하면 자동으로 새로 고침해 HTML 문서의 변경 사항을 바로 확인할 수 있습니다.

2. Prettier – Code formatter(제작자: Prettier)

코드의 들여쓰기, 줄 바꿈, 공백 등을 일관되게 자동 정리해주는 코드 포맷터입니다. 팀 프로젝트나 실무에서도 널리 사용하며, 읽기 쉬운 코드를 작성하는 데 큰 도움을 줍니다.

3. Auto Rename Tag(제작자: Jun Han)

HTML이나 JSX에서 시작 태그와 종료 태그를 함께 자동으로 수정해주는 익스텐션입니다.

4. HTML to CSS autocompletion(제작자: solnurkarim)

HTML의 class 속성에 입력한 값을 연결된 CSS 파일에서 자동 완성으로 추천해 줍니다.

5. HTML CSS Support(제작자: ecmel)

CSS에서 정의한 클래스나 아이디 선택자를 HTML에서 입력할 때 자동 완성을 지원합니다.

6. Code Runner(제작자: Jun Han)

VSCode 안에서 자바스크립트 코드를 바로 실행할 수 있게 도와주는 익스텐션입니다. 별도의 웹 브라우저나 터미널 없이 간단한 스크립트를 빠르게 실행해볼 수 있습니다.

7. Material Icon Theme(제작자: Philipp Kief)

VSCode의 폴더 및 파일 아이콘을 머티리얼 디자인(material design) 스타일로 변경해 줍니다. 각 파일 유형에 맞는 직관적인 아이콘을 제공하므로 파일을 구분하기 쉬워집니다.

TIP — **머티리얼 디자인**(material design)은 구글이 제안한 디자인 가이드라인으로, 현실 세계의 물리적 속성을 반영해 카드, 그림자, 애니메이션 등을 활용한 직관적이고 일관된 UI 경험을 제공합니다.

8. Korean Language Pack for Visual Studio Code(제작자: Microsoft)

VSCode의 메뉴와 설정을 한국어로 바꿔주는 익스텐션입니다. 초보자에게는 익숙할 수 있지만, 이 책에서는 사용하지 않습니다.

수코딩의 조언

VSCode를 한국어로 바꾸면 처음에는 편할 수 있지만, 대부분의 오류 메시지나 도움말, 커뮤니티 문서가 영어 기반입니다. 영어 메뉴에 익숙해지면 전 세계 개발자 커뮤니티에서 더 많은 도움을 받을 수 있습니다. 필자는 되도록 영문 환경에서 학습할 것을 권장합니다.

1.2.4 웹 브라우저 설치

리액트 애플리케이션은 엣지(Edge), 크롬(Chrome), 파이어폭스(Firefox), 사파리(Safari) 등 대부분의 웹 브라우저에서 문제없이 작동합니다. 하지만 개발 과정에서는 웹 브라우저마다 제공하는 개발 도구와 기능이 서로 달라 실제 코딩 환경에 영향을 줄 수 있습니다.

이 책에서는 프런트엔드 개발자가 가장 많이 사용하는 웹 브라우저인 크롬을 기준으로 설명합니다. 따라서 책의 내용과 동일한 개발 환경을 구성하려면 크롬 웹 브라우저를 설치하는 것을 권장합니다.

웹 브라우저에서 크롬 공식 사이트(https://www.google.co.kr/chrome)에 접속합니다. 페이지에 보이는 [Chrome 다운로드] 버튼을 클릭해 설치 파일을 내려받습니다. 다운로드가 완료되면 설치 파일을 실행하고, 안내에 따라 설치합니다.

그림 1-21 크롬 웹 브라우저 다운로드

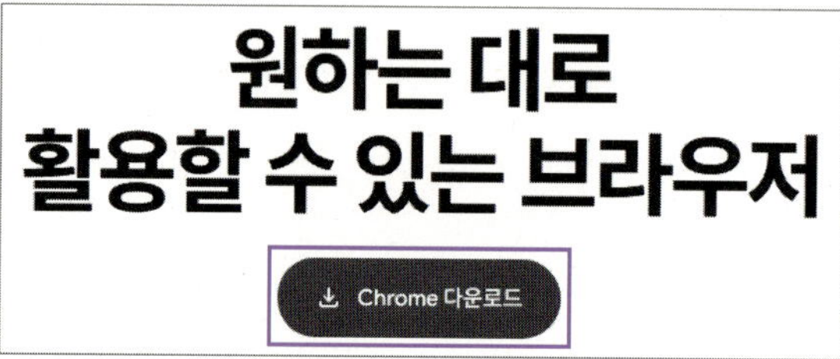

● 확장 프로그램 설치

크롬 웹 브라우저도 VSCode처럼 개발에 유용한 다양한 확장 프로그램을 사용할 수 있습니다. 이 확장 프로그램들은 크롬 웹 스토어에서 손쉽게 설치할 수 있습니다.

여기서는 리액트 개발에 꼭 필요한 도구인 React Developer Tools를 설치하겠습니다. 이 확장 프로그램은 컴포넌트 구조, 상태, props 등 리액트 내부 구조를 시각적으로 확인할 수 있도록 도와줍니다.

크롬 웹 스토어(https://chrome.google.com/webstore/category/extensions?hl=ko)에 접속해 상단 검색창에 **React Developer Tools**를 입력합니다. 검색 결과에서 가장 상단에 표시된 확장 프로그램을 클릭합니다. 상세 페이지에서 [Chrome에 추가] 버튼을 클릭합니다. 팝업창이 뜨면 [확장 프로그램 추가] 버튼을 클릭해 설치합니다.

그림 1-22 React Developer Tools 크롬에 추가

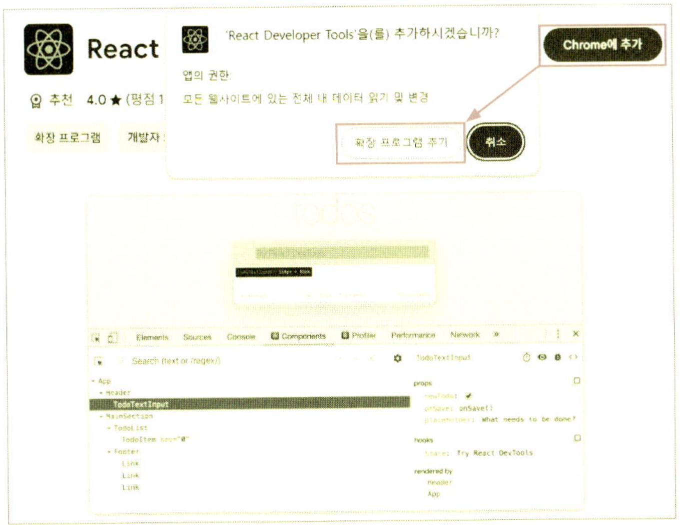

설치가 완료되면 크롬 브라우저 우측 상단의 퍼즐 아이콘(🧩)을 클릭합니다. 확장 프로그램 목록에서 React Developer Tools 옆의 핀 아이콘(📌)을 클릭하면 웹 브라우저 툴바에 항상 고정되어 쉽게 접근할 수 있습니다.

그림 1-23 확장 프로그램 고정

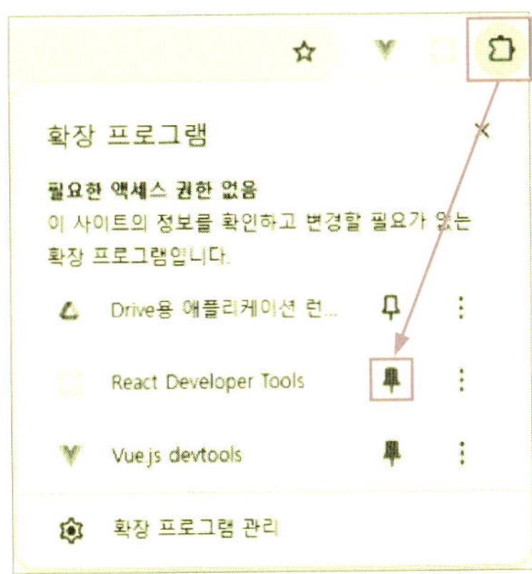

1.3

리액트 애플리케이션 만들기

이제 실제로 리액트 애플리케이션을 만들어 보겠습니다. 리액트 프로젝트는 처음부터 모든 파일과 설정을 직접 만드는 것이 아니라 기본 구조가 미리 설정된 템플릿(보일러플레이트)을 사용해 빠르게 시작하는 것이 일반적입니다. 이를 사용하면 복잡한 설정에 시간을 들이지 않고, 곧바로 핵심 기능 개발에 집중할 수 있습니다.

라이브러리나 프레임워크마다 고유한 보일러플레이트(boilerplate)가 있습니다. 리액트 생태계에서는 주로 CRA와 Vite를 사용합니다.

- **CRA(Create React App)**: 페이스북에서 만든 공식 프로젝트 생성 도구로, 안정성과 방대한 생태계가 강점이었습니다. 하지만 현재는 공식적으로 deprecated(표준적인 사용 자제 권고) 상태가 되었습니다.
- **Vite**: 빠르고 가벼운 개발 도구로, 원래 Vue.js용으로 개발되었습니다. 기존 도구와 비교해 더 빠른 개발 서버와 빌드 시간을 제공합니다. 설정도 간단하며 다양한 프레임워크를 지원합니다.

프로젝트의 요구사항과 개발팀의 선호도에 따라 적절한 보일러플레이트를 선택합니다. 과거에는 CRA를 사용하는 경우가 많았지만 사용 자제 권고 상태가 되며, 최근에는 빠른 속도와 가벼운 구조를 가진 Vite를 선호하는 추세입니다. 이 책에서도 Vite를 사용해 리액트 애플리케이션을 생성합니다.

1.3.1 Vite로 프로젝트 생성하기

Vite를 사용해 리액트 애플리케이션 개발을 위한 프로젝트를 생성하겠습니다.

1 VSCode에서 실습에 사용할 폴더를 선택해 엽니다. 여기서는 **vite-react**라는 이름의 폴더를 사용합니다. 폴더를 처음 열면 신뢰할 수 있는 폴더인지를 묻는 메시지가 나옵니다. [Yes, I trust the authors] 버튼을 클릭해 해당 폴더를 신뢰하도록 설정합니다.

그림 1-24 실습 폴더 선택

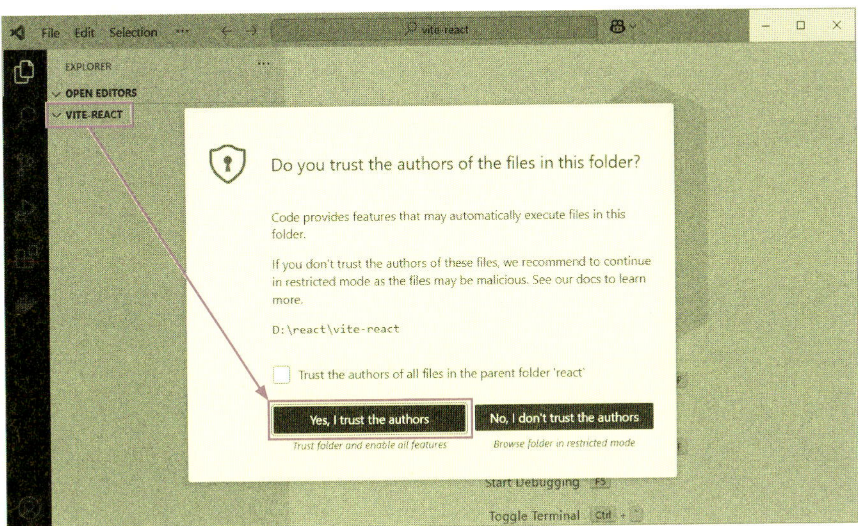

2 상단 메뉴에서 **Terminal → New Terminal**을 선택해 새 터미널 창을 엽니다(또는 단축키 Ctrl + ~). 터미널은 명령어를 입력해 프로젝트를 생성하거나 실행할 때 사용합니다.

그림 1-25 새로운 터미널 열기

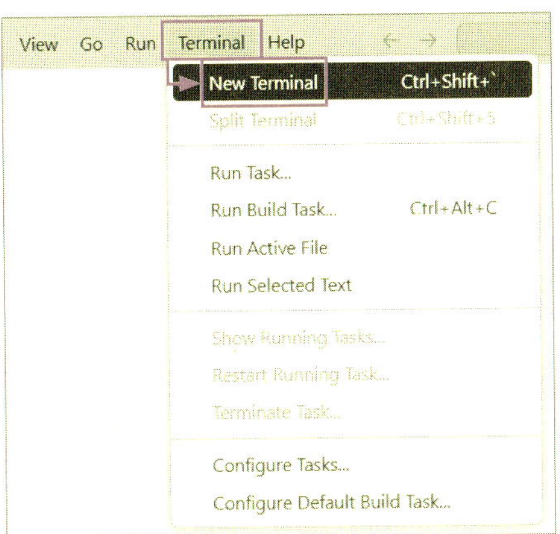

3 터미널이 VSCode 화면 하단에 열리면 다음 명령어를 입력합니다.

- **`npm create`**: npm을 사용해 프로젝트 생성 도구를 실행하는 명령어입니다.
- **`vite@latest`**: Vite의 최신 버전을 사용하겠다는 의미입니다.
- **.**(마침표): 현재 폴더에 프로젝트를 생성하겠다는 뜻입니다.

```
∨ TERMINAL
npm create vite@latest .
```

명령어를 입력하고 Enter를 누르면, 프로젝트를 생성하는 과정이 시작됩니다.

그림 1-26 터미널에 명령어 입력

```
∨ TERMINAL
Microsoft Windows [Version 10.0.19045.5965]
(c) Microsoft Corporation. All rights reserved.

D:\react\vite-react>npm create vite@latest .
```

Note npm create vite@latest . 명령어 실행 시 오류가 발생하는 경우

`npm create vite@latest .` 명령어를 실행했을 때 다음과 같은 경고 메시지가 출력될 수 있습니다. 이 메시지는 npm의 새 버전이 나왔다는 안내로, 강제적인 오류는 아닙니다. 하지만 최신 기능을 사용하거나 오류를 줄이기 위해 npm 버전을 업데이트하는 것이 좋습니다.

```
∨ TERMINAL
npm notice
npm notice New major version of npm available! 10.5.0 -> 11.1.0
npm notice Changelog: https://github.com/npm/cli/releases/tag/v11.1.0
npm notice Run npm install -g npm@11.1.0 to update!
npm notice
```

터미널에 출력된 메시지에 따라 명령어를 입력합니다. 11.1.0은 예시이며, 각자의 터미널에 출력된 버전 번호를 입력해야 합니다.

```
∨ TERMINAL
npm install -g npm@11.1.0
```

업데이트 명령어를 입력했지만, 다시 다음과 같은 오류 메시지가 출력될 수도 있습니다.

```
TERMINAL
npm install -g npm@11.1.0
npm ERR! code EBADENGINE
npm ERR! engine Unsupported engine
npm ERR! engine Not compatible with your version of node/npm: npm@11.1.0
npm ERR! notsup Not compatible with your version of node/npm: npm@11.1.0
npm ERR! notsup Required: {"node":"^20.17.0 || >=22.9.0"}
npm ERR! notsup Actual:   {"npm":"10.5.0","node":"v20.11.1"}
```

이 오류 메시지는 npm 버전 11.1.0을 설치하려면 Node.js 20.17.0 이상 또는 22.9.0 이상이 필요한데, 현재 설치된 Node.js는 20.11.1이므로 조건에 맞지 않아 설치에 실패했다는 뜻입니다. 이 문제를 해결하려면 Node.js 공식 홈페이지에서 최신 LTS 버전을 받아 설치해야 합니다. 설치한 후에는 최신 LTS 버전이 맞는지 확인하고, 맞다면 `npm create vite@latest .` 명령어를 다시 실행합니다.

4 프로젝트 생성을 시작하면 다음과 같은 프롬프트(prompt)가 나타납니다. 이 메시지는 현재 컴퓨터에 create-vite 패키지가 없을 경우 나옵니다. 이때는 키보드로 **y**를 입력한 후 Enter를 눌러 설치를 진행합니다. 이미 패키지가 설치되었다면 이 단계는 건너뜁니다.

그림 1-27 create-vite 패키지 설치 여부 확인

```
TERMINAL
D:\react\vite-react>npm create vite@latest .
Need to install the following packages:
create-vite@7.0.2
Ok to proceed? (y) y
```

5 설치가 시작되고 추가 프롬프트가 나타납니다. 키보드 방향키를 사용해 **React → TypeScript**를 순서대로 선택합니다. 그러면 타입스크립트 환경이 자동으로 설정된 리액트 프로젝트가 생성됩니다. 이제 따로 설정을 추가하지 않아도 .tsx 파일로 리액트 코드를 작성할 수 있습니다.

그림 1-28 프롬프트 응답 선택

```
∨ TERMINAL
Need to install the following packages:
create-vite@7.0.2
Ok to proceed? (y) y

> npx
> create-vite .

|
◇ Select a framework:
| React
|
◇ Select a variant:
| TypeScript
|
◇ Scaffolding project in D:\react\vite-react...
|
└ Done. Now run:

  npm install
  npm run dev
```

6 vite-react 폴더 안에 여러 폴더와 파일이 자동으로 생성됩니다. 프로젝트 구조는 이후에 따로 살펴보고, 지금은 먼저 개발 서버를 실행해 보겠습니다. 터미널에 다음 명령어를 순서대로 입력합니다.

- **npm install**: 프로젝트에 필요한 의존성 패키지 설치 명령어입니다.
- **npm run dev**: 개발 서버를 실행해 리액트 애플리케이션을 웹 브라우저에서 확인할 수 있게 합니다.

```
∨ TERMINAL
npm install
npm run dev
```

7 개발 서버가 정상적으로 구동하면 다음과 같은 로컬 주소를 출력합니다. 이때 주소는 개발 환경을 따르므로 책과 다를 수 있습니다. 서버가 정상적으로 실행되면 다음과 같은 메시지가 터미널에 표시됩니다.

그림 1-29 개발 서버 실행결과

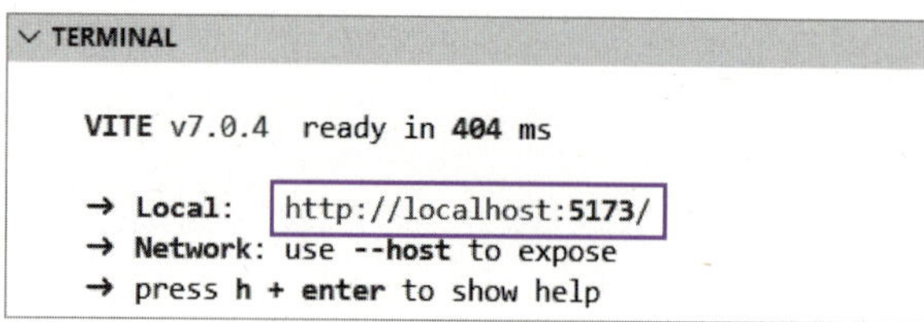

8 표시된 로컬 주소(http://localhost:5173)에 커서를 가져가 Ctrl (맥OS는 command) 키를 누른 상태로 마우스 왼쪽 버튼을 클릭하거나 주소를 복사해 웹 브라우저에 입력합니다. 그러면 웹 브라우저에 리액트 애플리케이션의 초기 화면이 나옵니다.

그림 1-30 생성한 리액트 애플리케이션 화면

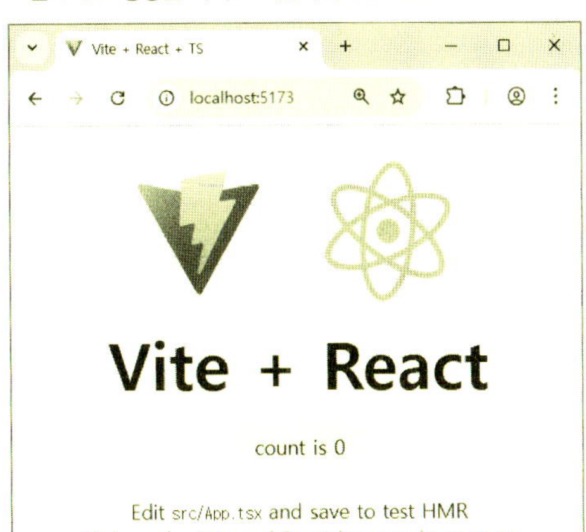

첫 번째 리액트 프로젝트를 성공적으로 생성했습니다.

Note **npm run dev 명령어 실행 시 오류가 발생하는 경우**

Vite 7.0 버전부터는 Node.js 20.19 이상 또는 22.12 이상 버전을 설치해야 합니다. 설치된 Node.js 버전이 이보다 낮으면 npm run dev 명령어를 실행했을 때 오류가 발생하며 애플리케이션이 시작되지 않습니다. node -v 명령어로 현재 설치된 Node.js 버전을 확인했을 때 출력된 버전이 20.19 미만이거나 22.12 미만이라면 Node.js 공식 웹사이트(https://nodejs.org)에서 최신 LTS 버전을 다운로드해 설치하세요.

또한, 다음과 같은 오류 메시지가 나올 수도 있습니다.

TERMINAL

```
npm ERR! Missing script: "dev"
npm ERR!
npm ERR! To see a list of scripts, run:
npm ERR! npm run
npm ERR! A complete log of this run can be found in: 경로
```

이 오류는 현재 터미널의 위치에 package.json 파일이 없을 때 발생합니다. 프로젝트를 생성한 폴더(vite-react) 안에는 package.json 파일이 포함되어 있습니다. 이 파일에는 npm run dev 명령어와 연결된 스크립트 정보가 담겨 있습니다. 따라서 터미널의 현재 위치가 vite-react 폴더 밖이라면 npm은 해당 스크립트를 찾을 수 없기 때문에 오류가 발생합니다. 명령어를 실행하기 전에 터미널의 현재 위치를 반드시 확인하세요.

1.3.2 불필요한 폴더와 파일 삭제 및 수정하기

Vite로 프로젝트를 생성하면 **그림 1-31**처럼 기본 폴더와 파일 구조가 자동으로 생성됩니다.

TIP — Vite와 같은 도구를 사용해 프로젝트를 빠르게 시작할 수 있도록 기본 구조와 설정 파일을 자동으로 생성하는 과정을 **스캐폴딩**(scaffolding)이라고 합니다. 이를 통해 복잡한 환경 설정을 직접 하지 않고도 명령어 한 줄로 리액트 애플리케이션의 기본 틀을 빠르게 만들 수 있습니다.

그림 1-31 생성한 프로젝트의 구조

```
VITE-REACT
  > node_modules
  > public
  v src
    > assets
      App.css
      App.tsx
      index.css
      main.tsx
      vite-env.d.ts
    .gitignore
    eslint.config.js
    index.html
    package-lock.json
    package.json
    README.md
    tsconfig.app.json
    tsconfig.json
    tsconfig.node.json
    vite.config.ts
```

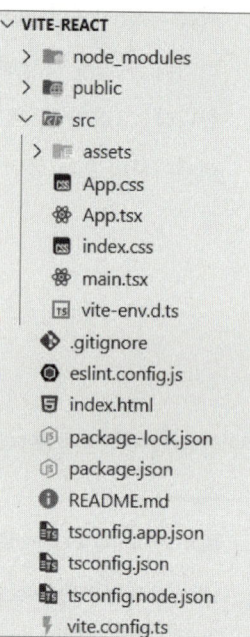

불필요한 폴더와 파일이 포함되어 있으므로 이를 먼저 정리합니다. 다음 폴더와 파일은 당장 필요하지 않으므로 삭제합니다. 스타일 관련 리소스이지만, 지금은 기본 동작만 확인하므로 제거해도 무방합니다.

- src/assets
- App.css
- index.css

삭제한 파일과 연결된 main.tsx 파일의 코드도 함께 정리해야 합니다. 다음과 같이 index.css를 불러오는 코드 한 줄을 삭제합니다.

src/main.tsx

```
import { StrictMode } from 'react'
import { createRoot } from 'react-dom/client'
import './index.css'  // 삭제할 부분
import App from './App.tsx'
createRoot(document.getElementById('root')!).render(
  <StrictMode>
    <App />
  </StrictMode>,
)
```

App.tsx 파일의 기존 코드는 모두 지우고, 간단한 출력 코드로 바꿉니다.

src/App.tsx

```
export default function App() {
  return (
    <div>Hello, React!</div>
  )
}
```

코드를 수정하고 정리한 후, 다시 터미널에서 개발 서버를 실행합니다.

TERMINAL

```
npm run dev
```

웹 브라우저에서 로컬 주소에 접속하면 수정한 내용이 적용된 화면을 표시합니다.

그림 1-32 실행결과

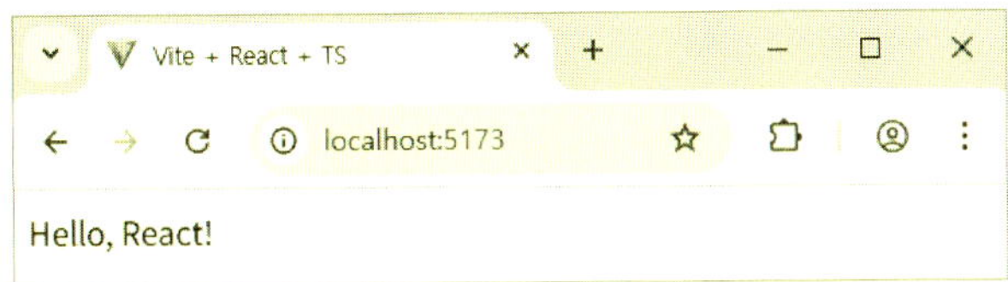

폴더와 파일을 정리한 후 프로젝트의 구조는 **그림 1-33**과 같습니다.

TIP — 사용 중인 코드 에디터 설정에 따라 .vscode 폴더가 자동으로 생성될 수 있으며, 없어도 문제는 없습니다.

앞으로 이 구조를 기본 프로젝트 구성으로 사용합니다.

그림 1-33 프로젝트의 최종 구조

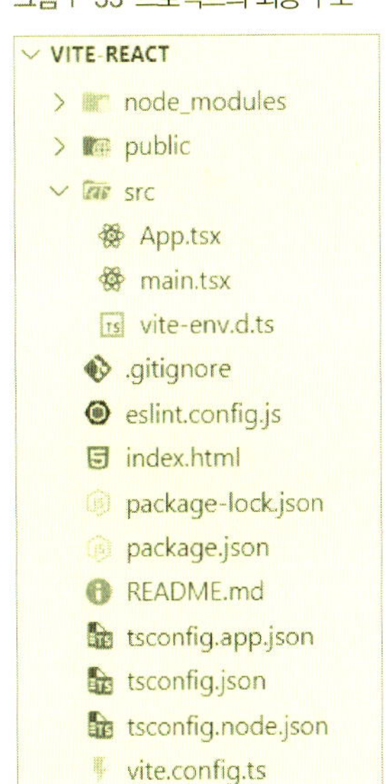

1.3.3 기본 구조 살펴보기

프로젝트에 있는 여러 폴더와 파일 중에서 애플리케이션을 실행하는 데 특히 중요한 파일은 **package.json**, **index.html**, **main.tsx**, **App.tsx**입니다. 나머지는 필요할 때 살펴보고 여기서는 이 4개 파일을 살펴보겠습니다.

• package.json

package.json 파일은 프로젝트의 핵심 설정 파일입니다. 이 파일에는 프로젝트 이름과 버전, 사용하는 라이브러리, 실행할 수 있는 명령어(스크립트) 등의 정보가 담겨 있습니다. 각 버전 정보는 프로젝트를 생성한 시점에 따라 달라질 수 있습니다.

package.json

```
{
  "name": " vite-react",
  "private": true,
  "version": "0.0.0",
  "type": "module",
  "scripts": {
    "dev": "vite",
    "build": "tsc -b && vite build",
    "lint": "eslint .",
    "preview": "vite preview"
  },
  "dependencies": {
    "react": "^19.1.0",
    "react-dom": "^19.1.0"
  },
  "devDependencies": {
    "@eslint/js": "^9.30.1",
    "@types/react": "^19.1.8",
    "@types/react-dom": "^19.1.6",
    "@vitejs/plugin-react": "^4.6.0",
    "eslint": "^9.30.1",
    "eslint-plugin-react-hooks": "^5.2.0",
    "eslint-plugin-react-refresh": "^0.4.20",
    "globals": "^16.3.0",
    "typescript": "~5.8.3",
    "typescript-eslint": "^8.35.1",
```

```
    "vite": "^7.0.4"
  }
}
```

각 항목의 의미는 다음과 같습니다.

- **name**: 리액트 애플리케이션의 이름입니다. 보통 폴더 이름과 동일하게 생성됩니다.
- **private**: 외부(npm 레지스트리)에 공개할지 여부를 설정합니다. 대부분의 프로젝트에서는 true로 설정해 비공개로 유지합니다.
- **version**: 프로젝트 버전을 의미합니다. 형식은 major.minor.patch(주버전.부버전.수정버전)입니다.
- **scripts**: 터미널에서 실행할 수 있는 명령어를 정의하는 부분입니다. 여기에 등록한 명령어는 npm run 명령어로 실행할 수 있습니다. 예 npm run dev
- **dependencies**: 리액트 애플리케이션을 실행하는 데 필요한 의존성 라이브러리 목록입니다. 여기에 정의한 라이브러리는 프로덕션(production, 애플리케이션을 배포하고 서비스하는 단계) 환경에서도 사용합니다.
- **devDependencies**: 리액트 애플리케이션을 개발할 때 필요한 도구 목록입니다. 예 타입스크립트, ESLint 등

이 중에서 scripts, dependencies, devDependencies 항목이 중요합니다. **1.3.1절**에서 개발 서버를 실행할 때 다음 명령어를 입력했습니다.

TERMINAL

```
npm run dev
```

이 명령어는 package.json 파일의 scripts 항목 안에 다음과 같은 설정이 있기 때문에 실행됩니다. 즉, npm run dev 명령어는 내부적으로 vite 명령을 실행해 개발 서버를 구동하는 것입니다.

```
"scripts": {
  "dev": "vite"
}
```

개발 과정에서 외부 라이브러리(패키지)를 설치할 일이 자주 생깁니다. 그럴 때는 다음과 같은 명령어 형식을 사용합니다.

```
형식 npm install [패키지명] [--save|--save-dev]
```

--save 옵션으로 설치하면 dependencies에 등록되고, --save-dev 옵션으로 설치하면 devDependencies에 등록됩니다. 아무 옵션도 넣지 않으면 자동으로 --save가 적용되어 dependencies에 추가됩니다. 개발에 필요한 패키지와 배포할 때 필요한 패키지를 구분해서 설치해야 합니다.

> **수코딩의 조언**
> npm run dev 명령어가 작동하지 않을 경우, package.json 파일의 scripts 항목을 확인합니다. 실무에서는 dev 외에도 start, serve, start:dev와 같이 다양한 이름을 사용할 수 있습니다. 따라서 scripts에 어떤 키로 명령어가 정의되어 있는지 반드시 확인하고, 그에 맞는 명령어를 실행해야 합니다.

● index.html

터미널에서 npm run dev 명령어를 입력해 개발 서버를 실행하면 Vite 개발 서버는 내부적으로 index.html 파일을 자동으로 로드합니다. 이 파일 안에는 리액트 애플리케이션을 실행하는 데 필요한 최소한의 HTML 구조가 들어 있습니다.

index.html

```
<!doctype html>
<html lang="en"> ------------------------------------------- ❶
  <head>
    <meta charset="UTF-8" />
    <link rel="icon" type="image/svg+xml" href="/vite.svg" />
    <meta name="viewport" content="width=device-width, initial-scale=1.0" />
    <title>Vite + React + TS</title>
  </head>
  <body>
    <div id="root"></div> ------------------------------------ ❷
    <script type="module" src="/src/main.tsx"></script> -------- ❸
  </body>
</html>
```

❶ HTML 문서의 기본 언어 설정을 의미합니다. 기본값은 영어(en)이지만, 한국어 프로젝트에서는 "ko"로 바꾸는 것이 좋습니다.

❷ 해당 <div> 요소는 리액트 애플리케이션이 화면에 출력되는 위치, 즉 루트 요소를 의미합니다. 관례적으로 id="root"를 사용하지만, 다른 이름을 써도 동작하는 데 문제없습니다. 단, main.tsx에서 동일한 ID로 연결해야 합니다.

❸ 리액트 애플리케이션의 시작점인 main.tsx 파일을 불러오는 코드입니다. type="module" 속성은 해당 파일 내부에서 모듈 기능(import, export)을 사용할 수 있게 웹 브라우저에 알려주는 역할을 합니다. 이 스크립트를 통해 리액트 컴포넌트, 상태, 라우터 등 애플리케이션 전체가 실행됩니다.

main.tsx

index.html 파일에서 <script src="/src/main.tsx">로 main.tsx 파일을 불러오면 그때부터 리액트 코드가 실행됩니다. main.tsx 파일은 리액트 애플리케이션을 초기화하고 구성하는 역할을 합니다.

main.tsx 파일을 열면 다음과 같이 작성되어 있습니다.

src/main.tsx

```
import { StrictMode } from 'react' ---------------------- ❶
import { createRoot } from 'react-dom/client' ---------- ❷
import App from './App.tsx' ----------------------------- ❸

createRoot(document.getElementById('root')!).render(
  <StrictMode>
    <App />
  </StrictMode>,
) ------------------------------------------------------- ❹
```

❶ StrictMode는 리액트에서 코드 오류나 비효율적 사용을 알려주는 개발 도구입니다. 화면에는 영향을 주지 않고 오직 개발 모드에서만 동작하며, 코드를 더 안전하게 작성할 수 있도록 도와줍니다.

❷ react-dom/client에서 제공하는 createRoot()는 리액트 18부터 새롭게 추가된 함수입니다. HTML에서 가져온 root 요소에 리액트 애플리케이션을 연결하는 역할을 합니다.

❸ App.tsx 파일은 Vite로 리액트 애플리케이션을 생성할 때 자동으로 만들어지는 파일입니다. 이 파일에 정의된 App 컴포넌트는 애플리케이션을 실행할 때 가장 먼저 화면에 표시되는 루트 컴포넌트 역할을 합니다. main.tsx 파일에서는 이 App 컴포넌트를 불러와 실제로 웹 브라우저에 렌더링합니다.

❹ index.html 파일에는 `<div id="root"></div>`라는 태그가 있습니다. 이 태그는 리액트 애플리케이션이 표시될 공간을 나타냅니다. main.tsx 파일에서는 `document.getElementById('root')`로 이 요소를 가져와 `ReactDOM.createRoot()`를 사용해 리액트의 시작점(루트)으로 지정합니다. 그런 다음 App 컴포넌트를 `<StrictMode>`로 감싸 화면에 표시합니다.

> **수코딩의 조언**
>
> main.tsx 파일을 보면 import 문 뒤이 세미콜론(;)이 없습니다. 이처럼 자바스크립트나 타입스크립트로 작성한 코드에서 import 문 뒤에 세미콜론을 붙이지 않아도 오류가 발생하지 않습니다. 자바스크립트의 Automatic Semicolon Insertion(ASI) 기능 덕분에 세미콜론을 안 써도 웹 브라우저나 Node.js가 코드를 해석할 때 자동으로 보완해주기 때문입니다. 하지만 ECMAScript 표준(ES6)에서는 import 문 뒤에 세미콜론을 붙이는 것이 문법적으로 권장됩니다. 즉, 기술적으로는 세미콜론을 생략해도 해석되지만, 가독성과 일관성을 위해 붙이는 것을 권장합니다. 이 책에서도 세미콜론을 붙이는 것으로 통일합니다.

리액트 애플리케이션의 전체 실행 과정을 정리하면 다음과 같습니다.

1. `npm run dev`로 개발 서버를 실행합니다.
2. 개발 서버는 index.html 파일을 엽니다.
3. index.html 파일은 main.tsx 파일을 불러옵니다.
4. main.tsx 파일에서 App 컴포넌트를 읽어 실행합니다.
5. App 컴포넌트가 웹 브라우저 화면에 표시됩니다.

그림 1-34 리액트 애플리케이션의 실행 과정(요약)

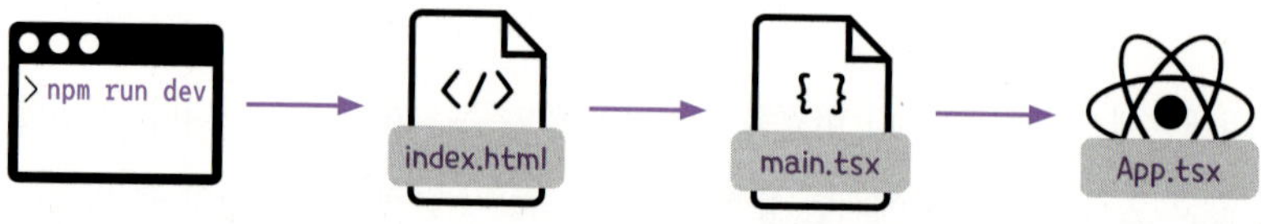

> **수코딩의 조언**
>
> 특별한 이유가 없다면 리액트 애플리케이션의 시작 컴포넌트는 보통 App입니다. 다른 컴포넌트를 루트 컴포넌트로 사용하고 싶다면 `createRoot()` 함수의 `render()` 함수에 App 컴포넌트 대신에 원하는 컴포넌트를 넣으면 됩니다.

● App.tsx

리액트 파일 중 첫 글자가 대문자로 시작하고 확장자가 .tsx나 .jsx인 파일을 **컴포넌트**(component)라고 합니다. 일반적으로 확장자 앞에 붙은 이름을 사용해 해당 컴포넌트 파일을 지칭합니다. 예를 들어, App.tsx 파일은 **App 컴포넌트**라고 합니다.

TIP — 컴포넌트에 대한 설명은 **3장**에서 자세히 다룰 예정입니다. 지금은 개념만 가볍게 이해하고 넘어가도 괜찮습니다.

리액트 애플리케이션은 컴포넌트 여러 개가 모여 만들어진 구조입니다. 그중에서도 App 컴포넌트는 애플리케이션의 시작점이 되는 가장 중요한 컴포넌트로, 이를 **루트 컴포넌트**(root component)라고 합니다. 리액트 애플리케이션은 루트 컴포넌트를 중심으로 하위 컴포넌트들이 가지처럼 뻗어나가는 트리(tree) 구조를 이룹니다. **3.3.4 컴포넌트 트리**에서 자세히 살펴봅니다.

그림 1-35 리액트 애플리케이션의 컴포넌트 구조

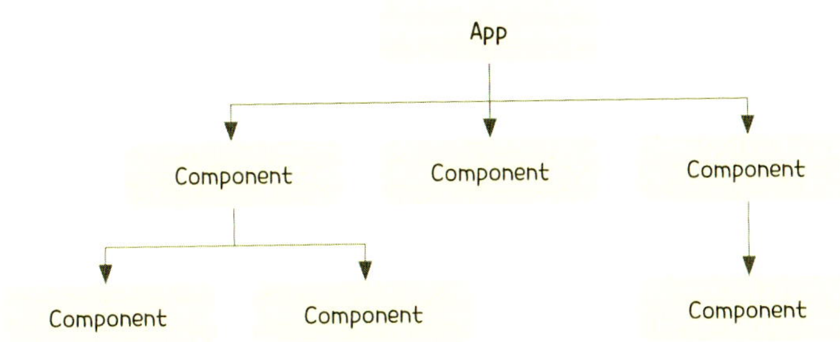

App.tsx 안에 작성한 초기 코드는 지금은 분석하지 않아도 됩니다. 여기서는 App 컴포넌트가 리액트 애플리케이션의 시작점이라는 것만 기억해 두세요.

이번 장에서는 리액트를 배우는 데 필요한 개발 환경을 구성해 봤습니다. 그리고 Vite를 사용해 리액트 애플리케이션을 생성하고, 리액트 애플리케이션의 기본 구조까지 살펴봤습니다. 이 과정을 정확히 익혀두면 실무에서도 바로 활용할 수 있는 개발 환경을 갖출 수 있습니다.

마무리

1. 리액트 개요

① UI를 구축할 때 가장 널리 사용하는 자바스크립트 기반 프런트엔드 라이브러리입니다.

② 리액트의 핵심 설계 철학은 다음과 같습니다.

- **컴포넌트 기반**: UI를 작고 재사용 가능한 블록으로 분리
- **가상 DOM**: 실제 DOM 대신 변경된 부분만 업데이트
- **선언형 프로그래밍**: '무엇을' 보여줄지만 작성하면 '어떻게'는 리액트가 처리

③ 리액트의 주요 특징은 다음과 같습니다.

- **단방향 데이터 흐름**: 부모 → 자식으로 흐르는 예측 가능한 구조
- **JSX 문법**: HTML과 유사한 코드 작성 가능
- **상태 관리 도구**: `useState`, `useReducer`, Context API 등 제공
- **풍부한 생태계**: Next.js, Redux, React Native 등과 쉽게 연동

2. 개발 환경 설정

① Node.js: nodejs.org에서 최신 LTS 버전 다운로드 및 설치

② VSCode: code.visualstudio.com 다운로드 및 설치 → 테마 및 익스텐션 설정

③ 크롬 브라우저: React Developer Tools 설치로 디버깅 강화

3. 리액트 애플리케이션 생성

① 보일러플레이트 선택: 빠른 개발 환경과 최신 트렌드를 반영한 Vite 권장

② 생성 과정

- VSCode에서 실습 폴더 선택
- 터미널에서 `npm create vite@latest .` 명령어 입력
- React → TypeScript 선택

- npm install과 npm run dev 명령어로 개발 서버 실행

③ 기본 구조

- package.json: 프로젝트의 정보, 설치된 패키지(의존성), 실행 스크립트 등을 관리하는 설정 파일
- index.html: 애플리케이션의 기본 HTML 구조를 정의한 파일. id="root"인 <div> 요소가 리액트 애플리케이션이 표시될 위치가 됨
- main.tsx: App 컴포넌트를 루트 DOM 요소에 렌더링하는 진입점 역할을 하는 파일
- App.tsx: 리액트 애플리케이션의 루트 컴포넌트. 실제로 화면에 표시할 UI를 구성하는 최상위 컴포넌트

MEMO

코딩
자율학습

2장

JSX 개요

웹 개발 패러다임이 빠르게 변화하면서 사용자 경험(UX)과 개발 효율성은 그 어느 때보다 중요해졌습니다. 이러한 변화에 발맞춰 등장한 혁신적인 도구 중 하나가 바로 리액트입니다. 리액트는 JSX(JavaScript XML)라는 독특한 확장 문법을 사용합니다.

이 장에서는 리액트의 핵심 요소인 JSX에 대해 알아봅니다. 기존의 HTML이나 자바스크립트와 어떤 점이 다르고, 왜 JSX가 리액트에서 중요한 역할을 하는지 살펴봅니다.

2.1

JSX란

JSX(JavaScript XML)는 자바스크립트 코드 안에서 HTML과 비슷한 문법을 사용해 UI를 정의할 수 있도록 도와주는 **문법 확장**(syntactic extension)입니다. 쉽게 말해, 자바스크립트 안에서 HTML처럼 생긴 코드를 쓸 수 있게 해주는 문법입니다.

JSX는 HTML처럼 보이지만 실제로는 HTML이 아니며, 웹 브라우저가 직접 이해할 수 있는 문법도 아닙니다. 대신 리액트가 JSX 코드를 자바스크립트 코드로 변환해서 실행합니다.

JSX가 없던 시절에는 리액트에서 UI를 만들기 위해 `createElement()` 함수를 직접 사용해야 했습니다. 예를 들어 다음과 같은 HTML 코드가 있습니다.

HTML

```
<div>
  <h1>Hello, React!</h1>
</div>
```

이 코드를 리액트에서는 다음과 같이 작성해야 했습니다.

리액트

```
React.createElement(
  'div',
  null,
  React.createElement('h1', null, 'Hello, React!')
);
```

아주 단순한 구조인데도 코드가 길고 복잡합니다. 코드가 길어질수록 더 보기 어렵고, 실수도 늘어납니다. 이런 불편함을 해결하기 위해 등장한 것이 바로 JSX입니다.

JSX를 사용하면 다음과 같이 훨씬 간단하게 작성할 수 있습니다.

JSX

```
<div>
  <h1>Hello, React!</h1>
</div>
```

앞서 설명했듯이 HTML처럼 보이지만 JSX 문법입니다. 리액트는 JSX를 내부적으로 `createElement()` 호출 코드로 바꿔 실행합니다.

리액트에서 JSX가 필수는 아닙니다. JSX 없이도 리액트를 사용할 수는 있습니다. 하지만 JSX는 코드를 더 짧고 직관적으로 만들기 때문에 대부분의 리액트 개발에서 JSX를 기본으로 사용합니다. 지금은 사실상 리액트의 표준 문법으로 자리 잡았다고 볼 수 있습니다.

리액트에서 전체 코드를 JSX로 작성하는 것은 아닙니다. JSX는 HTML처럼 보이는 부분만 해당합니다. 즉, 다음 코드에서 return으로 반환되는 <div> 태그 요소만 JSX입니다. 나머지는 모두 자바스크립트입니다. 다음 코드를 봅시다.

App.tsx

```
export default function App() {
  return (
    <div>
      <h1>Hello, React!</h1>    JSX
    </div>
  );
}
```

이 코드에서 <div>와 <h1> 태그는 JSX이고, 함수 정의나 return 구문은 자바스크립트입니다.

2.2

JSX의 문법적 특징

JSX는 HTML과 문법이 매우 유사하기 때문에 처음 접하는 사람도 어렵지 않게 사용할 수 있습니다. 하지만 HTML과는 조금 다른 JSX만의 규칙이 몇 가지 존재합니다.

2.2.1 하나의 루트 요소로 반환하기

JSX로 작성된 컴포넌트는 반드시 하나의 태그(요소)만 반환해야 합니다. 예를 들어 다음 코드는 2개의 <div> 태그를 나란히 반환해 오류가 발생합니다.

잘못된 코드: 두 개 이상의 루트 요소 반환

```
<div>첫 번째 영역</div>
<div>두 번째 영역</div>
```

기본적인 해결 방법은 2개의 태그를 하나의 부모 요소로 감싸는 것입니다.

올바른 코드: 하나의 루트 요소 반환

```
<div>
  <div>첫 번째 영역</div>
  <div>두 번째 영역</div>
</div>
```

하지만 이 방법은 <div> 같은 불필요한 태그가 추가되기 때문에 실제 HTML 구조가 복잡해질 수 있고, CSS로 스타일을 적용할 때 문제가 생길 수 있습니다.

이럴 때 리액트에서 제공하는 프래그먼트를 사용할 수 있습니다. **프래그먼트**(Fragment)는 여러 요소를 하나로 묶어주는 가상의 태그입니다. 실제 HTML에는 아무것도 렌더링되지 않기 때문에 불필요한 태그가 추가되지 않습니다.

기본 문법

```
<React.Fragment>
  <div>첫 번째 영역</div>
  <div>두 번째 영역</div>
</React.Fragment>
```

프래그먼트는 단축 문법으로도 쓸 수 있습니다. `<>...</>` 형태로 작성하면 더 짧고 읽기 쉬운 코드가 됩니다. 실무에서는 단축 문법을 더 자주 사용합니다.

단축 문법

```
<>
  <div>첫 번째 영역</div>
  <div>두 번째 영역</div>
</>
```

2.2.2 모든 태그 닫기

JSX를 사용할 때 가장 많이 실수하는 부분 중 하나가 태그를 닫는 방식입니다. HTML에서는 일부 태그를 닫지 않아도 아무 문제없이 작동합니다. 예를 들어, HTML에서는 다음과 같이 작성해도 됩니다.

HTML

```
<br>
<img>
```

이런 태그를 **빈 태그**(self-closing tag)라고 합니다. `<br>`, `<img>`, `<input>`처럼 내용 없이, 시작 태그만 존재하는 경우입니다.

하지만 JSX에서는 다릅니다. JSX에서는 빈 태그라도 `<br/>`처럼 자체 종료 태그(self-closing tag)를 사용해야 합니다. 즉, 모든 태그는 반드시 열고 닫는 구조를 가져야 하며, 빈 태그도 예외가 아닙니다.

JSX

```
<br />
<img />
```

HTML과 문법이 비슷해 보이지만, JSX는 자바스크립트 문법의 일부이기 때문에 더 엄격하게 문법을 지켜야 합니다. HTML에 익숙한 사람일수록 이 부분에서 실수하기 쉬우니 특히 주의해야 합니다.

TIP — HTML 태그를 JSX 문법에 맞게 고치기 어렵다면, 리액트에서 추천하는 **JSX 변환 도구**(https://transform.tools/html-to-jsx)를 활용해 보세요. 이 도구에 HTML 코드를 붙여 넣기만 하면 JSX 문법에 맞게 자동으로 바꿔줍니다. 예제 코드를 실습하거나 기존 HTML 코드를 리액트로 옮겨올 때 매우 유용합니다.

2.2.3 태그 속성은 카멜 케이스로 작성하기

JSX는 자바스크립트 문법과 함께 동작하므로 HTML처럼 속성명을 모두 소문자로 작성하면 오류가 발생할 수 있습니다. JSX에서는 속성명을 자바스크립트 변수명처럼 카멜 케이스로 작성해야 합니다.

TIP — **카멜 케이스**(camelCase)란 여러 단어로 이루어진 이름을 붙일 때, 첫 번째 단어는 첫 글자를 소문자, 두 번째 단어부터는 첫 글자를 대문자로 표기하는 방식입니다. 예를 들어, userInfo, tabIndex, autoPlay, className처럼 작성합니다.

이때 몇 가지 속성이 자바스크립트 예약어와 충돌할 수 있습니다. 이런 경우 다른 이름으로 대체해야 합니다. 가장 대표적인 예가 `class`입니다. `class`는 자바스크립트에서 클래스를 선언할 때 사용하는 예약어이므로 JSX에서는 그 대신 `className`을 사용합니다.

HTML

```
<div class="box"></div>
```

JSX

```
<div className="box"></div>
```

다음은 HTML과 JSX에서 서로 이름이 다른 속성들을 비교한 표입니다.

표 2-1 HTML과 JSX에서 서로 이름이 다른 속성

HTML 속성명	JSX 속성명
class	className
for	htmlFor
contenteditable	contentEditable
tabindex	tabIndex
readonly	readOnly
maxlength	maxLength
colspan	colSpan
rowspan	rowSpan
frameborder	frameBorder
usemap	useMap
accesskey	accessKey
enctype	encType
accept-charset	acceptCharset
inputmode	inputMode
autoplay	autoPlay
formnovalidate	formNoValidate

data-나 aria-로 시작하는 속성은 HTML 표준 규칙을 그대로 따릅니다. 따라서 JSX에서도 하이픈(-)을 포함한 원래 이름 그대로 사용할 수 있습니다.

수코딩의 조언

JSX에서 잘못된 속성을 사용하면 웹 브라우저의 개발자 콘솔에 경고 메시지가 뜹니다. 예를 들어 for 속성을 썼다면 리액트는 htmlFor로 바꾸라고 알려줍니다.

그림 2-1 잘못된 속성을 사용할 때 나오는 경고 메시지

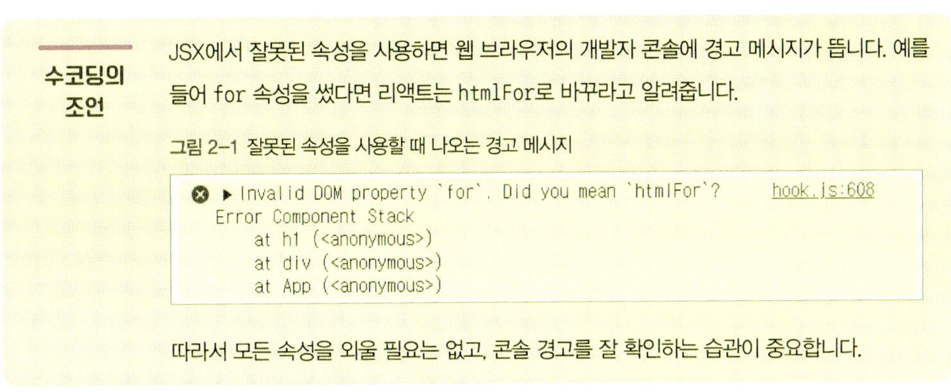

따라서 모든 속성을 외울 필요는 없고, 콘솔 경고를 잘 확인하는 습관이 중요합니다.

2.2.4 표현식은 중괄호 안에서 사용하기

JSX에서는 중괄호({}) 안에 자바스크립트 표현식을 넣어 사용할 수 있습니다. 이 덕분에 화면에 표시할 내용을 동적으로 만들 수 있습니다.

다음 코드는 {10 + 20}이라는 자바스크립트 표현식을 계산한 뒤 결과인 30을 화면에 표시합니다.

```
<h1>result: {10 + 20} </h1>
```

그림 2-2 자바스크립트 표현식 사용 결과

result: 30

JSX 안에서 삼항 연산자(조건 ? 참일 때 : 거짓일 때)도 사용할 수 있습니다. 다음 코드는 조건 10 < 20이 참(true)이므로 '10이 더 작다'가 화면에 표시됩니다.

```
<h1>{10 < 20 ? "10이 더 작다" : "20이 더 크다"}</h1>
```

그림 2-3 삼항 연산자 사용 결과

10이 더 작다

논리 연산자 &&를 사용하면 조건이 참일 때만 JSX 요소를 출력할 수 있습니다. 다음 코드에서 첫 번째 조건인 10 > 20은 거짓이므로 <h1>10이 20보다 크다</h1>는 렌더링되지 않습니다. 두 번째 조건인 10 < 20은 참이므로 해당 태그만 화면에 나타납니다.

```
<>
  {10 > 20 && <h1>10이 20보다 크다</h1>}
  {10 < 20 && <h1>10이 20보다 작다</h1>}
</>
```

그림 2-4 논리 연산자 && 사용 결과

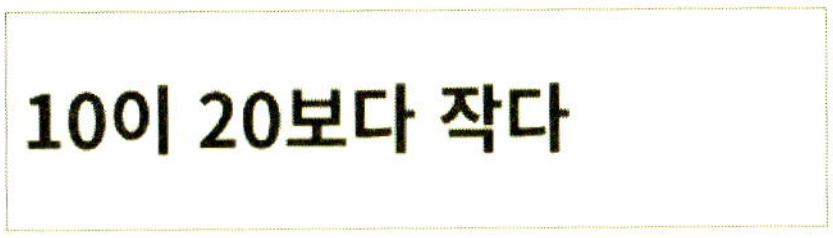

10이 20보다 작다

TIP — <>...</>는 여러 요소를 하나로 묶을 때 사용하는 프래그먼트 단축 문법입니다. 자세한 내용은 **2.2.1절**에서 다뤘습니다.

이처럼 JSX 내에서 자바스크립트 표현식을 사용하면 동적 데이터를 손쉽게 렌더링하거나 조건에 따라 다른 컴포넌트를 출력할 수 있습니다. 이 부분은 리액트를 배우면서 하나씩 확인해 보겠습니다.

2.2.5 인라인 스타일은 객체로 지정하기

HTML에서는 태그에 직접 style 속성을 지정해 스타일을 적용할 수 있습니다. 이렇게 태그 안에 직접 스타일을 작성하는 방식을 **인라인 스타일**이라고 합니다. 예를 들어, 다음과 같이 style 속성에 문자열을 할당해 <h1> 태그의 텍스트 색상을 red, 배경 색상을 lightgray로 설정합니다.

```
<h1 style="color: red; background-color: lightgray">Styled Text</h1>
```

JSX에서는 style 속성에 문자열이 아닌 자바스크립트 객체를 할당합니다. 그리고 CSS 속성명은 반드시 카멜 케이스로 작성해야 합니다. 앞의 예제를 JSX로 바꾸면 다음과 같습니다. 속성 이름에 하이픈(-)이 있다면 모두 카멜 케이스로 바꿔야 합니다. 따라서 background-color는 backgroundColor로 표기합니다.

```
<h1
  style={{
    color: "red",
    backgroundColor: "lightgray",
  }}
>Styled Text
</h1>
```

그림 2-5 스타일 지정 결과

Styled Text

스타일링에 관한 내용은 **5장**에서 자세히 배웁니다.

2.2.6 중괄호 안에 주석 작성하기

프로그래밍에서는 코드에 설명을 추가하거나 특정 부분을 임시로 비활성화할 때 **주석**(comment)을 사용합니다. JSX에서도 주석을 사용할 수 있으며, JSX만의 특별한 작성 규칙이 있습니다. JSX에서는 중괄호 안에 `/* 주석 내용 */` 형태로 주석을 작성해야 합니다.

```
<>
  {/* 올바른 주석 */}
  <div>올바른 주석 사용 예</div>
</>
```

HTML이나 자바스크립트에서 사용하는 주석 방식을 사용하면 웹 브라우저에 그대로 노출됩니다.

잘못된 사용 방법

```
<>
  {/* 올바른 주석 */}
  // 잘못된 주석
  /* 잘못된 주석 */
  <div>잘못된 주석 사용 예</div>
</>
```

JSX는 내부적으로 HTML과 자바스크립트를 섞어 사용하므로 태그 밖에 있는 `//`, `/* */`는 일반 텍스트로 인식됩니다.

그림 2-6 잘못된 주석 사용 예

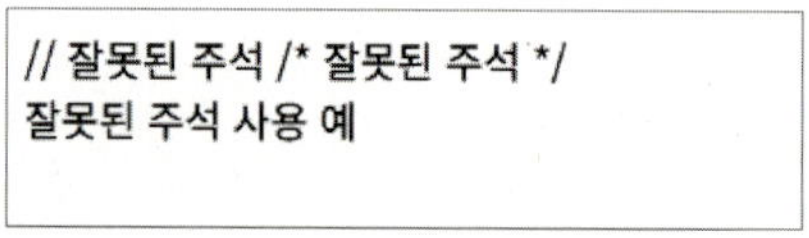

// 잘못된 주석 /* 잘못된 주석 */
잘못된 주석 사용 예

TIP — VSCode에서는 코드를 일일이 수정하지 않고, 단축키로 간편하게 JSX 주석을 추가할 수 있습니다. 자동으로 `{/* */}` 형식으로 주석을 처리해 주므로 매우 편리합니다.

- **윈도우:** Ctrl + /
- **맥OS:** command + /

1분 퀴즈

정답 노트 p.784

01. JSX에서 컴포넌트가 반환할 수 있는 루트 요소의 개수는 몇 개인가요?

① 여러 개　② 1개　③ 2개　④ 0개

02. JSX에서 빈 태그를 작성하는 방법으로 알맞은 것은 무엇인가요?

① 종료 태그를 생략해도 된다.

② 빈 태그는 사용할 수 없다.

③ 반드시 </> 형태의 종료 태그로 닫아야 한다.

④ 슬래시(/)를 포함한 종료 태그로 작성해야 한다.

03. 다음 중 프래그먼트 단축 문법으로 올바른 것은 무엇인가요?

① `<Fragment></Fragment>`　② `<React.Fragment></React.Fragment>`

③ `<></>`　④ `<F></F>`

04. JSX에서 자바스크립트 표현식을 삽입할 때 사용하는 기호는 무엇인가요?

① ( )　② { }　③ <>　④ " "

05. JSX에서 인라인 스타일을 지정하는 방법으로 올바른 것은 무엇인가요?

① 문자열로 CSS 코드를 작성한다.

② 외부 CSS 파일을 반드시 임포트해야 한다.

③ CSS 클래스를 적용하고 인라인 스타일은 사용하지 않는다.

④ 자바스크립트 객체로 작성하고, 속성명은 카멜 케이스로 작성한다.

06. JSX 내부에서 주석을 작성할 때 올바른 방식은 무엇인가요?

① `// 주석`　② `/* 주석 */`　③ `{/* 주석 */}`　④ `<!-- 주석 -->`

마무리

1. JSX

① JSX는 자바스크립트 코드 안에 HTML과 유사한 문법을 사용해 UI를 정의할 수 있도록 해주는 문법 확장입니다.

② HTML처럼 보이지만 실제로는 자바스크립트 코드로 변환되어 실행됩니다.

2. JSX의 문법적 특징

① 하나의 루트 요소로 반환하기: JSX에서 작성하는 컴포넌트는 반드시 하나의 루트 요소만 반환해야 합니다. 여러 요소를 반환하려면 하나의 부모 요소로 감싸거나 Fragment를 사용해야 합니다.

② 모든 태그 닫기: HTML에서는 빈 태그를 닫지 않아도 되지만, JSX에서는 모든 태그를 반드시 닫아야 합니다.

③ 태그 속성은 카멜 케이스로 작성하기: JSX에서는 HTML 속성명을 카멜 케이스로 작성해야 합니다. `class`나 `for`처럼 자바스크립트 예약어와 충돌하는 속성은 `className`, `htmlFor`와 같이 다른 이름으로 대체합니다.

④ 표현식은 중괄호 안에서 사용하기: JSX에서는 중괄호({})를 사용해 자바스크립트 표현식을 삽입할 수 있습니다.

⑤ 인라인 스타일은 객체로 지정하기: HTML에서는 `style` 속성을 문자열로 스타일을 지정하지만, JSX에서는 자바스크립트 객체로 지정합니다.

⑥ 주석은 중괄호 안에 작성하기: JSX에서는 주석을 중괄호 안에 `/* ... */` 형식으로 작성해야 합니다.

3장

컴포넌트

이 장에서는 리액트 컴포넌트의 개념, 함수형 컴포넌트와 클래스 컴포넌트의 차이점, 컴포넌트가 상태와 속성을 활용해 동적 UI를 구성하는 방법을 알아봅니다. 또한, 컴포넌트를 어떻게 구성하고 결합할 수 있는지, 효율적인 컴포넌트 설계 원칙은 무엇인지 살펴봅니다.

3.1

컴포넌트란

컴포넌트(component)는 UI를 구성하는 독립적이며 재사용 가능한 작은 단위를 의미합니다. 리액트는 이러한 컴포넌트를 조합해 하나의 애플리케이션을 완성합니다. 예를 들어, 다음과 같은 웹 페이지 구조를 생각해 봅시다.

- **header**: 로고, 내비게이션 바
- **nav**: 웹사이트 메뉴
- **article**: 주요 콘텐츠
- **section**: 세부 콘텐츠
- **aside**: 광고, 추가 정보
- **footer**: 저작권 정보, 연락처

그림 3-1 웹 페이지 추상화

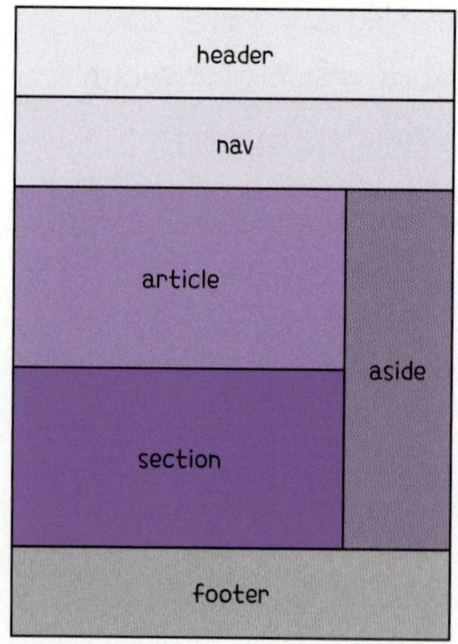

이처럼 웹 페이지를 기능 단위로 나누는 과정을 **추상화**(abstraction)라고 합니다. 추상화는 복잡한 구조를 단순하게 표현함으로써 전체 시스템을 더 명확하게 이해하고 관리할 수 있도록 해줍니다.

앞에서처럼 웹 페이지의 구조를 header, nav, article, section, aside, footer와 같이 각 기능에 따라 나눌 경우, 이들을 각각 컴포넌트로 구현한 후, App 컴포넌트에서 모두 조합하면 하나의 웹 페이지가 완성됩니다.


```
// Header 컴포넌트: 로고와 내비게이션 바
function Header() {
  return (
    <header>
      <h1>My Website</h1>
      <Nav />
    </header>
  );
}
// Navigation 컴포넌트: 웹 사이트 메뉴
function Nav() {
  return (
    <nav>Home | About | Services | Contact</nav>
  );
}
// Article 컴포넌트: 주요 콘텐츠
function Article() {
  return (
    <article>
      <h2>Main Article</h2>
    </article>
  );
}
// Section 컴포넌트: 세부 콘텐츠
function Section() {
  return (
    <section>
      <h3>More Details</h3>
    </section>
  );
```

```
}
// Aside 컴포넌트: 광고, 추가 정보
function Aside() {
  return (
    <aside>
      <h3>Related Links</h3>
    </aside>
  );
}
// Footer 컴포넌트: 저작권 정보, 연락처
function Footer() {
  return (
    <footer>
      <p>© 2025 My Website. All rights reserved.</p>
    </footer>
  );
}
// App 컴포넌트: 모든 컴포넌트를 조합해 전체 페이지 구성
function App() {
  return (
    <div>
      <Header />
        <Article />
        <Aside />
      <Footer />
    </div>
  );
}
```

컴포넌트 단위로 애플리케이션을 구성하면 다음과 같은 이점이 있습니다.

1. **재사용 가능**: 컴포넌트는 여러 위치에서 반복적으로 사용할 수 있습니다. 예를 들어, 헤더와 푸터는 대부분의 페이지에서 공통으로 사용합니다. 따라서 이를 컴포넌트로 분리해두면 중복 코드 없이 필요한 곳에서 쉽게 불러와 사용할 수 있습니다.

2. **유지보수 용이**: 컴포넌트를 작게 나누면 각 컴포넌트를 독립적으로 관리할 수 있어 유지보수가 편리합니다. 오류가 발생했을 때 어느 컴포넌트에서 문제가 생겼는지 빠르게 파악할 수 있고, 수정할 때 다른 부분에 영향을 주지 않아 안정적인 개발이 가능합니다.

3. **로직 분리 가능**: 사용자 인터페이스(UI)와 사용자 경험(UX) 관련 로직을 컴포넌트별로 분리할 수 있습니다. 예를 들어, 데이터를 처리하는 비즈니스 로직 컴포넌트와 화면을 구성하는 UI 컴포넌트를 분리하면 코드의 가독성과 유지보수성이 높아집니다.

4. **복잡한 상태 관리 가능**: 컴포넌트를 가능한 한 작은 단위로 나누면 상태 관리가 더 명확해지고 효율적인 렌더링이 가능해집니다. 리액트에서는 상태가 변경되면 자동으로 화면(UI)이 리렌더링되는데, 컴포넌트를 세분하면 변경된 부분만 선택적으로 렌더링할 수 있어 성능을 최적화할 수 있습니다. 또한, 상태 변화가 잦은 UI 영역을 별도의 컴포넌트로 분리하면 불필요한 렌더링을 줄여 성능 저하를 방지할 수 있습니다.

이제부터 컴포넌트에 대해 직접 배우며 컴포넌트의 이점을 더 자세히 살펴보고 어떤 기준으로 컴포넌트를 나누는 것이 좋은지 알아보겠습니다.

수코딩의 조언

컴포넌트를 어떻게 나눌지는 개발자마다 다를 수 있습니다. **그림 3-1**처럼 6개의 컴포넌트로 나눌 수도 있고, 상황에 따라 더 적거나 많은 컴포넌트로 분리할 수도 있습니다. 중요한 것은 '너무 세분하면 관리가 어렵고, 너무 뭉뚱그리면 재사용성과 유지보수성이 떨어진다'는 점입니다. 따라서 목적에 맞게 적절한 수준으로 나누는 것이 가장 중요합니다.

3.2

컴포넌트의 종류

리액트에서 컴포넌트는 클래스 컴포넌트와 함수형 컴포넌트로 나눌 수 있습니다.

3.2.1 클래스 컴포넌트

클래스 컴포넌트(class component)는 ES6에서 도입된 클래스 문법을 사용해 컴포넌트를 정의합니다. 클래스 컴포넌트는 리액트의 Component 클래스를 상속받아 생성하며, 반드시 render() 메서드를 포함해야 합니다. 그리고 render() 메서드 안에서 컴포넌트가 화면에 보여줄 UI를 반환합니다.

클래스 컴포넌트의 기본 구조는 다음과 같습니다.

형식

```
import { Component } from 'react';

class [컴포넌트_이름] extends Component {
  // JSX를 반환하는 render() 메서드
  render() {
    return (...)
  }
}
export default [컴포넌트_이름];
```

클래스 컴포넌트를 간단하게 만들어 보겠습니다. **1장**에서 생성한 리액트 애플리케이션에서 src 폴더의 App 컴포넌트(App.tsx)를 열고 내용을 모두 지운 후 다음과 같이 코드를 작성합니다.

src/App.tsx

```
import { Component } from 'react'; ---------- ❶

class App extends Component { ------------- ❷
  render() { ------------------------------ ❸
    return <h1>Hello, Class Component!</h1>
  }
}
export default App; ----------------------- ❹
```

❶ react 패키지에서 Component 클래스를 불러옵니다. Component는 리액트에서 제공하는 기본 컴포넌트 클래스입니다. 이 클래스를 상속하면 리액트 컴포넌트를 클래스 문법으로 정의할 수 있습니다.

❷ extends 키워드로 Component 클래스를 상속받습니다. 이렇게 하면 App 컴포넌트는 리액트의 기본 컴포넌트 기능을 사용할 수 있습니다.

❸ render() 메서드는 클래스 컴포넌트에서 꼭 필요합니다. 이 메서드는 화면에 보여줄 UI 요소를 반환하는 역할을 합니다. JSX 문법으로 작성한 <h1>Hello, Class Component!</h1>를 반환하므로 웹 브라우저 화면에는 해당 텍스트가 표시됩니다.

❹ App 컴포넌트를 다른 파일에서 사용할 수 있도록 내보냅니다. 그러면 다른 곳에서 App 컴포넌트를 불러와 사용할 수 있습니다. 예를 들어 main.tsx 파일에서는 import App from './App';과 같은 형태로 임포트해 렌더링할 수 있습니다.

생성한 클래스 컴포넌트를 실행해 봅시다. 터미널을 열고 프로젝트 루트 폴더(여기서는 vite-react)에서 다음과 같이 서버를 실행합니다.

TERMINAL

```
npm install
npm run dev
```

터미널에 표시된 로컬 주소(http://localhost:5173 등)를 Ctrl (맥OS에서는 command)을 누른 상태로 클릭하면 웹 브라우저가 열립니다. 화면에 다음과 같이 render() 메서드 안 텍스트가 렌더링되어 표시됩니다.

그림 3-2 클래스 컴포넌트 생성 결과 확인

Hello, Class Component!

TIP — 클래스 컴포넌트에 관해 더 자세히 알고 싶다면 리액트 공식 문서(https://react.dev/reference/react/Component)를 참고하세요.

Note 클래스 문법

클래스는 기존의 프로토타입 기반 객체 생성 방식을 더 직관적으로 개선한 객체 지향 스타일의 문법으로 ES6에서 도입되었습니다. 기본 구조는 다음과 같습니다.

형식
```
// 클래스 정의
class ClassName {
  constructor(name, age) {
    // 생성자 메서드(객체 초기화)
    this.property1 = value1; // 객체 속성
    this.property2 = value2;
  }
  method() {
    // 메서드 정의
  }
}
const instance = new ClassName(arguments); // 객체 생성
instance.method(); // 메서드 호출
```

- `class` 키워드로 클래스를 정의합니다.
- `constructor()`는 객체를 생성할 때 호출되어 초기 속성을 설정합니다.
- `this` 키워드를 사용해 객체 속성을 참조하거나 설정합니다.
- `new` 키워드로 객체를 생성하고, 정의된 메서드를 호출할 수 있습니다.

이러한 클래스 문법을 기반으로 리액트에서는 `Component` 클래스를 상속해 화면을 구성하는 컴포넌트를 정의할 수 있습니다.

3.2.2 함수형 컴포넌트

함수형 컴포넌트(functional component)는 함수를 사용해 컴포넌트를 작성하는 방식입니다. 기본 구조는 매우 간단합니다. `function` 키워드로 함수를 선언한 뒤, `return` 문 안에 JSX를 사용해 화면에 표시할 UI 구조를 정의합니다. 함수형 컴포넌트가 실행되면 `return` 문에 작성한 JSX가 반환됩니다. 리액트는 반환된 JSX를 HTML로 변환해 웹 브라우저에 렌더링합니다. 즉, JSX로 실제 화면(UI)이 어떻게 보여야 할지 구성하는 것입니다.

형식
```
export default function [컴포넌트_이름]() {
  return (...); // JSX 반환
}
```

함수형 컴포넌트의 이름은 파스칼 케이스로 작성해야 합니다. 이는 리액트가 해당 함수를 일반 HTML 태그가 아닌 컴포넌트로 인식하는 데 필요합니다.

TIP — **파스칼 케이스**(PascalCase)란 각 단어의 첫 글자를 대문자로 쓰고, 공백이나 구분자 없이 이어 붙이는 표기법입니다.

함수형 컴포넌트를 직접 만들어 보겠습니다. App 컴포넌트에 있는 기존 코드를 모두 삭제하고 다음과 같이 새로운 코드를 작성합니다.

src/App.tsx
```
export default function App() { ---------- ❶
  return ( --------------------------------- ❷
    <>
      <h1>Hello, Function Component!</h1>
    </>
  );
}
```

❶ App 컴포넌트를 함수형 컴포넌트로 선언합니다. 선언할 때 `export default` 키워드를 사용하면 이 컴포넌트를 다른 파일에서 쉽게 불러와 사용할 수 있습니다. 컴포넌트의 이름은 파스칼 케이스를 따라 작성합니다.

❷ return 문 안에는 리액트에서 사용하는 JSX 문법을 작성합니다. 여기서는 Fragment 단축 문법인 `<>...</>`를 사용해 `<h1>` 요소를 감쌉니다. Fragment는 여러 요소를 감쌀 때 불필요한 HTML 태그를 추가하지 않고 그룹화할 수 있게 해줍니다.

코드를 저장한 뒤 애플리케이션을 실행하면 다음 결과를 확인할 수 있습니다.

그림 3-3 함수형 컴포넌트 생성 결과

Hello, Function Component!

함수형 컴포넌트는 클래스 컴포넌트보다 문법이 간결하고 직관적입니다. 상속이나 복잡한 구조 없이 함수 하나만으로 컴포넌트를 만들 수 있어 가독성이 뛰어나고 작성하기도 쉽습니다.

3.2.3 클래스 컴포넌트와 함수형 컴포넌트 사용

리액트에서는 클래스 컴포넌트와 함수형 컴포넌트를 모두 사용할 수 있습니다. 그렇다면 실제 개발에서는 어떤 방식을 사용하는 것이 좋을까요?

리액트 16.8 이전에는 상태 관리나 생명주기 기능을 구현하려면 클래스 컴포넌트를 반드시 사용해야 했습니다. 하지만 클래스 컴포넌트는 문법이 복잡하고, 상태 관리나 코드 재사용이 어렵다는 단점이 있었습니다.

과거에는 클래스 컴포넌트가 표준 방식이었지지만 지금은 상황이 많이 달라졌습니다. 현재는 함수형 컴포넌트가 표준처럼 자리 잡았습니다. 단순히 `function` 키워드로 컴포넌트를 정의할 수 있어서 자바스크립트를 익힌 사람에게 더 직관적입니다. 또한, 리액트 훅의 도입으로 상태 관리, 생명주기 처리 등 대부분의 기능을 함수형 컴포넌트에서 구현할 수 있게 되었습니다.

리액트 팀 또한 공식 문서에서 함수형 컴포넌트를 기본으로 설명하며, 새로운 기능도 함수형 컴포넌트를 중심으로 설계되고 있습니다. 예전 프로젝트(리액트 16.8 이전)나 레거시 코드를 유지보수하는 경우에는 여전히 클래스 컴포넌트 문법이 필요할 수 있습니다. 그러나 리액트 16.8이 발표된 2019년 이후 대부분 프로젝트에서는 함수형 컴포넌트를 주로 사용합니다.

이 책에서도 함수형 컴포넌트를 기본으로 설명합니다. 앞으로 컴포넌트라고 언급할 경우, 별도로 명시하지 않는 한 함수형 컴포넌트를 의미합니다. 클래스 컴포넌트와 구분이 필요한 경우에만 명칭을 명확하게 구분하겠습니다.

1분 퀴즈

정답 노트 p.784

01. 다음 중 리액트 컴포넌트를 사용하는 주요 이유가 아닌 것은 무엇인가요?

① 유지보수를 쉽게 하기 위해

② 코드 재사용성을 높이기 위해

③ 상태 관리를 용이하게 하기 위해

④ 데이터를 영구적으로 저장하기 위해

02. 다음 중 클래스 컴포넌트에서 사용하지 않는 문법은 무엇인가요?

① constructor()

② componentDidMount()

③ render()

④ function()

03. 함수형 컴포넌트에서 화면에 표시할 JSX는 어디에 작성하나요?

① return 문

② constructor()

③ render()

④ componentDidUpdate()

3.3

컴포넌트 기초

리액트의 핵심은 컴포넌트입니다. 하지만 컴포넌트를 제대로 이해하려면 그 기반이 되는 개념들을 함께 알아야 합니다. 이 과정은 마치 퍼즐 조각을 하나씩 맞추는 것과 같습니다. 이 절에서는 컴포넌트의 기초 개념을 하나씩 살펴보며, 리액트가 어떤 구조로 동작하는지 이해해 보겠습니다. 또한, 각 요소가 서로 어떻게 연결되어 작동하는지, 실제 애플리케이션에서는 어떻게 활용하는지도 함께 알아봅니다.

3.3.1 컴포넌트 확장자

리액트에서는 컴포넌트를 작성할 때 .js, .jsx, .ts, .tsx 같은 파일 확장자를 사용할 수 있습니다. 하지만 확장자에 따라 JSX 문법을 사용할 수 있는지 여부가 달라집니다. 확장자별 JSX 지원 여부는 다음 표에서 확인할 수 있습니다.

표 3-1 CRA와 Vite 기반 프로젝트의 확장자별 JSX 지원 여부

확장자	CRA	Vite
.js	JSX 지원	JSX 지원
.jsx	JSX 지원	JSX 지원
.ts	JSX 지원 안 함	JSX 지원 안 함
.tsx	JSX 지원	JSX 지원

관용적으로 자바스크립트 기반 리액트 애플리케이션에서는 .jsx, 타입스크립트 기반의 리액트 애플리케이션에서는 JSX 문법을 함께 사용할 수 있는 .tsx 확장자를 사용합니다. 이 책은 타입스크립트 기반으로 리액트를 설명하므로 컴포넌트는 .tsx 확장자를 사용해 작성합니다.

3.3.2 컴포넌트 정의

컴포넌트를 정의하는 방법을 살펴보겠습니다. **3.2.2절**에서 살펴봤지만, 매우 중요한 내용이므로 여기서 다시 정리하겠습니다.

● 함수형 컴포넌트 정의

함수형 컴포넌트는 다음과 같이 함수를 사용해 컴포넌트를 정의합니다.

src/App.tsx

```
export default function App() {
  return (
    <>
      <h1>Hello, Function Component!</h1>
    </>
  );
}
```

이를 함수 선언문 방식이라고 하며, 컴포넌트는 function 키워드로 정의하고 JSX를 return 문 안에 작성합니다. 그리고 이 컴포넌트를 다른 파일에서 사용할 수 있도록 내보내기(export)합니다.

컴포넌트를 내보낼 때는 두 가지 방식 중 하나를 선택할 수 있습니다. export 키워드만 사용하면 컴포넌트를 불러오는 쪽에서 중괄호({})를 사용해 불러와야 합니다. 반면에 export default 키워드를 사용하면 중괄호 없이 바로 불러올 수 있습니다. 또한, export를 사용하면 하나의 파일에서 여러 컴포넌트를 내보낼 수 있지만, export default는 한 파일에서 하나의 기본 컴포넌트만 내보낼 수 있습니다.

```
import { App } from './App.tsx'; // export function App() { ... } 사용 시
import  App  from './App.tsx'; // export default function App() { ... } 사용 시
```

컴포넌트를 정의하고 내보내는 방식은 프로젝트 구조나 협업 스타일에 따라 달라질 수 있습니다. 하지만 초보자라면 먼저 export default 방식을 익히고, 필요할 때 export 방식도 함께 사용하는 것이 좋습니다. 이 책에서는 가독성과 사용의 일관성을 위해 export default 방식을 사용합니다.

다른 정의 방식

함수형 컴포넌트는 function 키워드를 사용한 함수 선언문 방식 외에도 함수 표현식이나 화살표 함수(arrow function)를 사용해 정의할 수도 있습니다.

함수 표현식

```
const App = function App() {
  return (
    <>
      <h1>Hello, Function Component!</h1>
    </>
  );
};
export default App;
```

화살표 함수

```
const App = () => {
  return (
    <>
      <h1>Hello, Function Component!</h1>
    </>
  );
};
export default App;
```

세 가지 방식은 모두 동일하게 동작합니다. 어떤 방식으로 컴포넌트를 작성하더라도 리액트는 정상적으로 컴포넌트로 인식하고 렌더링합니다. 하지만 함수 선언문 방식을 가장 많이 사용합니다. 코드의 가독성이 좋고, 함수 이름이 명확하게 보이기 때문입니다. 이 책에서도 함수 선언문 방식을 기준으로 컴포넌트를 설명합니다.

3.3.3 컴포넌트 추가

리액트 애플리케이션은 여러 컴포넌트 파일이 결합되어 하나의 화면을 구성합니다. 따라서 화면에 여러 컴포넌트를 함께 렌더링하는 방법을 익히는 것이 중요합니다.

웹 브라우저 화면에 표시되는 시작점은 App 컴포넌트입니다. 여기에 새로운 컴포넌트를 하나 만들어 함께 표시해 보겠습니다. App.tsx 파일을 다음과 같이 수정합니다.

src/App.tsx

```
function Header() { ----------- ❶
  return (
    <>
      <h1>Header!</h1>
    </>
  );
}
export default function App() {
  return (
    <>
      <Header /> -------------- ❷
      <h1>Hello, Function Component!</h1>
    </>
  );
}
```

❶ Header라는 함수형 컴포넌트를 정의하고 return 문 안에 JSX를 작성해 화면에 표시할 내용을 구성합니다. 이 예제에서는 <h1>Header!</h1> 요소를 반환하므로 웹 브라우저에는 'Header!'라는 제목이 표시됩니다.

❷ App 컴포넌트 내부에서 Header 컴포넌트를 HTML 태그처럼 <Header /> 형태로 사용합니다. 리액트는 이 태그를 보고 Header 컴포넌트를 실행하고, 그 결과로 생성된 JSX를 App 컴포넌트 내에 함께 렌더링합니다.

코드를 저장한 뒤 애플리케이션을 실행하면 다음 결과를 확인할 수 있습니다.

그림 3-4 Header 컴포넌트 추가 결과

Header!

Hello, Function Component!

앞에서 Header 컴포넌트를 추가한 것처럼 같은 방식으로 Main과 Footer 컴포넌트도 추가할 수 있습니다.

src/App.tsx

```
function Header() {
  return (
    <>
      <h1>Header!</h1>
    </>
  );
}
function Main() { ------------- ❶
  return (
    <>
      <h1>Hello, Function Component!</h1>
    </>
  );
}
function Footer() { ----------- ❷
  return (
    <>
      <h1>Footer!</h1>
    </>
  );
}
export default function App() {
  return (
    <>
      <Header />
      <Main /> ----------------- ❸
      <Footer /> --------------- ❹
    </>
  );
}
```

❶ Main 컴포넌트는 `<h1>Hello, Function Component!</h1>`를 반환합니다.

❷ Footer 컴포넌트는 `<h1>Footer!</h1>`를 반환합니다.

❸ App 컴포넌트에서 `<Main />`을 사용하면 Main 컴포넌트가 실행되어 JSX가 반환됩니다.

❹ `<Footer />`도 같은 방식으로 실행되어 JSX가 화면에 렌더링됩니다.

애플리케이션을 실행하면 App 컴포넌트가 실행되며 return 문 안의 JSX를 웹 브라우저에 출력합니다. `<Header />`는 Header 컴포넌트를 실행하고, 'Header!'를 출력합니다. `<Main />`은 Main 컴포넌트를 실행하고, 'Hello, Function Component!'를 출력합니다. `<Footer />`는 Footer 컴포넌트를 실행하고, 'Footer!'를 출력합니다.

화면에는 세 개의 제목 텍스트가 순서대로(Header! → Hello, Function Component! → Footer!) 표시됩니다.

그림 3-5 Main과 Footer 컴포넌트 추가 결과

Header!

Hello, Function Component!

Footer!

이처럼 컴포넌트를 한 파일에 정의하고 사용할 수도 있습니다. 하지만 여러 컴포넌트를 한꺼번에 App.tsx 내부에 작성하는 방식은 유지보수나 가독성 측면에서 바람직하지 않습니다.

컴포넌트 파일 분리

앞에서 만든 Header, Main, Footer 컴포넌트는 모두 App.tsx 파일 안에 작성했습니다. 하지만 실무에서는 컴포넌트를 파일 단위로 분리해 관리하는 것이 일반적입니다. 이렇게 하면 각 컴포넌트를 독립적으로 관리할 수 있어 코드의 가독성과 유지보수성이 높아집니다.

> **수코딩의 조언**
>
> 리액트 애플리케이션에서는 컴포넌트 파일을 보통 src 폴더 하위에 작성합니다. 개발자에 따라 src/components 폴더를 만들어 컴포넌트를 정리하는 경우가 많습니다. 이 책에서는 App.tsx를 제외한 모든 컴포넌트는 src/components 폴더 아래에 작성합니다.

컴포넌트를 파일 단위로 분리해 보겠습니다. **그림 3-6**과 같이 src 폴더에 components 폴더를 추가하고 그 안에 Header.tsx, Main.tsx, Footer.tsx 파일을 만듭니다.

그림 3-6 추가한 폴더와 파일 구조

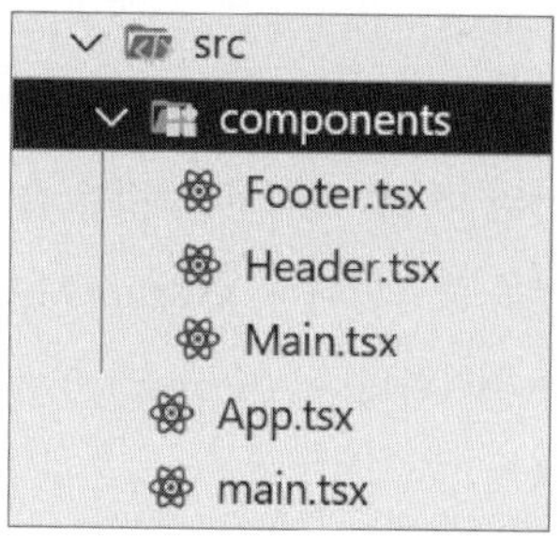

각 파일에 해당 컴포넌트를 옮겨 작성합니다. App.tsx 파일에서는 각 컴포넌트를 불러와서 사용(import)해야 합니다. App.tsx에서 해당 컴포넌트를 불러오려면 각 컴포넌트 파일에서 export default 키워드를 사용해 컴포넌트를 내보내야 합니다.

src/components/Header.tsx

```
export default function Header() {
  return (
    <>
      <h1>Header!</h1>
    </>
  );
}
```

src/components/Main.tsx

```
export default function Main() {
  return (
    <>
      <h1>Hello, Function Component!</h1>
    </>
  );
}
```

src/components/Footer.tsx

```
export default function Footer() {
  return (
    <>
      <h1>Footer!</h1>
    </>
```

```
  );
}
```

이제 App.tsx에서 다음과 같이 import 문을 사용해 컴포넌트를 불러올 수 있습니다.

src/App.tsx

```
import Header from './components/Header';
import Main from './components/Main';
import Footer from './components/Footer';

export default function App() {
  return (
    <>
      <Header />
      <Main />
      <Footer />
    </>
  );
}
```

리액트에서는 다른 파일에 있는 컴포넌트를 사용할 때 import 문을 사용합니다.

형식 `import 컴포넌트_이름 from '파일_경로';`

파일 경로는 상대 경로로 작성합니다. **상대 경로**는 현재 파일이 있는 위치를 기준으로 다른 파일의 위치를 나타내는 방식입니다. 즉, import 문법을 사용하는 컴포넌트 파일의 위치를 기준으로 불러오는 컴포넌트 파일의 위치를 작성합니다. 상대 경로에서 **./**는 현재 파일이 위치한 폴더를 나타내고 **../**는 상위 폴더(한 단계 위)를 나타냅니다. 예를 들어, ./components/Header는 App.tsx가 위치한 src 폴더를 기준으로 그 하위 폴더인 components 안 Header.tsx를 가리킵니다.

파일 경로에서 확장자(.tsx)는 생략 가능합니다. 즉, ./components/Header.tsx 대신 ./components/Header만 작성해도 됩니다.

작성한 코드를 저장하고 실행하면 이전과 동일하게(**그림 3-5**) 3줄의 텍스트를 화면에 출력합니다.

Note **import 문 자동 완성 기능**

리액트에서 여러 컴포넌트를 작성하다 보면 각 컴포넌트를 사용할 때마다 import 문을 직접 입력해야 하는 일이 자주 생깁니다. 하지만 매번 파일 경로를 일일이 작성하는 건 꽤 번거롭습니다. 이럴 때는 VSCode의 자동 완성 기능을 활용하면 훨씬 편리합니다.

return 문 안에서 사용할 컴포넌트 이름(예 <Header />)을 먼저 작성합니다. 그리고 커서를 컴포넌트 이름 바로 뒤에 두고 단축키를 눌러 컴포넌트 목록을 불러옵니다. 단축키는 Ctrl + Space(윈도우) 또는 fn + Ctrl + Space(맥OS)입니다. 화면에 컴포넌트 목록과 파일 경로가 표시됩니다. 목록에서 해당 컴포넌트를 선택하면 import 문이 자동으로 작성됩니다.

그림 3-7 import 문 자동 완성

src > App.tsx > App

```
export default function App() {
  return (
    <>
      <Header />
    </>
  );
}
```

Header ./components/Head...
Headers
header

자동 완성 목록에서 선택

src > App.tsx > App

```
import Header from "./components/Header";

export default function App() {
  return (
    <>
      <Header />
    </>
  );
}
```

자동 완성 결과

3.3.4 컴포넌트 트리

리액트 애플리케이션은 App 컴포넌트에 여러 하위 컴포넌트를 포함하면서 전체 UI를 구성합니다. 즉, 하나의 컴포넌트 안에 또 다른 컴포넌트를 포함하는 방식으로 계층적 구조가 형성됩니다. 이렇게 컴포넌트들이 연결된 구조를 **컴포넌트 트리**(component tree)라고 합니다.

App 컴포넌트는 리액트 애플리케이션에서 가장 바깥쪽에 위치하는 컴포넌트입니다. 그래서 App을 **루트 컴포넌트**(root component)라고 합니다. 모든 컴포넌트는 이 루트 컴포넌트를 통해 트리 구조로 연결됩니다.

앞에서 작성한 컴포넌트 구조는 다음과 같습니다. App을 루트로 해 Header, Main, Footer가 자식 컴포넌트로 포함된 형태입니다.

그림 3-8 컴포넌트 트리

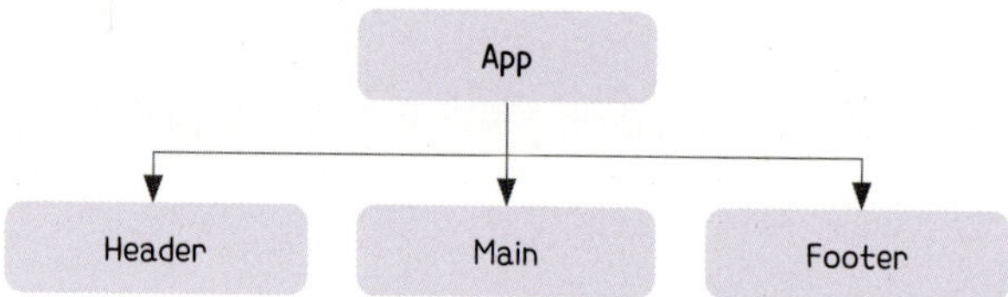

새로운 컴포넌트를 추가하면 트리 구조가 어떻게 바뀔까요? Header 컴포넌트 안에 Nav 컴포넌트를 추가해 트리 구조가 어떻게 바뀌는지 확인해 보겠습니다.

src/components/Nav.tsx

```
export default function Nav() {
  return (
    <>
      <h1>Navigation</h1>
    </>
  );
}
```

src/components/Header.tsx

```
import Nav from './Nav';

export default function Header() {
  return (
    <>
      <h1>Header!</h1>
      <Nav />
    </>
  );
}
```

Header 컴포넌트는 먼저 'Header!'라는 제목을 출력하고, 바로 아래에 <Nav /> 컴포넌트를 렌더링합니다. 즉, 화면에는 'Header!'와 'Navigation' 텍스트가 순서대로 출력됩니다.

그림 3-9 Nav 컴포넌트를 추가한 결과

Header!
Navigation
Hello, Function Component!
Footer!

Nav 컴포넌트를 추가하면서 컴포넌트 트리는 다음과 같이 확장됩니다.

그림 3-10 확장된 컴포넌트 트리

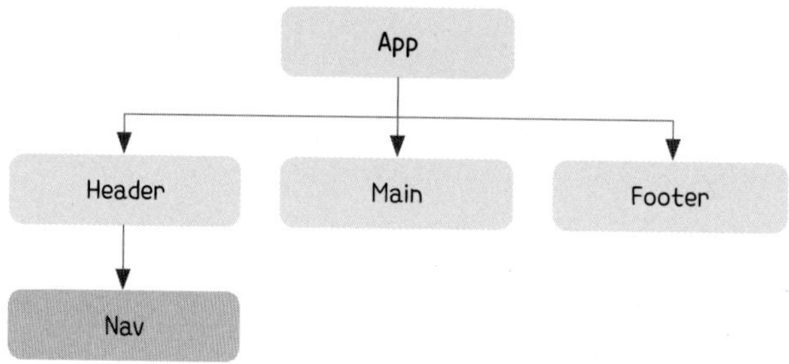

리액트에서는 컴포넌트가 어디에서 렌더링되는지에 따라 컴포넌트 트리에서의 위치가 결정됩니다. 즉, 컴포넌트 간 포함 관계에 따라 트리가 구성되며, 이 구조는 애플리케이션의 동작 방식과 데이터 흐름에 중요한 영향을 줍니다.

리액트 컴포넌트의 주요 특징은 정리하면 다음과 같습니다.

- **계층 구조**: 컴포넌트는 부모-자식 관계의 계층 구조를 가집니다. 부모 컴포넌트는 여러 자식 컴포넌트를 포함할 수 있으며, 자식 컴포넌트는 특정 부모 안에서만 렌더링됩니다. HTML에서는 형제 태그가 존재하지만, 리액트의 컴포넌트에는 형제 관계라는 개념은 명시적으로 존재하지 않습니다.
- **단방향 데이터 흐름**: 리액트에서는 데이터가 항상 부모에서 자식으로만 흐릅니다. 부모 컴포넌트는 props를 통해 자식에게 데이터를 전달할 수 있지만, 자식 컴포넌트는 부모의 데이터를 직접 변경할 수 없습니다.

  TIP — **props**(properties의 줄임말)는 부모 컴포넌트가 자식 컴포넌트에 전달하는 데이터입니다. 함수의 매개변수처럼 자식 컴포넌트는 전달받은 props를 사용해 화면에 표시할 내용을 바꾸거나 동작을 제어할 수 있습니다. props에 관해서는 **3.4절**에서 살펴봅니다.

- **재사용성**: 한 번 정의한 컴포넌트는 여러 위치에서 반복해서 사용할 수 있습니다. 이를 통해 코드의 중복을 줄이고, 유지보수를 쉽게 할 수 있습니다.
- **상태 관리**: 각 컴포넌트는 자신만의 상태(state)를 가질 수 있습니다. 상태가 변경되면 해당 컴포넌트는 자동으로 리렌더링되어 UI에 새로운 상태를 반영합니다. 이 상태 변화는 컴포넌트 트리 하위에 있는 자식 컴포넌트에 영향을 줄 수 있습니다.

- **렌더링 최적화**: 리액트는 가상 DOM을 사용해 실제 DOM과의 차이를 비교한 뒤 변경된 부분만 최소한으로 업데이트합니다. 덕분에 빠르고 효율적인 렌더링이 가능합니다.

컴포넌트 트리 구조는 복잡한 UI를 작고 독립적인 단위로 분리하고, 각 컴포넌트 간 관계를 명확하게 표현해 줍니다. 이 덕분에 리액트 애플리케이션은 전체 구조를 이해하기 쉽고, 기능별로 코드가 잘 나뉘어 있어 유지보수와 확장이 매우 수월합니다.

1분 퀴즈

정답 노트 p.784

04. 리액트에서 컴포넌트 파일을 만들 때 지원하지 않는 확장자는 무엇인가요?

① .js ② .ts ③ .tsx ④ .json

05. 타입스크립트 기반의 리액트 애플리케이션에서 사용하는 컴포넌트 확장자는 무엇인가요?

① .jsx ② .tsx ③ .html ④ .css

06. 다음 중 export default를 사용해 외부로 내보낸 컴포넌트를 불러오는 방법은 무엇인가요?

① `import { App } from './App.tsx';`

② `import App from './App.tsx';`

③ `require('./App.tsx');`

④ `fetch('./App.tsx');`

07. 다음 중 함수형 컴포넌트를 정의하는 방법으로 올바른 것은 무엇인가요?

①
```
function App() {
  return <h1>Hello!</h1>;
}
```

②
```
const App = function() {
  return <h1>Hello!</h1>;
}
```

③
```
const App = () => {
  return <h1>Hello!</h1>;
}
```

④ 모두 가능하다.

계속

08. 여러 컴포넌트를 추가해 화면을 구성할 때 App.tsx에서 Header 컴포넌트를 사용하려면 어떤 코드를 작성해야 하나요?

① `<Header />`
② `<header></header>`
③ `Header();`
④ `document.createElement('Header');`

09. 컴포넌트 파일을 분리할 때 보통 어디에 저장하는 것이 일반적인가요?

① node_modules 폴더
② public/assets 폴더
③ src/components 폴더
④ dist 폴더

10. 리액트의 컴포넌트 트리에 대한 설명 중 잘못된 것은 무엇인가요?

① 부모-자식 관계의 계층 구조를 가진다.
② 데이터는 주로 부모에서 자식으로 전달된다.
③ 동일한 컴포넌트를 여러 위치에서 재사용할 수 있다.
④ 컴포넌트 간에는 데이터가 자유롭게 양방향으로 전달된다.

3.4

컴포넌트와 props 객체

리액트에서는 부모 컴포넌트가 자식 컴포넌트에 데이터를 전달할 수 있습니다. 이때 사용하는 것이 바로 props입니다.

3.4.1 props 객체란

props(properties)는 컴포넌트를 마치 HTML 태그처럼 사용해 값을 속성 형태로 전달합니다. 예를 들어, App 컴포넌트에서 User 컴포넌트로 '철수'라는 데이터를 전달하려면 다음과 같이 코드를 작성합니다.

src/App.tsx

```
import User from './components/User';

export default function App() {
  return <User name='철수' />;
}
```

코드에서 <User name='철수' />는 User 컴포넌트를 화면에 렌더링하면서 name이라는 속성의 값으로 '철수'를 함께 전달합니다.

여러 데이터를 전달하고 싶다면 속성을 여러 개 추가하면 됩니다. 다음 예제에서는 name='철수'와 age={20}이라는 두 가지 속성을 User 컴포넌트로 전달합니다. 이때 문자열은 따옴표(" 또는 ')로, 숫자나 표현식은 중괄호({})로 감싸 전달합니다.

src/App.tsx

```
import User from './components/User';
```

```
export default function App() {
  return <User name='철수' age={20} />;
}
```

리액트에서는 부모 컴포넌트가 자식 컴포넌트에 전달한 모든 속성을 하나의 객체로 모아서 자식 컴포넌트로 전달합니다. 부모 컴포넌트에서 User 컴포넌트에 name과 age를 전달하더라도 리액트 내부에서는 이 데이터를 다음과 같이 단일 객체 형태로 전달합니다. 이 객체를 **props 객체**라고 합니다. 즉, props는 부모 컴포넌트가 자식 컴포넌트에게 넘겨주는 모든 데이터가 담긴 객체입니다.

```
{
  name: '철수',
  age: 20
}
```

자식 컴포넌트는 전달받은 props 객체를 함수의 매개변수로 받습니다. 매개변수 이름은 props를 사용하지만, 꼭 정해진 건 아니며 다른 이름을 사용할 수도 있습니다.

User 컴포넌트에 어떤 값이 전달되는지 확인해 봅시다. src/components 폴더에 User.tsx 파일을 생성하고 다음과 같이 코드를 작성합니다.

src/components/User.tsx

```
export default function User(props) { ------ ❶
  console.log(props); ----------------------- ❷
  return <div>User Component</div>; -------- ❸
}
```

❶ props는 부모(App) 컴포넌트에서 전달한 모든 속성을 하나의 객체로 받습니다. 현재 props 밑에 빨간 밑줄이 생겨 오류 표시처럼 보입니다. 타입을 지정하지 않아서 그러는데 일단은 무시합니다.

❷ 전달받은 데이터를 console.log(props)로 콘솔에 출력합니다.

❸ 화면에 <div>User Component</div>를 렌더링합니다.

애플리케이션을 실행하고 웹 브라우저에서 F12(맥OS에서는 command + option + I)를 눌러 개발자 도구를 엽니다. Console 탭을 선택하면 다음과 같이 출력됩니다. 데이터는 개별 값이 아닌 하나의 객체로 묶여 props로 전달된다는 점을 확인할 수 있습니다.

그림 3-11 User 컴포넌트에 전달된 데이터 확인

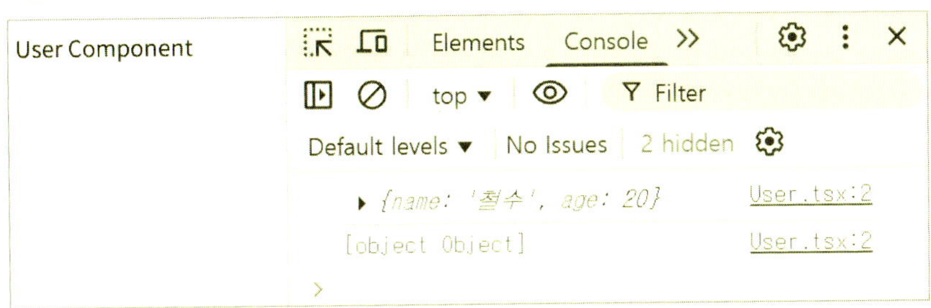

앞에서 살펴본 것처럼 자식 컴포넌트는 props 객체를 통해 부모 컴포넌트가 전달한 데이터를 받아 사용할 수 있습니다. props는 객체이기 때문에 자식 컴포넌트에서는 객체 형식으로 접근해야 합니다.

자바스크립트에서는 props에 타입을 지정하지 않아도 실행에는 문제없습니다. 하지만 타입스크립트에서는 props 객체의 구조와 타입을 명확히 지정해주는 것이 좋습니다. 타입을 지정하지 않으면 코드 에디터의 자동 완성 기능이나 오류 검사가 제대로 동작하지 않을 수 있습니다.

User 컴포넌트의 코드를 다음과 같이 수정합니다.

src/components/User.tsx

```
export default function User(props: { name: string; age: number }) { ---- ❶
  return (
    <>
      <p>name: {props.name}</p>  ---- ❷
      <p>age: {props.age}</p>
    </>
  );
}
```

❶ props의 타입을 명시합니다. 이 객체는 name(문자열)과 age(숫자) 속성을 가져야 합니다. 잘못된 타입을 전달하면 타입스크립트가 컴파일 시점에 오류를 알려줍니다.

❷ 속성에는 props.name, props.age처럼 점 표기법을 사용해 접근합니다. props는 객체이므로 해당 키를 통해 값을 꺼내 사용하는 방식입니다.

이렇게 하면 오류 없이 User 컴포넌트에 전달된 데이터를 사용할 수 있습니다. 애플리케이션을 실행하면 다음과 같이 전달된 데이터가 화면에 출력됩니다.

그림 3-12 User 컴포넌트에 전달된 데이터 사용 결과

name: 철수

age: 20

> **수코딩의 조언** 리액트에서 데이터를 전달할 때 '부모 컴포넌트는 데이터를 props로 전달한다'고 하고, '자식 컴포넌트는 props를 받아 사용한다'고 합니다. 이 책에서도 이 표현을 기본 용어로 사용합니다.

3.4.2 props 객체 타입 알아내기

리액트에서는 컴포넌트로 전달할 데이터 개수에 제한이 없습니다. 즉, 개발자가 원한다면 10개든 100개든 얼마든지 데이터를 전달할 수 있습니다. 앞의 예제에서는 name과 age를 각각의 속성으로 따로 전달했습니다. 이처럼 각 데이터를 개별 props로 지정할 수도 있지만, 전달할 데이터가 많아질수록 props를 하나하나 지정하면 코드가 길어지고 복잡해질 수 있습니다.

이럴 땐 전달할 데이터를 하나의 객체나 배열로 묶어 한 번에 전달하는 것이 더 깔끔하고 효율적입니다. 기존 코드를 객체를 사용해 전달하는 방법으로 바꿔 봅시다.

src/App.tsx

```
import User from './components/User';

export default function App() {
  const userObj = { ------------------------- ❶
    name: '철수',
    age: 20,
  };
  return <User userObj={userObj} />; ------- ❷
}
```

❶ name과 age 값을 담은 객체 userObj를 정의합니다.

❷ userObj 객체를 userObj라는 속성으로 User 컴포넌트에 전달합니다.

이처럼 객체 하나를 props로 전달하면 필요한 데이터를 그 안에서 꺼내 사용할 수 있습니다. User 컴포넌트에서는 `props.userObj`로 해당 객체에 접근합니다.

그러면 `props.userObj`의 타입은 무엇일까요? 앞의 코드를 작성하면 `userObj` 속성에 '빨간색' 밑줄이 생깁니다. 이 부분에 마우스 커서를 가져가면 Type '**{ userObj: { name: string; age: number; }; }**' is not assignable to type 'IntrinsicAttributes & { name: string; age: number; }'.라는 오류 메시지가 나옵니다.

그림 3-13 userObj 속성에 표시되는 오류 메시지

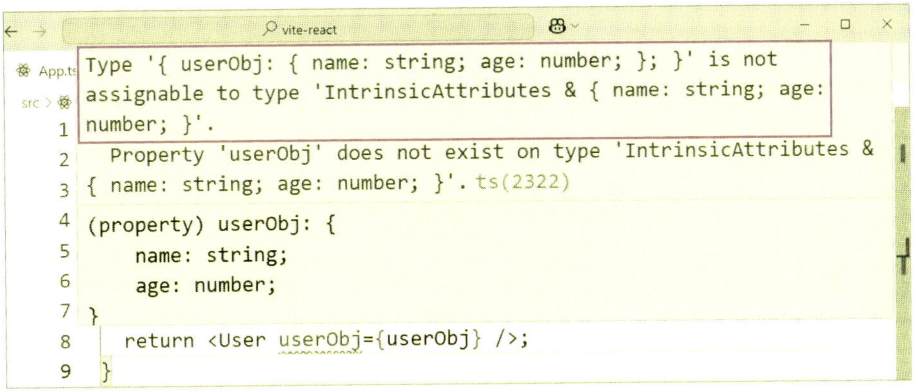

```
Type '{ userObj: { name: string; age: number; }; }' is not
assignable to type 'IntrinsicAttributes & { name: string; age:
number; }'.
  Property 'userObj' does not exist on type 'IntrinsicAttributes &
{ name: string; age: number; }'. ts(2322)
(property) userObj: {
    name: string;
    age: number;
}
  return <User userObj={userObj} />;
}
```

이 메시지는 현재 User 컴포넌트가 `{ name: string; age: number }` 타입의 props를 기대하고 있는데, `{ userObj: { name: string; age: number } }` 형태로 전달하고 있기 때문에 타입이 맞지 않는다는 의미입니다. 오류 메시지에서 굵게 표시한 부분이 실제로 전달하는 props 객체의 타입입니다. 따라서 이 내용을 그대로 User 컴포넌트의 매개변수 타입으로 지정하면 오류가 해결됩니다. 그리고 `return` 문에서 `props.userObj`로 데이터에 접근합니다.

src/components/User.tsx

```
export default function User(props: { userObj: { name: string; age: number; }; }) {
  return (
    <>
      <p>name: {props.userObj.name}</p>
      <p>age: {props.userObj.age}</p>
    </>
  );
}
```

이처럼 오류 메시지를 잘 살펴보면 props 타입 정보를 확인할 수 있습니다.

객체 데이터를 자식 컴포넌트에 전달했듯이 이벤트 핸들러 함수도 props를 통해 자식 컴포넌트에 전달할 수 있습니다. 예를 들어 버튼을 클릭했을 때 어떤 동작을 실행하고 싶다면 부모 컴포넌트에서 클릭 이벤트 핸들러 함수를 정의하고 자식 컴포넌트에 전달하면 됩니다.

src/App.tsx

```
import User from './components/User';
export default function App() {
  const userObj = {
    name: '철수',
    age: 20,
  };
  const clickHandler = () => { ---------------------------------------- ❶
    console.log('clicked');
  };
  return <User userObj={userObj} clickHandler={clickHandler} />; ------ ❷
}
```

❶ clickHandler()는 버튼 클릭 시 실행되는 함수입니다. 실행되면 콘솔에 'clicked'를 출력합니다.

❷ clickHandler() 함수를 clickHandler라는 속성으로 User 컴포넌트에 전달합니다.

이때도 clickHandler 속성에 빨간 밑줄이 생깁니다. 이 부분에 마우스를 올리면 오류 메시지가 표시됩니다.

그림 3-14 clickHandler 속성에 표시되는 오류 메시지

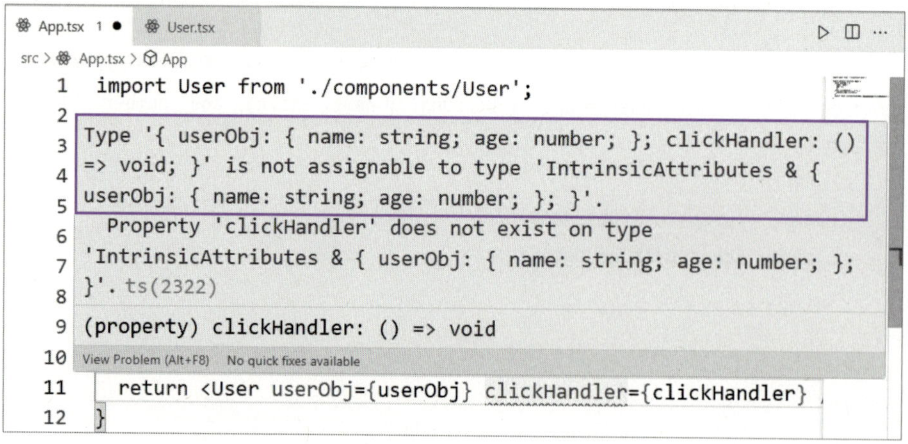

```
App.tsx 1 ●   User.tsx
src > App.tsx > App
import User from './components/User';
Type '{ userObj: { name: string; age: number; }; clickHandler: ()
=> void; }' is not assignable to type 'IntrinsicAttributes & {
userObj: { name: string; age: number; }; }'.
  Property 'clickHandler' does not exist on type
'IntrinsicAttributes & { userObj: { name: string; age: number; };
}'. ts(2322)
(property) clickHandler: () => void
View Problem (Alt+F8)   No quick fixes available
  return <User userObj={userObj} clickHandler={clickHandler}
}
```

오류 메시지를 보면 Type '**{ userObj: { name: string; age: number; }; clickHandler: () => void; }**' is not assignable to type 'IntrinsicAttributes & { userObj: { name: string; age: number; }; }'.라고 나옵니다. 여기서 굵게 표시한 부분이 실제로 전달된 props 객체의 타입입니다. 이를 그대로 자식 컴포넌트의 매개변수 타입으로 지정하면 오류가 해결됩니다.

src/components/User.tsx

```
export default function User(props: {
    userObj: { name: string; age: number; };
    clickHandler: () => void; ------------------------------------ ❶
}) {
  return (
    <>
      <p>name: {props.userObj.name}</p>
      <p>age: {props.userObj.age}</p>
      <button onClick={props.clickHandler}>클릭</button> -------- ❷
    </>
  );
}
```

❶ `clickHandler()` 타입은 매개변수도 없고(`()`) 반환 값도 없는(`void`) 함수이므로 `() => void`로 지정합니다.

❷ 버튼의 `onClick` 이벤트에 `props.clickHandler`를 연결합니다. 그러면 버튼을 클릭할 때 부모 컴포넌트에서 정의한 `clickHandler()` 함수가 실행됩니다.

애플리케이션을 실행한 뒤 웹 브라우저에서 버튼을 클릭하면 콘솔에 다음과 같이 출력됩니다.

그림 3-15 버튼 클릭 결과

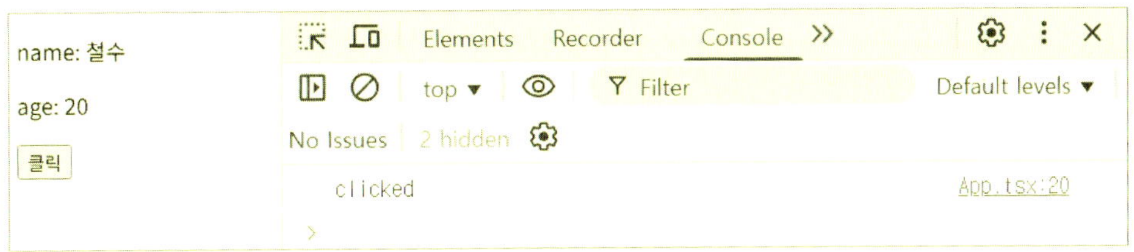

이처럼 함수도 props를 통해 잘 전달되는 것을 확인할 수 있습니다.

전달한 props의 타입을 정확히 모를 때는 VSCode의 오류 메시지를 활용하면 매우 유용합니다. 하지만 오류 메시지가 제대로 작동하려면 다음 두 가지 조건을 만족해야 합니다.

1. **자식 컴포넌트 파일이 존재해야 함**: 컴포넌트 코드가 아예 없으면 VSCode는 props에 대해 검사하지 않습니다. 따라서 최소한 다음처럼 비어 있는 컴포넌트라도 정의해야 합니다.

```
export default function User() {
  return <></>;
}
```

2. **props 매개변수가 없는 상태여야 함**: VSCode는 props 매개변수가 이미 선언되어 있으면 오류 메시지를 표시하지 않습니다. 오류 메시지로부터 정확한 props 타입을 추론하려면 props 매개변수를 제거한 상태여야 합니다.

3.4.3 props 객체의 구조 분해 할당과 타입 정의

지금까지 작성한 User 컴포넌트의 전체 코드는 다음과 같습니다.

src/components/User.tsx

```
export default function User(props: {
  userObj: { name: string; age: number; };
  clickHandler: () => void;
}) {
  return (
    <>
      <p>name: {props.userObj.name}</p>
      <p>age: {props.userObj.age}</p>
      <button onClick={props.clickHandler}>클릭</button>
    </>
  );
}
```

• 매개변수에서의 구조 분해 할당

props는 단일 객체이므로 부모 컴포넌트에서 속성을 몇십 개 지정해도 결국 하나의 props 객체로 전달됩니다. 이때 구조 분해 할당을 사용하면 객체의 속성을 더 간단하게 변수에 할당할 수 있습니다. **구조 분해 할당**(destructuring assignment)은 객체나 배열의 속성을 추출해 변수에 할당하는 자바스크립트 문법입니다.

User 컴포넌트를 구조 분해 할당을 사용하도록 바꾸면 다음과 같습니다. props 객체는 userObj 속성과 clickHandler 속성을 전달하므로 개별 변수로 분해하면 props.을 생략하고 더 깔끔하게 사용할 수 있습니다.

src/components/User.tsx

```
export default function User({ userObj, clickHandler }: { ------ ❶
  userObj: { name: string; age: number; };
  clickHandler: () => void;
}) {
  return (
    <>
      <p>name: {userObj.name}</p> ------------------------------ ❷
      <p>age: {userObj.age}</p>
      <button onClick={clickHandler}>클릭</button>
    </>
  );
}
```

❶ { userObj, clickHandler }는 props 객체에서 userObj와 clickHandler라는 두 속성을 꺼내는 구조 분해 할당 구문입니다.

❷ 구조 분해 할당으로 props를 받아오면 JSX에서 props.userObj.name 대신 userObj.name으로 간결하게 접근할 수 있습니다.

userObj 객체의 속성(name, age)까지 한 번에 구조 분해 할당하면 userObj도 생략되어 코드가 더 간결해집니다.

src/components/User.tsx

```
export default function User({ userObj: { name, age }, clickHandler }: { ------ ❶
  userObj: { name: string; age: number; };
  clickHandler: () => void;
}) {
  return (
    <>
      <p>name: {name}</p> ------------------------------------------ ❷
      <p>age: {age}</p>
      <button onClick={clickHandler}>클릭</button>
    </>
```

```
  );
}
```

❶ userObj 객체를 다시 구조 분해 할당해서 name과 age 값을 꺼냅니다.

❷ 구조 분해 할당은 매개변수에서 바로 처리되므로 userObj.name, userObj.age 대신 name, age만 사용하면 됩니다.

● 함수 내부에서의 구조 분해 할당

구조 분해 할당을 꼭 매개변수에서 하지 않아도 됩니다. props를 그대로 받아 함수 내부에서 분해해도 같은 효과를 얻을 수 있습니다.

src/components/User.tsx

```
export default function User(props: {
  userObj: { name: string; age: number; };
  clickHandler: () => void;
}) {
  const {
    userObj: { name, age },
    clickHandler,
  } = props;
  return (
    <>
      <p>name: {name}</p>
      <p>age: {age}</p>
      <button onClick={clickHandler}>클릭</button>
    </>
  );
}
```

이 방식은 props 전체를 일단 받고, 구조 분해 할당을 코드 흐름 중간에서 명확하게 처리하고 싶을 때 유용합니다. 또한, 함수 선언부가 짧아서 함수 시그니처를 더 깔끔하게 만들 수 있습니다.

● 타입 정의

앞의 예제처럼 userObj와 clickHandler 속성을 가진 props의 타입을 한 줄에 모두 작성하면 함수 매개변수의 타입이 너무 길고 복잡해 보일 수 있습니다. 이럴 때는 타입스크립트의 인터페이스(interface)를 사용해 props 타입을 따로 정의할 수 있습니다.

TIP — interface 대신 type 키워드를 사용해도 동일한 효과를 얻을 수 있습니다. type 키워드를 사용해 타입을 정의하는 것을 **타입 별칭**(type alias)이라고 합니다.

src/components/User.tsx

```
interface UserProps { // 인터페이스로 props 타입 분리
  userObj: { name: string; age: number; };
  clickHandler: () => void;
}

export default function User(props: UserProps) {
  const {
    userObj: { name, age },
    clickHandler,
  } = props;
  return (
    <>
      <p>name: {name}</p>
      <p>age: {age}</p>
      <button onClick={clickHandler}>클릭</button>
    </>
  );
}
```

인터페이스로 타입을 분리하니 props의 타입이 UserProps로 깔끔하게 정리되어 함수 선언부가 훨씬 보기 쉬워졌습니다.

이렇게 정의한 인터페이스를 리액트에서는 .d.ts 파일로 분리할 수 있습니다. 그러면 컴포넌트 파일이 깔끔해지고, 타입 재사용성도 높아집니다. 이러한 타입 선언 전용 파일(.d.ts)은 일반적으로 src/types 폴더에 모아 관리합니다. 이 파일은 따로 임포트(import)하지 않아도 타입을 사용할 수 있습니다.

src/types/props.d.ts

```
interface UserProps {
  userObj: { name: string; age: number; };
  clickHandler: () => void;
}
```

src/component/User.tsx

```
export default function User(props: UserProps) {
  const {
    userObj: { name, age },
    clickHandler,
  } = props;
  return (
    <>
      <p>name: {name}</p>
      <p>age: {age}</p>
      <button onClick={clickHandler}>클릭</button>
    </>
  );
}
```

이 책에서는 학습 편의상 실습 프로젝트를 제외하고 .d.ts 파일을 따로 사용하지 않습니다. 다만, 실무에서는 자주 활용하므로 타입 정의 방식이 있다는 것을 알아두기 바랍니다.

3.4.4 props와 전개 연산자

현재 App 컴포넌트의 코드는 다음과 같습니다.

src/App.tsx

```
import User from './components/User';

export default function App() {
  const userObj = {
    name: '철수',
    age: 20,
  };
  const clickHandler = () => {
    console.log('clicked');
  };
  return <User userObj={userObj} clickHandler={clickHandler} />;
}
```

여기서는 userObj 객체를 props로 전달할 때 userObj 전체를 하나의 속성으로 설정해 전달합니다. 따라서 User 컴포넌트에서는 props.userObj로 객체 전체에 접근할 수 있습니다.

만약 userObj 객체의 속성을 각각 전달하고 싶다면, 전개 연산자(...)를 사용할 수 있습니다. **전개 연산자**(spread operator)는 객체의 속성을 풀어 해당 위치에 하나하나 나열해주는 역할을 합니다.

src/App.tsx

```
import User from './components/User';

export default function App() {
  const userObj = {
    name: '철수',
    age: 20,
  };
  const clickHandler = () => {
    console.log('clicked');
  };
  return <User {...userObj} clickHandler={clickHandler} />;
}
```

이와 같이 작성하면 props에 name, age, clickHandler라는 3개 속성이 개별로 전달되는 효과가 있습니다.

```
return <User name='철수' age={20} clickHandler={clickHandler} />;
```

자식 컴포넌트에서는 userObj 객체의 속성들이 분리되어 전달되므로 더 이상 props.userObj로 접근할 수 없습니다. 따라서 개별 속성을 직접 props로 받도록 코드를 다음과 같이 수정해야 합니다.

src/components/User.tsx

```
interface UserProps {
  name: string;
  age: number;
  clickHandler: () => void;
}
export default function User(props: UserProps) {
  const { name, age, clickHandler } = props;
  return (
```

```
    <>
      <p>name: {name}</p>
      <p>age: {age}</p>
      <button onClick={clickHandler}>클릭</button>
    </>
  );
}
```

전개 연산자를 사용하면 코드가 간결해지고 필요한 속성만 선택적으로 전달할 수 있어 편리합니다. 실무에서도 자주 사용하므로 잘 익혀두기 바랍니다.

3.4.5 children

리액트에서 컴포넌트는 기본적으로 빈 태그 형태(<컴포넌트 />)로 사용합니다. 그런데 컴포넌트를 시작 태그와 종료 태그를 함께 사용하는 형태(<컴포넌트>내용</컴포넌트>)로도 사용할 수 있습니다. 이러한 형태를 사용하면 컴포넌트 안에 포함된 내용을 특별한 props 속성으로 취급합니다. 리액트에서는 이를 **children**이라고 합니다.

예를 들어, User 컴포넌트를 시작 태그와 종료 태그 사이에 내용을 포함하는 방식으로 사용할 수 있습니다.

src/App.tsx

```
import User from './components/User';

export default function App() {
  return (
    <>
      <User>
        <p>James</p>
        <p>20</p>
        <p>male</p>
      </User>
    </>
  );
}
```

코드에서 <User> 컴포넌트 내부에 작성한 <p> 요소 3개는 모두 User 컴포넌트에 children이라는 속성으로 전달됩니다. 리액트에서는 children이 텍스트, JSX 요소, 숫자, 배열 등 다양한 형태가 될 수 있기 때문에 이를 유연하게 처리할 수 있는 **React.ReactNode** 타입으로 지정합니다.

src/components/User.tsx

```
export default function User(props: { children: React.ReactNode }) {
  return <>{props.children}</>;
}
```

이처럼 props.children으로 전달받은 콘텐츠를 출력할 수 있습니다. 이때 구조 분해 할당을 사용하면 코드가 더 간결해집니다.

src/components/User.tsx

```
export default function User({ children }: { children: React.ReactNode }) {
  return <>{children}</>;
}
```

애플리케이션을 실행하면 <User> 컴포넌트 안에 작성한 <p> 요소들이 화면에 렌더링되는 것을 확인할 수 있습니다. 앞으로는 children을 사용할 때 구조 분해 할당 방식을 기본으로 사용합니다.

그림 3-16 children 속성으로 받은 <p> 요소를 렌더링한 결과

```
James

20

male
```

children은 props 객체의 일부이므로 다른 속성과 함께 사용할 수 있습니다. 예를 들어, User 컴포넌트에 title이라는 속성을 추가로 전달해 봅시다.

src/App.tsx

```
import User from './components/User';

export default function App() {
  return (
    <>
```

```
    <User title='User Component'>
      <p>James</p>
      <p>20</p>
      <p>male</p>
    </User>
  </>
 );
}
```

User 컴포넌트는 title이라는 일반 문자열 속성과 <p> 요소 3개로 구성된 children을 함께 전달받습니다. 따라서 User 컴포넌트에서는 두 값을 모두 받을 수 있도록 props 타입을 다음과 같이 설정합니다. 즉, User 컴포넌트에서는 title 속성과 children 속성을 함께 props로 받아 처리하면 됩니다.

src/components/User.tsx

```
export default function User({
  title,
  children,
}: {
  title: string;
  children: React.ReactNode;
}) {
  return (
    <>
      <h1>{title}</h1>
      {children}
    </>
  );
}
```

children은 컴포넌트 태그 사이에 작성된 모든 내용을 하나로 묶어 전달하는 특별한 속성입니다. 내용이 여러 요소로 구성되었어도 리액트는 이를 자동으로 하나의 children 값으로 처리합니다. 따라서 한 컴포넌트에 children을 2개 이상 따로 지정할 수는 없습니다.

Note **ref와 key 속성은 props로 전달 불가능**

리액트에서는 보통 부모 컴포넌트가 자식 컴포넌트에 데이터를 전달할 때 props를 사용합니다. 하지만 `ref`(리액트 18까지)와 key는 예외입니다. 두 속성은 자식 컴포넌트에서 `props.ref` 또는 `props.key`로 접근할 수 없습니다. 두 속성은 리액트가 내부적으로 따로 관리하고 props 객체에는 포함하지 않습니다. 이는 `ref`와 `key`가 일반적인 데이터 전달용이 아니라 리액트 내부에서 특별한 용도로 사용하는 속성이기 때문입니다.

- **`ref`**: DOM 요소나 컴포넌트를 직접 참조할 때 사용합니다.
- **`key`**: 리스트를 렌더링할 때 가상 DOM에서 항목을 효율적으로 식별하고 업데이트하기 위해 사용합니다.

`key`를 자식 컴포넌트에서 고유 값으로 사용하고 싶다면 `id`와 같은 별도의 속성으로 전달해야 합니다. `ref`는 `forwardRef`를 사용하면 자식 컴포넌트에서 별도의 매개변수로 받을 수 있습니다.

참고로, 리액트 19부터는 `ref`도 일반 props처럼 전달할 수 있도록 변경되었습니다.

1분 퀴즈

정답 노트 p.784

11. 리액트에서 props를 사용하는 목적은 무엇인가요?

① 컴포넌트의 상태를 변경하기 위해

② 컴포넌트의 이벤트를 관리하기 위해

③ 컴포넌트 내부에서만 데이터를 저장하기 위해

④ 부모 컴포넌트에서 자식 컴포넌트로 데이터를 전달하기 위해

12. 다음 코드의 실행결과는 무엇인가요?

```
function User(props: { name: string }) {
  return <p>이름: {props.name}</p>;
}
export default function App() {
  return <User name='철수' />;
}
```

① 이름: ② 이름: 철수 ③ name: 철수 ④ 오류 발생

계속

13. **다음 코드에서 props를 구조 분해 할당하려 합니다. 올바르게 작성한 코드는 무엇인가요?**

```
function User(props: { name: string; age: number; }) {
  return (
    <>
      <p>name: {props.name}</p>
      <p>age: {props.age}</p>
    </>
  );
}
```

① function User(props: { name, age })

② function User({ ...props }: { name: string; age: number })

③ function User({ name, age }: { name: string; age: number })

④ function User([name, age]: { name: string; age: number })

14. **children의 역할은 무엇인가요?**

① 부모 컴포넌트의 상태를 업데이트하는 역할

② props의 모든 값을 배열로 변환하는 역할

③ 자식 컴포넌트에 내용을 전달하는 역할

④ props의 개수를 제한하는 역할

15. **다음 코드를 실행한 결과로 알맞은 것은 무엇인가요?**

```
function User({ children }: { children: React.ReactNode }) {
  return <div>{children}</div>;
}
export default function App() {
  return (
    <User>
      <p>안녕하세요!</p>
      <p>리액트를 공부 중입니다.</p>
    </User>
  );
}
```

① props.children은 배열이므로 타입 오류가 발생한다.

② <p>안녕하세요!</p><p>리액트를 공부 중입니다.</p>가 렌더링된다.

③ <p>리액트를 공부 중입니다.</p>만 <div> 안에 렌더링된다.

④ children 속성은 여러 요소를 가질 수 없으므로 오류가 발생한다.

3.5

컴포넌트와 이벤트

자바스크립트에서 **이벤트**(event)는 사용자와의 상호작용에 따라 발생하는 일련의 사건을 의미합니다. 예를 들어, 마우스 버튼을 클릭하거나 키보드로 글자를 입력하는 등의 동작들은 모두 이벤트로 간주합니다.

리액트에서도 이러한 이벤트를 활용해 사용자와 상호작용하는 기능을 구현할 수 있습니다. 이벤트를 사용하는 기본 문법은 다음과 같습니다.

형식 `<JSXElement 이벤트_속성='이벤트_핸들러'/>`

이벤트를 이해하려면 먼저 이벤트 속성과 이벤트 핸들러를 알아야 합니다.

3.5.1 이벤트 속성

HTML에서 **이벤트 속성**은 사용자가 특정 동작을 수행했을 때(예 마우스 클릭, 키 입력 등) 실행할 자바스크립트 코드를 지정하는 속성입니다. 리액트에서도 이벤트를 비슷한 방식으로 사용할 수 있습니다. 다만, 몇 가지 중요한 차이점이 있습니다.

HTML에서는 이벤트 속성을 소문자로 작성하고, 값은 문자열 형태의 자바스크립트 코드로 작성합니다. 반면에 리액트(JSX)에서는 이벤트 속성을 카멜 케이스(예 `onClick`, `onSubmit`)로 작성하고, 값으로 함수를 전달합니다.

예를 들어, 리액트에서 버튼 클릭 이벤트를 처리하고 싶다면 다음과 같이 작성합니다.

src/App.tsx

```
export default function App() {
  return (
    <>
      <button onClick={() => { alert('Button clicked!'); }}>click</button>
    </>
  );
}
```


애플리케이션을 실행하고 버튼을 클릭하면 alert('Button clicked!')가 실행되어 경고창이 나타납니다.

그림 3-17 버튼 클릭 이벤트 발생 시

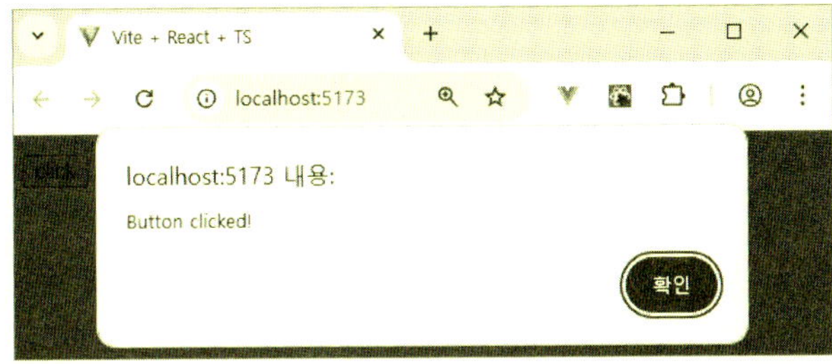

리액트에서 사용하는 이벤트 속성은 다음과 같습니다. 이 중에서도 자주 사용하는 이벤트 속성에는 별표(★)를 붙였습니다.

표 3-2 리액트의 주요 이벤트 속성

이벤트 유형	이벤트 속성	설명
마우스 이벤트	onClick ★	클릭 이벤트 발생 시 호출
	onDoubleClick	더블 클릭 이벤트 발생 시 호출
	onMouseEnter	마우스가 요소 위로 올라갔을 때 호출
	onMouseLeave	마우스가 요소에서 이동했을 때 호출
	onMouseMove	마우스가 요소 위에서 움직일 때 호출
	onContextMenu	마우스 오른쪽 버튼 클릭 시 호출
	onDrag	드래그할 때 호출
	onDrop	드래그한 요소를 놓을 때 호출
	onMouseDown	마우스 버튼을 눌렀을 때 호출
	onMouseUp	마우스 버튼을 눌렀다 뗐을 때 호출

계속

이벤트 유형	이벤트 속성	설명
키보드 이벤트	onKeyDown ★	키를 눌렀을 때 호출
	onKeyUp ★	키를 눌렀다 뗐을 때 호출
	onKeyPress	키를 누르고 있을 때 호출
폼 이벤트	onChange ★	입력 필드의 값이 변경될 때 호출
	onInput	입력 필드에서 입력이 발생할 때 호출
	onFocus	입력 필드에 포커스가 들어올 때 호출
	onBlur	입력 필드에서 포커스가 빠져나갈 때 호출
	onSubmit ★	폼이 제출될 때 호출
터치 이벤트	onTouchStart	터치가 시작될 때 호출
	onTouchMove	터치 중에 움직일 때 호출
	onTouchEnd	터치가 끝났을 때 호출
기타 이벤트	onLoad	이미지나 iframe 등이 로드될 때 호출
	onError	이미지나 iframe 등에서 오류가 발생했을 때 호출
	onScroll	요소가 스크롤될 때 호출

수코딩의 조언

리액트에서 사용할 수 있는 이벤트 속성은 매우 다양합니다. 이 책에서 소개한 이벤트 속성 외에도 더 많은 이벤트 속성이 있지만, 일반적으로는 표에 나온 이벤트 속성만으로도 대부분의 상황을 처리할 수 있습니다. 이벤트 속성에 관해 더 자세히 알고 싶다면 공식 문서(https://react.dev/reference/react-dom/components/common)를 참고하세요.

이벤트 속성 사용 시 주의사항

리액트의 JSX 요소에 이벤트 속성을 사용할 때 주의해야 할 점이 있습니다. JSX에서 HTML 태그에는 DOM 표준 이벤트 속성만 사용할 수 있습니다. 따라서 다음과 같이 존재하지 않는 속성(onFive)을 사용하면 웹 브라우저에서 인식할 수 없어 오류가 발생하거나 무시됩니다.

```
export default function App() {
  return (
    <>
      <button onFive={() => { alert('five'); }}>click</button>
    </>
  );
}
```

존재하지 않는 이벤트 속성 사용으로 오류 발생

하지만 컴포넌트는 HTML 태그와 달리 직접 만든 사용자 정의 함수입니다. 따라서 다음과 같이 원하는 이름의 이벤트 속성을 자유롭게 정의해 props로 전달할 수 있습니다.

src/App.tsx

```
import Button from './components/Button';

export default function App() {
  return (
    <>
      <Button onFive={() => alert('five')} />
    </>
  );
}
```

컴포넌트에서는 전달한 props 값을 받아 실제 DOM 요소에 연결할 수 있습니다. 예를 들어, Button 컴포넌트는 `onFive`를 props로 받아 `onClick` 이벤트와 연결해 사용할 수 있습니다.

src/components/Button.tsx

```
export default function Button({ onFive }: { onFive: () => void }) {
  return <button onClick={onFive}>click</button>;
}
```

이처럼 컴포넌트는 사용자 정의 속성을 props로 받아 DOM 요소의 표준 이벤트 속성(`onClick` 등)에 연결하는 구조로 이벤트를 유연하게 관리할 수 있습니다.

3.5.2 이벤트 핸들러

이벤트 핸들러는 이벤트가 발생했을 때 실행할 함수입니다. 리액트에서는 JSX 요소에 이벤트 속성을 사용해 이벤트를 등록합니다. 이때 이벤트 속성에 이벤트 핸들러를 할당해야 합니다.

이벤트 핸들러를 작성하는 방식에는 두 가지가 있습니다.

● 인라인 핸들러

인라인 핸들러(inline handler)는 이벤트 속성 안에 함수를 직접 작성하는 방식입니다. 예를 들어, 버튼을 클릭했을 때 경고창을 띄우고 싶다면 다음과 같이 작성합니다.

src/App.tsx

```
export default function App() {
  return (
    <>
      <button onClick={() => { alert('Button clicked!'); }}>click</button>
    </>
  );
}
```

코드에서 onClick 이벤트 속성 안에 화살표 함수를 직접 작성했습니다. 이처럼 인라인 핸들러 방식은 이벤트 핸들러를 간단하게 할당할 수 있고 코드가 간결해 유용합니다.

● 함수 참조

인라인 핸들러는 JSX 안에 이벤트 핸들러를 직접 작성하는 방식이었습니다. 반대로 **함수 참조**는 이벤트 핸들러를 컴포넌트 바깥(JSX 바깥)에 따로 정의하고, 해당 함수를 참조해 이벤트 속성에 할당하는 방식입니다.

다음 코드는 JSX 외부에 clickHandler() 함수를 정의하고 onClick 속성에 함수 이름을 전달합니다. 이렇게 하면 버튼을 클릭했을 때만 함수가 실행됩니다.

src/App.tsx

```
export default function App() {
  const clickHandler = () => {
    alert('Button clicked!');
  };
  return (
    <>
      <button onClick={clickHandler}>click</button>
    </>
  );
}
```

함수 참조 방식을 사용할 때 함수명 뒤에 괄호를 붙이면 안 됩니다. 괄호를 붙이면 함수가 바로 실행되므로 버튼을 클릭하지 않아도 컴포넌트가 화면에 나타나는 순간 함수가 실행됩니다. 즉, 다음은 잘못된 방법입니다.

```
<button onClick={clickHandler()}>click</button>
```

이벤트 핸들러의 매개변수

리액트에서는 이벤트 핸들러에 매개변수를 전달할 때 인라인 핸들러 방식을 사용해야 합니다. 함수 참조 방식으로는 매개변수를 전달할 수 없습니다. 예를 들어, 버튼을 클릭했을 때 'hello' 라는 메시지를 출력하고 싶다면 다음과 같이 작성합니다.

src/App.tsx

```
export default function App() {
  const clickHandler = (msg: string) => {
    alert(msg);
  };
  return (
    <>
      <button onClick={() => { clickHandler('hello'); }}>click</button>
    </>
  );
}
```

예제 코드는 버튼을 클릭할 때만 clickHandler('hello')가 실행되어 'hello'라는 메시지를 경고창으로 표시합니다.

함수 참조로 매개변수를 전달하면 함수가 즉시 실행되는 문제가 발생합니다. 즉, 다음과 같이 작성하면 버튼을 클릭하지 않아도 컴포넌트가 렌더링될 때 clickHandler('hello')가 즉시 실행됩니다.

```
<button onClick={clickHandler('hello')}>click</button>
```

이벤트 핸들러에 매개변수를 전달할 때 인라인 핸들러 방식을 사용해야 한다는 점을 꼭 기억하세요.

3.5.3 이벤트 객체

리액트에서는 이벤트가 발생하면 해당 이벤트 핸들러 함수가 호출되고, **이벤트 객체**(event object)가 매개변수로 전달됩니다. 이때 전달되는 이벤트 객체는 웹 브라우저에서 제공하는 **기본 DOM 이벤트 객체**(native DOM event object)와는 다릅니다.

리액트는 웹 브라우저의 기본 이벤트를 감싸서 만든 자체 이벤트 객체인 **합성 이벤트**(synthetic event)를 사용합니다. 이는 웹 브라우저마다 이벤트 객체의 동작 방식이 조금씩 달라 이를 일관되게 처리하기 위해서입니다. 이를 '**크로스브라우저 호환성**(cross-browser compatibility)을 확보한다'고 표현합니다.

합성 이벤트는 기본 DOM 이벤트와 거의 동일한 속성과 메서드를 제공하므로 일반 DOM 이벤트처럼 사용할 수 있습니다.

● 이벤트 객체와 인라인 핸들러

인라인 핸들러에서는 이벤트 객체를 함수의 매개변수로 직접 받아 사용할 수 있습니다. 예를 들어, 다음 코드는 <button> 요소에서 클릭 이벤트가 발생했을 때 이벤트 객체를 받아 콘솔에 출력합니다.

src/App.tsx

```
export default function App() {
  return (
    <>
      <button onClick={(e) => { console.log(e); }}>click</button>
    </>
  );
}
```

코드에서 e는 이벤트 객체를 의미합니다. 보통 e 또는 event라는 이름으로 자주 사용합니다. 리액트는 타입스크립트 환경에서도 이벤트 객체의 타입을 자동으로 추론하므로 타입을 명시하지 않아도 기본적인 속성과 메서드를 사용할 수 있습니다. 예를 들어, `e.target.value`나 `e.preventDefault()` 같은 메서드는 타입을 생략해도 문제없이 작동합니다.

이벤트 객체와 함수 참조

함수 참조 방식에서는 이벤트 핸들러에 이벤트 객체를 직접 전달하지 않아도 리액트가 자동으로 이벤트 객체를 해당 함수의 첫 번째 매개변수로 전달합니다.

다음 코드에서는 <button> 요소에 clickHandler() 함수를 참조 형태로 전달할 때 이벤트 객체를 명시하지 않습니다. 하지만 해당 함수의 첫 번째 매개변수로 e를 선언해 자동으로 이벤트 객체가 전달됩니다.

src/App.tsx

```
export default function App() {
  const clickHandler = (e: React.MouseEvent<HTMLButtonElement, MouseEvent>) => {
    console.log(e);
  };
  return (
    <>
      <button onClick={clickHandler}>click</button>
    </>
  );
}
```

함수 참조 방식에서 이벤트 객체를 사용하려면 참조 함수에 타입을 명시해야 합니다. 그런데 이벤트 객체의 타입은 JSX 요소와 이벤트 종류에 따라 달라지므로 정확히 외우기 어렵습니다. 이럴 때는 타입 추론을 활용하면 됩니다.

TIP — **타입 추론**(type inference)이란 프로그래밍 언어에서 명시적으로 타입을 지정하지 않아도 컴파일러나 인터프리터가 변수나 표현식의 타입을 자동으로 유추하는 기능을 말합니다.

먼저 인라인 핸들러 방식으로 코드를 작성합니다.

```
<button onClick={(e) => e}>click</button>
```

그리고 e에 마우스를 올리면 추론된 타입을 표시합니다. 그리고 e에 마우스를 올리면 자동으로 이벤트 객체의 타입을 추론해 보여줍니다.

그림 3-18 이벤트 객체의 타입 추론

```
App.tsx ● User.tsx
src > App.tsx > App
export default function App() {
  return (
    (parameter) e: React.MouseEvent<HTMLButtonElement, MouseEvent>
      <button onClick={(e) => e}>click</button>
    </>
  );
}
```

이렇게 확인한 타입을 함수 참조 방식으로 전환할 때 그대로 사용하면 됩니다.

```
const clickHandler = (e: React.MouseEvent<HTMLButtonElement>) => { ... };
```

- **이벤트 객체와 매개변수**

이벤트 핸들러에 이벤트 객체와 추가 매개변수를 모두 전달해야 하는 경우에는 함수 참조 방식을 사용할 수 없습니다. 이런 경우에는 인라인 핸들러 방식을 사용해 이벤트 객체와 원하는 매개변수를 명시적으로 전달해야 합니다.

다음 코드는 onClick 이벤트 속성에 인라인 핸들러 방식으로 함수를 작성하고, 이벤트 객체 e와 문자열 'Hello'를 함께 전달합니다.

src/App.tsx

```
export default function App() {
  const clickHandler = (
    e: React.MouseEvent<HTMLButtonElement, MouseEvent>,
    msg: string
  ) => {
    console.log(e);
    alert(msg);
  };
  return (
    <>
      <button onClick={(e) => clickHandler(e, 'Hello')}>click</button>
    </>
  );
}
```

함수 참조 방식은 이벤트 객체 하나만 자동으로 전달할 수 있습니다. 따라서 매개변수가 2개 이상이면 인라인 핸들러 방식으로 전달합니다. 특히, 이벤트 객체와 사용자가 원하는 값을 함께 전달해야 할 때는 인라인 핸들러 방식을 사용합니다.

3.5.4 이벤트 전파

JSX 요소에서도 기존 DOM과 마찬가지로 이벤트 전파가 발생합니다. **이벤트 전파**(event propagation)란 이벤트가 발생했을 때 부모 또는 자식 요소로 전달되는 현상을 의미합니다.

이벤트 전파에는 캡처링과 버블링 두 가지가 있습니다.

- **캡처링**

캡처링(capturing)은 이벤트가 부모 요소에서 시작해 자식 요소로 내려가는 방식입니다. 리액트에서 캡처링을 처리하려면 이벤트 속성에 Capture를 붙여 사용해야 합니다.

다음 코드는 onClick 이벤트 속성에 Capture를 붙인 onClickCapture 이벤트 속성을 사용합니다.

src/App.tsx

```
export default function App() {
  const handleCapture = () => {
    console.log('Parent');
  };
  const handleBubble = () => {
    console.log('Child');
  };
  return (
    <div
      onClickCapture={handleCapture}
      style={{ padding: '50px', backgroundColor: '#f0f0f0' }}
    >Parent
      <button onClick={handleBubble} style={{ marginTop: '20px' }}
      >Click Me</button>
    </div>
  );
}
```

코드에서 <button> 요소를 클릭하면 onClick 이벤트가 발생합니다. 이때 부모 요소인 <div>에 onClickCapture 속성이 정의되어 이벤트가 자식 요소로 도달하기 전에 부모의 캡처링 핸들러가 먼저 실행됩니다. 즉, 이벤트는 부모 → 자식 방향으로 전파됩니다.

애플리케이션을 실행하고 버튼을 클릭합니다. 웹 브라우저의 콘솔창을 보면 Parent → Child 순으로 로그가 남습니다.

그림 3-19 캡처링 결과

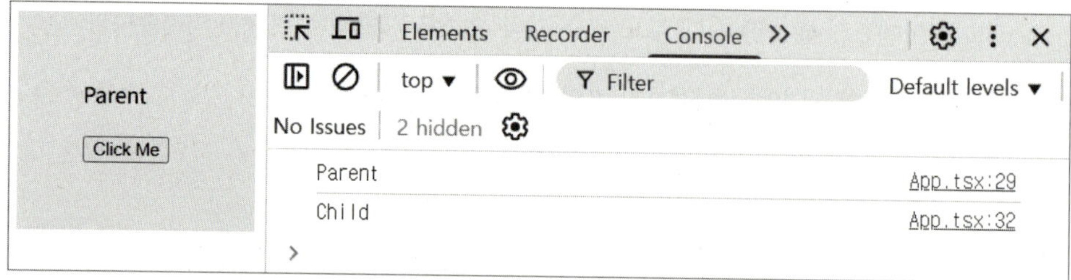

● 버블링

버블링(bubbling)은 이벤트가 자식 요소에서 시작해 부모 요소로 전파되는 방식입니다. 예를 들어, <button> 요소에서 발생한 클릭 이벤트는 해당 버튼을 포함한 <div>, <body>, <html> 요소로 차례대로 전달됩니다.

리액트에서는 버블링이 기본 동작이므로 캡처링처럼 Capture 수식어가 붙은 별도의 이벤트 속성이 필요하지 않습니다. 이벤트 속성 이름을 그대로 사용하면 됩니다.

다음 코드는 앞서 살펴본 캡처링 예제와 구조는 거의 같고, 이벤트 속성에 Capture 수식어만 없습니다.

src/App.tsx

```
export default function App() {
  const handleCapture = () => {
    console.log('Parent');
  };
  const handleBubble = () => {
    console.log('Child');
  };
  return (
    <div
      onClick={handleCapture}
      style={{ padding: '50px', backgroundColor: '#f0f0f0' }}
```

```
      >Parent
        <button onClick={handleBubble} style={{ marginTop: '20px' }}
        >Click Me</button>
      </div>
    );
  }
```


애플리케이션을 실행하고 버튼을 클릭하면 Child → Parent 순으로 로그가 출력됩니다.

그림 3-20 버블링 결과

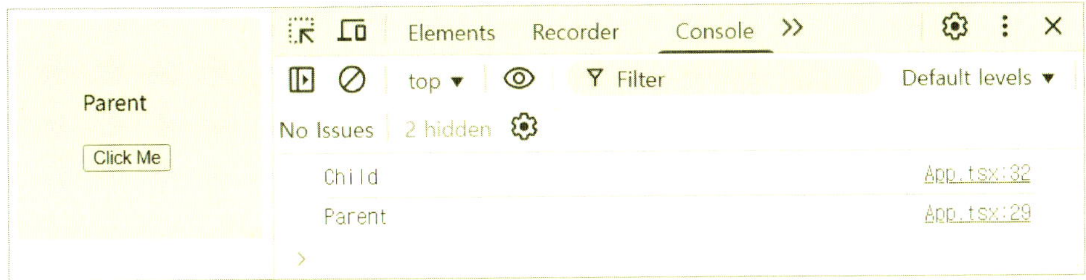

이벤트 전파 막기

캡처링이 일어나지 않게 하려면 이벤트 속성에 Capture 수식어를 사용하지 않으면 됩니다. 하지만 버블링은 기본 동작이므로 버블링을 막으려면 명시적으로 코드를 작성해야 합니다.

버블링을 차단하려면 이벤트 객체의 stopPropagation() 메서드를 사용합니다. 이 메서드는 이벤트가 상위 요소로 전파되는 것을 막아줍니다. 다음 코드는 버튼 클릭 시 stopPropagation()을 호출해 이벤트가 부모 요소로 전달되지 않도록 합니다.

src/App.tsx

```
export default function App() {
  const handleCapture = () => {
    console.log('Parent');
  };
  const handleBubble = (e: React.MouseEvent<HTMLButtonElement, MouseEvent>) => {
    e.stopPropagation();
    console.log('Child');
  };
  return (
    <div
      onClick={handleCapture}
      style={{ padding: '50px', backgroundColor: '#f0f0f0' }}
```

```
    >Parent
      <button onClick={handleBubble} style={{ marginTop: '20px' }}
      >Click Me</button>
    </div>
  );
}
```

애플리케이션을 실행하고 버튼을 클릭하면 콘솔에 다음과 같은 출력만 나타납니다. 이는 이벤트가 발생할 때 이벤트 객체의 `stopPropagation()` 메서드가 호출되어 이벤트가 부모로 전달되지 않았기 때문입니다.

그림 3-21 stopPropagation() 메서드 호출 결과

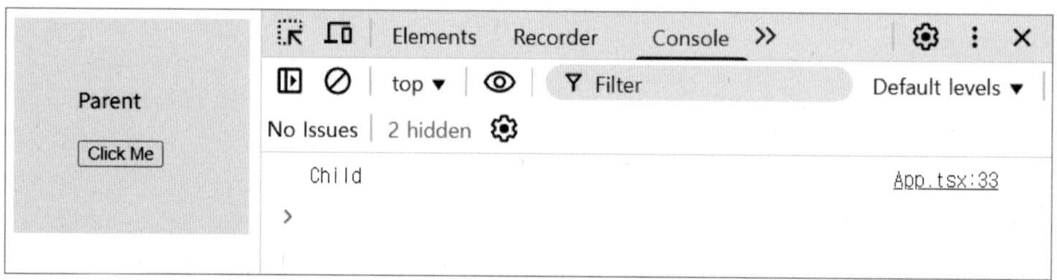

● 이벤트 기본 동작 막기

HTML 요소는 특정 이벤트가 발생하면 자동으로 실행하는 기본 동작이 있습니다. JSX 요소도 HTML 태그와 동일하게 이러한 기본 동작을 따릅니다. 예를 들어 `<a>` 태그는 클릭하면 링크로 이동하고, `<button>` 태그는 클릭 이벤트를 발생시키며, `<form>` 태그는 입력한 데이터를 서버로 제출하면서 페이지를 새로 고침합니다.

하지만 리액트 애플리케이션에서는 이런 기본 동작을 막아야 할 상황이 자주 발생합니다. 예를 들어, REST API를 통해 데이터를 비동기 방식으로 전송하는 경우에 `<form>`의 기본 동작(페이지 새로 고침)이 실행되면 리액트 애플리케이션의 상태와 UI가 초기화되어 사용자가 입력한 데이터가 모두 사라질 수 있습니다.

기본 동작을 막으려면 이벤트 객체의 `preventDefault()` 메서드를 사용합니다. 이 메서드는 웹 브라우저의 기본 동작을 취소합니다. 다음 예제를 봅시다.

src/App.tsx

```
export default function App() {
  return (
    <form ------------------------------------------------ ❶
      onSubmit={(e) => { ---------------------------- ❷
        e.preventDefault();
      }}
    >
      <input type='text' name='email' />
      <input type='password' />
      <button type='submit'>전송</button> ------ ❸
    </form>
  );
}
```

❶ <form> 요소는 사용자가 입력한 데이터를 서버로 제출하는 기능을 기본으로 수행하고, 전송 후 자동으로 페이지를 새로 고침합니다.

❷ onSubmit은 폼이 제출될 때 자동으로 실행하는 이벤트 핸들러입니다. 이벤트 핸들러에서 e.preventDefault()가 호출되어 페이지 새로 고침을 막습니다. 단, preventDefault()는 폼 제출 시 기본 동작을 취소할 뿐, 버튼을 클릭하는 동작 자체는 막지 않습니다.

❸ [전송] 버튼을 클릭하면 <form>이 제출되는 submit 이벤트를 발생시킵니다.

1분 퀴즈

정답 노트 p.784

16. 다음 중 JSX에서 이벤트를 등록하는 방법으로 올바른 것은 무엇인가요?

① `<button onclick={handleClick()}>Click</button>`

② `<button onClick={handleClick}>Click</button>`

③ `<button ONCLICK={handleClick}>Click</button>`

④ `<button onClick='handleClick()'>Click</button>`

▶ 계속

17. **리액트에서 이벤트 핸들러에 매개변수를 전달하는 방법으로 올바른 것은 무엇인가요?**

① <button onClick={clickHandler()}>Click</button>

② <button onClick={() => clickHandler}>Click</button>

③ <button onClick={clickHandler('hello')}>Click</button>

④ <button onClick={() => clickHandler('hello')}>Click</button>

18. **리액트에서 버튼 클릭 시 alert('Clicked!')를 실행하는 코드로 올바른 것은 무엇인가요?**

① <button onClick={() => alert('Clicked!')}>Click</button>

② <button onClick={alert('Clicked!')}>Click</button>

③ <button onClick="alert('Clicked!')">Click</button>

④ <button onClick={alert}>Click</button>

19. **리액트의 합성 이벤트에 대한 설명으로 올바른 것은 무엇인가요?**

① DOM 표준 이벤트와 동일하다.

② 특정 웹 브라우저에서만 사용할 수 있다.

③ 크로스브라우저 호환성을 위해 리액트가 제공한다.

④ preventDefault()와 stopPropagation()을 사용할 수 없다.

20. **이벤트 전파에 대한 설명으로 올바른 것은 무엇인가요?**

① 캡처링은 자식에서 부모로 이벤트가 전파된다.

② 버블링은 부모에서 자식으로 이벤트가 전파된다.

③ onClickCapture를 사용하면 이벤트가 캡처링된다.

④ stopPropagation()을 사용하면 캡처링을 막을 수 있다.

21. **다음 중 stopPropagation()을 사용해야 하는 경우는 언제인가요?**

① 비동기 API 요청을 수행할 때

② 이벤트 기본 동작을 방지할 때

③ 이벤트 핸들러에 매개변수를 전달할 때

④ 이벤트가 부모 요소로 전파되지 않도록 막을 때

22. 다음 중 preventDefault()를 사용해야 하는 경우는 언제인가요?

① 특정 요소의 스타일을 변경하고 싶을 때

② <form> 태그의 기본 제출 동작을 막고 싶을 때

③ 버튼을 클릭했을 때 콘솔에 메시지를 출력하고 싶을 때

④ 특정 이벤트를 부모 요소로 전파하지 않도록 막고 싶을 때

마무리

1. 컴포넌트

① 컴포넌트는 UI를 구성하는 독립적이고 재사용 가능한 작은 단위입니다.

② 컴포넌트를 사용하면 재사용성, 유지보수성, 로직 분리, 복잡한 상태 관리가 쉬워지고, 결과적으로 애플리케이션의 성능을 최적화할 수 있습니다.

2. 컴포넌트의 종류

① 클래스 컴포넌트: ES6의 클래스 문법을 사용해 작성하며, `Component` 클래스를 상속받아 `render()` 메서드에서 UI를 정의합니다.

② 함수형 컴포넌트: 자바스크립트 함수로 작성하며, JSX를 반환해 UI를 구성합니다. 문법이 간단하고 가독성이 좋아 현재 가장 많이 사용하는 방식입니다.

3. 컴포넌트 기초

① 리액트에서 사용 가능한 확장자: .js/.jsx(자바스크립트 기반), .ts/.tsx(타입스크립트 기반)

② 컴포넌트는 주로 함수형 컴포넌트 방식으로 작성합니다.

③ 리액트 애플리케이션은 여러 컴포넌트를 조합해 구성합니다.

- 화면에 가장 먼저 렌더링되는 기본 컴포넌트는 App입니다.
- App 컴포넌트 외 나머지 컴포넌트는 src/components 폴더에 파일별로 작성합니다.
- 파일에 작성한 컴포넌트는 `export default`로 내보내고, 사용할 때는 `import`로 불러옵니다.

④ 컴포넌트 트리: 컴포넌트 간 계층 구조를 나타냅니다. App 컴포넌트가 최상위 루트 컴포넌트이고, 다른 컴포넌트들을 자식으로 가집니다. 데이터는 부모에서 자식으로 전달됩니다.

4. props 객체

① props는 부모 컴포넌트가 자식 컴포넌트에 데이터를 전달할 때 사용하는 객체입니다.

② 타입스크립트를 사용할 경우 props의 타입을 정의해야 잘못된 데이터 전달을 방지할 수 있습니다.

③ 데이터를 속성별로 하나씩 전달하는 대신, 객체 형태로 묶어 한 번에 전달하는 것이 간결합니다.

④ 함수도 props로 전달할 수 있어 자식 컴포넌트에서 부모의 함수를 실행할 수 있습니다.

⑤ props는 구조 분해 할당으로 쉽게 꺼내 사용할 수 있습니다.

⑥ 전개 연산자(...)를 사용하면 여러 props를 한꺼번에 전달할 수 있어 편리합니다.

⑦ `children` 속성은 컴포넌트 내부에 작성한 내용을 특별한 props로 전달하는 방식입니다. 자식 컴포넌트에서는 `React.ReactNode` 타입으로 받습니다.

5. 이벤트

① 이벤트는 사용자와의 상호작용을 의미하며, 리액트에서도 이벤트를 통해 상호작용 기능을 구현할 수 있습니다.

② JSX에서 이벤트를 사용하려면 JSX 요소에 이벤트 속성을 부여하고, 해당 이벤트 핸들러를 연결합니다.

형식 `<JSXElement 이벤트_속성={이벤트_핸들러}/>`

③ 이벤트 속성은 JSX 요소에서 이벤트를 처리하기 위해 사용하는 속성으로, 카멜 케이스로 작성합니다.

④ 이벤트 핸들러는 이벤트 발생 시 실행할 함수를 의미합니다.

- **인라인 핸들러**: JSX 요소 안에서 직접 함수를 작성해 할당, 매개변수가 필요한 경우에는 반드시 인라인 핸들러 방식 사용
- **함수 참조**: 외부에서 정의한 함수를 JSX 요소에서 참조

⑤ 이벤트 객체: 리액트는 기본 DOM 이벤트를 감싸 합성 이벤트로 제공합니다. 이는 웹 브라우저 간 동작 차이를 줄이기 위한 것으로, 크로스브라우저 호환성을 보장합니다.

⑥ 이벤트 전파는 이벤트가 부모 또는 자식 요소로 전달되는 과정을 의미합니다.

- **캡처링**: 부모에서 자식으로 이벤트가 전달되며, 이벤트 속성에 Capture 수식어를 붙여 사용
- **버블링**: 자식에서 부모로 이벤트 전달
- **stopPropagation() 메서드**: 이벤트 전파를 막고 싶을 때 사용
- **preventDefault() 메서드**: 이벤트의 기본 동작(예 <form> 제출)을 막고 싶을 때 사용

셀프체크

정답 노트 p.784

다음 요구사항을 참고해 간단한 리액트 애플리케이션을 만들어 보세요.

요구 사항

① 버튼(button)을 렌더링하는 Button 컴포넌트를 만듭니다.

② Button 컴포넌트에는 버튼의 내용과 이벤트 핸들러를 전달합니다.

③ Button 컴포넌트는 부모 컴포넌트에서 전달한 내용과 이벤트 핸들러를 받아 내용은 렌더링하고 이벤트 핸들러는 클릭 이벤트 속성에 할당합니다.

④ 버튼을 클릭하면 부모 컴포넌트에서 전달받은 이벤트 핸들러가 실행됩니다. 이벤트 핸들러의 로직은 자유롭게 구현합니다.

MEMO

코딩
자율학습

4장

컴포넌트 상태

리액트 애플리케이션이 단순한 정적 페이지를 넘어 동적으로 변화하는 UI를 제공할 수 있는 이유는 바로 **상태 관리** 덕분입니다. 이 장에서는 리액트에서 컴포넌트의 상태를 어떻게 관리하는지 살펴봅니다.

4.1

컴포넌트의 상태란

리액트 컴포넌트에서 데이터를 정의하는 가장 간단한 방법은 자바스크립트의 let이나 const 키워드를 사용해 변수를 선언하는 것입니다.

다음 코드를 작성하면 name 변수에 밑줄이 생깁니다.

src/App.tsx

```
export default function App() {
  let name = '철수';
  const age = 20;
  return (
    <div>
      <p>{name}</p>
      <p>{age}</p>
    </div>
  );
}
```

이는 타입스크립트 기반 컴포넌트에서는 let 키워드로 선언한 변수의 값이 변경되지 않아서 ESLint에서 이를 경고 메시지로 표시하는 것입니다. 그러나 이는 실행 오류가 아니기 때문에 애플리케이션을 실행하면 정상적으로 작동합니다.

그림 4-1 실행결과

철수 20

하지만 이 방식에는 치명적인 문제가 하나 있습니다. 변수에 할당된 값을 변경하더라도 컴포넌트가 리렌더링되지 않기 때문에 화면에는 변화가 나타나지 않습니다.

다음 코드에서 `nameChange()` 함수는 `name` 변수의 값을 '영희'로 변경합니다. 이로 인해 ESLint 경고는 사라지지만, 버튼을 클릭해도 화면에는 여전히 철수가 표시됩니다.

src/App.tsx

```
export default function App() {
  let name = '철수';
  const age = 20;
  const nameChange = () => {
    name = '영희';
    console.log(name);
  };
  return (
    <div>
      <p>{name}</p>
      <p>{age}</p>
      <button onClick={nameChange}>Value Change</button>
    </div>
  );
}
```

웹 브라우저의 콘솔을 열어보면 버튼을 클릭할 때 영희가 출력되지만, 컴포넌트가 리렌더링되지 않기 때문에 화면은 변하지 않습니다.

그림 4-2 버튼을 클릭해도 화면 변화 없음

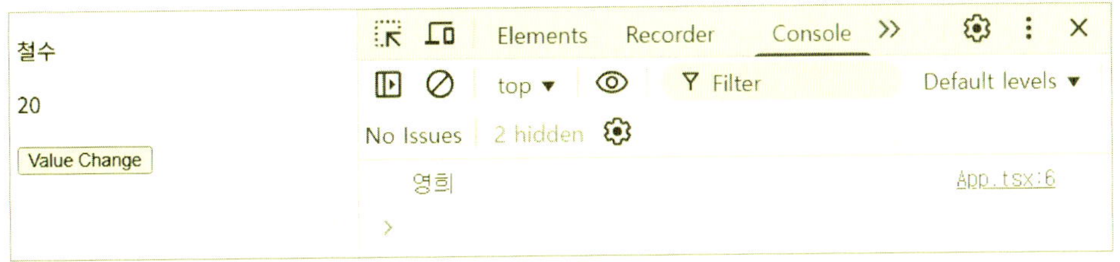

이는 `let`이나 `const` 키워드로 선언한 데이터가 변경되더라도 리액트가 해당 변화를 감지하지 못하기 때문입니다. 그래서 리액트에서는 컴포넌트의 렌더링과 관련 있는 데이터는 단순한 변수 선언이 아니라 상태로 관리해야 합니다.

4장 컴포넌트 상태

컴포넌트의 상태(state)란 리액트 컴포넌트 내부에서 관리하는 데이터로, 사용자와의 상호작용에 따라 변경될 수 있는 값을 의미합니다. 즉, 상태는 리액트 애플리케이션이 동적 UI를 만들 수 있도록 도와주는 핵심 개념입니다.

HTML과 CSS만으로 만든 일반적인 웹 페이지는 정적인 콘텐츠만을 보여줍니다. 하지만 사용자 입력, 버튼 클릭, API 요청과 같은 이벤트에 따라 화면을 업데이트하려면 동적 변화가 필요합니다. 이때 상태를 관리하면 UI의 변화를 자동으로 반영할 수 있습니다.

앞의 예제에서도 상태를 관리하면 버튼을 클릭했을 때 값의 변경을 감지하고 컴포넌트를 리렌더링해 철수를 영희로 업데이트합니다.

useState 훅: 기본 상태 관리

리액트에서는 상태를 관리할 때 훅을 사용합니다. **훅**(hook)이란 함수형 컴포넌트에서 상태(state)와 생명주기(lifecycle)를 쉽게 관리할 수 있도록 도와주는, 리액트에서 제공하는 특별한 함수입니다. 훅은 2018년 10월 25일 ReactConf에서 처음 소개되었으며, 2019년 2월 6일에 출시한 리액트 16.8부터 정식으로 도입되었습니다.

가장 대표적인 훅으로는 useState와 useReducer가 있습니다. 이 절에서는 컴포넌트에서 상태를 정의할 때 가장 기본으로 사용하는 useState 훅을 살펴보겠습니다.

4.2.1 useState 훅의 기본 문법

useState 훅은 [이전_상태(값), 상태_변경_함수] 형태의 배열을 반환하는 함수입니다. 이 배열을 구조 분해 할당하면 컴포넌트 내부에서 상태를 저장하고 변경할 수 있는 2개의 변수를 선언할 수 있습니다. 두 변수를 사용해 컴포넌트의 상태를 효과적으로 관리할 수 있습니다. 상태 값이 변경되면 리액트는 해당 컴포넌트를 자동으로 리렌더링(re-rendering)해 UI를 새로운 상태로 업데이트합니다.

useState 훅은 다음과 같은 형식으로 사용합니다.

형식

```
const [state, setState] = useState<Type>(initialState);
```

- **state**: 상태 값을 저장하는 변수로, 보통 **상태 변수**라고 부릅니다. state라는 이름은 단순한 예일 뿐이며, 관리하려는 상태의 성격에 맞게 자유롭게 이름 지어도 됩니다. 예를 들어 숫자를 관리한다면 count, 문자열이면 text와 같이 이름을 짓습니다.

- **setState**: 상태를 변경하는 함수로, **상태 변경 함수**라고 부릅니다. 일반적으로 상태 변수 이름 앞에 set을 붙여 이름을 짓습니다. 예를 들어, 상태 변수가 count라면, 상태 변경 함수는 setCount가 됩니다.
- **<Type>**: useState 훅으로 정의할 상태 값의 타입을 제네릭으로 지정합니다. 타입스크립트에서는 기본으로 타입 추론이 가능하므로 생략하는 경우도 많습니다.
- **initialState**: 상태의 초깃값을 의미합니다. 컴포넌트가 처음 렌더링될 때 이 값으로 상태가 초기화됩니다. 초깃값을 생략하면 기본으로 undefined가 할당되는데, 이 경우 연산 중 예기치 않은 오류가 발생할 수 있으므로 주의해야 합니다.

이제 useState 훅을 사용할 때 꼭 알아야 할 개념들을 하나씩 살펴보겠습니다.

● 제네릭 타입

타입스크립트에서는 특정 타입에 고정되지 않고, 다양한 타입에서 재사용할 수 있는 기능인 **제네릭**(generic)을 제공합니다. 제네릭을 사용하면 타입을 보다 유연하게 다룰 수 있으며, 하나의 로직을 여러 타입에 적용할 수 있습니다.

제네릭을 사용하지 않으면 같은 로직이라도 숫자와 문자열을 처리하는 함수를 따로 정의해야 합니다. 그럴 경우 코드에 중복이 생길 수 있고, 유지 관리도 어려워질 수 있습니다.

다음은 숫자용 함수와 문자열용 함수를 따로 만든 예제입니다.

```
function identityNumber(value: number): number {
  return value;
}
function identityString(value: string): string {
  return value;
}
```

반면, 제네릭을 사용하면 T라는 제네릭 타입 변수를 통해 어떤 타입이든 받을 수 있습니다. T의 실제 타입은 함수를 호출할 때 자동으로 결정되며, 입력 값의 타입에 따라 반환 값의 타입도 함께 결정됩니다.

다음 함수를 봅시다. 이 함수는 다음과 같이 호출할 수 있습니다.

- **identity<number>(42)**: T는 number가 되어 반환 값도 number입니다.
- **identity<string>('Hello!')**: T는 string이 되어 반환 값도 string입니다.

```
function identity<T>(value: T): T {
  return value;
}
```

이처럼 제네릭을 사용하면 같은 함수 코드를 다양한 타입에 유연하게 재사용할 수 있습니다. 또한, 타입스크립트의 장점인 **타입 안정성**(type safety)도 유지할 수 있습니다.

useState 훅은 기본으로 타입 추론을 지원합니다. 따라서 타입을 명시하지 않아도 타입스크립트가 초깃값을 기준으로 상태 값의 타입을 자동으로 추론합니다.

```
const [count, setCount] = useState(0); // count의 타입을 number로 추론
const [text, setText] = useState('Hello'); // text의 타입을 string으로 추론
```

그러나 경우에 따라 상태 값의 타입을 명확하게 지정하고자 할 때는 제네릭을 사용해 타입을 직접 지정할 수 있습니다.

```
const [count, setCount] = useState<number>(0); // number 타입 명시
const [text, setText] = useState<string>("Hello"); // string 타입 명시
```

다음과 같은 경우에는 제네릭을 반드시 사용해야 합니다.

```
const [value, setValue] = useState<number | undefined>(); ------ ❶
const [data, setData] = useState<string | null>(null); --------- ❷
```

❶ 초깃값이 없으면 value의 타입은 자동으로 undefined로 추론합니다. 이처럼 초깃값이 없거나 동적으로 결정될 경우 정확한 타입을 명시하지 않으면 연산 중 오류가 발생할 수 있습니다. 따라서 제네릭을 사용해 타입을 명확히 지정해야 합니다.

❷ 초깃값은 null이지만, 이후 문자열(string) 값을 상태로 저장한다면 제네릭을 사용해 상태의 전체 타입(string | null)을 지정해야 합니다.

TIP — | 기호를 사용해 여러 타입을 나열하는 것을 **유니언 타입**(union type)이라고 합니다. 유니언 타입은 타입스크립트에서 여러 타입 중 하나의 값을 가질 수 있도록 허용하는 문법입니다. 즉, string | null은 유니언 타입으로, 값이 string이거나 null일 수 있음을 명시하는 방식입니다.

객체 형태의 상태를 다룰 때도 useState 훅에 제네릭을 사용해 타입을 지정할 수 있습니다. 다음 예제는 상태 값의 타입을 User 인터페이스로 지정한 경우입니다.

```
interface User {
  name: string;
  age: number;
}
const [user, setUser] = useState<User>({ name: 'Alice', age: 25 });
```

이렇게 작성하면 setUser는 User 타입과 일치하는 { name: string, age: number } 구조의 객체만 받을 수 있고, 타입이 다를 경우 컴파일 오류가 발생합니다.

● 상태 변수

상태 변수는 리액트에서 컴포넌트의 상태를 관리하기 위해 사용하는 특별한 변수입니다. useState 훅을 사용해 선언하며, let이나 const로 선언한 변수와 달리 리액트 내부에서 값의 변경을 감지합니다. 따라서 상태 변수의 값이 변경되면 해당 컴포넌트는 자동으로 리렌더링되어 UI가 업데이트됩니다.

useState 훅의 매개변수로 전달한 값은 상태 변수의 초깃값이 됩니다. 이때 상태 변수에 저장된 값을 **상태 값**(state value)이라고 합니다. 즉, state는 상태를 저장하는 변수(예 count)이고, 상태 값은 상태 변수가 현재 가지고 있는 값(예 10)입니다.

예를 들어, 다음 코드에서 상태 값은 10입니다.

```
const [state, setState] = useState(10); // 초깃값 10
```

상태 값을 변경할 때는 다음과 같이 변수에 값을 직접 재할당하면 안 됩니다.

```
count = 10;
```

이렇게 작성하면 오류가 발생할 뿐 아니라 리액트가 변경 사항을 감지하지 못해 화면에 반영되지 않습니다. 반드시 setState와 같은 상태 변경 함수를 사용해야 리액트가 상태 변화를 인식하고 UI를 다시 그립니다.

상태 변경 함수

useState로 선언한 상태 변수의 값을 변경할 때는 반드시 **상태 변경 함수**를 사용해야 합니다. 상태 변경 함수는 다음 두 가지 방식으로 사용할 수 있습니다.

1. 상태 값을 직접 전달하는 방식

상태 변경 함수에 변경하려는 값을 직접 전달해 상태를 업데이트합니다.

형식 상태_변경_함수(값);

예를 들어, 숫자 값 0을 초깃값으로 갖는 count 상태를 정의한 코드는 다음과 같습니다.

```
const [count, setCount] = useState<number>(0); // 타입 추론으로 <number> 생략 가능
```

count는 초깃값 0을 저장합니다. 이 값을 변경하려면 다음과 같이 setCount에 새 값을 직접 전달합니다.

```
setCount(1); // count 값을 1로 변경
```

이 방법은 상태 값이 무엇이든 상관없이 특정 값으로 상태를 덮어쓰고 싶을 때 유용합니다.

2. 이전 상태 값을 참조하는 방식

상태 변경 함수에 콜백 함수(callback function)를 전달하면 업데이트 이전 상태 값이 함수의 매개변수로 전달됩니다.

형식 상태_변경_함수((이전_상태_값) => 변경할_상태_값)

예를 들어, count 상태 값을 1 증가시키고 싶을 때는 다음과 같이 작성합니다.

```
const [count, setCount] = useState(0); // 초깃값: 0
const increment = () => {
  setCount((count) => count + 1); // 이전 값에서 1 증가
};
```

이 방식은 이전 상태 값을 기반으로 새로운 값을 계산해야 할 때 사용합니다. 특히 상태 업데이트가 비동기적으로 처리될 수 있는 상황에서 정확한 상태 값을 반영하려면 이 방식이 안전합니다.

어느 방식이든 자유롭게 사용할 수 있지만, 상태 변수에 값을 직접 재할당하는 것만은 절대 피해야 합니다.

> **수코딩의 조언**
>
> 여기서 말하는 **이전 상태 값**이란 상태 업데이트가 실행되기 바로 직전의 값을 의미합니다. 문맥에 따라 이전 상태 값, 현재 상태 값, 최신 상태 값이라고 부르기도 하지만, 모두 같은 개념을 가리킵니다.

4.2.2 useState 훅 사용하기

이번에는 useState 훅을 실제로 어떻게 사용하는지 예제로 살펴보겠습니다.

다음은 숫자 상태 값 count를 정의하고, 버튼 클릭 시 숫자를 1씩 증가시키는 예제입니다.

src/App.tsx

```
import { useState } from 'react'; ---------------------------------- ❶

export default function App() {
  const [count, setCount] = useState(0); ------------------------- ❷
  const clickHandler = () => setCount(count => count + 1); ----- ❸
  return (
    <div>
      <h1>Count: {count}</h1>
      <button onClick={clickHandler}>증가</button>
    </div>
  );
}
```

❶ useState는 리액트의 내장 훅이므로 react 패키지에서 불러와야 합니다.

❷ useState(0)을 호출해 count라는 상태를 선언하고 초깃값을 0으로 설정합니다. 상태의 타입은 <number>처럼 제네릭으로 명시할 수 있지만, 타입스크립트는 초깃값을 기준으로 타입을 추론하므로 생략해도 무방합니다.

❸ clickHandler() 함수는 버튼을 클릭할 때 실행되어 count 상태 값을 1 증가시킵니다. 콜백 함수의 매개변수로 업데이트 직전의 상태 값이 전달되므로 이를 기반으로 새로운 값을 계산할 수 있습니다.

코드를 저장하고 실행해보면 [증가] 버튼을 클릭할 때마다 count 값이 1씩 증가합니다.

그림 4-3 상태 변경 결과: 버튼 클릭 시 UI 자동 업데이트

Count: 3

증가

이처럼 리액트에서는 상태 값이 변경되면 해당 상태를 정의한 컴포넌트를 자동으로 리렌더링해 새로운 상태 값이 화면에 반영되도록 처리합니다.

useState 훅을 사용한 상태 관리 흐름을 정리하면 다음과 같습니다.

1. useState 훅으로 상태를 생성합니다.
2. 상태_변경_함수(새로운_값)을 호출해 상태를 변경합니다.
3. 리액트는 이전 상태 값과 새로운 값을 비교해 변경 여부를 판단합니다.
4. 상태가 변경되었다면 해당 컴포넌트를 리렌더링합니다.

수코딩의 조언

이전 상태 값을 기준으로 상태를 변경할 때는 setCount(count + 1)처럼 작성해도 되지만, 필자는 setCount(count => count + 1)처럼 콜백 함수 형태로 작성하는 방식을 더 권장합니다. 이 방식은 상태 값을 안전하게 참조할 수 있어 예기치 않은 문제를 방지할 수 있습니다.

4.2.3 useState 훅 여러 번 사용하기

useState 훅은 한 번에 하나의 상태 값만 관리할 수 있습니다. 따라서 컴포넌트 내부에서 여러 개의 상태 값이 필요하다면 useState를 여러 번 호출해 각 상태를 따로 정의해야 합니다. 이때

상태 변수의 이름(식별자)이 중복되지 않도록 주의해야 합니다.

예를 들어, 이름(name), 나이(age), 성별(gender)을 각각 상태로 관리하려면 다음과 같이 작성합니다.

```
import { useState } from 'react';

export default function App() {
  const [name, setName] = useState(null);
  const [age, setAge] = useState(null);
  const [gender, setGender] = useState(null);
  // ...
}
```

이 방식은 각 상태를 독립적으로 업데이트할 수 있다는 장점이 있습니다. 하지만 상태 개수가 많아지면 useState 훅도 많아지고, 상태 변경 함수도 늘어나면서 코드가 복잡해지는 단점이 있습니다.

이런 경우 여러 상태 값을 하나의 객체로 묶어 관리하는 방법을 사용할 수 있습니다.

```
export default function App() {
  const [formState, setFormState] = useState({
    name: '',
    age: 0,
    gender: '',
  });
  // ...
}
```

이 방식은 useState 훅을 한 번만 사용해도 여러 값을 한꺼번에 다룰 수 있어 코드가 더 간결해집니다. 하지만 객체 안 특정 속성만 변경하려면 전개 연산자(...)를 사용해 기존 객체를 복사한 후 일부 속성만 바꿔야 합니다.

4.2.4 useState 훅 사용 시 주의사항

useState 훅을 사용할 때 몇 가지 주의해야 할 점이 있습니다.

초깃값 타입 지정

다음은 이름, 나이, 성별에 대한 상태를 정의할 때 모두 null을 초깃값으로 지정한 예제입니다.

src/App.tsx

```
import { useState } from 'react';

export default function App() {
  const [name, setName] = useState(null);
  const [age, setAge] = useState(null);
  const [gender, setGender] = useState(null);
  const clickHandler = () => {
    setName('Mike');      // 타입 오류 발생
    setAge(23);           // 타입 오류 발생
    setGender('female');  // 타입 오류 발생
  };
  return (
    <div>
      <p>이름: {name}</p>
      <p>나이: {age}</p>
      <p>성별: {gender}</p>
      <button onClick={clickHandler}>변경</button>
    </div>
  );
}
```

코드에서 null을 초깃값으로 전달했기 때문에 타입스크립트는 name, age, gender 상태의 타입을 자동으로 null로 추론합니다. 그 결과, 이후 문자열이나 숫자 값을 상태에 할당하려 하면 타입 불일치로 오류가 발생합니다.

이러한 오류를 방지하려면 초기에 상태가 null이더라도 나중에 저장할 타입까지 고려해 제네릭을 명시해야 합니다.

src/App.tsx

```
import { useState } from 'react';

export default function App() {
  const [name, setName] = useState<string | null>(null);
  const [age, setAge] = useState<number | null>(null);
```

```
  const [gender, setGender] = useState<string | null>(null);
  (중략)
}
```

일반적으로 useState 훅의 초깃값만으로 타입을 명확히 추론할 수 있을 경우 제네릭을 생략해도 무방합니다. 하지만 초깃값이 null, undefined, [] 등 불분명한 타입일 경우 제네릭 타입을 명시하는 것이 좋습니다.

useState 훅에 <string | null>, <number | null>과 같이 유니언 타입을 제네릭으로 명시하면 초깃값이 null이더라도 이후에 문자열이나 숫자를 문제없이 상태에 저장할 수 있습니다.

> **수코딩의 조언**
>
> 타입 추론이 가능한 상황에서는 굳이 제네릭을 명시하지 않아도 됩니다. 필자는 불필요한 코드 중복을 줄이기 위해 가능한 경우 타입 생략을 선호합니다. 다만, 타입을 명시해야 하는 상황이라면 정확하게 지정하는 것이 좋습니다. 이는 개발자의 스타일에 따라 달라질 수 있습니다.

● 리액트 훅의 호출 위치

useState 같은 리액트 훅은 반드시 함수형 컴포넌트 내부의 최상위에서 호출해야 합니다. 여기서 **최상위**(top-level)란 컴포넌트 함수 내부에서 조건문(if), 반복문(for), 함수 정의, 이벤트 핸들러 등 어떤 블록 안에도 포함되지 않은 영역을 뜻합니다. 즉, 컴포넌트가 실행될 때 항상 동일한 순서로 호출되는 위치여야 합니다.

다음은 호출 위치를 잘못 사용한 예제입니다.

```
import { useState } from 'react';

export default function App() {
  const clickHandler = () => {
    const [count, setCount] = useState(0); // 오류 발생
    setCount(count + 1);
  };
  return (
    <button onClick={clickHandler}>클릭</button>
  );
}
```

예제에서는 useState 훅을 clickHandler()라는 이벤트 핸들러 내부에서 호출하고 있습니다. 이 코드는 리액트 훅의 규칙을 위반해 다음과 같은 오류가 발생합니다.

그림 4-4 리액트 훅을 최상위가 아닌 곳에서 호출했을 때 발생하는 오류

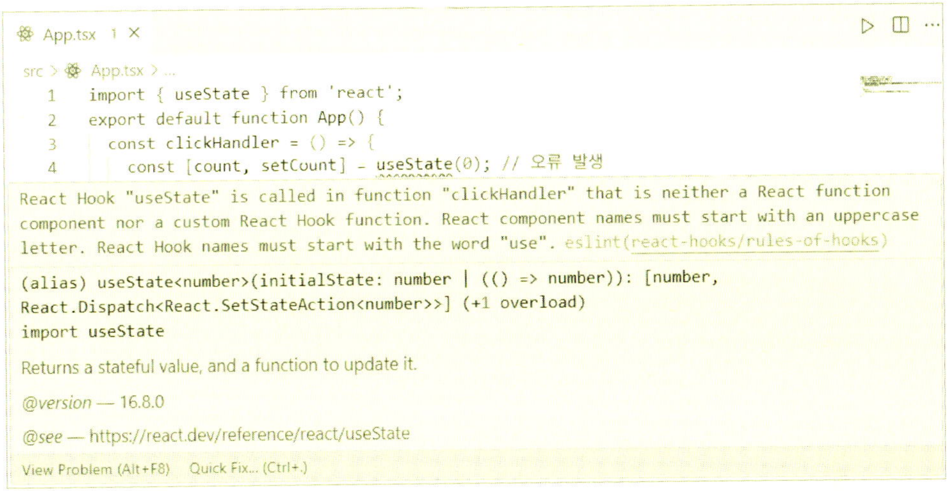

```
App.tsx 1 ×
src > App.tsx > ...
import { useState } from 'react';
export default function App() {
  const clickHandler = () => {
    const [count, setCount] = useState(0); // 오류 발생
React Hook "useState" is called in function "clickHandler" that is neither a React function
component nor a custom React Hook function. React component names must start with an uppercase
letter. React Hook names must start with the word "use". eslint(react-hooks/rules-of-hooks)

(alias) useState<number>(initialState: number | (() => number)): [number,
React.Dispatch<React.SetStateAction<number>>] (+1 overload)
import useState

Returns a stateful value, and a function to update it.

@version — 16.8.0

@see — https://react.dev/reference/react/useState

View Problem (Alt+F8)   Quick Fix... (Ctrl+.)
```

TIP — 리액트 공식 문서에서는 리액트 훅을 사용할 때 반드시 지켜야 하는 규칙들을 **훅의 규칙**(rules of hooks)으로 정의하고 있습니다. 이 규칙은 useState뿐만 아니라 useEffect, useContext, useReducer 등 모든 리액트 훅에 동일하게 적용됩니다. 훅의 규칙에 관한 내용은 공식 문서(https://ko.react.dev/reference/rules/rules-of-hooks)에서 확인할 수 있습니다.

상태 변경 함수에서 값을 직접 전달할 때 주의할 점

앞서 **4.2.1절**에서 설명했듯이, 상태 변경 함수를 사용하는 방식에는 상태 값을 직접 전달하는 방식과 이전 상태 값을 참조하는 방식이 있습니다. 이 중에서 값을 직접 전달하는 방식을 사용할 때 주의해야 할 점을 살펴보겠습니다.

다음 예제를 봅시다.

src/App.tsx

```
import { useState } from 'react';

export default function App() {
  const [count, setCount] = useState(0);
  const clickHandler = () => {
    setCount(count + 1);
    setCount(count + 1);
    setCount(count + 1);
  };
```

```
  return (
    <div>
      <h1>Count: {count}</h1>
      <button onClick={clickHandler}>증가</button>
    </div>
  );
}
```

코드에서 버튼을 클릭하면 setCount() 함수가 3번 호출됩니다. 많은 사람이 버튼을 한 번 클릭할 때마다 3씩 증가할 것이라고 예상할 겁니다. 하지만 실제로 실행해보면 count는 1씩 증가합니다. 왜 이렇게 작동할까요?

그림 4-5 버튼 클릭 시 실제로는 1씩 증가

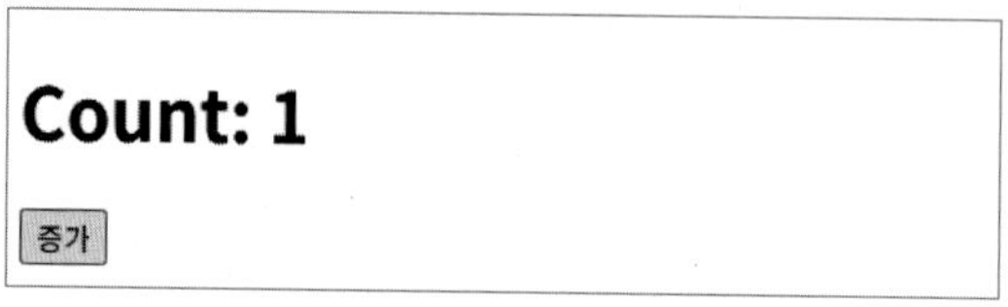

Count: 1

증가

이러한 현상은 리액트의 상태 업데이트 방식 때문입니다. 리액트는 여러 상태 변경을 즉시 처리하지 않고 비동기적으로 처리해 렌더링이 끝난 뒤 한 번에 모아서 적용합니다. 이 방식을 **일괄 업데이트**(batch update)라고 하며, 불필요한 리렌더링을 줄여 성능을 최적화하는 방식입니다.

예제 코드에서 setCount(count + 1)을 연속으로 3번 호출하더라도 세 번 모두 현재 count 값(예 0)을 기준으로 1을 더하는 연산이 수행됩니다.

즉, 0 + 1, 0 + 1, 0 + 1이 반복되기 때문에 결과적으로 마지막 호출 결과인 1만 적용됩니다.

이는 리렌더링이 아직 발생하지 않은 상태에서 동일한 값을 기준으로 상태 변경을 요청했기 때문에 의도한 대로 동작하지 않는 것입니다.

이 문제는 상태 변경 함수에 콜백 함수 형태를 사용하면 해결할 수 있습니다. 콜백 함수는 항상 이전 상태 값을 매개변수로 전달받기 때문에 그 값을 기반으로 새로운 상태를 안전하게 계산할 수 있습니다.

src/App.tsx

```
import { useState } from 'react';

export default function App() {
```

```
  const [count, setCount] = useState(0);
  const clickHandler = () => {
    setCount((count) => count + 1);
    setCount((count) => count + 1);
    setCount((count) => count + 1);
  };
  return (
    <div>
      <h1>Count: {count}</h1>
      <button onClick={clickHandler}>증가</button>
    </div>
  );
}
```

이 방식은 count에 각각 이전 상태 값이 전달되므로 버튼을 클릭할 때마다 정상적으로 3씩 증가합니다.

그림 4-6 콜백 함수 사용 시 3씩 증가

Count: 3

증가

물론, setCount(count + 3)처럼 한 번에 3을 더하는 방식도 가능합니다. 하지만 이 방식도 여전히 기준이 되는 count 값이 최신 상태가 아닐 수 있으므로 상태 변경이 연속적으로 일어나는 경우에는 이전 상태 값을 기반으로 계산하는 콜백 함수 형태가 더 안전합니다.

1분 퀴즈

정답 노트 p.785

01. useState 훅이 반환하는 값으로 올바른 것은 무엇인가요?

① [초기_상태_값, 상태_변경_함수]

② [이전_상태_값, 상태_변경_함수]

③ [이전_상태_값, 상태_변경_함수, 초기_상태_값]

④ { state: 이전_상태, setState: 상태_변경_함수 }

계속

02. **다음 코드에서 setCount() 함수의 역할은 무엇인가요?**

```
const [count, setCount] = useState(0);
```

① count 값 생성하기 ② count 값 제거하기

③ count 값 변경하기 ④ count 값 가져오기

03. **상태를 변경할 때 콜백 함수를 사용하는 이유는 무엇인가요?**

① 메모리 사용을 줄이기 위해

② 상태 변경을 더 빠르게 하기 위해

③ 상태 업데이트를 즉시 반영하기 위해

④ 이전 상태 값을 안전하게 참조하기 위해

04. **상태의 개수가 많을 때 상태를 관리하기 가장 좋은 방법은 무엇인가요?**

① 상태를 useEffect 훅 안에 선언하고 관리한다.

② 컴포넌트 외부에 전역 변수를 만들어 상태를 관리한다.

③ 관련 상태를 하나의 객체로 묶어 useState로 관리한다.

④ 상태는 모두 변수로 선언하고 리렌더링 없이 수동으로 변경한다.

05. **상태 변경 함수를 여러 번 연속으로 호출할 때 가장 안전한 상태 업데이트 방식은 무엇인가요?**

① setCount(count++);

② setCount(count + 1);

③ setCount = count + 1;

④ setCount((count) => count + 1);

06. **useState 훅을 사용할 때 제네릭을 활용하는 이유는 무엇인가요?**

① 타입을 명시해 타입 오류를 방지하기 위해

② useState 훅을 더 빠르게 실행하기 위해

③ 상태 값이 변경되지 않도록 막기 위해

④ 변수를 전역으로 사용하기 위해

07. 다음 코드에서 오류가 발생하는 이유는 무엇인가요?

```
export default function App() {
  const clickHandler = () => {
    const [count, setCount] = useState(0);
    setCount(count + 1);
  };
  return <button onClick={clickHandler}>클릭</button>;
}
```

① 상태 값이 숫자형이라서

② 상태 변경 함수를 사용하지 않아서

③ useState 훅의 초깃값을 지정하지 않아서

④ useState 훅을 이벤트 핸들러 내부에서 호출해서

4.3

useReducer 훅: 복잡한 상태 관리

useReducer 훅은 리액트에서 상태를 관리하는 또 다른 방법으로, 이전 상태와 액션에 따라 새로운 상태를 반환하는 방식입니다. 특히 상태 변경 로직이 복잡하거나 업데이트해야 하는 경우가 많으면 useState 훅보다 더 적합할 수 있습니다.

4.3.1 useReducer 훅 기본 문법

useReducer 훅을 호출하면 2개의 값을 담은 배열을 반환합니다. 이 값을 구조 분해 할당해 다음과 같이 사용할 수 있습니다.

형식
```
const [state, dispatch] = useReducer<Type>(reducer, initialState);
```

- **<Type>**: useReducer 훅이 반환하는 상태 값의 타입을 제네릭으로 지정합니다. 대부분의 경우 타입스크립트가 초깃값을 기준으로 타입을 추론하므로 생략할 수 있습니다. 그러나 초깃값과 이후에 처리할 데이터의 타입이 다를 경우, 타입을 명시해주는 것이 안전합니다.
- **reducer**: useReducer 훅의 첫 번째 매개변수는 리듀서 함수입니다. **리듀서 함수**(reducer function)는 상태를 변경하는 함수로, 이전 상태와 액션을 받아서 새로운 상태를 반환합니다. 자세한 내용은 뒤에서 살펴보겠습니다.
- **initialState**: 상태의 초깃값입니다. 이 값을 기준으로 상태가 시작되고, 생략할 경우 undefined가 됩니다.

- **state**: 상태를 나타내는 상태 변수로 useReducer 훅이 반환하는 첫 번째 값을 저장합니다. 보통 관리하려는 상태의 의미에 맞는 이름으로 지정합니다.
- **dispatch**: useReducer 훅이 반환하는 두 번째 값으로, 리듀서 함수에 액션을 전달하는 함수입니다. 이 함수를 호출하면 리듀서 함수가 실행되고, 새로운 상태가 계산됩니다. 흔히 **액션 발생 함수**(dispatch function)라고 하며, 보통 식별자는 상태 변수 이름에 Dispatch를 붙여 사용합니다. 예를 들어, 상태 변수가 count라면 countDispatch처럼 이름을 짓습니다.

액션과 액션 발생 함수

액션(action)은 리듀서 함수에서 어떤 상태 변경을 수행할지 결정하기 위해 참조하는 값입니다. 리듀서 함수 내부에는 여러 상태 변경 로직이 존재할 수 있으며, 액션의 내용을 기반으로 어떤 로직을 실행할지 선택합니다.

액션은 보통 객체 형태로 표현하며, 다음과 같은 구조를 가집니다.

형식 `{ type: 'ACTION_TYPE', payload: 데이터 };`

- **type**: 액션의 종류를 나타내는 속성입니다. 문자열로 작성하고, 보통 대문자 스네이크 케이스로 작성합니다.
- **payload**: 선택 속성으로, 상태 변경에 필요한 데이터를 담습니다.

TIP — **대문자 스네이크 케이스**(UPPER_SNAKE_CASE)란 여러 단어로 구성된 이름을 모두 대문자로 표기하고, 단어 사이를 밑줄(_)로 구분하는 표기법입니다.

예를 들어, 다음과 같은 액션은 'INCREMENT'라는 유형의 액션이 5만큼 증가하는 동작을 수행하라는 의미입니다.

```
{ type: 'INCREMENT', payload: 5 };
```

정의한 액션은 액션 발생 함수를 통해 리듀서 함수로 전달됩니다. 형식은 다음과 같습니다.

형식 `dispatch({ type: 'ACTION_TYPE' })`

예를 들어, dispatch({ type: 'INCREMENT', payload: 5 })라고 호출하면 리듀서 함수는 이 액션을 받아 해당 로직에 따라 상태를 업데이트합니다.

일반적으로 액션은 객체로 정의하는 것이 가독성과 유지보수 면에서 좋습니다. 그러나 리듀서 함수의 설계에 따라 숫자, 문자열, 배열, 함수 등 다양한 형태의 액션을 사용할 수도 있습니다.

> **수코딩의 조언** 액션은 꼭 객체일 필요는 없으며, 객체라고 해도 반드시 type, payload 속성을 가져야 하는 것은 아닙니다. 중요한 것은 액션이 상태 변경의 기준이 된다는 것이고, 그 형식은 구현 방식에 따라 자유롭게 설정할 수 있습니다.

● 리듀서 함수

리듀서 함수(reducer function)는 이전 상태(state)와 액션(action)을 매개변수로 받아 새로운 상태를 반환하는 함수입니다. 이때 반환하는 값이 컴포넌트의 새로운 상태 값이 됩니다. 리듀서 함수 내부에서는 주로 switch 문을 사용해 action.type에 따라 실행할 로직을 결정합니다.

리듀서 함수의 기본 형식은 다음과 같습니다.

형식
```
function reducer(state:StateType, action:ActionType) {
  switch (action.type) {
    case 'ACTION_TYPE_1':
      return { ...state, 변경_값 }; // 새로운 상태 반환
    case 'ACTION_TYPE_2':
      return { ...state, 변경_값 }; // 새로운 상태 반환
    default:
      return state; // 변경이 없을 경우 이전 상태 유지
  }
}
```

리듀서 함수를 작성할 때 알아야 할 기본 형식이 있습니다.

1. **함수 이름**: 이름은 자유롭게 정할 수 있지만, 보통 reducer라는 이름을 사용합니다.
2. **상태를 직접 변경하지 말 것**: 리듀서 함수는 상태를 변경하는 함수가 아니라, 새로운 상태를 반환하는 함수입니다. 기존 상태를 직접 수정하면 리액트가 변경을 감지하지 못해 오류가 발생할 수 있습니다.

3. **반드시 하나의 상태를 반환해야 함**: 상태를 반환하지 않으면 리액트가 상태 변경을 인식하지 못합니다. 변경이 없으면 기존 상태를 그대로 반환해야 합니다.
4. **모든 경우에 대해 상태를 반환하도록 작성할 것**: 정의하지 않은 action.type에서 예외가 발생하지 않도록 default 분기에서 반드시 이전 상태를 반환해야 합니다.
5. **객체나 배열 상태는 전개 연산자로 복사 후 수정**: 객체나 배열은 참조형 데이터이므로 직접 변경하면 기존 상태도 함께 바뀝니다. 리액트는 상태의 불변성(immutability)을 원칙으로 하기 때문에 { ...state }처럼 이전 상태를 복사한 뒤 변경하는 방식으로 작성해야 합니다.

다음은 숫자 상태를 증가, 감소, 초기화하는 리듀서 함수 예제입니다.

```
function reducer(state: number, action: { type: string }) { ---- ❶
  switch (action.type) { ------------------------------------ ❷
    case 'INCREMENT':
      return state + 1;
    case 'DECREMENT':
      return state - 1;
    case 'RESET':
      return 0;
    default : ----------------------------------------------- ❸
      return state;
  }
}
```

❶ 리듀서 함수의 매개변수로 전달되는 상태와 액션의 타입을 명시합니다. 상태는 숫자 타입이고, 액션은 { type: string } 형태의 객체입니다.

❷ switch 문을 사용해 action.type 값에 따라 분기 처리(다음 로직을 결정)합니다.

❸ 정의하지 않은 action.type이면 기존 상태 값을 그대로 반환해 오류를 방지합니다.

4.3.2 useReducer 훅 사용하기

이번에는 useReducer 훅을 어떻게 사용하는지 알아보겠습니다. 다음은 버튼을 클릭할 때 숫자를 증가, 감소, 초기화할 수 있는 간단한 카운터 예제입니다.

src/App.tsx

```
import { useReducer } from 'react'; ---------------------------------------- ❶

function counterReducer(state: number, action: { type: string }) { --- ❷
  switch (action.type) {
    case 'INCREMENT':
      return state + 1;
    case 'DECREMENT':
      return state - 1;
    case 'RESET':
      return 0;
    default:
      throw new Error(`Unhandled action type: ${action.type}`);
  }
}
export default function App() {
  const [count, countDispatch] = useReducer(counterReducer, 0); ------- ❸
  return (
    <div>
      <h1>Count: {count}</h1>
   ┌--<button onClick={() => countDispatch({ type: 'DECREMENT' })}>감소</button>
 ❹ |  <button onClick={() => countDispatch({ type: 'RESET' })}>초기화</button>
   └--<button onClick={() => countDispatch({ type: 'INCREMENT' })}>증가</button>
    </div>
  );
}
```

❶ useReducer는 리액트에서 제공하는 내장 훅이므로, react 패키지에서 import합니다.

❷ 리듀서 함수를 정의합니다. 이 함수는 다음 2개의 매개변수를 받습니다.

- state: 이전 상태 값, 이 예제에서는 number 타입
- action: 상태를 변경할 때 참조할 정보가 담긴 객체, type 속성을 포함

switch 문을 사용해 action.type의 값에 따라 상태 변경 로직을 실행합니다.

- 'INCREMENT': 이전 상태에 1을 더함
- 'DECREMENT': 이전 상태에서 1을 뺌
- 'RESET': 상태를 0으로 초기화함

• default: 정의하지 않은 액션이 전달되면 오류를 발생시켜 예외 처리함

❸ useReducer(counterReducer, 0)을 호출하면 초깃값이 0인 상태 변수(count)와 액션 발생 함수(countDispatch)가 생성됩니다. useReducer 훅은 이 둘을 배열 형태로 반환하므로 구조 분해 할당을 통해 각각 변수로 나누어 받을 수 있습니다. 초깃값으로 0을 지정했기 때문에 상태 값의 타입은 number로 자동 추론됩니다.

❹ 버튼의 onClick 이벤트 핸들러에서 countDispatch()를 호출해 액션을 리듀서 함수에 전달합니다. 이 코드가 실행되면 액션이 counterReducer() 함수로 전달되고, 이에 따라 상태가 변경됩니다. 이때 액션 객체의 타입 구조는 counterReducer() 함수에서 정의한 action 매개변수의 타입({ type: string })과 반드시 일치해야 합니다.

이 과정을 정리하면 다음과 같습니다.

그림 4-7 useReducer 훅의 작동 과정

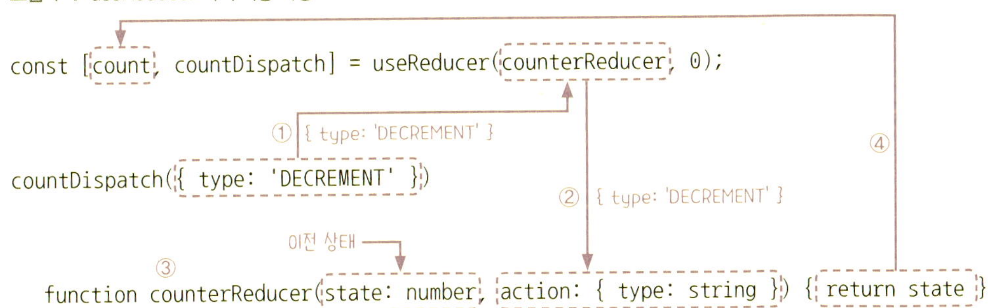

사용자가 버튼을 클릭하면 해당 버튼에 연결된 이벤트 핸들러가 실행됩니다. 이벤트 핸들러 내부에서 countDispatch() 함수가 호출되며 액션 객체({ type: 'DECREMENT' })가 전달됩니다.

① countDispatch() 함수는 액션 객체를 받아 useReducer 훅의 첫 번째 인자인 counterReducer() 함수를 호출합니다.

② ①에서 전달된 액션은 action 매개변수로 전달됩니다.

③ counterReducer() 함수는 두 개의 매개변수를 받습니다. 첫 번째 매개변수는 이전 상태 값(state)으로, 컴포넌트가 처음 렌더링될 때는 초깃값이 전달됩니다. 이후에는 이전 렌더링에서 리듀서가 반환한 상태 값이 전달됩니다. 두 번째 매개변수는 액션 객체(action)로, 이벤트 핸들러에서 전달한 값입니다. counterReducer() 함수는 action.type에 따라 상태 변경 로직을 실행한 뒤, 변경된 새로운 상태 값을 반환합니다.

④ 반환한 값은 useReducer 훅의 상태 값이 되어 컴포넌트에 반영됩니다.

코드를 실행하면 어떤 버튼을 클릭했는지에 따라 숫자가 1씩 증가, 1씩 감소 또는 0으로 초기화되는 것을 확인할 수 있습니다.

그림 4-8 버튼에 따른 상태 변화

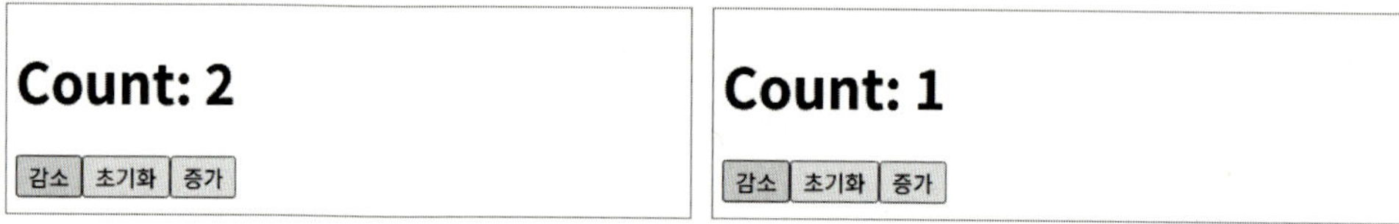

● 리듀서 함수 분리하기

useReducer 훅에서 사용하는 리듀서 함수는 별도의 파일로 분리해서 관리할 수 있습니다. 리듀서 함수를 분리하면 코드의 재사용성과 가독성이 높아지고, 상태 로직을 더 체계적으로 관리할 수 있습니다.

src 폴더 아래에 reducer 폴더를 만든 뒤, 그 안에 counterReducer.ts 파일을 생성합니다. 기존 App.tsx에 있던 리듀서 함수를 counterReducer.ts 파일로 다음과 같이 옮깁니다.

src/reducer/counterReducer.ts

```
export function counterReducer(state: number, action: { type: string }) {
  switch (action.type) {
    case 'INCREMENT':
      return state + 1;
    case 'DECREMENT':
      return state - 1;
    case 'RESET':
      return 0;
    default:
      throw new Error(`Unhandled action type: ${action.type}`);
  }
}
```

이렇게 분리한 counterReducer() 함수는 App.tsx에서 import 문으로 불러와 사용할 수 있습니다.

src/App.tsx

```
import { useReducer } from 'react';
```

```
import { counterReducer } from './reducer/counterReducer';

export default function App() {
  const [count, dispatch] = useReducer(counterReducer, 0);
  return (
    <div>
      <h1>Count: {count}</h1>
      <button onClick={() => dispatch({ type: 'DECREMENT' })}>감소</button>
      <button onClick={() => dispatch({ type: 'RESET' })}>초기화</button>
      <button onClick={() => dispatch({ type: 'INCREMENT' })}>증가</button>
    </div>
  );
}
```


리듀서 함수를 분리하면 코드가 더 깔끔하고 모듈화되며, 여러 컴포넌트에서 같은 리듀서를 재사용할 수 있어 중복 코드가 줄어듭니다. 또한, 상태 변경 로직을 한곳에 모아두면 유지보수와 테스트가 쉬워집니다. useReducer 훅을 여러 개 사용하는 경우에도 상태별로 로직을 분리해 체계적으로 관리할 수 있습니다.

리듀서 함수는 분리하더라도 useReducer 훅과 함께 정상적으로 작동합니다. 훅과 리듀서를 분리하는 것은 매우 일반적인 패턴입니다.

> Note **파일 확장자**
>
> counterReducer.ts는 리액트 컴포넌트가 아니고 JSX를 전혀 사용하지 않아서 JSX를 해석할 필요가 없습니다. 따라서 .tsx 확장자를 쓸 이유가 없고, 더 명확하게 목적에 맞는 .ts 확장자를 사용하는 것이 좋습니다.
>
> - **.tsx**: JSX를 포함하는 파일(컴포넌트)
> - **.ts**: 유틸 함수, 리듀서, 타입 선언, API 모듈 등 JSX가 없는 파일
>
> 이렇게 구분하면 프로젝트 구조가 더 명확해지고, 유지보수도 쉬워집니다.

4.3.3 useReducer 훅 여러 번 사용하기

컴포넌트에서 여러 상태를 관리해야 할 때 useReducer 훅을 여러 번 사용하면 각 상태를 독립적으로 관리할 수 있습니다. 이러한 경우 상태별로 리듀서 함수를 각각 정의하며, 각 상태 변수, 액션 발생 함수, 리듀서 함수의 이름은 중복되지 않아야 합니다.

다음은 useReducer 훅을 사용해 3개의 독립적인 상태(count, user, cart)를 관리하는 예제입니다.

src/App.tsx

```
import { useReducer } from 'react';
import { counterReducer } from './reducer/counterReducer';
import { cartReducer } from './reducer/cartReducer';
import { userReducer } from './reducer/userReducer';

export default function App() {
  // 카운터 상태 관리
  const [count, countDispatch] = useReducer(counterReducer, 0); ---------- ❶
  // 사용자 상태 관리
  const [user, userDispatch] = useReducer(userReducer, {}); --------------- ❷
  // 장바구니 상태 관리
  const [cart, cartDispatch] = useReducer(cartReducer, []); --------------- ❸
  return (
    <div>
      {/* 각 상태를 사용한 UI 구성 */}
      <h1>Count: {count}</h1>
      <button onClick={() => countDispatch({ type: 'INCREMENT' })}>증가</button>
      <h2>User: {user.name}</h2>
      <button onClick={() =>
        userDispatch({ type: 'SET_USER', payload: { name: 'Alice' } })}
      >Set User</button>
      <h3>Cart Items: {cart.length}</h3>
      <button onClick={() =>
        cartDispatch({ type: 'ADD_ITEM', payload: { id: 1, name: 'Item 1' } })}
      >Add Item</button>
    </div>
  );
}
```

❶ **count 상태 관리**: counterReducer() 함수를 사용해 숫자 상태를 관리합니다. 버튼 클릭 시 'INCREMENT' 액션이 발생하며, 숫자가 1씩 증가합니다.

❷ **user 상태 관리**: userReducer() 함수를 사용해 사용자 정보를 관리합니다. 'SET_USER' 액션이 발생하면 user.name 값을 'Alice'로 설정합니다.

❸ **`cart` 상태 관리**: `cartReducer()` 함수를 사용해 장바구니 배열을 관리합니다. `'ADD_ITEM'` 액션이 발생하면 `{ id: 1, name: 'Item 1' }`이 배열에 추가됩니다.

코드를 실행해 각 버튼을 클릭해보면 각 상태가 독립적으로 잘 변경되는 것을 확인할 수 있습니다.

그림 4-9 useReducer 훅으로 여러 상태를 관리하고 변경한 결과

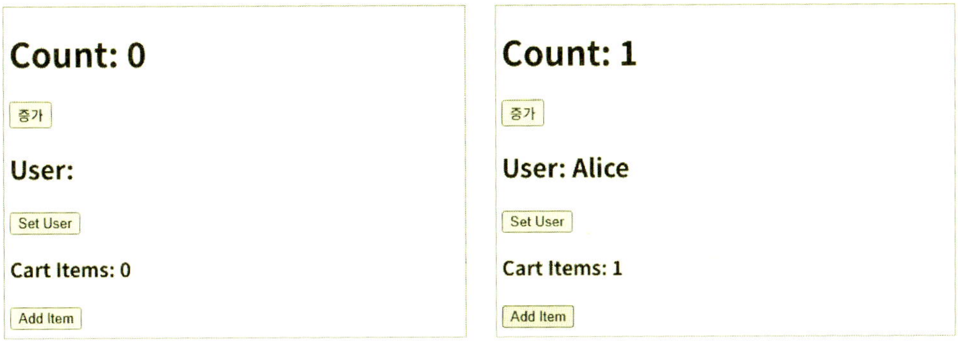

Count: 0 증가 **User:** Set User **Cart Items: 0** Add Item	**Count: 1** 증가 **User: Alice** Set User **Cart Items: 1** Add Item

TIP — cartReducer.ts, userReducer.ts 파일은 제공한 소스 코드의 **ch04/03/3** 폴더에서 확인할 수 있습니다.

1분 퀴즈

정답 노트 p.785

08. useReducer 훅을 사용하기 적합한 경우는 언제인가요?

① DOM 조작이 필요한 경우

② 네트워크 요청 자체를 처리하기 위한 경우

③ 상태가 단순히 `true/false`로만 바뀌는 경우

④ 상태 변경 로직이 복잡하거나 관리할 상태가 여럿인 경우

09. useReducer 훅에서 액션 발생 함수의 역할은 무엇인가요?

① 상태를 직접 변경한다.

② 자동으로 상태를 생성한다.

③ 액션 객체를 리듀서 함수에 전달한다.

④ 상태 값을 곧바로 바꾸는 함수와 같다.

계속

10. 리듀서 함수에서 직접 상태를 변경하면 안 되는 이유는 무엇인가요?

① 상태를 변경하면 리액트가 감지하지 못할 수 있기 때문에

② useReducer 훅은 상태 변경을 지원하지 않기 때문에

③ 액션 발생 함수 없이도 상태를 변경할 수 있기 때문에

④ 상태가 자동으로 변경되기 때문에

11. 액션 발생 함수를 실행하는 올바른 방법은 무엇인가요?

① `dispatch({ type: 'INCREMENT' })`

② `dispatch('type', 'INCREMENT')`

③ `dispatch(INCREMENT)`

④ `dispatch(10)`

12. useReducer 훅에서 switch 문을 사용할 때 default 문이 필요한 이유는 무엇인가요?

① 알 수 없는 액션을 직접 수정할 수 있기 때문에

② `default` 문이 없으면 상태를 반환할 수 없기 때문에

③ 리듀서 함수 내부에서 오류 처리를 생략할 수 있기 때문에

④ 예상하지 못한 모든 액션에 대비해 상태를 반환해야 하기 때문에

상태 관리 패턴

앞서 리액트에서 상태를 정의하는 두 가지 훅, useState와 useReducer에 대해 살펴보았습니다. 이 절에서는 이렇게 정의한 상태를 실제로 어떻게 활용하는지, 실무에서 자주 쓰는 몇 가지 활용 방법과 패턴을 소개하겠습니다.

> **수코딩의 조언**
>
> 가장 많이 사용하는 useState 훅을 기준으로 설명하지만, useReducer 훅도 동일한 방식으로 적용할 수 있습니다. 개념과 패턴은 거의 같으니 상황에 맞게 훅을 선택해 활용해 보세요.

4.4.1 상태 전달하기

리액트 훅으로 정의한 상태, 상태 변경 함수, 액션 발생 함수는 하나의 데이터처럼 취급합니다. 그래서 이를 다른 컴포넌트에 props로 전달해 재사용할 수 있습니다.

예를 들어, useState 훅으로 정의한 count 상태와 setCount() 함수를 하위 컴포넌트인 Count에 전달하려 할 때는 다음과 같이 작성합니다.

src/App.tsx

```
import { useState } from 'react';
import Count from './components/Count';

export default function App() {
  const [count, setCount] = useState(0); ---------------- ❶
  return (
    <>
      <Count count={count} setCount={setCount} /> ------- ❷
```

```
    </>
  );
}
```

❶ count 상태를 선언하고, 초깃값으로 0을 설정합니다. 상태 변경 함수인 setCount()도 함께 반환됩니다.

❷ count와 setCount()를 props로 Count 컴포넌트에 전달합니다. 그러면 하위 컴포넌트에서도 상태 값을 표시하거나 변경할 수 있습니다.

App 컴포넌트에서 전달한 count와 setCount()를 Count 컴포넌트에서 사용하려면 props 객체의 타입을 명확하게 정의해야 합니다. 타입스크립트를 사용할 때 props의 타입을 명확히 지정하지 않으면 타입 추론이 제대로 되지 않아 컴파일 오류 또는 경고가 발생할 수 있습니다.

props 타입은 직접 정의할 수도 있지만, **3.4.2 props 객체 타입 알아내기**에서 설명한 VSCode의 오류 메시지를 활용하면 더욱 쉽게 확인할 수 있습니다.

앞에서 작성한 App.tsx 파일의 count에 마우스를 올리면 다음과 같은 오류 메시지가 표시됩니다.

그림 4-10 오류 메시지로 확인한 props 객체의 타입

```
src > App.tsx > App
import { useState } from 'react';
Type '{ count: number; setCount: Dispatch<SetStateAction<number>>; }' is not assignable to type
'IntrinsicAttributes'.
  Property 'count' does not exist on type 'IntrinsicAttributes'. ts(2322)
(property) count: number
View Problem (Alt+F8)    No quick fixes available
      <Count count={count} setCount={setCount} />
    </>
```

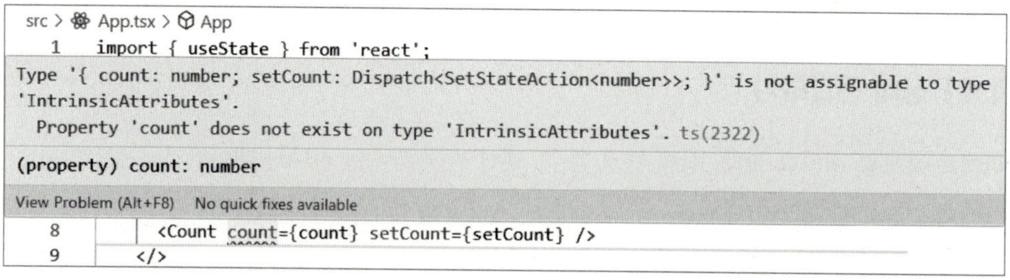

이때 오류 메시지를 보려면 Count 컴포넌트에 다음처럼 빈 형태라도 코드가 작성되어 있어야 합니다.

src/components/Count.tsx

```
export default function Count() {
  return <div>count</div>
}
```

그림 4-10의 오류 메시지에 보이는 { count: number; setCount: Dispatch<SetStateAction<number>>; } 부분을 그대로 props 타입으로 사용하면 됩니다.

src/components/Count.tsx

```
import { Dispatch, SetStateAction } from 'react'; ----------------------- ❶

export default function Count({
  count, setCount, -------------------------------------------------------- ❷
}: { count: number; setCount: Dispatch<SetStateAction<number>>; }) { ----- ❸
  return (
    <>
      <h1>Count: {count}</h1>
      <button onClick={() => setCount((count) => count + 1)}>증가</button>
    </>
  );
}
```

❶ setCount()의 타입을 명시하려면 Dispatch와 SetStateAction을 react 패키지에서 불러옵니다.

❷ props 객체를 구조 분해 할당해 count와 setCount를 바로 사용합니다.

❸ props 객체의 타입을 명확하게 지정합니다. 타입을 명확하게 지정하면 부모 컴포넌트에서 정의한 상태(count)와 상태 변경 함수(setCount())를 자식 컴포넌트에서 props로 안전하게 전달받아 사용할 수 있습니다.

코드를 실행한 후 버튼을 클릭해보면 숫자가 잘 증가하고, 렌더링도 문제없이 수행됩니다.

그림 4-11 렌더링 결과

Count: 5

증가

상태 변경 함수를 자식 컴포넌트에 직접 전달하는 대신, 부모 컴포넌트에서 별도로 함수를 정의해 전달할 수도 있습니다.

src/App.tsx

```
import { useState } from 'react';
import Count from './components/Count';

export default function App() {
```

```
  const [count, setCount] = useState(0);
  const increment = () => setCount((count) => count + 1);
  return (
    <>
      <Count count={count} increment={increment} />
    </>
  );
}
```

Count 컴포넌트에서는 전달받은 increment() 함수의 타입을 지정해야 합니다. 타입은 밑줄이 표시된 increment에 마우스를 올려 오류 메시지로 알아냅니다. 타입스크립트에 익숙해지면 increment() 함수가 매개변수도 없고 반환 값도 없는 함수라는 것을 바로 알 수 있습니다.

src/components/Count.tsx

```
export default function Count({
  count, increment,
}: { count: number; increment: () => void; }) {
  return (
    <>
      <h1>Count: {count}</h1>
      <button onClick={increment}>증가</button>
    </>
  );
}
```

두 방법은 상태를 변경하는 방식에 차이가 있을 뿐 실행결과는 동일합니다.

첫 번째 방법은 setCount() 함수를 props로 전달해 자식 컴포넌트에서 직접 setCount(count) → count + 1을 실행해 상태를 변경합니다.

두 번째 방법은 increment() 함수를 부모 컴포넌트에서 정의하고, 이 함수를 자식 컴포넌트로 전달해 setCount()를 실행하게 합니다.

이 예제에서는 useState 훅으로 정의한 상태와 상태 변경 함수를 전달했지만, useReducer 훅으로 정의한 상태와 액션 발생 함수를 전달해도 같은 원리로 동작합니다. 즉, 어떤 리액트 훅을 사용하든 상태와 상태를 변경하는 함수를 props로 전달해 자식 컴포넌트에서 활용할 수 있다는 점은 동일합니다.

수코딩의 조언

자식 컴포넌트에 상태 변경 함수를 직접 전달하는 것과 상태 변경 로직을 담은 함수를 전달하는 것 중 어떤 방법이 더 좋을까요? 필자는 두 번째 방법을 더 권장합니다. 그 이유는 다음과 같습니다.

1. 캡슐화

첫 번째 방법은 상태 변경의 구체적인 방식까지 자식 컴포넌트에 노출됩니다. 이는 자식이 상태를 어떻게든 바꿀 수 있도록 허용하는 것이므로 캡슐화가 깨진 상태입니다. 반면, 두 번째 방법은 상태 변경 로직을 부모 컴포넌트 내부에 숨기고, 자식은 단순히 제공된 함수를 호출하기만 하므로 캡슐화가 잘 유지됩니다.

2. 함수의 올바른 사용

첫 번째 방법에서는 자식 컴포넌트가 `setCount()`를 임의로 호출하거나 비정상적인 값으로 변경할 수 있습니다. 두 번째 방법은 미리 정의한 로직대로만 동작하기 때문에 의도하지 않은 방식으로 상태가 변경되는 위험을 줄일 수 있습니다.

3. 유지보수성

첫 번째 방법은 추후 요구사항이 바뀔 경우, `setCount()`를 사용하는 자식 컴포넌트를 일일이 찾아서 코드를 수정해야 할 수도 있습니다. 반면, 두 번째 방법은 부모에서 정의한 함수의 로직만 수정하면 되므로 기능 변경이나 유지보수가 훨씬 수월합니다.

4. 의도 전달

`setCount()`와 같은 일반적인 함수 이름만으로는 해당 함수가 어떤 동작을 하는지 파악하기 어렵습니다. 반면, `increment()`처럼 의미 있는 이름을 가진 함수를 전달하면 코드를 읽는 사람도 이 함수가 어떤 목적을 가지고 있는지 쉽게 이해할 수 있습니다.

이는 절대적인 기준은 아니며, 상황에 따라 적절한 방식을 선택하면 됩니다. 간단한 UI 컴포넌트에는 첫 번째 방법이 더 간단할 수 있고, 복잡한 상태 관리나 재사용이 필요한 경우에는 두 번째 방법이 더 유리할 수 있습니다.

4.4.2 상태 끌어올리기

상태 끌어올리기(state lifting)란 여러 컴포넌트에서 공유해야 하는 상태를 가장 가까운 공통 부모 컴포넌트로 이동시키는 과정을 말합니다. 이렇게 상태를 끌어올리면 부모 컴포넌트가 상태를 중앙에서 관리하고, 자식 컴포넌트들은 props를 통해 상태 값을 전달받기 때문에 상태를 일관되게 관리할 수 있습니다.

다음은 상태를 표시하는 UI(CountDisplay)와 버튼 UI(CountButtons)를 각각 다른 컴포넌트로 나눠 구현한 예제입니다.

src/App.tsx

```tsx
import CountDisplay from './components/CountDisplay';
import CountButtons from './components/CountButtons';

export default function App() {
  return (
    <>
      <CountDisplay />
      <CountButtons />
    </>
  );
}
```

src/components/CountDisplay.tsx

```tsx
import { useState } from 'react';

export default function CountDisplay() {
  const [count] = useState(0);
  return <h1>Count: {count} </h1>;
}
```

src/components/CountButtons.tsx

```tsx
import { useState } from 'react';

export default function CountButtons() {
  const [count, setCount] = useState(0);
  const increment = () => setCount(count + 1);
  const decrement = () => setCount(count - 1);
  const reset = () => setCount(0);
  return (
    <>
      <button onClick={decrement}>감소</button>
      <button onClick={reset}>초기화</button>
      <button onClick={increment}>증가</button>
    </>
  );
}
```

코드를 실행하고 버튼을 클릭해도 화면에 표시된 Count 값이 전혀 바뀌지 않습니다. 왜 그럴까요?

그 이유는 CountDisplay와 CountButtons 컴포넌트가 서로 다른 count 상태를 독립적으로 가지고 있기 때문입니다. 즉, 버튼을 클릭하면 CountButtons 안에 있는 count 값만 바뀌고, CountDisplay는 여전히 자신만의 useState(0)에서 선언한 초깃값을 보여줘서 화면에는 아무런 변화가 없습니다.

그림 4-12 현재 컴포넌트의 구조

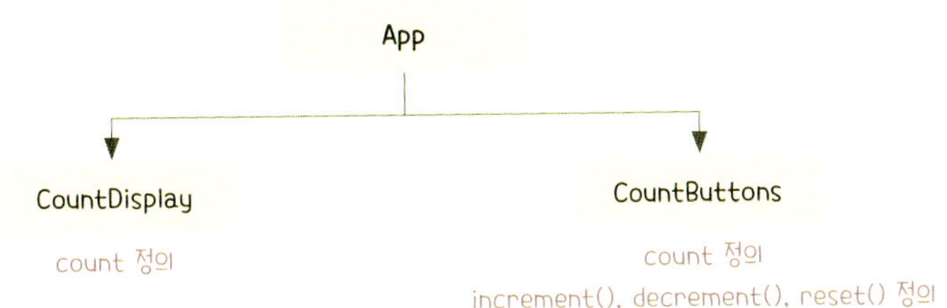

이처럼 여러 컴포넌트에서 동일한 상태를 공유해야 할 경우에는 공통 부모 컴포넌트(여기서는 App)로 상태를 끌어올려야 합니다. 리액트에서는 데이터가 항상 부모 → 자식 방향으로만 전달되므로 자식 컴포넌트끼리 상태를 공유하려면 공통 부모에 상태를 정의하고, 그 상태를 props를 통해 자식에게 전달해야 합니다.

따라서 App 컴포넌트에서 count 상태를 관리하고, CountDisplay와 CountButtons 컴포넌트는 각각 props를 통해 상태 값을 전달받아 사용하도록 구성합니다.

그림 4-13 상태 끌어올리기 적용 후 구조

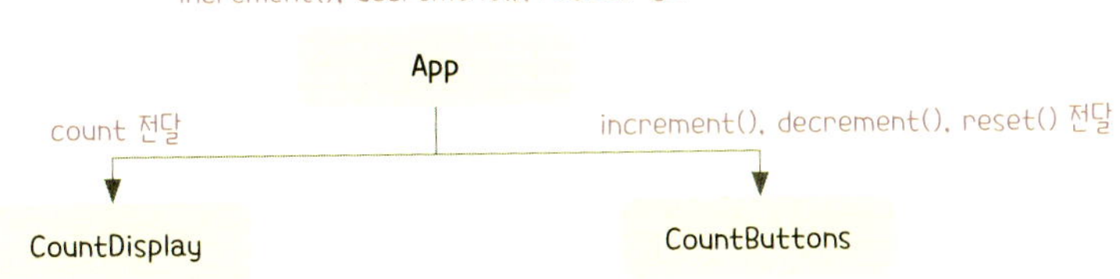

상태 끌어올리기를 적용한 코드는 다음과 같습니다.

src/App.tsx

```
import { useState } from 'react';
import CountDisplay from './components/CountDisplay';
import CountButtons from './components/CountButtons';

export default function App() {
```

```
  const [count, setCount] = useState(0);
  const increment =() => setCount(count + 1);
  const decrement = () => setCount(count - 1);
  const reset = () => setCount(0);
  return (
    <>
      <CountDisplay count={count} />
      <CountButtons increment={increment} decrement={decrement} reset={reset} />
    </>
  );
}
```

src/components/CountDisplay.tsx

```
export default function CountDisplay({ count }: { count: number }) {
  return <h1>Count: {count} </h1>;
}
```

src/components/CountButtons.tsx

```
export default function CountButtons({
  increment, decrement, reset,
}: {
  increment: () => void; decrement: () => void; reset: () => void;
}) {
  return (
    <>
      <button onClick={decrement}>감소</button>
      <button onClick={reset}>초기화</button>
      <button onClick={increment}>증가</button>
    </>
  );
}
```

코드를 저장하고 실행해보면 각 버튼을 클릭할 때마다 화면의 Count 값이 정상적으로 바뀌는 것을 볼 수 있습니다.

그림 4-14 버튼 클릭에 따라 정상 작동하는 컴포넌트

Count: 3

감소 초기화 증가

상태 끌어올리기는 여러 컴포넌트 간에 상태를 공유할 때 가장 기본적이면서도 효과적인 방법입니다.

> **수코딩의 조언**
>
> useReducer 훅을 사용할 때도 마찬가지입니다. 액션 발생 함수를 자식 컴포넌트에서 사용하려면 상태를 부모 컴포넌트에서 정의한 후 props로 전달해야 합니다.

1분 퀴즈

정답 노트 p.785

13. 다음 중 useState 훅로 만든 상태와 상태 변경 함수를 다른 컴포넌트에 전달하는 가장 일반적인 방법은 무엇인가요?

① 상태 변경 함수를 문자열로 변환해 전달한다.

② 전역 변수로 만들어 다른 컴포넌트에서 직접 접근한다.

③ 자식 컴포넌트에서 useState 훅을 새로 선언해 사용한다.

④ 부모 컴포넌트에서 만든 상태와 함수를 props로 자식 컴포넌트에 전달한다.

14. 다음 중 상태 끌어올리기를 하는 목적으로 올바른 것은 무엇인가요?

① 여러 컴포넌트가 공유하는 상태를 공통 부모 컴포넌트에서 관리하기 위해

② useReducer 훅을 사용해 상태 변경 과정을 단순화하기 위해

③ 여러 컴포넌트에서 상태를 독립적으로 관리하기 위해

④ props 객체 없이 데이터를 전달하기 위해

4.5

개발자 도구로 상태 값 확인하기

리액트에서 상태를 정의하고 상태 값이 제대로 변경되는지 확인하려면 화면에 상태 값을 직접 출력해보면 됩니다. 그런데 리액트 개발자 도구(react developer tools)를 활용하면 상태 값을 화면에 출력하지 않고도 상태 변화를 확인할 수 있습니다.

다음과 같이 간단한 예제 코드를 작성합니다.

src/App.tsx

```
import { useState } from 'react';
import Count from './components/Count';

export default function App() {
  const [count, setCount] = useState(0);
  const increment = () => setCount((count) => count + 1);
  return <Count count={count} increment={increment} />;
}
```

src/components/Count.tsx

```
export default function Count({
  count, increment,
}: { count: number; increment: () => void; }) {
  return (
    <div>
      <h1>Count: {count}</h1>
      <button onClick={increment}>증가</button>
    </div>
  );
}
```

코드를 실행하고 웹 브라우저에서 애플리케이션을 확인합니다. 이때 리액트 개발자 도구가 설치되어 있다면 개발자 도구 아이콘이 빨간색으로 활성화됩니다. 리액트 개발자 도구는 아이콘 색상을 개발 모드에서 빨간색, 배포 모드에서 검은색+파란색으로 표시합니다.

그림 4-15 리액트 개발자 도구 활성화 상태

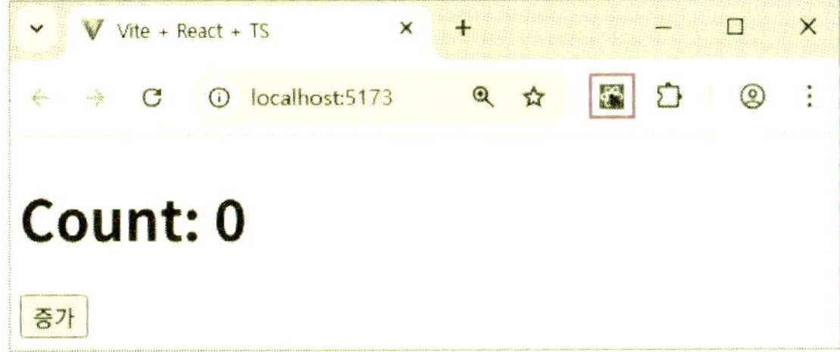

이 상태에서 F12를 누르면 크롬 개발자 도구가 열립니다. 개발자 도구의 상단 탭에 기존 항목 외에 Components와 Profiler라는 탭이 추가되었습니다.

그림 4-16 추가된 전용 탭 확인

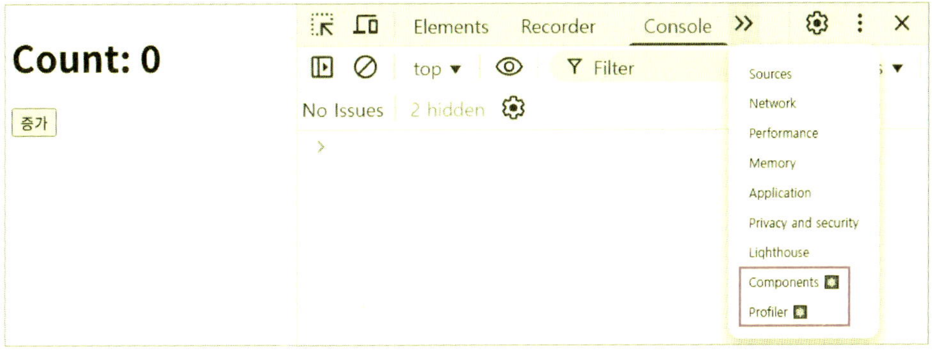

이 중에서 Profiler 탭은 리액트 애플리케이션의 렌더링 성능을 분석할 때 사용하는 도구입니다. 이 책에서는 성능 분석보다 상태와 렌더링 흐름 파악에 집중하므로 Profiler 탭은 다루지 않고, 실무에서 가장 많이 사용하는 Components 탭만 살펴보겠습니다.

Components 탭을 클릭하면 현재 실행 중인 리액트 애플리케이션의 컴포넌트 구조가 트리 형태로 표시됩니다.

그림 4-17 Components 탭에서 확인할 수 있는 컴포넌트 구조

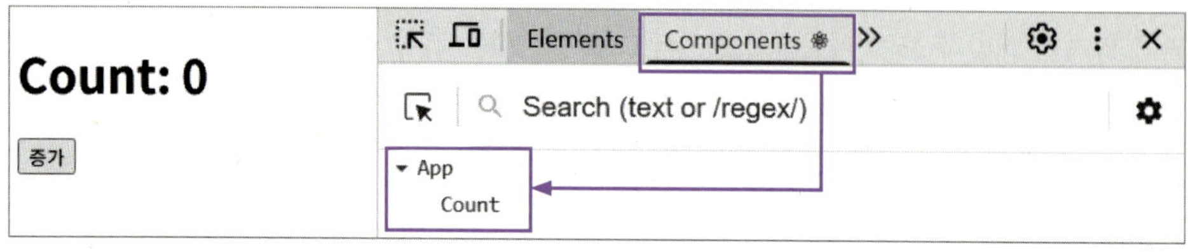

예제에서는 App과 Count, 2개 컴포넌트가 나타납니다. App 컴포넌트에서 `count` 상태를 정의했기 때문에 App을 클릭하면 현재 `count` 상태 값을 확인할 수 있습니다. 버튼을 클릭해서 상태 값을 증가시키면 리액트 개발자 도구에서도 실시간으로 상태가 변합니다.

그림 4-18 App 컴포넌트의 count 상태 값 확인

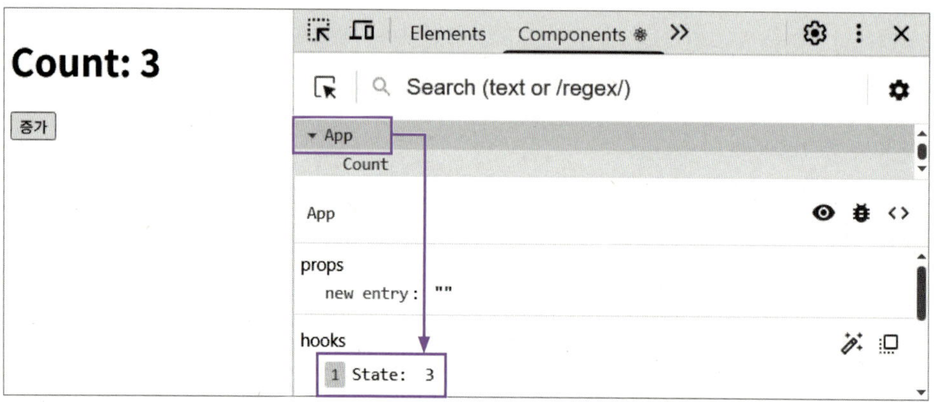

또한, Count 컴포넌트를 클릭하면 App 컴포넌트에서 전달한 props 값도 확인할 수 있습니다.

그림 4-19 Count 컴포넌트의 props 값 확인

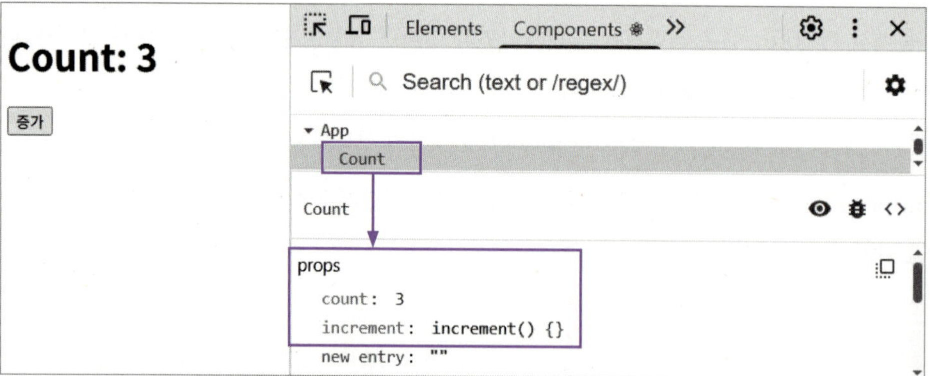

Components 탭의 검색창 옆에 위치한 톱니바퀴 아이콘(⚙)을 클릭하면 설정 창이 열립니다. 여기서 **Highlight updates when components render.** 옵션을 체크하면 컴포넌트가 렌더링될 때마다 화면에서 해당 영역이 하이라이트됩니다. 이 기능은 불필요한 렌더링이 발생하는 컴포넌트를 찾는 데 매우 유용합니다.

그림 4-20 렌더링 시 하이라이트 기능 설정

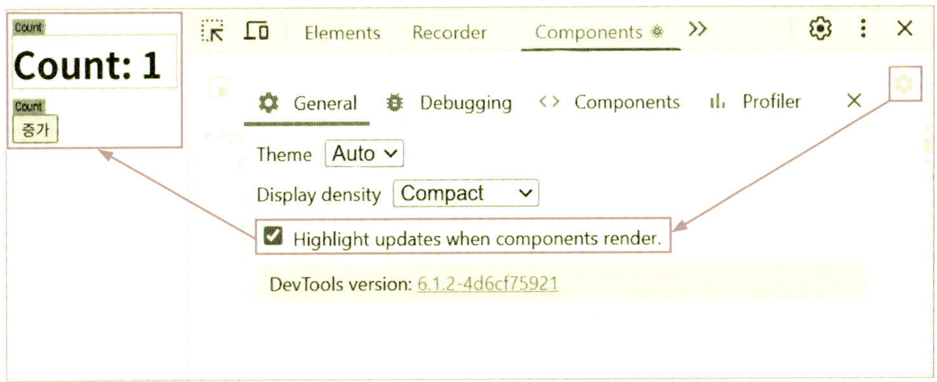

리액트 개발자 도구는 리액트 애플리케이션을 개발할 때 상태 변화, props 전달, 컴포넌트 구조 확인, 렌더링 흐름 추적 등에 매우 효과적인 도구입니다. 이를 적극적으로 활용하면 디버깅은 물론 성능 최적화에도 큰 도움이 됩니다.

1. 컴포넌트와 상태

① 상태는 컴포넌트에서 사용할 수 있는 데이터로, 시간에 따라 변합니다.

② 리액트에서는 상태를 사용해 값이 변경될 때 컴포넌트를 자동으로 리렌더링합니다.

2. useState 훅

① useState 훅은 함수형 컴포넌트에서 상태를 관리할 수 있도록 도와주는 함수입니다. 이 훅은 [이전_상태(값), 상태_변경_함수] 형태의 배열을 반환하며, 구조 분해 할당을 통해 다음과 같이 사용합니다.

형식
```
const [state, setState] = useState<Type>(initialState);
```

- state: 상태를 저장하는 변수
- setState: 상태를 변경하는 함수
- <Type>: 상태의 데이터 타입(생략 가능, 추론됨)
- initialState: 상태 초깃값

② 상태를 변경하는 방법은 두 가지가 있습니다.

- **상태 값을 직접 전달하는 방식**: 상태_변경_함수(값);
- **이전 상태 값을 참조하는 방식**: 상태_변경_함수((이전_상태_값) => 변경할_상태_값);

③ useState 훅으로 정의한 상태가 변경되면 해당 컴포넌트는 자동으로 리렌더링됩니다.

④ useState 훅은 한 번에 하나의 상태만 관리할 수 있으므로 여러 상태를 관리하려면 여러 번 호출해야 합니다. 상태가 많을 경우 객체로 묶어서 관리하면 코드가 더 간결해집니다.

⑤ useState 훅을 사용할 때 주의할 점

- 초깃값과 변경하는 값의 타입이 다를 수 있다면 제네릭 타입으로 명시합니다.
- useState 훅은 컴포넌트 최상위에서 호출해야 합니다.
- 상태 변경 함수는 상태를 즉시 변경하지 않으며, 비동기로 작동합니다.

3. useReducer 훅

① useReducer 훅은 useState 훅보다 더 복잡한 상태를 관리할 때 사용하며, 상태와 액션을 기반으로 새로운 상태를 만듭니다.

형식 `const [state, dispatch] = useReducer<Type>(reducer, initialState);`

- state: 상태를 저장하는 변수
- dispatch: 액션을 발생시키는 함수
- reducer: 이전 상태와 액션을 받아 새로운 상태를 반환하는 함수
- initialState: 상태 초깃값

② 액션은 상태를 어떻게 변경할지 정의하는 값으로, 보통 객체 형태로 전달됩니다.

③ 액션 발생 함수는 액션 객체를 리듀서 함수로 전달해 상태 변경을 유도합니다.

④ 리듀서 함수는 매개변수로 이전 상태와 액션을 받아 액션의 타입에 따라 새로운 상태를 반환합니다.

- 이전 상태를 직접 수정하면 안 되고, 항상 새로운 상태를 반환해야 합니다.
- 예외 처리도 반드시 포함해야 합니다.
- 별도의 파일로 분리해 관리하면 유지보수에 용이합니다.

⑤ useReducer 훅을 여러 번 사용할 경우, 각 상태 변수와 액션 함수 이름이 중복되지 않도록 주의해야 합니다.

4. 상태 관리 패턴

① useState나 useReducer 훅으로 정의한 상태와 상태 변경 함수는 props 객체를 통해 자식 컴포넌트에 전달할 수 있습니다.

② 상태 변경 함수는 직접 전달하는 대신, 상태 변경 로직을 포함한 함수를 따로 정의해 전달할 수도 있습니다.

③ 상태 끌어올리기: 여러 컴포넌트에서 동일한 상태를 공유해야 할 경우 그 상태를 공통 부모 컴포넌트로 이동시키는 패턴입니다.

5. 리액트 개발자 도구 활용

리액트 개발자 도구 설치 → 크롬 개발자 도구에 Components 및 Profiler 탭 추가 확인 → Components 탭에서 현재 실행된 리액트 애플리케이션의 컴포넌트 구조 확인 → 각 컴포넌트를 클릭해 해당 컴포넌트의 props와 state 확인

셀프체크

정답 노트 p.785

다음 조건에 맞는 리액트 애플리케이션을 구현해 보세요.

조건

① [아이템 추가] 버튼을 만듭니다.

② [아이템 추가] 버튼을 클릭하면 '사과, 바나나, 오렌지'를 1개씩 추가합니다.

③ 아이템 3개를 추가하면 더 이상 추가할 수 없습니다.

④ 추가한 아이템은 배열로 관리합니다.

⑤ 추가한 아이템을 <ul>과 <li> 태그를 사용해 목록으로 출력합니다.

⑥ <li> 태그의 구성은 추가한 아이템과 [삭제] 버튼입니다.

⑦ [삭제] 버튼을 클릭하면 아이템을 삭제합니다.

⑧ 삭제한 아이템은 다시 추가할 수 있습니다.

⑨ 구현할 때 useReducer 훅을 사용합니다.

MEMO

코딩 자율학습

5장

컴포넌트 스타일링

이 장에서는 리액트에서 스타일을 적용하는 다양한 방법을 소개하고, 각 방법이 어떤 상황에서 효과적인지 살펴보겠습니다.

5.1

전통적인 방법으로 스타일링하기

리액트는 컴포넌트 기반 아키텍처를 바탕으로, 재사용성과 유지보수성이 뛰어난 UI를 만들 수 있도록 설계되었습니다. 하지만 기능적인 구성만큼이나 스타일을 효율적이고 일관성 있게 적용하는 것도 매우 중요합니다.

리액트에서는 스타일을 적용하는 방식이 매우 다양합니다. 전통적인 CSS 파일을 활용하는 방식부터 자바스크립트 코드 안에서 스타일을 정의하는 CSS-in-JS 방식, 최근 많이 사용하는 Tailwind CSS 같은 유틸리티 기반 프레임워크까지 폭넓은 선택지가 존재합니다.

각 방식은 장단점이 뚜렷하므로 프로젝트 규모나 팀의 스타일 가이드에 따라 적절한 방법을 선택하는 것이 중요합니다.

5.1.1 인라인 스타일

리액트 컴포넌트에 스타일을 적용하는 가장 전통적인 방법은 인라인 스타일입니다. **인라인 스타일**(inline style)은 JSX 요소의 `style` 속성에 직접 스타일 객체를 지정하는 방식입니다.

HTML에서는 `style` 속성에 문자열로 CSS 속성을 작성합니다.

HTML

```html
<h1 style='color: red; font-size: 20px'>h1</h1>
```

반면에 JSX에서는 스타일을 객체 형태로 작성합니다. 이때 속성 이름은 카멜 케이스로 작성하고, 값은 문자열로 지정합니다.

JSX

```jsx
<h1 style={{ color: 'red', fontSize: '20px' }}>h1</h1>;
```

다음 두 예제는 <h1> 요소에 스타일을 적용하는 두 가지 방법을 보여줍니다. 첫 번째 예제는 스타일 객체를 변수로 분리해서 사용하는 방식입니다. style 속성에 background-color, color, font-size, padding 속성을 포함한 객체를 할당합니다. 이처럼 객체를 변수로 따로 정의하면 코드가 더 깔끔하고 동일한 스타일을 여러 곳에서 재사용할 수 있다는 장점이 있습니다.

src/App.tsx

```
export default function App() {
  const styles = {
    backgroundColor: 'blue',
    color: 'white',
    fontSize: '16px',
    padding: '10px',
  };
  return (
    <>
      <h1 style={styles}>Inline Style</h1>
    </>
  );
}
```

두 번째 예제는 JSX 안에서 style 속성에 직접 객체를 작성하는 방식입니다. 간단한 스타일만 적용할 때는 JSX 내부에서 바로 작성하는 방식이 더 직관적일 수 있습니다.

src/App.tsx

```
export default function App() {
  return (
    <>
      <h1
        style={{
          backgroundColor: 'blue',
          color: 'white',
          fontSize: '16px',
          padding: '10px',
        }}
      >Inline Style</h1>
    </>
  );
}
```

두 방식의 결과는 동일하며, 프로젝트의 복잡도나 코드 가독성 등을 고려해 상황에 맞게 선택하면 됩니다.

그림 5-1 인라인 스타일 적용 결과

Inline Style

5.1.2 글로벌 스타일

리액트에서 스타일을 적용하는 또 다른 전통적인 방법은 글로벌 스타일입니다. **글로벌 스타일**(global style)이란 .css 확장자를 가진 파일에 CSS 코드를 작성하고, 이를 컴포넌트에서 import 해 적용하는 방식입니다. 일반적으로 **외부 스타일**이라고 합니다.

예를 들어, src 폴더 안에 App.css 파일을 만들고, 버튼에 적용할 스타일을 다음과 같이 작성합니다.

src/App.css

```
.btn {
  width: 100px;
  height: 50px;
  border: none;
  background-color: gray;
  color: white;
  font-size: 14px;
  border-radius: 10px;
  margin: 0 10px;
}
```

App 컴포넌트에서 앞에서 작성한 CSS 파일을 불러옵니다.

src/App.tsx

```
import './App.css';

export default function App() {
  return (
    <>
      <button className='btn'>App Button</button>
    </>
```

```
  );
}
```

애플리케이션을 실행하면 <button> 요소에 App.css 파일에 정의한 .btn 클래스 스타일이 적용됩니다.

그림 5-2 글로벌 스타일 적용 결과

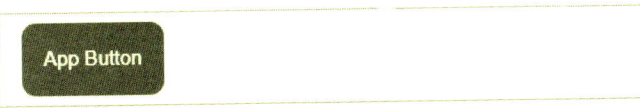

글로벌 스타일은 작성이 간편하고 전통적인 방식이라 친숙할 수 있지만, 한 가지 중요한 특징이 있습니다. CSS 파일을 한 번 임포트하면 해당 스타일은 전체 애플리케이션에 전역으로 적용된다는 점입니다.

예를 들어, Child 컴포넌트를 다음과 같이 새로 만듭니다.

src/components/Child.tsx

```
export default function Child() {
  return <button className='btn'>Child Button</button>;
}
```

App 컴포넌트에서 Child 컴포넌트를 불러와 함께 렌더링합니다.

src/App.tsx

```
import './App.css';
import Child from './components/Child';

export default function App() {
  return (
    <>
      <button className='btn'>App Button</button>
      <Child />
    </>
  );
}
```

애플리케이션을 실행해보면 Child 컴포넌트의 버튼에도 동일한 .btn 스타일이 적용됩니다.

그림 5-3 Child 컴포넌트에도 스타일 적용

이처럼 글로벌 스타일은 특정 컴포넌트에만 국한되지 않고, 애플리케이션 전체에 영향을 미칩니다. 따라서 의도치 않게 스타일이 적용되는 경우가 생길 수 있으니 사용할 때 주의해야 합니다.

> **수코딩의 조언**
>
> 글로벌 스타일은 CSS가 전체 애플리케이션에 적용되므로 일반적으로 main.tsx 파일에서 임포트하는 경우가 많습니다. 이렇게 하면 스타일 적용 범위를 명확히 할 수 있고, CSS 파일 관리도 더 쉬워집니다.

5.1.3 CSS 모듈

리액트에서 스타일을 적용하는 또 다른 전통적인 방법으로는 CSS 모듈이 있습니다. **CSS 모듈**(CSS module)은 파일 확장자가 .module.css로 끝나는 파일에 스타일을 작성한 뒤 이를 컴포넌트에서 불러와 사용하는 방식입니다.

CSS 모듈의 가장 큰 특징은 스타일이 **로컬 스코프**(local scope)를 가진다는 점입니다. 그래서 해당 CSS는 특정 컴포넌트에만 적용됩니다. 즉, 컴포넌트마다 스타일을 독립적으로 관리할 수 있어 스타일 충돌을 방지할 수 있습니다. 또한 클래스 이름이 고유한 이름으로 자동 변환되기 때문에 다른 컴포넌트와 클래스 이름이 중복되는 문제도 예방할 수 있습니다.

앞서 **5.1.2절**에서 App 컴포넌트에서 CSS 파일을 임포트하면 Child 컴포넌트의 버튼에도 스타일이 함께 적용되는 문제가 있었습니다. 이 예제를 CSS 모듈 방식으로 변경해 보겠습니다.

src/App.tsx

```
import styles from './App.module.css'; ---------------------------- ❶
import Child from './components/Child';
export default function App() {
  return (
    <>
      <button className={styles.btn}>App Button</button> ------- ❷
      <Child />
    </>
  );
}
```

❶ CSS 파일의 이름을 App.module.css로 바꾸고, `import styles from` 구문을 사용해 불러옵니다.

❷ 버튼 요소에는 `className={styles.btn}`처럼 객체 속성 형태로 클래스 이름을 지정합니다.

애플리케이션을 실행하면 App 컴포넌트의 버튼에만 스타일이 적용되고, Child 컴포넌트의 버튼은 영향을 받지 않습니다.

그림 5-4 CSS 모듈 적용 결과

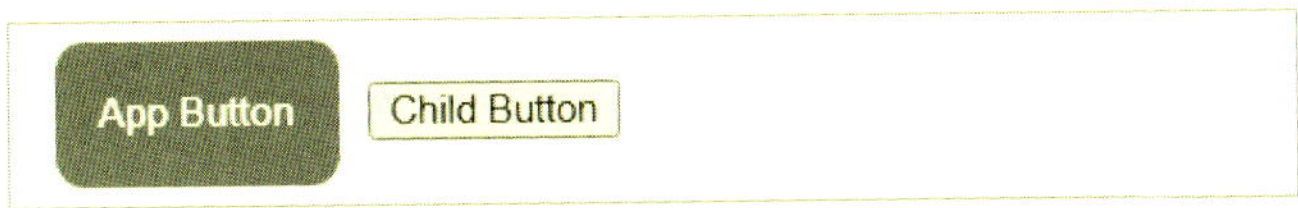

웹 브라우저에서 개발자 도구(F12)를 열어 Elements 탭에서 App 컴포넌트의 버튼 요소를 확인합니다. 그러면 `.btn` 클래스가 다음처럼 고유한 이름으로 자동 변환되어 있는 것을 확인할 수 있습니다(클래스 이름은 책과 다를 수 있습니다).

그림 5-5 버튼 요소의 클래스 이름 변경 확인

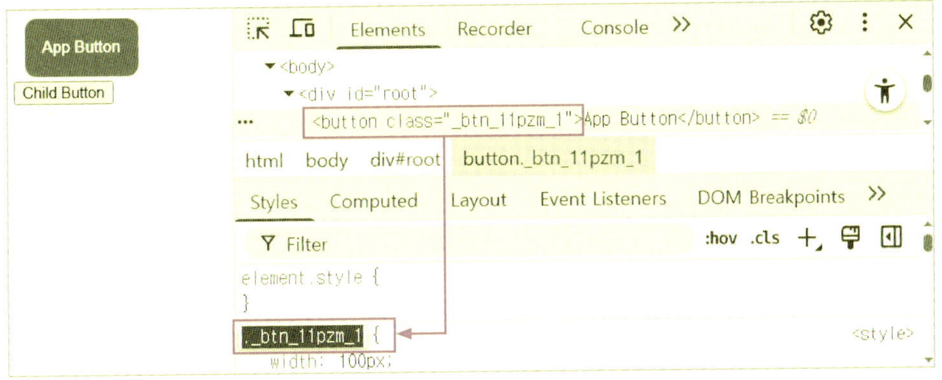

이처럼 CSS 모듈은 클래스 이름을 컴포넌트 기준으로 자동 변환해주기 때문에 다른 컴포넌트나 외부 CSS와 충돌 없이 안정적으로 스타일을 적용할 수 있습니다.

수코딩의 조언

CSS 모듈의 파일명은 컴포넌트 이름과 맞추는 것이 관례입니다. 예를 들어 App.tsx 컴포넌트에는 App.module.css로, Child.tsx 컴포넌트에는 Child.module.css로 이름을 정합니다. 이렇게 이름을 통일하면 구조도 명확하고 관리도 쉬워집니다.

5.1.4 classnames 라이브러리

글로벌 스타일이나 CSS 모듈을 사용할 때 상황에 따라 클래스 이름을 조건부로 적용해야 하는 경우가 많습니다. 이럴 때 유용한 도구가 classnames 라이브러리입니다. **classnames**는 리액트를 포함한 자바스크립트 프레임워크에서 CSS 클래스 이름을 동적으로 조합하고 관리할 수 있게 도와주는 라이브러리입니다. 이 라이브러리를 사용하면 조건에 따라 클래스 이름을 동적으로 추가하거나 제거할 수 있어 스타일을 더욱 유연하고 깔끔하게 적용할 수 있습니다.

● 설치 및 기본 사용법

터미널에 다음 명령어를 입력해 classnames를 설치합니다.

TERMINAL

```
npm i classnames
```

설치를 완료하면 package.json 파일의 dependencies 항목에 classnames가 추가됩니다. 버전 정보는 설치 시점에 따라 책과 다를 수 있습니다.

package.json

```
"dependencies": {
  "classnames": "^2.5.1",
  "react": "^19.1.0",
  "react-dom": "^19.1.0"
},
```

설치한 후에는 다음과 같이 classNames() 함수를 import해서 사용할 수 있습니다.

```
import classNames from 'classnames';

const btnClass = classNames('btn', 'primary');
console.log(btnClass); // 출력: btn primary
```

classNames() 함수는 전달된 클래스 이름(btn과 primary)을 공백으로 구분한 하나의 문자열(btn primary)로 합쳐줍니다. 불필요한 공백을 줄이고, 조건에 따라 클래스를 조합할 수 있어 코드가 훨씬 간결해집니다.

다음은 classNames() 함수의 다양한 사용 방법입니다. 이 함수는 false, null, undefined, 0,

'' 등 불필요한 값은 자동으로 무시합니다.

```
classNames('foo', 'bar'); // 출력: 'foo bar'
classNames('foo', { bar: true }); // 출력: 'foo bar'
classNames({ 'foo-bar': true }); // 출력: 'foo-bar'
classNames({ 'foo-bar': false }); // 출력: ''
classNames({ foo: true }, { bar: true }); // 출력: 'foo bar'
classNames({ foo: true, bar: true }); // 출력: 'foo bar'
// 출력: 'foo bar baz quux'
classNames('foo', { bar: true, duck: false }, 'baz', { quux: true });
classNames(null, false, 'bar', undefined, 0, 1, { baz: null }, ''); // 출력: 'bar 1'
```

TIP — 더 많은 사용법은 공식 문서(https://www.npmjs.com/package/classnames)를 참고하세요.

classnames 라이브러리는 글로벌 스타일 방식과 CSS 모듈 방식 모두에서 사용할 수 있지만, 사용법에 차이가 있습니다. 각 사용법을 살펴보겠습니다.

● 글로벌 스타일에서 사용하기

classnames 라이브러리는 글로벌 스타일 방식에서 매우 유용하게 활용할 수 있습니다.

간단한 예제를 봅시다. 기존 App.module.css 파일의 이름을 **App.css**로 바꾸고 코드를 다음과 같이 수정합니다. 버튼에 적용할 기본 스타일인 .btn 클래스와, 조건부로 적용할 .is-active 클래스를 정의합니다.

src/App.css

```
.btn {
  width: 100px;
  height: 50px;
  border: none;
  background-color: gray;
  color: white;
  font-size: 14px;
  border-radius: 10px;
  margin: 0 10px;
}
.is-active {
  background-color: blue;
}
```

조건에 따라 is-active 클래스가 버튼에 추가되도록 App 컴포넌트를 수정합니다.

src/App.tsx

```
import './App.css';
import classNames from 'classnames'; ------------------------------------- ❶
import Child from './components/Child';

export default function App() {
  const isActive = true; ------------------------------------------------- ❷
  return (
    <>
      <button className={classNames('btn', { 'is-active': isActive })}> ----- ❸
        App Button</button>
      <Child />
    </>
  );
}
```

❶ classnames 패키지에서 classNames 함수를 import합니다.

❷ isActive 변수는 true 또는 false 값을 가지며, 값에 따라 <button> 요소에 is-active 클래스를 추가하거나 삭제합니다.

❸ btn 클래스는 항상 적용되고, isActive가 true일 때만 is-active 클래스가 함께 추가됩니다. 이 경우 <button> 요소의 클래스는 btn is-active가 됩니다.

실행한 후 개발자 도구를 열어 <button> 요소를 확인해보면 조합된 클래스 이름이 적용된 것을 볼 수 있습니다.

그림 5-6 글로벌 스타일에서 classNames 라이브러리 사용 결과

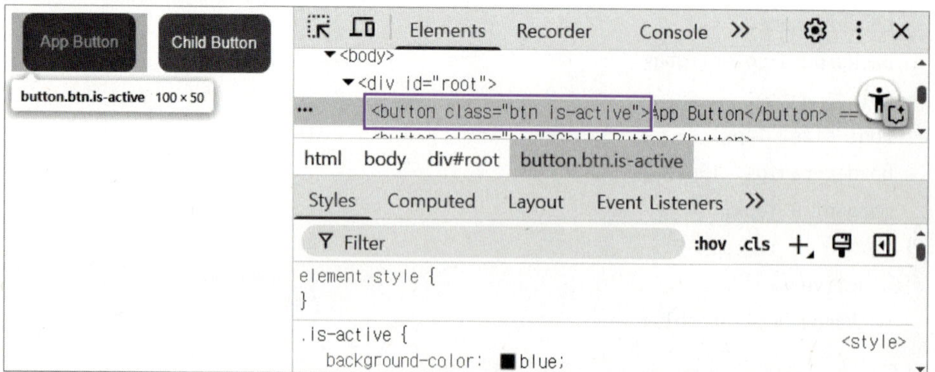

CSS 모듈에서 사용하기

이번에는 CSS 모듈과 함께 classNames를 사용하는 방법을 알아보겠습니다.

CSS 모듈에서 classNames 라이브러리를 사용할 때는 classnames/bind 패키지를 활용합니다. 해당 패키지가 제공하는 bind() 함수를 사용해 CSS 모듈 객체를 classNames 함수에 전달합니다. 여기서 **CSS 모듈 객체**란 .module.css 확장자를 가진 CSS 파일을 컴포넌트에서 import 할 때 생성되는 객체를 의미합니다. 이 객체에는 정의된 클래스 이름이 키로, 고유한 해시가 적용된 클래스명이 값으로 들어 있습니다. 따라서 bind(객체명)과 같이 사용하면 객체 접근 없이 문자열 키만으로 클래스 이름을 동적으로 조합할 수 있습니다.

예제를 봅시다. 이번에는 App.css 파일 이름을 **App.module.css**로 변경합니다. 그리고 CSS 모듈을 적용하도록 App 컴포넌트를 다음과 같이 수정합니다.

src/App.tsx

```
import styles from './App.module.css';
import classNames from 'classnames/bind'; ------------------------------ ❶
import Child from './components/Child';

export default function App() {
  const isActive = true;
  const cx = classNames.bind(styles); ----------------------------------- ❷
  return (
    <>
      <button className={cx({ btn: true, 'is-active': isActive })}> ------ ❸
        App Button</button>
      <Child />
    </>
  );
}
```

❶ classnames/bind 패키지에서 classNames 함수를 import합니다.

❷ bind() 함수를 사용해 CSS 모듈 객체(styles)와 연결합니다. 이렇게 하면 객체 속성에 접근하지 않고도 cx('클래스명')처럼 간단한 문자열로 스타일을 사용할 수 있습니다.

❸ btn이 true이므로 btn 클래스는 항상 적용되고, is-active 클래스는 isActive가 true일 때만 함께 추가됩니다.

실행한 후 개발자 도구를 열어 버튼 요소를 확인해보면 클래스 이름이 btn과 is-active가 조합된 고유한 이름으로 바뀐 것을 볼 수 있습니다.

그림 5-7 CSS 모듈에서 classnames 라이브러리를 사용한 결과

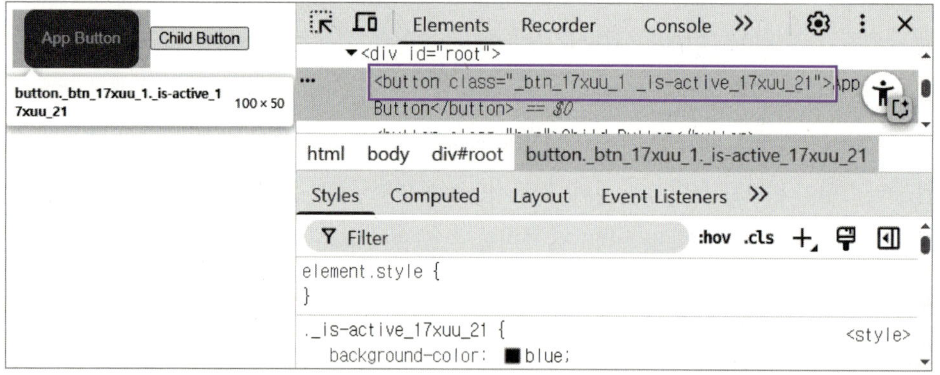

이처럼 CSS 모듈에서는 같은 classNames 함수를 사용하더라도 컴포넌트마다 클래스 이름이 고유하게 변환되기 때문에 스타일 충돌을 걱정하지 않아도 됩니다.

1분 퀴즈

정답 노트 p.788

01. 다음 중 전통적인 스타일 방법에 대한 설명으로 틀린 것은 무엇인가요?

① 인라인 스타일은 style 속성을 사용해 객체 형태로 스타일을 적용한다.

② CSS 모듈은 클래스 이름이 고유하게 변환되어 클래스 이름 충돌을 방지한다.

③ 글로벌 스타일은 CSS 파일을 각 컴포넌트 내부에 작성해 해당 컴포넌트에만 스타일을 적용한다.

④ CSS 모듈은 파일 확장자가 .module.css로 끝나는 파일에 스타일을 작성한 뒤 이를 컴포넌트에서 불러와 사용한다.

02. 다음 중 리액트에서 인라인 스타일을 적용하는 올바른 방식은 무엇인가요?

① <h1 style="color: red; font-size: 20px">Hello</h1>

② <h1 style="color: 'red'; fontSize: '20px'">Hello</h1>

③ <h1 style={{ color: red, font-size: 20px }}>Hello</h1>

④ <h1 style={{ color: 'red', fontSize: '20px' }}>Hello</h1>

03. **글로벌 스타일에 관한 설명으로 옳은 것은 무엇인가요?**

① JSX에서 사용할 수 없다.

② 컴포넌트 내에서만 스타일이 적용된다.

③ 스타일이 다른 컴포넌트에 영향을 줄 수 있다.

④ classNames 라이브러리와 함께 사용할 수 없다.

04. **classNames() 함수를 다음과 같이 작성했을 때 실행결과는 무엇인가요?**

```
const isActive = true;
className={classNames('btn', { 'is-active': isActive })}
```

① ''

② 'btn is-active'

③ 'is-active'

④ 'btn'

05. **다음 중 CSS 모듈 방식에 대한 설명으로 올바른 것은 무엇인가요?**

① CSS 모듈의 클래스 이름은 JSX에서 문자열로 직접 작성해야 한다.

② CSS 모듈은 외부 스타일 시트처럼 HTML의 <link> 태그로 적용해야 한다.

③ CSS 모듈은 .css 확장자 파일에 작성하고, 클래스 이름은 전역으로 자동 적용된다

④ CSS 모듈을 사용하면 클래스 이름이 충돌하는 것을 방지하기 위해 고유한 이름으로 변환된다.

5.2

CSS-in-JS로 스타일링하기

기존의 웹 개발 방식은 HTML, CSS, 자바스크립트를 각각 분리해 개발하는 구조를 따릅니다. 이 방식은 **관심사 분리**(separation of concern)라는 소프트웨어 설계 원칙에 기반을 두고 있습니다. 이 방식의 목적은 각 기술의 역할을 명확하게 구분함으로써 유지보수성과 확장성을 높이려는 것입니다.

그러나 웹 애플리케이션이 점점 더 복잡해지고, 리액트나 뷰와 같은 프런트엔드 프레임워크의 도입으로 컴포넌트 기반 개발 방식이 보편화되면서 기존의 스타일링 방식은 다음과 같은 문제점을 드러내기 시작했습니다.

1. **전역 스코프 문제**: 기존 CSS는 전역 스코프로 작동하기 때문에 클래스 이름 충돌이 자주 발생하고, 이를 방지하기 위한 명명 규칙 관리도 복잡합니다.
2. **상태 기반 스타일링의 어려움**: UI의 상태는 자바스크립트로 제어하는 반면, 스타일은 CSS 파일에 따로 정의하므로 동적 상태 변화에 따른 스타일 조작이 번거롭고 복잡합니다.
3. **유지보수의 어려움**: 프로젝트 규모가 커질수록 어떤 스타일이 어떤 컴포넌트에 적용되는지 파악하기 힘들고, 사용하지 않는 CSS를 완전히 제거하는 것도 쉽지 않습니다.

이러한 문제를 해결하고자 등장한 스타일링 방식이 바로 CSS-in-JS입니다. **CSS-in-JS**는 자바스크립트 파일 안에 스타일을 정의하고 적용하는 방식으로 동적 스타일링을 매우 쉽게 처리할 수 있습니다. 이 방식은 컴포넌트 단위로 스타일을 작성하므로 클래스 충돌이 없고 재사용성도 높습니다. 그리고 상태, props, 조건 등을 바탕으로 동적으로 스타일을 조절할 수 있는 유연성이 있습니다.

CSS-in-JS 방식은 다양한 라이브러리로 구현할 수 있습니다. 리액트 생태계에서 널리 사용하는 대표적인 라이브러리는 styled-components, emotion, vanilla-extract입니다. 이 절에서는 세 가지 라이브러리를 어떻게 사용하는지, 어떤 특징이 있는지 살펴보겠습니다.

5.2.1 styled-components

styled-components는 CSS-in-JS 방식의 대표적인 라이브러리 중 하나로, 자바스크립트 코드 안에 스타일이 적용된 컴포넌트(스타일 컴포넌드)를 생성하는 방식입니다. 자바스크립트를 사용해 CSS를 정의하고, 해당 스타일이 적용된 컴포넌트를 바로 만들어 사용할 수 있습니다.

● 설치

styled-components는 터미널에서 다음 명령어로 설치합니다.

```
TERMINAL
npm install styled-components
```

설치를 완료하면 package.json 파일의 dependencies 항목에 styled-components가 다음과 같이 추가됩니다. 버전 정보는 설치 시점에 따라 책과 다를 수 있습니다.

package.json

```
"dependencies": {
  "react": "^19.1.0",
  "react-dom": "^19.1.0",
  "styled-components": "^6.1.19"
},
```

● 기본 사용법

styled-components를 사용하려면 먼저 라이브러리에서 styled 객체를 불러와야 합니다.

```
import styled from 'styled-components';
```

styled 객체는 HTML 태그 이름에 해당하는 함수를 제공해 이 함수를 사용하면 스타일 컴포넌트를 만들 수 있습니다. 예를 들어, <button> 태그에 스타일을 적용한 컴포넌트를 만들고 싶다면 다음과 같이 작성합니다.

```
const Button = styled.button`
  background: transparent;
  border-radius: 3px;
  border: 2px solid #bf4f74;
  color: #bf4f74;
  margin: 0 1em;
  padding: 0.25em 1em;
`;
```

코드에서 사용한 styled.button`` 형식이 조금 생소할 수 있는데, 이는 **태그드 템플릿 리터럴**(tagged template literal)이라는 문법입니다. 함수와 템플릿 문자열을 결합한 형태로, 자세한 내용은 **[Note] 태그드 템플릿 리터럴**을 참고하세요. 이 절에서는 'CSS를 문자열처럼 작성해 함수에 전달하는 방식' 정도로 이해해도 충분합니다.

styled-components는 템플릿 리터럴 안에 작성한 CSS 코드를 읽어 해당 스타일이 적용된 컴포넌트를 생성해 반환합니다. 즉, styled.button``을 호출하면 스타일이 적용된 버튼 컴포넌트가 만들어집니다.

styled-components 라이브러리를 App 컴포넌트에서 사용해 보겠습니다.

src/App.tsx

```
import styled from 'styled-components';

const Button = styled.button` ---------------- ❶
  background: transparent;
  border-radius: 3px;
  border: 2px solid #bf4f74;
  color: #bf4f74;
  margin: 0 1em;
  padding: 0.25em 1em;
`;

export default function App() {
  return <Button>Click Me</Button>; -------- ❷
}
```

❶ styled 객체는 App() 함수 바깥에서 정의합니다. 이처럼 컴포넌트 바깥에서 스타일 컴포넌트를 정의하면 성능상 유리하기 때문에 일반적으로 이 방식을 사용합니다.

❷ 생성한 Button 컴포넌트를 App 컴포넌트에서 렌더링하면 스타일이 적용된 버튼이 화면에 표시됩니다.

TIP — styled-components는 HTML 요소(<button>, <div> 등)를 감싸서 새로운 컴포넌트로 반환하므로 JSX에서는 기존 태그처럼 사용할 수 있습니다.

그림 5-8 styled-components 라이브러리를 사용한 결과

Click Me

Note **태그드 템플릿 리터럴**

태그드 템플릿 리터럴은 템플릿 리터럴 앞에 함수를 붙여 문자열을 처리할 수 있는 자바스크립트 문법입니다. 함수는 템플릿 리터럴의 문자열 부분과 ${}로 감싼 표현식을 분리된 배열 형태로 전달받아 이를 바탕으로 원하는 방식으로 문자열을 가공할 수 있습니다.

예제로 작동 방식을 확인해 봅시다.

```
function tagFunction(strings, ...values) {
  console.log(strings);  // 문자열 배열
  console.log(values);   // 삽입된 표현식 값들
}
const name = 'John';
const age = 25;
tagFunction`Hello, my name is ${name} and I am ${age} years old.`;
```

코드를 실행하면 다음과 같은 결과가 출력됩니다. 첫 번째 배열은 ${} 기준으로 나뉜 고정 문자열 부분이고, 두 번째 배열은 템플릿 리터럴 안에 삽입된 표현식 값들입니다.

출력결과

```
[ 'Hello, my name is ', ' and I am ', ' years old.' ]
[ 'John', 25 ]
```

태그드 템플릿 리터럴은 리액트에만 특화된 기능은 아닙니다. 다만, styled-components 같은 CSS-in-JS 라이브러리에서 스타일 문자열을 함수에 전달하는 방식으로 널리 사용됩니다. 따라서 이 문법은 '템플릿 리터럴을 함수처럼 호출할 수 있다'는 정도만 이해하고 넘어가도 충분합니다.

- **동적 스타일**

styled-components를 사용할 때 컴포넌트의 속성을 사용해 동적으로 스타일을 지정할 수도 있습니다. 이 기능을 사용하면 상태에 따라 버튼 색을 다르게 표시하는 등 조건에 따른 스타일 변경이 매우 간편해집니다.

다음 예제는 $primary라는 속성을 기준으로 버튼의 배경색과 글자색을 변경합니다.

src/App.tsx

```
import styled, { css } from 'styled-components'; ------------ ❶

const Button = styled.button<{ $primary?: boolean }>` ------- ❷
  background: transparent;
  border-radius: 3px;
  border: 2px solid #bf4f74;
  color: #bf4f74;
  margin: 0 1em;
  padding: 0.25em 1em;
  ${(props) => ------------------------------------------------ ❸
    props.$primary &&
    css`
      background: #bf4f74;
      color: white;
  `}
`;
export default function App() {
  return <Button $primary>Click Me</Button>; ---------------- ❹
}
```

❶ css 함수를 불러옵니다. **css** 함수는 styled-components에서 조건부 스타일을 작성할 때 사용하는 함수입니다. 태그드 템플릿 리터럴을 지원하며, 동적 스타일을 정의할 때 자주 사용합니다.

❷ 타입스크립트에서는 스타일 컴포넌트에 전달할 props의 타입을 명시해야 합니다. 여기서는 $primary라는 불리언 타입의 선택적 속성을 정의하고 있습니다. $ 기호는 일반적으로 스타일 내부에서만 사용하는 props임을 나타낼 때 관례적으로 사용합니다.

③ 스타일 컴포넌트에 전달된 props는 ${(props) => css``} 형식으로 사용하고, 조건에 따라 새로운 스타일을 동적으로 추가할 수 있습니다. 예제 코드에서는 props.$primary가 true일 경우, 즉 $primary 속성이 전달되면 버튼의 배경색과 글자색을 변경합니다.

④ Button 스타일 컴포넌트로 $primary 속성을 전달합니다. <Button $primary>처럼 속성 이름만 적으면 타입스크립트에서는 $primary={true}와 동일하게 처리합니다. 반면에 $primary={false}를 명시하거나 아예 속성을 생략하면 스타일이 적용되지 않습니다.

Note **트래지언트 props**

$primary처럼 변수 앞에 $ 기호를 붙여 전달하는 방식을 **트래지언트 props**(transient props)라고 합니다. 이 기능은 styled-components 5.1 버전부터 도입되었습니다. $ 기호로 시작하는 props는 컴포넌트의 스타일링에는 사용되지만, 최종 DOM에는 전달되지 않기 때문에 콘솔에 불필요한 경고가 뜨거나 예기치 않은 동작이 발생하는 것을 방지할 수 있습니다.

이 예제에서 변수 Button은 스타일이 적용된 리액트 컴포넌트입니다. 기본 컴포넌트와 마찬가지로 props를 전달할 수 있으며, 전달된 props 값에 따라 컴포넌트의 스타일이 달라지는 구조입니다. 실행해보면 지정한 배경색과 글자색이 버튼에 적용됩니다.

그림 5-9 동적 스타일을 적용한 결과

Click Me

styled-components는 이처럼 자바스크립트와 스타일을 유기적으로 결합해 동적인 스타일링을 매우 간편하게 구현할 수 있게 도와줍니다.

수코딩의 조언

2025년 3월, styled-components 공식 팀은 새로운 기능 개발을 중단하고, 버그 수정 및 보안 패치와 같은 유지보수에만 집중하겠다고 발표했습니다. 이에 따라 정기적인 후원도 받지 않으며, 긴급한 상황이 발생할 경우 내부 비상 기금을 통해 간헐적으로 유지보수를 진행할 수 있도록 최소한의 예산만 확보해둔 상태라고 합니다.

따라서 현재 시점에서는 새로운 프로젝트에 styled-components를 사용하는 것을 권장하지 않으며, 이 책에서도 styled-components는 기존 프로젝트의 유지보수를 위한 참고용으로 다루었습니다.

5.2.2 emotion

emotion은 현대 웹 개발에서 널리 사용하는 강력하고 유연한 CSS-in-JS 라이브러리입니다. 이 라이브러리는 스타일링의 유연성과 성능을 극대화할 수 있도록 설계되었으며, 간결한 API를 제공해 개발자가 컴포넌트 기반 애플리케이션에서 직관적으로 스타일을 정의하고 관리할 수 있게 합니다.

설치

emotion 라이브러리는 터미널에 다음 명령어를 입력해 설치합니다.

```
TERMINAL
npm i @emotion/css
```

설치를 완료하면 package.json 파일의 dependencies 항목에 emotion이 다음과 같이 추가됩니다. 버전 정보는 설치 시점에 따라 책과 다를 수 있습니다.

package.json

```
"dependencies": {
  "@emotion/css": "^11.13.5",
  "react": "^19.1.0",
  "react-dom": "^19.1.0",
},
```

기본 사용법

emotion 라이브러리를 사용하려면 @emotion/css 패키지에서 css 함수를 불러와야 합니다. 이 함수는 태그드 템플릿 문자열을 지원하므로 일반적인 CSS처럼 템플릿 리터럴 안에 스타일을 작성합니다. css 함수는 전달받은 스타일 정보를 바탕으로 고유한 클래스 이름을 생성하고, 해당 이름을 문자열로 반환합니다. 이 클래스 이름은 HTML 요소의 className 속성에 설정해 사용할 수 있습니다.

다음 예제를 봅시다.

src/App.tsx

```
import { css } from '@emotion/css';

export default function App() {
```

```
  return (
    <button
      className={css`
        background: transparent;
        border-radius: 3px;
        border: 2px solid #bf4f74;
        color: #bf4f74;
        margin: 0 1em;
        padding: 0.25em 1em;
      `}
    >Click Me</button>
  );
}
```

예제에서 <button> 태그는 className 속성을 통해 css 함수를 호출합니다. 템플릿 리터럴로 작성한 스타일은 emotion이 자동으로 클래스 이름을 생성해 적용합니다. 클래스 이름은 애플리케이션을 실행하고 개발자 도구를 열어보면 확인할 수 있습니다.

그림 5-10 emotion 라이브러리를 사용한 결과

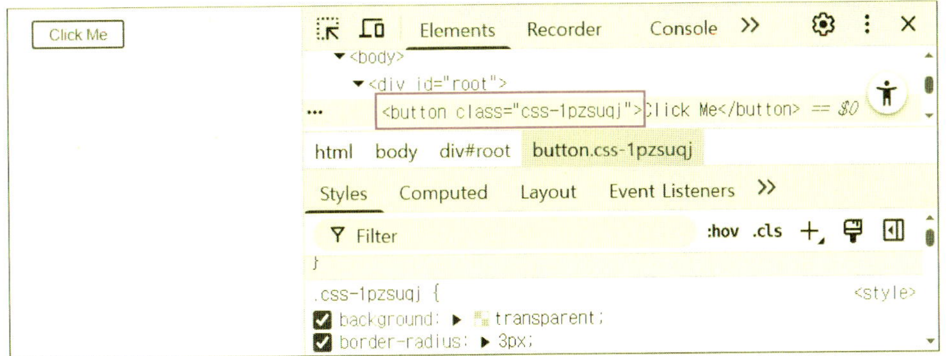

동적 스타일

emotion 라이브러리는 템플릿 문자열 안에 자바스크립트 표현식을 사용할 수 있어서 삼항 연산자를 활용해 간단하게 동적 스타일을 구현할 수 있습니다. 예를 들어, 다음 예제는 isActive 상태 값에 따라 버튼의 배경색과 글자색을 다르게 설정합니다.

src/App.tsx

```
import { css } from '@emotion/css';
```

```
export default function App() {
  const isActive = true;
  return (
    <button
      className={css`
        background: ${isActive ? '#bf4f74' : 'transparent'};
        border-radius: 3px;
        border: 2px solid #bf4f74;
        color: ${isActive ? 'white' : '#bf4f74'};
        margin: 0 1em;
        padding: 0.25em 1em;
      `}
    >Click Me</button>
  );
}
```

예제처럼 삼항 연산자를 활용해 상태 값에 따라 다른 스타일을 쉽게 적용할 수 있습니다.

그림 5-11 삼항 연산자로 동적 스타일을 적용한 결과

Click Me

TIP — emotion 라이브러리에 대한 더 많은 정보는 공식 문서(https://emotion.sh/docs/introduction)를 참고하세요.

5.2.3 vanilla-extract

vanilla-extract는 타입스크립트 기반의 CSS-in-JS 라이브러리로, 가장 큰 특징은 제로 런타임입니다. **제로 런타임**(zero runtime)이란 애플리케이션이 실행될 때 스타일을 생성하거나 적용하는 데 추가 비용이 전혀 발생하지 않는다는 의미입니다.

styled-components, emotion과 같은 일반적인 CSS-in-JS 라이브러리는 자바스크립트 코드 안에 스타일을 작성하고, 이를 실행 중에 동적으로 처리합니다. 이 방식은 개발이 편리하지만, 자바스크립트가 실행될 때마다 스타일이 생성되어 초기 렌더링이 느려질 수 있고, 스타일이 많을수록 성능 저하 가능성이 증가합니다.

반면, vanilla-extract는 개발자가 작성한 스타일이 빌드 타임에 정적 CSS 파일로 변환됩니다. 웹 브라우저는 이 CSS 파일을 일반 CSS처럼 정적으로 로딩합니다. 따라서 실행 중에 스타일을 생성하지 않으므로 런타임 비용이 없습니다. 그래서 초기 렌더링 속도가 빠르고, CSS 파

일이 정적이므로 웹 브라우저 캐싱이 가능합니다. 또한, 타입스크립트 기반으로 정적 타입 검사 및 자동 완성을 지원합니다.

이러한 이유로 성능과 타입 안정성을 모두 고려하는 프런트엔드 개발자 사이에서 vanilla-extract는 점점 더 큰 관심을 받고 있습니다.

설치

vanilla-extract는 패키지를 2번에 나눠 설치해야 합니다. @vanilla-extract/css는 프로젝트에서 실제 사용할 스타일 관련 기능을 제공하므로 일반 의존성(dependencies)에 설치합니다. @vanilla-extract/vite-plugin은 Vite에서 빌드 시 스타일 파일을 처리하는 역할을 하므로 개발 의존성(devDependencies)에 설치합니다.

TERMINAL

```
npm install @vanilla-extract/css
npm install --save-dev @vanilla-extract/vite-plugin
```

설치를 완료하면 package.json 파일의 dependencies와 devDependencies 항목에 vanilla-extract가 다음과 같이 추가됩니다. 버전 정보는 설치 시점에 따라 책과 다를 수 있습니다.

package.json

```
"dependencies": {
  "@vanilla-extract/css": "^1.17.4",
  (중략)
},
"devDependencies": {
  "@eslint/js": "^9.30.1",
  "@types/react": "^19.1.8",
  "@types/react-dom": "^19.1.6",
  "@vanilla-extract/vite-plugin": "^5.1.0",
  (중략)
}
```

vanilla-extract를 사용하려면 Vite 설정 파일인 vite.config.ts에 다음과 같이 플러그인을 추가해야 합니다.

vite.config.ts

```
import { defineConfig } from 'vite';
```

```
import react from '@vitejs/plugin-react'
import { vanillaExtractPlugin } from '@vanilla-extract/vite-plugin';

export default defineConfig({
  plugins: [react(), vanillaExtractPlugin()],
});
```

● 기본 사용법

vanilla-extract 라이브러리는 .css.ts 확장자를 가진 파일에 CSS를 작성합니다. 이 파일 안에 @vanilla-extract/css 패키지에서 제공하는 style() 함수를 사용해 CSS 클래스를 정의합니다.

src 폴더에 App.css.ts 파일을 만들고 다음과 같이 코드를 작성합니다. 각 style() 함수는 CSS 속성을 객체 형태로 작성하며, 반환된 클래스 이름이 변수에 저장됩니다. 이 변수들을 className에 할당하면 해당 스타일이 적용됩니다.

src/App.css.ts

```
import { style } from '@vanilla-extract/css';

export const container = style({
  padding: '1rem',
});
export const button = style({
  background: 'transparent',
  borderRadius: '3px',
  border: '2px solid #bf4f74',
  color: '#bf4f74',
  margin: '0 1em',
  padding: '0.25em 1em',
});
export const active = style({
  backgroundColor: 'blue',
  border: '2px solid blue',
  color: 'white',
});
```

가상 선택자도 객체 속성 키로 지정할 수 있습니다. 예를 들어 :hover 스타일을 다음과 같이 작성할 수 있습니다.

src/App.css.ts

```
export const button = style({
  background: 'transparent',
  borderRadius: '3px',
  border: '2px solid #bf4f74',
  color: '#bf4f74',
  margin: '0 1em',
  padding: '0.25em 1em',
  ':hover': {
    backgroundColor: '#bf4f74',
    color: 'white',
  },
});
```

App.css.ts 파일에서 내보낸 변수를 다음과 같이 가져와 사용합니다.

src/App.tsx

```
import { container, button } from './App.css.ts';

export default function App() {
  return (
    <div className={container}>
      <button className={button}>Click me</button>
    </div>
  );
}
```

container, button 변수는 각각 클래스 이름 문자열을 담고 있습니다. 이를 JSX의 className 속성에 할당하면 해당 스타일이 HTML 요소에 적용됩니다.

그림 5-12 vanilla-extract를 사용해 스타일링한 결과

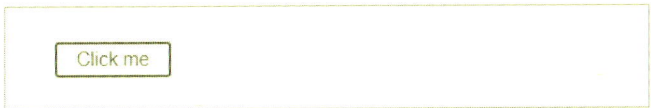

● 동적 스타일

vanilla-extract 라이브러리는 런타임에서 CSS를 생성하지는 않지만, 조건에 따라 className을 선택적으로 할당하는 방식으로 동적 스타일을 적용할 수 있습니다. 자바스크립트의 삼항 연산자(조건 ? 값1 : 값2) 또는 AND 연산자(조건 && 값)를 사용하면 특정 상태에 따라 클래스를 추가하거나 제외할 수 있습니다.

다음 예제에서 button은 항상 적용되고 active 클래스는 AND 연산자를 사용해 조건이 true일 때만 추가합니다.

src/App.tsx

```
import { container, button, active } from './App.css.ts';

export default function App() {
  const isActive = true;
  return (
    <div className={container}>
      <button className={`${button} ${isActive && active}`}>Click me</button>
    </div>
  );
}
```

그림 5-13 vanilla-extract 라이브러리로 동적 스타일을 적용한 결과

Click me

1분 퀴즈

정답 노트 p.788

06. 다음 중 CSS-in-JS 스타일링 방식의 단점은 무엇인가요?

① 스타일 충돌을 방지할 수 없다.

② 컴포넌트 기반으로 스타일링을 해야 한다.

③ 자바스크립트에서 동적으로 스타일을 적용할 수 없다.

④ 스타일과 로직이 한 파일에 섞여 유지보수가 어려울 수 있다.

07. styled-components 라이브러리에서 사용하는 스타일 정의 방식은 무엇인가요?

① JSON 객체 ② 템플릿 리터럴 ③ XML 태그 ④ JSX 스타일 객체

08. emotion 라이브러리에서 동적 스타일을 적용할 때 주로 사용하는 연산자는 무엇인가요?

① ! 연산자 ② || 연산자 ③ (? :) 연산자 ④ + 연산자

09. emotion 라이브러리를 사용할 때 스타일을 적용하는 기본 함수는 무엇인가요?

① `styled()` ② `css()`

③ `createStyles()` ④ `injectStyles()`

10. emotion 라이브러리에서 동적 스타일을 적용할 때 사용하는 방식은 무엇인가요?

① 외부 CSS 파일을 불러와 적용한다.

② HTML에서 `<style>` 태그를 직접 추가한다.

③ 삼항 연산자를 사용해 조건부 스타일링을 적용한다.

④ `classNames` 속성을 사용해 자바스크립트에서 스타일을 직접 지정한다.

11. vanilla-extract 라이브러리에서 스타일을 정의하는 기본 방식은 무엇인가요?

① 스타일을 자바스크립트 객체로 정의하고 `className` 속성에 직접 적용한다.

② .css.ts 파일에서 `style()` 함수를 사용해 스타일을 정의하고 내보낸다.

③ document.styleSheets API를 사용해 스타일을 삽입한다.

④ HTML 파일 내에서 `<style>` 태그를 직접 추가한다.

12. 버튼 요소가 빨간색이 되도록 $primary 속성을 추가하려고 합니다. 빈칸에 들어갈 코드는 무엇인가요?

```
import styled, { css } from 'styled-components';

const Button = styled.button<{ $primary?: boolean }>`
  background: transparent;
  color: black;
  ${(props) =>
    props.$primary &&
    css`
      background: red;
      color: white;
```

계속

```
    `}
`;
export default function App() {
  return _______________Click Me</Button>;
}
```

① <Button primary />

② <Button $primary={true} />

③ <Button primary={true}>

④ <Button $primary={true}>

Tailwind CSS로 스타일링하기

최근에는 Tailwind CSS라는 컴포넌트 스타일링 방식이 크게 주목받고 있습니다. **Tailwind CSS**는 유틸리티 퍼스트 스타일링 철학을 따르는 프레임워크 중에서 가장 인기 있는 라이브러리입니다. **유틸리티 퍼스트**(utility-first)란 작고 재사용 가능한 유틸리티 클래스를 조합해 스타일을 만드는 방식입니다. 각 유틸리티 클래스는 보통 하나의 CSS 속성과 일대일로 대응하며, 이 클래스들을 `class` 속성에 나열해 원하는 스타일을 만들 수 있습니다. 이런 방식 덕분에 CSS 파일을 따로 작성하지 않고도 HTML이나 JSX 코드 안에서 클래스만으로 스타일을 적용할 수 있습니다.

5.3.1 설치 및 기본 사용법

Tailwind CSS를 리액트 프로젝트에서 사용하려면 관련 라이브러리를 설치하고 초기 설정을 해야 합니다.

● 설치

터미널에 다음 명령어를 입력해 Tailwind CSS와 Vite 플러그인을 설치합니다. 이전에는 postcss, autoprefixer도 수동으로 설치해야 했지만, Vite 환경에서는 `@tailwindcss/vite` 플러그인이 자동으로 처리하기 때문에 따로 설치하지 않아도 됩니다.

```
∨ TERMINAL
npm install tailwindcss @tailwindcss/vite
```

설치가 끝나면 Vite 설정 파일인 vite.config.ts에 다음과 같이 플러그인을 추가합니다.

vite.config.ts

```
import { defineConfig } from 'vite';
import react from '@vitejs/plugin-react'
import tailwindcss from '@tailwindcss/vite';

export default defineConfig({
  plugins: [react(), tailwindcss()],
});
```

src 폴더에 index.css 파일을 생성하고, 다음과 같이 Tailwind를 불러옵니다.

src/index.css

```
@import 'tailwindcss';
```

index.css 파일을 프로젝트에 반영하려면 main.tsx 파일에서 import해야 합니다.

src/main.tsx

```
import { StrictMode } from 'react';
import { createRoot } from 'react-dom/client';
import App from './App.tsx';
import './index.css';

createRoot(document.getElementById('root')!).render(
  <StrictMode>
    <App />
  </StrictMode>
);
```

여기까지 따라 했다면 Tailwind CSS 설치와 기본 설정은 끝납니다. 이제 컴포넌트에서 자유롭게 유틸리티 클래스를 사용할 수 있습니다.

TIP — Tailwind CSS 공식 문서에는 다양한 설정 방법이 나와 있지만, Vite 프로젝트에서는 다음 링크를 참고하는 것이 가장 정확합니다.

- Tailwind CSS 공식 문서: https://tailwindcss.com/docs/installation/using-vite

● 기본 사용법

Tailwind CSS는 유틸리티 클래스를 HTML 요소에 직접 적용해 스타일을 설정하는 방식입니다. 다음 예제는 기존 인라인 스타일로 코드를 작성했습니다.

```
export default function App() {
  return (
    <>
      <button
        style={{
          background: 'transparent',
          borderRadius: '3px,',
          border: '2px solid #bf4f74',
          color: '#bf4f74',
          margin: '0 1em',
          padding: '0.25em 1em',
        }}
      >Click Me</button>
    </>
  );
}
```

이를 Tailwind CSS로 변환하면 코드가 훨씬 간결해집니다.

```
export default function App() {
  return (
    <>
      <button className='bg-transparent rounded-[3px] border-2 border-[#bf4f74]
text-[#bf4f74] m-[0.1em] py-[0.25em] px-[1em]'>
        Click Me</button>
    </>
  );
}
```

예제 코드에서 사용한 Tailwind CSS 클래스명과 대응되는 CSS 속성은 다음과 같습니다.

표 5-1 Tailwind CSS 클래스와 대응하는 CSS 속성

Tailwind CSS 클래스	CSS 속성
bg-transparent	background-color: transparent;
rounded-[3px]	border-radius: 3px;
border-2	border-width: 2px;

계속

Tailwind CSS 클래스	CSS 속성
border-[#bf4f74]	border-color: #bf4f74;
text-[#bf4f74]	color: #bf4f74;
m-[0.1em]	margin: 0.1em;
py-[0.25em]	padding-top: 0.25em; padding-bottom: 0.25em;
px-[1em]	padding-left: 1em; padding-right: 1em;

Tailwind CSS를 처음 사용할 때 클래스명을 매칭하기 어려울 수 있습니다. 이럴 때는 Tailwind CSS 공식 문서(https://tailwindcss.com/docs)를 활용해 보세요. 원하는 CSS 속성을 검색하면 대응하는 클래스명을 쉽게 찾을 수 있습니다. 예를 들어 color 속성을 검색하면 관련 text-, bg-, border- 계열 클래스들이 정리되어 있어 매우 유용합니다.

그림 5-14 color 속성에 대해 설명한 Tailwind CSS 공식 문서

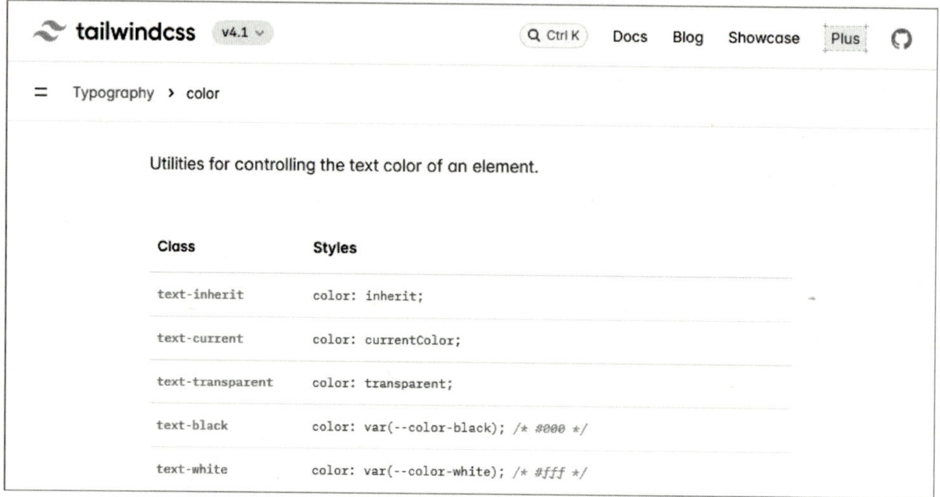

5.3.2 tailwlind-merge 라이브러리

기존 CSS에서는 classnames 라이브러리를 사용해 조건부 스타일이나 동적 클래스를 조합할 수 있었습니다. Tailwind CSS에서도 classnames를 사용할 수 있지만, 최근에는 tailwind-merge 라이브러리를 더 많이 사용하는 추세입니다.

tailwind-merge는 Tailwind CSS 클래스명을 충돌 없이 병합할 수 있게 도와주는 유틸리티

라이브러리입니다. 특히 동적으로 클래스명을 조합해야 할 때 매우 유용하며, 다음 두 가지 함수를 제공합니다.

- **twMerge()**: 여러 Tailwind CSS 클래스를 결합할 때 중복되거나 충돌되는 클래스가 있으면 마지막 클래스를 우선시해 중복을 제거합니다.
- **twJoin()**: 여러 클래스를 단순히 문자열로 연결하며, 중복되거나 충돌되는 클래스도 그대로 유지합니다.

두 함수는 중복 클래스명을 제거하느냐 제거하지 않느냐의 차이만 있을 뿐 나머지 작동 방식은 동일합니다. Tailwind CSS를 사용하다 보면 같은 속성 그룹의 클래스가 중복되는 경우가 많기 때문에 일반적으로는 중복을 제거해주는 twMerge() 함수를 사용하는 것이 더 편리합니다. 따라서 이 책에서는 twMerge() 함수를 기본으로 사용하겠습니다.

tailwind-merge 라이브러리는 터미널에 다음 명령어를 입력해 설치합니다.

```
TERMINAL
npm i tailwind-merge
```

twMerge() 함수는 다음과 같이 불러옵니다.

```
import { twMerge } from 'tailwind-merge';
```

twMerge() 함수는 기본적으로 전달된 클래스명을 하나로 결합합니다. 이때 중복 속성이 있는 경우 나중에 등장한 클래스를 우선 적용하며, 전달하는 인자의 개수에는 제한이 없습니다.

```
// 'bg-transparent rounded-[3px]'
twMerge('bg-transparent', 'rounded-[3px]');
// 'bg-transparent rounded-[3px] border-[#bf4f74] text-[#bf4f74]'
twMerge('bg-transparent', 'rounded-[3px]', 'border-[#bf4f74]', 'text-[#bf4f74]');
```

각 인자는 하나의 클래스 문자열일 수도 있고, 공백으로 구분한 여러 클래스 문자열일 수도 있습니다.

```
// 'bg-transparent rounded-[3px]'
```

```
twMerge('bg-transparent rounded-[3px]');
// 'bg-transparent rounded-[3px] border-[#bf4f74] text-[#bf4f74]'
twMerge('bg-transparent', 'rounded-[3px]', 'border-[#bf4f74] text-[#bf4f74]');
```

twMerge() 함수는 같은 속성 그룹의 클래스가 중복되었을 때 가장 마지막에 등장한 클래스만 남기고 나머지를 제거합니다.

```
twMerge('bg-red-500 bg-blue-500'); // bg-blue-500
twMerge('bg-red-500 bg-blue-500', 'text-white bg-rose-500'); // tw-white bg-rose-500
```

AND 연산자나 삼항 연산자를 사용하면 조건에 따라 클래스를 동적으로 조합할 수 있습니다.

```
const isActive = true;
// 'bg-gray-500 bg-blue-500'
const classNames = twMerge('bg-gray-500', isActive && 'bg-blue-500');
```

다음은 twMerge() 함수를 사용해 버튼 요소에 스타일을 적용한 예제입니다.

src/App.tsx

```
import { twMerge } from 'tailwind-merge';

export default function App() {
  return (
    <>
      <button
        className={twMerge(
          'bg-transparent text-[#bf4f74] rounded-[3px] border-2 border-[#bf4f74]
m-[0.1em] py-[0.25em] px-[1em]', 'bg-rose-500 text-white'
        )}
      >Click Me</button>
    </>
  );
}
```

코드를 보면 bg-transparent와 bg-rose-500, text-[#bf4f74]와 text-white가 각각 중복됩

니다. twMerge()는 이 중 마지막 클래스만 남기고 앞에 있는 클래스는 제거하므로 실제 적용 클래스는 다음과 같습니다.

```
class='bg-rose-500 text-white rounded-[3px] border-2 border-[#bf4f74] m-[0.1em]
py-[0.25em] px-[1em]'
```

1분 퀴즈

정답 노트 p.788

13. 다음 중 Tailwind CSS의 특징은 무엇인가요?

① 자바스크립트를 사용해 동적으로 CSS 속성을 정의한다.

② 기존 CSS 파일을 덮어쓰는 방식으로 스타일을 적용한다.

③ HTML에 class 속성을 작성하지 않고도 스타일을 적용할 수 있다.

④ Tailwind CSS에서 제공하는 작은 CSS 클래스를 조합해 스타일을 구성한다.

14. tailwind-merge 라이브러리에서 twMerge() 함수를 사용하는 이유는 무엇인가요?

① Tailwind CSS 클래스를 중복 없이 동적으로 조합하기 위해

② Tailwind CSS의 모든 스타일을 전역으로 설정하기 위해

③ Tailwind CSS에서 CSS-in-JS를 지원하기 위해

④ Tailwind CSS 없이 CSS를 적용하기 위해

15. 다음 코드를 실행한 출력 결과로 알맞은 것은 무엇인가요?

```
import { twMerge } from 'tailwind-merge';
console.log(twMerge('bg-red-500 bg-blue-500'));
```

① 'bg-red-500' ② 'bg-blue-500'

③ 'bg-red-500 bg-blue-500' ④ 아무것도 출력하지 않음

5.4 이미지 렌더링하기

리액트 애플리케이션을 스타일링할 때는 보통 CSS에 집중하는 경우가 많습니다. 하지만 이미지나 폰트처럼 시각적 요소도 애플리케이션의 스타일을 구성하는 중요한 부분입니다. 적절한 이미지를 활용하고 디자인된 폰트를 적용하면 애플리케이션의 전체 분위기와 완성도에 큰 영향을 줄 수 있습니다. 리액트 컴포넌트에서 이미지를 렌더링하는 방식은 HTML과 약간 다릅니다. 리액트에서는 HTML이 아니라 JSX 문법을 사용하기 때문입니다.

이 절에서는 JSX에서 이미지와 폰트를 어떻게 다루는지 살펴보겠습니다.

5.4.1 이미지 리소스 준비하기

예제를 실습하기 위한 이미지 파일을 준비합니다. 이미지 파일은 자유롭게 선택해도 되지만, 이 책에서는 픽사베이(Pixabay) 사이트에서 무료 이미지를 다운로드해 사용합니다. 필자는 바다와 관련 있는 이미지를 선택했으며, 파일명은 ocean.jpg입니다.

리액트 애플리케이션에서 이미지 파일은 보통 public과 src 폴더 중 하나에 추가할 수 있습니다. 렌더링 방식은 이미지를 추가한 위치에 따라 달라집니다. ocean.jpg 파일을 다음 위치에 각각 저장한 후 비교해 보겠습니다.

- public/assets/images/ocean.jpg
- src/assets/images/ocean.jpg

TIP — 이미지나 폰트 같은 리소스 파일은 일반적으로 assets 폴더에 저장합니다.

5.4.2 public 폴더에서 이미지 렌더링하기

public 폴더 하위에 저장한 이미지는 정적(static) 리소스로 취급합니다. 이 리소스들은 웹팩(Webpack)이나 Vite 같은 빌드 도구의 처리 과정을 거치지 않고, 파일 그대로 애플리케이션에 포함됩니다.

● img 태그로 렌더링하기

public 폴더에 저장한 이미지를 리액트 컴포넌트에서 렌더링하려면 `<img>` 태그의 `src` 속성에 이미지 경로를 지정합니다. 이때 경로는 절대 경로 방식으로 작성해야 합니다. 예를 들어, public/assets/images/ocean.jpg 파일을 사용하려면 다음과 같이 작성합니다. 절대 경로의 /는 public 폴더를 가리키므로 public 폴더 자체는 경로에 포함하지 않아도 됩니다.

src/App.tsx

```
export default function App() {
  return (
    <>
      <img src='/assets/images/ocean.jpg' alt='ocean' />
    </>
  );
}
```

코드에서 보듯이 public 폴더의 정적 리소스는 HTML에서 사용하듯 `import` 없이 바로 참조할 수 있습니다. 애플리케이션을 실행하고 웹 브라우저에서 확인해보면 이미지가 잘 렌더링됩니다.

그림 5-15 public 폴더의 이미지를 <img> 태그로 렌더링한 결과

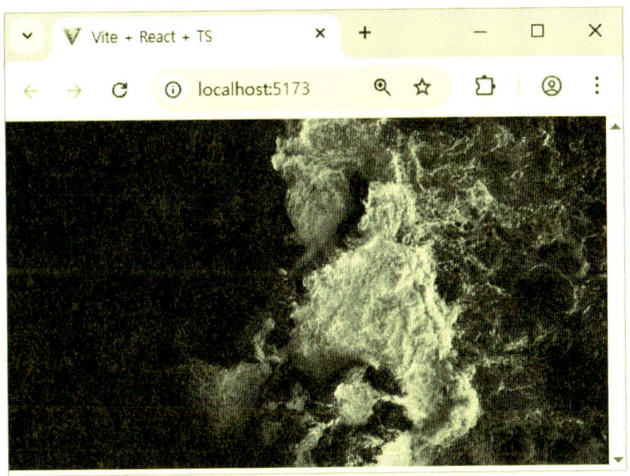

CSS 속성으로 렌더링하기

CSS에서는 background 또는 background-image 속성을 사용해 요소에 배경 이미지를 설정할 수 있습니다. public 폴더에 저장한 이미지를 CSS 속성으로 지정할 때도 <img> 태그를 사용할 때와 마찬가지로 절대 경로를 사용해야 합니다.

src/index.css

```
.bg {
  width: 640px;
  height: 360px;
  background: url('/assets/images/ocean.jpg') no-repeat center center;
}
```

main.tsx 파일에서 index.css 파일을 불러옵니다(이미 추가되어 있다면 넘어가도 됩니다).

main.tsx

```
import { StrictMode } from 'react';
import { createRoot } from 'react-dom/client';
import App from './App.tsx';
import './index.css';

createRoot(document.getElementById('root')!).render( (중략) );
```

.css 파일에 클래스를 정의한 뒤 JSX에서 className으로 해당 클래스를 적용합니다.

src/App.tsx

```
export default function App() {
  return (
    <>
      <div className='bg'></div>
    </>
  );
}
```

JSX에서 배경 이미지를 직접 스타일로 지정할 수도 있습니다. 이 경우에도 절대 경로를 그대로 사용할 수 있습니다.

src/App.tsx

```
export default function App() {
  return (
    <>
      <div
        style={{
          width: '640px',
          height: '360px',
          background: `url('/assets/images/ocean.jpg') no-repeat center center`,
        }}
      ></div>
    </>
  );
}
```


이처럼 public 폴더에 저장한 이미지 리소스는 빌드 도구의 간섭 없이 그대로 제공되므로 경로만 정확히 지정하면 어디서든 쉽게 사용할 수 있습니다.

5.4.3 src 폴더에서 이미지 렌더링하기

src 폴더는 소스 코드가 있는 위치로, 이 폴더에 추가된 이미지는 JSX 코드에서 import해서 사용합니다. 그리고 빌드 도구(웹팩, Vite 등)에 의해 다음과 같은 과정을 거칩니다.

- **번들링(bundling)**: 여러 파일(이미지, CSS, JS 등)을 하나의 최적화된 결과물 파일로 묶는 과정
- **트랜스파일(transpile)**: 최신 문법의 코드를 웹 브라우저가 이해할 수 있는 형태로 변환하는 과정

이처럼 src 폴더에 추가한 이미지는 단순한 정적 리소스가 아니라 프로젝트에 통합되어 관리됩니다. 그래서 이미지 리소스가 public 폴더에 있을 때와 렌더링 방식이 조금 다릅니다.

img 태그로 렌더링하기

리액트 컴포넌트 내부에서 <img> 태그를 사용해 src 폴더에 있는 이미지를 렌더링할 때는 이미지를 import 문으로 먼저 불러온 뒤, 해당 변수를 src 속성에 할당해야 합니다. 이는 HTML에서는 사용하지 않는 JSX만의 문법이므로 처음 접하면 생소할 수 있습니다.

src/App.tsx

```
import ocean from './assets/images/ocean.jpg'; ------- ❶

export default function App() {
  return (
    <>
      <img src={ocean} alt='ocean' /> ----------------- ❷
    </>
  );
}
```

❶ 이미지 파일을 모듈처럼 불러와 ocean 변수에 할당합니다.

❷ ocean 변수를 중괄호 안에 넣어 src 속성 값으로 지정합니다.

애플리케이션을 실행하면 해당 이미지가 웹 브라우저에 잘 렌더링되는 것을 확인할 수 있습니다.

CSS 속성으로 렌더링하기

src 폴더에 저장된 이미지 파일을 CSS의 background 속성으로 사용할 때는 스타일을 어디에서 적용하느냐(인라인 또는 외부 CSS)에 따라 사용 방식이 다릅니다.

JSX 코드 안에서 style 속성을 사용해 인라인 스타일을 적용할 경우 이미지 파일을 import 문으로 불러와야 합니다. 그래야 빌드 도구가 파일을 인식하고 처리할 수 있습니다. 그리고 JSX의 style 속성은 자바스크립트 객체이므로 ${}로 문자열을 삽입합니다.

src/App.tsx

```
import ocean from './assets/images/ocean.jpg';

export default function App() {
  return (
    <>
      <div
        style={{ width: '640px', height: '320px', background: `url(${ocean})` }}
      ></div>
    </>
  );
}
```

외부 CSS 파일을 사용할 경우(글로벌 스타일)에는 이미지 경로를 상대 경로로 지정합니다. CSS 파일의 위치에서 이미지 파일까지의 상대 경로를 다음과 같이 정확히 지정해야 합니다.

src/css/index.css

```
.bg {
  width: 640px;
  height: 360px;
  background: url('../assets/images/ocean.jpg') no-repeat center center;
}
```

그런 다음 JSX에서 외부에 정의한 CSS 클래스를 className 속성으로 연결합니다.

src/App.tsx

```
export default function App() {
  return (
    <>
      <div className='bg'></div>
    </>
  );
}
```

애플리케이션을 실행하면 이미지가 잘 렌더링되는 것을 확인할 수 있습니다.

1분 퀴즈

정답 노트 p.788

16. 리액트 애플리케이션에서 public 폴더와 src 폴더의 설명으로 올바른 것은 무엇인가요?

① public 폴더의 파일은 빌드 도구로 번들링되지 않는다.

② public 폴더는 JSX에서 import 없이 직접 사용 불가능하다.

③ src 폴더의 파일은 웹 브라우저에서 직접 접근할 수 있다.

④ src 폴더의 파일은 빌드 도구에 의해 무조건 정적 파일로 유지된다.

계속

17. public 폴더의 이미지를 〈img〉 태그로 렌더링할 때 경로 형식으로 올바른 것은 무엇인가요?

① /assets/images/ocean.jpg

② ../assets/images/ocean.jpg

③ src/assets/images/ocean.jpg

④ public/assets/images/ocean.jpg

18. src 폴더의 이미지를 〈img〉 태그로 렌더링하는 방법으로 올바른 것은 무엇인가요?

① 절대 경로를 사용해야 한다.

② CSS 파일에서만 이미지를 불러올 수 있다.

③ `className` 속성 값으로 경로를 지정해야 한다.

④ `import` 문을 사용해 이미지 파일을 불러와야 한다.

19. src 폴더의 이미지를 CSS의 background 속성으로 적용해 글로벌 스타일을 사용하는 방법으로 올바른 것은 무엇인가요?

① 절대 경로를 사용해야 한다.

② CSS 파일에서 상대 경로를 사용해야 한다.

③ `import` 문으로 이미지 파일을 불러와야 한다.

④ 글로벌 CSS에서는 이미지를 `background`로 적용할 수 없다.

5.5

폰트 적용하기

리액트 애플리케이션에서 CSS를 활용해 레이아웃과 색상 등을 설정하는 것도 중요하지만, 디자인된 폰트를 사용하는 것 또한 시각적인 완성도를 높이는 중요한 요소입니다. 특히 리액트 환경에서는 웹 폰트가 매우 유용합니다.

웹 폰트(web font)는 웹 서버를 통해 다운로드되어 웹 브라우저에 표시되는 폰트를 의미합니다. 사용자의 컴퓨터나 모바일 기기에 해당 폰트가 설치되어 있지 않더라도 인터넷에 연결되어 있으면 폰트를 불러와 적용할 수 있습니다.

이 절에서는 리액트에서 웹 폰트를 적용하는 2가지 방법을 살펴보겠습니다.

5.5.1 구글 폰트 적용하기

구글 폰트를 적용하는 방법을 살펴보겠습니다.

1 구글 폰트 사이트(https://fonts.google.com)에 접속합니다.

2 상단 검색창에서 적용하고 싶은 폰트 이름을 입력합니다. 여기서는 Nanum Pen Script를 사용하겠습니다.

3 검색 결과에서 **Nanum Pen Script**를 선택하면 해당 폰트의 상세 페이지로 이동합니다.

그림 5-16 구글 폰트에서 원하는 폰트 검색

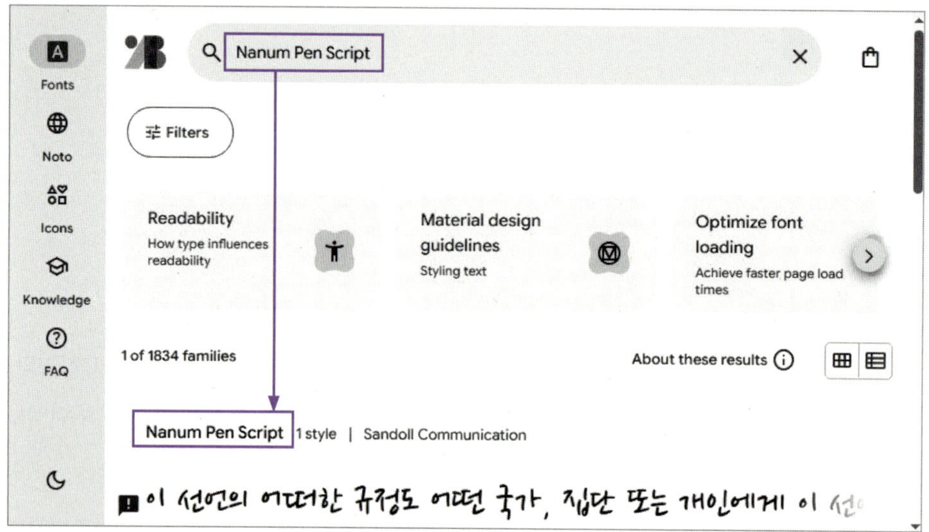

4 상세 페이지에서 [Get font] 버튼을 클릭합니다.

그림 5-17 원하는 폰트 선택

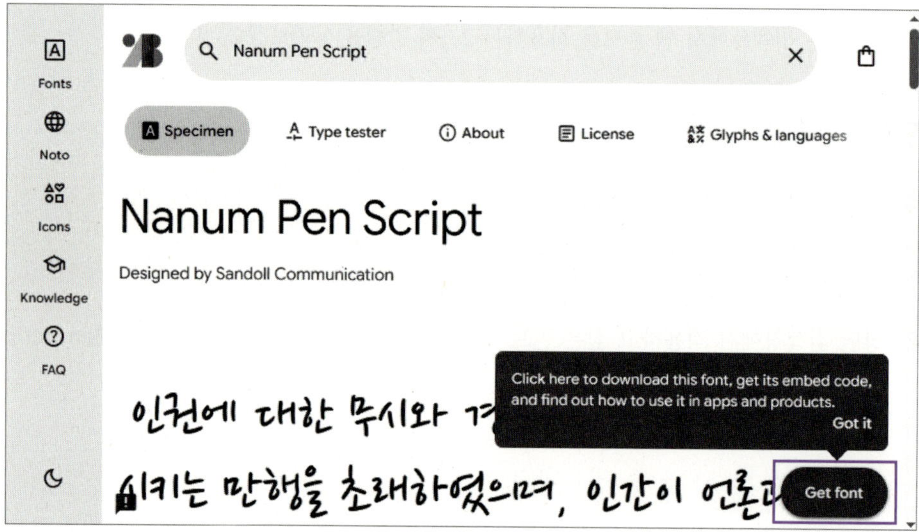

5 화면에 보이는 [Get embed code] 버튼을 클릭합니다.

그림 5-18 폰트 코드 선택

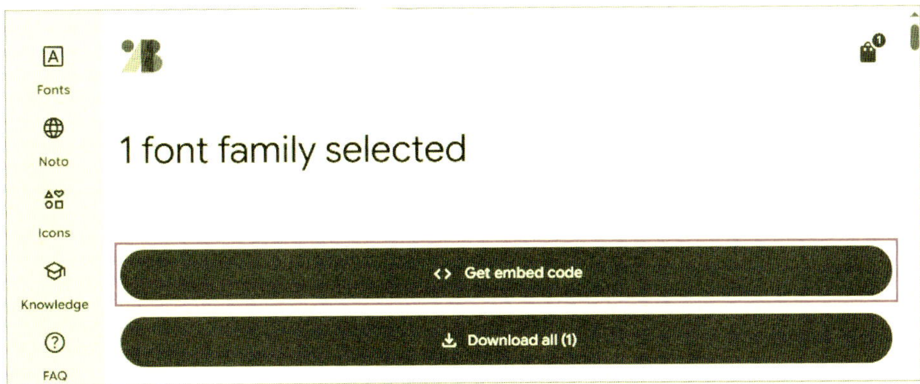

6 여러 항목이 표시되는데, 이 중에서 **Web**을 선택하면 `<link>` 태그를 사용하는 방법과 `@import` 문법을 사용하는 방법을 함께 제공합니다. 두 방식 모두 웹 폰트를 프로젝트에 로드하는 결과는 동일하므로 하나를 선택하면 됩니다. 여기서는 두 방법을 모두 살펴보겠습니다.

그림 5-19 Web 적용 방법 선택

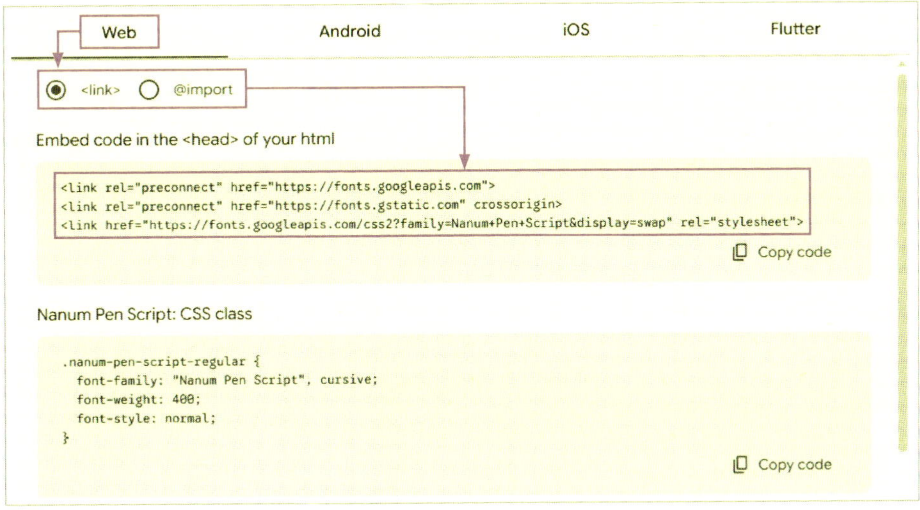

7 `<link>` 태그를 사용하려면 **<link>**에 체크한 후 **Embed code in the <head> of your html** 부분의 코드를 그대로 복사합니다. 그리고 리액트 애플리케이션의 index.html 파일을 열고 <head> 태그 안에 다음과 같이 추가합니다.

index.html

```
<!DOCTYPE html>
<html lang="en">
  <head>
    <meta charset="UTF-8" />
    <link rel="icon" type="image/svg+xml" href="/vite.svg" />
    <meta name="viewport" content="width=device-width, initial-scale=1.0" />
    <title>Vite + React + TS</title>
    <link rel="preconnect" href="https://fonts.googleapis.com">
    <link rel="preconnect" href="https://fonts.gstatic.com" crossorigin>
    <link href="https://fonts.googleapis.com/css2?family=Nanum+Pen+Script&display
=swap" rel="stylesheet">
  </head>
  (중략)
</html>
```

8 적용한 웹 폰트를 사용하는 CSS 클래스를 하나 만듭니다. **그림 5-19** 아래쪽의 **Nanum Pen Script: CSS class** 부분 코드를 그대로 복사해 src/index.css 파일에 붙여 넣습니다(기존 코드가 있다면 모두 삭제합니다). 클래스 이름은 바꿔도 되지만, 여기서는 그대로 사용하겠습니다.

src/index.css

```
.nanum-pen-script-regular {
  font-family: 'Nanum Pen Script', cursive;
  font-weight: 400;
  font-style: normal;
}
```

9 main.tsx 파일에서 index.css 파일을 불러옵니다(이미 추가되어 있다면 넘어가도 됩니다).

src/main.tsx

```
import { StrictMode } from 'react';
import { createRoot } from 'react-dom/client';
import App from './App.tsx';
import './index.css';

createRoot(document.getElementById('root')!).render( (중략) );
```

10 App 컴포넌트의 JSX 요소에서 className 속성에 nanum-pen-script-regular 클래스를 지정합니다.

src/App.tsx

```
export default function App() {
  return <h1 className='nanum-pen-script-regular'>나눔 펜 스크립트</h1>;
}
```

11 애플리케이션을 실행하면 웹 폰트가 적용된 화면을 확인할 수 있습니다.

그림 5-20 웹 폰트 적용 결과

나눔 펜 스크립트

12 이번에는 @import 방식으로 웹 폰트를 적용해 보겠습니다. 7번 과정에서 추가한 <link> 태그를 모두 삭제합니다. 그리고 **그림 5-19** 화면에서 **@import**를 체크한 후 **Embed code in the <head> of your html** 부분에서 <style> 태그를 제외한 코드를 복사합니다. 복사한 코드를 index.css 파일에 붙여 넣습니다.

src/index.css

```
@import url('https://fonts.googleapis.com/css2?family=Nanum+Pen+Script&display=swap');

.nanum-pen-script-regular {
  font-family: 'Nanum Pen Script', cursive;
```

```
    font-weight: 400;
    font-style: normal;
}
```

코드를 저장하고 실행하면 **그림 5-20**처럼 폰트가 적용된 화면을 확인할 수 있습니다.

5.5.2 @font-face로 웹 폰트 적용하기

구글 폰트 사이트는 `<link>` 태그나 `@import` 코드를 제공해 웹 폰트를 매우 쉽게 적용할 수 있습니다. 그러나 구글 폰트에 없는 폰트를 사용해야 할 경우도 있습니다. 이럴 때는 `@font-face`를 직접 사용해 폰트 파일을 불러오는 방식을 사용합니다.

`@font-face`는 웹 페이지에서 서버에 있는 폰트 파일을 직접 불러와 사용하는 CSS 규칙입니다. 사용자의 컴퓨터에 해당 폰트가 설치되어 있지 않더라도 웹 브라우저가 폰트 파일을 내려받아 적용할 수 있습니다.

구글 폰트 외 대부분 웹 폰트 사이트는 `<link>` 또는 `@import` 방식 대신 `@font-face` 방식으로 폰트를 제공합니다. 그중 눈누(https://noonnu.cc)는 한글 웹 폰트를 무료로 제공하는 가장 유명한 사이트입니다.

눈누에서 제공하는 SF함박눈 폰트를 적용해 보겠습니다.

1 눈누 사이트에 접속해 상단 검색창에서 **SF함박눈**을 입력합니다. 검색 결과에서 해당 폰트를 클릭하면 상세 페이지로 이동합니다. 오른쪽에 보이는 **웹폰트로 사용** 부분 코드를 복사합니다.

그림 5-21 상세 페이지에서 코드 복사

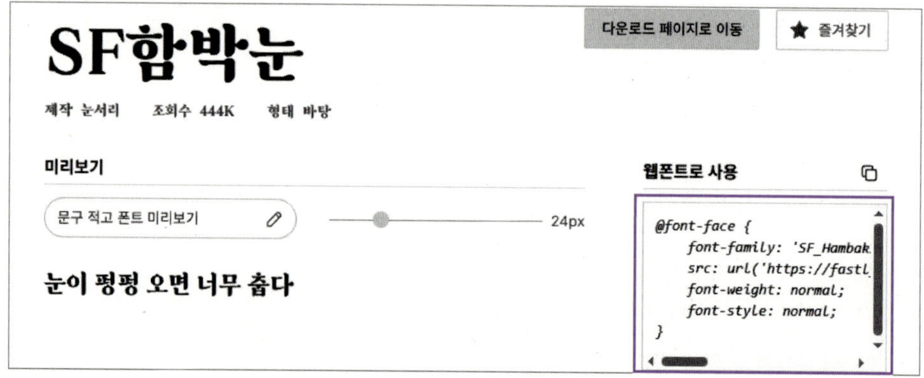

2 복사한 코드를 index.css 파일에 붙여 넣습니다. 이때 @import 코드가 있다면 @import 코드 다음에 붙여 넣습니다(@import 코드는 항상 최상위에 있어야 합니다).

src/index.css

```
@font-face {
  font-family: 'SF_HambakSnow';
  src: url('https://fastly.jsdelivr.net/gh/projectnoonnu/noonfonts_2106@1.1/SF_
HambakSnow.woff') format('woff');
  font-weight: normal;
  font-style: normal;
}
```

이 코드는 @font-face의 src 속성에 지정된 경로에서 웹 폰트 파일을 로드합니다. 여기서 중요한 것은 font-family 속성 값입니다. 이 값이 이후 CSS에서 해당 폰트를 사용할 때 지정해야 하는 폰트 이름이기 때문입니다. @font-face는 폰트를 정의하는 역할만 하고, 실제 HTML 요소에 적용하려면 별도로 font-family를 지정해야 합니다.

3 폰트를 적용할 CSS 클래스를 추가합니다 @font-face에 지정된 font-family 값이 'SF_HambakSnow'이므로 이 이름을 font-family 속성의 값으로 사용해야 웹 폰트가 적용됩니다.

src/index.css

```
@font-face {
  font-family: 'SF_HambakSnow';
  src: url('https://fastly.jsdelivr.net/gh/projectnoonnu/noonfonts_2106@1.1/SF_
HambakSnow.woff') format('woff');
  font-weight: normal;
  font-style: normal;
}
.SF_HambakSnow {
  font-family: 'SF_HambakSnow', sans-serif;
}
```

4 컴포넌트의 JSX 요소에서 className 속성에 SF_HambakSnow를 지정하면 웹 폰트가 적용됩니다.

src/App.tsx

```
export default function App() {
  return <h1 className='SF_HambakSnow'>눈이 펑펑 오면 너무 춥다.</h1>;
}
```

5 코드를 저장하고 실행하면 @font-face로 적용한 웹 폰트가 정상적으로 적용된 것을 확인할 수 있습니다.

그림 5-22 @font-face로 웹 폰트를 적용한 결과

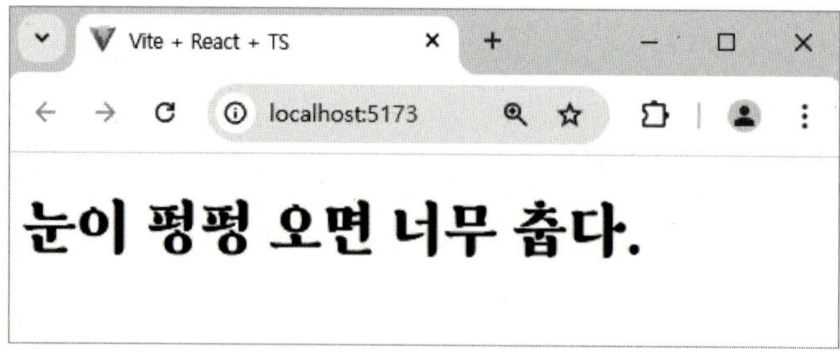

1분 퀴즈

정답 노트 p.788

20. 리액트에서 웹 폰트를 적용하는 방법이 아닌 것은 무엇인가요?

① <link> 태그를 사용해 구글 폰트에서 불러온다.

② @import를 사용해 CSS 파일에서 웹 폰트를 불러온다.

③ @font-face를 사용해 웹 서버에 있는 폰트 파일을 직접 불러온다.

④ 웹 브라우저에서 자동으로 사용자의 로컬 폰트를 인식해 웹 폰트로 적용한다.

마무리

1. 전통적 스타일링 방법

① 인라인 스타일: style 속성을 사용해 JSX 요소에 직접 스타일을 적용합니다.

② 글로벌 스타일: CSS 파일을 따로 생성하고 import해 사용합니다.

③ CSS 모듈: 확장자가 .module.css인 CSS 파일을 사용해 컴포넌트별로 스타일을 적용합니다.

④ classnames 라이브러리: 여러 개의 클래스를 조건부로 조합하거나 동적으로 스타일을 구성할 수 있도록 도와주는 라이브러리입니다.

2. CSS-in-JS 스타일링 방법

① 자바스크립트 파일 안에서 CSS 스타일을 정의하는 방식입니다. 스타일이 자바스크립트 코드에 포함되므로 컴포넌트와 스타일을 함께 관리할 수 있습니다.

② 대표적인 CSS-in-JS 라이브러리

- **styled-components**: 태그드 템플릿 리터럴을 사용해 스타일 정의, props를 통해 동적으로 스타일 변경
- **emotion**: css 함수를 사용해 스타일을 정의, props나 조건문을 활용해 동적 스타일 적용
- **vanilla-extract**: 타입스크립트 기반의 CSS-in-JS 라이브러리, 런타임 비용이 거의 없는 제로 런타임 방식을 제공해 성능 최적화에 유리함

3. Tailwind CSS 스타일링 방법

① Tailwind CSS는 유틸리티 퍼스트 프레임워크로, 미리 정의된 클래스를 조합해 HTML의 class 속성만으로 스타일을 구성할 수 있습니다.

② VSCode에 Tailwind CSS IntelliSense 익스텐션을 설치하면 클래스명 자동 완성 및 문법 오류 감지를 지원합니다.

③ tailwind-merge 라이브러리: Tailwind CSS 클래스 조합 중 중복되거나 충돌하는 스타일을 병합 처리하는 라이브러리입니다.

4. **이미지 렌더링**

① 이미지 리소스는 `public` 또는 `src` 폴더에 저장합니다.

② public 폴더에서 이미지 렌더링 방법

- **`<img>` 태그 사용 시**: `src='/assets/images/ocean.jpg'` 형태의 절대 경로 사용
- **CSS에서 배경 이미지로 지정할 경우**: `background: url('/assets/images/ocean.jpg')` 형태 사용
- **JSX에서 인라인 스타일로 적용 시**: 동일한 절대 경로 사용

③ src 폴더에서 이미지 렌더링 방법

- **`<img>` 태그 사용 시**: 이미지를 `import`해서 `src` 속성 값으로 지정
- **JSX에서 인라인 스타일 적용 시**: 이미지를 `import`해서 `style` 속성에 `background: url(${ocean})` 형태로 지정
- **글로벌 스타일 적용 시**: CSS 파일 기준의 상대 경로를 사용해 이미지 경로 지정

5. **폰트 적용**

① 구글 폰트 적용: 구글 폰트 사이트에 접속 → 원하는 폰트를 검색 후 선택 → Get embed code 버튼 클릭 → Web 방식 선택

- **`<link>` 태그 적용 시**: index.html의 <head>에 추가
- **`@import`로 적용 시**: index.css 파일에 추가

② `@font-face`를 사용한 웹 폰트 적용

- 웹 페이지의 서버에 있는 폰트 파일을 직접 로드하는 방식
- 웹 폰트 사이트에서 원하는 폰트 검색 → 제공된 `@font-face` 코드를 index.css 파일에 추가

셀프체크

정답 노트 p.788

제공하는 소스 코드를 사용해 퍼블리싱해 보세요.

조건

① 기본 코드는 ch05/selfcheck/todolist/src 폴더의 App.tsx 파일에 있습니다.

② HTML과 CSS 파일은 ch05/selfcheck/todo_html 폴더에 있습니다.

③ App 컴포넌트에 퍼블리싱 코드를 모두 작성합니다. 별도의 컴포넌트 분리 작업은 할 필요 없습니다.

힌트

결과물은 정말 다양한 형태로 나올 수 있기 때문에 정해진 정답은 없습니다. 필자는 가장 일반적인 방법인 글로벌 스타일을 사용해 정답을 작성했습니다.

MEMO

코딩
자율학습

6장

실습: 계산기 만들기

이 장에서는 지금까지 배운 내용을 활용해 간단한 계산기를 만들어 봅니다. 계산기는 많은 사람에게 익숙한 UI 요소이며, 다양한 기능을 포함하고 있어 리액트를 처음 배울 때 실습 주제로 적합합니다. 이번에 만들 계산기는 앞에서 배운 기본 개념만으로 구현하기 때문에 완벽한 계산기는 아닙니다. 하지만 실습하며 리액트 개발 환경을 다시 설정해보고, 기본 문법을 복습하면서 실제로 리액트 코드를 어떻게 작성하는지 자연스럽게 익힐 수 있습니다.

6.1

실습 내용 소개

이 장에서 만드는 계산기는 UI에 표시된 숫자를 클릭하면 간단한 사칙연산을 하는 애플리케이션입니다. 계산기의 UI는 **그림 6-1**과 같습니다. 해당 디자인을 적용한 HTML 파일과 CSS 파일은 소스 코드의 **ch06/calculator_html** 폴더에서 확인할 수 있습니다.

그림 6-1 계산기 UI

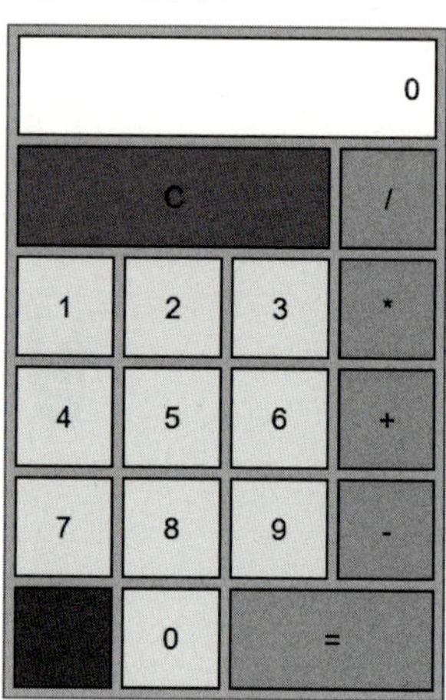

계산기의 작동 원리는 다음과 같습니다.

1 숫자 버튼을 클릭하면 해당 숫자가 출력칸에 표시됩니다. 예를 들어, 1을 클릭하면 1이 출력되고, 1과 2를 연속으로 클릭하면 두 숫자가 이어진 12가 표시됩니다. 마찬가지로 6, 8, 7을 차례로 클릭하면 세 자리 숫자인 687이 출력됩니다.

그림 6-2 숫자 1과 2 버튼을 연속 클릭한 경우

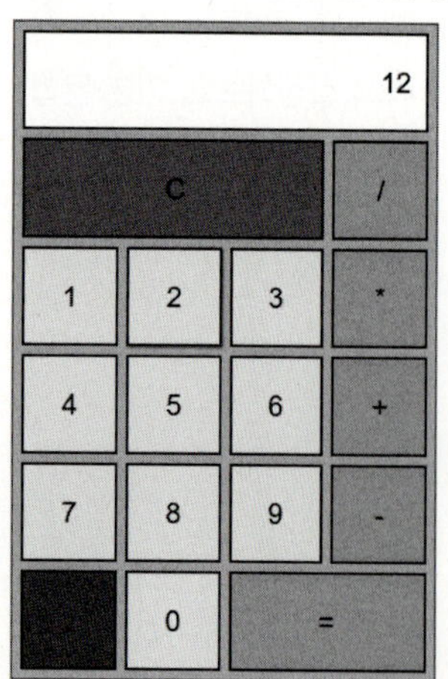

2 숫자가 표시된 상태에서 사칙연산 기호 버튼을 클릭하면 출력칸에 표시된 숫자가 사라집니다. 사라진 숫자는 이후 계산을 위한 첫 번째 피연산자로 내부에 저장되며, 출력칸은 다음 숫자를 입력받을 상태가 됩니다.

그림 6-3 12가 출력된 상태에서 덧셈 기호 버튼을 클릭한 경우

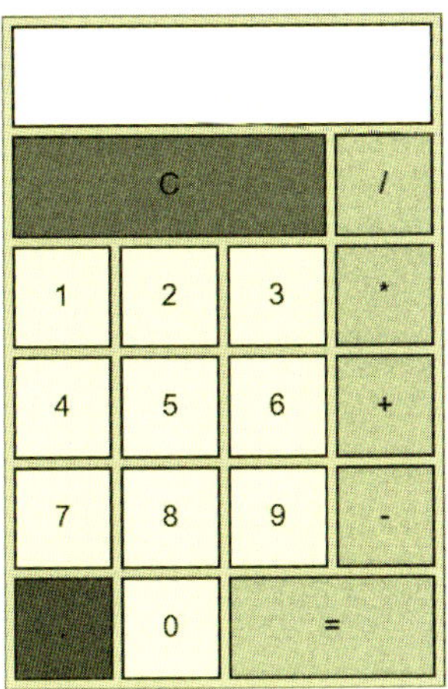

3 다시 한번 숫자를 클릭하면 1번과 마찬가지로 입력한 숫자가 출력칸에 표시됩니다. 예를 들어, 3과 0을 차례로 클릭하면 30이 출력됩니다.

그림 6-4 숫자 3과 0 버튼을 차례로 클릭한 경우

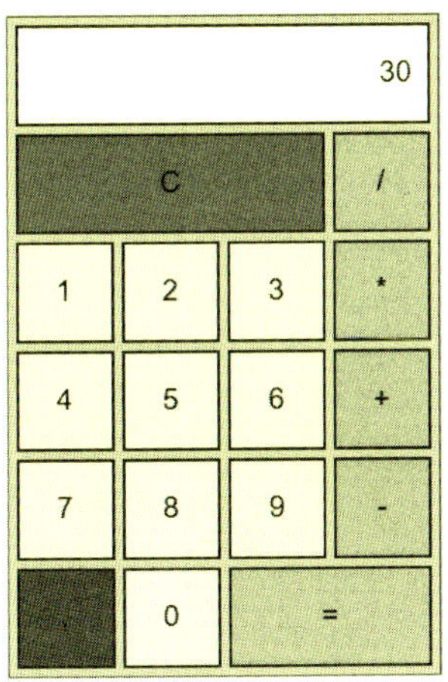

4 숫자가 출력칸에 표시된 상태에서 등호를 클릭하면 지금까지 입력한 수식의 연산 결과가 출력됩니다. 예를 들어, 12를 입력한 뒤 +와 30을 입력한 다음 등호를 클릭하면 12 + 30의 결과인 42가 출력됩니다. 만약 등호 대신 다른 연산 기호를 클릭하면 등호를 누를 때까지 2번과 3번 과정을 반복하며 다음 숫자를 계속 입력할 수 있습니다.

그림 6-5 등호 버튼 클릭 시 연산 결과 출력

42			
C			/
1	2	3	*
4	5	6	+
7	8	9	-
	0	=	

5 한 번 연산이 끝난 뒤에는 등호를 다시 클릭해도 아무 일도 일어나지 않습니다.

6 연산 결과가 출력된 상태에서 숫자를 클릭하면 기존 결과 뒤에 숫자가 이어서 표시됩니다. 예를 들어, 현재 출력된 값이 42일 때 5를 클릭하면 425가 출력됩니다.

7 이 상태에서 사칙연산 기호를 클릭하면 다시 2번 과정부터 반복됩니다.

글로 읽으면 복잡해 보이지만, 실제로는 매우 간단한 동작입니다. 작동 과정을 미리 확인해보고 싶다면 제공한 소스 코드의 calculator_complete 폴더에 있는 완성 코드를 실행해 보세요.

수코딩의 조언

필자가 집필한 『코딩 자율학습 Vue.js 프런트엔드 개발 입문』에서도 Vue.js의 기능을 동일한 계산기를 만들어 봅니다. 같은 기능을 Vue.js로 구현하면 어떻게 달라지는지 궁금하다면 해당 책도 함께 참고해보기 바랍니다.

리액트 애플리케이션의 기본 구조 설정하기

실습을 위해 리액트 애플리케이션을 생성하겠습니다. 애플리케이션 생성 과정은 1장에서 이미 설명했지만, 이 장에서 전체 흐름을 다시 한번 정리해 보겠습니다. 처음부터 차근차근 따라 하면서 복습하는 마음으로 진행해 주세요.

6.2.1 프로젝트 생성하기

Vite를 사용해 리액트 프로젝트를 생성합니다.

1 VSCode에서 실습용 폴더를 생성합니다. 여기서는 폴더 이름을 **calculator**로 지정하겠습니다. VSCode에서 터미널을 열고 다음 명령어를 입력합니다.

```
∨ TERMINAL
npm create vite@latest .
```

2 명령어를 입력하면 몇 가지 설정을 위한 프롬프트가 표시됩니다. 키보드 방향키를 사용해 **React**를 선택한 후 이어서 **TypeScript**를 선택합니다.

그림 6-6 프롬프트 응답 선택

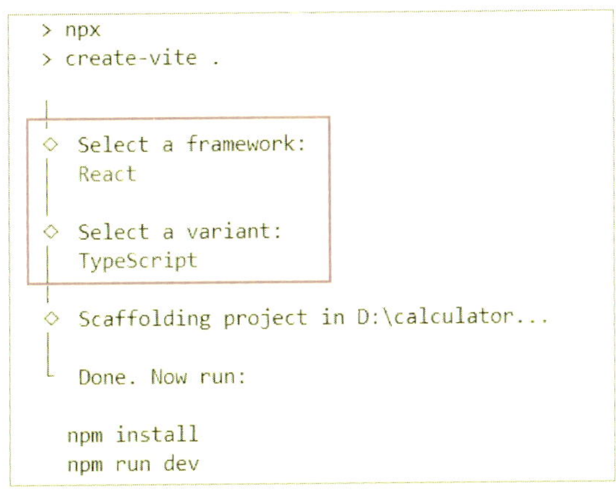

3 프롬프트에 값을 모두 입력하면 스캐폴딩이 완료됩니다. 이어서 터미널에 다음 명령어를 입력합니다.

```
TERMINAL
npm install
```

4 명령어를 입력하면 리액트 애플리케이션을 실행하는 데 필요한 패키지를 설치합니다. 설치가 끝나면 다음과 같이 프로젝트에 필요한 초기 폴더와 파일 들이 자동으로 생성됩니다.

그림 6-7 스캐폴딩 결과

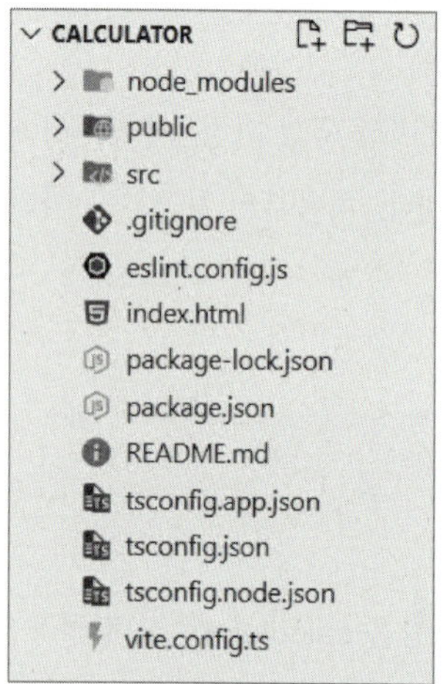

6.2.2 불필요한 폴더와 파일 정리하기

스캐폴딩으로 생성된 프로젝트 구조에는 현재 단계에서 사용하지 않는 폴더와 파일이 포함되어 있습니다. 실습에 불필요한 항목들을 정리하겠습니다.

1 src 폴더에 있는 assets 폴더와 App.css, index.css 파일을 삭제합니다.

그림 6-8 불필요한 폴더와 파일 삭제

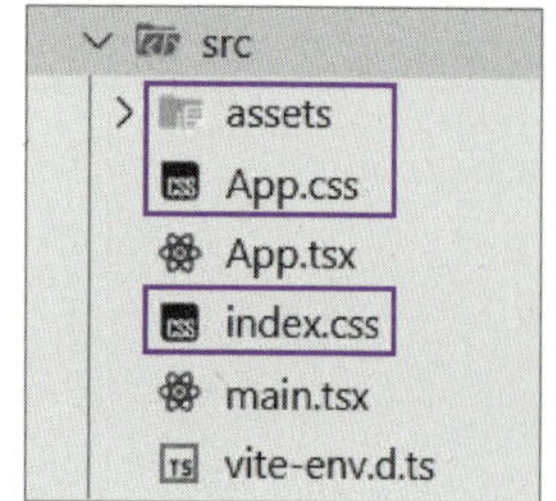

2 App.tsx 파일을 열고, 기존 내용을 모두 삭제한 후 다음과 같이 코드를 작성합니다.

src/App.tsx

```
export default function App() {
  return (
    <div>App</div>
  );
}
```

3 main.tsx 파일을 열고 `import './index.css'` 구문을 삭제합니다.

src/main.tsx

```
import { StrictMode } from 'react'
import { createRoot } from 'react-dom/client'
import './index.css' ---------- 삭제
import App from './App.tsx'

createRoot(document.getElementById('root')!).render( (중략) );
```

이제 실습하기 위한 리액트 애플리케이션의 기본 구조 설정이 끝났습니다.

6.3

UI 구성하기

다음으로 계산기의 UI를 구성해 보겠습니다. 계산기 UI는 제공된 예제 파일의 HTML과 CSS 코드를 그대로 가져와 사용합니다.

6.3.1 HTML 작성하기

리액트 애플리케이션을 만들 때 가장 먼저 해야 할 일은 HTML 구조를 작성하는 것입니다. 리액트는 HTML과 유사한 문법인 JSX를 사용하므로 기존 HTML 코드를 기반으로 빠르게 JSX 구조를 만들 수 있습니다.

특히 리액트를 처음 배우는 단계에서는 처음부터 리액트 방식으로 UI를 개발하기보다 HTML과 CSS로 먼저 UI를 완성한 뒤 이를 리액트 컴포넌트로 변환하는 방식이 더 효율적입니다.

HTML 구조를 작성해 보겠습니다.

1 ch06/calculator_html 폴더에 있는 **index.html** 파일을 엽니다. `<body>` 태그 내부의 HTML 코드를 복사합니다. 리액트 애플리케이션의 **src/App.tsx** 파일을 열고, `return` 문 안의 기존 코드는 삭제한 후 복사한 코드를 붙여 넣습니다.

src/App.tsx

```
export default function App() {
  return (
    <article class='calculator'>
      <form name='forms'>
        <input type='text' name='output' readonly />
        (중략)
        <input type='button' class='operator result' value='=' />
```

```
      </form>
    </article>
  );
}
```

2 코드를 붙여 넣으면 class와 readonly 속성에 빨간 밑줄이 생깁니다. 이는 JSX에서 사용하는 속성이 HTML과 완전히 동일하지 않기 때문입니다. 카멜 케이스에 맞춰 class는 className으로, readonly는 readOnly로 수정하면 오류 표시(빨간 밑줄)가 사라집니다.

src/App.tsx

```
export default function App() {
  return (
    <article className='calculator'>
      <form name='forms'>
        <input type='text' name='output' readOnly />
        <input type='button' className='clear' value='C' />
        <input type='button' className='operator' value='/' />
        <input type='button' value='1' />
        <input type='button' value='2' />
        <input type='button' value='3' />
        <input type='button' className='operator' value='*' />
        <input type='button' value='4' />
        <input type='button' value='5' />
        <input type='button' value='6' />
        <input type='button' className='operator' value='+' />
        <input type='button' value='7' />
        <input type='button' value='8' />
        <input type='button' value='9' />
        <input type='button' className='operator' value='-' />
        <input type='button' className='dot' value='.' />
        <input type='button' value='0' />
        <input type='button' className='operator result' value='=' />
      </form>
    </article>
  );
}
```

3 터미널에 다음 명령어를 입력해 개발 서버를 실행합니다.

```
TERMINAL
npm run dev
```

4 리액트에 내장된 개발 서버가 구동되며 다음과 같은 로컬 주소가 출력됩니다. Ctrl 키를 누른 상태에서 주소를 클릭하면 웹 브라우저가 자동으로 열립니다.

그림 6-9 개발 서버 구동 화면

```
VITE v7.0.6  ready in 403 ms

→ Local:   http://localhost:5173/
→ Network: use --host to expose
→ press h + enter to show help
```

5 웹 브라우저에는 다음과 같이 계산기 UI가 표시됩니다.

그림 6-10 웹 브라우저에 표시된 계산기 UI

6.3.2 CSS 작성하기

앞에서 만든 계산기 UI는 아직 CSS를 적용하지 않아 외관이 밋밋합니다. 완성도 있는 UI를 보여주기 위해 CSS 코드를 작성해 보겠습니다.

1 ch06/calculator_html 폴더에 있는 **style.css** 파일을 열고, 전체 코드를 복사합니다. 리액트 애플리케이션의 src 폴더 하위에 **index.css** 파일을 새로 만들고, 그 안에 복사한 코드를 붙여 넣습니다. 계산기 애플리케이션에서는 CSS를 **글로벌 스타일**로 적용합니다. 글로벌 스타일은 기존 CSS 문법과 다르지 않기 때문에 HTML 프로젝트에서 사용한 CSS 코드를 그대로 사용할 수 있습니다.

src/index.css

```
* {
  margin: 0;
  padding: 0;
  box-sizing: border-box;
}
```

```
(중략)
.calculator form .result {
  grid-column: span 2;
}
```

2 스타일을 적용하려면 main.tsx 파일에서 index.css 파일을 import 문으로 불러와야 합니다. **main.tsx** 파일 상단에 다음과 같이 코드를 추가합니다. 이렇게 하면 index.css에 작성한 스타일이 애플리케이션 전역에 적용됩니다.

src/main.tsx

```
import { StrictMode } from 'react';
import { createRoot } from 'react-dom/client';
import App from './App.tsx';
import './index.css';

createRoot(document.getElementById('root')!).render( (중략) );
```

3 코드를 저장한 후 웹 브라우저를 새로 고침하면 CSS가 적용된 계산기 UI가 화면에 표시됩니다.

그림 6-11 스타일 적용 결과

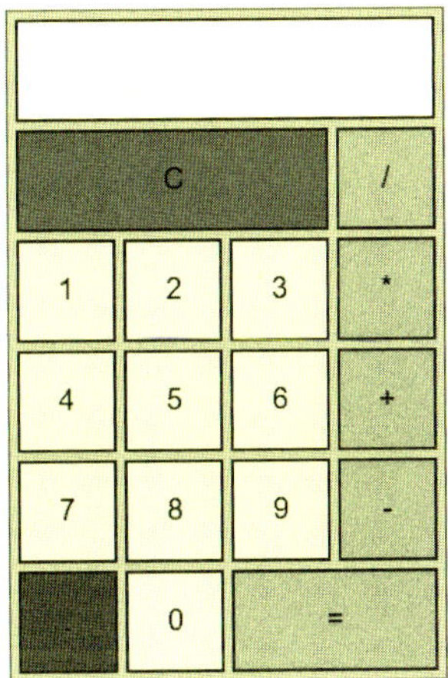

6.4

데이터 바인딩하고 이벤트 연결하기

HTML과 CSS 코드를 작성해 계산기 UI를 완성했습니다. 이제 UI에 기능을 추가해 실제로 동작하게 만들어 보겠습니다.

6.4.1 데이터와 이벤트 핸들러 정의하기

계산기에서 숫자 버튼이나 연산 기호 버튼을 클릭하면 입력한 값을 저장하고 연산 결과를 출력해야 합니다. 이를 위해 입력 값을 저장할 상태와 버튼 클릭 시 동작을 처리할 이벤트 핸들러를 정의합니다.

1 App.tsx 파일에서 useState 훅을 사용해 계산기 동작에 필요한 상태를 객체 형태로 정의합니다. 각 속성에는 다음과 같이 초깃값을 지정합니다.

src/App.tsx

```
import { useState } from 'react';

export default function App() {
  const [state, setState] = useState({
    currentNumber: '0', ---------- ❶
    previousNumber: '', ---------- ❷
    operation: null, -------------- ❸
    isNewNumber: true, ----------- ❹
  });
  return ( (중략) );
}
```

❶ **currentNumber**: 현재 계산기 화면에 표시되는 숫자를 저장합니다. 새로운 숫자를 입력할 때 이 값이 변경되며, isNewNumber의 값이 false인 경우 기존 숫자에 이어 붙입니다.

❷ **previousNumber**: 연산 기호 버튼을 클릭하기 전에 입력한 숫자를 저장합니다.

❸ **operation**: 클릭한 연산 기호를 저장합니다.

❹ **isNewNumber**: 새로운 숫자를 새로 입력할지 여부를 나타내는 플래그(flag)입니다. true이면 새로운 숫자로 대체하고, false이면 기존 숫자 뒤에 이어 붙입니다.

2 앞에서 정의한 상태 객체 속성 중에서 JSX 요소와 직접 연결해야 하는 값은 currentNumber입니다. 이 값을 화면에 표시하려면 <input> 요소의 value 속성에 currentNumber를 바인딩합니다. 이렇게 바인딩하면 currentNumber 값이 변경될 때마다 화면도 자동으로 리렌더링되어 상태 값이 표시됩니다.

src/App.tsx

```
import { useState } from 'react';

export default function App() {
  const [state, setState] = useState({ (중략) });
  return (
    <article className='calculator'>
      <form name='forms'>
        <input type='text' name='output' value={state.currentNumber} readOnly />
        (중략)
      </form>
    </article>
  );
}
```

6.4.2 이벤트 핸들러 정의하고 연결하기

계산기 UI에서 결과를 출력하는 화면 부분을 제외한 모든 버튼은 사용자 입력에 따라 동작해야 합니다. 이러한 버튼 요소에 클릭 이벤트를 연결해 마우스로 버튼을 클릭했을 때 반응하도록 만들어 보겠습니다.

1 이벤트를 연결하는 방식은 다양하지만, 이 책에서는 버튼의 종류(C 버튼, 숫자 버튼, 연산 기호 버튼, 소수점 버튼)에 따라 이벤트 핸들러를 각각 정의하는 방식을 사용합니다. 여기서는 구체적인 로직을 작성하지 않고, 각 버튼에 연결할 이벤트 핸들러의 형태만 정의합니다. 실제 동작 로직은 **6.5절**에서 다룹니다.

src/App.tsx

```
import { useState } from 'react';

export default function App() {
  const [state, setState] = useState({ (중략) });
  // 숫자 버튼 클릭 처리 함수
  const handleNumberClick = ( --------------- ❶
    event: React.MouseEvent<HTMLInputElement, MouseEvent>
  ) => {
    console.log(event.currentTarget.value);
  };
  // 연산 기호 버튼 클릭 처리 함수
  const handleOperatorClick = ( ------------ ❷
    event: React.MouseEvent<HTMLInputElement, MouseEvent>
  ) => {
    console.log(event.currentTarget.value);
  };
  // C 버튼 클릭 처리 함수: 모든 상태 초기화
  const handleClear = () => { --------------- ❸
    console.log('clear');
  };
  // 소수점 버튼 클릭 처리 함수: 현재 숫자에 소수점이 없을 경우에만 추가
  const handleDot = () => { ----------------- ❹
    console.log('dot');
  };
  return ( (중략) );
}
```

❶ **handleNumberClick()**: 숫자 버튼을 클릭했을 때 호출하는 이벤트 핸들러입니다. 매개변수로 전달된 이벤트 객체에서 value 속성의 값을 참조하면 어떤 숫자가 눌렸는지 알 수 있습니다.

❷ **handleOperatorClick()**: 연산 기호 버튼을 클릭했을 때 호출하는 이벤트 핸들러입니다. 이 또한 이벤트 객체의 value 속성을 통해 어떤 연산 기호 버튼이 눌렸는지 확인할 수 있습니다.

❸ **handleClear()**: C 버튼을 클릭했을 때 호출하는 이벤트 핸들러로 계산기 상태를 초기화합니다.

❹ **handleDot()**: 소수점(.) 버튼을 클릭했을 때 호출하는 이벤트 핸들러입니다. 현재 숫자에 소수점을 추가할 때 사용합니다.

2 앞에서 정의한 이벤트 핸들러 함수를 각 버튼 요소의 onClick 속성에 연결합니다. 그러면 사용자가 버튼을 클릭할 때마다 적절한 함수가 호출되어 동작을 처리합니다.

- **숫자 버튼**: handleNumberClick()
- **연산 기호 버튼**: handleOperatorClick()
- **C 버튼**: handleClear()
- **소수점 버튼**: handleDot()

src/App.tsx

```
import { useState } from 'react';

export default function App() {
  (중략)
  return (
    <article className='calculator'>
      <form name='forms'>
        <input type='text' name='output' value={state.currentNumber} readOnly />
        <input type='button' className='clear' value='C' onClick={handleClear} />
        <input type='button' className='operator' value='/'
          onClick={handleOperatorClick} />
        <input type='button' value='1' onClick={handleNumberClick} />
        <input type='button' value='2' onClick={handleNumberClick} />
        <input type='button' value='3' onClick={handleNumberClick} />
        <input type='button' className='operator' value='*'
          onClick={handleOperatorClick} />
        <input type='button' value='4' onClick={handleNumberClick} />
        <input type='button' value='5' onClick={handleNumberClick} />
        <input type='button' value='6' onClick={handleNumberClick} />
```

```
            <input type='button' className='operator' value='+'
              onClick={handleOperatorClick} />
            <input type='button' value='7' onClick={handleNumberClick} />
            <input type='button' value='8' onClick={handleNumberClick} />
            <input type='button' value='9' onClick={handleNumberClick} />
            <input type='button' className='operator' value='-'
              onClick={handleOperatorClick} />
            <input type='button' className='dot' value='.' onClick={handleDot} />
            <input type='button' value='0' onClick={handleNumberClick} />
            <input type='button' className='operator result' value='='
              onClick={handleOperatorClick} />
          </form>
        </article>
      );
    }
```

3 코드를 저장한 후 웹 브라우저를 새로 고침합니다. 이제 숫자, 연산 기호, C, 소수점 버튼을 클릭하면 각각에 연결된 이벤트 핸들러가 실행됩니다. 개발자 도구의 콘솔 창을 열면 클릭한 값을 확인할 수 있습니다.

그림 6-12 버튼 클릭 시 이벤트 핸들러 호출 확인

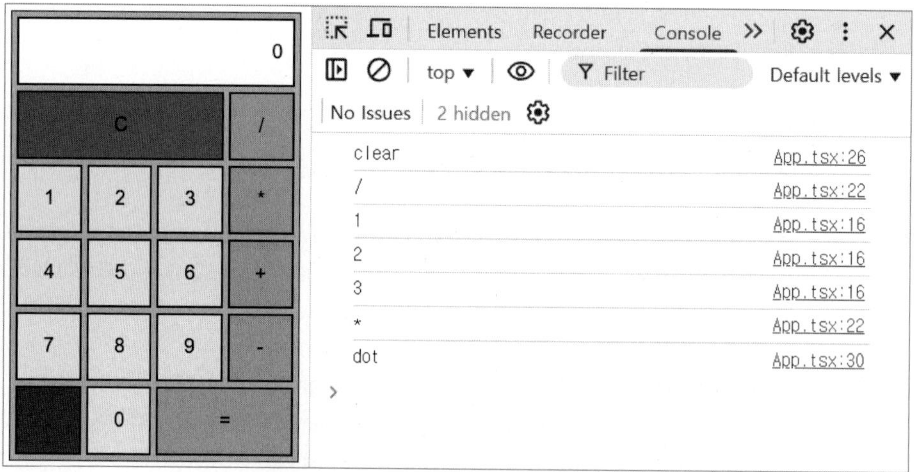

6.5

로직 구현하기

이제 계산기가 실제로 작동하도록 로직을 구현할 차례입니다. 여기서 **로직**(logic)이란 프로그램이 수행해야 하는 작업의 순서와 조건을 정의한 일련의 과정을 의미합니다.

계산을 처리하는 로직은 앞에서 정의한 각 버튼의 클릭 이벤트 핸들러 내부에 작성합니다. 복잡한 계산 과정을 이해하기 쉽도록 로직을 기능별로 나눠 단계적으로 구현하겠습니다.

6.5.1 숫자 입력 로직 구현하기

숫자 입력 로직은 숫자 버튼을 클릭했을 때 해당 숫자를 계산기의 출력칸에 표시하는 기능입니다. 앞서 **6.4.2절**에서 숫자 버튼을 클릭하면 handleNumberClick() 함수를 호출하도록 이벤트를 연결했습니다. 따라서 이 함수 내부에 숫자를 출력칸에 표시하는 코드를 작성하면 됩니다(해당 함수 부분만 표시하고 나머지 코드는 생략합니다).

src/App.tsx

```
const handleNumberClick = (
  event: React.MouseEvent<HTMLInputElement, MouseEvent>
) => {
  const value = event.currentTarget.value; --------- ❶
  if (state.isNewNumber) { ------------------------- ❷
    // 현재 숫자를 새로운 숫자로 대체
    setState({ ------------------------------------ ❸
      ...state,
      currentNumber: value,
      isNewNumber: false,
    });
  } else { ---------------------------------------- ❹
```

```
    // 기존 숫자에 새로운 숫자를 이어 붙임
    setState({ ------------------------------------- ⑤
      ...state,
      currentNumber: state.currentNumber + value,
    });
  }
};
```

❶ event.currentTarget.value로 클릭한 버튼의 숫자를 가져옵니다. 이 값을 value 변수에 저장해 어떤 숫자가 눌렸는지 확인할 수 있습니다.

❷, ❹ 조건문을 사용해 상태 객체의 isNewNumber 값이 true인지 확인합니다. 값이 true라면 새로운 숫자를 처음 입력하는 상황을 의미하고, false라면 이전에 이미 숫자를 입력한 상태에서 이어서 입력하는 상황을 뜻합니다.

❸ isNewNumber의 값이 true인 경우 setState() 함수로 상태를 업데이트합니다. 현재 숫자(currentNumber)를 새로 입력한 값(value)으로 교체하고, isNewNumber 값을 false로 변경합니다. 그러면 다음 입력에서는 else 블록이 실행됩니다.

❺ isNewNumber가 false인 경우 기존 숫자(currentNumber)에 새로 입력한 숫자(value)를 이어 붙입니다. 예를 들어, 현재 숫자가 36일 때 9를 클릭하면 369가 됩니다.

코드를 저장한 뒤 웹 브라우저를 새로 고침합니다. 계산기의 숫자 버튼을 클릭하면 클릭한 숫자가 입력한 순서대로 출력칸에 표시됩니다.

그림 6-13 숫자 입력 로직 구현 결과

6.5.2 연산 로직 구현하기

연산 로직이란 연산 기호 버튼을 클릭했을 때 해당 연산을 수행하는 기능을 의미합니다. 연산 기호 버튼에는 클릭 이벤트가 연결되어 있으며, 버튼 클릭 시 handleOperatorClick() 함수가 호출됩니다. 따라서 이 함수 내부에 실제 연산을 처리하는 코드를 작성해야 합니다.

이 부분은 계산기의 동작 중 핵심 로직에 해당해서 코드가 비교적 복잡합니다. 하지만 단계별로 차근차근 구현하면 충분히 이해할 수 있습니다.

src/App.tsx

```
import { useState } from 'react';

interface CalculatorState { ---------------------------------------- ❶
  currentNumber: string;  // 현재 입력 중인 숫자
  previousNumber: string; // 이전에 입력한 숫자
  operation: string | null; // 연산 기호 또는 null
  isNewNumber: boolean; // 새로운 숫자 입력 여부
}
export default function App() {
  const [state, setState] = useState<CalculatorState>({ -------- ❷
    (중략)
  });
  const handleNumberClick = ( (중략) );
  const handleOperatorClick = (
    event: React.MouseEvent<HTMLInputElement, MouseEvent>
  ) => {
    // 현재 클릭한 연산 기호 가져오기
    const operator = event.currentTarget.value; ------------------ ❸
    // 현재 출력칸에 표시된 숫자를 숫자형으로 변환
    const current = parseFloat(state.currentNumber || '0'); ---- ❹
    // 이전 숫자와 연산 기호가 모두 있는 경우(연속 연산)
    if (state.previousNumber !== '' && state.operation) { ------ ❺
      const prev = parseFloat(state.previousNumber); ------------ ❻
      let result = 0; --------------------------------------------- ❼
      // 연산 기호에 따라 연산 수행
      switch (state.operation) { ---------------------------------- ❽
        case '+':
          result = prev + current;
          break;
```

```
        case '-':
          result = prev - current;
          break;
        case '*':
          result = prev * current;
          break;
        case '/':
          result = prev / current;
          break;
      }
      if (operator === '=') { ----------------------------- ➒
        // = 버튼 클릭 시 연산 종료
        setState({
          currentNumber: result.toString(),
          previousNumber: '',
          operation: null,
          isNewNumber: true,
        });
      } else { --------------------------------------------- ➓
        // 다른 연산 기호 버튼 클릭 시 연산 유지
        setState({
          currentNumber: '',
          previousNumber: result.toString(),
          operation: operator,
          isNewNumber: true,
        });
      }
    } else { ----------------------------------------------- ⓫
      // 첫 번째 숫자 입력 후 연산 기호 버튼 클릭 시
      setState({
        currentNumber: '',
        previousNumber: current.toString(),
        operation: operator,
        isNewNumber: true,
      });
    }
  };
  (중략)
}
```

❶ useState 훅을 사용할 때 상태 객체의 타입을 명시하지 않으면 타입스크립트는 초깃값을 기준으로 타입을 추론합니다. 기존 코드에서 operation의 초깃값은 null입니다. 이 경우 타입스크립트는 operation의 타입을 null로 추론하고, 이후 문자열(예 '+', '-')을 할당하려 하면 타입 오류가 발생합니다. 이를 방지하려면 useState 훅에 제네릭 타입을 명시해야 합니다. 상태가 객체일 경우 타입을 인터페이스로 정의하면 코드 가독성과 유지보수성이 높아집니다.

- **currentNumber**: 여러 자릿수를 입력하기 위해 문자열(string)로 정의합니다.
- **previousNumber**: 마찬가지로 문자열로 정의합니다.
- **operation**: 연산 기호가 아직 입력되지 않은 초기 상태를 고려해 string | null로 지정합니다.
- **isNewNumber**: 불리언(boolean) 타입을 사용합니다.

❷ ❶에서 정의한 CalculatorState 인터페이스를 useState 훅의 제네릭 타입으로 지정합니다. 이렇게 하면 상태 객체는 CalculatorState 구조를 따라야 하므로 잘못된 타입의 값이 속성에 할당되는 오류를 사전에 방지할 수 있습니다.

❸ 연산자 버튼을 클릭하면 event.currentTarget으로 현재 클릭한 버튼의 value 값을 가져와 operator 변수에 저장합니다.

❹ currentNumber 속성은 문자열(string) 형태로 저장되므로 연산을 수행하려면 숫자형으로 변환해야 합니다. 이를 위해 parseFloat() 함수를 사용해 문자열을 실수(float)로 변환하고, 결과를 current 변수에 저장합니다. 또한 currentNumber가 빈 문자열일 수도 있으므로 || '0'을 사용해 기본값을 지정한 뒤 변환합니다.

❺ 연산을 수행할 수 있는 조건을 검사하는 부분입니다. state.previousNumber !== '' 조건은 이전에 입력한 숫자가 있어야 함을 의미하고, state.operation 조건은 이전에 연산 기호를 클릭했는지를 확인합니다. 두 조건이 모두 참일 경우 if 문이 실행되며 연속해서 계산합니다.

❻ previousNumber 속성에 저장한 문자열 값을 parseFloat()을 사용해 실수형으로 변환해 prev 변수에 저장합니다.

❼ result 변수를 선언합니다. 이 변수는 이후 switch 문에서 연산 결과를 저장하는 데 사용합니다.

❽ switch 문으로 state.operation에 저장된 연산 기호에 따라 알맞은 연산을 수행합니다. prev(이전 숫자)와 current(현재 숫자)를 사용해 덧셈, 뺄셈, 곱셈, 나눗셈 중 해당하는 연산을 실행하고, 결과를 result 변수에 저장합니다.

❾ 현재 클릭한 버튼이 등호일 경우 연산을 마무리합니다. result 값을 문자열로 변환해 currentNumber에 저장하고, 이전 숫자와 연산 기호를 각각 초기화('', null)합니다. 또한, isNewNumber를 true로 설정해 다음 입력이 새로운 숫자부터 시작되도록 합니다. 이 모든 동작은 setState() 함수로 처리합니다.

❿ 등호가 아닌 다른 연산 기호가 클릭된 경우 연산 결과를 유지하면서 다음 연산을 준비합니다. currentNumber를 비우고, result 값을 문자열로 변환해 previousNumber에 저장합니다. 연산 기호(operation)를 새로 클릭한 값으로 갱신하고, isNewNumber를 true로 설정해 다음 숫자 입력을 준비합니다.

⓫ 첫 번째 숫자만 입력된 상태에서 연산 기호 버튼이 클릭된 경우입니다. 이때는 연산을 수행하지 않고, 현재 숫자를 previousNumber에 저장합니다. currentNumber는 빈 문자열로 바꿔 화면을 초기화하고, operation에는 클릭한 연산 기호를 저장합니다. 이후 숫자를 입력하도록 isNewNumber를 true로 설정합니다.

코드를 저장한 후 웹 브라우저를 새로 고침하면 작성한 연산 로직에 따라 계산기가 정상적으로 작동합니다. 예를 들어, 3 → + → 3 → + → 3 → = 순서로 버튼을 클릭해 보세요. 화면에는 연속된 덧셈 연산 결과인 9가 출력됩니다.

그림 6-14 3 + 3 + 3 = 연산 결과

복잡한 로직이므로 설명을 천천히 읽어보면서 작동 방식을 이해해보기 바랍니다.

6.5.3 초기화 로직 구현하기

이번에는 계산기의 C 버튼을 클릭했을 때 모든 상태를 초기화하는 로직을 구현해 보겠습니다. 현재 C 버튼에는 handleClear() 함수가 이벤트 핸들러로 등록되어 있으므로 이 함수 내부에 상태를 초깃값으로 되돌리는 코드를 추가하면 됩니다(해당 함수만 표기하고 나머지 부분은 생략합니다).

src/App.tsx

```
// C 버튼 클릭 처리 함수: 모든 상태 초기화
const handleClear = () => {
  setState({
    currentNumber: '0',
    previousNumber: '',
    operation: null,
    isNewNumber: true,
  });
};
```

코드를 저장하고 웹 브라우저를 새로 고침합니다. 연산을 수행한 후 C 버튼을 클릭하면 모든 상태가 초기화되어 출력칸에 0이 표시됩니다.

6.5.4 소수점 로직 구현하기

이번에는 소수점 버튼을 클릭했을 때 현재 숫자 뒤에 소수점을 추가하는 로직을 구현해 보겠습니다. 어려운 부분은 없으니 코드를 보면 바로 이해할 수 있습니다.

src/App.tsx

```
const handleDot = () => {
  if (!state.currentNumber.includes('.')) {
    setState({
      ...state,
      currentNumber: state.currentNumber + '.',
      isNewNumber: false,
    });
  }
};
```

코드를 저장하고 웹 브라우저를 새로 고침합니다. 계산기에서 숫자 버튼 다음에 소수점 버튼을 클릭하면 현재 표시된 숫자 뒤에 소수점이 정상적으로 추가되는 것을 확인할 수 있습니다. 이미 소수점이 포함된 숫자(includes('.'))라면 중복 입력되지 않습니다.

6.5.5 예외 처리하기

마지막으로, 계산기를 사용할 때 예기치 않게 발생할 수 있는 오류를 예방하기 위한 예외 처리를 구현해 보겠습니다.

현재까지 작성한 계산기 코드에서 오류가 발생하는 대표적인 경우는 다음 두 가지입니다.

- 숫자를 입력하지 않고 처음부터 연산 기호를 클릭한 경우
- 숫자를 한 번 입력하고 바로 등호를 클릭한 경우

이 두 경우 모두 연산 처리 로직과 관련되어 있으므로 handleOperatorClick() 함수 내부에 예외 처리를 추가해야 합니다.

src/App.tsx

```
const handleOperatorClick = (
  event: React.MouseEvent<HTMLInputElement, MouseEvent>
) => {
  if (state.currentNumber === '0') return; ------------------------------ ❶
  const operator = event.currentTarget.value;
  const current = parseFloat(state.currentNumber || '0');
  if (state.previousNumber !== '' && state.operation) {
  (중략)
  } else if (state.currentNumber !== '' && operator === '=') { -------- ❷
    setState({
      ...state,
      isNewNumber: true,
    });
  } else {
    (중략)
  }
};
```

❶ currentNumber 속성의 값이 0일 때 연산 기호를 클릭하면 return 문을 반환해 함수 실행을 즉시 종료합니다. 이렇게 하면 숫자를 입력하지 않고 연산을 시도하는 잘못된 동작을 방지합니다.

❷ 숫자를 한 번만 입력한 상태에서 등호 버튼을 클릭한 경우에는 연산은 필요하지 않습니다. 이때 상태를 유지하면서 isNewNumber만 true로 설정해 다음 입력을 새 숫자로 간주할 수 있도록 합니다.

코드를 저장하고 웹 브라우저를 새로 고침한 뒤 예외 상황 두 가지를 테스트해 보세요. 오류 없이 작동하는 것을 확인할 수 있습니다.

그런데 소수점이 있는 숫자를 계산하면, 예를 들어 0.1 + 0.2를 계산하면 0.30000000000000004과 같이 예상과 다른 결과가 나옵니다. 이는 자바스크립트가 모든 숫자를 IEEE 754 표준의 64비트 부동소수점 방식으로 처리하기 때문입니다. 이 방식은 10진수를 2진 부동소수점으로 변환할 때 무한 반복되는 소수부를 52비트 유효 숫자로 잘라 저장하면서 반올림 오차가 발생합니다. 이 오차가 연산 과정에서 누적되어 결과가 그렇게 나오는 것입니다. 따라서 예외 처리를 해 사용자 입력으로 인한 예기치 않은 동작을 안정적으로 방지해야 합니다.

예외 처리를 위해 다음과 같이 추가 패키지를 설치합니다.

TERMINAL

```
npm install decimal.js
```

패키지 설치가 끝나면 handleOperatorClick() 함수를 다음과 같이 수정합니다.

src/App.tsx

```
import { useState } from 'react';
import Decimal from 'decimal.js';

(중략)

const handleOperatorClick = (
  event: React.MouseEvent<HTMLInputElement, MouseEvent>
) => {
  (중략)
  if (state.previousNumber !== '' && state.operation) {
    const prev = parseFloat(state.previousNumber);
    let result = 0;
```

```
    switch (state.operation) {
      case '+':
        result = new Decimal(prev).plus(current).toNumber();
        break;
      case '-':
        result = new Decimal(prev).minus(current).toNumber();
        break;
      case '*':
        result = new Decimal(prev).times(current).toNumber();
        break;
      case '/':
        result = new Decimal(prev).dividedBy(current).toNumber();
        break;
    }
    (중략)
};
```

이처럼 간단한 예외 처리를 통해 사용자 입력으로 인한 예기치 않은 동작을 안정적으로 방지할 수 있습니다.

지금까지 배운 리액트 문법만으로 하나의 계산기 애플리케이션을 완성해 보았습니다. 이제 전체 코드를 다시 살펴보며 각 동작이 어떻게 구현되었는지 복습해 보세요. 리액트에서만 사용하는 문법은 많지 않으며, 대부분은 HTML, CSS, 자바스크립트의 기초 위에 구성되어 있습니다. 따라서 앞으로 리액트를 더 잘 이해하고 활용하려면 기본 웹 기술에 대한 이해도 함께 강화하는 것이 중요합니다. 각 언어가 리액트 프레임워크에서 어떤 역할과 비중을 가지는지 관찰하는 습관은 이후 학습에 큰 도움이 될 것입니다.

도전 과제

이번 장에서는 간단한 사칙연산을 수행하는 계산기를 만들어 보았습니다. 여기서 멈추지 않고 기능을 확장해보면 더욱 완성도 높은 자신만의 프로그램을 만들 수 있습니다.

여기서 소개하는 몇 가지 과제를 직접 도전해 본다면 실습 경험을 한 단계 끌어올려 줄 것입니다(완성 코드는 따로 제공하지 않습니다).

1. **다크 모드 기능**: 계산기에 다크 모드로 전환할 수 있는 버튼을 추가해 보세요. 버튼 클릭 시 다크 모드가 적용되고, 다시 클릭하면 원래 모드로 돌아오도록 구현합니다. 이벤트 동작에 따라 스타일을 전환하는 방법에 대해 고민해볼 수 있습니다.

2. **키보드 입력 지원**: 마우스로 버튼을 클릭하는 방식 외에도, 키보드의 숫자 키나 연산 기호 키를 눌러서도 입력이 가능하도록 만들어 보세요. 이를 통해 키보드 이벤트 처리 방법을 배울 수 있습니다.

3. **고급 연산 기능 추가**: 기본 사칙연산 외에 제곱, 제곱근, 로그 같은 고급 연산 기능을 추가해 보세요. 자바스크립트의 내장 객체인 Math 객체를 활용하는 방법을 익힐 수 있습니다.

4. **히스토리 기능**: 이전에 수행한 연산을 기록으로 저장하고, 사용자가 기록 항목을 클릭하면 해당 연산을 다시 불러와 실행할 수 있도록 만들어 보세요. 데이터를 저장하고 불러오는 흐름을 고민하면서 상태 관리에 대한 이해도를 높일 수 있습니다.

이 외에도 여러분만의 독창적인 아이디어가 있다면 주저하지 말고 직접 코드로 구현해 보세요. 아주 작은 기능이라도 책의 예제만 따라 한 사람과, 스스로 기능을 추가해본 사람 사이의 실력 차이는 시간이 지날수록 크게 벌어집니다. 지금 바로 도전해 보세요!

MEMO

코딩
자율학습

7장

조건부 렌더링과 반복 렌더링

리액트에서는 UI를 구성할 때 컴포넌트를 동적으로 렌더링하는 것이 필수입니다. **동적 렌더링**이란 사용자의 상호작용이나 상태 변화에 따라 컴포넌트를 실시간으로 업데이트해 화면에 표시하는 방식을 말합니다. 동적 렌더링을 구현하는 대표적인 방법에는 조건부 렌더링과 반복 렌더링이 있습니다.

이 장에서는 조건부 렌더링과 반복 렌더링을 활용해 동적 UI를 어떻게 구현할 수 있는지 알아보겠습니다.

7.1

조건부 렌더링

조건부 렌더링(conditional rendering)은 특정 조건에 따라 컴포넌트를 화면에 표시하거나 숨기는 방식입니다. 예를 들어, 사용자가 로그인한 상태에서는 로그아웃 버튼을, 로그아웃한 상태에서는 로그인 버튼을 보여줍니다. 이 방식은 사용자의 상황과 요구에 맞춰 필요한 정보만 효과적으로 전달할 수 있어 사용자 경험을 크게 향상시킬 수 있습니다.

이 절에서는 리액트에서 조건부 렌더링을 구현하는 다양한 방법과 활용 사례를 살펴보고, 이를 통해 더 유연하고 반응적인 UI를 어떻게 만들 수 있는지 함께 알아보겠습니다.

7.1.1 if 문을 사용한 조건부 렌더링

if 문을 사용한 조건부 렌더링은 가장 기본적이면서도 강력한 렌더링 방식입니다. 이 방식의 장점은 코드 가독성과 유지보수성을 높여준다는 것입니다. 이 방식을 사용하면 컴포넌트 내부에서 특정 조건에 따라 서로 다른 UI 요소를 렌더링할 수 있으므로 복잡한 조건 분기를 처리할 때 특히 유용합니다. 조건문의 명확한 구조 덕분에 코드의 의도가 분명하게 드러나며, 중첩 조건이나 복잡한 로직도 자연스럽게 표현할 수 있습니다. 그 결과, 디버깅이나 기능을 확장할 때도 효율적으로 코드를 관리할 수 있습니다. 또한, 일반 프로그래밍에서 사용하는 if 문과 문법이 같아서 개발자가 직관적으로 이해하고 쉽게 구현할 수 있습니다.

● JSX 요소 렌더링하기

if 문을 사용하면 조건에 따라 서로 다른 JSX 요소를 렌더링할 수 있습니다.

src/App.tsx

```
export default function App() {
  const isLogin = true;
```

```
  if (isLogin) {
    return <h1>로그인했습니다.</h1>;
  }
  return <h1>로그인해야 합니다.</h1>;
}
```

앞의 코드는 isLogin 변수의 값을 확인해 조건에 따라 다른 UI를 보여주는 예제입니다. isLogin 변수의 값이 true이면 '로그인했습니다.'라는 메시지를 담은 <h1> 요소가 렌더링되고, false이면 '로그인해야 합니다.'라는 메시지를 담은 <h1> 요소가 렌더링됩니다.

그림 7-1 if 문으로 JSX 요소를 조건부 렌더링한 결과

로그인했습니다.	로그인해야 합니다.

이처럼 간단한 if 문을 활용하면 사용자의 상태나 조건에 맞는 적절한 UI를 구성할 수 있습니다.

컴포넌트 렌더링하기

조건부 렌더링은 JSX 요소뿐만 아니라 전체 컴포넌트를 조건에 따라 렌더링할 때도 사용할 수 있습니다.

다음 코드는 isLogin 변수의 값에 따라 <Login /> 컴포넌트와 <Logout /> 컴포넌트 중 선택해 렌더링합니다. 즉, 로그인 여부와 같은 조건에 따라 전혀 다른 컴포넌트를 렌더링할 수 있습니다.

src/App.tsx

```
import Login from './components/Login';
import Logout from './components/Logout';

export default function App() {
  const isLogin = false;
  if (isLogin) return <Login />;
  return <Logout />;
}
```

조건에 따라 여러 컴포넌트를 함께 렌더링해야 하는 경우도 있습니다. 하지만 리액트의 JSX 문법에서는 하나의 컴포넌트가 반드시 단일 루트 요소만 반환해야 한다는 제약이 있습니다. 따라서 여러 컴포넌트를 동시에 반환하려면 이들을 하나의 부모 요소로 묶어야 합니다. 이때 유용하게 사용할 수 있는 것이 바로 프래그먼트(<>...</>)입니다. 프래그먼트로 작성하면 불필요한

DOM 요소를 추가하지 않고도 여러 컴포넌트를 그룹화할 수 있습니다.

다음 코드는 로그인 상태에 따라 2개의 컴포넌트를 묶어 함께 렌더링합니다. 프래그먼트를 사용해 불필요한 <div> 같은 요소를 추가하지 않고도 JSX 규칙을 만족합니다.

src/App.tsx

```
import Login from './components/Login';
import Logout from './components/Logout';
import LoginMessage from './components/LoginMessage';
import LogoutMessage from './components/LogoutMessage';

export default function App() {
  const isLogin = false;
  if (isLogin)
    return (
      <>
        <Login />
        <LoginMessage />
      </>
    );
  return (
    <>
      <Logout />
      <LogoutMessage />
    </>
  );
}
```

수코딩의 조언

예제에 나온 Login, LoginMessage, Logout, LogoutMessage 컴포넌트는 소스 코드 ch07/01/1 폴더에서 확인할 수 있습니다. 이후로도 문법 설명에 집중하기 위해 컴포넌트 자체에 대한 내용은 다루지 않습니다.

● 변수에 담아 사용하기

if 문은 JSX 표현식 내부에서는 직접 사용할 수 없습니다. 이러한 제약 때문에 일반적으로는 컴포넌트 전체의 반환값을 조건에 따라 다르게 렌더링하는 방식으로 if 문을 사용합니다.

하지만 다른 접근 방법도 있습니다. 조건에 따라 변수에 서로 다른 JSX 요소를 할당한 뒤, JSX

표현식 내부에서 그 변수를 사용하는 방식입니다. 이 방법을 사용하면 JSX 내부에서 직접 if 문을 사용하지 않으면서도 동적으로 화면을 구성할 수 있습니다.

다음 코드는 조건에 따라 다른 텍스트 메시지를 message 변수에 담고, JSX에서 그 변수를 사용해 렌더링합니다.

src/App.tsx

```
export default function App() {
  const isLogin = false;
  let message;
  if (isLogin) {
    message = '환영합니다!';
  } else {
    message = '로그인해야 합니다.';
  }
  return <h1>{message}</h1>;
}
```

이 방식은 텍스트뿐만 아니라 JSX 요소나 컴포넌트도 변수에 할당할 수 있다는 장점이 있습니다. 그래서 컴포넌트 전체 구조는 그대로 유지하면서 내부의 특정 부분만 조건에 따라 다르게 렌더링할 수 있습니다.

다음 예제는 단순한 텍스트가 아닌 JSX 요소와 컴포넌트를 변수에 담아 조건에 따라 렌더링합니다.

src/App.tsx

```
import Logout from './components/Logout';

export default function App() {
  const isLogin = false;
  let message;
  if (isLogin) {
    message = <h1>환영합니다.</h1>;
  } else {
    message = <Logout />;
  }
  return <>{message}</>;
}
```

이 방식을 사용할 때 주의할 점이 있습니다. 변수를 렌더링할 때는 JSX 표현식 안에서 사용해야 합니다. 예를 들어 `return { message }`처럼 작성하면 오류가 발생합니다. 이는 JSX 요소가 내부적으로 객체로 처리되기 때문입니다. 객체 자체를 반환하면 리액트가 이를 렌더링할 수 없습니다. 반드시 JSX 표현식 내부에서 중괄호({})를 사용해 변수를 참조해야 합니다.

또한, `if` 문을 사용한 조건부 렌더링은 매우 유연한 방식입니다. 단순한 `if-else` 구조뿐 아니라 `else if`를 사용해 조건을 세분하고, 다양한 상태에 따라 정교하게 UI를 구성할 수도 있습니다.

7.1.2 삼항 연산자를 사용한 조건부 렌더링

삼항 연산자는 리액트에서 조건에 따라 두 가지 다른 결과를 렌더링해야 할 때 매우 효과적인 방식입니다. `if-else` 문보다 더 간결하게 표현할 수 있으며, JSX 내부에서도 인라인 스타일을 사용할 수 있다는 장점이 있습니다. 특히 간단한 조건에 따라 UI를 전환해야 하는 경우, 삼항 연산자는 매우 유용합니다.

● JSX 요소 렌더링하기

삼항 연산자는 `조건 ? 참일_때_결과 : 거짓일_때_결과` 형태로 사용합니다. 이 구문은 자바스크립트의 기본 연산자 중 하나로, 조건이 참이면 물음표(?) 다음에 오는 표현식을 평가하고, 조건이 거짓이면 콜론(:) 다음에 오는 표현식을 평가합니다.

다음 코드는 `isLogin` 변수의 값에 따라 '환영합니다!' 또는 '로그인해야 합니다.'라는 서로 다른 문자열을 조건부로 렌더링하는 예제입니다. 이처럼 삼항 연산자는 JSX 내부에서 중괄호를 사용해 조건을 직접 포함시킬 수 있습니다.

src/App.tsx

```
export default function App() {
  const isLogin = true;
  return <h1>{isLogin ? '환영합니다!' : '로그인해야 합니다.'}</h1>;
}
```

단순히 문자열만 조건부 렌더링하는 것이 아니라 JSX 요소 자체를 조건부 렌더링하고 싶다면 다음과 같이 삼항 연산자를 사용할 수 있습니다. 이 경우에는 컴포넌트의 반환값 전체가 삼항 연산자의 결과가 됩니다. 조건에 따라 서로 다른 JSX 요소를 반환하므로 더 복잡한 UI 구조도 조건부로 렌더링할 수 있습니다.

src/App.tsx

```
export default function App() {
  const isLogin = true;
  return isLogin ? <h1>환영합니다!</h1> : <h1>로그인해야 합니다.</h1>;
}
```

반환해야 할 JSX 요소가 여러 개라면 프래그먼트를 사용해 이들을 하나의 루트 요소로 묶어 작성할 수 있습니다. 이렇게 하면 DOM에 불필요한 노드를 추가하지 않으면서도 여러 JSX 요소를 하나의 그룹으로 반환할 수 있습니다.

src/App.tsx

```
export default function App() {
  const isLogin = true;
    return isLogin ? (
    <>
      <h1>환영합니다!</h1>
      <p>로그인했습니다.</p>
    </>
  ) : (
    <>
      <h1>로그인해야 합니다.</h1>
      <p>서비스를 이용하려면 로그인해 주세요.</p>
    </>
  );
}
```

앞의 예제는 삼항 연산자 안에서 여러 JSX 요소를 프래그먼트로 감싸 조건에 따라 서로 다른 UI를 렌더링합니다.

그림 7-2 삼항 연산자로 JSX 요소를 조건부 렌더링한 결과

환영합니다! 로그인했습니다.	**로그인해야 합니다.** 서비스를 이용하려면 로그인해 주세요.

● 컴포넌트 렌더링하기

삼항 연산자는 텍스트나 간단한 JSX 요소뿐만 아니라 컴포넌트를 조건부 렌더링할 때도 매우 효과적입니다. 이 방식은 상태에 따라 UI 전체를 다르게 구성해야 할 때 특히 유용합니다.

다음 예제는 isLogin 변수의 값에 따라 <Login /> 또는 <Logout /> 컴포넌트를 조건부 렌더링합니다.

src/App.tsx

```
import Login from './components/Login';
import Logout from './components/Logout';

export default function App() {
  const isLogin = true;
  return isLogin ? <Login /> : <Logout />;
}
```

여러 컴포넌트를 함께 렌더링하는 것도 가능합니다. 이때는 if 문을 사용할 때와 마찬가지로 프래그먼트를 사용해 하나의 루트 요소로만 묶어주면 됩니다.

다음 예제는 로그인 상태에 따라 2개의 컴포넌트를 함께 조건부 렌더링합니다. 로그인한 경우에는 <Login />과 <LoginMessage /> 컴포넌트를, 로그아웃한 경우에는 <Logout />과 <LogoutMessage /> 컴포넌트를 표시합니다.

src/App.tsx

```
import Login from './components/Login';
import Logout from './components/Logout';
import LoginMessage from './components/LoginMessage';
import LogoutMessage from './components/LogoutMessage';

export default function App() {
  const isLogin = true;
  return isLogin ? (
    <>
      <Login />
      <LoginMessage />
    </>
  ) : (
    <>
```

```
      <Logout />
      <LogoutMessage />
    </>
  );
}
```

그 밖의 사용법

1. 변수에 담아 사용하기

삼항 연산자는 JSX 내부에서 간단한 조건을 처리할 때 자주 사용합니다. 하지만 활용 범위는 이보다 더 넓습니다. 삼항 연산자의 결과를 먼저 변수에 저장한 뒤, JSX 표현식에서 해당 변수를 사용하는 방법도 매우 효과적입니다. 이 방법을 사용하면 복잡한 조건부 렌더링 로직을 컴포넌트의 반환부와 분리할 수 있어 코드의 가독성을 높이고 유지보수도 더 쉬워집니다.

기본 형태는 조건에 따라 서로 다른 문자열을 변수에 할당하는 것입니다. 다음 예제를 보면 isLogin 값에 따라 서로 다른 메시지를 message 변수에 저장한 뒤 JSX에서 사용합니다.

src/App.tsx

```
export default function App() {
  const isLogin = true;
  const message = isLogin ? '환영합니다!' : '로그인해야 합니다.';
  return <h1>{message}</h1>;
}
```

변수에는 문자열뿐만 아니라 JSX 요소 자체도 할당할 수 있습니다. 이 방법은 조건에 따라 완전히 다른 UI를 구성할 수 있어 더 복잡한 조건부 렌더링에도 효과적입니다.

다음 예제는 로그인 상태에 따라 서로 다른 텍스트를 표시합니다. 여러 JSX 요소를 함께 렌더링해야 하므로 프래그먼트를 사용해 하나의 그룹으로 묶습니다.

src/App.tsx

```
export default function App() {
  const isLogin = true;
  const message = isLogin ? (
    <>
      <h1>환영합니다!</h1>
      <h2>오늘 기분은 어떠세요?</h2>
```

```
    </>
  ) : (
    <>
      <h1>로그인해야 합니다.</h1>
      <h2>아직 회원이 아닌가요?</h2>
    </>
  );
  return <>{message}</>;
}
```

변수에 전체 컴포넌트를 담을 수도 있습니다. 이 방법은 조건에 따라 완전히 다른 기능을 가진 컴포넌트를 렌더링해야 할 때 유용합니다.

다음 예제는 isLogin 값에 따라 <Login /> 또는 <Logout /> 컴포넌트를 선택적으로 변수에 할당하고, 이를 렌더링합니다.

```
import Login from './components/Login';
import Logout from './components/Logout';

export default function App() {
  const isLogin = true;
  const message = isLogin ? <Login /> : <Logout />;
  return <>{message}</>;
}
```

2. 동적으로 스타일 적용하기

삼항 연산자는 JSX에서 상태의 값에 따라 스타일을 적용할 때도 유용합니다.

다음 예제는 isActive 변수의 값에 따라 텍스트에 적용하는 스타일이 달라집니다. 삼항 연산자를 사용해 fontSize와 fontWeight 속성을 조건부로 설정하고 있습니다.

src/App.tsx

```
export default function App() {
  const isActive = true;
  return (
    <div
      style={{
```

```
            fontSize: isActive ? '1rem' : '1.2rem',
            fontWeight: isActive ? 'bold' : 'normal',
            color: 'blue',
          }}
        >텍스트</div>
    );
  }
```

3. 동적으로 속성의 값 적용하기

삼항 연산자는 상태 값에 따라 서로 다른 속성 값을 적용할 때도 사용할 수 있습니다. 특히 className 속성처럼 CSS 클래스 이름을 조건에 따라 다르게 지정해야 할 때 매우 유용합니다.

다음 예제는 isActive 값이 true이면 <div> 요소에 active 클래스를, false이면 inactive 클래스를 적용합니다.

src/App.tsx

```
export default function App() {
  const isActive = true;
  return <div className={isActive ? 'active' : 'inactive'}>텍스트</div>;
}
```

className에 기본 클래스를 적용하면서 조건에 따라 클래스를 추가해야 할 경우, **백틱**(`)과 **문자열 보간**(${}) 기능을 사용해 className 값을 동적으로 설정할 수 있습니다.

다음 예제에서는 main 클래스가 항상 적용되고, isActive 값에 따라 active 또는 inactive 클래스가 추가로 적용됩니다.

src/App.tsx

```
export default function App() {
  const isActive = true;
  return (
    <div className={`main ${isActive ? 'active' : 'inactive'}`}>텍스트</div>
  );
}
```

4. 동적으로 props 전달하기

삼항 연산자는 JSX 내부뿐 아니라 컴포넌트에 전달하는 props의 값도 동적으로 제어할 수 있습니다.

다음 예제는 사용자의 권한 상태에 따라 <Login /> 컴포넌트에 전달되는 props 값을 동적으로 설정합니다.

src/App.tsx

```
import Login from './components/Login';

export default function App() {
  const isAdmin = true;
  const isEditable = true;
  return (
    <Login
      role={isAdmin ? 'administrator' : 'user'} --------------------------- ❶
      permissions={isAdmin ? ['read', 'write', 'delete'] : ['read']} ----- ❷
      editable={isEditable ? true : false} -------------------------------- ❸
    />
  );
}
```

❶ **role**: isAdmin이 true이면 administrator가, 아니면 user가 전달됩니다.

❷ **permissions**: 관리자(administrator)는 ['read', 'write', 'delete'] 권한을, 일반 사용자는 ['read'] 권한을 가집니다.

❸ **editable**: isEditable이 true이면 편집 가능하고, false이면 불가능합니다.

이처럼 삼항 연산자를 사용하면 props 값을 상황에 맞게 동적으로 설정할 수 있어 컴포넌트의 재사용성과 유연성을 크게 향상시킬 수 있습니다.

7.1.3 AND 연산자를 사용한 조건부 렌더링

AND 논리 연산자(&&)를 사용한 조건부 렌더링은 리액트에서 자주 사용하는 간결하고 효율적인 렌더링 방식입니다. 이 방식은 특정 조건이 참일 때만 UI 요소를 렌더링해야 하는 상황에서 특히 유용합니다. && 연산자를 사용하면 JSX 내부에서 인라인 형태로 조건을 처리할 수 있어 코드가 훨씬 더 간단하고 깔끔해집니다.

JSX 요소 렌더링하기

AND 논리 연산자는 조건이 true일 때만 JSX 요소(오른쪽 값)를 렌더링합니다. 즉, && 연산자의 왼쪽 조건이 참일 경우에만 오른쪽에 있는 JSX 요소가 화면에 표시됩니다.

다음 예제는 isLogin 변수의 값에 따라 서로 다른 메시지를 조건부로 렌더링합니다.

src/App.tsx

```
export default function App() {
  const isLogin = true;
  return (
    <>
      {isLogin && <h1>환영합니다!</h1>}
      {!isLogin && <h1>로그인해야 합니다.</h1>}
    </>
  );
}
```

여러 JSX 요소를 조건부로 렌더링하고 싶다면 프래그먼트로 감싸서 반환하면 됩니다. 다음 예제를 보면 isLogin 변수의 값에 따라 2개의 JSX 요소를 조건부로 함께 렌더링합니다.

src/App.tsx

```
export default function App() {
  const isLogin = true;
  return (
    <>
      {isLogin && (
        <>
          <h1>환영합니다!</h1>
          <h2>오늘 기분이 어떠세요?</h2>
        </>
      )}
      {!isLogin && (
        <>
          <h1>로그인해야 합니다.</h1>
          <h2>아직 회원이 아니신가요?</h2>
        </>
      )}
    </>
```

```
  );
}
```

그림 7-3 AND 연산자로 JSX 요소를 조건부 렌더링한 결과

환영합니다! 오늘 기분이 어떠세요?	로그인해야 합니다. 아직 회원이 아니신가요?

● **컴포넌트 렌더링하기**

AND 논리 연산자는 JSX 요소뿐만 아니라 컴포넌트 전체를 조건부로 렌더링할 때도 유용합니다. 다음 예제는 isLogin 상태에 따라 <Login /> 또는 <Logout /> 컴포넌트를 조건부 렌더링합니다.

src/App.tsx

```
import Login from './components/Login';
import Logout from './components/Logout';

export default function App() {
  const isLogin = true;
  return (
    <>
      {isLogin && <Login />}
      {!isLogin && <Logout />}
    </>
  );
}
```

여러 컴포넌트를 함께 조건부로 렌더링해야 한다면 JSX 문법에 따라 하나의 루트 요소로 묶어 줘야 합니다. 이때도 프래그먼트를 사용해 불필요한 DOM 요소 없이 여러 컴포넌트를 그룹화할 수 있습니다.

src/App.tsx

```
import Login from './components/Login';
import Logout from './components/Logout';
import LoginMessage from './components/LoginMessage';
```

```
import LogoutMessage from './components/LogoutMessage';

export default function App() {
  const isLogin = true;
  return (
    <>
      {isLogin && (
        <>
          <Login />
          <LoginMessage />
        </>
      )}
      {!isLogin && (
        <>
          <Logout />
          <LogoutMessage />
        </>
      )}
    </>
  );
}
```

그 밖의 사용법

1. 변수에 담아 사용하기

AND 논리 연산자도 조건에 따른 JSX 요소를 변수에 담아 사용할 수 있습니다. 이 방식은 특히 조건부 렌더링 로직이 복잡하거나 JSX 구조가 길 때 유용합니다. 렌더링 로직을 변수로 분리하면 코드의 의도가 더욱 명확해지고, return 문에서는 필요한 JSX만 간결하게 나열할 수 있어 가독성이 향상됩니다.

다음 예제는 isLogin 상태에 따라 서로 다른 메시지를 조건부로 변수에 저장하고 렌더링합니다.

src/App.tsx

```
export default function App() {
  const isLogin = true;
  const loggedIn = isLogin && <h1>환영합니다!</h1>;
  const loggedOut = !isLogin && <h1>로그인이 필요합니다.</h1>;
  return (
```

```
    <>
      {loggedIn}
      {loggedOut}
    </>
  );
}
```

2. 조건에 따라 클래스 다르게 지정하기

AND 논리 연산자는 조건에 따라 요소의 클래스를 동적으로 지정할 때도 효과적입니다. 이 방식은 컴포넌트의 상태에 따라 스타일을 다르게 적용하고 싶을 때 특히 유용합니다.

다음 예제에서는 `<div>` 요소에 기본으로 `title` 클래스가 적용되고, `isActive` 값이 `true`일 경우에만 `active` 클래스가 추가됩니다. `&&` 연산자는 조건이 `false`일 경우에는 `false` 값을 반환합니다. 이 값은 문자열로 변환되지 않기 때문에 `className` 속성에서 자동으로 무시됩니다.

src/App.tsx

```
export default function App() {
  const isActive = false;
  return <div className={`title ${isActive && 'active'}`}>텍스트</div>;
}
```

> **수코딩의 조언**
>
> AND 논리 연산자를 이용한 조건부 렌더링은 JSX 요소를 렌더링하는 기본 사용법과 컴포넌트를 조건부로 렌더링하는 형태를 주로 사용합니다. 추가로 소개한 방법들은 자바스크립트 문법이 허용하는 범위 내에서 가능한 방식입니다. 리액트의 동작 원리와 자바스크립트의 표현식을 잘 이해하면 그 외 다양한 방식으로 조건부 렌더링을 응용할 수 있습니다.

조건부 렌더링에서 가장 자주 사용하는 방법은 `if` 문, 삼항 연산자, AND 논리 연산자입니다. 이 방식들은 대부분의 상황에서 코드의 의도를 명확히 전달하면서도 문법이 간결합니다.

이외에도 자바스크립트에서 문법적으로 유효한 조건부 표현은 대부분 리액트의 JSX 내에서 사용할 수 있습니다. 예를 들어, `switch` 문을 사용한 조건부 렌더링은 여러 조건에 따라 다양한 컴포넌트를 반환해야 할 때 유용합니다. 리액트의 조건부 렌더링은 자바스크립트의 조건부 논리와 표현 방식을 자연스럽게 확장한 것입니다. 문법적으로 유효하고 목적에 부합한다면 다양한 방식으로 표현해도 무방합니다.

1분 퀴즈

정답 노트 p.790

01. 다음 중 if 문을 사용한 조건부 렌더링에 관한 설명으로 잘못된 것은 무엇인가요?

① `if` 문은 JSX 요소를 조건에 따라 변수에 저장해 렌더링하는 방식으로 사용할 수 있다.

② `if` 문은 JSX 요소뿐만 아니라 전체 컴포넌트를 조건부로 렌더링할 때 사용할 수 있다.

③ `if` 문은 리액트 컴포넌트의 `return` 문 안에서 직접 사용할 수 있다.

④ `if` 문은 JSX 표현식 내부에서 사용할 때 오류를 발생시킨다.

02. 삼항 연산자를 사용해 조건부 렌더링할 때 설명으로 잘못된 것은 무엇인가요?

① JSX 요소 자체를 반환할 수 있다.

② 변수를 삼항 연산자로 할당한 뒤 JSX에서 사용할 수 있다.

③ 조건이 참일 경우와 거짓일 경우의 결과를 모두 지정해야 한다.

④ 조건이 참일 경우와 거짓일 경우 모두 JSX 요소일 필요는 없다.

03. AND 연산자(&&)를 사용한 조건부 렌더링에 관한 설명으로 옳은 것은 무엇인가요?

① 조건이 참일 경우에만 오른쪽 JSX 요소가 렌더링된다.

② 조건이 참일 경우 JSX 요소가 무조건 문자열로 변환된다.

③ 조건이 거짓일 경우 JSX 표현식이 `null` 대신 `false` 문자열로 렌더링된다.

④ 조건이 거짓일 경우 자동으로 빈 문자열(' ')로 변환되어 렌더링된다.

7.2

반복 렌더링

반복 렌더링은 배열이나 리스트 형태의 데이터를 기반으로 여러 컴포넌트를 생성해 일관된 방식으로 화면에 출력하는 기법입니다. 상태 변화에 따라 UI를 효율적으로 업데이트함으로써 사용자 경험을 향상시키고, 불필요한 리렌더링을 줄여 리소스를 효율적으로 사용할 수 있게 합니다. 특히 대규모 애플리케이션에서는 반복 렌더링을 사용해 사용자의 상호작용을 실시간으로 UI에 반영하는 것이 필수입니다. 이러한 방식은 동적이고 반응성이 뛰어난 웹 애플리케이션을 구축하는 데 중요한 역할을 합니다.

자바스크립트는 반복 처리를 위한 다양한 구문을 제공합니다. 그러나 리액트에서는 반복 렌더링 시 주로 표준 내장 객체인 `Array`의 `map()` 메서드를 사용합니다. **`map()`**은 각 배열 요소에 특정 함수를 적용한 결과로 새로운 배열을 반환하며, JSX와 결합해 컴포넌트를 반복 렌더링하는 데 적합합니다.

7.2.1 반복 렌더링의 기본 개념 이해하기

반복 렌더링은 배열 데이터를 기반으로 여러 개의 JSX 요소를 화면에 출력하는 작업입니다. 따라서 반복 렌더링을 정확히 이해하려면 배열을 JSX로 렌더링할 때 리액트가 어떻게 동작하는지를 알아야 합니다.

리액트는 JSX 문법을 사용해 자바스크립트 코드를 HTML처럼 작성할 수 있도록 합니다. 그런데 JSX 내부에서 배열을 그대로 출력하면 조금 독특한 방식으로 동작합니다.

예를 들어, JSX에 배열을 삽입할 경우 리액트는 다음과 같은 절차를 따릅니다.

1. 배열의 각 요소를 문자열로 변환합니다.
2. 변환한 문자열들을 구분자 없이 하나로 이어 붙입니다.
3. 이렇게 생성된 하나의 문자열을 내용으로 사용해 화면에 표시합니다.

이러한 기본 동작을 이해하면 map() 메서드를 사용한 반복 렌더링의 효과를 더 명확히 알 수 있습니다.

다음 예제는 items라는 배열을 JSX 내부에서 {items} 형태로 출력하고 있습니다.

src/App.tsx

```
export default function App() {
  const items = ['item1', 'item2', 'item3'];
  return <div>{items}</div>;
}
```

코드를 실행하면 다음과 같이 HTML로 변환됩니다.

```
<div>item1item2item3</div>
```

배열의 각 요소(item1, item2, item3)는 문자열로 변환된 뒤, 구분자 없이 하나의 긴 문자열로 합쳐지고, 결국 다음과 같은 결과가 렌더링됩니다.

그림 7-4 배열을 JSX로 렌더링한 결과

item1item2item3

이처럼 리액트에서 배열을 {배열} 형태로 JSX에 직접 넣으면 배열의 모든 요소가 문자열로 변환되어 공백 없이 하나의 문자열로 합쳐집니다. 이 문제를 해결하려면 배열의 각 요소를 JSX 요소로 변환해야 합니다. 그러면 리액트는 이를 각각의 독립적인 요소로 인식하고 개별적으로 렌더링합니다. 자바스크립트는 배열 안에 HTML 태그를 직접 포함할 수 없지만, 리액트는 배열 안에 JSX 요소를 포함할 수 있기 때문에 이러한 방식이 가능합니다.

다른 예제를 봅시다. items 배열이 <li> 요소들로 구성되어 있고, 이 배열을 JSX 내부에서 {items} 형태로 출력합니다. 그러면 배열의 모든 <li> 요소가 자동으로 렌더링됩니다.

src/App.tsx

```
export default function App() {
  const items = [
    <li key='0'>아이템 1</li>,
    <li key='1'>아이템 2</li>,
    <li key='2'>아이템 3</li>,
  ];
  return <ul>{items}</ul>;
}
```

코드에서 각 <li> 요소에 key 속성이 포함되어 있습니다. 배열에 요소가 추가되거나 제거될 때 리액트는 어떤 요소가 변경되었는지 추적해야 합니다. 이때 key 속성을 활용합니다. 만약 key가 없거나 중복 값을 사용하면 렌더링 성능이 저하되거나 예상치 못한 UI 오류가 발생할 수 있습니다. 따라서 각 요소에는 고유한 값을 가진 key 속성을 지정해야 합니다.

코드를 실행하면 다음과 같이 HTML로 변환되어 배열의 <li> 요소들이 <ul> 태그 안에 정상적으로 렌더링됩니다.

```
<ul>
  <li>아이템 1</li>
  <li>아이템 2</li>
  <li>아이템 3</li>
</ul>
```

그림 7-5 배열 요소를 JSX 요소로 변환해 렌더링한 결과

- **아이템 1**
- **아이템 2**
- **아이템 3**

배열 안에는 JSX 요소뿐만 아니라 컴포넌트도 포함할 수 있습니다. 다음 예제는 배열이 컴포넌트로 구성된 경우입니다. 즉, 배열의 각 요소가 JSX 형태의 컴포넌트입니다.

src/components/ListItem.tsx

```
export default function ListItem({ text }: { text: string }) {
  return <li>{text}</li>;
}
```

App 컴포넌트에서 ListItem 컴포넌트를 다음과 같이 배열로 구성해 렌더링합니다.

src/App.tsx

```
import ListItem from './components/ListItem';

export default function App() {
  const items = [
    <ListItem key='0' text='아이템 1' />,
    <ListItem key='1' text='아이템 2' />,
    <ListItem key='2' text='아이템 3' />,
  ];
  return <ul>{items}</ul>;
}
```

컴포넌트를 배열로 렌더링할 때도 각 요소에는 key 속성을 지정해야 합니다. 이 코드에서 배열을 구성하는 각 컴포넌트는 key 속성으로 고유하게 식별되고, 각각 0, 1, 2의 값을 가집니다. 다만, 이 경우에 key는 ListItem 컴포넌트의 props가 아닌 JSX 요소 자체의 속성입니다.

코드를 실행하면 다음과 같이 HTML로 렌더링되어 웹 브라우저에 표시됩니다.

```
<ul>
  <li>아이템 1</li>
  <li>아이템 2</li>
  <li>아이템 3</li>
</ul>
```

이처럼 리액트에서는 JSX 표현식으로 배열을 렌더링할 수 있는 기능을 제공합니다. 배열을 JSX 안에서 출력하면 리액트는 배열의 모든 요소를 순서대로 하나씩 화면에 렌더링합니다.

> **Note key와 ref 속성**
>
> 리액트에서는 컴포넌트에 데이터를 전달할 때 보통 속성을 사용합니다(**3장** 참고). 예를 들어, 다음과 같이 작성하면 ListItem 컴포넌트는 '아이템 1'이라는 값을 props.text로 사용할 수 있습니다.
>
> ```
> <ListItem text='아이템 1' />
> ```
>
> 하지만 일부 특별한 속성들은 컴포넌트 내부로 전달되지 않습니다. 그 대표적인 예가 key와 ref입니다.
>
> **key** 속성은 배열을 렌더링할 때 각 컴포넌트를 고유하게 식별하기 위해 사용합니다. 리액트 18까지는 key의 값을 컴포넌트의 props 객체에 포함하지 않고 내부에서만 사용합니다. 따라서 컴포넌트 내부에서 props.key와 같이 접근하려 하면 값을 참조할 수 없습니다. 그러나 리액트 19부터 일반 props로 전달할 수 있게 바뀌었습니다.
>
> **ref** 또한 리액트에서 DOM 요소나 컴포넌트 인스턴스에 직접 접근하기 위해 사용합니다. ref 역시 컴포넌트의 props로 전달되지 않으며, 컴포넌트 내부에서 props.ref로 접근할 수 없습니다.
>
> 이처럼 key와 ref는 일반 속성과 달리 리액트가 내부에서 처리하는 특별한 속성입니다. 따라서 두 속성은 컴포넌트 내부에서 사용할 수 없다는 점을 기억해 두어야 합니다.

7.2.2 map() 메서드 사용하기

리액트에서 배열에 포함된 요소를 JSX 표현식으로 출력하면 배열의 모든 요소를 하나로 이어 붙여 렌더링된다는 것을 **7.2.1절**에서 확인했습니다. 이러한 JSX 문법의 특징은 리액트에서 특정 요소를 반복적으로 렌더링하는 데 활용됩니다.

자바스크립트의 표준 내장 객체인 Array의 map() 메서드는 배열의 각 요소를 순회하면서 가공한 결과를 새로운 배열로 반환합니다. 리액트에서는 이 메서드를 활용해 배열 데이터를 JSX 요소나 컴포넌트로 변환해 반복 렌더링합니다.

예를 들어, 사과, 바나나, 딸기와 같은 문자열이 담긴 배열이 있다고 가정해 봅시다. 이 배열의 각 항목을 <li> 요소로 렌더링하려면 코드를 다음과 같이 작성합니다.

src/App.tsx

```
export default function App() {
  const items = [
    <li key='사과'>사과</li>,
```

```
    <li key='바나나'>바나나</li>,
    <li key='딸기'>딸기</li>,
  ];
  return <ul>{items}</ul>;
}
```

이 코드는 배열에 JSX 요소를 직접 담은 형태입니다. 각 <li> 요소에는 key 속성을 지정해 리액트가 각 항목을 고유하게 식별할 수 있습니다.

그러나 이와 같은 방식은 코드의 가독성이 떨어지고 확장성도 좋지 않습니다. 실제로는 대부분의 배열이 API 요청 등을 통해 전달되며, JSX 요소가 아닌 문자열이나 객체로 구성된 데이터 형태이기 때문입니다. 이처럼 값으로만 구성된 배열을 렌더링하려면 먼저 각 값을 JSX 요소로 변환하는 과정이 필요합니다. 이때 유용한 메서드가 바로 map()입니다.

앞선 예제를 다음과 같이 수정하면 문자열 배열을 <li> 요소로 변환해 출력할 수 있습니다.

src/App.tsx

```
export default function App() {
  const items = ['사과', '바나나', '딸기'];
  return (
    <ul>
      {items.map((item, index) => (
        <li key={index}>{item}</li>
      ))}
    </ul>
  );
}
```

items.map()은 items 배열의 각 항목을 <li> 요소로 감싼 JSX로 변환하고, map() 메서드의 두 번째 매개변수인 인덱스를 key로 사용합니다. map()이 반환한 배열은 JSX 표현식 안에서 렌더링됩니다.

코드를 실행하면 다음과 같이 정상적으로 화면에 출력됩니다.

그림 7-6 map() 메서드를 사용해 렌더링한 결과

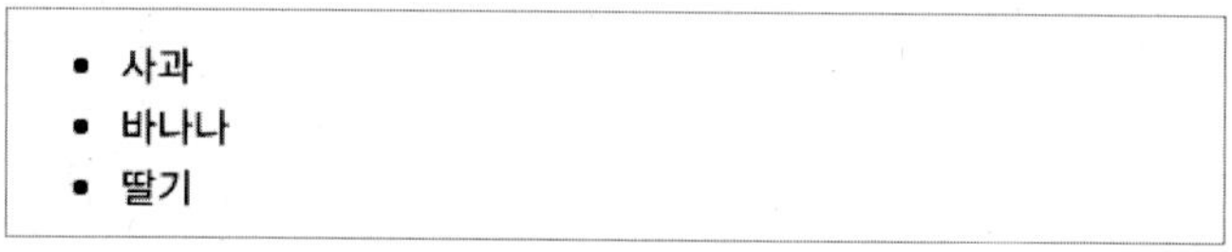

- 사과
- 바나나
- 딸기

컴포넌트를 반복 렌더링하는 방법도 매우 간단합니다. 앞서 <li>와 같은 JSX 요소를 반복 렌더링한 것처럼 컴포넌트도 배열의 요소로 사용하면 됩니다.

앞선 예제에서 items 배열의 각 항목을 ListItem 컴포넌트를 사용해 다음과 같이 렌더링할 수 있습니다. 이때 각 항목은 text라는 props로 ListItem 컴포넌트에 전달됩니다. key 속성은 각 항목을 고유하게 식별할 수 있도록 index 값을 사용합니다.

src/App.tsx

```
import ListItem from './components/ListItem';

export default function App() {
  const items = ['사과', '바나나', '딸기'];
  return (
    <ul>
      {items.map((item, index) => (
        <ListItem key={index} text={item} />
      ))}
    </ul>
  );
}
```

이처럼 map() 메서드를 사용하면 배열 데이터를 컴포넌트로 손쉽게 변환할 수 있습니다. 리액트에서 가장 일반적으로 사용하는 반복 렌더링 패턴이니 잘 익혀두세요.

수코딩의 조언

예제 코드에서 반복 렌더링할 때 key 속성의 값으로 map() 메서드의 두 번째 매개변수인 인덱스를 사용했습니다. 이 방식은 배열의 요소를 추가 또는 삭제하거나 순서가 바뀌는 경우에는 예기치 않은 문제를 일으킬 수 있습니다. 리액트는 key 값을 기준으로 각 컴포넌트를 식별하고 렌더링을 최적화하는데, 인덱스를 key로 사용하면 요소의 위치가 바뀔 때 기존 요소와 새 요소를 잘못 매칭하는 문제가 발생할 수 있습니다. 따라서 실제 프로덕션 환경에서는 인덱스를 key로 사용하는 것을 권장하지 않습니다. 이 예제에서는 설명을 위해 임시로 사용했을 뿐입니다. 실무에서는 반드시 각 항목의 고유한 값을 key로 사용해야 합니다.

7.2.3 그 밖의 사용법

리액트에서 반복 렌더링을 구현할 때 가장 효율적인 방법은 map() 메서드를 사용하는 것입니다. 실제 현업에서도 거의 모든 반복 렌더링에 map() 메서드를 사용한다고 해도 과언이 아닙니다. 그러나 map()만이 유일한 방법은 아닙니다. 리액트는 자바스크립트를 기반으로 하기 때문에 반복문을 포함한 다양한 방법으로 반복 렌더링을 구현할 수 있습니다. 다만, 이런 방식들은 코드의 가독성과 리액트의 작동 원리 면에서 map() 메서드보다 비효율적일 수 있습니다. 따라서 이후에 소개하는 방법들은 이런 방법도 가능하다는 정도로 가볍게 이해하고 넘어가도 충분합니다.

for 문 사용하기

for 문은 while 문과 함께 자바스크립트의 대표적인 반복문입니다. 그러나 JSX 내부에서 for 문을 직접 사용할 수 없기 때문에 반복 렌더링을 구현하려면 조금 다른 방식으로 작성해야 합니다.

다음 예제는 for 문을 사용해 JSX 외부에서 배열을 먼저 구성한 후 화면에 렌더링합니다.

src/App.tsx

```
export default function App() {
  const renderItems = [];
  const items = ['사과', '바나나', '딸기'];
  for (let i = 0; i < items.length; i++) {
    renderItems.push(<li key={i}>{items[i]}</li>);
  }
  return (
    <div>
      <ul>{renderItems}</ul>
    </div>
  );
}
```

renderItems라는 빈 배열을 먼저 정의하고, for 문을 사용해 items 배열의 각 요소를 순회합니다. 순회 과정에서 각 요소를 <li> 형태의 JSX로 변환한 뒤, renderItems 배열에 push() 메서드로 추가합니다. renderItems 배열을 JSX 표현식으로 출력해 반복 렌더링되도록 합니다.

이 방식은 자바스크립트에 익숙한 개발자에게는 직관적일 수 있지만, JSX의 선언적 특성과 리액트 스타일에 잘 어울리지 않기 때문에 실제 프로젝트에서는 거의 사용하지 않습니다.

● forEach() 사용하기

forEach() 메서드는 Array 객체의 메서드 중 하나로, 배열의 각 요소를 순회하면서 특정 작업을 수행할 때 사용합니다. 리액트에서도 forEach() 메서드를 사용해 반복 렌더링을 구현할 수 있습니다.

다음 예제는 forEach()를 사용해 문자열 배열을 <li> 요소로 변환하고 화면에 렌더링합니다.

src/App.tsx

```
export default function App() {
  const items = ['사과', '바나나', '딸기'];
  const elements: React.ReactNode[] = [];
  items.forEach((item, index) => {
    elements.push(<li key={index}>{item}</li>);
  });
  return <ul>{elements}</ul>;
}
```

JSX 요소를 저장할 빈 배열(elements)을 선언합니다. forEach() 메서드를 사용해 items 배열의 각 요소와 인덱스를 순회합니다. 순회하면서 JSX 요소(<li>)를 생성하고, elements 배열에 push() 메서드를 사용해 추가합니다. 순회 과정에서 각 요소를 <li> 형태의 JSX로 변환한 뒤, elements 배열에 push() 메서드로 추가합니다. elements 배열을 JSX 표현식으로 출력해 <ul> 안에 렌더링합니다.

forEach() 메서드는 map() 메서드와 달리 반환값이 없습니다. 따라서 JSX 요소들을 담기 위한 별도의 배열을 만들어 push() 메서드로 추가해야 합니다. 이 방식도 구현은 가능하지만 가독성이 떨어질 수 있습니다.

● reduce() 사용하기

reduce() 메서드도 Array 객체의 메서드 중 하나로, 배열의 모든 요소를 순회하며 누적 값을 계산해 최종 결과를 반환합니다. 이 메서드는 일반적으로 숫자 합계처럼 하나의 값을 도출하는 데 많이 사용하지만, 배열을 반환하는 형태로도 응용할 수 있어 리액트에서 반복 렌더링에 활용할 수 있습니다.

다음 예제는 reduce() 메서드를 사용해 <li> 요소로 구성된 배열을 <ul> 태그 안에 렌더링합니다.

src/App.tsx

```
export default function App() {
  const items = [
    <li key='1'>사과</li>,
    <li key='2'>바나나</li>,
    <li key='3'>딸기</li>,
  ];
  return (
    <div>
      <ul>
        {items.reduce<React.ReactNode[]>((acc, item) => {
          acc.push(item);
          return acc;
        }, [])}
      </ul>
    </div>
  );
}
```


문자열을 포함한 JSX 요소들을 배열로 정의합니다. 각 요소에는 반드시 고유한 key 속성을 지정해야 합니다. reduce() 메서드로 items 배열을 순회합니다. 첫 번째 매개변수 acc는 누적된 값을 의미하며, 초깃값은 빈 배열([ ])입니다. 현재 순회 중인 요소를 acc 배열에 push() 메서드로 추가합니다. 누적된 결과 배열 acc를 반환하고, 이를 <ul> 태그 내부에서 렌더링합니다.

reduce() 메서드는 반복 도중 누적 값을 직접 제어할 수 있기 때문에 배열을 구성하면서 동시에 가공(필터링 등)이 필요한 경우에 유용합니다. 또한, for 문이나 forEach() 방식처럼 별도의 외부 배열을 미리 정의할 필요가 없어 코드가 더 간결합니다.

수코딩의 조언

예제 코드에서 사용한 <React.ReactNode[ ]>는 반환할 배열의 타입을 지정하는 부분입니다. 이는 타입스크립트에서 제네릭 타입을 지정하는 방식입니다. React.ReactNode 타입은 리액트에서 렌더링할 수 있는 모든 요소를 포괄하는 타입입니다. 즉, <React.ReactNode[ ]>는 리액트에서 렌더링할 수 있는 모든 요소를 담은 배열이라는 의미입니다.

이외에도 JSX.Element 타입을 사용할 수도 있습니다. JSX.Element는 JSX 문법으로 생성된 요소만을 가리키는 타입입니다. 두 타입 모두 사용할 수 있지만, React.ReactNode 타입이 더 많은 요소를 포괄하므로 필자는 이를 더 선호합니다.

리액트에서 반복 렌더링의 핵심은, 렌더링할 요소를 배열 형태의 데이터로 변환하는 것입니다. JSX 표현식은 배열을 출력할 때 배열의 각 요소를 하나의 JSX 요소로 연결해 렌더링합니다. 따라서 반복 가능한 형태의 배열을 생성하는 과정이 매우 중요합니다.

일반적으로 가장 많이 사용하는 방법은 `map()` 메서드입니다. 여기서는 `map()` 메서드 외에도 다양한 방식으로 반복 렌더링을 구현해 보았습니다. 물론 이 방법들은 모두 자바스크립트 문법에 기반해 배열을 순회하고 가공하는 방식일 뿐입니다. 하지만 반복 렌더링을 구현할 수 있는 다양한 접근 방식과 사고 방식을 보여주기 위해 여러 방법을 함께 소개했습니다. 자바스크립트의 특성상 배열 데이터를 다룰 수만 있다면 `while`, `do...while` 같은 반복문이나 `filter()`, `some()`, `every()`와 같은 배열 메서드도 충분히 반복 렌더링에 활용할 수 있습니다.

가장 중요한 점은 리액트에서 반복 렌더링을 구현하려면 데이터를 반드시 리액트가 이해하고 렌더링할 수 있는 형식(JSX 요소 배열)으로 변환해야 한다는 점입니다. 즉, 렌더링 대상은 JSX 요소 또는 리액트에서 인식 가능한 노드 형태여야 하며, 어떤 반복문이나 메서드를 사용하든 최종적으로 JSX 요소 배열을 반환하는 구조를 만들어야 합니다.

1분 퀴즈

정답 노트 p.790

04. JSX 표현식 내부에서 배열을 {배열} 형태로 출력하면 발생하는 현상은 무엇인가요?

① 배열이 렌더링되지 않는다.

② 배열의 요소가 JSX 요소로 변환된다.

③ 배열의 각 요소가 `<li>` 요소로 자동 변환된다.

④ 배열의 요소들이 문자열로 변환되어 하나로 합쳐진다.

05. 반복 렌더링에서 key 속성의 역할은 무엇인가요?

① 배열 요소의 텍스트 값을 정의하는 데 사용한다.

② 배열 요소의 변경을 감지하는 데 사용한다.

③ 배열 요소를 문자열로 변환하는 데 사용한다.

④ 스타일을 적용하는 데 사용한다.

06. **리액트에서 key 속성을 지정할 때 올바른 방법은 무엇인가요?**

① key 속성은 필요하지 않다.

② 모든 요소에 같은 key 속성 값을 할당한다.

③ 각 요소를 고유하게 식별할 수 있는 값을 사용한다.

④ 모든 요소는 무조건 인덱스를 key로 사용해야 한다.

07. **다음 중 map() 메서드의 특징으로 올바른 것은 무엇인가요?**

① 반환값이 없다.

② 기존 배열을 수정해 반환한다.

③ 배열의 모든 요소를 하나로 합친다.

④ 각 요소를 순회하며 새로운 배열을 반환한다.

마무리

1. 조건부 렌더링

① 조건부 렌더링이란 특정 조건에 따라 컴포넌트를 화면에 표시하거나 숨기는 방식으로, 리액트에서 동적 UI를 구성할 때 매우 중요한 기법입니다.

② if 문 사용

- 자바스크립트의 if 문을 사용해 조건에 따라 렌더링할 내용을 결정합니다.
- JSX 표현식 내부에서는 사용할 수 없으며, 컴포넌트 내부의 코드 블록에서 사용해야 합니다.

③ 삼항 연산자 사용

- 조건 ? 참일_때_결과 : 거짓일_때_결과 형태로 사용합니다.
- JSX 내부에서 인라인으로 사용할 수 있어 간단한 조건 처리에 적합합니다.

④ AND 논리 연산자(&&) 사용

- 조건이 true일 때만 특정 JSX 요소나 컴포넌트를 렌더링합니다.
- 코드가 간결하고 직관적이며, 단일 조건만으로 UI를 제어할 때 유용합니다.

2. 반복 렌더링

① 반복 렌더링이란 배열이나 리스트 데이터를 기반으로 동일한 형태의 컴포넌트를 반복해서 렌더링하는 기법입니다.

② 배열 사용

- JSX 내부에서 {배열} 형태로 출력하면 배열의 각 요소가 문자열로 변환된 뒤 공백 없이 하나로 연결되어 렌더링됩니다. 이를 해결하려면 배열의 각 요소를 JSX 요소로 변환해 렌더링해야 합니다.
- 배열에는 JSX 요소나 컴포넌트를 포함할 수 있으며, 각 요소에는 반드시 key 속성을 부여해야 합니다.

③ map() 메서드 사용

- map() 메서드는 배열의 각 요소를 순회하며, 새로운 JSX 요소들로 구성된 배열을 반환합니다. 리액트에서 가장 일반적이고 권장되는 반복 렌더링 방식입니다.

④ 그 밖의 사용법

- **for 문**: JSX 외부에서 별도의 배열을 생성하고, push() 메서드로 JSX 요소를 추가합니다.
- **forEach() 메서드**: 배열을 순회하며 JSX 요소를 외부 배열에 추가하는 방식입니다. 반환값이 없기 때문에 직접 요소를 수집해야 합니다.
- **reduce() 메서드**: 배열의 모든 요소를 순회하면서 누적 결과를 생성해 최종적으로 JSX 요소 배열을 반환합니다. 반복과 동시에 데이터 가공이 필요한 경우 유용합니다.

셀프체크

정답 노트 p.790

사용자 목록을 렌더링하는 컴포넌트를 작성하세요. 각 사용자는 name, isActive, role 속성을 가지며, 다음 조건을 충족해야 합니다.

조건

① 제공하는 샘플 데이터를 사용합니다.

② 사용자 목록에서 isActive가 true인 사람만 표시합니다.

③ 사용자의 role에 따라 다른 색상의 배경을 지정합니다.

- **빨간색**: Admin
- **파란색**: User
- **노란색**: Guest

④ isActive가 false인 사람은 'Inactive'라는 메시지를 렌더링합니다.

⑤ 사용자를 role에 따라 필터링할 수 있도록 [All], [Admin], [User], [Guest] 버튼을 제공합니다. 각 버튼을 클릭하면 버튼의 role과 일치하는 사용자만 화면에 렌더링합니다.

샘플 데이터

```
[
  { name: 'Alice', isActive: true, role: 'Admin' },
  { name: 'Bob', isActive: false, role: 'User' },
  { name: 'Charlie', isActive: true, role: 'User' },
  { name: 'David', isActive: true, role: 'Guest' },
  { name: 'Eve', isActive: true, role: 'Admin' },
];
```

8장

폼 다루기

웹 애플리케이션에서 폼은 사용자가 정보를 입력하고 제출하는 주요 수단입니다. 예를 들어, 로그인 화면, 회원가입 페이지, 설문조사 양식 등 다양한 화면이 폼을 기반으로 구성됩니다. 리액트에서 폼을 다루는 일은 사용자 입력을 효과적으로 관리하고, 화면과 상태 간 상호작용을 자연스럽게 만드는 중요한 작업입니다.

이 장에서는 리액트로 폼을 구현하는 기본적인 방법을 배우고, 폼을 더 쉽게 만들고 관리하는 다양한 기법도 함께 익힙니다. 이 과정에서 직관적이고 사용하기 쉬운 폼을 설계하고 구현하는 능력을 키울 수 있습니다.

8.1

폼 정의하기

HTML에서 **폼**(form)은 사용자가 정보를 입력하고 제출할 수 있도록 구성된 다양한 UI 요소의 집합입니다. 즉, 웹 페이지에서 사용자와 상호작용할 수 있도록 도와주는 중요한 구성 요소입니다.

대표적인 폼 요소는 다음과 같습니다.

- **한 줄 입력 상자(<input>)**: 이름, 이메일 등 간단한 텍스트를 입력할 때 사용합니다.
- **여러 줄 입력 상자(<textarea>)**: 긴 글이나 메모와 같은 내용을 입력할 때 사용합니다.
- **선택 상자(<select>)**: 드롭다운 형태로 여러 옵션 중 하나를 선택할 때 사용합니다.
- **체크박스(<input type='checkbox'>)**: 여러 옵션을 중복 선택할 때 사용합니다.
- **라디오 버튼 (<input type='radio'>)**: 여러 옵션 중 하나만 선택할 때 사용합니다.

모든 폼 요소는 보통 <form> 태그 안에 포함되어야 하며, 사용자가 입력한 데이터를 서버로 제출하거나 클라이언트에서 처리할 수 있도록 합니다.

수코딩의 조언

리액트 컴포넌트에서도 HTML의 기본 규칙을 지켜야 합니다. 특히, 웹 접근성을 고려할 때 폼 요소는 반드시 <form> 태그 안에 포함되어야 합니다. 리액트도 이 규칙에서 예외는 아니니 꼭 기억해 두세요!

리액트에서도 HTML과 마찬가지로 폼을 만들 수 있습니다. 다만, 리액트에서는 JSX 문법을 사용한다는 점에서 차이가 있습니다. 예를 들어, 리액트로 간단한 로그인 폼을 작성하면 다음과 같습니다.

src/components/LoginForm.tsx

```
export default function LoginForm() {
  return (
    <form> ---------------------------------------------------- ❶
      <label htmlFor='username'>Username:</label> ------------- ❷
      <input type='text' id='username' name='username' /> ----- ❸
      <label htmlFor='password'>Password:</label>
      <input type='password' id='password' name='password' />
      <button type='submit'>Log In</button>
    </form>
  )
}
```

❶ <form> 태그 안에 <input>, <label>, <button> 등 폼 요소를 작성합니다.

❷ HTML에서는 <label> 요소와 입력 요소를 연결할 때 for 속성을 사용하지만, JSX에서는 **htmlFor**로 바꿔 사용해야 합니다. for는 자바스크립트의 예약어이므로 충돌을 피하기 위해서 바꿔 사용하는 것입니다.

❸ <input> 요소는 HTML과 마찬가지로 type, id, name 등의 속성을 사용할 수 있습니다.

리액트에서 폼을 다룰 때는 단순히 입력 요소를 나열하는 것만으로는 충분하지 않고, 다음과 같은 기능을 함께 구현해야 합니다.

- **상태 관리**: 사용자가 입력한 값을 컴포넌트의 상태로 저장하고 관리합니다.
- **UI 업데이트**: 입력 값이 바뀔 때마다 화면을 즉시 업데이트해 실시간으로 반응합니다.
- **유효성 검사**: 입력 값이 올바른 형식인지 검사하고, 잘못된 입력이 있으면 사용자에게 알려줍니다.
- **제출 처리**: 사용자가 폼을 제출했을 때 데이터를 서버로 전송하거나 적절한 로직을 실행합니다.

리액트는 컴포넌트 기반 구조이므로 폼 상태를 컴포넌트 단위로 쉽게 관리할 수 있고, 데이터 흐름도 명확하게 유지할 수 있습니다. 즉, 입력 값을 받아들이고 처리하는 과정을 논리적으로 구성할 수 있다는 장점이 있습니다.

8.2

폼 제어하기

리액트에서는 폼 요소에 입력된 값을 어떻게 제어하느냐에 따라 제어 컴포넌트와 비제어 컴포넌트로 나눌 수 있습니다. 어떤 방식을 선택하느냐에 따라 폼의 동작과 구조가 달라집니다. 이 절에서는 두 방식에 대해 자세히 살펴보겠습니다.

8.2.1 제어 컴포넌트

제어 컴포넌트(controlled component)는 입력 값을 리액트 컴포넌트의 상태로 완전히 관리하는 방식입니다. 즉, 사용자가 입력한 값을 바로 DOM에 저장하지 않고 먼저 상태에 저장한 뒤 그 값을 화면에 표시하는 구조입니다. 이 방식은 입력 값이 변경될 때마다 상태를 업데이트하고, 상태 값을 다시 입력 요소에 연결합니다. 그래서 UI와 상태가 항상 일치(동기화)되며, 실시간으로 값을 추적하거나 검증하는 작업이 쉬워집니다.

제어 컴포넌트는 다음과 같은 순서로 작동합니다.

1. **상태 정의**: `useState` 훅을 사용해 입력 값을 저장할 상태를 정의합니다.
2. **상태 업데이트**: 사용자가 값을 입력하면 `<input>` 요소의 `onChange` 속성에 연결된 이벤트 핸들러가 실행되어 입력 값을 상태에 저장합니다.
3. **상태와 입력 요소 연결**: `<input>` 요소의 `value` 속성을 상태 값으로 설정합니다. 이렇게 하면 `<input>` 요소는 리액트의 상태에 의해 제어되고, 항상 최신 상태 값이 화면에 표시됩니다.

폼 요소를 만들어보며 작동 방식을 이해해 보겠습니다.

제어 컴포넌트로 한 줄 입력 요소 다루기

리액트에서는 HTML의 <input> 태그를 사용해 한 줄 입력 요소를 만들 수 있습니다. 이를 제어 컴포넌트 방식으로 구현하면 다음과 같습니다.

src/components/controlled/Input.tsx

```
import { useState } from 'react';

export default function Input() {
  const [value, setValue] = useState(''); ------------------------------ ❶
  const handleChange = (e: React.ChangeEvent<HTMLInputElement>) => { ----- ❷
    setValue(e.target.value);
  };
  return (
    <>
      <form>
        <h1>Input: {value}</h1> ----------------------------------------- ❸
        <input type='text' value={value} onChange={handleChange} /> ------ ❹
      </form>
    </>
  );
}
```

❶ useState 훅으로 value라는 상태를 정의합니다.

- **value**: <input>의 값을 저장하는 상태 변수입니다.
- **setValue**: value를 변경할 때 사용하는 상태 업데이트 함수입니다.
- 초깃값은 빈 문자열('')로 설정합니다.

❷ handleChange() 함수는 입력 값을 가져와 value 값을 업데이트합니다.

- e.target.value로 사용자가 <input> 요소에 입력한 값을 가져옵니다. 이 값을 setValue() 함수로 value에 저장합니다.
- 상태가 바뀌면 리액트는 자동으로 컴포넌트를 리렌더링해 <input> 값을 최신 상태로 유지합니다.

❸ <h1> 태그는 value 상태의 값을 실시간으로 화면에 표시합니다. 리액트는 항상 상태의 최신 값을 기준으로 화면을 다시 그리기 때문에 <h1> 요소의 내용도 자동으로 업데이트됩니다.

❹ <input>의 value 속성을 value 상태 변수와 연결합니다.

- value 속성과 value 상태를 연결하면 <input> 요소는 value 상태에 의해 제어됩니다.
- 사용자가 값을 입력해도 value 상태가 바뀌지 않으면 <input> 값은 바뀌지 않습니다. 따라서 <input> 요소는 상태(value)가 완전히 제어하는 제어 컴포넌트입니다.
- 사용자가 값을 입력할 때마다 onChange 이벤트가 발생하고, 이벤트 핸들러인 handleChange() 함수가 호출됩니다.

입력 값을 제어하려면 입력 요소마다 하나의 상태가 필요합니다. 따라서 입력 요소가 여러 개인 경우, 각 입력 값을 관리하기 위해 여러 개의 상태 변수와 이벤트 핸들러를 정의해야 합니다.

예를 들어, ID 입력(value), 비밀번호 입력(password), 날짜 입력(date)을 각각 제어하려면 다음과 같이 작성합니다.

src/components/controlled/Input2.tsx

```
import { useState } from 'react';

export default function Input2() {
  // input[type='text']
  const [value, setValue] = useState('');
  const handleChange = (e: React.ChangeEvent<HTMLInputElement>) => {
    setValue(e.target.value);
  };
  // input[type='password']
  const [password, setPassword] = useState('');
  const handleChangePassword = (e: React.ChangeEvent<HTMLInputElement>) => {
    setPassword(e.target.value);
  };
  // input[type='date']
  const [date, setDate] = useState('');
  const handleChangeDate = (e: React.ChangeEvent<HTMLInputElement>) => {
    setDate(e.target.value);
  };
  return (
    <>
      <form>
        <h1>ID: {value} / Password: {password} / Date: {date}</h1>
        <input type='text' value={value} onChange={handleChange} />
```

```
      <input type='password' value={password} onChange={handleChangePassword} />
      <input type='date' value={date} onChange={handleChangeDate} />
    </form>
  </>
 );
}
```

하지만 여러 입력 요소를 각각 상태로 관리하면 코드가 복잡해지고 유지보수가 어려울 수 있습니다. 이럴 때는 객체 형태의 상태를 사용해 여러 입력 값을 통합 관리할 수 있습니다.

src/components/controlled/Input3.tsx

```
import { useState } from 'react';

export default function Input3() {
  const [formState, setFormState] = useState({ ---------------------- ❶
    id: '', password: '', date: '',
  });
  const handleChange = (e: React.ChangeEvent<HTMLInputElement>) => {
    setFormState((formState) => ({ -------------------------------- ❷
      ...formState,
      [e.target.name]: e.target.value,
    }));
  };
  return (
    <>
      <form>
        <h1>                                                    ❸
          ID: {formState.id} / Password: {formState.password} / Date: {formState.date}
        </h1>
        <input type='text' name='id' value={formState.id} ---------- ❹
          onChange={handleChange} />
        <input type='password' name='password' value={formState.password}
          onChange={handleChange} />
        <input type='date' name='date' value={formState.date}
          onChange={handleChange} />
      </form>
    </>
  );
}
```

❶ 여러 입력 값을 저장하는 객체 형태의 상태(formState)를 정의합니다. 각 키(id, password, date)는 <input> 요소의 name 속성과 동일하게 설정합니다. 이렇게 객체 형태로 상태를 관리하면 새로운 입력 요소도 쉽게 추가할 수 있습니다.

❷ setFormState() 함수로 상태를 업데이트합니다. 리액트는 상태 업데이트를 비동기적으로 처리합니다. 그래서 이전 상태 값을 사용해 상태를 안전하게 업데이트하도록 콜백 함수를 사용한 함수형 업데이트 방식으로 호출합니다.

- 스프레드 연산자(...)를 사용해 기존 상태(formState)를 복사(...formState)합니다.
- [e.target.name]: 입력 값(e.target.value)을 객체의 특정 속성 값으로 할당하는 방식입니다. 이는 객체의 속성 이름을 동적으로 설정하는 자바스크립트 문법으로, **계산된 속성 이름**(computed property name)이라고 합니다. 예를 들어, 입력 요소의 name 속성 값이 id이고, 사용자가 입력한 값이 newUser라면 formState['id'] = 'newUser'라는 의미입니다.

❸ 입력 값을 실시간으로 화면에 표시합니다. 예를 들어, **formState.id**는 <input>의 name='id'의 값을 표시합니다.

❹ <input> 요소 3개가 동일한 구조로 상태를 업데이트합니다.

- **type**: 입력 요소의 종류를 지정합니다(text, password, date).
- **name**: 상태 객체(formState)의 키와 동일하게 지정합니다. 리액트는 이 값을 사용해 객체의 특정 키 값을 업데이트합니다.
- **value**: 화면에 표시할 상태 값을 지정합니다.
- **onChange**: 입력 값이 바뀔 때마다 상태를 업데이트할 함수를 지정합니다.

여기서 중요한 부분은, 상태 객체의 키 이름이 입력 요소의 name 속성 값과 일치해야 한다는 것입니다. 이는 이벤트 객체의 target 속성에서 name 값을 참조해 어떤 입력 요소가 변경되었는지 식별하고 그에 맞는 상태 값을 정확히 업데이트하기 위해서입니다.

App 컴포넌트를 다음과 같이 작성하고 실행합니다.

src/App.tsx

```
import Input3 from './components/controlled/Input3';

export default function App() {
  return (
```

```
    <>
      <Input3 />
    </>
  );
}
```

페이지가 처음 렌더링되면 <h1> 요소에는 상태 객체의 초깃값이 표시됩니다. 이후 사용자가 각 입력칸에 값을 입력하면 상태가 업데이트되고 <h1> 요소는 최신 값을 자동으로 반영해 실시간으로 상태를 화면에 보여줍니다.

그림 8-1 여러 한 줄 입력 요소를 제어 컴포넌트로 만든 결과

제어 컴포넌트로 체크박스 다루기

<input>은 한 줄 입력 요소뿐 아니라 체크박스도 만들 수 있습니다. 체크박스를 제어 컴포넌트 방식으로 구현하려면 checked 속성과 onChange 속성을 사용해 다음과 같이 작성합니다.

src/components/controlled/Checkbox.tsx

```
import { useState } from 'react';

export default function Checkbox() {
  const [isChecked, setIsChecked] = useState(false);
  const handleCheckboxChange = (event: React.ChangeEvent<HTMLInputElement>) => {
    setIsChecked(event.target.checked); ------------------ ❸
  };
  return (
    <form>
      <input type='checkbox' checked={isChecked} --------- ❶
        onChange={handleCheckboxChange} /> --------------- ❷
      <label>아이템 1({isChecked ? '선택됨' : '미선택'})</label>
    </form>
  );
}
```

❶ <input> 요소의 type 속성을 'checkbox'로 설정하면 체크박스를 만들 수 있습니다. checked 속성은 체크박스의 선택 상태를 나타냅니다. true면 체크된 상태, false면 체크되지 않은 상태입니다. 이 속성에 상태 변수 isChecked를 연결하면 상태에 따라 체크박스가 자동으로 업데이트됩니다.

❷ 사용자가 체크박스를 클릭할 때마다 onChange 이벤트가 발생하고, 연결된 이벤트 핸들러가 실행됩니다.

❸ 이벤트 객체의 checked 속성은 체크박스의 선택 여부(isChecked)를 나타냅니다. 이 값을 읽어 setIsChecked() 함수로 상태를 업데이트하면 화면도 변경됩니다.

그림 8-2 체크박스를 제어 컴포넌트로 만든 결과

☐아이템 1(미선택)	☑아이템 1(선택됨)

체크박스를 여러 개 관리해야 할 때도 객체 형태의 상태를 사용하면 모든 체크박스를 하나의 상태로 통합해 관리할 수 있습니다.

src/components/controlled/Checkbox2.tsx

```
import { useState } from 'react';

export default function Checkbox2() {
  const [formState, setFormState] = useState({ ----------- ❶
    agree1: false, agree2: false, agree3: false,
  });                                        ❷
  const handleCheckboxChange = (event: React.ChangeEvent<HTMLInputElement>) => {
    setFormState((formState) => ({
      ...formState, [event.target.name]: event.target.checked,
    }));
  };
  return (
    <form>
      <input type='checkbox' id='ag1' name='agree1'
        checked={formState.agree1} ------------------------ ❸
        onChange={handleCheckboxChange} />
      <label htmlFor='ag1'>동의 1({formState.agree1 ? '선택됨' : '미선택'})</label>
      <input type='checkbox' id='ag2' name='agree2'
        checked={formState.agree2}
        onChange={handleCheckboxChange} />
      <label htmlFor='ag2'>동의 2({formState.agree2 ? '선택됨' : '미선택'})</label>
```

```
      <input type='checkbox' id='ag3' name='agree3'
        checked={formState.agree3}
        onChange={handleCheckboxChange} />
      <label htmlFor='ag3'>동의 3({formState.agree3 ? '선택됨' : '미선택'})</label>
    </form>
  );
}
```

❶ 체크박스 상태를 담는 formState 상태 객체를 정의합니다. 각 키(agree1, agree2, agree3)는 각 체크박스의 선택 상태를 나타냅니다.

❷ 기존 상태를 복사(...formState)한 뒤 event.target.name을 키로 사용해 해당 체크박스의 상태만 업데이트합니다.

❸ <input> 요소의 checked 속성에 해당 상태 값을 연결하면 상태가 true일 때만 체크박스가 선택 상태로 표시됩니다. 이때 name 속성은 상태 객체의 키 이름과 정확히 일치해야 합니다.

● 제어 컴포넌트로 라디오 버튼 다루기

<input> 태그로 라디오 버튼도 만들 수 있습니다. 라디오 버튼은 여러 항목 중 오직 하나만 선택할 때 사용합니다. 기본 구조는 한 줄 입력 요소나 체크박스와 비슷하지만, 작동 방식에는 차이가 있습니다. 라디오 버튼도 value, checked, onChange 속성으로 상태를 제어합니다. 하지만 그룹 안에서 하나만 선택할 수 있기 때문에 선택한 값을 상태로 비교하는 방식으로 제어해야 합니다.

다음 예제를 봅시다.

src/components/controlled/Radio.tsx

```
import React, { useState } from 'react';

export default function Radio() {
  const [selectedValue, setSelectedValue] = useState('option1'); ------ ❶
  const handleRadioChange = (event: React.ChangeEvent<HTMLInputElement>) => {
    setSelectedValue(event.target.value); --------------------------- ❷
  };
  return (
    <form>
      <label>
        <input type='radio' value='option1' --------------------------- ❸
```

```
          checked={selectedValue === 'option1'}
          onChange={handleRadioChange} />옵션 1</label>
      <label>
        <input type='radio' value='option2'
          checked={selectedValue === 'option2'}
          onChange={handleRadioChange} />옵션 2</label>
      <label>
        <input type='radio' value='option3'
          checked={selectedValue === 'option3'}
          onChange={handleRadioChange} />옵션 3</label>
    </form>
  );
}
```

❶ 상태 변수 selectedValue는 현재 선택된 라디오 버튼의 value 속성 값을 저장합니다. 초깃값을 'option1'로 설정했기 때문에 처음 렌더링될 때 '옵션 1'이 선택된 상태로 표시됩니다.

❷ 사용자가 라디오 버튼을 클릭하면 onChange 이벤트가 발생하고, setSelectedValue() 함수가 해당 버튼의 value 값을 상태로 저장합니다.

❸ <input> 요소 type을 'radio'로 설정해 라디오 버튼을 3개 만듭니다.

- value는 각 버튼이 나타내는 값입니다.
- checked 속성은 해당 라디오 버튼의 선택 여부를 나타냅니다. 현재 상태와 해당 버튼의 value가 일치({selectedValue === 'option(N)'})하면 true가 되어 선택 상태로 표시됩니다.
- onChange 속성으로 모두 같은 handleRadioChange() 이벤트 핸들러를 공유하고, 라디오 버튼을 클릭하면 상태를 변경합니다.

그림 8-3 라디오 버튼을 제어 컴포넌트로 만든 결과

◉ 옵션 1 ○ 옵션 2 ○ 옵션 3

라디오 버튼은 여러 항목 중 하나를 선택하면 같은 그룹에 속한 나머지는 자동으로 선택 해제됩니다. 이러한 특징 덕분에 라디오 그룹은 상태 하나로도 제어가 가능합니다. 라디오 그룹이 여러 개인 경우에는 객체 형태의 상태를 사용해 각 그룹 값을 하나의 객체로 함께 관리할 수 있습니다.

다음 예제는 gender(성별)와 color(색상)라는 두 라디오 그룹을 제어 컴포넌트 방식을 사용해 하나의 상태 객체로 관리합니다.

src/components/controlled/Radio2.tsx

```
import { useState } from 'react';

export default function Radio2() {
  const [formState, setFormState] = useState({ ❶
    gender: 'male',  color: 'red',
  });
  const handleRadioChange = (event: React.ChangeEvent<HTMLInputElement>) => { ❷
    setFormState((formState) => ({
      ...formState, [event.target.name]: event.target.value,
    }));
  };
  return (
    <>
      <form>
        <div> {/* 성별 그룹 */}
          <label>
            <input type='radio' name='gender' value='male' ❸
              checked={formState.gender === 'male'}
              onChange={handleRadioChange} />Male</label>
          <label>
            <input type='radio' name='gender' value='female'
              checked={formState.gender === 'female'}
              onChange={handleRadioChange} />Female</label>
        </div>
        <div> {/* 색상 그룹 */}
          <label>
            <input type='radio' name='color' value='red' ❹
              checked={formState.color === 'red'}
              onChange={handleRadioChange} />Red</label>
          <label>
            <input type='radio' name='color' value='blue'
              checked={formState.color === 'blue'}
              onChange={handleRadioChange} />Blue</label>
        </div>
      </form>
    </>
```

```
  );
}
```

❶ 라디오 그룹별로 선택된 값을 저장하는 formState라는 상태 객체를 정의합니다. gender, color 그룹의 초깃값을 각각 'male'과 'red'로 설정합니다.

❷ handleRadioChange()는 모든 라디오 버튼에 공통으로 사용하는 이벤트 핸들러입니다.

- event.target.name은 'gender' 또는 'color' 값을 가집니다.
- event.target.value는 사용자가 클릭한 라디오 버튼의 값을 나타냅니다.
- name 키의 값을 value 값으로 업데이트해 어떤 그룹인지에 따라 상태가 자동으로 업데이트됩니다.

❸ name='gender'로 성별 그룹을 지정합니다. 상태의 formState.gender 값과 비교해 어떤 버튼이 선택 상태인지 결정합니다.

❹ name='color'로 색상 그룹을 지정합니다. 작동 방식은 성별 그룹과 동일합니다.

이 코드의 핵심은 입력 요소의 name 속성 값을 활용해 동적으로 상태 객체의 속성을 업데이트한다는 점입니다. 이처럼 상태를 객체 형태로 관리하면 라디오 그룹이 여러 개일 때도 하나의 이벤트 핸들러만으로 모든 그룹을 효율적으로 제어할 수 있습니다.

● 제어 컴포넌트로 여러 줄 입력 요소 다루기

<textarea> 태그는 여러 줄 입력이 가능한 폼 요소를 만들 때 사용합니다. HTML에서는 다음과 같이 시작 태그와 종료 태그 사이에 내용을 넣는 방식으로 작성합니다.

```
<textarea>Hello</textarea>
```

리액트에서도 <textarea> 요소는 제어 컴포넌트로 다룰 수 있고, 입력 값은 value와 onChange 속성을 사용해 상태로 직접 제어합니다.

<textarea>는 기본적으로 내용이 필요한 요소이므로 보통 열고 닫는 형태를 사용합니다. 그러나 내용이 비어 있을 경우 다음과 같이 셀프 클로징 태그로도 작성할 수 있습니다.

```
<textarea />
```

셀프 클로징 태그(self-closing)란 HTML이나 JSX에서 자식 요소나 내용을 포함하지 않는 태그를 <태그 /> 형태로 간단히 닫는 방식입니다. HTML에서는 <input> 또는 <input /> 모두 허용하지만, JSX에서는 반드시 <input />처럼 닫아야 하며, <input>처럼 닫지 않은 형태는 오류가 발생합니다.

다음은 <textarea> 요소를 제어 컴포넌트 방식으로 구현한 예제입니다.

src/components/controlled/Textarea.tsx

```
import { useState } from 'react';

export default function Textarea() {
  const [text, setText] = useState(''); ---------------------------------- ❶
  const handleChange = (event: React.ChangeEvent<HTMLTextAreaElement>) => { -- ❷
    setText(event.target.value);
  };
  return (
    <form>
      <textarea value={text} onChange={handleChange} /> ------------------ ❸
      <p>입력한 텍스트: {text}</p> ----------------------------------------- ❹
    </form>
  );
}
```

❶ text는 사용자가 입력한 값을 저장하는 상태 변수이고, setText는 해당 상태를 업데이트하는 함수입니다. 초깃값은 빈 문자열('')로 설정해 처음 렌더링될 때 <textarea>는 비어 있는 상태로 표시됩니다.

❷ handleChange()는 사용자가 <textarea>에 값을 입력할 때마다 발생하는 onChange 이벤트에 의해 호출됩니다. 이 함수는 이벤트 객체의 target.value로 입력 값을 읽어와 상태에 저장합니다.

❸ <textarea> 요소의 value 속성을 상태 변수 text에 연결해 이 요소를 제어 컴포넌트로 만듭니다. 입력 값은 상태를 통해 완전히 제어되며, 상태가 바뀔 때마다 리액트는 자동으로 UI를 리렌더링합니다.

❹ <p> 요소에서는 현재 상태 값(text)을 화면에 표시합니다. 사용자가 입력한 내용은 실시간으로 상태에 반영되고, 그 값은 곧바로 화면에도 표시됩니다.

그림 8-4 여러 줄 입력 요소를 제어 컴포넌트로 만든 결과

오늘은 날씨가 맑습니다.
입력한 텍스트: 오늘은 날씨가 맑습니다.

<textarea> 요소도 여러 개의 값을 하나의 객체 상태로 통합 관리할 수 있습니다. 입력 요소마다 name 속성을 지정하고, 해당 값을 활용해 상태 객체의 특정 키 값을 동적으로 업데이트하면 됩니다.

다음은 2개의 <textarea> 요소를 하나의 상태(formState)로 관리하는 예제입니다.

src/components/controlled/Textarea2.tsx

```
import { useState } from 'react';

export default function Textarea2() {
  const [formState, setFormState] = useState({ ----------- ❶
    desc: '', introduce: '',
  });
  const handleChange = (event: React.ChangeEvent<HTMLTextAreaElement>) => {
    setFormState((formState) => ({ ----------------------- ❷
      ...formState, [event.target.name]: event.target.value,
    }));
  };
  return (
    <form> ------------------------------------------------ ❸
      <textarea name='desc' value={formState.desc} onChange={handleChange} />
      <p>입력한 텍스트: {formState.desc}</p>
      <textarea
        name='introduce' value={formState.introduce} onChange={handleChange} />
      <p>입력한 텍스트: {formState.introduce}</p>
    </form>
  );
}
```

❶ formState는 desc와 introduce라는 2개의 입력 요소를 객체 형태로 통합해 관리합니다. 초

깃값은 모두 빈 문자열('')입니다.

❷ 모든 <textarea> 요소는 handleChange() 함수를 공유합니다. event.target.name은 현재 입력 중인 요소의 이름을 나타냅니다('desc' 또는 'introduce'). 계산된 속성 이름 문법을 사용해 해당 항목만 업데이트하고, 나머지 상태는 유지합니다.

❸ <form>은 두 입력 요소를 하나의 폼 구조로 묶기 위해 사용합니다. <textarea>는 각각 name='desc'와 name='introduce'로 구분합니다. 사용자가 입력한 내용은 상태로 저장되고, <p> 요소를 통해 실시간으로 화면에 반영됩니다.

8.2.2 비제어 컴포넌트

비제어 컴포넌트(unControlled component)는 폼 요소의 입력 값을 리액트 상태가 아닌 DOM 자체에서 직접 관리하는 방식입니다. 즉, 사용자가 입력한 값은 컴포넌트의 상태로 저장하지 않고, DOM에 그대로 저장합니다.

이 방식에서는 useState 훅 대신 useRef 훅을 사용해 DOM 요소에 직접 접근해 값을 읽거나 조작합니다.

useRef 훅은 다음과 같이 사용합니다.

1. **useRef 훅으로 참조 생성**: useRef 훅으로 참조 객체(ref)를 생성합니다. 이 객체는 나중에 특정 DOM 요소에 연결되어 해당 요소를 직접 제어할 수 있습니다.

형식

```
import { useRef } from 'react';
const ref = useRef<Type>(initialValue);
```

- **<Type>**: 참조할 대상의 타입입니다. 제네릭 타입은 보통 생략 가능하지만, DOM 요소를 명확하게 참조하고 싶을 땐 이를 지정해주는 것이 좋습니다.
- **initialValue**: 초깃값으로 보통 null로 설정합니다.

2. **입력 요소에 ref 객체 연결**: 생성한 ref 객체를 입력 요소의 ref 속성과 연결하면 해당 DOM 노드를 ref.current.value를 사용해 직접 접근할 수 있습니다.

비제어 컴포넌트는 제어 컴포넌트처럼 입력 값을 실시간으로 추적하지 않습니다. 그래서 사용자가 입력하는 동안 리액트는 값이 무엇인지 알지 못하고 이벤트가 발생했을 때(버튼 클릭, 폼 제출 등)만 값을 참조합니다. 즉, 제어 컴포넌트가 입력 값을 항상 상태로 감시하는 방식이라면 비제어 컴포넌트는 필요할 때만 값을 가져오는 방식입니다.

폼 요소에 useRef 훅을 연결해 비제어 컴포넌트의 작동 방식을 이해해 보겠습니다.

● 비제어 컴포넌트로 한 줄 입력 요소 다루기

비제어 컴포넌트는 폼을 제출하는 시점에 직접 DOM에서 값을 읽어옵니다. 한 줄 입력 요소는 비제어 방식으로 다음과 같이 구현할 수 있습니다.

src/components/uncontrolled/Input.tsx

```
import { useRef } from 'react';

export default function Input() {
  const inputRef = useRef<HTMLInputElement>(null); ------ ❶
  const handleSubmit = (e: React.FormEvent) => { -------- ❷
    e.preventDefault();
    const inputValue = inputRef.current?.value;
    console.log('Submitted value:', inputValue);
  };
  return (
    <form onSubmit={handleSubmit}>
      <input type='text' ref={inputRef} /> --------------- ❸
      <button type='submit'>Submit</button>
    </form>
  );
}
```

❶ useRef 훅을 사용해 DOM 요소를 참조할 객체(inputRef)를 생성합니다. 초깃값은 null이며, 제네릭 타입으로 HTMLInputElement를 지정해 타입 안정성을 확보합니다.

❷ 버튼을 클릭해 폼을 제출하면 호출되는 handleSubmit() 함수를 정의합니다. ref.current로 <input> 요소를 직접 참조하고, 입력된 값을 읽습니다.

❸ 생성한 객체를 <input> 요소의 ref 속성과 연결합니다. 그러면 해당 DOM 요소에 직접 접근할 수 있습니다.

TIP — inputRef.current?.value는 ref.current가 null인지 아닌지 확신할 수 없을 때 사용하는 문법으로 **옵셔널 체이닝**(optional chaining)이라고 합니다. 이는 JSX에서 값을 안전하게 읽는 방식으로, 특히 초기 렌더링 직후나 컴포넌트가 조건부 렌더링하는 경우에는 ?.를 사용하는 것이 좋습니다. ref.current가 null이면 undefined를 반환하고, 오류를 일으키지 않습니다.

이처럼 입력 중에는 리액트가 값을 알지 못하다가 제출 시점에만 값을 가져오는 방식이 비제어 컴포넌트의 특징입니다.

그림 8-5 한 줄 입력 요소를 비제어 컴포넌트 방식으로 처리한 결과

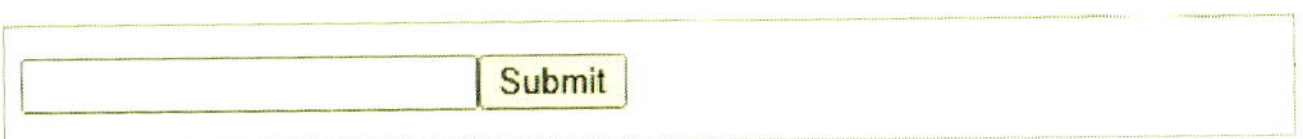

비제어 컴포넌트는 입력 값을 실시간으로 추적하지 않기 때문에 필요한 순간에만 값을 가져오는 이벤트 핸들러가 있어야 합니다. 이벤트가 반드시 onSubmit일 필요는 없고, onClick 같은 클릭 이벤트도 사용할 수 있습니다. 중요한 건 적절한 시점에 ref.current.value로 값을 읽어오는 코드가 있어야 한다는 점입니다.

예를 들어, 다음과 같은 클릭 이벤트 핸들러에서도 비제어 컴포넌트 방식으로 입력 값을 가져올 수 있습니다.

src/components/uncontrolled/Input2.tsx

```
import { useRef } from 'react';

export default function Input2() {
  const inputRef = useRef<HTMLInputElement>(null);
  const handleSubmit = (e: React.FormEvent) => {
    e.preventDefault();
    const inputValue = inputRef.current?.value;      // ref.current.value로 입력 요소의
    console.log('Submitted value:', inputValue);     // 현재 값을 읽어와 콘솔에 출력
  };
  const clickHandler = () => {
    const inputValue = inputRef.current?.value;      // 버튼 클릭만으로도
    console.log('Clicked value:', inputValue);       // 입력 요소의 값에 접근 가능
  };
  return (
    <form onSubmit={handleSubmit}>
      <input type='text' ref={inputRef} />
      <button type='button' onClick={clickHandler}>Get Value</button>   // 일반 버튼 클릭 시 clickHandler() 실행
      <button type='submit'>Submit</button>
    </form>
  );
}
```

여기서 핵심은 값을 읽는 시점에만 DOM에 접근한다는 점입니다. 입력 값을 실시간으로 추적

하거나 화면에 반영하지 않으므로 상태 업데이트 없이도 간단히 동작합니다.

비제어 컴포넌트는 제어 컴포넌트와 마찬가지로 입력 요소가 여러 개인 경우에도 각 요소를 개별적으로 제어해야 하므로 입력 요소마다 ref 객체가 필요합니다. 따라서 입력 요소마다 useRef 훅으로 객체를 생성합니다.

src/components/uncontrolled/Input3.tsx

```
import { useRef } from 'react';

export default function Input3() {
  const idRef = useRef<HTMLInputElement>(null);
  const passwordRef = useRef<HTMLInputElement>(null);   // 입력 요소마다 객체 생성
  const dateRef = useRef<HTMLInputElement>(null);
  const handleSubmit = (e: React.FormEvent) => {
    e.preventDefault();
    const id = idRef.current?.value;
    const password = passwordRef.current?.value;   // 각 객체는 DOM 요소에 연결되어 객체.current.value로 값을 읽음
    const date = dateRef.current?.value;
    console.log('Submitted values: ', { id, password, date });
  };
  return (
    <form onSubmit={handleSubmit}>
      <input type='text' name='id' ref={idRef} />
      <input type='password' name='password' ref={passwordRef} />   // 입력 요소의 ref 속성에 각 객체 연결
      <input type='date' name='date' ref={dateRef} />
      <button type='submit'>Submit</button>
    </form>
  );
}
```

비제어 컴포넌트도 여러 <input> 요소를 객체 하나로 그룹화해 관리할 수 있습니다. 다음 예제는 하나의 ref 객체 안에 id, password, date 입력 요소를 속성으로 구분해 관리합니다.

src/components/uncontrolled/Input4.tsx

```
import { useRef } from 'react';

export default function Input4() {
  const formRef = useRef<{ ---------------------------------------- ❶
```

```
    id: HTMLInputElement | null;
    password: HTMLInputElement | null;
    date: HTMLInputElement | null;
  }>({
    id: null, password: null, date: null,
  });
  const handleSubmit = (e: React.FormEvent) => { ------------------------- ❷
    e.preventDefault();
    const { id, password, date } = formRef.current;
    console.log('Submitted values: ', {
      id: id?.value, password: password?.value, date: date?.value,
    });
  };
  return (
    <form onSubmit={handleSubmit}>
      <input type='text' name='id' ref={(el) => (formRef.current.id = el)} /> ❸
      <input type='password' name='password'
        ref={(el) => (formRef.current.password = el)} />
      <input type='date' name='date' ref={(el) => (formRef.current.date = el)} />
      <button type='submit'>Submit</button>
    </form>
  );
}
```

❶ useRef 훅을 사용할 때 ref.current의 구조를 객체 형태로 지정합니다.

- 객체의 각 속성(id, password, date)은 각각의 <input> 요소를 참조합니다.
- 각 속성의 타입은 HTMLInputElement | null이고, 초깃값은 null입니다.

❷ 폼을 제출하면 formRef.current 객체에서 각 입력 요소를 참조하고, value 속성으로 입력값을 가져옵니다.

❸ 각 <input>의 ref 속성에 콜백 함수를 지정해 해당 DOM 요소를 formRef.current의 각 속성에 저장합니다.

하지만 객체로 묶는 방식은 리액트에서 더 이상 권장하지 않습니다. useRef 훅 여러 개를 선언하는 것보다 오히려 더 복잡하고 각 요소를 명확하게 추적하기 어려워 코드의 가독성이 떨어지기 때문입니다.

특히, 리액트 19부터는 ref에 **클린업**(cleanup) 함수가 추가되어 이와 같이 `ref.current`에 직접 값을 할당하는 방식은 사용할 수 없습니다(이 내용은 **8.5.2절**에서 살펴봅니다). 이후 이 책에서 비제어 컴포넌트를 다룰 때는 입력 요소마다 ref를 별도로 선언하는 방식을 사용합니다.

Note 리액트 19에서 객체형 ref를 사용하는 방법

리액트 19에서 객체형 ref를 사용하고 싶다면 반드시 중괄호({})를 사용한 안전한 콜백 형태로 작성해야 합니다. 중괄호를 사용하면 리액트가 ref를 해제하거나 재할당할 때도 코드가 안정적으로 실행됩니다.

```
<input type='text' name='id' ref={(el) => { formRef.current.id = el; }} />
```

수코딩의 조언 비제어 컴포넌트 방식에서는 언제든지 `ref.current`로 입력 값을 가져올 수 있기 때문에 꼭 `onSubmit` 이벤트를 사용할 필요는 없습니다. 즉, 입력 값을 읽어오는 시점은 버튼 클릭, 타이머 이벤트, 키보드 이벤트 등 개발자가 원하는 아무 때나 지정할 수 있습니다. 하지만 이 책에서는 독자의 혼란을 줄이기 위해 입력 값을 가져오는 시점을 폼을 제출할 때(`onSubmit`)로 통일해 설명하겠습니다.

비제어 컴포넌트로 체크박스 다루기

비제어 컴포넌트 방식으로 체크박스를 다룰 때는 다음과 같이 작성합니다.

src/components/uncontrolled/Checkbox.tsx

```
import { useRef } from 'react';

export default function Checkbox() {
  const checkboxRef = useRef<HTMLInputElement>(null); ------- ❶
  const handleSubmit = (e: React.FormEvent) => { ------------ ❷
    e.preventDefault();
    const isChecked = checkboxRef.current?.checked;
    console.log('Checkbox is', isChecked ? 'checked' : 'unchecked');
  };
  return (
    <form onSubmit={handleSubmit}>
      <div>
        <input type='checkbox' ref={checkboxRef} /> --------- ❸
        <label>아이템 1</label>
```

```
      </div>
      <button type='submit'>제출</button>
    </form>
  );
}
```

❶ useRef 훅으로 체크박스 요소를 참조할 객체를 생성합니다. checkboxRef.current로 해당 DOM 요소에 직접 접근할 수 있습니다.

❷ 폼 제출 이벤트(onSubmit)가 발생하면 실행되는 이벤트 핸들러입니다. 이 함수는 체크박스가 선택됐는지 checkboxRef.current?.checked로 확인해 콘솔에 출력합니다.

❸ ref 속성으로 체크박스 요소와 ref 객체를 연결합니다. 컴포넌트가 렌더링되면 checkboxRef.current에는 체크박스의 DOM 요소가 저장됩니다.

그림 8-6 체크박스를 비제어 컴포넌트 방식으로 처리한 결과

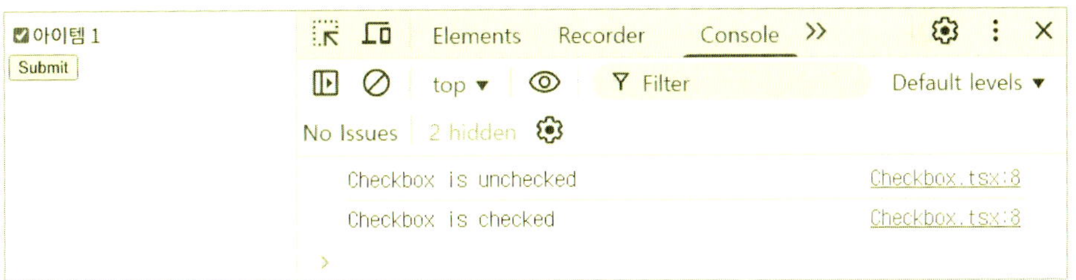

비제어 컴포넌트 방식으로 체크박스를 다룰 때는 checked 속성이나 onChange 이벤트를 사용할 필요가 없습니다. 그 대신, useRef 훅으로 생성한 ref 객체를 <input> 요소의 ref 속성에 연결하고, 폼을 제출할 때 ref를 통해 직접 DOM 요소에 접근해 체크 여부를 확인합니다. 이 방식은 실시간으로 상태를 추적하지 않기 때문에 사용자가 체크박스를 선택했는지 여부는 [Submit] 버튼을 눌렀을 때만 알 수 있습니다. 따라서 제어 컴포넌트처럼 '아이템 1(선택됨)'과 같은 문구로 체크 상태를 실시간으로 표시하는 기능은 구현할 수 없습니다.

여러 체크박스 요소를 비제어 컴포넌트 방식으로 다룰 때는 체크박스마다 useRef 훅으로 ref 객체를 생성해 관리하면 됩니다.

src/components/uncontrolled/Checkbox2.tsx

```
import { useRef } from 'react';

export default function Checkbox2() {
```

```
  const agree1Ref = useRef<HTMLInputElement>(null);
  const agree2Ref = useRef<HTMLInputElement>(null);   객체 3개를 정의해 각 체크박스 참조
  const agree3Ref = useRef<HTMLInputElement>(null);
  const handleSubmit = (e: React.FormEvent) => {
    e.preventDefault();
    const formState = {
      agree1: agree1Ref.current?.checked,
      agree2: agree2Ref.current?.checked,   폼 제출 시 각 ref.current?.checked 값 확인
      agree3: agree3Ref.current?.checked,
    };
    console.log('동의 1:', formState.agree1);
    console.log('동의 2:', formState.agree2);
    console.log('동의 3:', formState.agree3);
  };
  return (
    <form onSubmit={handleSubmit}>
      <div>
        <input type='checkbox' id='ag1' name='agree1' ref={agree1Ref} />
        <label htmlFor='ag1'>동의 1</label>
      </div>
      <div>
        <input type='checkbox' id='ag2' name='agree2' ref={agree2Ref} />
        <label htmlFor='ag2'>동의 2</label>
      </div>
      <div>
        <input type='checkbox' id='ag3' name='agree3' ref={agree3Ref} />
        <label htmlFor='ag3'>동의 3</label>
      </div>
      <button type='submit'>제출</button>
    </form>
  );
}
```

앞서 설명했듯이 비제어 컴포넌트에서 하나의 ref 객체 안에 여러 요소를 객체 형태로 묶어 관리하는 방식은 리액트에서 권장하지 않습니다. 리액트 19부터 클린업 함수가 추가되면서 이 방식은 예상치 못한 오류를 발생시킬 가능성이 있습니다. 따라서 요소마다 독립적인 ref를 생성해 관리하는 것이 더 안정적이고, 리액트의 의도에도 부합하는 방식입니다.

비제어 컴포넌트로 라디오 버튼 다루기

라디오 버튼을 비제어 컴포넌트 방식으로 다룰 때는 체크박스처럼 useRef 훅으로 각 라디오 버튼을 개별적으로 연결해 관리하지는 않습니다. 그 대신, 폼 전체에서 값을 추출하는 용도로 FormData 객체를 사용합니다.

FormData는 HTML의 <form>을 인자로 받아 그 안에 포함된 모든 속성 값을 키-값 쌍으로 자동 추출해주는 유용한 도구입니다. 이 객체를 사용하면 자바스크립트에서 폼 데이터를 훨씬 간편하게 다룰 수 있습니다.

여기서 핵심은 FormData 객체를 만들 때 <form> 요소 자체를 인자로 전달해야 한다는 점입니다. onSubmit 이벤트를 사용하면 이벤트 객체의 currentTarget 속성으로 <form> 요소에 직접 접근할 수 있어 폼 데이터를 손쉽게 가져올 수 있습니다.

다음은 라디오 버튼을 비제어 컴포넌트 방식으로 다루도록 구현한 예제입니다.

src/components/uncontrolled/Radio.tsx

```
export default function Radio() {
  const handleSubmit = (e: React.FormEvent<HTMLFormElement>) => { ❶
    e.preventDefault();
    const formData = new FormData(e.currentTarget);
    console.log('Selected option:', formData.get('option'));
  };
  return (
    <form onSubmit={handleSubmit}>
      <div>
        <label>                                              ❷
          <input type='radio' name='option' value='option1' defaultChecked />
          옵션 1</label>
      </div>
      <div>
        <label>
          <input type='radio' name='option' value='option2' />
          옵션 2</label>
      </div>
      <div>
        <label>
          <input type='radio' name='option' value='option3' />
          옵션 3</label>
```

```
      </div>
      <button type='submit'>제출</button>
    </form>
  );
}
```

❶ 비제어 컴포넌트에서 ref 객체는 하나의 DOM 요소만 참조할 수 있습니다. 하지만 라디오 버튼은 같은 name 속성으로 묶여 있어 논리적으로 하나의 입력 값을 의미합니다. 예를 들어 '옵션 1', '옵션 2', '옵션 3'이라는 라디오 그룹에서 사용자의 선택을 확인하려면 ref 객체를 3개 만들고 각각의 .checked 값을 확인해야 합니다. 이는 복잡하고 비효율적입니다.

따라서 라디오 버튼은 FormData 객체를 사용하는 것이 가장 효율적입니다. FormData는 <form> 요소를 인자로 받아 내부의 모든 입력 값을 자동으로 수집합니다. 이때 onSubmit의 이벤트 핸들러에서 e.currentTarget으로 <form> 요소를 참조할 수 있습니다. 그리고 formData.get('option')처럼 FormData 객체의 get() 메서드를 사용해 선택된 라디오 버튼의 값을 간단히 가져올 수 있습니다.

❷ 체크박스는 여러 개를 자유롭게 선택할 수 있지만, 라디오 버튼은 하나만 선택할 수 있는 구조입니다. 따라서 초깃값을 반드시 지정해야 합니다. 이를 위해 defaultChecked 속성을 사용합니다. 만약 초깃값을 지정하지 않으면, 사용자가 아무것도 선택하지 않은 채로 폼을 제출할 수 있으므로 의도하지 않은 동작이 발생할 수 있습니다.

그림 8-7 라디오 버튼을 비제어 컴포넌트 방식으로 처리한 결과

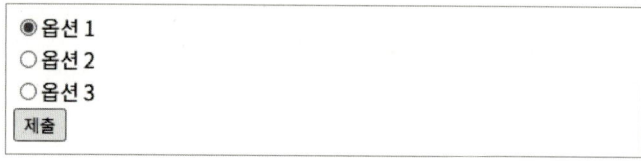

onSubmit의 이벤트 핸들러에서는 이벤트 객체의 currentTarget 속성을 사용해 <form> 요소에 직접 접근할 수 있습니다. 하지만 버튼 클릭 이벤트와 같은 다른 이벤트 핸들러에서는 이벤트 객체를 통해 <form> 요소에 접근할 수 없습니다. 이럴 때는 useRef 훅을 사용해 <form> 요소를 직접 참조해야 합니다.

다음은 useRef 훅으로 생성한 formRef를 <form> 요소의 ref 속성에 연결하고, 클릭 이벤트 핸들러에서 이 참조를 통해 FormData 객체를 생성해 라디오 버튼의 선택 값을 가져오는 방식으로 구현한 예제입니다.

src/components/uncontrolled/Radio2.tsx

```
import { useRef } from 'react';

export default function Radio2() {
  const formRef = useRef<HTMLFormElement>(null);
  const handleSubmit = (e: React.FormEvent<HTMLFormElement>) => {
    e.preventDefault();
    const formData = new FormData(e.currentTarget);
    console.log('Selected option:', formData.get('option'));
  };
  const clickHandler = () => {
    if (formRef.current) {
      const formData = new FormData(formRef.current);
      console.log('Selected option:', formData.get('option'));
    }
  };
  return (
    <form ref={formRef} onSubmit={handleSubmit}>
      <div>
        <label>
          <input type='radio' name='option' value='option1' defaultChecked />
          옵션 1</label>
      </div>
      <div>
        <label>
          <input type='radio' name='option' value='option2' />옵션 2</label>
      </div>
      <div>
        <label>
          <input type='radio' name='option' value='option3' />옵션 3</label>
      </div>
      <button type='button' onClick={clickHandler}>선택 값 확인하기</button>
      <button type='submit'>제출</button>
    </form>
  );
}
```

라디오 버튼이 여러 그룹으로 나뉘어 있을 경우에도 FormData 객체를 사용하면 각 그룹에서 선택한 값을 간단하게 가져올 수 있습니다.

다음은 name 속성이 다른 두 라디오 그룹(gender, color)이 있을 때 FormData.get()으로 각 그룹의 선택 값을 추출하는 예제입니다.

src/components/uncontrolled/Radio3.tsx

```
import { type FormEvent, useRef } from 'react';

export default function Radio3() {
  const formRef = useRef<HTMLFormElement>(null);
  const handleSubmit = (e: FormEvent<HTMLFormElement>) => {
    e.preventDefault();
    const formData = new FormData(e.currentTarget);
    const selectedGender = formData.get('gender');
    const selectedColor = formData.get('color');
    console.log('Selected gender:', selectedGender);
    console.log('Selected color:', selectedColor);
  };
  const clickHandler = () => {
    if (formRef.current) {
      const formData = new FormData(formRef.current);
      const selectedGender = formData.get('gender');
      const selectedColor = formData.get('color');
      console.log('Selected gender:', selectedGender);
      console.log('Selected color:', selectedColor);
    }
  };
  return (
    <form ref={formRef} onSubmit={handleSubmit}>
      <div>
        <label>
          <input type='radio' name='gender' value='male' defaultChecked />
          Male</label>
        <label>
          <input type='radio' name='gender' value='female' />Female</label>
      </div>
      <div>
        <label>
          <input type='radio' name='color' value='red' defaultChecked />Red</label>
        <label>
          <input type='radio' name='color' value='blue' />Blue</label>
      </div>
```

```
        <button type='button' onClick={clickHandler}>선택 값 확인하기</button>
        <button type='submit'>제출</button>
      </form>
    );
  }
```

이 방법을 사용하면 라디오 버튼마다 ref 객체를 따로 만들 필요가 없습니다. <form> 요소 하나만 ref 속성으로 연결해두면 그 안에 포함된 모든 라디오 버튼의 선택 값을 한 번에 가져올 수 있으므로 코드가 훨씬 간결해지고, 유지보수도 쉬워집니다.

> **수코딩의 조언**
>
> FormData 객체를 사용하면 useRef 훅 없이도 입력 요소의 값을 가져올 수 있습니다. 단점이 있다면, FormData 객체를 생성할 때마다 <form> 요소를 인자로 넘겨줘야 한다는 점입니다. 하지만 한 번만 넘기면 <form> 안 모든 입력 요소 값을 키-값 쌍으로 간편하게 추출할 수 있습니다.
>
> 라디오 버튼처럼 여러 요소가 논리적으로 하나의 값으로 작동하는 특수한 경우에는 FormData 방식이 특히 유용합니다. 반면, 대부분의 경우에는 useRef 훅을 사용해 ref 객체를 생성하고 DOM 요소에 직접 접근하는 방식이 더 일반적이고 편리합니다. ref.current로 어떤 이벤트에서든 바로 DOM 값을 가져올 수 있기 때문입니다.

비제어 컴포넌트로 여러 줄 입력 요소 다루기

<textarea>로 만들 수 있는 여러 줄 입력 요소 역시 다른 입력 요소처럼 비제어 컴포넌트 방식으로 다룰 수 있습니다.

다음 예제는 useRef 훅으로 <textarea> 요소를 참조하는 ref 객체를 만들고, 폼을 제출할 때 ref.current.value로 입력된 값을 가져옵니다.

src/components/uncontrolled/Textarea.tsx

```
import { useRef } from 'react';

export default function Textarea() {
  const textareaRef = useRef<HTMLTextAreaElement>(null);
  const handleSubmit = (event: React.FormEvent) => {
    event.preventDefault();
    const text = textareaRef.current?.value;
    console.log('입력한 텍스트:', text);
  };
```

```
  return (
    <form onSubmit={handleSubmit}>
      <textarea ref={textareaRef} />
      <button type="submit">Submit</button>
    </form>
  );
}
```

비제어 컴포넌트 방식은 입력 값을 실시간으로 추적하거나 화면에 즉시 반영할 수 없습니다. 사용자가 입력한 값은 버튼 클릭과 같은 특정 시점에만 가져올 수 있다는 점을 꼭 기억하세요.

<textarea> 요소가 여러 개인 경우에는 입력 요소마다 별도의 ref 객체를 생성해 연결해야 합니다. 예를 들어, 설명(description)과 자기소개(introduction)를 처리하려면 다음과 같이 작성합니다.

src/components/uncontrolled/Textarea2.tsx

```
import { useRef } from 'react';

export default function Textarea2() {
  const descRef = useRef<HTMLTextAreaElement>(null);
  const introduceRef = useRef<HTMLTextAreaElement>(null);
  const handleSubmit = (event: React.FormEvent) => {
    event.preventDefault();
    const descValue = descRef.current?.value;
    const introduceValue = introduceRef.current?.value;
    console.log('Description:', descValue);
    console.log('Introduction:', introduceValue);
  };
  return (
    <form onSubmit={handleSubmit}>
      <textarea name='desc' ref={descRef} />
      <textarea name='introduce' ref={introduceRef} />
      <button type='submit'>Submit</button>
    </form>
  );
}
```

비제어 컴포넌트는 DOM에 직접 접근해 입력 값을 가져오는 방식으로, 빠르고 단순한 폼 처리에는 유용하지만 리액트의 상태 흐름과는 다소 거리가 있습니다. 실시간 렌더링이 필요 없고, 입력 값을 특정 시점에만 참조하면 되는 상황에서는 유연하고 간단하게 사용할 수 있지만, 복잡한 폼 로직이나 컴포넌트 간 데이터 동기화에는 부적합합니다. 따라서 목적과 상황에 맞게 제어 컴포넌트와 비제어 컴포넌트 중 적절한 방식을 선택하는 것이 중요합니다.

1분 퀴즈

정답 노트 p.792

01. 제어 컴포넌트의 특징으로 올바른 것은 무엇인가요?

① 입력 값을 상태로 관리하지 않는다.

② DOM을 직접 조작해 입력 값을 가져온다.

③ 상태를 통해 입력 값을 실시간으로 관리한다.

④ 값 변경 시 `ref`를 사용해 UI를 업데이트한다.

02. 여러 입력 요소를 객체 상태로 제어할 때 입력 요소를 식별하는 데 사용하는 속성은 무엇인가요?

① `name`

② `id`

③ `htmlFor`

④ `value`

03. 제어 컴포넌트를 사용할 때 가장 큰 장점은 무엇인가요?

① 컴포넌트와 DOM을 완전히 분리할 수 있다.

② 컴포넌트 외부에서 값을 쉽게 수정할 수 있다.

③ 입력 값을 리렌더링 없이 직접 가져올 수 있다.

④ 입력 값을 실시간으로 상태와 동기화할 수 있다.

04. 비제어 컴포넌트에서 입력 값을 가져오는 일반적인 방식은 무엇인가요?

① `ref.current.value`를 사용해 DOM에서 값을 읽는다.

② `useState` 훅을 사용해 상태로 값을 추적한다.

③ `onChange` 이벤트로 상태를 업데이트한다.

④ `value` 속성으로 상태와 값을 연결한다.

계속

05. 다음 중 비제어 컴포넌트의 특징으로 올바른 것은 무엇인가요?

① value 속성으로 폼 요소의 값을 제어한다.

② 유효성 검사를 실시간으로 처리할 수 있다.

③ 입력 값을 상태로 관리하며 리렌더링 시 자동으로 반영된다.

④ 폼 요소의 값을 ref 객체를 사용해 직접 DOM에서 읽어온다.

06. 다음 중 FormData 객체를 사용하는 이유로 올바른 것은 무엇인가요?

① 상태 값을 실시간 추적하기 위해

② CSS 속성을 동적으로 변경하기 위해

③ 상태 없이 컴포넌트를 렌더링하기 위해

④ 그룹화된 요소의 값을 쉽게 가져오기 위해

8.3

폼 제어 한 단계 더 나아가기

이번에는 한 단계 더 나아가 폼을 보다 세밀하게 제어하는 방법을 살펴보겠습니다.

8.3.1 useRef 훅 활용하기

useRef 훅은 주로 비제어 컴포넌트에서 입력 값을 DOM에서 직접 읽어올 때 사용하지만, 그 외에도 다양한 용도로 활용할 수 있습니다. 예를 들어, JSX 요소(또는 DOM 노드)를 참조해 포커스를 주거나 스크롤을 이동하는 동작 등을 제어 컴포넌트 방식에서도 수행할 수 있습니다.

다음은 useState 훅으로 이메일과 비밀번호 값을 실시간으로 관리하는 제어 컴포넌트 방식의 로그인 폼 예제입니다.

src/components/LoginForm.tsx

```
import { useState } from 'react';

export default function LoginForm() {
  const [email, setEmail] = useState('');                ❶
  const [password, setPassword] = useState('');
  const changeEmail = (e: React.ChangeEvent<HTMLInputElement>) => {
    setEmail(e.target.value);
  };
  const changePassword = (e: React.ChangeEvent<HTMLInputElement>) => {
    setPassword(e.target.value);
  };
  return (
    <form>
      <label htmlFor='uid'>                                ❷
        <input type='text' id='uid' placeholder='이메일을 입력하세요.'
```

```
          value={email} onChange={changeEmail} /> ------- ❸
      </label>
      <label htmlFor='upw'>
        <input type='password' id='upw' placeholder='비밀번호를 입력하세요.'
          value={password} onChange={changePassword} />
      </label>
      <button type='submit'>로그인</button> --------------- ❹
    </form>
  );
}
```

❶ useState 훅으로 이메일과 비밀번호를 위한 상태를 정의합니다.

❷ 접근성을 높이기 위해 <label>의 htmlFor 속성과 <input>의 id 속성 값을 동일하게 지정해 연결합니다. <label>은 화면에 보이는 설명 텍스트이고, <input>은 실제로 값을 입력하는 폼 요소입니다. 이 둘을 연결하면 사용자가 <label> 텍스트를 클릭해도 자동으로 <input>에 포커스가 가기 때문에 접근성이 향상됩니다.

❸ onChange의 이벤트 핸들러로 입력 값을 상태에 즉시 반영합니다. 이는 제어 컴포넌트의 핵심입니다.

❹ [로그인] 버튼에 아직 이벤트 핸들러는 연결하지 않았습니다.

이 폼에서 아이디와 비밀번호를 입력하지 않고 로그인 버튼을 누를 경우 '이메일을 입력하세요.', '비밀번호를 입력하세요.'라는 경고창(alert)을 띄우고 해당 입력 요소에 포커스를 이동시키려고 합니다. 이럴 때는 <form> 태그의 onSubmit 속성에 이벤트 핸들러를 연결해 다음과 같이 처리할 수 있습니다.

src/components/ LoginForm.tsx

```
import { useState } from 'react';

export default function LoginForm() {
  (중략)
  const submitHandler = (e: React.FormEvent<HTMLFormElement>) => {
    e.preventDefault(); // 기본 동작 막기
    if (email.trim() === '') { // email 값이 공백이거나 빈 문자열이면
      alert('이메일을 입력하세요.'); // 경고창을 띄우거나
      return; // 함수 실행 종료
```

```
    }
    if (password.trim() === '') { // password 값이 공백이거나 빈 문자열이면
      alert('비밀번호를 입력하세요.'); // 경고창을 띄우거나
      return; // 함수 실행 종료
    }
  };
  return (
    <form onSubmit={submitHandler}> {/* 폼 제출 시 함수 실행 */}
      (중략)
    </form>
  );
}
```

onSubmit 이벤트는 폼 유효성 검사(입력 값 검증)에 자주 사용합니다. 이 이벤트는 기본적으로 폼 데이터를 서버로 전송하려는 동작을 포함하고 있기 때문에 이벤트 핸들러 내부에서 event.preventDefault()를 호출해 기본 동작(페이지 새로 고침 또는 서버 전송)을 막아야 합니다. 이 코드를 생략하면 로그인 버튼을 누르는 즉시 폼이 전송되어 페이지가 새로 고침될 수 있습니다.

따라서 preventDefault()로 기본 동작을 막은 뒤, 조건문으로 사용자가 이메일이나 비밀번호를 입력하지 않았을 때 경고 메시지를 띄우고 포커스 이동 등 적절한 후속 동작을 구현할 수 있습니다.

그림 8-8 onSubmit 이벤트를 사용한 폼 검증

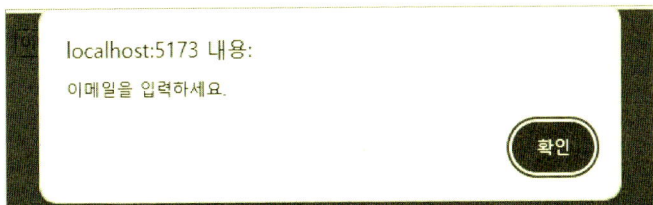

이 상태에서 [확인] 버튼을 누르면 경고창이 사라지고 끝입니다. [확인] 버튼을 눌렀을 때 해당 입력칸에 커서가 자동으로 이동하도록 만들어 보겠습니다. 이때 사용하는 것이 바로 useRef 훅입니다. useRef 훅으로 ref 객체를 만들고, 이 객체를 입력 요소의 ref 속성과 연결하면 해당 요소에 직접 접근하거나 포커스를 줄 수 있습니다.

src/components/LoginForm.tsx

```
import { useRef, useState } from 'react';

export default function LoginForm() {
  const idRef = useRef<HTMLInputElement>(null); ------┐
  const pwRef = useRef<HTMLInputElement>(null); ------┘❶
  (중략)
  const submitHandler = (e: React.FormEvent<HTMLFormElement>) => {
    e.preventDefault(); // 기본 동작 막기
    if (email.trim() === '') { // email 값이 공백이거나 빈 문자열이면
      alert('이메일을 입력하세요.'); // 경고창을 띄우거나
      idRef.current?.focus(); --------------------------❷
      return; // 함수 실행 종료
    }
    if (password.trim() === '') { // password 값이 공백이거나 빈 문자열이면
      alert('비밀번호를 입력하세요.'); // 경고창을 띄우거나
      pwRef.current?.focus(); --------------------------❷
      return; // 함수 실행 종료
    }
    alert(`이메일: ${email}, 비밀번호: ${password}`); --┐
    setEmail(''); // 이메일 입력 초기화                  │❸
    setPassword(''); // 비밀번호 입력 초기화            --┘
  };
  return (
    <form onSubmit={submitHandler}> {/* 폼 제출 시 함수 실행 */}
      <label htmlFor='uid'>
        <input ref={idRef} type='text' id='uid' ------❹
          placeholder='이메일을 입력하세요.'
          value={email} onChange={changeEmail} />
      </label>
      <label htmlFor='upw'>
        <input ref={pwRef} type='password' id='upw' --❹
          placeholder='비밀번호를 입력하세요.'
          value={password} onChange={changePassword} />
      </label>
      <button type='submit'>로그인</button>
    </form>
  );
}
```

❶ useRef로 각 <input> 요소를 참조할 수 있는 ref 객체(idRef, pwRef)를 생성합니다.

❷ 유효성 검사에서 입력 값이 비어 있으면 ref.current?.focus()를 호출해 포커스를 이동시킵니다.

❸ 입력 값이 모두 유효하면 경고창으로 확인 메시지를 띄우고, setState()로 입력 값을 초기화합니다.

❹ 각 입력 요소와 ref 속성으로 연결해 해당 DOM 요소에 접근할 수 있게 합니다.

코드를 실행하고 경고창에서 확인 버튼을 누르면 해당 입력칸에 커서가 활성화됩니다.

ref.current는 자바스크립트의 document.getElementById()와 비슷한 역할을 합니다. DOM 요소를 직접 가리키며, 추가로 .focus() 같은 메서드를 호출해 동적으로 동작을 제어할 수 있습니다. 이렇게 하면 사용자의 입력 흐름을 더 자연스럽고 편리하게 만들어줄 수 있습니다.

8.3.2 커스텀 훅 사용하기

리액트에서 입력 값을 제어 컴포넌트 방식으로 관리하려면 일반적으로 입력 요소 하나당 상태 하나와 상태 업데이트 함수 하나가 필요합니다.

예를 들어, 이메일과 비밀번호 입력 요소를 각각 제어하려면 상태 2개와 변경 함수 2개가 필요합니다. 하지만 입력 요소가 10개라면 상태와 변경 함수도 각각 10개씩 만들어야 하므로 코드가 길어지고 복잡해집니다.

src/components/LoginForm2.tsx

```
import { useState } from 'react';

export default function LoginForm2() {
  // 이메일 상태 제어
  const [email, setEmail] = useState('');
  const changeEmail = (e: React.ChangeEvent<HTMLInputElement>) => {
    setEmail(e.target.value);
  };
  // 비밀번호 상태 제어
  const [password, setPassword] = useState('');
  const changePassword = (e: React.ChangeEvent<HTMLInputElement>) => {
    setPassword(e.target.value);
  };
  return (
```

```
    <form>
      <label htmlFor='uid'>
        <input type='text' id='uid' placeholder='이메일을 입력하세요.'
          value={email} onChange={changeEmail} />
      </label>
      <label htmlFor='upw'>
        <input type='password' id='upw' placeholder='비밀번호를 입력하세요.'
          value={password} onChange={changePassword} />
      </label>
      <button type='submit'>로그인</button>
    </form>
  );
}
```

이를 개선해 모든 입력 값을 하나의 객체 상태로 묶어 관리하는 방식도 있습니다. 이 방법의 장점은 코드 양을 줄일 수 있다는 것입니다. 하지만 모든 값이 하나의 상태에 의존하므로 입력 값을 독립적으로 다루기 어렵고, 코드의 유연성과 명확성이 떨어질 수 있습니다.

이런 문제를 해결하기 위한 대안으로 등장한 것이 바로 커스텀 훅입니다. **커스텀 훅**(custom hook)이란 리액트 훅을 사용자가 직접 정의한 함수입니다. 기존의 리액트 훅을 다른 함수로 감싸 특정 기능을 수행하도록 새롭게 정의한 함수로, 반복 로직을 하나의 함수로 묶어 재사용성을 높이는 데 목적이 있습니다.

예를 들어, 입력 값을 관리할 때 다음과 같은 코드가 반복된다고 합시다. 매번 useState 훅과 onChange 이벤트 핸들러를 작성하는 대신, 이를 하나의 커스텀 훅으로 만들어 간단하게 사용할 수 있습니다.

```
const [value, setValue] = useState('');
const handleChange = (e) => setValue(e.target.value);
```

다음은 useState 훅과 onChange 이벤트 핸들러를 하나로 묶어 입력 상태를 간편하게 관리할 수 있는 커스텀 훅입니다.

src/hooks/useInput.ts

```
import { useState } from 'react';

export default function useInput(initialValue = '') {
```

```
  const [value, setValue] = useState(initialValue);
  const onChange = (event: React.ChangeEvent<HTMLInputElement>) => {
    setValue(event.target.value);
  };
  return {
    value, onChange,
  };
}
```

코드를 보면 useInput 훅은 초깃값으로 빈 문자열('')을 사용합니다. 내부에는 useState 훅을 사용해 value라는 상태와, 입력 이벤트가 발생할 때 상태를 업데이트하는 onChange() 함수를 정의합니다. 그리고 이 둘을 객체 형태로 반환합니다. 이렇게 커스텀 훅을 정의해두면 입력 요소마다 상태와 이벤트 핸들러를 따로 작성하지 않아도 됩니다.

useInput 훅을 기존 로그인 폼에 적용하면 다음과 같습니다.

src/components/LoginForm3.tsx

```
import useInput from '../hooks/useInput';

export default function LoginForm3() {
  const { value: email, onChange: changeEmail } = useInput('');
  const { value: password, onChange: changePassword } = useInput('');
  const submitHandler = (e: React.FormEvent<HTMLFormElement>) => {
    e.preventDefault();
    console.log(email, password);
  };
  return (
    <form onSubmit={submitHandler}>
      (중략)
    </form>
  );
}
```

useInput 커스텀 훅을 사용해 상태 정의(useState)와 이벤트 핸들러(onChange)를 간단하게 처리합니다. useInput()의 호출 결과로 { value, onChange } 객체를 반환하는데, 이메일에서는 value를 email, onChange를 changeEmail이라는 이름으로 바꿔 사용할 수 있습니다. 같은 방식으로 비밀번호에서는 password와 changePassword라는 이름으로 바꿔 사용합니다.

이처럼 커스텀 훅을 사용하면 각 입력 요소의 상태를 독립적으로 관리할 수 있어 입력 값을 하나의 객체 상태로 묶는 방식보다 가독성도 좋고 유지보수하기도 쉬운 코드가 됩니다.

8.3.3 커스텀 훅 심화

커스텀 훅은 어떻게 정의하느냐에 따라 그 기능과 활용 범위에 큰 차이가 생깁니다. **8.3.2절**에서 설명했듯 useInput 커스텀 훅은 구조가 단순하고 직관적이어서 value 속성을 사용하는 <input type='text'>나 <textarea> 같은 문자열을 다루는 입력 요소에 적합합니다.

하지만 이 훅은 체크박스나 라디오 버튼과 같은 입력 요소에는 사용할 수 없습니다. 체크박스나 라디오 버튼은 사용자의 선택 여부에 따라 true 또는 false 값을 사용합니다. 이 경우 value 대신 checked 속성을 제어해야 하며, onChange 이벤트의 처리 방식도 달라집니다.

따라서 불리언 값을 다루는 체크박스나 라디오 버튼 같은 입력 요소에 사용하려면 기존의 useInput 훅을 그대로 사용할 수 없습니다. 그 대신 입력 타입에 따라 로직을 분기하고, 유효성 검사 및 초기화 기능까지 포함한 확장형 커스텀 훅을 별도로 정의해야 합니다.

다음은 text, checkbox, radio 타입을 모두 처리할 수 있는 커스텀 훅을 구현한 예제입니다.

src/hooks/useInputEx.ts

```
import { useState } from 'react';

type InputType = 'text' | 'checkbox' | 'radio'; ------ ❶
// useInput 훅에 전달한 props의 타입 정의
interface UseInputProps<T> {
  initialValue: T; // 초깃값
  validateFn: (value: T) => string | undefined; // 유효성 검사 함수
  type?: InputType; // 입력 필드 타입(기본값 'text')
}

export default function useInputEx<T>({
  initialValue, validateFn, type = 'text',
}: UseInputProps<T>) {
  const [value, setValue] = useState<T>(initialValue);
  const [error, setError] = useState<string>('');
  const onChange = (e: React.ChangeEvent<HTMLInputElement>) => {
    const newValue =
      type === 'checkbox' ? (e.target.checked as unknown as T) : (e.target.value as T);
```

```
    setValue(newValue);
    setError('');
  };
  const validate = (): boolean => { ------------------ ❷
    const validationError = validateFn(value);
    setError(validationError || '');
    return !validationError;
  };
  const reset = () => { ----------------------------- ❸
    setValue(initialValue);
    setError('');
  };
  return {
    value, // 현재 입력 값
    error, // 유효성 검사 오류 메시지
    onChange, // 입력 이벤트 핸들러
    validate, // 유효성 검사 함수
    reset, // 상태 초기화 함수
  };
}
```

❶ type 속성으로 'text', 'checkbox', 'radio' 중 하나를 입력 타입으로 지정할 수 있게 유니언 타입으로 정의합니다. 기본값은 'text'이고, 지정한 타입에 따라 onChange 이벤트의 처리 방식이 달라집니다.

❷ validate()는 입력 값의 유효성을 검사하는 함수로, 결과에 따라 true 또는 false를 반환합니다. validate()는 validateFn()이라는 함수를 외부에서 전달받아 사용합니다. 이 함수는 입력 값이 유효한지 확인하고 유효하지 않을 경우 오류 메시지를 반환합니다. 반환한 오류 메시지는 error 상태로 관리합니다. error 상태는 화면에 오류 메시지를 보여줄 때 사용합니다.

❸ reset() 함수는 입력 값과 오류 메시지를 모두 초기화합니다. 폼 제출 후 상태를 깨끗하게 초기화할 때 유용합니다.

이전의 useInput 훅보다 구조가 조금 더 복잡하지만, 텍스트 입력, 체크박스, 라디오 버튼 등 다양한 입력 요소를 모두 하나의 훅으로 통합 관리할 수 있어 코드의 재사용성과 확장성을 높일 수 있습니다.

다음과 같이 useInputEx 훅을 사용하면 다양한 입력 요소를 효과적으로 관리하면서 입력 값 제어와 유효성 검사를 함께 처리할 수 있습니다.

src/components/Dynamic.tsx

```
import useInputEx from '../hooks/useInputEx';

export default function Dynamic() {
  // useInputEx 훅을 사용해 텍스트 필드와 유효성 검사 로직 분리
  const { // 이름 입력 필드: 공백을 허용하지 않음
    value: name, error: nameError,
    onChange: handleNameChange, validate: validateName,
  } = useInputEx<string>({
    initialValue: '',
    validateFn: (value) => {
      if (!value) return '이름은 필수입니다.';
      return undefined;
    },
  });
  const { // 이메일 입력 필드: @ 포함 여부 확인
    value: email, error: emailError,
    onChange: handleEmailChange, validate: validateEmail,
  } = useInputEx<string>({
    initialValue: '',
    validateFn: (value) => {
      if (!value.includes('@')) return '올바른 이메일을 입력하세요.';
      return undefined;
    },
  });
  const { // 전화번호 입력 필드: 11자리 숫자만 허용
    value: phone, error: phoneError,
    onChange: handlePhoneChange, validate: validatePhone,
  } = useInputEx<string>({
    initialValue: '',
    validateFn: (value) => {
      if (!value.match(/^\d{11}$/)) return '전화번호는 11자리여야 합니다.';
      return undefined;
    },
  });
  const { // 체크박스 필드: 약관 동의 여부
    value: isAgreed, error: isAgreedError,
```

```
  onChange: handleAgreeChange, validate: validateAgree,
} = useInputEx<boolean>({
  initialValue: false,
  validateFn: (value) => {
    if (!value) return '약관에 동의해야 합니다.';
    return undefined;
  },
  type: 'checkbox',
});
const { // 라디오 버튼 필드: 성별 선택
  value: gender, error: genderError,
  onChange: handleGenderChange, validate: validateGender,
} = useInputEx<string>({
  initialValue: 'male',
  validateFn: (value) => {
    if (!value) return '성별을 선택하세요.';
    return '';
  },
  type: 'radio',
});
const handleSubmit = (e: React.FormEvent) => { // 폼 제출 시 전체 필드 유효성 검사
  e.preventDefault();
  if (
    validateName() && validateEmail() && validatePhone() &&
    validateAgree() && validateGender()
  ) {
    console.log('폼 제출:', { name, email, phone, isAgreed, gender });
  }
};
return (
  <form onSubmit={handleSubmit}>
    <div>
      <label>이름: </label>
      <input type='text' value={name} onChange={handleNameChange} />
      {nameError && <p>{nameError}</p>}
    </div>
    <div>
      <label>이메일: </label>
      <input type='email' value={email} onChange={handleEmailChange} />
      {emailError && <p>{emailError}</p>}
```

8장 폼 다루기

```
        </div>
        <div>
          <label>전화번호: </label>
          <input type='text' value={phone} onChange={handlePhoneChange} />
          {phoneError && <p>{phoneError}</p>}
        </div>
        <div>
          <label>
            <input type='checkbox' checked={isAgreed} onChange={handleAgreeChange} />
            동의합니다</label>
          {isAgreedError && <p>{isAgreedError}</p>}
        </div>
        <div>
          <label>성별:</label>
          <label>
            <input type='radio' name='gender' value='male'
              checked={gender === 'male'} onChange={handleGenderChange} />
            남성</label>
          <label>
            <input type='radio' name='gender' value='female'
              checked={gender === 'female'} onChange={handleGenderChange} />
            여성</label>
          {genderError && <p>{genderError}</p>}
        </div>
        <button type='submit'>제출</button>
      </form>
    );
  }
```

코드에서 모든 입력 필드는 useInputEx 훅으로 관리합니다. 입력 값(value), 오류 메시지(error), 이벤트 핸들러(onChange), 유효성 검사 함수(validate)를 필드별로 분리해서 정의하고, 각 필드에 맞는 유효성 검사 함수를 전달합니다. 조건에 맞지 않으면 오류 메시지를 표시합니다.

체크박스와 라디오 버튼처럼 value가 아닌 checked 속성을 사용하는 입력 요소도 타입을 지정해 커스텀 훅이 적절히 처리할 수 있습니다. 제출 버튼을 누르면 validate() 함수로 모든 필드를 검사하고, 모두 통과했을 때만 폼을 제출합니다.

이처럼 커스텀 훅은 어떻게 설계하고 구현하느냐에 따라 다양한 입력 값을 유연하게 관리할 수 있습니다. 또한, 유효성 검사, 오류 처리, 초기화 등도 통합 관리할 수 있어 재사용성과 확장성이 뛰어난 구조를 만들 수 있습니다.

수코딩의 조언

처음 커스텀 훅을 접하다 보면 '이걸 어떻게 만들어서 적용하지?' 하는 막연한 두려움이 들 수 있습니다. 하지만 걱정하지 마세요. 여러분은 아직 공부하는 단계이고, 이러한 고급 기능을 처음부터 능숙하게 다루는 것은 누구에게나 어려운 일입니다. 속담에 '천 리 길도 한 걸음부터'라는 말이 있듯이 멀게만 느껴지던 커스텀 훅도 작은 시도부터 차근차근 시작하다 보면 금세 익숙해질 수 있습니다. 리액트를 계속 사용하다 보면 어느새 커스텀 훅도 손에 익게 될 겁니다. 포기하지 말고 한 걸음씩 나아가 보세요.

1분 퀴즈

정답 노트 p.792

07. useRef 훅의 주된 역할은 무엇인가요?

① 컴포넌트 간 데이터를 전달한다.

② 서버 요청을 보내기 위해 사용한다.

③ 실시간으로 반응하는 값을 저장할 때 사용한다.

④ 상태가 변경될 때마다 리렌더링을 발생시킬 때 사용한다.

08. useRef 훅을 사용해 DOM 요소에 접근하는 방법으로 올바른 것은 무엇인가요?

① `const ref = useRef(null);`한 후, `ref.current`로 값을 읽는다.

② `const ref = useRef('');` 한 후, `ref.getValue()`로 값을 읽는다.

③ `const ref = useRef(0);`한 후, `ref.state`로 값을 읽는다.

④ `const ref = useRef();`한 후, `ref.value`로 값을 읽는다.

09. 다음 중 커스텀 훅의 장점으로 올바른 것은 무엇인가요?

① JSX를 생성할 수 있다.

② 상태를 전역으로 공유한다.

③ 반복되는 로직을 재사용 가능하게 한다.

④ 렌더링과는 무관하게 내부 로직만 제공한다.

8.4 폼 밸리데이션

폼에서 중요한 또 다른 작업은 폼 밸리데이션입니다. **폼 밸리데이션**(form validation)이란 사용자가 입력한 값이 유효한지 확인하고, 올바르지 않은 경우 경고를 표시하거나 폼 제출을 막는 작업을 말합니다. 예를 들어, 이메일 입력란에 @ 기호가 없는 값을 입력했을 경우 제출을 차단하거나, 비밀번호가 8자 미만일 때 '비밀번호는 8자 이상 입력하세요.'라는 메시지를 표시하는 것이 바로 폼 밸리데이션에 해당합니다. 이처럼 폼 밸리데이션은 사용자의 실수를 방지하고 올바른 데이터를 서버로 전송하기 위해 꼭 필요한 단계입니다.

8.4.1 기본 밸리데이션 사용하기

리액트에서 사용할 수 있는 기본적인 폼 입력 값 검증 방법 중 하나는 HTML5의 기본 폼 검증 기능을 활용하는 것입니다. 이는 별도의 자바스크립트 코드를 작성하지 않고도, 웹 브라우저가 제공하는 HTML 속성만으로 간단한 유효성 검사를 수행할 수 있는 방식입니다.

HTML5에서 제공하는 주요 폼 검증 속성은 다음과 같습니다.

표 8-1 HTML5에서 제공하는 주요 폼 검증 속성

속성	설명	예
required	필수 입력 필드 지정	`<input type='text' required />`
minlength	입력 최소 길이 지정	`<input type='text' minlength='3' />`
maxlength	입력 최대 길이 지정	`<input type='text' maxlength='3' />`
min	입력 최솟값 지정	`<input type='number' min='0' />`
max	입력 최댓값 지정	`<input type='number' max='100'/>`
step	숫자 입력 간격 지정	`<input type='number' step='2' />`

속성	설명	예
type	입력 필드의 타입 지정	<input type='email' />
pattern	정규 표현식 패턴 지정	<input type='text' pattern='[A-Za-z]{3}' />

required, minlength, maxlength, pattern, type 등은 사용자가 조건에 맞지 않는 값을 입력하면 웹 브라우저에서 자동으로 경고 메시지를 표시합니다. 예를 들어, required가 지정된 필드를 비워두고 제출하면 웹 브라우저가 '이 필드를 입력하세요.' 같은 기본 메시지를 보여줍니다.

min, max, step 속성은 숫자와 관련된 <input> 요소에서 사용할 수 있습니다.

HTML 기본 속성을 사용해 리액트 폼 밸리데이션을 구현한 코드를 살펴봅시다.

src/components/ValidationForm.tsx

```
import { useState } from 'react';

export default function ValidationForm(){
  const [formData, setFormData] = useState({
    username: '', email: '', age: '', birthdate: '', phone: '',
    website: '', color: '#000000', rating: '5',
  });
  const [submitStatus, setSubmitStatus] = useState('');
  const handleSubmit = (e: React.FormEvent) => {
    e.preventDefault();
    const form = e.target as HTMLFormElement;
    // 모든 입력 요소의 유효성 검사 결과 확인
    if (form.checkValidity()) { ---------------------- ❶
      setSubmitStatus('success');
      console.log('폼 데이터:', formData);
    } else {
      setSubmitStatus('error');
    }
  };
  const handleChange = (e: React.ChangeEvent<HTMLInputElement>) => {
    const { name, value } = e.target;
    setFormData((prev) => ({
      ...prev, [name]: value,
    }));
  };
  return (
```

```
<div>
  <h1>회원 가입</h1>
  <form onSubmit={handleSubmit}>
    <div>
      <label>사용자 이름
        <input type='text' name='username' value={formData.username}
          onChange={handleChange} required ---- 필수 입력
          minLength={3} maxLength={20} pattern='[A-Za-z0-9]+'
          title='3-20자 사이의 영문자와 숫자만 사용할 수 있습니다.' />
      </label>
    </div>
    <div>
      <label>이메일
        <input type='email' name='email' value={formData.email}
          onChange={handleChange} required /> ---- 필수 입력
      </label>
    </div>
    <div>
      <label>나이
        <input type='number' name='age' value={formData.age}
          onChange={handleChange} required ---- 필수 입력
          min={18} max={120} /> ---------------- 18세 이상, 120세 이하
      </label>
    </div>
    <div>
      <label>생년월일
        <input type='date' name='birthdate' value={formData.birthdate}
          onChange={handleChange} required ---- 필수 입력
          min='1900-01-01' max={new Date().toISOString().split('T')[0]} /> --- 날짜 범위 제한 (1900-01-01부터 오늘까지)
      </label>
    </div>
    <div>
      <label>전화번호
        <input type='tel' name='phone' value={formData.phone}   --- 정해진 패턴 (010-1234-5678 형식)
          onChange={handleChange}
          pattern='[0-9]{3}-[0-9]{4}-[0-9]{4}' placeholder='010-1234-5678' />
      </label>
    </div>
    <div>
      <label>웹사이트
```

```
          <input type='url' name='website' value={formData.website}
            onChange={handleChange} placeholder='https://example.com' />
        </label>
      </div>
      <div>
        <label>선호 색상
          <input type='color' name='color' value={formData.color}
            onChange={handleChange} />
        </label>
      </div>
      <div>
        <label>평점
          <input type='range' name='rating' value={formData.rating}
            onChange={handleChange} min='0' max='10' step='1' /> --- 0~10 사이 정수 단위
          <span>{formData.rating}/10</span>
        </label>
      </div>
      {submitStatus === 'success' && (
        <div>
          <span>폼을 성공적으로 제출했습니다!</span>
        </div>
      )}
      {submitStatus === 'error' && (
        <div>
          <span>입력 값을 확인하세요.</span>
        </div>
      )}
      <button type='submit'>가입하기</button>
    </form>
  </div>
 );
};
```

❶ form.checkValidity()는 현재 폼 안의 모든 <input> 요소가 HTML 속성의 조건을 만족하는지 검사합니다. 조건을 모두 만족하면 true, 하나라도 만족하지 않으면 false를 반환합니다. 조건을 만족하지 못한 입력 필드에는 웹 브라우저가 자동으로 경고 메시지를 표시합니다.

HTML5 기본 속성을 활용한 방식은 리액트에서도 유효하며, 초기 폼 구현이나 간단한 입력 검

증에는 매우 효율적입니다. 사용자가 입력 값을 조건에 맞지 않게 입력하면 웹 브라우저가 자동으로 경고 메시지를 표시해주기 때문에 별도의 자바스크립트 코드를 작성하지 않아도 기본적인 사용자 경험을 충분히 보장할 수 있습니다.

단, 복잡한 검증 조건이나 사용자 정의 메시지가 필요한 경우에는 자바스크립트를 활용한 커스텀 밸리데이션 또는 외부 폼 라이브러리를 활용하는 것이 좋습니다.

8.4.2 커스텀 밸리데이션 로직 추가하기

HTML의 기본 속성을 사용한 폼 밸리데이션만으로도 다양한 입력 값의 유효성을 어느 정도 검증할 수 있습니다. 그러나 실제 프로젝트에서는 사용자가 입력한 값이 특정 조건을 충족하는지 더 정밀하게 검사해야 하는 경우가 많습니다. 이때는 개발자가 직접 유효성 검사 로직을 작성해 폼을 검증하게 되는데, 이를 **커스텀 밸리데이션**(custom validation)이라고 합니다.

커스텀 밸리데이션은 HTML 기본 속성과 다르게 개발자가 어떻게 로직을 작성하느냐에 따라 확장성 있는 검증을 수행할 수 있습니다. 예를 들어, 사용자 이름에 대한 입력 값 검증에 정규 표현식과 함수를 활용해 커스텀 밸리데이션을 위한 함수를 만들 수 있습니다. 이러한 커스텀 밸리데이션은 이론적으로 어떤 시점에도 적용할 수 있지만, 보통 폼 제출 직전, `onSubmit` 이벤트에서 한꺼번에 검증하는 방식으로 많이 사용합니다.

8.4.1절에서 만든 기본 밸리데이션 예제에 커스텀 밸리데이션 코드를 추가하면 다음과 같습니다.

src/components/ValidationFormCustom.tsx

```
import { useState } from 'react';

export default function ValidationFormCustom() {
  const [formData, setFormData] = useState({ (중략) });
  const [formErrors, setFormErrors] = useState({
    username: '', email: '', age: '', birthdate: '', phone: '',
    website: '', color: '#000000', rating: '5',
  });
  const [submitStatus, setSubmitStatus] = useState('');
  const validateUsername = (username: string) => { // 커스텀 밸리데이션 함수
    if (!username) return '사용자 이름은 필수입니다.'; ---------- ❶
    if (username.length < 3 || username.length > 20)
      return '사용자 이름은 3~20자 사이여야 합니다.';
    if (!/^[A-Za-z0-9]+$/.test(username)) -------------------- ❷
```

```
    return '사용자 이름은 영문자와 숫자만 포함해야 합니다.';
  return '';
};
const validateEmail = (email: string) => {
  if (!email) return '이메일은 필수입니다.';
  if (!/\S+@\S+\.\S+/.test(email)) return '유효한 이메일 주소를 입력하세요.';
  return '';
};
const validateAge = (age: string) => {
  if (!age) return '나이는 필수입니다.';
  if (Number(age) < 18 || Number(age) > 120)
    return '나이는 18~120 사이여야 합니다.';
  return '';
};
const validateBirthdate = (birthdate: string) => {
  if (!birthdate) return '생년월일은 필수입니다.';
  const date = new Date(birthdate);
  if (isNaN(date.getTime())) return '유효한 날짜를 선택하세요.';
  return '';
};
const validatePhone = (phone: string) => {
  if (!phone) return '전화번호는 필수입니다.';
  if (!/^\d{3}-\d{4}-\d{4}$/.test(phone))
    return '전화번호는 010-1234-5678 형식이어야 합니다.';
  return '';
};
const validateWebsite = (website: string) => {
  if (!website) return '웹사이트는 필수입니다.';
  try {
    new URL(website);
    return '';
  } catch {
    return '유효한 URL을 입력하세요.';
  }
};
const validateColor = (color: string) => {
  if (!/^#[0-9A-Fa-f]{6}$/.test(color)) return '유효한 색상 값을 선택하세요.';
  return '';
};
const validateRating = (rating: string) => {
```

```
  const num = Number(rating);
  if (isNaN(num)) return '평점은 숫자여야 합니다.';
  if (num < 0 || num > 10) return '평점은 0~10 사이여야 합니다.';
  return '';
};
const validateForm = () => { -------------------------- ❸
  // 각 필드에 대해 커스텀 밸리데이션 함수 실행: 오류 메시지 저장
  const errors = {
    username: validateUsername(formData.username),
    email: validateEmail(formData.email),
    age: validateAge(formData.age),
    birthdate: validateBirthdate(formData.birthdate),
    phone: validatePhone(formData.phone),
    website: validateWebsite(formData.website),
    color: validateColor(formData.color),
    rating: validateRating(formData.rating),
  };
  // 화면에 표시하기 위해 오류 메시지를 상태에 반영
  setFormErrors(errors);
  return !Object.values(errors).some((msg) => msg !== '');
};
const handleSubmit = (e: React.FormEvent) => {
  e.preventDefault();
  if (validateForm()) {
    setSubmitStatus('success');
    console.log('폼 데이터:', formData);
  } else {
    setSubmitStatus('error');
  }
};
const handleChange = (e: React.ChangeEvent<HTMLInputElement>) => { (중략) };
return (
  <div>
    <h1>회원 가입</h1>
    <form onSubmit={handleSubmit}>
      <div>
        <label>사용자 이름
          <input type='text' name='username' value={formData.username}
            onChange={handleChange} />
        </label>
```

```
  {formErrors.username && <div>{formErrors.username}</div>}
</div>
<div>
  <label>이메일
    <input type='email', name='email' value={formData.email}
      onChange={handleChange} />
  </label>
  {formErrors.email && <div>{formErrors.email}</div>}
</div>
<div>
  <label>나이
    <input type='number' name='age' value={formData.age}
      onChange={handleChange} />
  </label>
  {formErrors.age && <div>{formErrors.age}</div>}
</div>
<div>
  <label>생년월일
    <input type='date' name='birthdate' value={formData.birthdate}
      onChange={handleChange} />
  </label>
</div>
<div>
  <label>전화번호
    <input type='tel' name='phone' value={formData.phone}
      onChange={handleChange} />
  </label>
  {formErrors.phone && <div>{formErrors.phone}</div>}
</div>
<div>
  <label>웹사이트
    <input type='url' name='website' value={formData.website}
      onChange={handleChange} placeholder='https://example.com' />
  </label>
  {formErrors.phone && <div>{formErrors.website}</div>}
</div>
<div>
  <label>선호 색상
    <input  type='color' name='color' value={formData.color}
      onChange={handleChange} />
```

```
        </label>
        {formErrors.color && <div>{formErrors.color}</div>}
      </div>
      <div>
        <label>평점
          <input type='range' name='rating' value={formData.rating}
            onChange={handleChange} />
          <span>{formData.rating}/10</span>
        </label>
        {formErrors.rating && <div>{formErrors.rating}</div>}
      </div>
    </div>
      (중략)
  </div>
 );
}
```

❶ 기본 밸리데이션에서는 required 속성을 사용해 필수 입력을 지정합니다. 반면, 커스텀 밸리데이션에서는 자바스크립트 함수 안에서 직접 조건문으로 검사합니다. 여기서는 if (!value) 조건으로 값이 비어 있는지를 확인합니다.

❷ 기본 밸리데이션에서는 정규 표현식을 적용할 때 <input pattern='...' />처럼 pattern 속성에 정규 표현식을 직접 문자열로 지정합니다. 반면, 커스텀 밸리데이션에서는 정규식.test(value) 형식으로 자바스크립트 코드에서 직접 정규 표현식을 실행합니다. 여기서는 /^[A-Za-z0-9]+$/라는 정규 표현식을 사용해 영문자와 숫자만 포함되었는지를 검사합니다.

❸ 기본 밸리데이션에서는 사용자가 폼을 제출할 때 웹 브라우저가 form.checkValidity()를 자동으로 실행해 각 입력 필드에 설정된 HTML 속성에 따라 유효성을 검사합니다. 반면, 커스텀 밸리데이션에서는 직접 정의한 validateForm() 함수를 사용해 각 입력 값을 수동으로 검사합니다. 이 함수 안에서 필드마다 유효성 조건을 검사하고, 오류 메시지를 수집해 전체 폼이 유효한지 여부를 판단합니다.

커스텀 밸리데이션 함수에서 반드시 정규 표현식을 사용해야 하는 것은 아닙니다. 하지만 정규 표현식을 활용하면 입력 값의 형식이나 패턴을 더욱 정밀하게 검사할 수 있어서 다양한 형태의 유효성 검사를 간결하고 효과적으로 구현할 수 있습니다.

8.4.3 라이브러리 사용하기

리액트에서 사용할 수 있는 또 다른 폼 입력 값 검증 방법은 폼 검증 전용 라이브러리를 활용하는 것입니다. 이 방법을 사용하면 검증 로직을 직접 하나하나 구현할 필요 없이 더 간단하고 효율적으로 유효성 검사를 처리할 수 있습니다.

리액트에서 널리 사용하는 대표적인 폼 검증 라이브러리로는 Formik(포믹)과 React Hook Form(리액트 훅 폼)이 있습니다. 여기서는 최근 가장 많이 사용하는 Formik 라이브러리를 중심으로 폼 검증 과정을 다루어 보겠습니다.

설치

터미널에 다음 명령어를 입력해 Formik을 설치합니다.

```
TERMINAL
npm install formik --save
```

설치를 완료하면 formik 패키지에서 제공하는 컴포넌트를 다음과 같이 불러와 사용할 수 있습니다.

```
import { Field, Form, Formik } from 'formik';
```

- **Field**: <input>, <textarea> 등 입력 요소를 자동으로 상태와 연결해주는 컴포넌트
- **Form**: HTML의 <form> 태그를 대체하는 컴포넌트
- **Formik**: 폼 상태와 검증 로직을 관리하는 컨테이너 역할의 컴포넌트

기본 사용법

Formik 라이브러리를 사용할 때 가장 먼저 작성해야 하는 컴포넌트는 Formik입니다. 이 컴포넌트는 Formik 라이브러리의 시작점이자 컨테이너 역할을 하며, 내부에서 폼의 상태와 동작을 모두 관리합니다.

기본 사용 구조는 다음과 같습니다.

형식
```
<Formik initialValues={} onSubmit={}></Formik>
```

- **initialValues 속성**: 각 입력 요소에 대응하는 초깃값 객체를 전달합니다. 이는 일반적

인 제어 컴포넌트에서 useState 훅으로 상태를 초기화하는 방식과 유사합니다.

- **onSubmit 속성**: 폼이 제출될 때 실행할 콜백 함수를 작성합니다. 이 함수는 사용자가 입력한 값을 받아 서버에 전송하거나 추가 로직을 수행할 때 사용합니다.

예를 들어, 아이디(이메일)와 비밀번호를 입력하는 폼을 만들고 싶다면 먼저 Formik 컴포넌트에 initialValues와 onSubmit 속성을 설정해 다음과 같이 작성합니다.

```
<Formik
  initialValues={{ email: '', password: '', }}
  onSubmit={(values) => { console.log(values); }}
></Formik>
```

Formik 컴포넌트 내부에서 <form> 요소 대신 Form 컴포넌트를 사용하면 다음과 같은 장점이 있습니다.

- **폼 상태 자동 연결**: Formik이 내부적으로 관리하는 상태와 자동으로 연동되기 때문에 별도의 useState 훅 코드 없이도 입력 값을 손쉽게 관리할 수 있습니다.

- **이벤트 핸들링 간소화**: <form> 요소처럼 직접 onSubmit 이벤트 핸들러를 지정하는 대신, Formik 컴포넌트에 지정한 onSubmit 속성에 콜백 함수를 작성하면 제출 이벤트가 자동으로 처리됩니다.

- **접근성 지원**: <Form>은 접근성을 고려해서 만들어졌기 때문에 사용자가 Enter 키를 눌러 폼을 제출하는 등 기본적인 키보드 동작을 자동으로 지원합니다.

이처럼 Formik을 사용할 때는 HTML의 <form> 대신 Formik의 <Form>을 사용하는 것이 더 안전하고 편리합니다.

또한, 입력 요소는 Formik에서 제공하는 Field 컴포넌트를 사용해 보다 간단하고 안정적으로 관리할 수 있습니다. Field 컴포넌트는 Formik이 내부에서 관리하는 상태와 자동으로 연결되어 개발자가 일일이 value, onChange 같은 속성을 지정하지 않아도 됩니다.

예를 들어 다음과 같이 사용합니다.

```
<Field name='email' type='email' component='input' />
```

- **name**: 입력 값의 이름입니다. initialValues 객체의 키와 일치해야 해당 값과 연결됩니다.
- **type**: 'text', 'email' 등 <input> 요소에서 사용하는 타입과 동일합니다.
- **component**: 실제로 어떤 HTML 요소를 렌더링할지 지정하는 속성입니다. 예를 들어, component='input'은 <input> 요소로 렌더링하고, component='textarea'는 <textarea> 요소로 렌더링합니다. 이 속성을 생략하면 기본값인 component='input'으로 처리됩니다.

아이디와 비밀번호를 입력하는 폼 요소에 Formik의 Field 컴포넌트를 적용하면 다음과 같은 형태로 작성할 수 있습니다.

src/components/ValidationFormEx.tsx

```
import { Field, Form, Formik } from 'formik';

export default function ValidationFormEx() {
  return (
    <>
      <Formik
        initialValues={{ email: '', password: '', }}
        onSubmit={(values) => { console.log(values); }}
      >
        <Form>
          <Field name='email' type='email' component='input' />
          <Field name='password' type='password' component='input' />
          <button type='submit'>로그인</button>
        </Form>
      </Formik>
    </>
  );
}
```

App.tsx에서 ValidationForm 컴포넌트 불러온 후 코드를 실행합니다. 화면을 보면 Formik 컴포넌트의 onSubmit 속성에 지정한 콜백 함수가 실행됩니다. 앞에서 설명한 바와 같이, 별도로 useState 훅을 사용해 상태를 정의하거나 onChange 이벤트 핸들러를 만들지 않아도 Field 컴포넌트를 통해 입력한 값을 Formik이 내부에서 자동으로 관리해 줍니다.

그림 8-9 폼 요소에 Field 컴포넌트를 적용한 결과

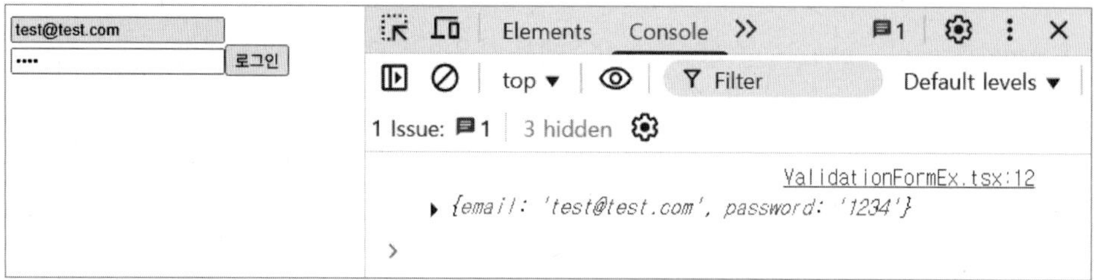

이처럼 Field 컴포넌트를 사용하면 기존의 제어 컴포넌트 방식이나 비제어 컴포넌트 방식과는 다르게 입력 값 관리에 필요한 코드가 훨씬 간결해지고, 폼 처리를 자동화할 수 있습니다.

● 오류 핸들링

Formik은 자체적으로 오류를 처리하는 기능도 제공합니다. 이를 위해 Formik 컴포넌트의 validate 속성을 사용할 수 있습니다. 예를 들어 다음과 같이 사용합니다.

```
<Formik
  initialValues={{ email: '', password: '', }}
  onSubmit={(values) => { console.log(values); }}
  validate={(values) => { return {}; }}
>
   ...
</Formik>
```

validate 속성에는 입력 값을 검사할 콜백 함수를 작성합니다. 이 함수는 항상 values 객체를 인자로 전달받습니다. values 객체는 각 입력 요소의 현재 값들이 담겨 있는 객체입니다. 오류가 없으면 빈 객체({})를 반환하고, 오류가 있다면 오류 메시지를 속성으로 포함한 객체를 반환합니다. 반환 객체의 속성 이름은 반드시 initialValues에서 정의한 키와 일치해야 합니다. 그래야 해당 필드에 오류 메시지를 표시할 수 있습니다.

다음은 이메일에 @가 포함되었는지, 비밀번호가 4자 이상인지 검사하는 간단한 유효성 검사 예제입니다.

src/components/ValidationFormEx2.tsx

```
import { Field, Form, Formik } from 'formik';
```

```
interface ErrorValues { ------------------ ❶
  email?: string;
  password?: string;
}

export default function ValidationFormEx2() {
  return (
    <>
      <Formik
        initialValues={{ email: '', password: '', }}
        onSubmit={(values) => { console.log(values); }}
        validate={(values) => { --------- ❷
          const errors: ErrorValues = {};
          if (!values.email) {
            errors.email = '필수 입력 항목입니다.';
          } else if (!values.email.includes('@')) {
            errors.email = '올바르지 않은 이메일 형식입니다.';
          }
          if (!values.password) {
            errors.password = '필수 입력 항목입니다.';
          } else if (values.password.length < 4) {
            errors.password =
              '비밀번호는 대소문자, 특수문자를 포함해 4자 이상이어야 합니다.';
          }
          return Object.keys(errors).length > 0 ? errors : {};
        }}
      >
        (중략)
    </Formik>
  );
}
```


❶ 유효성 검사 함수가 반환할 수 있는 오류 객체의 타입을 정의합니다. 각 필드는 선택적으로 설정해 오류가 발생한 필드만 포함하도록 합니다.

❷ validate()는 유효성 검사 로직을 수행하는 함수로, 폼의 현재 값(values)을 기반으로 조건을 검사합니다. 오류가 있다면 errors 객체에 오류 메시지를 담아 반환하고, 오류가 없다면 return {};으로 빈 객체를 반환해 폼 제출을 허용합니다.

validate()는 onSubmit()보다 먼저 실행됩니다. 즉, 폼에 오류가 있으면 onSubmit()은 실행되지 않습니다. 오류가 반환되면 Formik은 내부 상태에 오류를 저장하고, 필드에 맞춰 자동으로 표시할 수 있도록 준비합니다.

폼 입력 값에 오류가 발생했을 때는 ErrorMessage 컴포넌트를 사용해 화면에 오류 메시지를 표시할 수 있습니다.

형식 `<ErrorMessage name='키' component='태그' />`

- **name 속성**: 오류 메시지를 표시할 대상 필드의 이름입니다.
- **component 속성**: 오류 메시지를 감쌀 HTML 태그 이름입니다. 예를 들어, component ='div'로 설정하면 <div> 안에 오류 메시지가 표시됩니다. component를 생략하면 문자열만 출력됩니다. 즉, 별도의 태그 없이 메시지만 표시됩니다.

ErrorMessage 컴포넌트가 제대로 작동하려면 name 속성 값이 다음 세 가지와 모두 일치해야 합니다.

- Formik 컴포넌트의 intialValues 객체의 키
- Field 컴포넌트의 name 속성 값
- validate() 함수에서 반환하는 errors 객체의 키

다음은 Formik의 ErrorMessage 컴포넌트를 사용해 입력 값을 검증하고, 오류 메시지를 사용자에게 표시하는 방법을 보여주는 예제입니다.

src/components/ValidationFormEx2.tsx

```
import { ErrorMessage, Field, Form, Formik } from 'formik';

(중략)
export default function ValidationFormEx2() {
  return (
    <>
      <Formik (중략) >
        <Form>
          <Field name='email' type='email'
            placeholder='이메일을 입력하세요.' component='input' />
          <ErrorMessage name='email' component='div' />
```

```
        <Field name='password' type='password'
          placeholder='비밀번호를 입력하세요.' component='input' />
        <ErrorMessage name='password' component='div' />
        <button type='submit'>로그인</button>
      </Form>
    </Formik>
  </>
  );
}
```

name 속성으로 어떤 필드에 오류가 있을 때 오류 메시지를 자동으로 표시할지 지정합니다. 그리고 component='div'를 사용해 오류 메시지를 <div> 태그로 감싸 렌더링합니다. validate() 함수에서 오류 메시지를 포함한 객체를 반환하면 해당 필드에 대해 ErrorMessage 컴포넌트가 자동으로 메시지를 출력합니다.

코드를 실행한 후 아무것도 입력하지 않은 상태에서 [로그인] 버튼을 클릭하면 ErrorMessage 컴포넌트를 통해 즉시 화면에 오류 메시지가 표시됩니다. 사용자는 어떤 항목에 문제가 있는지 명확하게 확인할 수 있으므로 사용자 경험이 개선됩니다.

그림 8-10 ErrorMessage 컴포넌트를 적용한 결과

이메일을 입력하세요.
필수 입력 항목입니다.
비밀번호를 입력하세요.
필수 입력 항목입니다.
로그인

ErrorMessage 컴포넌트는 한 번 오류 메시지가 표시되면 입력 값이 바뀔 때마다 실시간으로 메시지를 업데이트합니다. 하지만 이 동작은 사용자가 입력을 완료하기도 전에 오류 메시지를 계속 보여줘서 오히려 불편하게 느껴질 수 있습니다. 이럴 때는 입력 도중에는 메시지를 숨기고, 입력 필드에서 포커스가 빠져나갈 때만 오류를 표시하도록 설정할 수 있습니다. Formik 컴포넌트에 validateOnChange와 validateOnBlur 속성을 추가하면 됩니다.

src/components/ValidationFormEx2.tsx

```
export default function ValidationFormEx2() {
  return (
    <>
      <Formik
```

```
      initialValues={{ email: '', password: '', }}
      onSubmit={(values) => { console.log(values); }}
      validateOnChange={false} // 입력 중에는 유효성 검사 비활성화
      validateOnBlur={true} // 포커스가 빠져나갈 때 유효성 검사 활성화
      validate={(values) => { (중략) }}
    >
      (중략)
    </Formik>
  </>
 );
}
```

- **validateOnChange={false}**: 사용자가 글자를 입력하는 도중에는 유효성 검사를 하지 않습니다.
- **validateOnBlur={true}**: 해당 필드에서 포커스가 빠져나갈 때 유효성 검사를 실행합니다.

이처럼 설정하면 입력하는 동안에는 오류 메시지가 나타나지 않다가 사용자가 입력을 마치고 다음 항목으로 넘어갈 때만 메시지를 표시하게 되어 더 나은 사용자 경험을 제공할 수 있습니다.

● 제출 이벤트 처리

Formik 컴포넌트의 validate 속성에는 입력 값을 검사하는 유효성 검사 함수를 작성합니다. 이 함수에서 빈 객체를 반환하면 모든 입력 값이 유효하다고 간주해 onSubmit 속성에 등록한 콜백 함수가 실행됩니다.

onSubmit 콜백 함수는 다음과 같이 2개의 인자를 받습니다.

```
<Formik
  initialValues={{ email: '', password: '', }}
  onSubmit={(values, formikHelpers) => { console.log(values); }}
>
</Formik>
```

- **values**: 사용자가 입력한 값이 담긴 객체입니다. 각 필드의 이름(name 속성)과 그에 대응하는 입력 값이 포함됩니다.
- **formikHelpers**: Formik이 제공하는 다양한 도우미 함수가 들어 있는 객체입니다.

TIP — **도우미 함수**(helper function)는 폼을 제출하거나 상태를 초기화할 때 코드를 더 효율적으로 작성할 수 있도록 도와주는 보조 함수입니다. Formik에서는 onSubmit 함수의 두 번째 인자인 formikHelpers에 있는 다양한 도우미 함수를 사용할 수 있습니다. 예를 들어, 폼을 초기 상태로 되돌리는 resetForm(), 제출 상태를 제어하는 setSubmitting() 함수 등이 여기에 포함됩니다.

onSubmit 속성에 setSubmitting() 함수를 사용하면 폼 중복 제출을 방지할 수 있습니다. **setSubmitting()** 함수는 Formik이 제공하는 도우미 함수 중 하나로, 현재 폼이 제출 중인 상태인지 아닌지를 설정합니다. 예를 들어, setSubmitting(true)를 호출하면 폼이 제출 중인 상태로 전환되고, 서버 요청이 끝난 뒤에는 setSubmitting(false)를 호출해 제출 완료 상태로 변경할 수 있습니다. 다음 예제에서는 setTimeout()을 사용해 서버 응답을 1초간 지연시키는 방식으로 이 흐름을 보여줍니다.

src/components/ValidationFormEx2.tsx

```
<Formik
  initialValues={{ email: '', password: '', }}
  onSubmit={(values, { setSubmitting }) => {
    setSubmitting(true); // 제출 중 상태로 전환
    setTimeout(() => { // 서버로 요청을 보내는 대신 setTimeout()으로 지연 처리
      console.log('폼 데이터:', values);
      setSubmitting(false); // 제출 완료
    }, 1000);
  }}
>
</Formik>
```

이처럼 제출 상태를 직접 제어할 수 있기 때문에 폼 내부에서 제출 중인지 확인해 버튼을 비활성화하거나 로딩 메시지를 표시하는 등 다양한 UI 동작을 구현할 수 있습니다.

Formik에서는 상태 값을 활용하기 위해 Form 컴포넌트를 일반 JSX처럼 사용하는 방식 외에도 콜백 함수 형태로 렌더링하는 방식을 지원합니다. 이 방식은 isSubmitting과 같은 내부 상태 값을 쉽게 사용할 수 있게 해줍니다. 다음 코드는 Formik 컴포넌트 안에 <Form>을 콜백 함수 형태로 어떻게 작성하는지 보여줍니다.

```
<Formik
  ...
>
```

```
  {() => (
    <Form>
      ...
    </Form>
  )}
</Formik>
```

앞에서 설정한 제출 상태는 Formik 내부에서 isSubmitting이라는 상태 값으로 자동 관리됩니다. 컴포넌트 내부에서는 이 값을 활용해 폼 제출 중일 때 버튼을 비활성화하거나 텍스트를 변경하는 등의 UI 제어가 가능합니다. 다음 예제를 보면 이런 동작을 더욱 직관적으로 확인할 수 있습니다.

src/components/ValidationFormEx2.tsx

```
export default function ValidationFormEx2() {
  return (
    <>
      <Formik
        initialValues={{ email: '', password: '', }}
        onSubmit={(values, { setSubmitting }) => { (중략) }}
        (중략)
      >
        {({ isSubmitting }) => (
          <Form>
            (중략)
            <button type='submit' disabled={isSubmitting}>
              {isSubmitting ? '로그인 중...' : '로그인'}
            </button>
          </Form>
        )}
      </Formik>
    </>
  );
}
```

코드에서 setSubmitting(true)로 설정하면 isSubmitting 값이 true로 바뀌고, 이 값에 따라 버튼이 자동으로 비활성화됩니다. 버튼 안의 텍스트도 '로그인'에서 '로그인 중...'으로 변경됩니다. 1초 뒤 setSubmitting(false)가 실행되면서 다시 버튼이 활성화됩니다.

그림 8-11 setSubmitting() 함수로 중복 제출을 막은 결과

useState 훅이나 useRef 훅을 사용하지 않았는데도 폼 입력 값을 처리하는 데 전혀 문제가 없습니다. 오히려 제어 컴포넌트나 비제어 컴포넌트 방식처럼 상태를 직접 관리할 때 생길 수 있는 코드 복잡성이나 가독성 문제를 줄일 수 있습니다.

이러한 이유로 실무에서는 Formik과 같은 폼 라이브러리를 사용해 유효성 검사와 상태 관리를 함께 처리하는 경우가 많습니다.

1분 퀴즈

정답 노트 p.792

10. 다음 중 폼 밸리데이션의 설명 중 올바른 것은 무엇인가요?

① HTML 속성으로 웹 브라우저에서 검사할 수 있다.

② 라이브러리를 사용할 때 useState 훅은 필수다.

③ 커스텀 검사는 복잡해 실무에서 잘 안 쓴다.

④ 밸리데이션은 생략해도 항상 문제없다.

11. 다음 중 기본 밸리데이션과 커스텀 밸리데이션의 차이점으로 올바른 것은 무엇인가요?

① 기본은 동기식, 커스텀은 비동기식이다.

② 기본은 CSS로, 커스텀은 자바스크립트로 제어한다.

③ 둘 다 자동으로 작동하며 이벤트 처리 없이 동작한다.

④ 기본은 웹 브라우저 내장 기능이고, 커스텀은 자바스크립트로 로직을 작성한다.

12. 다음 중 Formik의 validate() 함수에 대한 설명으로 잘못된 것은 무엇인가요?

① values에는 폼 입력 값 전체가 담긴다.

② 빈 객체를 반환하면 검증을 통과한 것이다.

③ 값이 유효하지 않아도 onSubmit은 항상 실행된다.

④ 반환 값은 오류가 있는 필드를 키로 하는 객체다.

계속

13. Formik의 onSubmit 속성의 콜백 함수에서 중복 제출을 방지하고 싶을 때 사용하는 헬퍼 함수는 무엇이며, 그 값을 어떻게 활용하나요?

① resetForm(true)로 제출 상태를 초기화한다.

② isValidating(true)로 검증 중인지 확인한다.

③ setTouched(true)로 초기화 후 isTouched로 제어한다.

④ setSubmitting(true)로 제출 중을 표시하고, 완료 시 false로 변경한다.

8.5

리액트 19에서 ref 변경 사항

ref 객체는 비제어 컴포넌트의 핵심 요소입니다. 앞서 **8.2절**에서 살펴본 것처럼 ref 객체를 사용하면 폼 요소의 값을 직접 제어하거나 DOM 요소에 접근해 조작할 수 있습니다. 리액트 19부터는 이러한 ref 객체의 사용 방식에 몇 가지 변화가 생겼습니다.

이 절에서는 리액트 19에서 변경된 ref 관련 사항과 그 의미를 자세히 살펴보겠습니다.

8.5.1 ref 객체의 컴포넌트 전달 방식

첫 번째 변화는 ref 객체를 컴포넌트의 props로 전달하는 방식에 있습니다. 리액트 18까지는 ref를 일반 props처럼 하위 컴포넌트에 직접 전달하는 것이 허용되지 않았습니다. 그러나 리액트 19부터는 ref를 일반 props처럼 컴포넌트에 직접 전달할 수 있습니다. 이를 이해하기 쉽게 간단한 예제를 살펴보겠습니다.

src/components/Button.tsx

```
type ButtonProps = React.ComponentPropsWithRef<'button'>;

export default function Button({ children, ...rest }: ButtonProps) {
  return <button {...rest}>{children}</button>;
}
```

src/components/Input.tsx

```
type InputProps = React.ComponentPropsWithRef<'input'> & {
  label: string;
};
```

```
export default function Input({ label, ...rest }: InputProps) {
  const id = rest.id;
  return (
    <div>
      {label && <label htmlFor={id}>{label}</label>}
      <input {...rest} />
    </div>
  );
}
```

src/App.tsx

```
import { useState } from 'react';
import Input from './components/Input';
import Button from './components/Button';

export default function App() {
  // 아이디, 비밀번호, 오류, 로딩 상태 관리
  const [username, setUsername] = useState('');
  const [password, setPassword] = useState('');
  // 로그인 폼 제출 이벤트 핸들러
  const handleLogin = async (e: React.FormEvent<HTMLFormElement>) => {
    e.preventDefault(); // 기본 폼 제출 동작 방지
    if (!username) {    // username 필드가 비어 있으면 오류 메시지 출력
      alert('아이디를 입력하세요.');
      return;
    }
    if (!password) {    // password 필드가 비어 있으면 오류 메시지 출력
      alert('비밀번호를 입력하세요.');
      return;
    }
  };
  return (
    <div>
      <h2>로그인</h2>
      <form onSubmit={handleLogin}>
        <Input label='아이디' type='text' id='username' value={username}
          onChange={(e) => setUsername(e.target.value)} placeholder='아이디 입력' />
        <Input label='비밀번호' type='password' id='password' value={password}
          onChange={(e) => setPassword(e.target.value)} placeholder='비밀번호 입력' />
```

```
        <Button type='submit'>로그인</Button>
      </form>
    </div>
  );
}
```

이 예제는 사용자가 아이디와 비밀번호를 입력하고 [로그인] 버튼을 클릭하면 handleLogin() 함수를 실행하도록 구성되어 있습니다. 입력 값이 비어 있으면 경고 메시지를 표시하고, 조건을 만족하면 로그인 처리를 합니다.

여기서 주목할 점은 입력 필드와 버튼을 각각 Input과 Button 컴포넌트로 분리했다는 것입니다. 이처럼 폼 요소를 컴포넌트 단위로 분리하면 코드의 재사용성과 유지보수성이 향상되고, ref를 활용한 DOM 제어도 보다 유연하게 처리할 수 있습니다. 특히 리액트 19부터는 이런 구조에서도 ref를 직접 props로 전달할 수 있게 되어 폼 요소를 컴포넌트화하더라도 ref 사용이 훨씬 간편해졌습니다.

그림 8-12 값을 입력하지 않고 [로그인] 버튼을 클릭한 결과

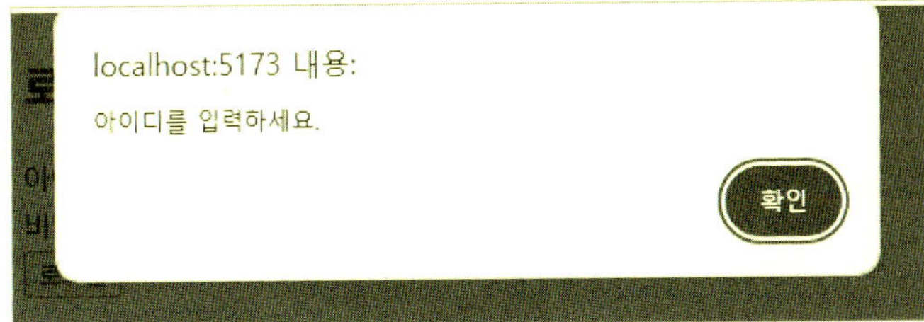

사용자가 아이디나 비밀번호를 입력하지 않아 경고창이 표시된 뒤 [확인] 버튼을 누르면 해당 입력 필드에 자동으로 포커스를 이동시키고 싶습니다. 이럴 때는 앞서 배운 비제어 컴포넌트 방식, 즉 ref 객체를 활용하면 됩니다. ref 객체로 입력 요소에 대한 참조를 만들고, 조건에 따라 .focus() 메서드를 호출하면 원하는 입력 요소에 직접 포커스를 줄 수 있습니다.

이 방식은 입력 요소가 현재 컴포넌트 내부에 있을 때는 아무런 문제가 없습니다. 하지만 앞의 예제처럼 입력 필드를 Input이라는 별도의 컴포넌트로 분리한 경우에는 조금 다릅니다. 이런 경우에는 ref 객체를 Input 컴포넌트에 props로 전달한 뒤, 컴포넌트 내부에서 실제 DOM 요소에 연결해줘야 합니다.

● ref 객체 전달하기(리액트 18 이전)

ref 객체는 일반적인 props처럼 컴포넌트에 바로 전달할 수 없는 속성이기 때문에 리액트 18까지는 ref를 하위 컴포넌트에 전달하려면 반드시 forwardRef() 함수를 사용해 별도로 처리해야 했습니다. **forwardRef()**는 부모 컴포넌트에서 전달한 ref 객체를 자식 컴포넌트 내부의 DOM 요소에 연결할 수 있게 하는 함수입니다.

예를 들어, 다음과 같이 Input 컴포넌트를 작성할 수 있습니다.

src/components/InputReact18.tsx

```
import React, { forwardRef } from 'react'; ---------------------- ❶

type InputProps = React.ComponentPropsWithRef<'input'> & {
  label: string;
};

const Input = forwardRef<HTMLInputElement, InputProps>( -------- ❷
  ({ label, ...rest }, ref) => { -------------------------------- ❸
  const id = rest.id;
  return (
    <div>
      {label && <label htmlFor={id}>{label}</label>}
      <input ref={ref} {...rest} /> ----------------------------- ❹
    </div>
  );
});
Input.displayName = 'Input';
export default Input;
```

❶ react 패키지에서 forwardRef() 함수를 불러옵니다.

❷ forwardRef()로 감싼 컴포넌트는 ref를 props처럼 받아 내부 DOM에 연결할 수 있습니다. 이때 타입 안정성을 보장하기 위해 ref가 어떤 요소를 가리키는지 명확히 지정해야 합니다. 여기서 HTMLInputElement는 ref가 가리킬 요소고, InputProps는 컴포넌트가 받을 props의 타입입니다.

❸ forwardRef()로 감싼 컴포넌트는 두 번째 매개변수로 부모 컴포넌트에서 전달한 ref 객체를 받을 수 있습니다.

❹ 이렇게 받은 ref 객체를 `<input ref={ref} />` 형태로 입력 요소의 ref 속성과 연결하면 해당 요소에 직접 접근할 수 있습니다.

부모 컴포넌트는 다음과 같이 수정합니다.

src/App.tsx

```
import { useState, useRef } from 'react';
import Input from './components/InputReact18';
import Button from './components/Button';

export default function App() {
  const userInputEl = useRef<HTMLInputElement>(null);      ❶
  const passwordInputEl = useRef<HTMLInputElement>(null);
  (중략)
  const handleLogin = async (e: React.FormEvent<HTMLFormElement>) => {
    e.preventDefault();
    if (!username) { // username 입력 필드가 비어 있으면 오류 메시지 출력
      alert('아이디를 입력하세요.');
      userInputEl.current?.focus(); ------------------------- ❷
      return;
    }
    if (!password) { // password 입력 필드가 비어 있으면 오류 메시지 출력
      alert('비밀번호를 입력하세요.');
      passwordInputEl.current?.focus(); --------------------- ❷
      return;
    }
  };
  return (
    <div>
      <h2>로그인</h2>
      <form onSubmit={handleLogin}>
        <Input ref={userInputEl} ---------------------------- ❸
          label='아이디' type='text' id='username' value={username}
          onChange={(e) => setUsername(e.target.value)} placeholder='아이디 입력' />
        <Input ref={passwordInputEl} ------------------------ ❸
          (중략)
      </form>
    </div>
  );
}
```

❶ useRef 훅으로 아이디와 비밀번호 입력 요소에 연결할 ref 객체를 생성합니다. 제네릭 타입 <HTMLInputElement>를 지정하면 타입스크립트가 DOM 타입을 정확히 추론할 수 있습니다.

❷ 폼을 제출할 때 ref.current?.focus()를 호출하면 특정 입력 필드에 포커스를 이동시킬 수 있습니다. 사용자가 값을 입력하지 않은 필드를 빠르게 확인하고 수정할 수 있게 합니다.

❸ Input 컴포넌트는 forwardRef() 함수로 감싸져 있기 때문에 ref 객체를 props처럼 전달할 수 있습니다. 내부에서 <input ref={ref} /> 형태로 연결해 부모 컴포넌트에서 전달한 ref 객체로 실제 DOM 요소에 직접 접근할 수 있습니다.

이렇게 하면 부모 컴포넌트에서 생성한 ref 객체를 자식 컴포넌트의 입력 요소와 연결할 수 있습니다. 코드를 실행해보면 경고창이 표시된 후 [확인] 버튼을 클릭했을 때 해당 입력 필드에 자동으로 포커스가 이동하는 것을 확인할 수 있습니다.

• ref 객체 전달하기(리액트 19 이후)

리액트 19부터는 ref 객체도 일반 prop처럼 컴포넌트에 전달할 수 있고, 컴포넌트 내부에서 간단하게 구조 분해 할당으로 꺼내 사용할 수 있습니다. 이 덕분에 코드가 훨씬 간결해지고, 더 이상 forwardRef()를 사용할 필요도 없어졌습니다.

src/components/InputReact19.tsx

```
type InputProps = React.ComponentPropsWithRef<'input'> & {
  label: string;
};

export default function Input({ label, ref, ...rest }: InputProps) { --------- ❶
  const id = rest.id || rest.name; // id를 label과 연결하기 위해 설정
  return (
    <div className='input-group'> {/* <div>로 감싸 입력 그룹을 시각적으로 묶어줌 */}
      {label && <label htmlFor={id}>{label}</label>}
      <input ref={ref} {...rest} /> ------------------------------------------❷
    </div>
  );
}
```

❶ forwardRef() 없이도 ref 객체를 { ref, ...rest } 형태로 간단히 받을 수 있습니다.

❷ ref 객체가 <input> 요소에 직접 연결되어 부모 컴포넌트에서 포커스 제어 등을 할 수 있습니다.

App.tsx에서 import Input from './components/InputReact18' 부분을 import Input from './components/InputReact19'로 변경합니다. 그런 다음 코드를 실행해보면 [확인] 버튼을 클릭할 때 해당 입력 요소로 포커스가 잘 이동합니다.

8.5.2 클린업 함수

8.2.2절에서 여러 한 줄 입력 요소를 객체 상태로 정의해 하나의 상태로 제어하는 방식은 더 이상 권장하지 않고 리액트 19부터 ref 객체에 클린업 함수 기능이 도입되었다고 설명했습니다.

클린업(cleanup) 함수는 useEffect 훅 내부에서 정의하는 일종의 정리 작업 함수입니다. 예를 들어, 컴포넌트가 언마운트되거나, 다음 useEffect 훅이 실행되기 전에 이벤트 리스너 제거와 같은 사이드 이펙트를 정리하는 데 사용합니다.

먼저 리액트 18까지 사용한 방식을 코드로 살펴봅시다.

src/components/ScrollDiv.tsx

```
import { useRef, useEffect } from 'react';

export default function ScrollDiv() {
  const divRef = useRef<HTMLDivElement>(null); // ref 객체 생성
  useEffect(() => {
    const handleScroll = () => {
      if (divRef.current) {
        console.log('div scrollTop:', divRef.current.scrollTop);
      }
    };
    const currentDiv = divRef.current;
    currentDiv?.addEventListener('scroll', handleScroll); // div에 스크롤 이벤트 등록
    return () => { // 클린업 함수: removeEventListener()를 호출해 이벤트 정리
      currentDiv?.removeEventListener('scroll', handleScroll);
    };
  }, []);
  return (
    <div
      ref={divRef} // 실제 DOM에 ref 연결
      style={{
        border: '1px solid black', width: '200px',
        height: '100px', overflowY: 'scroll',
      }}
```

```
    >
      {/* 스크롤 가능한 긴 내용 */}
      {[...Array(20)].map((_, i) => (
        <p key={i}>Item {i + 1}</p>
      ))}
    </div>
  );
}
```

ref 객체를 생성한 뒤 DOM 요소에 ref 속성으로 수동 연결하고, useEffect 훅을 사용해 스크롤 이벤트를 등록합니다. 또한, 컴포넌트가 언마운트될 때를 대비해 클린업 함수로 이벤트를 해제합니다.

이처럼 리액트 18까지는 이벤트 등록과 정리를 위해 비교적 복잡한 코드가 필요했습니다. 하지만 리액트 19부터는 ref 속성에 클린업 함수를 함께 정의할 수 있는 기능이 도입되어 동일한 기능을 다음과 같이 훨씬 간단하게 구현할 수 있습니다.

src/components/ScrollDivReact19.tsx

```
export default function ScrollDivReact19() {
  const handleScroll = (event: Event) => {
    const target = event.target as HTMLDivElement;
    console.log('div scrollTop:', target.scrollTop);
  };
  return (
    <div
      ref={(currentDiv) => {
        currentDiv?.addEventListener('scroll', handleScroll);
        // 클린업 함수: 언마운트되기 전에 호출됨
        return () => {
          currentDiv?.removeEventListener('scroll', handleScroll);
        };
      }}
      style={{ (중략) }}
    >
      (중략)
    </div>
  );
}
```

더 이상 useEffect 훅 안에서 ref를 추적하거나 addEventListener()와 removeEventListener()를 따로 관리할 필요가 없습니다. ref 속성에 콜백 함수를 할당하고, 그 안에서 클린업 함수를 반환하는 것만으로도 등록과 해제를 모두 처리할 수 있습니다.

또한, 리액트 19에서는 ref 속성의 콜백 함수에서 오직 클린업 함수만 반환할 수 있게 제한되었습니다. 즉, 콜백 함수 안에서 ref를 설정하거나 다른 값을 반환하는 방식은 허용되지 않습니다. ref 객체를 그대로 사용하는 경우에는 다음과 같이 객체 형태로 직접 작성해야 합니다.

```
ref={(el) => inputRef.current = el} // 잘못된 방식
ref={inputRef} // 올바른 방식
```

1분 퀴즈

정답 노트 p.792

14. 리액트 18에서 컴포넌트에 ref를 전달할 때 사용하는 함수는 무엇인가요?

① useRef ② useEffect ③ forwardRef ④ createRef

15. 다음 중 리액트 19에서 허용되는 ref 사용 방식으로 올바른 것은 무엇인가요?

① <input ref={inputRef} />

② <input ref={() => inputRef} />

③ <input ref={() => inputRef.current = el} />

④ <input ref={(el) => { inputRef.current = el; return el; }} />

16. 리액트 19에서 ref 속성에 콜백 함수를 사용할 때 반드시 따라야 할 규칙으로 올바른 것은 무엇인가요?

① JSX를 반환해야 한다.

② useState 훅과 함께 상태 관리를 해야 한다.

③ 등록과 해제 로직 외에 다른 반환값도 가능하다.

④ 클린업 함수를 반환하거나 아무것도 반환하지 않아야 한다.

마무리

1. 리액트에서 폼 다루기

① 리액트에서 모든 폼 요소는 <form> 태그 안에 작성합니다.

② 폼을 다루려면 입력 값을 리액트 상태로 관리하고, 입력이 발생할 때마다 화면에 즉시 반영해야 합니다.

2. 제어 컴포넌트

① 제어 컴포넌트는 입력 값을 리액트의 상태로 관리하는 방식입니다.

② useState 훅을 사용해 상태를 정의하고 <input> 요소의 value와 onChange 속성을 사용해 상태를 연결합니다.

형식

```
const [value, setValue] = useState('');
<input value={value} onChange={(e) => setValue(e.target.value)} />
```

③ 여러 입력 필드를 하나의 객체 상태(formState)로 묶어 관리할 수 있습니다. 이때 name 속성을 활용하면 하나의 이벤트 핸들러로 여러 값을 처리할 수 있습니다.

④ 입력 값을 실시간으로 추적할 수 있고, 입력 값 검증 및 동기화가 쉬워 유지보수하기 좋습니다.

3. 비제어 컴포넌트

① 비제어 컴포넌트는 입력 값을 DOM 요소에서 직접 가져오는 방식입니다.

② useRef 훅을 사용해 DOM 요소를 참조하고, ref.current.value 또는 ref.current.checked 등으로 값을 읽습니다.

③ 입력 요소마다 ref 객체가 필요하며, 라디오 버튼처럼 그룹으로 묶인 입력 값은 FormData.get()으로 쉽게 추출할 수 있습니다.

④ 입력 값은 실시간으로 추적할 수 없고, 폼 제출이나 버튼 클릭 등 특정 시점에만 값을 확인할 수 있습니다.

4. 폼 제어 고급

① useRef 훅: 제어 컴포넌트에서도 포커스 제어나 스크롤 이동이 필요할 때 ref를 사용할 수 있습니다. JSX 요소에 ref를 설정하고 `ref.current`로 직접 DOM에 접근합니다.

② 커스텀 훅: 리액트의 기본 훅을 조합해 나만의 훅을 만들 수 있습니다. 커스텀 훅을 사용하면 복잡한 폼 상태 관리도 더 간단하게 구현할 수 있으며, 필요에 따라 기능을 확장할 수 있습니다.

5. 폼 밸리데이션

① 폼 밸리데이션: 사용자가 입력한 값이 올바른 형식과 조건을 만족하는지 검증하는 작업입니다.

② 기본 밸리데이션: HTML5 내장 속성을 사용해 간단한 검사를 할 수 있습니다. 자바스크립트 코드 없이 웹 브라우저 수준에서 작동하지만, 복잡한 조건은 구현하기 어렵습니다.

③ 커스텀 밸리데이션: 자바스크립트 함수로 조건을 직접 정의해 입력 값을 검사합니다. 특정 형식이나 범위를 검사하거나, 다른 필드와 비교하는 등의 복잡한 로직 구현이 가능합니다. 보통 `onSubmit` 전에 `validateForm()` 같은 함수로 검증합니다.

④ 라이브러리 사용: Formik, React Hook Form 같은 라이브러리를 사용하면 상태 관리, 검증, 오류 메시지 표시 등을 자동화할 수 있습니다. `useState`나 `useRef` 훅 없이도 동작하며, 제출 상태 관리와 유효성 검사 기능이 내장되어 있어 실무에서 많이 사용합니다.

6. 리액트 19에서 ref 변경 사항

① ref 객체의 컴포넌트 전달 방식 간소화

- **리액트 18 이전**: ref를 자식 컴포넌트에 전달하려면 반드시 `forwardRef()`로 해당 컴포넌트를 감싸야 합니다.
- **리액트 19 이후**: `forwardRef()` 없이도 일반 props처럼 ref 객체를 전달할 수 있습니다.

② `ref` 속성에서 클린업 함수 지원

- **리액트 18 이전**: 이벤트 등록과 해제를 `useEffect` 훅에서 수동으로 처리합니다.
- **리액트 19 이후**: `ref` 속성에 콜백 함수를 사용해 DOM 등록과 클린업을 동시에 처리할 수 있습니다.

셀프체크

정답 노트 p.792

소스 코드에서 ch08/selfcheck/ing 폴더를 보면 리액트 애플리케이션 코드가 있습니다. 해당 코드를 실행하면 다음과 같이 Tailwind CSS 기반으로 작성한 로그인 UI를 볼 수 있습니다.

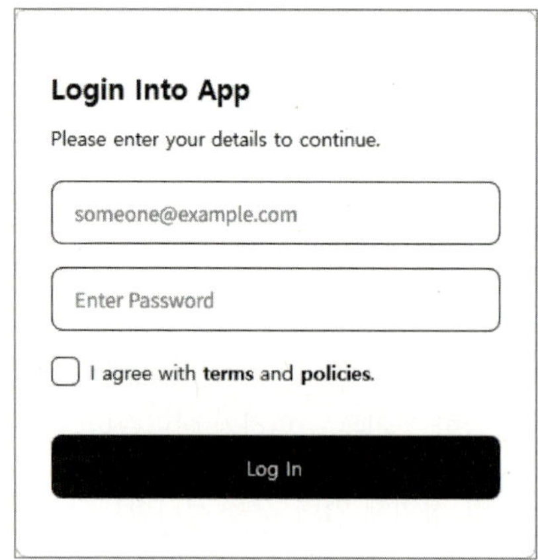

해당 로그인 UI를 활용해 다음 조건에 맞는 코드를 작성하세요.

조건

① 이메일을 입력하지 않고 [Log In] 버튼을 클릭하면 '이메일을 입력하세요.'라는 경고창이 나옵니다. [확인] 버튼을 클릭하면 커서가 이메일 입력칸으로 이동합니다.

② 비밀번호를 입력하지 않고 [Log In] 버튼을 클릭하면 '비밀번호를 입력하세요.'라는 경고창이 나옵니다. [확인] 버튼을 클릭하면 커서가 비밀번호 입력칸으로 이동합니다.

③ 체크박스를 선택하지 않고 [Log In] 버튼을 클릭하면 '약관에 동의해 주세요.'라는 경고창이 나옵니다.

④ 이메일, 비밀번호를 입력하고 체크박스가 선택된 상태로 [Log In] 버튼을 클릭하면 '로그인에 성공했습니다.'라는 경고창이 나옵니다.

⑤ 제어 컴포넌트, 비제어 컴포넌트, 라이브러리 사용 중 어떤 방법을 써도 괜찮습니다(정답에 수록한 코드는 제어 컴포넌트 방식을 사용했습니다).

9장

실습: 할 일 관리 애플리케이션 만들기

이 장에서는 지금까지 배운 내용을 활용해 할 일 관리(Todo List) 애플리케이션을 만들어 봅니다. 할 일 관리 애플리케이션은 리액트를 공부하는 사람이면 누구나 한 번쯤 만들어보는 대표적인 실습 프로젝트입니다. 6장에서 만든 계산기보다 더 다양한 기능과 구조가 들어 있으므로 지금까지 배운 내용을 복습하는 데 매우 적합합니다. 또한, 이 애플리케이션은 이후 새로운 리액트 문법을 배울 때마다 계속 확장하고 응용해 나갈 예정입니다.

9.1

실습 내용 소개

이 장에서 만드는 할 일 관리 애플리케이션은 사용자가 해야 할 일을 목록으로 작성하고 관리할 수 있는 간단한 프로그램입니다. 애플리케이션의 사용자 인터페이스(UI)는 다음과 같습니다.

그림 9-1 할 일 관리 애플리케이션 UI

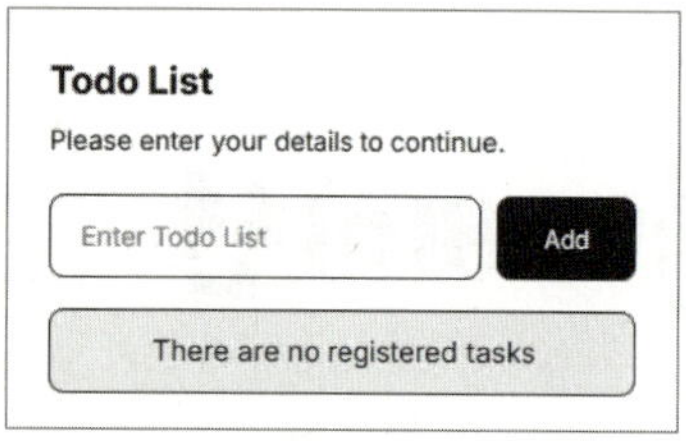

Todo List
Please enter your details to continue.
Enter Todo List
Add
There are no registered tasks

할 일 관리 애플리케이션의 작동 방식은 다음과 같습니다.

1 **할 일 등록하기**: 입력칸에 할 일을 입력하고 Enter를 누르거나 [Add] 버튼을 클릭하면 새로운 할 일이 목록에 추가됩니다. 이때 입력칸은 자동으로 초기화됩니다.

그림 9-2 할 일 등록

Todo List
Please enter your details to continue.
Enter Todo List
Add
Eat breakfast
Walk the dog
Feed the cat

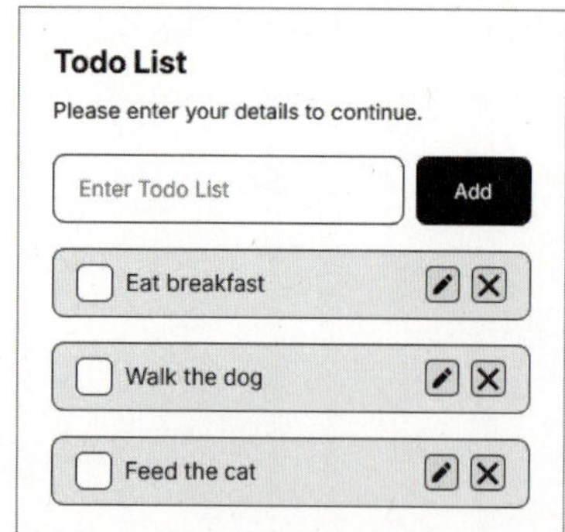

2 **할 일 완료 표시하기:** 등록된 할 일 항목 앞에 있는 박스를 클릭하면 체크가 표시되며, 스타일이 적용됩니다. 이 스타일은 `.todo_item` 클래스를 가진 요소에 `.todo__item—completed` 클래스를 추가해 적용합니다.

그림 9-3 할 일 완료 표시

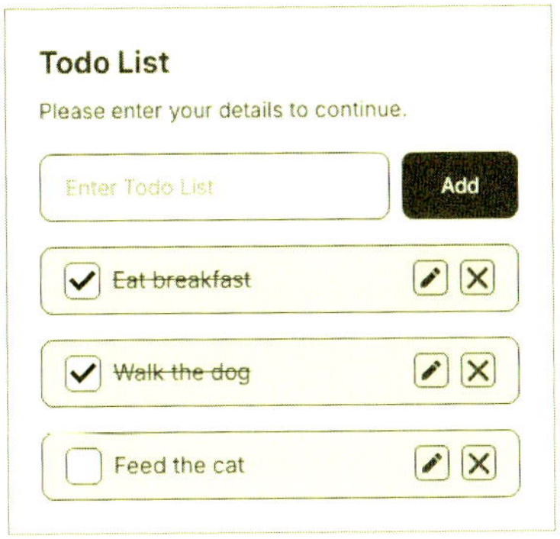

3 **할 일 삭제하기:** X 모양의 [삭제] 버튼을 클릭하면 해당 할 일이 목록에서 삭제됩니다.

그림 9-4 할 일 삭제

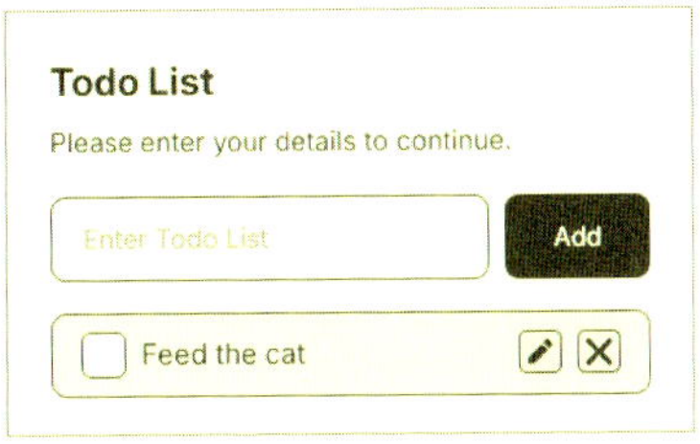

4 **할 일 수정하기:** 연필 모양의 [수정] 버튼 클릭하면 내용을 수정할 수 있는 입력칸이 표시됩니다. 수정할 내용을 입력한 뒤 Enter 를 누르면 내용이 변경됩니다. 수정 중에는 [삭제] 버튼을 클릭할 수도 있고, 다시 [수정] 버튼을 클릭해 수정 작업을 취소할 수도 있습니다.

그림 9-5 할 일 수정

정리하면, 이 애플리케이션의 주요 기능은 할 일 등록, 완료 표시, 삭제, 수정입니다. 이번 실습에서는 이 네 가지 기능을 직접 구현해 봅니다.

9.2

UI 구성하기

할 일 관리 애플리케이션의 UI부터 구성해 보겠습니다.

9.2.1 기본 구조 설정하기

먼저 리액트 애플리케이션을 새로 생성해야 합니다. 실습에 사용할 폴더를 지정한 뒤, 프로젝트를 생성합니다. 스캐폴딩 과정에서 나오는 프롬프트는 다음과 같이 선택합니다.

그림 9-6 스캐폴딩 과정에서 입력하는 프롬프트 값

```
D:\todo>npm create vite@latest .

> npx
> cva .

│
◇  Select a framework:
│  React
│
◇  Select a variant:
│  TypeScript
│
◇  Scaffolding project in D:\todo...
│
└  Done. Now run:
```

스캐폴딩 과정은 앞에서 여러 번 다루었으므로 따로 설명하지 않습니다. 스캐폴딩 과정이 기억나지 않는다면 **1.3 리액트 애플리케이션 만들기**를 참고해 애플리케이션을 생성하고, 불필요한 폴더와 파일을 정리해 주세요.

9.2.2 HTML 작성하기

실습에 사용할 HTML과 CSS 파일은 별도로 제공합니다. 소스 코드의 **ch09/todo_html** 폴더에서 확인할 수 있습니다. 이 파일을 활용해 HTML부터 작성해 보겠습니다.

1 ch09/todo_html 폴더의 index.html 파일을 엽니다. index.html 파일의 <li> 태그 중 class='todo__item todo__item--complete'이 붙은 항목이 두 군데 있습니다. 두 항목은 서로 다른 UI 상태(완료 상태, 수정 상태)를 보여주기 위한 것입니다. 이 중 먼저 등장하는 <li> 태그 부분만 복사합니다. 할 일 관리 애플리케이션의 src/App.tsx 파일을 열고 복사한 코드를 붙여 넣습니다.

2 HTML 주석(<!-- -->)은 JSX 주석({/* */})으로 변경합니다.

3 class 속성은 JSX에서 사용하는 className 속성으로 수정합니다. 또한, checked 속성은 defaultChecked 속성으로, fill-rule 속성은 fillRule 속성으로, clip-rule 속성은 clipRule 속성으로 각각 수정합니다.

src/App.tsx

```
export default function App() {
  return (
    <div className='todo'>
      <h1 className='todo__title'>Todo List</h1>
      <p className='todo__subtitle'>Please enter your details to continue.</p>
      {/* 할 일 등록 */}
      <form className='todo__form'> ---------------------------------- ❶
        <div className='todo__editor'>
          <input type='text' className='todo__input' placeholder='Enter Todo List' />
          <button className='todo__button' type='submit'>Add</button>
        </div>
      </form>
      {/* 할 일 목록 */}
      <ul className='todo__list'> ------------------------------------- ❷
        {/* 할 일 목록이 없는 경우 */}
        <li className='todo__item todo__item--empty'>
          <p className='todo__text--empty'>There are no registered tasks</p>
        </li>
        {/* 할 일 목록이 있는 경우 */}
        {/* 할 일을 완료하면 .todo__item--complete 추가 */}
```

```
      <li className='todo__item todo__item--complete'> ----------- ❸
        <div className='todo__checkbox-group'>
          <input type='checkbox' className='todo__checkbox' checked />
          <label>Eat Breakfast</label>
        </div>
        {/* 할 일을 수정할 때만 노출 */}
        {/* <input type="text" className="todo__modify-input" /> */}
        <div className='todo__button-group'>
          <button className='todo__action-button'>
            <svg width='23' height='23' viewBox='0 0 23 23' fill='none'
              xmlns='http://www.w3.org/2000/svg'>
              <path
                d='M12.45 7.04937L15.9505 10.55L8.34938 18.1514L5.22844
18.4959C4.81064 18.5421 4.45764 18.1888 4.50412 17.771L4.85138 14.6478L12.45
7.04937ZM18.1155 6.52819L16.4719 4.88453C15.9592 4.37182 15.1277 4.37182 14.615
4.88453L13.0688 6.43084L16.5692 9.93145L18.1155 8.38513C18.6282 7.87215 18.6282
7.04089 18.1155 6.52819Z'
                fill='#4F4F4F' />
            </svg>
          </button>
          <button className='todo__action-button'>
            <svg width='15' height='16' viewBox='0 0 15 16' fill='none'
              xmlns='http://www.w3.org/2000/svg'>
              <path fillRule='evenodd' clipRule='evenodd'
                d='M7.50002 9.81827L12.9548 15.2731L14.7731 13.4548L9.31829
8L14.7731 2.54518L12.9548 0.726901L7.50002 6.18173L2.04519 0.726902L0.226918
2.54518L5.68174 8L0.226919 13.4548L2.04519 15.2731L7.50002 9.81827ZM7.50002
9.81827L9.31829 8L7.50002 6.18173L5.68174 8L7.50002 9.81827Z'
                fill='#4F4F4F' />
              <path d='M7.50002 9.81827L9.31829 8L7.50002 6.18173L5.68174
8L7.50002 9.81827Z'
                fill='#4F4F4F' />
            </svg>
          </button>
        </div>
      </li>
    </ul>
  </div>
 );
}
```

❶ <form>은 할 일 입력과 등록을 위한 폼 요소입니다. 이후 이벤트를 연결해 할 일을 추가합니다.

❷ <ul>은 할 일 목록을 표시하는 영역입니다. 할 일이 없을 때와 있을 때의 UI를 분리해 작성합니다.

❸ 할 일 목록에서 할 일을 완료한 상태인 경우 todo__item--complete 클래스를 추가합니다. 이 클래스로 체크 표시와 할 일 완료 스타일을 적용합니다.

4 HTML에 폰트를 적용해 보겠습니다. ch09/todo_html 폴더의 index.html 파일을 보면 <head> 태그 안에 구글 폰트와 관련된 <link> 태그가 3개 들어 있습니다. 이 3줄을 복사한 뒤 리액트 애플리케이션의 index.html 파일을 열고 <head> 태그 안에 붙여 넣습니다. 그리고 <title> 태그의 내용을 Todo List로 바꿉니다.

index.html

```
<!DOCTYPE html>
<html lang="en">
  <head>
    <meta charset="UTF-8" />
    <link rel="icon" type="image/svg+xml" href="/vite.svg" />
    <meta name="viewport" content="width=device-width, initial-scale=1.0" />
    <title>Todo List</title>
    <link rel="preconnect" href="https://fonts.googleapis.com" />
    <link rel="preconnect" href="https://fonts.gstatic.com" crossorigin />
    <link href="https://fonts.googleapis.com/css2?family=Inter:ital,opsz,wght@0,
14..32,100..900;1,14..32,100..900&display=swap"
      rel="stylesheet" />
  </head>
  (중략)
</html>
```

5 ch09/todo_html/assets 폴더를 복사해 src 폴더 아래에 붙여 넣습니다.

6 코드를 저장한 후 터미널에 다음 명령어를 입력해 개발 서버를 실행합니다.

TERMINAL

```
npm run dev
```

7 터미널에 표시된 로컬 주소를 웹 브라우저에 입력해 접속하면 지금까지 작성한 할 일 관리 애플리케이션의 UI 화면이 표시됩니다.

그림 9-7 할 일 목록 UI

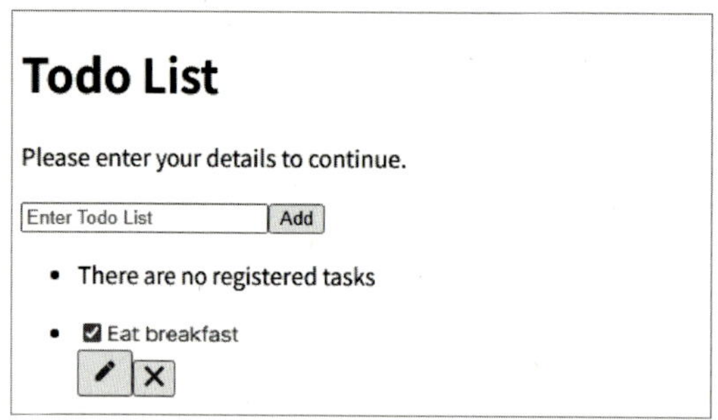

아직 스타일을 적용하지 않아 화면이 밋밋합니다. 이어서 스타일을 적용해 보겠습니다.

9.2.3 CSS 작성하기

리액트에서 스타일을 적용하는 방법은 다양합니다. 인라인 스타일부터 글로벌 스타일, CSS 모듈, CSS-in-JS, Tailwind CSS 등이 있습니다. 스타일을 적용할 때 반드시 따라야 하는 규칙은 없지만, 이 책에서는 실습하기 쉽고 구조가 단순한 글로벌 스타일 방식을 사용하겠습니다.

1 리액트 애플리케이션의 src 폴더 안에 index.css 파일을 새로 만듭니다. 그다음 ch09/todo_html/style.css 파일을 열어 전체 내용을 복사하고 index.css 파일에 붙여 넣습니다.

src/index.css

```
* {
  box-sizing: border-box;
  margin: 0;
  padding: 0;
  font-family: 'Inter', serif;
}
(중략)
.todo__action-button {
  display: flex;
  align-items: center;
  justify-content: center;
  width: 23px;
  height: 23px;
  border: 1px solid #4f4f4f;
```

```
  border-radius: 4px;
}
```

2 작성한 index.css 파일을 리액트 애플리케이션에 적용하기 위해 main.tsx 파일에서 다음과 같이 임포트(import)합니다. 이렇게 임포트한 CSS 파일은 모든 컴포넌트에 공통 적용됩니다.

src/main.tsx

```
import { StrictMode } from 'react';
import { createRoot } from 'react-dom/client';
import './index.css';
import App from './App.tsx';

createRoot(document.getElementById('root')!).render( (중략) );
```

3 코드를 저장하고 실행하면 디자인이 적용된 할 일 관리 애플리케이션의 화면을 웹 브라우저에서 확인할 수 있습니다.

그림 9-8 디자인을 적용한 할 일 관리 애플리케이션의 화면

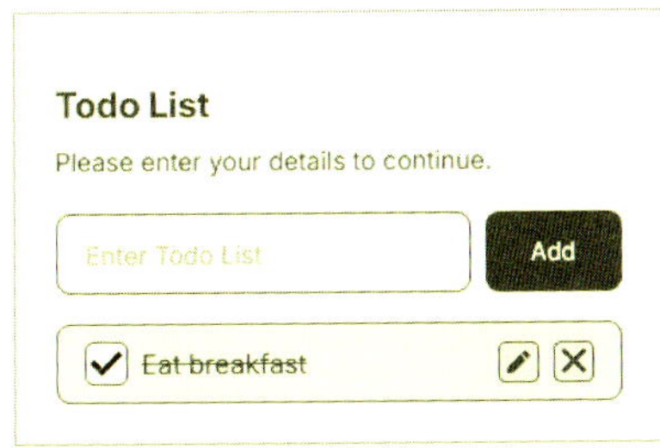

수코딩의 조언

이 책은 리액트를 학습하기 위한 목적이므로 HTML과 CSS 코드에 대한 설명은 생략합니다. 리액트를 제대로 배우려면 HTML과 CSS에 대한 이해가 필수입니다. 특히 여기서 사용한 코드는 HTML과 CSS를 공부해본 사람이라면 누구나 쉽게 이해할 수 있는 기초적인 코드입니다. 만약 코드가 낯설고 잘 이해되지 않는다면 리액트를 공부하기 전에 HTML과 CSS부터 학습하는 것을 권장합니다.

9.3

컴포넌트 분리하기

리액트 애플리케이션을 만들 때는 상황에 따라 HTML 코드를 별도의 컴포넌트로 분리할 수 있습니다. **6장**에서 만든 계산기처럼 UI 구조가 간단한 경우에는 컴포넌트를 따로 분리하지 않아도 괜찮습니다. 하지만 할 일 관리 애플리케이션처럼 화면 요소가 많고 기능이 복잡한 경우에는 컴포넌트를 적절히 나누는 것이 훨씬 효율적입니다.

컴포넌트의 개념은 이미 **3장**에서 배운 바 있습니다. 다만, 실제로 컴포넌트를 직접 분리해서 사용하는 것은 이번이 처음입니다. **3장**에서 설명한 컴포넌트 개념이 아직 잘 이해되지 않는다면 이 절에서 실습을 통해 다시 한번 확실히 익혀두길 바랍니다. 리액트를 잘 활용하려면 컴포넌트를 자유롭게 만들고 재사용할 수 있어야 합니다.

9.3.1 복잡한 <svg> 요소 컴포넌트로 분리하기

App 컴포넌트를 살펴보면 <svg> 태그로 작성한 요소가 포함되어 있습니다. <svg>는 주로 아이콘이나 로고 같은 작은 그래픽 요소를 그릴 때 사용하는 태그입니다. 하지만 <svg> 요소는 코드 길이가 길고 복잡해서 JSX 코드의 가독성을 떨어뜨릴 수 있습니다. 따라서 <svg> 요소를 별도의 컴포넌트로 분리하겠습니다.

1 src 폴더 아래에 components/svg 폴더를 새로 만들고, SvgPencil.tsx 파일을 생성합니다. 여기에 App 컴포넌트에 있던 첫 번째 <svg> 요소(연필 아이콘)를 가져와 다음과 같이 작성합니다.

src/components/svg/SvgPencil.tsx

```
export default function SvgPencil() {
  return (
```

```
    <svg width='23' height='23' viewBox='0 0 23 23' fill='none'
      xmlns='http://www.w3.org/2000/svg'>
      <path
        d='M12.45 7.04937L15.9505 10.55L8.34938 18.1514L5.22844 18.4959C4.81064
18.5421 4.45764 18.1888 4.50412 17.771L4.85138 14.6478L12.45 7.04937ZM18.1155
6.52819L16.4719 4.88453C15.9592 4.37182 15.1277 4.37182 14.615 4.88453L13.0688
6.43084L16.5692 9.93145L18.1155 8.38513C18.6282 7.87215 18.6282 7.04089 18.1155
6.52819Z'
        fill='#4F4F4F' />
    </svg>
  );
}
```

2 src/components/svg 폴더에 SvgClose.tsx 파일을 생성합니다. 여기에 App 컴포넌트에 있던 두 번째 <svg> 요소(닫기 아이콘)를 가져와 다음과 같이 작성합니다.

src/components/svg/SvgClose.tsx

```
export default function SvgClose() {
  return (
    <svg width='15' height='16' viewBox='0 0 15 16' fill='none'
      xmlns='http://www.w3.org/2000/svg'>
      <path fillRule='evenodd' clipRule='evenodd'
        d='M7.50002 9.81827L12.9548 15.2731L14.7731 13.4548L9.31829
8L14.7731 2.54518L12.9548 0.726901L7.50002 6.18173L2.04519 0.726902L0.226918
2.54518L5.68174 8L0.226919 13.4548L2.04519 15.2731L7.50002 9.81827ZM7.50002
9.81827L9.31829 8L7.50002 6.18173L5.68174 8L7.50002 9.81827Z'
        fill='#4F4F4F' />
      <path
        d='M7.50002 9.81827L9.31829 8L7.50002 6.18173L5.68174 8L7.50002 9.81827Z'
        fill='#4F4F4F' />
    </svg>
  );
}
```

3 App.tsx 파일에서 <svg> 요소 대신 새로 만든 컴포넌트를 다음과 같이 불러와 사용합니다.

src/App.tsx

```
import SvgPencil from './components/svg/SvgPencil';
import SvgClose from './components/svg/SvgClose';
```

```
export default function App() {
  return (
    <div className='todo'>
      (중략)
      {/* 할 일 목록 */}
      <ul className='todo__list'>
        (중략)
        <li className='todo__item todo__item--complete'>
          (중략)
          <div className='todo__button-group'>
            <button className='todo__action-button'>
              <SvgPencil />
            </button>
            <button className='todo__action-button'>
              <SvgClose />
            </button>
          </div>
        </li>
      </ul>
    </div>
  );
}
```

이처럼 복잡한 <svg> 요소를 별도의 컴포넌트로 분리하면 JSX 구조가 깔끔해지고 읽기 쉬워집니다. 또한, 각 아이콘의 역할이 명확해져 코드의 의도를 쉽게 파악할 수 있고, 이후 다른 곳에서도 컴포넌트를 재사용하기 쉬워집니다.

9.3.2 버튼 요소 컴포넌트로 분리하기

리액트 애플리케이션을 만들 때 <button>, <input> 같은 기본 폼 요소도 별도의 컴포넌트로 분리해 사용하는 것이 좋습니다. 폼 요소들은 대부분의 화면에서 공통된 디자인과 패턴으로 반복되어 컴포넌트로 만들어두면 재사용성과 유지보수성이 높아지기 때문입니다.

<button> 요소를 단순히 컴포넌트로 분리하면 다음과 같이 작성할 수 있습니다.

```
export default function Button() {
  return (
```

```
    <button className='todo__button' type='submit'>Add</button>
  );
}
```

하지만 이렇게 만들면 버튼의 텍스트나 기능을 바꾸기 어렵고, 다양한 곳에서 재사용하기에도 한계가 있습니다. <svg> 요소는 아이콘이나 로고처럼 각기 다른 용도로 사용하고, 태그 구조도 고정되어 있기 때문에 컴포넌트로 분리하더라도 확장성까지 고려할 필요는 없습니다. 그러나 <button> 요소는 애플리케이션 내에서 다양한 상황에 맞춰 반복해 활용하기 때문에 재사용성과 확장성을 고려해 작성해야 합니다. 그래서 children과 props 객체를 활용하는 방법을 권장합니다.

1 src/components/html 폴더를 만들고 Button.tsx 파일을 생성한 후 다음과 같이 작성합니다.

src/components/html/Button.tsx

```
type Buttonprops = React.ComponentPropsWithRef<'button'>; ---------- ❶

export default function Button(props: Buttonprops) { --------------- ❷
  const { children, ...rest } = props; ---------------------------- ❸
  return <button {...rest}>{children}</button>; ------------------- ❹
}
```

❶ **타입 정의**: 타입스크립트 기반의 확장 가능한 컴포넌트를 만들려면 타입 정의가 중요합니다. React.ComponentPropsWithRef<'button'>은 <button> 태그에서 사용할 수 있는 모든 HTML 속성을 한꺼번에 사용할 수 있도록 해줍니다. 즉, type, onClick, disabled 같은 속성도 자유롭게 전달할 수 있습니다.

❷ **props 전달**: 컴포넌트는 props 객체를 통해 속성을 전달받습니다. 필자는 구조 분해 할당을 별도로 분리하는 방식을 더 선호합니다. 그래서 여기서는 props를 구조 분해 할당하지 않고, props 객체와 타입만 지정해 전체 props를 한 번에 받습니다.

❸ **구조 분해 할당**: children은 <button> 태그 내부에 들어가는 내용(텍스트 또는 아이콘)이기 때문에 따로 꺼내고, 나머지 속성은 ...rest에 담아 전달합니다. 이처럼 구조 분해 할당을 별도 코드로 처리하면 가독성이 좋아지고, 관리하기도 쉬워집니다.

❹ **JSX에 전개:** JSX에서 <button> 태그에 {...rest}를 사용하면 props로 전달받은 속성들이 버튼 요소에 그대로 적용됩니다. 이 방식은 버튼이 지원하는 다양한 HTML 속성을 유연하게 전달할 수 있게 합니다. 단, children은 <button> 태그의 정식 속성이 아니라 버튼 태그 내부에 들어가는 내용입니다. 따라서 children은 따로 꺼내서 <button>{children}</button>처럼 버튼의 자식 요소로 명시적으로 삽입해야 합니다.

2 이제 기존 <button> 태그 대신 Button 컴포넌트를 사용해 코드를 더 간결하게 정리할 수 있습니다.

src/App.tsx

```
import SvgClose from './components/svg/SvgClose';
import SvgPencil from './components/svg/SvgPencil';
import Button from './components/html/Button';

export default function App() {
  return (
    <div className='todo'>
      (중략)
      <form className='todo__form'>
        <div className='todo__editor'>
          <input type='text' className='todo__input'
            placeholder='Enter Todo List' />
          <Button className='todo__button' type='submit'>Add</Button>
        </div>
      </form>
      <ul className='todo__list'>
        (중략)
        <li className='todo__item todo__item--complete'>
          (중략)
          <div className='todo__button-group'>
            <Button className='todo__action-button'>
              <SvgPencil />
            </Button>
            <Button className='todo__action-button'>
              <SvgClose />
            </Button>
          </div>
        </li>
```

```
      </ul>
    </div>
  );
}
```

> **수코딩의 조언**
>
> 리액트에서 기본 HTML 요소(<button>, <input> 등)를 컴포넌트로 만들 때 `React.ComponentPropsWithRef<'태그명'>` 제네릭 타입을 사용하면 해당 태그에서 사용할 수 있는 모든 속성 타입을 자동으로 포함할 수 있습니다. 이 방식은 매우 편리하고 확장성이 뛰어나지만, 사용하지 않는 속성까지도 타입으로 따라옵니다. 따라서 컴포넌트가 단순하고 사용하는 속성이 몇 개 되지 않는 경우에는 오히려 과한 타입이 될 수 있습니다. 필요한 props만 명시적으로 지정하는 것이 오히려 코드의 가독성과 유지보수성 면에서 더 유리할 수 있습니다.

9.3.3 텍스트 입력 요소 컴포넌트로 분리하기

리액트 애플리케이션을 만들다 보면 <input>과 같은 입력 요소들을 다양한 곳에서 사용하게 됩니다. 이때, 체크박스나 라디오 버튼처럼 특정 디자인으로 커스터마이징해야 하는 요소는 구조나 동작 방식이 일반 입력 필드와 다르기 때문에 하나의 컴포넌트로 묶어서 처리하기가 어렵습니다. 그래서 텍스트 입력 필드처럼 구조가 단순하고 재사용이 쉬운 요소만 따로 컴포넌트로 분리해두면 이후 유지보수나 확장이 훨씬 수월해집니다.

1 src/components/html 폴더에 Input.tsx 파일을 만들고 입력 요소를 컴포넌트로 분리해 다음과 같이 작성합니다.

src/components/html/Input.tsx

```
type Inputprops = Omit<React.ComponentPropsWithRef<'input'>, 'type'> & {
  type?: 'text';
};

export default function Input(props: Inputprops) {
  const { ...rest } = props;
  return <input {...rest} />;
}
```

<input> 태그는 <button> 태그와 달리 내부에 자식 요소(children)를 포함하지 않기 때문에 컴포넌트를 구현할 때 children을 따로 처리할 필요가 없습니다. 따라서 구조가 비교적 단순해집니다.

컴포넌트를 정의할 때 React.ComponentPropsWithRef<'input'> 타입을 사용해 <input> 태그가 지원하는 모든 HTML 속성의 타입을 한 번에 지정합니다. 이 속성들을 {...rest} 형태로 받아 <input> 요소에 그대로 전달합니다.

그런데 할 일 관리 애플리케이션에서는 Input 컴포넌트에 text 타입만 사용하므로 text 이외의 입력 타입은 허용하지 않도록 제한해야 합니다. 그렇지 않으면 의도치 않게 다른 타입들이 들어올 수 있습니다.

이를 처리하기 위해 React.ComponentPropsWithRef<'input'> 타입에 Omit 유틸리티 타입을 사용해 type 속성을 제외합니다. 그리고 인터섹션 타입(&)으로 type 속성이 옵셔널 또는 'text' 타입만 허용할 수 있도록 추가합니다. 이렇게 하면 Input 컴포넌트에서 특정 입력 타입만 허용하도록 제어할 수 있습니다.

TIP — **Omit<타입, '속성'>**은 타입스크립트에서 해당 타입에서 특정 속성만 제외한 새 타입을 만들 때 사용합니다. **인터섹션**(intersection) 타입은 타입스크립트에서 여러 타입을 모두 만족하는 값을 표현할 때 사용합니다. 쉽게 말해 A & B 는 'A 타입이면서 동시에 B 타입'이라는 뜻입니다.

Note <input> 태그의 type 속성을 안전하게 다루는 방법

특정 타입을 허용하고 싶을 때는 다음처럼 HTMLInputType을 리터럴 타입으로 직접 정의한 다음에 제거하고 싶은 타입만 Omit 유틸리티 타입으로 명시해서 사용하는 방법도 있습니다. 예를 들어, <input> 태그의 type 속성이 허용하는 값 중에서 radio와 checkbox만 제외하고 싶으면 다음과 같이 작성합니다.

```
type HTMLInputType = 'text' | 'password' | 'email' | 'number' | 'tel'
  | 'url' | 'search' | 'date' | 'time' | 'datetime-local' | 'month' | 'week'
  | 'file' | 'hidden' | 'image' | 'submit' | 'reset' | 'button' | 'color'
  | 'range' | 'checkbox' | 'radio';
type Inputprops = Omit<React.ComponentpropsWithRef<'input'>, 'type'> & {
  type?: Exclude<HTMLInputType, 'radio' | 'checkbox'>;
};
export default function Input(props: Inputprops) {
  const { ...rest } = props;
```

```
    return <input {...rest} />;
  }
```

이렇게 작성하면 text, password, email 등 다양한 타입을 지원하면서도 의도적으로 제외한 radio와 checkbox는 사용할 수 없도록 제한할 수 있습니다. 어떤 방식을 써도 무방하니 상황에 맞게 적절한 방식을 고르면 됩니다.

추가로, HTMLInputType처럼 여러 타입 값을 나열한 타입 정의는 다른 컴포넌트에서도 재사용할 수 있습니다. 따라서 다음과 같이 src/types/form.d.ts 파일로 분리하면 관리하기 편합니다.

src/types/form.d.ts

```
type HTMLInputType = 'text' | 'password' | 'email' | 'number' | 'tel'
  | 'url' | 'search' | 'date' | 'time' | 'datetime-local' | 'month' | 'week'
  | 'file' | 'hidden' | 'image' | 'submit' | 'reset' | 'button' | 'color'
  | 'range' | 'checkbox' | 'radio';
```

2 기존 <input> 요소를 분리한 Input 컴포넌트로 바꿉니다.

src/App.tsx

```
import SvgClose from './components/svg/SvgClose';
import SvgPencil from './components/svg/SvgPencil';
import Button from './components/html/Button';
import Input from './components/html/Input';

export default function App() {
  return (
    <div className='todo'>
      (중략)
      <form className='todo__form'>
        <div className='todo__editor'>
          <Input type='text' className='todo__input' placeholder='Enter Todo List' />
          <Button className='todo__button' type='submit'>Add</Button>
        </div>
      </form>
      (중략)
    </div>
  );
```

```
}
```

할 일 관리 애플리케이션에서는 Input 컴포넌트가 한 곳에서만 사용해 이 부분만 대체했습니다. 여기서 규모가 더 커지고 입력 요소가 많아지더라도 만들어둔 Input 컴포넌트를 재사용하면서 코드를 더 깔끔하게 유지할 수 있습니다.

TIP — <input> 태그는 <label> 태그와 함께 사용하는 경우가 많습니다. 이때 조합 방식은 여러 가지가 있으며, 상황에 따라 다르게 구성됩니다. 예를 들어, <label> 태그 안에 <input> 태그를 넣을 수도 있고, 두 태그를 형제 요소로 나란히 배치할 수도 있습니다. 또는 <input> 태그가 먼저 나오거나 <label> 태그가 먼저 나오는 구조도 가능합니다. 따라서 입력 요소를 사용할 때는 디자인이나 기능에 맞게 구조를 커스터마이징할 수 있도록 별도의 조합 컴포넌트를 만들어두는 것이 유지보수에 유리합니다.

9.3.4 체크박스 요소 컴포넌트로 분리하기

체크박스 요소도 컴포넌트로 분리하겠습니다. 앞에서 <input> 태그를 텍스트 입력 컴포넌트로 만들었지만, 체크박스는 성격이 다릅니다. 체크박스는 보통 웹 브라우저에서 제공하는 기본 디자인을 그대로 사용하지 않고, 디자인 요구사항에 따라 CSS로 커스터마이징하는 경우가 많습니다. 그래서 기존의 Input 컴포넌트를 그대로 재사용하기보다는 전용 컴포넌트로 분리하는 것이 더 효율적입니다.

1 src/components/html 폴더에 Checkbox.tsx 파일을 생성하고 다음과 같이 작성합니다.

src/components/html/Checkbox.tsx

```
type CheckboxProps = Omit<React.ComponentPropsWithRef<'input'>, 'type'> & {
  type?: 'checkbox';
  parentClassName: string;
};

export default function Checkbox(props: CheckboxProps) {
  const { parentClassName, children, ...rest } = props;
  return (
    <div className={parentClassName}>
      <input {...rest} />
      <label>{children}</label>
    </div>
  );
}
```

Checkbox 컴포넌트는 <input>과 <label>을 하나의 <div>로 감싸고, 구조를 커스터마이징하기 쉽게 구성했습니다. 먼저 Checkbox 컴포넌트에서는 type='checkbox'만 사용하므로 ComponentPropsWithRef<'input'> 타입에서 기존 type 속성을 제외한 뒤, 'checkbox' 타입만 허용하도록 지정합니다. 체크박스 전체를 감싸는 <div> 태그에 적용할 parentClassName 클래스는 <input> 태그의 기본 속성 타입에는 포함되지 않으므로 props로 따로 받도록 추가합니다.

2 Checkbox 컴포넌트를 App.tsx 파일에 불러와 기존 체크박스를 대체합니다.

src/App.tsx

```
import SvgClose from './components/svg/SvgClose';
import SvgPencil from './components/svg/SvgPencil';
import Button from './components/html/Button';
import Input from './components/html/Input';
import Checkbox from './components/html/Checkbox';

export default function App() {
  return (
    <div className='todo'>
      (중략)
      <ul className='todo__list'>
        (중략)
        <li className='todo__item todo__item--complete'>
          <Checkbox parentClassName='todo__checkbox-group'
            type='checkbox' className='todo__checkbox' checked>Eat Breakfast
          </Checkbox>
          <div className='todo__button-group'>
          (중략)
        </li>
      </ul>
    </div>
  );
}
```

9.3.5 레이아웃 요소 컴포넌트로 분리하기

폼 요소(Input, Button, Checkbox)를 모두 컴포넌트로 분리했습니다. 이번에는 전체 화면의 구조를 이루는 레이아웃 요소들도 컴포넌트로 나누어 정리하겠습니다.

1 애플리케이션의 제목(Todo List)과 설명 문구를 담당하는 <h1>과 <p> 태그는 TodoHeader 컴포넌트로 분리합니다.

src/components/TodoHeader.tsx

```
export default function TodoHeader() {
  return (
    <>
      <h1 className='todo__title'>Todo List</h1>
      <p className='todo__subtitle'>Please enter your details to continue.</p>
    </>
  );
}
```

2 입력 필드와 추가 버튼으로 구성된 할 일 등록 폼 요소는 TodoEditor 컴포넌트로 분리합니다.

src/components/TodoEditor.tsx

```
import Button from './html/Button';
import Input from './html/Input';

export default function TodoEditor() {
  return (
    <form className='todo__form'>
      <div className='todo__editor'>
        <Input type='text' className='todo__input' placeholder='Enter Todo List' />
        <Button className='todo__button' type='submit'>Add</Button>
      </div>
    </form>
  );
}
```

3 할 일이 없을 때와 있을 때를 모두 포함하는 할 일 목록도 TodoList 컴포넌트로 분리합니다.

src/components/TodoList.tsx

```
import Checkbox from './html/Checkbox';
import Button from './html/Button';
import SvgClose from './svg/SvgClose';
import SvgPencil from './svg/SvgPencil';

export default function TodoList() {
  return (
    <ul className='todo__list'>
      {/* 할 일 목록이 없는 경우 */}
      <li className='todo__item todo__item--empty'>
        <p className='todo__text--empty'>There are no registered tasks</p>
      </li>
      {/* 할 일 목록이 있는 경우 */}
      <li className='todo__item todo__item--complete'>
        <Checkbox parentClassName='todo__checkbox-group'
          type='checkbox' className='todo__checkbox' checked>Eat Breakfast
        </Checkbox>
        {/* 할 일을 수정할 때만 노출  */}
        {/* <input type='text' className='todo__modify-input' /> */}
        <div className='todo__button-group'>
          <Button className='todo__action-button'>
            <SvgPencil />
          </Button>
          <Button className='todo__action-button'>
            <SvgClose />
          </Button>
        </div>
      </li>
    </ul>
  );
}
```

4 할 일 목록에서 할 일이 없는 경우의 <li> 요소를 다시 TodoListItemEmpty 컴포넌트로 분리합니다.

src/components/TodoListItemEmpty.tsx

```
export default function TodoListItemEmpty() {
  return (
    <li className='todo__item todo__item--empty'>
      <p className='todo__text--empty'>There are no registered tasks</p>
    </li>
  );
}
```

5 할 일이 있는 경우의 <li> 요소는 TodoListItem 컴포넌트로 분리합니다.

src/components/TodoListItem.tsx

```
import Button from './html/Button';
import Checkbox from './html/Checkbox';
import SvgClose from './svg/SvgClose';
import SvgPencil from './svg/SvgPencil';

export default function TodoListItem() {
  return (
    // 할 일을 완료하면 .todo__item--complete 추가
    <li className='todo__item todo__item--complete'>
      <Checkbox parentClassName='todo__checkbox-group'
        type='checkbox' className='todo__checkbox' checked>Eat Breakfast
      </Checkbox>
      {/* 할 일을 수정할 때만 노출 */}
      {/* <input type="text" className="todo__modify-input" /> */}
      <div className='todo__button-group'>
        <Button className='todo__action-button'>
          <SvgPencil />
        </Button>
        <Button className='todo__action-button'>
          <SvgClose />
        </Button>
      </div>
    </li>
  );
```

```
}
```

6 TodoList 컴포넌트를 정리합니다. 할 일이 없을 때와 있을 때의 <li> 요소를 각각 분리했으므로 TodoListItemEmpty와 TodoListItem 컴포넌트를 불러와 사용합니다.

src/components/TodoList.tsx

```
import TodoListItem from './TodoListItem';
import TodoListItemEmpty from './TodoListItemEmpty';

export default function TodoList() {
  return (
    <ul className='todo__list'>
      {/* 할 일 목록이 없는 경우 */}
      <TodoListItemEmpty />
      {/* 할 일 목록이 있는 경우 */}
      <TodoListItem />
    </ul>
  );
}
```

7 분리한 컴포넌트를 App 컴포넌트에서 불러옵니다.

src/App.tsx

```
import TodoEditor from './components/TodoEditor';
import TodoHeader from './components/TodoHeader';
import TodoList from './components/TodoList';

export default function App() {
  return (
    <div className='todo'>
      <TodoHeader />
      {/* 할 일 등록 */}
      <TodoEditor />
      {/* 할 일 목록 */}
      <TodoList />
    </div>
  );
}
```

컴포넌트를 모두 분리했기 때문에 App.tsx는 훨씬 간결하고 읽기 쉬운 구조가 되었습니다. 컴포넌트를 분리한 후 할 일 관리 애플리케이션의 구조는 다음과 같습니다.

그림 9-9 할 일 관리 애플리케이션의 구조

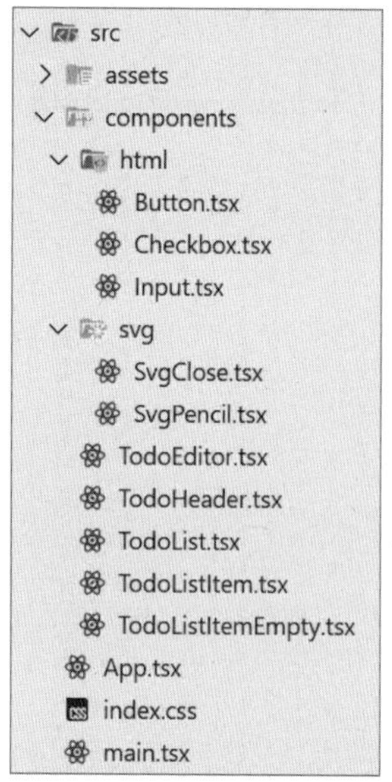

코드를 모두 저장하고 실행합니다. 컴포넌트를 분리했는데도 정상적으로 렌더링됩니다.

그림 9-10 컴포넌트를 분리한 후 할 일 관리 애플리케이션의 화면

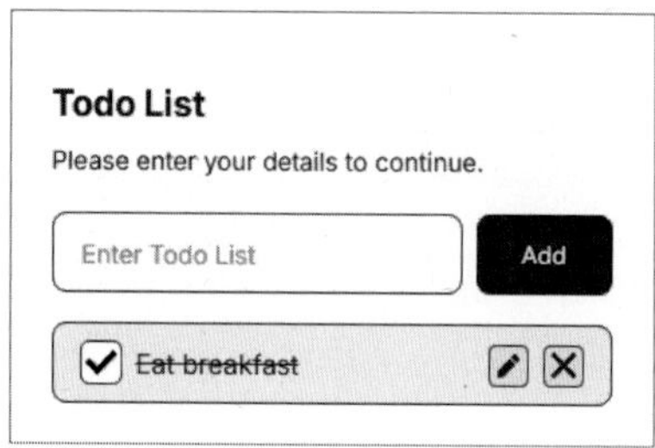

TIP — App 컴포넌트를 더 깔끔하게 구성하려면 Todo라는 별도의 루트 컴포넌트를 만들어 App 컴포넌트에서 Todo 컴포넌트를 불러오는 방식으로 분리할 수도 있습니다. 이렇게 하면 여러 화면이 있는 애플리케이션에서도 각 화면을 별도 컴포넌트로 나눠 관리하기 쉬워집니다.

9.4 기능 구현하기

UI 구성을 마쳤으니 이제 실제로 동작하는 기능을 구현해 보겠습니다.

9.4.1 할 일 목록 입력받기

먼저, 사용자가 입력칸에 할 일을 작성한 뒤 Enter를 누르거나 [Add] 버튼을 클릭하면 해당 내용을 저장하는 기능을 작성하겠습니다.

1 현재 입력칸은 TodoEditor 컴포넌트에 포함되어 있으므로 이 컴포넌트에서 입력 값을 상태로 제어할 수 있도록 코드를 작성합니다. 입력 값을 가져오는 방식은 여러 가지가 있지만, 여기서는 제어 컴포넌트 방식을 사용합니다.

src/components/TodoEditor.tsx

```
import { useState } from 'react';
import Button from './html/Button';
import Input from './html/Input';

export default function TodoEditor() {
  const [text, setText] = useState(''); // text 상태 정의, 초깃값 빈 문자열
  return (
    <form className='todo__form'>
      <div className='todo__editor'>
        <Input type='text' className='todo__input' placeholder='Enter Todo List'
          // 입력 값을 text 상태와 연결, onChange 이벤트 발생 시 setText() 호출
          value={text} onChange={(e) => setText(e.target.value)} />
        <Button className='todo__button' type='submit'>Add</Button>
      </div>
    </form>
```

```
  );
}
```

할 일 관리 애플리케이션에서는 입력 값이 하나뿐이라서 복잡한 유효성 검사를 하지 않습니다. 따라서 별도의 라이브러리나 커스텀 밸리데이션을 사용하지 않아도 됩니다. 오히려 제어할 요소가 단순할 때는 상태를 정의해 입력 값을 제어하는 편이 더 간단합니다.

2 사용자가 입력한 할 일을 등록하고 화면에 표시하려면 하나의 할 일이 어떤 정보를 담고 있어야 하는지를 정의해야 합니다. 할 일은 다음과 같은 정보를 포함합니다.

- id: 할 일을 고유하게 식별하기 위한 번호
- title: 할 일의 내용
- done: 할 일 완료 여부

이를 위해 src/types 폴더를 만들고 todo.d.ts 파일을 생성해 Todo 인터페이스를 다음과 같이 정의합니다. .d.ts 확장자는 타입 정의 파일을 의미합니다. 이 파일에 작성한 타입은 전역 선언이므로 임포트 없이 프로젝트 전체에서 자유롭게 사용할 수 있습니다.

src/types/todo.d.ts

```
interface Todo {
  id: number;
  title: string;
  done: boolean;
}
```

3 사용자가 값을 입력하고 Enter를 누르거나 [Add] 버튼을 클릭하면 입력한 값을 실제로 할 일 목록에 등록해야 합니다. 현재 사용자가 입력한 값을 받는 칸은 TodoEditor 컴포넌트에 있고, 할 일 목록을 렌더링하는 컴포넌트는 TodoList입니다. 그런데 두 컴포넌트는 서로 직접 연결되어 있지 않습니다. 즉, TodoEditor에서 할 일을 등록해도 그 결과를 TodoList에서 바로 알 수 없습니다. 이럴 때 사용하는 방식이 바로 상태 끌어올리기입니다. 할 일 상태를 두 컴포넌트의 부모인 App 컴포넌트로 끌어올리고, 자식 컴포넌트에 props로 전달하게 합니다.

src/App.tsx

```
import { useState } from 'react';
import TodoHeader from './components/TodoHeader';
```

```
import TodoEditor from './components/TodoEditor';
import TodoList from './components/TodoList';

export default function App() {
  const [todos, setTodos] = useState<Todo[]>([]); ❶
  const addTodo = (title: string) => { ❷
    setTodos((todos) => [
      ...todos,
      {
        id: new Date().getTime(), // 고유 ID
        title,
        done: false,
      },
    ]);
  };
  return (
    <div className='todo'>
      <TodoHeader />
      <TodoEditor addTodo={addTodo} /> ❸
      <TodoList />
    </div>
  );
}
```

❶ **todos 상태 정의**: 할 일 목록을 배열로 저장하는 상태를 선언합니다. 제네릭 타입 <Todo[ ]>는 배열 요소가 Todo 타입임을 나타냅니다. 처음에는 등록한 할 일이 없으니 초깃값은 빈 배열([ ])로 설정합니다.

❷ **할 일 추가 함수**: 사용자가 입력한 값을 title로 받아 새로운 할 일을 추가합니다. 이때 id, title, done 속성을 가진 객체를 만들어 기존 할 일 배열에 추가합니다. id는 각 항목을 고유하게 식별할 수 있도록 new Date().getTime()을 사용해 현재 시각(밀리초 단위)을 저장합니다. 할 일이 아직 완료되지 않은 상태이므로 done은 초깃값을 false로 설정합니다. 리액트에서는 상태가 변경되어야만 컴포넌트를 리렌더링하기 때문에 기존 배열을 직접 수정하지 않고 ...todos로 복사해 새로운 배열을 만든 뒤 setTodos()로 설정합니다. 이렇게 하면 리액트가 상태의 변화를 정확히 감지하고, 변경된 UI를 올바르게 반영할 수 있습니다. 또한, 상태 업데이트 함수인 setTodos()는 콜백 함수 형태로 작성해 최신 상태를 기반으로 안전하게 새로운 상태를 계산할 수 있도록 합니다.

TIP — id를 더욱 안전하고 고유하게 생성하려면 uuid 같은 라이브러리를 사용할 수 있습니다. UUID(Universally Unique Identifier)는 전 세계적으로 중복되지 않는 고유 식별자를 생성하는 표준 방식입니다.

❸ **TodoEditor에 함수 전달**: 할 일을 등록하는 addTodo() 함수를 props로 전달합니다. 사용자가 텍스트를 입력한 후 [Add] 버튼을 클릭하면 이 함수가 호출됩니다. 이때 addTodo() 함수에 마우스를 올리면 다음과 같이 타입을 확인할 수 있습니다.

그림 9-11 addTodo() 함수의 타입 확인

```
Type '{ addTodo: (title: string) => void; }' is not assignable to type 'IntrinsicAttributes'.
  Property 'addTodo' does not exist on type 'IntrinsicAttributes'. ts(2322)
(property) addTodo: (title: string) => void
View Problem (Alt+F8)   No quick fixes available
        <TodoEditor addTodo={addTodo} />
        {/* 할 일 목록 */}
```

4 addTodo() 함수는 새로운 할 일을 등록하는 역할을 합니다. 이 함수를 TodoEditor 컴포넌트에서 사용할 수 있도록 props로 전달받습니다. 앞에서 addTodo() 함수의 타입이 { addTodo: (title: string) => void; }임을 확인했으므로 이를 그대로 TodoEditor 컴포넌트의 매개변수에 지정합니다.

src/components/TodoEditor.tsx

```
import { useState } from 'react';
import Button from './html/Button';
import Input from './html/Input';

export default function TodoEditor({
  addTodo, }: { addTodo: (title: string) => void; }) {
  const [text, setText] = useState('');
  (중략)
}
```

5 이제 사용자가 할 일을 입력하고 Enter를 누르거나 [Add] 버튼을 클릭했을 때 입력한 내용을 실제로 어떻게 등록할지 구현해야 합니다. 현재 TodoEditor 컴포넌트의 구조를 보면 <input> 요소는 <form> 요소 안에 있고, [Add] 버튼도 type='submit'으로 지정되어 있습니다. 이 상태에서 사용자가 입력칸에서 Enter를 누르거나 [Add] 버튼을 클릭하면 둘 다 <form> 요소에서 submit 이벤트가 발생하게 됩니다. 따라서 두 경우를 하나의 이벤트로 묶어 처리하면 중복 없이 편리하게 기능을 구현할 수 있습니다.

src/components/TodoEditor.tsx

```
export default function TodoEditor({
  addTodo, }: { addTodo: (title: string) => void; }) {
  const [text, setText] = useState('');
  const handleSubmit = (e: React.FormEvent<HTMLFormElement>) => { -------- ❶
    e.preventDefault(); // 기본 동작 막기
    if (!text.trim()) return; // 입력칸이 비어 있으면 함수 종료
    addTodo(text); // 부모 컴포넌트에서 전달받은 함수 실행
    setText(''); // 입력 필드 초기화
  };
  return (
    <form className='todo__form' onSubmit={handleSubmit}> ------------------ ❷
      <div className='todo__editor'>
        <Input type='text' className='todo__input' placeholder='Enter Todo List'
          value={text} onChange={(e) => setText(e.target.value)} />
        <Button className='todo__button' type='submit'>Add</Button>
      </div>
    </form>
  );
}
```

❶ <form> 요소에서 발생하는 submit 이벤트를 처리하는 handlerSubmit() 함수를 정의합니다.

- **e.preventDefault()**: 웹 브라우저의 기본 동작(페이지 새로 고침)을 막습니다.
- **!text.trim()**: 입력 값이 없거나 공백만 있으면 아무 작업도 하지 않습니다.
- **addTodo(text)**: 부모 컴포넌트(App)에서 전달받은 addTodo() 함수를 실행해 할 일을 등록합니다.
- **setText('')**: 할 일을 등록한 후에는 입력칸을 비워 초기 상태로 되돌립니다.

❷ <form> 요소의 onSubmit 이벤트와 handleSubmit() 함수를 연결합니다.

6 코드를 저장하고 애플리케이션을 실행합니다. 입력칸에 내용을 입력한 뒤 Enter 를 누르거나 [Add] 버튼을 클릭합니다. 화면에는 보이지 않지만 입력한 내용이 할 일 목록에 정상적으로 추가됩니다. 리액트 개발자 도구에서 Components 탭을 확인해보면 App 컴포넌트의 상태(todos)에 새로운 할 일이 등록되어 있습니다.

그림 9-12 상태 등록 확인

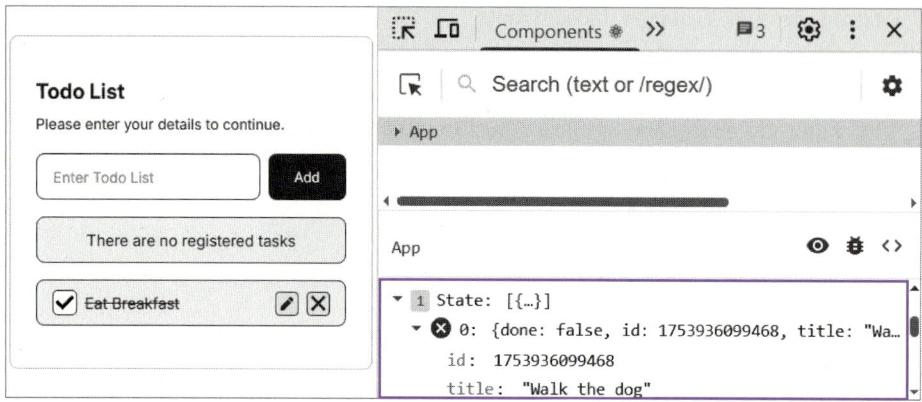

9.4.2 할 일 목록 출력하기

App 컴포넌트에 정의한 todos 상태를 사용해 할 일을 등록하는 기능까지 구현했습니다. 이번에는 todos 상태를 사용해 등록된 할 일을 화면에 출력해 보겠습니다.

1 App 컴포넌트에 정의한 todos 상태를 props 객체를 통해 TodoList 컴포넌트로 전달합니다(이후 지면 관계상 일부 코드는 생략합니다).

src/App.tsx

```
export default function App() {
  const [todos, setTodos] = useState<Todo[]>([]); ------- ❶
  const addTodo = (title: string) => { (중략) };
  return (
    <div className='todo'>
      <TodoHeader />
      <TodoEditor addTodo={addTodo} />
      <TodoList todos={todos} />
    </div>
  );
}
```

todos 속성에 빨간 밑줄이 표시되는데, 이 부분에 마우스를 올려보면 타입이 { todos: Todo[]; }로 표시됩니다. 이는 useState 훅을 사용할 때 제네릭 타입으로 Todo[]를 명시했기 때문입니다(❶). 따라서 타입스크립트는 todos의 타입을 Todo[]로 추론하고, 이를 TodoList 컴포넌트에 전달할 때 적용합니다.

그림 9-13 todos 타입 확인

```
return (
  <div classN Type '{ todos: Todo[]; }' is not assignable to type 'IntrinsicAttributes'.
    <TodoHeac   Property 'todos' does not exist on type 'IntrinsicAttributes'. ts(2322)
    {/* 할 일
                (property) todos: Todo[]
    <TodoEdit
    {/* 할 일   View Problem (Alt+F8)   No quick fixes available
    <TodoList todos={todos} />
```

2 TodoList 컴포넌트는 todos 배열을 받아 할 일 항목을 화면에 출력합니다. 이를 위해 TodoList 컴포넌트에 todos를 받기 위한 매개변수를 지정하고, 앞에서 확인한 타입 정보를 그대로 넣어줍니다.

src/components/TodoList.tsx

```
import TodoListItem from './TodoListItem';
import TodoListItemEmpty from './TodoListItemEmpty';

export default function TodoList({ todos }: { todos: Todo[] }) { ------------ ❶
  return (
    <ul className='todo__list'>
      {todos.length === 0 && <TodoListItemEmpty />} ------------------------- ❷
      {todos.length > 0 &&
        todos.map((todo) => <TodoListItem key={todo.id} todo={todo} />)} ---- ❸
    </ul>
  );
}
```

❶ App 컴포넌트에서 전달받는 props 객체는 속성이 todos 하나뿐이므로 바로 구조 분해 할당해 매개변수를 정의합니다.

❷ todos는 배열이므로 `todos.length === 0`이면 할 일이 하나도 없다는 뜻입니다. 이 경우 `<TodoListItemEmpty />` 컴포넌트를 렌더링해 '등록된 할 일이 없다'는 메시지를 표시합니다. AND 논리 연산자(&&)를 사용해 조건이 참일 때만 해당 컴포넌트를 렌더링합니다.

❸ `todos.length > 0`이면 하나 이상의 할 일이 있다는 뜻이므로 map() 메서드로 배열을 순회하며 각 항목을 `<TodoListItem />` 컴포넌트로 출력합니다. 이때 리액트가 항목을 구분할 수 있도록 key 속성에 고유한 `todo.id` 값을 지정하고, todo 객체 전체를 props로 전달합니다.

3 코드를 저장하고 실행한 뒤, 아직 등록한 할 일이 없다면 다음과 같이 TodoListItemEmpty 컴포넌트가 화면에 표시됩니다.

그림 9-14 등록한 할 일이 없을 때

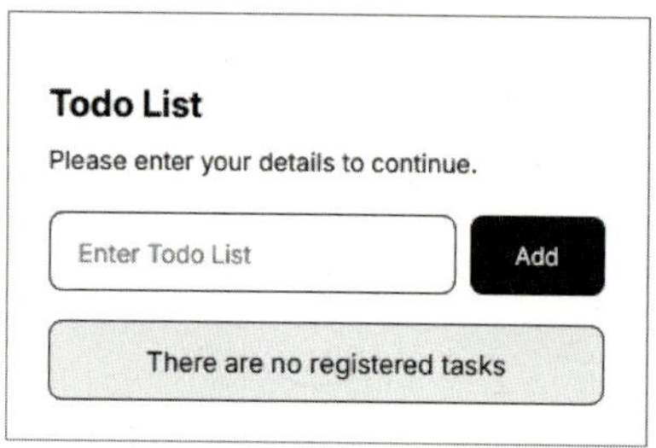

4 TodoListItem 컴포넌트는 todo 객체를 전달받아 하나의 할 일 항목을 화면에 표시합니다.

src/components/TodoListItem.tsx

```
export default function TodoListItem({ todo }: { todo: Todo }) { ------------- ❶
  return (
    <li className={`todo__item ${todo.done && 'todo__item--complete'}`}> ---- ❷
      <Checkbox parentClassName='todo__checkbox-group'
        type='checkbox' className='todo__checkbox'>{todo.title} -------------- ❸
      </Checkbox>
      (중략)
    </li>
  );
}
```

❶ TodoListItem 컴포넌트는 props로 todo 객체를 전달받습니다. props는 속성이 하나뿐이므로 바로 todo로 꺼내 사용합니다. todo의 타입은 Todo입니다. Todo 타입은 앞서 인터페이스로 정의해 두었습니다.

❷ todo는 하나의 할 일 정보를 담고 있는 객체로, id, title, done이라는 세 가지 속성을 포함합니다. 이 중 done 속성의 값이 true이면, 즉 할 일을 완료한 상태라면 <li> 요소에 todo__item--complete라는 CSS 클래스를 추가합니다. 이렇게 하면 완료 항목에만 스타일이 다르게 적용되어 사용자가 완료 여부를 한눈에 알 수 있습니다.

❸ Checkbox 컴포넌트 안에 todo.title을 출력합니다. 이 부분이 실제로 사용자가 입력한 할 일의 내용입니다. 현재는 텍스트만 표시하고, 체크 여부나 삭제 기능은 아직 구현하지 않았습니다.

5 코드를 저장한 후 실행합니다. 할 일을 입력한 뒤 Enter 를 누르거나 [Add] 버튼을 클릭하면 할 일 목록에 등록한 할 일이 추가되어 화면에 렌더링됩니다.

그림 9-15 할 일을 추가한 결과

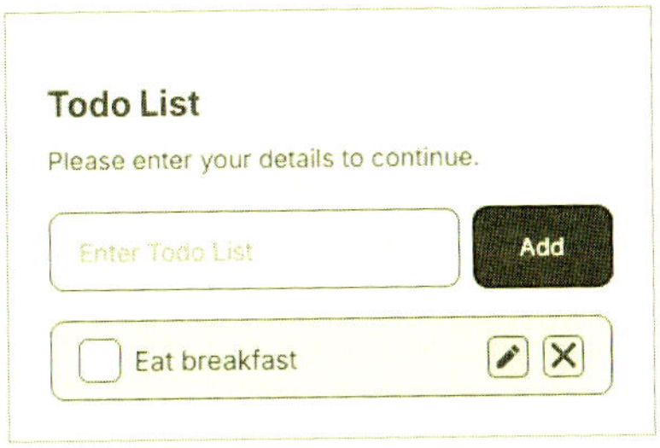

Todo List

Please enter your details to continue.

Enter Todo List | Add

Eat breakfast

9.4.3 할 일 완료 처리하기

할 일 완료 기능을 추가해 보겠습니다.

1 할 일 완료 기능의 핵심은 할 일 객체의 done 속성 값을 true 또는 false로 전환하는 것입니다. 이를 처리하기 위해 App 컴포넌트에서 toggleTodo() 함수를 정의하고, 이 함수를 TodoList 컴포넌트에 전달합니다.

src/components/App.tsx

```
export default function App() {
  (중략)
  const toggleTodo = (id: number) => { ---------------------------- ❶
    setTodos((todos) =>
      todos.map((todo) =>
        todo.id === id ? { ...todo, done: !todo.done } : todo
      )
    );
  };
  return (
    <div className='todo'>
      <TodoHeader />
      <TodoEditor addTodo={addTodo} />
      <TodoList todos={todos} toggleTodo={toggleTodo} /> ---------- ❷
    </div>
  );
}
```

❶ toggleTodo() 함수는 특정 할 일의 done 속성을 반전시키는 기능을 수행합니다. setTodos() 함수를 호출할 때는 콜백 함수 형태를 사용해 최신 상태를 안전하게 참조합니다. map() 메서드로 기존 할 일 배열을 순회하면서 id가 일치하는 항목만 done 값을 반대로 바꾸고, 나머지 항목은 그대로 유지합니다. 예를 들어, id가 2인 할 일의 done 값이 false였다면 true로, true였다면 false로 바꿉니다.

❷ App 컴포넌트에서 정의한 toggleTodo() 함수를, props를 통해 TodoList 컴포넌트로 전달합니다. 실제 완료 상태를 바꾸는 동작은 TodoList 내부에서 발생하므로 부모 컴포넌트에서 정의한 상태 변경 로직을 자식에게 내려보내는 방식으로 구현합니다.

2 부모 컴포넌트에서 전달한 toggleTodo() 함수를 TodoList 컴포넌트에서 받으려면 toggleTodo() 함수의 타입을 알아야 합니다. 타입은 빨간색 밑줄이 생기는 toggleTodo 부분에 마우스를 올려서 확인합니다.

그림 9-16 toggleTodo() 함수의 타입 확인

```
Type '{ todos: Todo[]; toggleTodo: (id: number) => void; }' is not assignable to type
'IntrinsicAttributes & { todos: Todo[]; }'.
  Property 'toggleTodo' does not exist on type 'IntrinsicAttributes & { todos: Todo[];
}'. ts(2322)
(property) toggleTodo: (id: number) => void
View Problem (Alt+F8)   No quick fixes available
33        <TodoList todos={todos} toggleTodo={toggleTodo} />
```

3 확인한 타입을 사용해 TodoList 컴포넌트를 수정합니다.

src/components/TodoList.tsx

```
import TodoListItem from './TodoListItem';
import TodoListItemEmpty from './TodoListItemEmpty';

export default function TodoList({
  todos, toggleTodo, ------------------------------------------ ❶
}: {
  todos: Todo[];
  toggleTodo: (id: number) => void; --------------------------- ❷
}) {
  return (
    <ul className='todo__list'>
      {todos.length === 0 && <TodoListItemEmpty />}
      {todos.length > 0 && todos.map((todo) => (
```

```
            <TodoListItem key={todo.id} todo={todo} toggleTodo={toggleTodo} /> ❸
          ))}
        </ul>
      );
    }
```

❶ props로 전달받은 todos와 toggleTodo()를 구조 분해 할당으로 바로 꺼내 사용합니다.

❷ toggleTodo()의 타입은 (id: number) => void입니다. 숫자 타입의 id를 매개변수로 받고, 반환값은 없는 함수입니다.

❸ 체크박스를 클릭하는 실제 동작이 일어나는 TodoListItem 컴포넌트에 toggleTodo() 함수를 다시 전달합니다. 이렇게 하면 자식 컴포넌트에서도 체크박스를 클릭할 때 toggleTodo() 함수를 호출할 수 있습니다.

4 TodoListItem 컴포넌트에서는 부모 컴포넌트(TodoListItem)에서 전달한 toggleTodo() 함수를 props 객체로 받아 사용자가 체크박스를 클릭하면 호출되도록 코드를 수정합니다. toggleTodo() 함수의 타입은 TodoList 컴포넌트와 동일합니다.

src/components/TodoListItem.tsx

```
export default function TodoListItem({
  todo, toggleTodo, ----------------------------------------------- ❶
}: {
  todo: Todo;
  toggleTodo: (id: number) => void;
}) {
  return (
    <li className={`todo__item ${todo.done && 'todo__item--complete'}`}>
      <Checkbox parentClassName='todo__checkbox-group'
        type='checkbox' className='todo__checkbox'
        checked={todo.done} onChange={() => toggleTodo(todo.id)}>{todo.title}
      </Checkbox>                                                          ❷
      (중략)
    </li>
  );
}
```

❶ TodoListItem 컴포넌트도 props로 전달받은 todo와 toggleTodo()를 구조 분해 할당해서 바로 사용합니다.

❷ 체크박스에 onChange 이벤트를 등록해 사용자가 체크박스를 클릭할 때마다 toggleTodo(todo.id)가 실행되도록 합니다. 이 함수는 해당 할 일의 done 값이 true면 false로, false면 true로 전환합니다.

5 코드를 저장하고 실행합니다. 체크박스를 클릭할 때마다 할 일의 완료 상태가 업데이트됩니다.

그림 9-17 체크박스 완료 처리 결과

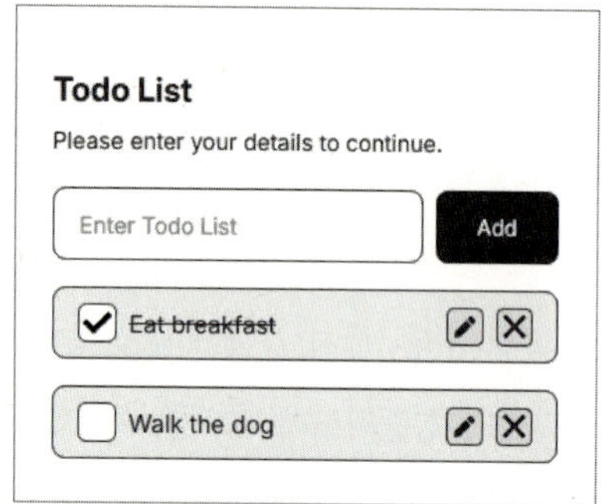

> **수코딩의 조언**
> 체크박스를 클릭하면 체크 표시가 정상적으로 변경되지만, 할 일 항목의 텍스트를 클릭할 경우 아무 동작도 하지 않습니다. 이는 체크박스와 라벨을 연결하지 않았기 때문입니다. 이 문제는 **10.3 할 일 관리 애플리케이션 개선하기**에서 해결하겠습니다.

9.4.4 할 일 삭제하기

다음으로 할 일 항목을 삭제하는 기능을 추가해 보겠습니다. 삭제 기능도 완료 처리와 마찬가지로 App 컴포넌트에 삭제 함수부터 정의해야 합니다.

1 App 컴포넌트에 deleteTodo() 함수를 다음과 같이 정의합니다.

src/App.tsx

```
export default function App() {
  (중략)
  const deleteTodo = (id: number) => { ------------------------------------------ ❶
    setTodos((todos) => todos.filter((todo) => todo.id !== id));
  };
  return (
```

```
    <div className='todo'>
      <TodoHeader />
      <TodoEditor addTodo={addTodo} />
      <TodoList todos={todos} toggleTodo={toggleTodo} deleteTodo={deleteTodo} /> ❷
    </div>
  );
}
```

❶ deleteTodo() 함수는 특정 id를 가진 할 일을 todos 배열에서 삭제하는 역할을 합니다. 현재 상태 값을 기준으로 새로운 배열을 만들어야 하므로 setTodos()에 콜백 함수 형태를 사용합니다. filter() 메서드를 사용해 삭제할 id와 todo.id가 일치하지 않는 항목만 남기고 새 배열을 만듭니다. 예를 들어, id가 3인 항목을 삭제하면 id === 3인 객체는 배열에서 삭제됩니다.

❷ 삭제 동작은 실제로 X 모양의 삭제 버튼을 클릭했을 때 발생합니다. 삭제 버튼은 TodoListItem 컴포넌트에 있으므로 App 컴포넌트에서 정의한 deleteTodo() 함수를 TodoList 컴포넌트를 거쳐 TodoListItem 컴포넌트까지 전달합니다.

2 빨간색 밑줄이 표시된 deleteTodo 부분에 마우스를 올려 deleteTodo() 함수의 타입을 확인합니다.

그림 9-18 deleteTodo() 함수의 타입 확인

```
Type '{ todos: Todo[]; toggleTodo: (id: number) => void; deleteTodo: (id: number) => void; }'
is not assignable to type 'IntrinsicAttributes & { todos: Todo[]; toggleTodo: (id: number) =>
void; }'.
  Property 'deleteTodo' does not exist on type 'IntrinsicAttributes & { todos: Todo[];
toggleTodo: (id: number) => void; }'. ts(2322)
(property) deleteTodo: (id: number) => void
View Problem (Alt+F8)    No quick fixes available
      <TodoList todos={todos} toggleTodo={toggleTodo} deleteTodo={deleteTodo} />
```

3 TodoList 컴포넌트에서는 deleteTodo() 함수를 props로 받고 앞에서 확인한 타입을 명시합니다. 이 함수는 TodoList 안에서 직접 사용하는 것이 아니라 각 항목을 렌더링하는 TodoListItem 컴포넌트로 다시 전달합니다.

src/components/TodoList.tsx

```
export default function TodoList({
  todos, toggleTodo, deleteTodo,
}: {
```

```
  todos: Todo[];
  toggleTodo: (id: number) => void;
  deleteTodo: (id: number) => void;
}) {
  return (
    <ul className='todo__list'>
      {todos.length === 0 && <TodoListItemEmpty />}
      {todos.length > 0 && todos.map((todo) => (
        <TodoListItem key={todo.id} todo={todo}
          toggleTodo={toggleTodo} deleteTodo={deleteTodo} />
      ))}
    </ul>
  );
}
```

4 TodoListItem 컴포넌트는 각 할 일 항목을 렌더링하는 역할을 합니다. 여기에 사용자가 삭제 버튼을 클릭하면 해당 항목이 목록에서 제거되는 기능을 구현합니다. 이를 위해 App 컴포넌트에서 정의한 deleteTodo() 함수를 TodoList에서 props로 전달받습니다. 삭제 버튼에 onClick={() => deleteTodo(todo.id)}를 지정하면 사용자가 삭제 버튼을 클릭할 때마다 해당 할 일의 id를 전달해 할 일 목록에서 삭제합니다.

src/components/TodoListItem.tsx

```
export default function TodoListItem({
  todo, toggleTodo, deleteTodo,
}: {
  todo: Todo;
  toggleTodo: (id: number) => void;
  deleteTodo: (id: number) => void;
}) {
  return (
    <li className={`todo__item ${todo.done && 'todo__item--complete'}`}>
      (중략)
      <div className='todo__button-group'>
        <Button className='todo__action-button'>
          <SvgPencil />
        </Button>
        <Button className='todo__action-button' onClick={() => deleteTodo(todo.id)}>
          <SvgClose />
```

```
        </Button>
      </div>
    </li>
  );
}
```

5 코드를 저장하고 실행합니다. 삭제 버튼을 클릭하면 해당 할 일이 목록에서 삭제됩니다.

그림 9-19 삭제 버튼 클릭 결과

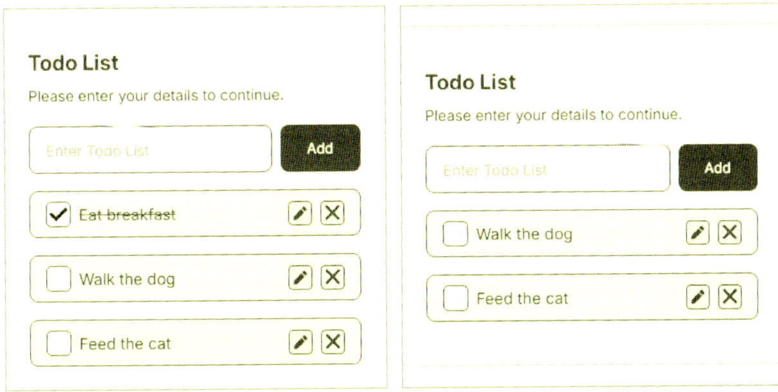

9.4.5 할 일 수정하기

마지막으로 할 일 항목을 수정하는 기능을 구현하겠습니다. 할 일을 수정하려면 TodoListItem 컴포넌트에서 조건부 렌더링으로 처리해야 합니다.

1 할 일을 수정하려면 현재 항목이 수정 모드인지 여부를 판단하고, 입력 필드에 표시할 수정 내용을 저장하는 상태가 필요합니다. 이 상태는 TodoListItem 컴포넌트 안에서만 사용하므로 useState 훅으로 컴포넌트 내부에 정의합니다.

src/components/TodoListItem.tsx

```
import { useState } from 'react';
(중략)

export default function TodoListItem({
  todo, toggleTodo, deleteTodo,
}: {
  todo: Todo;
  toggleTodo: (id: number) => void;
```

```
  deleteTodo: (id: number) => void;
}) {
  const [isModify, setIsModify] = useState(false); // 수정 모드 여부를 판단하는 상태
  const [modifyTitle, setModifyTitle] = useState(''); // 수정할 내용을 담는 상태
  return ( (중략) );
}
```

isModify가 true일 경우 현재 항목이 수정 중이라는 뜻입니다. 이 값에 따라 화면에 할 일 제목과 입력칸을 조건부로 렌더링하게 됩니다. modifyTitle은 수정 중인 텍스트 입력칸의 값을 저장합니다. 사용자가 글자를 입력할 때마다 값을 계속 업데이트하는 제어 컴포넌트 방식으로 동작합니다.

2 앞에서 정의한 isModify 상태를 사용해 수정 모드일 때와 아닐 때 보여주는 화면을 다르게 구성합니다. 조건부 렌더링을 사용하면 특정 조건일 때만 UI를 보여줄 수 있습니다. 이때 디자인이 적용된 Input 컴포넌트를 사용합니다.

src/components/TodoListItem.tsx

```
import { useState } from 'react';
import Input from './html/Input';
(중략)

export default function TodoListItem( (중략) ) {
  const [isModify, setIsModify] = useState(false);
  const [modifyTitle, setModifyTitle] = useState('');
  return (
    <li className={`todo__item ${todo.done && 'todo__item--complete'}`}>
      {!isModify && ( ----------------- ❶
        <Checkbox parentClassName='todo__checkbox-group'
          type='checkbox' className='todo__checkbox'
          checked={todo.done} onChange={() => toggleTodo(todo.id)}>{todo.title}
        </Checkbox>
      )}
      {isModify && ( ----------------- ❷
        <Input type='text' className='todo__modify-input'
          value={modifyTitle} onChange={(e) => setModifyTitle(e.target.value)} />
      )}
      <div className='todo__button-group'>
        (중략)
```

```
      </div>
    </li>
  );
}
```

❶ **수정 모드가 아닐 때**(!isModify): 수정 모드가 아닐 때 보여줄 기본 화면입니다. 체크박스와 할 일 제목이 함께 보이고, 체크박스를 클릭하면 toggleTodo(todo.id)가 실행되어 완료 상태가 반전됩니다. 이때 todo.title은 사용자가 기존에 입력한 할 일 내용입니다.

❷ **수정 모드일 때**(isModify): 수정 모드일 때 보여줄 화면입니다. .todo__checkbox-group 클래스를 제거해 체크박스는 사라지고 입력칸이 대신 나타납니다. 입력칸의 값은 modifyTitle 상태로 관리하고, 사용자가 글자를 입력할 때마다 상태가 업데이트됩니다.

3 할 일 항목을 수정하려면 [수정] 버튼을 클릭할 때 수정 모드로 바뀌어야 합니다. 이를 위해 modifyHandler()라는 이벤트 핸들러를 만듭니다.

src/components/TodoListItem.tsx

```
export default function TodoListItem( (중략) ) {
  const [isModify, setIsModify] = useState(false);
  const [modifyTitle, setModifyTitle] = useState('');
  // 수정 버튼 클릭 시 수정 모드로 전환
  const modifyHandler = () => { ---------------------------------------- ❶
    setIsModify((modify) => !modify);
    setModifyTitle(modifyTitle === '' ? todo.title : modifyTitle);
  };
  return (
    <li className={`todo__item ${todo.done && 'todo__item--complete'}`}>
      (중략)
      <div className='todo__button-group'>
        <Button className='todo__action-button' onClick={modifyHandler}> ------ ❷
        (중략)
      </div>
    </li>
  );
}
```

❶ **modifyHandler() 함수 정의**: setIsModify() 함수로 isModify 상태를 반전시킵니다.

수정 모드가 아니면 true로, 수정 모드면 false로 바꿉니다. setModifyTitle() 함수로는 입력칸에 들어갈 값을 초기화합니다. 기존에 입력된 값이 없다면(''), 현재 할 일의 내용(todo.title)을 넣습니다.

❷ **수정 버튼에 클릭 이벤트 연결**: 사용자가 수정 버튼을 클릭하면 modifyHandler() 함수가 실행됩니다. 그러면 체크박스 영역이 사라지고, 입력칸이 나타나는 수정 모드로 전환됩니다.

4 사용자가 할 일을 수정하고 [확인] 버튼을 눌렀을 때, 수정한 내용을 상태에 반영해야 합니다. 이 작업을 처리하는 modifyTodo() 함수를 다음과 같이 작성합니다.

src/App.tsx

```
export default function App() {
  (중략)
  const modifyTodo = (id: number, title: string) => { --------------- ❶
    setTodos((todos) =>
      todos.map((todo) => (todo.id === id ? { ...todo, title } : todo))
    );
  };
  return (
    <div className='todo'>
      <TodoHeader />
      <TodoEditor addTodo={addTodo} />
      <TodoList todos={todos} toggleTodo={toggleTodo}
        deleteTodo={deleteTodo} modifyTodo={modifyTodo} /> --------- ❷
    </div>
  );
}
```

❶ **modifyTodo() 함수 정의**: setTodos() 함수로 todos 상태를 업데이트합니다. todos.map()을 사용해 배열을 순회하면서 전달받은 id와 todo.id가 같은 항목은 title 값만 바꾼 새 객체로 교체하고, 나머지 항목은 그대로 유지합니다.

❷ **modifyTodo() 함수 전달**: modifyTodo() 함수를 실제 수정 동작이 일어나는 TodoListItem 컴포넌트까지 props를 통해 전달합니다.

5 modifyTodo() 함수에 마우스를 올려 타입 정보를 확인합니다.

그림 9-20 modifyTodo() 함수의 타입 확인

```
Type '{ todos: Todo[]; toggleTodo: (id: number) => void; deleteTodo: (id: number) => void;
modifyTodo: (id: number, title: string) => void; }' is not assignable to type
'IntrinsicAttributes & { todos: Todo[]; toggleTodo: (id: number) => void; deleteTodo: (id:
number) => void; }'.
  Property 'modifyTodo' does not exist on type 'IntrinsicAttributes & { todos: Todo[];
toggleTodo: (id: number) => void; deleteTodo: (id: number) => void; }'. ts(2322)

(property) modifyTodo: (id: number, title: string) => void

View Problem (Alt+F8)   No quick fixes available
        deleteTodo={deleteTodo} modifyTodo={modifyTodo} />
```

6 App 컴포넌트에서 전달한 modifyTodo() 함수를 TodoList 컴포넌트에서 props로 받습니다. 이렇게 하면 TodoList 컴포넌트에서 TodoListItem 컴포넌트로 modifyTodo() 함수가 전달됩니다.

src/components/TodoList.tsx

```
import TodoListItem from './TodoListItem';
import TodoListItemEmpty from './TodoListItemEmpty';

export default function TodoList({
  todos, toggleTodo, deleteTodo, modifyTodo,
}: {
  todos: Todo[];
  toggleTodo: (id: number) => void;
  deleteTodo: (id: number) => void;
  modifyTodo: (id: number, title: string) => void;
}) {
  return (
    <ul className='todo__list'>
      {todos.length === 0 && <TodoListItemEmpty />}
      {todos.length > 0 && todos.map((todo) => (
        <TodoListItem key={todo.id} todo={todo}
          toggleTodo={toggleTodo} deleteTodo={deleteTodo} modifyTodo={modifyTodo} />
      ))}
    </ul>
  );
}
```

7 TodoListItem 컴포넌트에서 사용자가 [수정] 버튼을 클릭하면 modifyHandler() 함수가 실행됩니다. setIsModify()를 통해 수정 모드를 반전하고, 입력칸이 비어 있으면 기존 내용을 불러옵니다. 입력된 내용이 기존 todo.title과 다를 경우에만 modifyTodo() 함수를 호출해 상태를 업데이트합니다.

src/components/TodoListItem.tsx

```
import { useState } from 'react';
import Input from './html/Input';
import Button from './html/Button';
import Checkbox from './html/Checkbox';
import SvgClose from './svg/SvgClose';
import SvgPencil from './svg/SvgPencil';

export default function TodoListItem({
  todo, toggleTodo, deleteTodo, modifyTodo,
}: {
  todo: Todo;
  toggleTodo: (id: number) => void;
  deleteTodo: (id: number) => void;
  modifyTodo: (id: number, title: string) => void;
}) {
  const [isModify, setIsModify] = useState(false);
  const [modifyTitle, setModifyTitle] = useState('');
  // 수정 버튼 클릭 시 수정 모드로 전환
  const modifyHandler = () => {
    setIsModify((modify) => !modify);
    setModifyTitle(modifyTitle === '' ? todo.title : modifyTitle);
    if (modifyTitle.trim() !== '' && modifyTitle !== todo.title) {
      modifyTodo(todo.id, modifyTitle);
    }
  };
  return ((중략));
}
```

8 코드를 저장하고 실행합니다. 할 일을 등록한 후 [수정] 버튼을 클릭해 수정 모드로 전환합니다. 입력칸에서 할 일을 수정한 후 다시 [수정] 버튼을 누르면 상태가 업데이트됩니다.

그림 9-21 할 일 수정

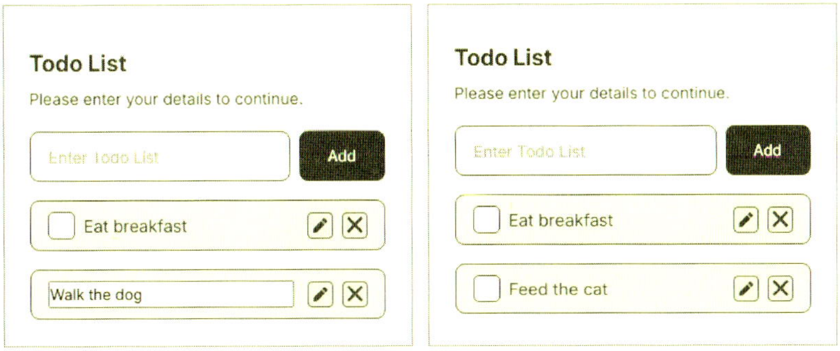

수정 모드 수정 완료

할 일 관리 애플리케이션의 기능 구현까지 모두 끝났습니다. 여기까지 작성한 전체 코드는 **ch09/todo_end** 폴더에서 확인할 수 있습니다.

정리하기

이번 장에서는 리액트의 함수형 컴포넌트와 useState 훅을 활용해 간단한 할 일 관리 애플리케이션을 만들어 봤습니다. 이 애플리케이션은 사용자가 할 일을 등록, 완료 처리, 삭제, 수정할 수 있는 기능을 제공합니다.

useState 훅을 사용해 컴포넌트 기반 아키텍처를 구성하고, 각 컴포넌트에서 상태를 명확하게 관리할 수 있도록 했습니다. 이러한 방식은 리액트 애플리케이션을 직관적이고 선언적인 방식으로 구현할 수 있게 합니다. 또한, useState 훅은 자바스크립트에 익숙한 개발자라면 비교적 쉽게 이해할 수 있는 구조이므로 자바스크립트 개발자가 리액트로 넘어가는 데도 큰 도움이 됩니다.

이 장에서 배운 내용을 잘 익혀두면 이후 등장할 다양한 리액트 훅을 훨씬 수월하게 활용할 수 있으며, 더 복잡하고 기능이 풍부한 애플리케이션도 무리 없이 구현할 수 있을 것입니다.

10장

고유 아이디와 사이드 이펙트

리액트에서 함수형 컴포넌트를 사용하다 보면 상태 관리, DOM 조작, API 호출 등 다양한 기능이 필요합니다. 예전에는 이러한 기능을 사용하려면 클래스형 컴포넌트를 사용해야 했지만, 리액트 16.8부터는 함수형 컴포넌트에서도 훅이라는 특별한 함수를 통해 손쉽게 사용할 수 있게 됐습니다.

앞에서는 컴포넌트에서 상태를 관리할 수 있게 하는 `useState` 훅, DOM 요소에 직접 접근할 수 있게 하는 `useRef` 훅을 살펴보았습니다. 이 장에서는 `useId` 훅과 `useEffect` 훅을 중점적으로 알아봅니다. 특히 `useEffect` 훅은 렌더링 외부에서 발생하는 다양한 작업을 처리할 때 꼭 필요한 훅이므로 반드시 익혀두어야 합니다.

10.1

useId 훅

리액트에서 컴포넌트를 만들 때, UI 요소에 고유한 ID를 부여하는 일은 매우 중요합니다. 예를 들어, `<input>` 요소의 `id` 속성과 `<label>` 요소의 `htmlFor` 속성을 연결하거나 여러 개의 라디오 버튼 그룹에서 각 항목을 구분할 때 ID가 필요합니다. 하지만 ID 값을 수동으로 관리하는 일은 생각보다 번거롭고, 자칫하면 중복이나 오류를 유발하기 쉽습니다.

리액트 16.8에서 훅이 도입되었지만, 당시에는 고유한 ID를 자동으로 생성하는 기능이 내장되어 있지 않았습니다. 그래서 uuid(https://github.com/uuidjs/uuid)와 같은 서드 파티 라이브러리를 많이 사용했습니다. 그러나 리액트 18부터 `useId` 훅이 새롭게 추가되면서 별도 라이브러리를 사용하지 않고도 컴포넌트마다 고유한 ID 값을 생성하고 관리할 수 있게 되었습니다.

TIP — **서드 파티 라이브러리**(third-party library)란 프로그래밍 언어나 프레임워크의 표준 라이브러리에 포함되지 않고, 외부 기업이나 개발자가 별도로 만들어 제공하는 라이브러리를 말합니다.

`useId` 훅이 왜 필요한지 알기 쉽도록 간단한 예제 코드를 살펴보겠습니다. 먼저 Input 컴포넌트를 다음과 같이 작성합니다.

src/components/Input.tsx

```
type InputProps = React.ComponentPropsWithRef<'input'>;

export default function Input({ children, ...props }: InputProps) {
  return (
    <>
      <label htmlFor='chk'>{children}</label>
      <input type='text' id='chk' {...props} />
    </>
```

```
  );
}
```

App 컴포넌트에서 Input 컴포넌트를 다음과 같이 렌더링합니다.

src/App.tsx

```
import Input from './components/Input';

export default function App() {
  return <Input placeholder='Enter Your Email'>이메일</Input>;
}
```

코드를 실행하면 <input> 요소 하나가 렌더링됩니다. 이때 화면에 표시된 '이메일' 텍스트를 클릭하면 입력칸으로 커서가 이동합니다.

그림 10-1 입력 요소가 하나일 때 실행결과

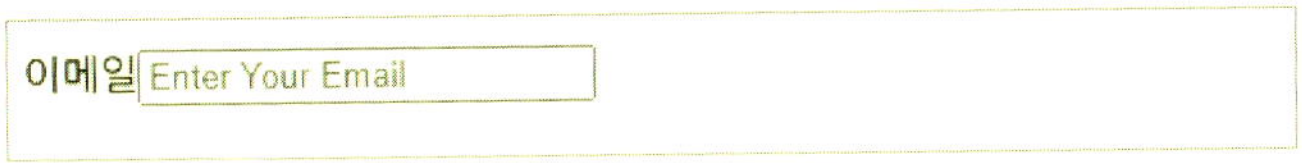

이메일 Enter Your Email

입력 요소가 2개 이상이라면 어떻게 될까요? App 컴포넌트를 다음과 같이 수정해 보겠습니다.

src/App.tsx

```
import Input from './components/Input';

export default function App() {
  return (
    <>
      <Input type='email' placeholder='Enter Your Email'>이메일</Input>
      <Input type='password' placeholder='Enter Your Password'>비밀번호</Input>
    </>
  );
}
```

코드를 실행한 뒤 '비밀번호' 텍스트를 클릭해 보세요. 이상하게도 비밀번호 입력칸이 아닌 이메일 입력칸으로 커서가 이동합니다.

그림 10-2 입력 요소가 2개일 때 실행결과

이메일 Enter Your Email 비밀번호 Enter Your Password

이유는 간단합니다. Input 컴포넌트에서 `<input>`의 id 속성과 `<label>`의 `htmlFor` 속성에 동일한 고정 값(`'chk'`)을 사용하기 때문입니다. 이처럼 고정 ID 값을 사용하면 컴포넌트를 여러 개 렌더링할 때 동일한 ID를 가진 요소가 여러 개 생기게 되어 `htmlFor` 속성으로 지정한 대상과 정확하게 연결되지 않는 문제가 발생합니다.

이 문제를 해결하려면 입력 요소마다 고유한 ID를 부여해야 합니다. 방법은 두 가지입니다.

1. props로 고유한 ID 값을 직접 전달하는 방법
2. 리액트 18에서 새로 추가된 `useId` 훅을 사용하는 방법

이 중에서 `useId` 훅을 사용하면 컴포넌트 내부에서 자동으로 고유한 ID를 생성할 수 있어 더 간편하게 문제를 해결할 수 있습니다.

`useId` 훅은 다음과 같은 형식으로 사용합니다.

형식
```
const id = useId();
```

`useId` 훅을 호출하면 항상 고유한 ID 값을 반환합니다. 이렇게 생성한 ID를 `<input>` 요소의 `id` 속성과 `<label>` 요소의 `htmlFor` 속성에 함께 사용하면 컴포넌트를 여러 개 렌더링해도 ID 충돌 문제가 발생하지 않습니다.

`useId` 훅을 사용하도록 Input 컴포넌트를 다음과 같이 수정하겠습니다.

src/components/Input.tsx
```
import { useId } from 'react';

type InputProps = React.ComponentPropsWithRef<'input'>;

export default function Input({ children, ...props }: InputProps) {
  const uuid = useId();
  return (
    <>
      <label htmlFor={uuid}>{children}</label>
      <input type='text' id={uuid} {...props} />
    </>
```

```
    );
}
```

이제 컴포넌트 간 ID 충돌 없이 <input> 요소와 <label> 요소가 정확하게 연결됩니다. 코드를 저장하고 다시 실행해보면 '비밀번호' 텍스트를 클릭했을 때 비밀번호 입력칸으로 커서가 정확히 이동합니다.

그림 10-3 useId 훅을 사용한 실행결과

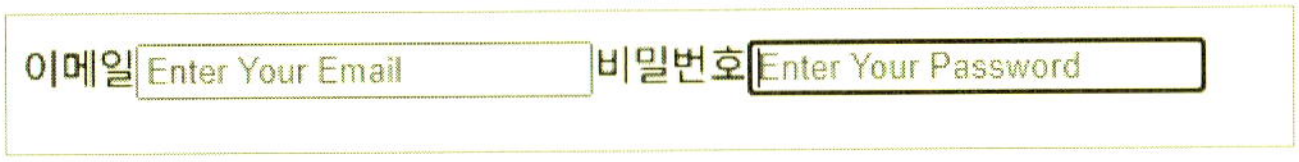

이메일 [Enter Your Email] 비밀번호 [Enter Your Password]

1분 퀴즈

정답 노트 p.794

01. useId 훅에 대한 설명으로 올바르지 않은 것은 무엇인가요?

① 리액트 18에서 도입되었다.

② 렌더링할 때마다 다른 값을 생성한다.

③ 컴포넌트마다 고유한 ID 값을 생성한다.

④ 라벨 요소와 입력 요소를 연결하는 데 사용할 수 있다.

10.2 useEffect 훅

리액트에서 컴포넌트의 기본 역할은 화면을 렌더링하는 것입니다. 즉, JSX 요소를 반환해 UI를 화면에 표시하는 것이 주된 목적입니다. 이 과정에서 컴포넌트는 상태를 관리하거나 이벤트를 처리해 사용자에게 동적 화면을 제공합니다.

하지만 컴포넌트는 UI를 출력하는 것 외에도 다양한 작업을 수행해야 하는 경우가 많습니다. 예를 들어, 외부 API를 호출하거나, 로컬 스토리지·쿠키에 데이터를 저장하거나, 외부 라이브러리와 상호작용하는 작업 등이 이에 해당합니다. 이처럼 화면 렌더링 외부에서 발생하는 모든 작업을 사이드 이펙트라고 합니다. 즉, **사이드 이펙트**(side effect)란 JSX를 렌더링하는 본래 목적 외에 발생하는 부수적인 행동을 의미합니다.

리액트에서는 사이드 이펙트를 처리하기 위해 **useEffect** 훅을 사용합니다. useEffect 훅은 컴포넌트가 화면에 렌더링된 이후, 즉 UI가 실제로 DOM에 그려진 뒤에 실행되는 부수적인 작업을 처리할 수 있도록 도와줍니다.

useEffect 훅은 다음과 같은 세 가지 시점에서 사이드 이펙트를 처리할 수 있습니다.

- **마운트(mount, 생성)**: 컴포넌트가 처음 생성되어 화면에 나타날 때
- **업데이트(update, 수정)**: 상태나 props가 변경되어 컴포넌트가 리렌더링될 때
- **언마운트(unmount, 소멸)**: 컴포넌트가 화면에서 사라질 때

이처럼 useEffect 훅은 컴포넌트의 생명주기 각 단계에서 필요한 작업을 수행할 수 있게 합니다.

컴포넌트의 생명주기 자체도 사이드 이펙트의 한 종류이며, useEffect 훅은 사이드 이펙트 처리뿐만 아니라 컴포넌트가 언마운트될 때 정리(clean-up) 작업도 수행할 수 있습니다.

useEffect 훅의 기본 형식은 다음과 같습니다.

형식 `useEffect(setup, dependencies)`

- **setup(설정 함수)**: useEffect 훅이 실행할 로직을 담은 함수입니다. 리액트는 이 함수를 컴포넌트가 DOM에 렌더링된 후에 실행합니다. 이 함수는 선택적으로 클린업 함수를 반 … 의 값이 변경되면 이전 값을 기반으로 클린업 함수를 먼저 … 정 함수를 다시 실행합니다. 또한, 컴포넌트가 언마운트될 … .

… 함수 안에서 참조하는 모든 반응형 값(상태, props, 함 … 액트는 배열에 있는 값들이 이전 렌더링과 비교해 변경 … 때만 설정 함수를 다시 실행합니다. 이때 내부적으로 … 값을 비교합니다. 만약 의존성 배열을 생략하면 컴포넌트 … t 훅이 실행됩니다. ESLint 플러그인을 사용하면 의존성 … 는지 자동으로 검사할 수 있습니다.

… 와 비슷하지만, 몇 가지 중요한 차이점이 있는 엄격한 비교 함 … NaN)은 true이지만, NaN === NaN은 false입니다. Object. … 0은 true입니다. 즉, Object.is는 숫자의 부호 차이나 NaN과 … 에 useEffect 훅의 dependencies 배열을 비교할 때 더 정확

… ject.is으로 비교했을 때 true이므로 useEffect 훅은 실행되 … 다르면 Object.is가 false를 반환하므로 useEffect 훅이 다

10.2.1 컴포넌트의 생명주기

리액트의 모든 컴포넌트는 마운트(생성) → 업데이트(수정) → 언마운트(소멸) 과정을 거칩니다. 이러한 과정을 리액트에서는 **컴포넌트의 생명주기**(lifecycle)라고 합니다. 예전에 클래스형 컴포넌트를 사용할 때는 생명주기 메서드가 각각 나뉘어 있어 관리하기 복잡하고 번거로웠습니다. 하지만 useEffect 훅이 도입되면서 함수형 컴포넌트에서 훨씬 간단하고 직관적으로 생명주기를 관리할 수 있게 되었습니다.

● 마운트

컴포넌트가 마운트되는 시점에 특정 사이드 이펙트를 실행하고 싶다면 useEffect 훅을 다음과 같이 작성할 수 있습니다.

src/components/Mount.tsx

```
import { useEffect } from 'react';

export default function Mount() {
  useEffect(() => {
    console.log('Mounted');
  }, []);
  return <div>Mount</div>;
}
```

useEffect 훅의 첫 번째 인자인 설정 함수는 항상 콜백 함수 형태로 작성해야 합니다. 그리고 설정 함수가 마운트 시점에만 실행되도록 하려면 두 번째 인자인 의존성 배열을 빈 배열([ ])로 설정해야 합니다. 이렇게 작성하면 컴포넌트가 처음 화면에 렌더링될 때 단 한 번만 콜백 함수가 실행됩니다.

코드를 저장하고 실행해보면 컴포넌트가 마운트되는 순간 콘솔에 'Mounted'라는 로그가 출력됩니다.

그림 10-4 useEffect 훅을 사용한 마운트 결과

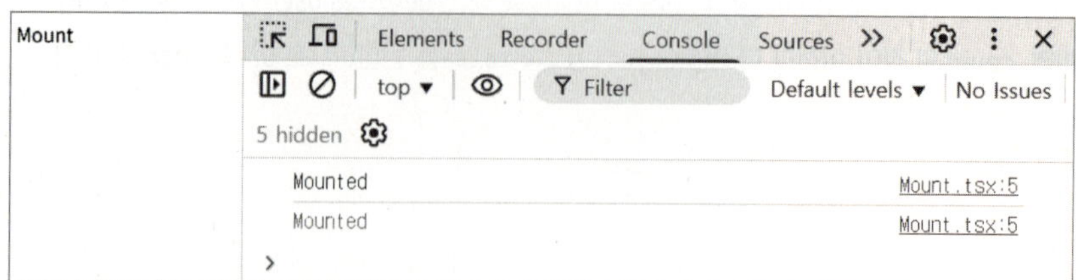

이처럼 useEffect 훅을 사용하면 컴포넌트가 처음 렌더링되어 마운트될 때 실행할 사이드 이펙트 로직을 작성할 수 있습니다. 의존성 배열을 빈 배열로 설정했기 때문에 해당 useEffect 훅은 컴포넌트가 언마운트되었다가 마운트되지 않는 한 다시 실행되지 않습니다.

Note 콘솔 로그가 두 번 출력되는 이유

실행결과를 보면 콘솔에 'Mounted'라는 로그가 두 번 출력됩니다. 이는 실수나 오류가 아니라 리액트 개발 모드에서 useEffect 훅의 설정 함수가 두 번 호출되기 때문입니다. src/main.tsx 파일을 열어보면 다음과 같이 <StrictMode>를 사용한 것을 볼 수 있습니다.

src/main.tsx

```
import { StrictMode } from 'react';
import { createRoot } from 'react-dom/client';
import App from './App.tsx';

createRoot(document.getElementById('root')!).render(
  <StrictMode>
    <App />
  </StrictMode>
);
```

<StrictMode>는 리액트 개발 환경에서만 작동하는 기능으로, 컴포넌트의 초기 마운트와 업데이트 과정을 일부러 두 번씩 실행해 useEffect 훅 등에서 발생할 수 있는 잠재적인 버그나 부작용을 사전에 감지할 수 있게 합니다. 로그를 두 번 출력하는 것은 개발 환경에서만 나타나는 현상이며, 실제 배포(프로덕션) 환경에서는 한 번만 호출되므로 걱정할 필요는 없습니다.

● 언마운트

컴포넌트가 언마운트되는 시점에 특정 사이드 이펙트를 실행하고 싶다면 useEffect 훅을 다음과 같이 작성할 수 있습니다.

src/components/UnMount.tsx

```
import { useEffect } from 'react';

export default function UnMount() {
  useEffect(() => {
    return () => {
```

```
      console.log('Unmounted');
    };
  }, []);
  return <div>UnMount</div>;
}
```

예제처럼 useEffect 훅의 설정 함수 안에서 또 다른 함수를 반환할 수 있습니다. 이렇게 반환한 함수는 컴포넌트가 화면에서 사라질 때(언마운트 시점) 자동으로 실행됩니다.

확인해 봅시다. App 컴포넌트를 다음과 같이 작성합니다.

src/App.tsx

```
import { useState } from 'react';
import UnMount from './components/UnMount';

export default function App() {
  const [show, setShow] = useState(true); -------------------------- ❶
  return (
    <>
      {show && <UnMount />} ---------------------------------------- ❷
      <button onClick={() => setShow(!show)}>Toggle</button> ------ ❸
    </>
  );
}
```

❶ 코드에서는 show라는 상태 값을 정의합니다.

❷ show 값이 true일 때만 UnMount 컴포넌트를 렌더링합니다. 처음 실행하면 show의 초깃값이 true이므로 UnMount 컴포넌트가 화면에 표시됩니다. 이때 <StrictMode>가 적용되기 때문에 useEffect 훅이 두 번 실행되고 콘솔에는 'Unmounted' 메시지가 한 번 출력된 상태입니다.

❸ [Toggle] 버튼을 클릭해 show 값을 false로 변경하면 UnMount 컴포넌트가 화면에서 제거(언마운트)됩니다. 이 시점에 useEffect 훅의 설정 함수에서 반환한 클린업 함수가 실행되고, 콘솔에는 다시 'Unmounted' 메시지가 출력됩니다.

그림 10-5 useEffect 훅을 사용한 언마운트 결과

처음 렌더링될 때 [Toggle] 버튼 클릭 후

이처럼 useEffect 훅을 사용하면 컴포넌트가 마운트되었다가 언마운트되는 시점에 실행할 사이드 이펙트를 간단하게 처리할 수 있습니다.

수코딩의 조언

언마운트 시점을 활용할 때도 마찬가지로 의존성 배열을 빈 배열로 설정합니다. 그 이유는 뒤에서 자세히 배우지만, 의존성 배열에 상태 값을 포함하면 해당 값이 바뀔 때마다 useEffect 훅의 설정 함수가 다시 실행되기 때문입니다. 즉, 업데이트 시점에도 사이트 이펙트가 발생하게 됩니다. 사실 언마운트 시점만 처리하는 경우에는 꼭 빈 배열이 아니어도 되지만, 마운트, 업데이트, 언마운트의 동작을 명확하게 구분하고 싶다면 의존성 배열을 빈 배열로 설정하는 것을 권장합니다.

● 업데이트

컴포넌트가 업데이트되는 시점에 특정 사이드 이펙트를 실행하고 싶다면 useEffect 훅을 다음과 같이 작성할 수 있습니다.

src/components/Update.tsx

```
import { useEffect, useState } from 'react';

export default function Update() {
  const [count, setCount] = useState(0); ---------- ❶
  useEffect(() => { ------------------------------- ❷
    console.log(`Updated : ${count}`);
  }, [count]);
  return ( ---------------------------------------- ❸
    <>
      <h1>Count: {count} </h1>
      <button onClick={() => setCount((count) => count + 1)}>증가</button>
    </>
  );
}
```

❶ count라는 상태 변수를 초깃값 0으로 정의합니다. setCount() 함수는 count 값을 변경할 때 사용합니다.

❷ useEffect 훅의 의존성 배열에 count가 포함되어 있으므로 count 값이 변경될 때마다 내부의 설정 함수가 실행됩니다. 즉, [증가] 버튼을 클릭해 count를 변경하면 콘솔에 Updated: [현재 count 값]이 출력됩니다.

❸ count 값은 <h1> 태그로 표시합니다. [증가] 버튼을 클릭하면 setCount() 함수가 호출되어 count 값이 1씩 증가합니다. 여기서 (count) => count + 1은 이전 상태 값을 기반으로 새 상태를 계산하는 업데이트 방식입니다.

여기서 말하는 '업데이트'란 컴포넌트의 상태가 변경되는 것을 의미합니다. 리액트는 상태가 바뀌면 해당 컴포넌트를 리렌더링하며, 이 과정을 업데이트라고 판단합니다. 따라서 useEffect 훅을 사용할 때는 변화를 감지하고 싶은 상태 값을 의존성 배열에 포함해야 합니다. 의존성 배열에는 하나 이상의 값을 넣을 수 있으며, 여러 값을 동시에 감지하고 싶다면 배열에 함께 나열하면 됩니다. 배열에 포함한 값 중 하나라도 변경되면 useEffect 훅의 설정 함수가 다시 실행됩니다.

컴포넌트를 처음 렌더링하면 화면에 'Count: 0', 콘솔에는 'Updated : 0'이 출력됩니다. 이후 [증가] 버튼을 클릭할 때마다 count가 1씩 증가하며 화면과 콘솔 모두 값이 업데이트됩니다.

그림 10-6 useEffect 훅을 사용한 업데이트 결과

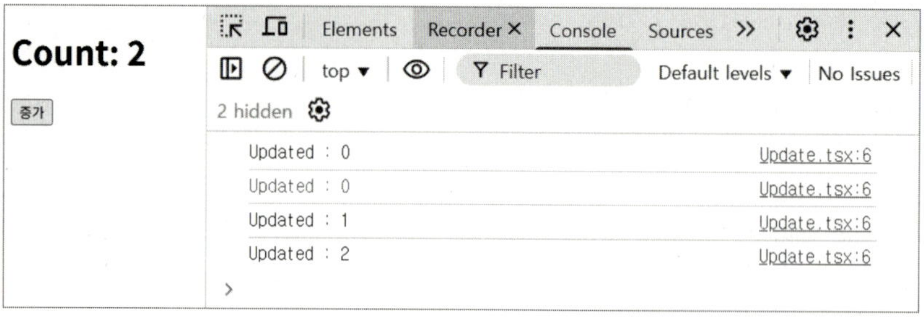

이처럼 useEffect 훅은 상태가 변경되는 업데이트 시점에 원하는 사이드 이펙트를 정확하게 제어할 수 있게 합니다.

여기서 주목할 점은, 업데이트 시점에 실행되는 useEffect 훅의 설정 함수가 마운트 시점에도 실행된다는 것입니다. 예를 들어, 앞의 예제처럼 의존성 배열에 count를 포함했다고 해서 설정

함수가 count 값이 바뀔 때만 실행되는 것은 아닙니다. 컴포넌트가 처음 마운트될 때도 설정 함수가 한 번 실행됩니다. 즉, 의존성 배열에 값이 포함되어 있든 없든 useEffect 훅은 컴포넌트가 처음 렌더링되는 시점에 설정 함수는 반드시 한 번 실행됩니다. 그래서 초기화 작업이나 처음 한 번만 실행되어야 하는 로직은 보통 의존성 배열을 빈 배열로 설정해 마운트 시점에만 실행되도록 작성합니다.

● 생명주기 전체 과정 살펴보기

지금까지 useEffect 훅을 사용해 컴포넌트가 마운트될 때, 언마운트될 때, 업데이트될 때 각각 특정 사이드 이펙트를 수행하는 방법을 살펴봤습니다. 그런데 리액트를 개발 모드에서 실행할 경우 useEffect 훅이 의도치 않게 두 번씩 실행되어 혼란스러울 수 있습니다. 이 현상을 직접 확인하고 useEffect 훅의 동작을 마운트 → 업데이트 → 언마운트 순서로 정리해보기 위해 다음과 같이 컴포넌트의 생명주기를 출력하는 예제를 살펴보겠습니다.

src/components/LifeCycle.tsx

```
import { useEffect, useState } from 'react';

export default function LifeCycle() {
  const [count, setCount] = useState(0);
  useEffect(() => {
    console.log(`Mounted`);
    console.log(`Updated : ${count}`);
    return () => {
      console.log('Unmounted');
    };
  }, [count]);
  return (
    <>
      <h1>Count: {count}</h1>
      <button onClick={() => setCount((count) => count + 1)}>증가</button>
    </>
  );
}
```

App 컴포넌트는 다음과 같습니다.

src/App.tsx

```
import LifeCycle from './components/LifeCycle';

export default function App() {
  return <LifeCycle />;
}
```

코드를 저장하고 실행하면 콘솔에 다음과 같은 로그가 출력됩니다.

그림 10-7 생명주기 코드를 처음 렌더링한 결과

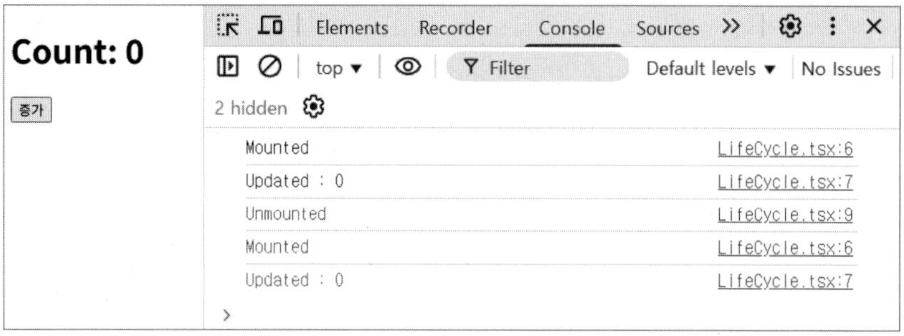

이와 같은 로그가 출력된 이유는 다음과 같습니다.

리액트 개발 모드에서는 useEffect 훅에 정의한 사이드 이펙트 코드의 안정성을 확인하기 위해 컴포넌트를 일부러 한 번 마운트하고 곧바로 언마운트한 후, 다시 마운트하는 과정을 수행합니다. 즉, 다음과 같은 순서로 로그가 출력됩니다.

1. **첫 번째 마운트**: Mounted, Updated : 0 출력
2. **언마운트**: Unmounted 출력
3. **두 번째 마운트**: Mounted, Updated : 0 출력

이러한 동작은 실제 배포 환경에서는 발생하지 않으며, 오직 개발 환경에서만 적용되는 테스트용 안전 장치입니다. 이 기능은 <StrictMode>가 활성화되어 있을 때만 작동합니다.

예제에서 useEffect 훅의 의존성 배열에 count가 포함되어 있으므로 리액트는 다음과 같은 시점에 설정 함수를 실행합니다.

- **컴포넌트가 마운트될 때**: count의 초깃값이 0이므로 Updated : 0 출력
- **count 값이 변경될 때**: Updated : [변경된_값] 출력
- **컴포넌트가 언마운트될 때**: 클린업 함수에서 Unmounted 출력

여기서 중요한 점은, 마운트, 업데이트, 언마운트 시점에서 실행되는 useEffect 훅의 설정 함수 구조는 동일하다는 것입니다. 단지 실행되는 시점에 따라 수행하는 역할이 달라질 뿐입니다.

10.2.2 useEffect 훅 사례

useEffect 훅을 어떻게 활용하는지 대표적인 사례를 하나씩 살펴보겠습니다.

● API 호출하기

useEffect 훅의 가장 대표적인 활용 사례는 '외부 API를 통해 데이터를 가져오는 작업(fetching)'입니다. 리액트는 기본적으로 클라이언트 사이드 렌더링(CSR) 방식을 사용합니다. 따라서 서버에서 데이터를 가져오는 작업은 웹 브라우저, 즉 클라이언트 측에서 직접 수행해야 합니다. 이러한 데이터 요청은 화면 렌더링과 직접적인 관계는 없지만, 컴포넌트가 동작하는 데 필요하므로 리액트에서는 사이드 이펙트로 분류하고, 이를 useEffect 훅을 통해 처리합니다.

다음은 JSONPlaceholder API를 사용해 사용자 정보를 가져와 콘솔에 출력하는 예제입니다. 이 코드는 컴포넌트가 마운트될 때 한 번만 실행됩니다(빈 배열 사용).

src/components/FetchUser.tsx

```
import { useEffect } from 'react';

export default function FetchUser() {
  useEffect(() => {
    fetch('https://jsonplaceholder.typicode.com/users') // 외부 API에 GET 요청
      .then((response) => response.json()) // 응답을 JSON 형식으로 파싱
      .then((data) => console.log(data));  // 받아온 데이터는 콘솔에 출력
  }, []); // 빈 배열이므로 마운트에 한 번만 실행
  return <div>FetchUser</div>; // 화면에는 단순히 'FetchUser' 텍스트만 표시
}
```

코드를 실행하고 웹 브라우저의 Console 탭을 열어보면 API를 통해 가져온 10명의 사용자 정보가 배열 형태로 출력됩니다.

그림 10-8 useEffect 훅으로 API를 호출한 결과

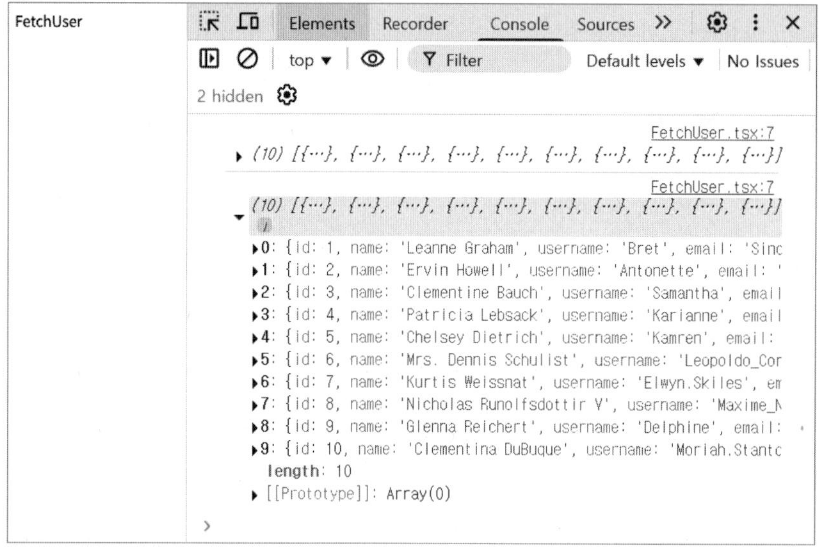

TIP — JSONPlaceholder는 가상의 사용자, 게시물, 댓글 등의 리소스를 제공하는 무료 REST API 서비스입니다. API 통신을 연습하거나 초기 프로토타입을 제작할 때 유용하게 활용할 수 있습니다. 더 자세한 정보는 공식 사이트(https://jsonplaceholder.typicode.com)를 참고하세요.

● 타이머 설정하기

컴포넌트에서 setTimeout()이나 setInterval() 함수를 사용해 시간을 기반으로 작동하는 작업을 설정할 때도 useEffect 훅이 중요한 역할을 합니다. 예를 들어, 컴포넌트가 마운트된 이후 매초 숫자를 증가시키는 타이머를 만들고 싶다면 다음과 같이 작성할 수 있습니다.

src/components/Timer.tsx

```
import { useEffect, useState } from 'react';

export default function Timer() {
  const [seconds, setSeconds] = useState(0);
  useEffect(() => {
    const interval = setInterval(() => {
      setSeconds((prev) => prev + 1);
    }, 1000); // 1초마다 seconds 값을 1씩 증가
    return () => clearInterval(interval); // 언마운트 시 타이머 정리
  }, []); // 빈 배열이므로 마운트 시점에 한 번만 실행
  return <p>timer: {seconds} seconds</p>;
```

```
}
```

이 코드에서 가장 중요한 부분은 언마운트 시점에 실행하는 클린업 함수입니다. setInterval() 함수로 생성한 타이머는 컴포넌트가 화면에서 사라질 때 반드시 정리해 주어야 합니다. 이 코드에서는 useEffect 훅의 설정 함수 내부에서 setInterval()로 타이머를 설정하고, 반환된 클린업 함수에서 clearInterval() 함수를 호출해 타이머를 제거하고 있습니다. 만약 클린업 함수를 작성하지 않으면 컴포넌트가 언마운트된 이후에도 타이머가 계속 실행되어 불필요한 연산이 발생하거나 메모리 누수가 생길 수 있습니다.

코드를 실행해보면 컴포넌트가 매초 리렌더링되며 화면에 1초씩 시간이 증가합니다.

그림 10-9 useEffect 훅으로 타이머를 설정한 결과

timer: 5 seconds

실시간 이벤트 처리하기

웹 애플리케이션을 개발하다 보면, 스크롤, 창 크기 조절, 키보드 입력 등 다양한 웹 브라우저 이벤트를 처리해야 할 때가 많습니다. 일부 이벤트는 JSX 요소의 onClick, onChange와 같은 이벤트 속성으로 간단히 처리할 수 있습니다. 하지만 컴포넌트 전체를 대상으로 이벤트를 감지해야 하는 경우에는 useEffect 훅을 사용해 이벤트 리스너를 등록하는 방식이 효과적입니다.

src/components/ScrollTracker.tsx

```
import { useEffect } from 'react';

export default function ScrollTracker() {
  useEffect(() => {
    const handleScroll = () => {
      console.log('현재 스크롤 위치:', window.scrollY);
    };
    window.addEventListener('scroll', handleScroll); // 스크롤 이벤트 등록
    return () => {
      window.removeEventListener('scroll', handleScroll); // 언마운트 시 이벤트 제거
    };
  }, []); // 마운트 시 한 번만 실행
  return <div style={{ height: '200vh' }}>스크롤해 보세요.</div>;
}
```

예제에서 useEffect 훅은 컴포넌트가 처음 마운트될 때 addEventListener()를 사용해 스크롤 이벤트를 등록하고, 클린업 함수를 반환합니다. 클린업 함수는 컴포넌트가 언마운트될 때 자동으로 removeEventListener()를 호출해 이벤트 리스너를 제거합니다. 이처럼 이벤트 리스너는 등록뿐 아니라 반드시 제거까지 함께 처리해야 불필요한 작업이 남지 않고 메모리 누수를 방지할 수 있습니다.

코드를 실행하면 화면에 '스크롤해 보세요.'라는 텍스트가 표시되고 웹 브라우저 화면을 스크롤할 때마다 Console 탭에 현재 스크롤 위치(window.scrollY)가 출력됩니다.

그림 10-10 useEffect 훅으로 스크롤 이벤트를 처리한 결과

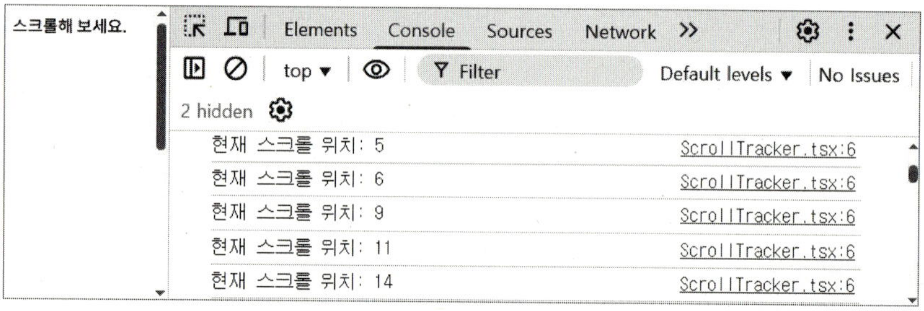

스크롤해 보세요.	Elements / Console / Sources / Network	
	top ▾ Filter Default levels ▾ No Issues	
	2 hidden	
	현재 스크롤 위치: 5	ScrollTracker.tsx:6
	현재 스크롤 위치: 6	ScrollTracker.tsx:6
	현재 스크롤 위치: 9	ScrollTracker.tsx:6
	현재 스크롤 위치: 11	ScrollTracker.tsx:6
	현재 스크롤 위치: 14	ScrollTracker.tsx:6

자동 저장 기능 구현하기

웹 애플리케이션에서는 사용자가 폼에 입력한 내용을 자동으로 저장해야 하는 상황이 종종 발생합니다. 예를 들어, 일정 시간마다 입력 값을 로컬 저장소에 자동 저장해두면 사용자가 페이지를 새로 고침해도 이전에 입력한 내용을 복구할 수 있습니다. 이러한 기능은 리액트에서 사이드 이펙트에 해당하며, useEffect 훅으로 쉽게 구현할 수 있습니다.

src/components/AutoSaveForm.tsx

```
import { useEffect, useState } from 'react';

export default function AutoSaveForm() {
  const [formData, setFormData] = useState('');
  useEffect(() => { ----------- ❶
    const savedData = localStorage.getItem('savedFormData');
    if (savedData) {
      setFormData(savedData);
    }
  }, []);
  useEffect(() => { ----------- ❷
    const timeoutId = setTimeout(() => {
```

```
      localStorage.setItem('savedFormData', formData);
    }, 1000);
    return () => clearTimeout(timeoutId);
  }, [formData]);
  return (
    <textarea
      value={formData}
      onChange={(e) => setFormData(e.target.value)}
      placeholder='입력한 내용을 자동으로 저장합니다.'
    />
  );
}
```

예제에서는 useEffect 훅을 두 번 사용합니다.

❶ **첫 번째 useEffect**: 컴포넌트가 처음 마운트될 때 한 번만 실행됩니다. 로컬 저장소(localStorage)에 저장된 값이 있다면 불러와서 formData 상태에 설정합니다.

❷ **두 번째 useEffect**: formData 상태가 변경될 때마다 실행됩니다. 입력 값이 변경되면 1초 뒤에 localStorage에 자동으로 저장되도록 setTimeout()을 사용합니다. 그리고 저장 직전에 이전 타이머를 clearTimeout()으로 제거해 불필요한 중복 저장을 방지합니다.

예제처럼 useEffect 훅은 실행 시점이 다르면 여러 번 사용할 수 있고, 각각 독립적으로 작동하면서 서로 다른 사이드 이펙트를 처리할 수 있습니다.

코드를 저장하고 실행해보면 <textarea> 요소에 내용을 입력할 때마다 formData 상태가 변경되고, 1초 후에 해당 값이 자동으로 localStorage에 저장됩니다. 페이지를 새로 고침하면 컴포넌트가 마운트되며 저장된 값을 다시 불러오기 때문에 입력한 내용이 그대로 유지됩니다.

그림 10-11 useEffect 훅으로 자동 저장 기능을 구현한 결과

● 실시간 통신 기능 구현하기

실시간 기능이 필요한 웹 애플리케이션에서는 웹소켓(WebSocket)을 사용해 서버와의 양방향 통신을 구현하는 경우가 많습니다. 대표적인 예로는 실시간 채팅, 온라인 회의, 멀티플레이어 게임 등이 있습니다. 이때 useEffect 훅은 웹소켓 연결을 생성하고 정리하는 데 중요한 역할을 합니다.

src/components/WebSocketTest.tsx

```
import { useEffect, useState } from 'react';

export default function SocketTest() {
  const [messages, setMessages] = useState<string[]>([]);
  const [message, setMessage] = useState<string>('');
  const [socket, setSocket] = useState<WebSocket | null>(null);
  useEffect(() => { // 마운트 시 웹소켓 연결 생성
    const socket = new WebSocket('wss://echo.websocket.org');
    setSocket(socket);
    socket.onmessage = (event) => { // 서버로부터 메시지를 받으면 화면에 출력
      setMessages((prev) => [...prev, `서버: ${event.data}`]);
    };
    socket.onerror = (error) => {
      console.error('웹소켓 오류:', error);
    };
    socket.onclose = () => {
      console.log('웹소켓 연결 종료');
    };
    return () => {
      socket.close(); // 언마운트 시 웹소켓 연결 정리
    };
  }, []);
  const handleSendMessage = () => { // 사용자 메시지를 서버로 전송하고 화면에 표시
    if (socket && socket.readyState === WebSocket.OPEN && message) {
      socket.send(message);
      setMessages((prev) => [...prev, `나: ${message}`]);
      setMessage('');
    } else {
      alert('서버 연결이 끊겼습니다.');
    }
  };
  return (
    <div>
      <div>
        {messages.map((msg, index) => (
          <div key={index} className='message'>{msg}</div>
        ))}
      </div>
      <div>
        <input type='text' value={message}
```

```
          onChange={(e) => setMessage(e.target.value)}
          placeholder='메시지를 입력하세요.' />
        <button onClick={handleSendMessage}>전송</button>
      </div>
    </div>
  );
}
```

코드에서 컴포넌트가 마운트될 때 웹소켓 연결을 생성합니다. 서버로부터 메시지를 수신하면 onmessage 이벤트가 호출되어 화면에 출력됩니다. 컴포넌트가 언마운트될 때는 useEffect 훅의 클린업 함수에서 socket.close()를 호출해 웹소켓 연결을 종료합니다. 사용자가 메시지를 입력하고 [전송] 버튼을 누르면 현재 입력한 메시지를 서버로 전송하고 동시에 화면에 출력합니다.

웹소켓은 외부 API라서 컴포넌트가 사라질 때 명시적으로 연결을 종료하지 않으면 메모리 누수가 발생하거나 불필요한 네트워크 연결이 유지될 수 있습니다. 예제에서는 useEffect 훅을 사용해 컴포넌트가 화면에 표시되는 동안에만 연결을 유지하고, 컴포넌트가 사라질 때 자동으로 연결을 종료하므로 불필요한 자원 낭비 없이 안정적인 웹소켓 통신을 구현할 수 있습니다.

코드를 실행해 텍스트 입력칸에 메시지를 입력하고 [전송] 버튼을 누르면 해당 메시지가 서버로 전송되고, 메시지와 응답이 실시간으로 출력됩니다.

그림 10-12 useEffect 훅으로 실시간 통신 기능을 구현한 결과

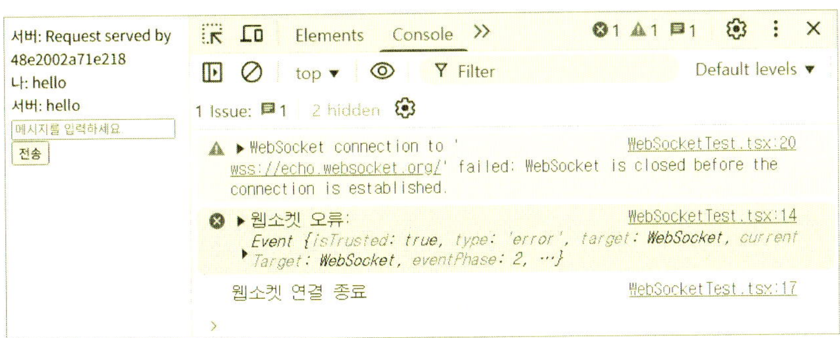

TIP — 예제에서 사용한 **에코 서버**(wss://echo.websocket.org)는 무료로 제공되는 웹소켓 테스트 서버입니다. 이 서버는 클라이언트가 보낸 메시지를 그대로 되돌려주는 기능을 제공하므로 웹소켓 통신을 연습하거나 디버깅할 때 매우 유용합니다. 웹소켓의 작동 원리를 이해하고 싶거나 클라이언트 코드가 정상적으로 작동하는지 간단히 테스트할 때 자주 사용하며, 별도의 백엔드 서버를 구축하지 않고도 웹소켓 기능을 실습할 수 있습니다. 더 자세한 정보는 공식 사이트(https://websocket.org)를 참고하세요. 다만, 에코 서버는 후원을 받아 운영하는 서비스라서 책을 보는 시점에 종료되었을 수도 있습니다. 만약 해당 서버가 더 이상 작동하지 않는 경우, 대체 서버나 실습 방법에 대해 '수코딩' 유튜브 채널을 통해 안내하겠습니다.

여기에서 소개한 useEffect 훅의 사례들은 리액트에서 사이드 이펙트를 처리하는 여러 방법 중 일부에 불과합니다. 하지만 중요한 것은 이러한 예제들을 통해 리액트 컴포넌트가 사이드 이펙트를 언제, 어떻게 처리하는지 원리를 이해하는 것입니다.

정리하면 리액트 컴포넌트의 사이드 이펙트는 다음과 같은 시점에서 실행할 수 있습니다.

- **마운트**: 컴포넌트가 처음 화면에 나타날 때
- **업데이트**: 상태가 변경되어 리렌더링될 때
- **언마운트**: 컴포넌트가 화면에서 사라질 때

특히 타이머, 이벤트 리스너, 웹소켓 연결 등 외부 리소스를 사용하는 작업은 언마운트 시점에 클린업 함수로 정리해주는 것이 매우 중요합니다. 정리 작업을 제대로 하면 불필요한 작업이나 메모리 누수를 방지하고, 보다 안정적인 애플리케이션을 만들 수 있습니다.

1분 퀴즈

정답 노트 p.794

02. 다음 중 useEffect 훅이 실행되는 시점이 아닌 것은 언제인가요?

① 마운트 시　② 업데이트 시

③ 언마운트 시　④ 컴파일 시

03. useEffect 훅의 클린업 함수가 실행되는 경우는 언제인가요?

① 상태가 초기화될 때　② 의존성 값이 변경되기 전

③ 컴포넌트가 언마운트될 때　④ 컴포넌트가 마운트되기 직전

04. 의존성 배열을 빈 배열로 설정한 경우 useEffect 훅이 실행될 때는 언제인가요?

① 렌더링될 때마다　② 마운트 시 한 번만

③ 상태가 변경될 때마다　④ props가 변경될 때마다

05. useEffect 훅에서 의존성 배열을 생략하면 발생하는 일로 올바른 것은 무엇인가요?

① 아무 일도 일어나지 않는다.

② 컴파일될 때만 useEffect 훅이 실행된다.

③ 언마운트될 때만 useEffect 훅이 실행된다.

④ 컴포넌트가 리렌더링될 때마다 useEffect 훅이 실행된다.

06. 다음 코드를 실행할 때 콘솔에 'Updated'가 출력되는 시점은 언제인가요?

```
useEffect(() => {
  console.log('Updated');
}, [count]);
```

① 컴포넌트가 마운트될 때만

② 컴포넌트가 마운트될 때와 count 값이 변경될 때

③ count 값이 변경될 때만

④ 상태나 props가 변경될 때마다

10.3 할 일 관리 애플리케이션 개선하기

useId 훅과 useEffect 훅을 사용해 **9장**의 할 일 관리 애플리케이션을 개선해 보겠습니다.

10.3.1 폼 요소 연결하기

할 일 관리 애플리케이션을 보면 할 일 항목마다 체크박스가 있습니다. 기존 구현에서 <input type='checkbox'>만 사용했기 때문에 체크박스를 클릭해야만 상태가 변경되었습니다. 하지만 웹 접근성과 사용자 편의성을 높이기 위해서는 <input> 태그와 <label> 태그를 각각 id 속성과 htmlFor 속성으로 연결하는 방식으로 개선하는 것이 좋습니다. 이렇게 하면 체크박스 텍스트를 클릭해도 체크 상태를 변경할 수 있어 화면 낭독기 사용자나 키보드 사용자에게도 더 나은 경험을 제공합니다.

useId 훅을 사용해 체크박스를 다음과 같이 개선합니다.

src/components/html/Checkbox.tsx

```
import { useId } from 'react';
(중략)
export default function Checkbox(props: CheckboxProps) {
  const { parentClassName, children, ...rest } = props;
  const uuid = useId(); ------------------------------------ ❶
  return (
    <div className={parentClassName}>
      <input id={uuid} {...rest} /> ---------------------- ❷
      <label htmlFor={uuid}>{children}</label> ----------- ❸
    </div>
  );
}
```

❶ useId() 훅을 사용해 컴포넌트마다 고유한 ID를 자동으로 생성합니다.

❷ 생성한 ID를 <input> 요소의 id 속성에 지정해 웹 브라우저가 해당 체크박스를 정확히 식별할 수 있게 합니다.

❸ <label> 요소의 htmlFor 속성에 생성한 ID를 지정하면 해당 ID를 가진 <input> 요소와 연결되어 텍스트를 클릭해도 체크박스가 반응하게 됩니다.

코드를 저장하고 실행해보면 텍스트 부분을 클릭해도 체크박스에 체크 표시가 설정되거나 해제됩니다.

그림 10-13 폼 요소 연결 결과

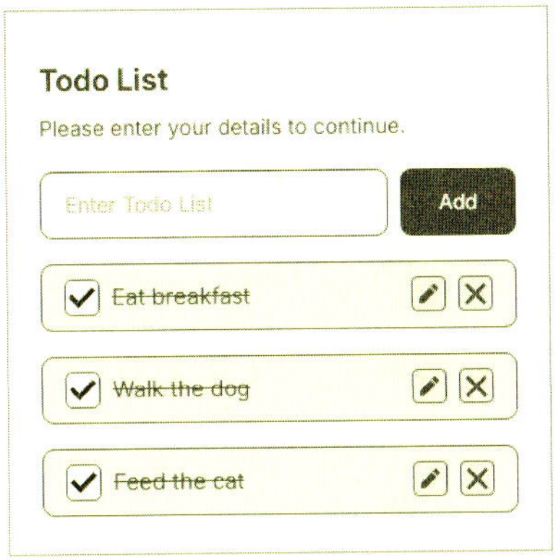

10.3.2 할 일 저장하기

현재 할 일 관리 애플리케이션은 웹 브라우저를 새로 고침하면 등록한 할 일이 모두 삭제되는 문제가 있습니다. 이는 별도의 데이터베이스를 사용하지 않기 때문에 불가피한 현상입니다.

그래서 여기서는 Storage API를 사용해 등록한 할 일을 저장해 보겠습니다. **Storage API**는 웹 브라우저 안에 데이터를 저장하고 꺼내 쓸 수 있도록 도와주는 기능입니다. 대표적으로 다음 두 가지가 있습니다.

- **sessionStorage**: 웹 브라우저의 탭을 닫을 때까지 데이터 유지
- **localStorage**: 웹 브라우저를 닫았다가 열어도 데이터 유지

할 일 목록처럼 애플리케이션을 껐다 켜도 보관되어야 하는 데이터에는 localStorage가 적합합니다. 이때 Storage API를 사용하는 작업은 렌더링 외 동작, 즉 사이드 이펙트이므로 useEffect 훅을 활용해 처리해야 합니다.

src/App.tsx

```
import { useState, useEffect } from 'react';
(중략)

export default function App() {
  const [todos, setTodos] = useState<Todo[]>(() =>
    JSON.parse(localStorage.getItem('todos') || '[]')); --------❶
  (중략)
  // todos 상태 값이 변경될 때마다 localStorage에 저장
  // useEffect 훅으로 업데이트, 사이드 이펙트로 처리
  useEffect(() => {
    localStorage.setItem('todos', JSON.stringify(todos));
  }, [todos]); ---------------------------------------------❷
  return ( (중략) );
}
```

❶ 애플리케이션을 처음 실행할 때 localStorage에 저장된 할 일 목록을 불러와 todos의 초깃값으로 사용합니다. 저장된 데이터가 없으면 빈 배열([])을 기본값으로 사용합니다.

❷ todos 상태가 변경될 때마다 localStorage에 다시 저장합니다. 저장할 때는 문자열 형식이어야 하므로 JSON.stringify()로 변환합니다.

이제 애플리케이션을 새로 고침하거나 웹 브라우저를 열었다 닫아도 할 일 목록이 유지됩니다. 이처럼 간단한 저장 기능은 데이터베이스 없이도 구현할 수 있습니다.

1. useId 훅

① useId 훅은 리액트 18부터 도입된 훅으로, 컴포넌트 내에서 고유한 ID를 자동으로 생성할 수 있습니다.

형식 `const id = useId();`

② <input>과 <label> 요소를 연결할 때 id와 htmlFor 속성 값이 일치해야 합니다. 하지만 고정된 ID를 사용하면 여러 컴포넌트를 렌더링할 때 ID가 중복되는 문제가 발생할 수 있습니다. useId 훅을 사용하면 이런 문제없이 안전하게 폼 요소를 연결할 수 있습니다.

2. useEffect 훅

① useEffect 훅은 컴포넌트 렌더링 이후에 실행되는 사이드 이펙트 작업을 처리하기 위한 훅입니다.

형식 `useEffect(setup, dependencies?);`

- **setup**(필수): 렌더링 이후 실행할 로직을 담은 함수
- **dependencies**(선택): 의존성 배열, 배열에 포함된 값이 변경될 때만 설정 함수가 다시 실행됨

② useEffect 훅의 실행 시점별 사용 방법

- **마운트**: 컴포넌트가 처음 화면에 렌더링될 때 한 번만 실행
- **업데이트**: 상태가 변경될 때마다 실행(dependencies 배열에 포함된 값 기준)
- **언마운트**: 컴포넌트가 화면에서 제거될 때 클린업 함수 실행

셀프체크

정답 노트 p.794

제공한 소스 코드의 ch10/selfcheck/ing 폴더에 8장 셀프체크 문제의 로그인 UI 완성 코드가 있습니다. 해당 로그인 UI를 기반으로 조건에 맞는 기능을 추가해 보세요. 이미 8장에서 기능을 추가한 코드라서 이메일 또는 비밀번호를 입력하지 않거나 체크박스를 선택하지 않으면 경고창이 뜹니다.

조건

① [Log In] 버튼에 `disabled` 속성을 기본 값으로 지정합니다.

② 이메일, 비밀번호를 모두 입력하고 체크박스를 체크했을 때만 버튼을 활성화합니다.

11장

컴포넌트 최적화

현대 웹 애플리케이션은 점점 더 복잡해지고 있습니다. 이로 인해 컴포넌트 단위의 효율적인 최적화가 사용자 경험의 핵심 요소로 떠오르고 있습니다. 특히 리액트와 같이 컴포넌트 기반의 라이브러리에서는 렌더링 최적화, 상태 업데이트 최적화, 리소스 최적화 등 다양한 방식으로 성능을 개선할 수 있습니다.

이 장에서는 React.memo, useMemo, useCallback 등 리액트가 제공하는 도구와 useTransition, useDeferredValue 훅을 활용해 컴포넌트를 최적화하고 성능을 높이는 방법을 배워봅니다.

11.1

컴포넌트 최적화 개요

컴포넌트 최적화란 리액트 애플리케이션에서 성능을 높이기 위한 기술과 전략을 의미합니다. 그 주된 목적은 렌더링 속도를 개선하고, 불필요한 리렌더링을 줄이는 것입니다. 이러한 최적화를 통해 애플리케이션은 더 빠르고 효율적으로 작동하며, 사용자에게는 더 좋은 경험을 제공할 수 있습니다.

본격적으로 컴포넌트 최적화 방법을 배우기 전에, 먼저 알아두면 도움이 되는 몇 가지 핵심 개념을 간단히 정리해 보겠습니다.

11.1.1 성능 최적화 방법

리액트 애플리케이션을 개발할 때 성능 최적화는 선택이 아닌 필수 과제입니다. 성능이 떨어지면 곧바로 사용자 경험에 악영향을 주기 때문에 화면 반응 속도와 렌더링 속도를 높이기 위한 다양한 방법을 고민해야 합니다.

리액트 애플리케이션의 성능을 높이는 방법은 크게 두 가지로 나눌 수 있습니다.

첫 번째는 **일반적인 웹 최적화 방법**입니다. 이 방법은 리액트뿐 아니라 대부분의 웹 애플리케이션에 적용할 수 있습니다. 대표적인 예는 다음과 같습니다.

- 이미지 최적화
- HTML, CSS, JavaScript 자원 압축
- 웹 브라우저 캐싱 전략
- 지연 로딩
- HTTP/2 프로토콜 사용

이들은 웹 브라우저와 네트워크 환경에서 성능을 높이기 위한 기본적인 방법입니다.

두 번째는 **리액트 특화 최적화 방법**입니다. 이 방법은 리액트의 구조와 렌더링 방식에 대한 이해를 바탕으로 합니다. 리액트는 컴포넌트 단위로 UI를 구성하고, 상태 변화에 따라 컴포넌트를 리렌더링합니다. 따라서 컴포넌트 렌더링을 줄이고, 상태 업데이트를 효율적으로 관리하며, 불필요한 연산을 줄이는 전략이 성능 최적화의 핵심입니다. 대표적인 방법은 다음과 같습니다.

- `React.memo`: 불필요한 리렌더링 방지
- `React.lazy`: 필요한 시점에 컴포넌트를 불러오는 코드 스플리팅
- `useMemo`, `useCallback`: 복잡한 연산 결과나 함수를 메모이제이션
- `useTransition`, `useDeferredValue`: 상태 업데이트를 비동기적으로 지연 처리

이 기법들은 리액트 애플리케이션의 구조와 작동 방식에 맞춰 설계된 최적화 도구들로, 애플리케이션의 체감 속도와 부드러움을 개선하는 데 매우 효과적입니다.

일반적인 웹 최적화 방법이 웹 브라우저와 네트워크 환경에 중점을 둔 보편적인 전략이라면, 리액트 특화 최적화 방법은 리액트 내부 동작을 고려한 맞춤형 전략이라고 할 수 있습니다. 두 가지를 적절히 병행하면 웹 애플리케이션의 전반적인 성능을 가장 효과적으로 끌어올릴 수 있습니다.

> **수코딩의 조언**
>
> 일반적인 웹 최적화 방법은 다뤄야 할 범위가 넓고 상황에 따라 적용 방식도 달라 정해진 정답이 없습니다. 따라서 이 책에서는 리액트 특화 최적화 방법에 집중해 설명하겠습니다.

11.1.2 불필요한 리렌더링

리액트에서는 여러 컴포넌트를 조합해 하나의 애플리케이션을 구성합니다. 이때 컴포넌트는 부모-자식 관계를 맺으며 컴포넌트 트리 구조로 연결됩니다.

예를 들어, App 컴포넌트가 루트 컴포넌트라고 가정해 봅시다. App 컴포넌트에서 A 컴포넌트를 렌더링하고, A 컴포넌트는 다시 B 컴포넌트를 렌더링합니다. 그리고 B 컴포넌트가 C 컴포넌트를 렌더링한다면 컴포넌트 트리는 **그림 11-1**과 같은 형태가 됩니다.

그림 11-1 컴포넌트 트리

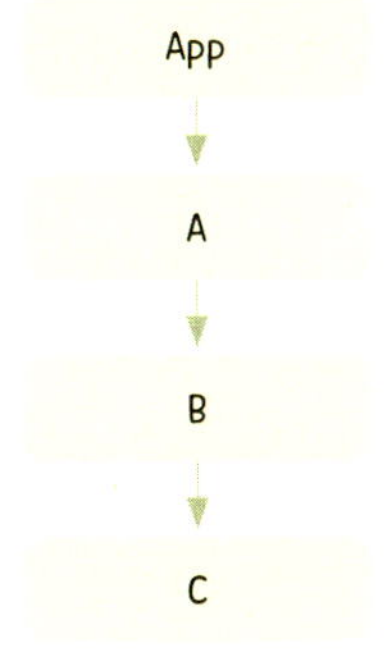

컴포넌트 트리에는 한 가지 중요한 특징이 있습니다. 바로 상위 컴포넌트가 리렌더링되면 그에 연결된 하위 컴포넌트들도 함께 리렌더링된다는 점입니다. 이러한 특징은 간단한 예제로 확인할 수 있습니다.

src/App.tsx

```
import { useState } from 'react';

export default function App() {
  console.log('App render');
  const [count, setCount] = useState(0);
  return (
    <>
      <h1>App Count: {count}</h1>
      <button onClick={() => setCount((count) => count + 1)}>증가</button>
    </>
  );
}
```

이 코드는 App 컴포넌트가 렌더링될 때마다 콘솔에 'App render'라는 메시지를 출력합니다. 코드를 실행하면 웹 브라우저의 콘솔에 로그가 출력됩니다.

TIP — 이때 콘솔 로그가 두 번씩 출력되는 이유는, 리액트 개발 모드에서 StrictMode가 적용되어 컴포넌트를 의도적으로 두 번 렌더링하기 때문입니다.

그림 11-2 App 컴포넌트가 처음 렌더링한 결과

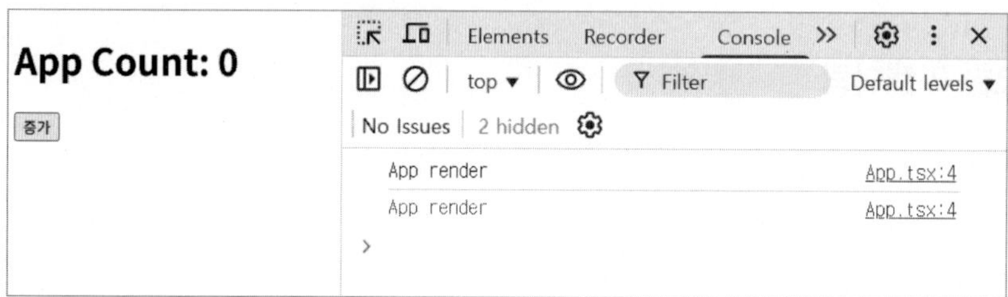

이 상태에서 [증가] 버튼을 클릭하면 상태가 변경되고, 리액트는 변경된 상태를 UI에 반영하기 위해 컴포넌트를 리렌더링합니다.

그림 11-3 [증가] 버튼을 클릭한 결과

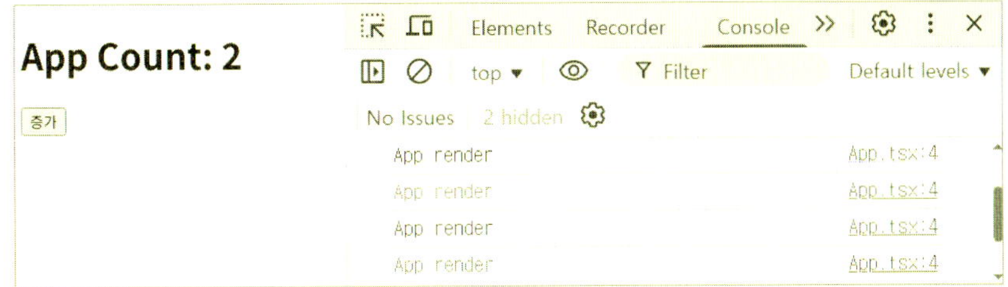

이처럼 상태가 변경될 때마다 컴포넌트가 리렌더링되는 이유는 리액트가 항상 최신 상태를 화면에 반영하려 하기 때문입니다. 앞서 설명한 것처럼 리액트에서는 상위 컴포넌트가 리렌더링되면 그에 연결된 하위 컴포넌트들도 함께 리렌더링됩니다. 실제 코드로 그 동작을 확인해 보겠습니다.

App 컴포넌트에 다음과 같이 코드를 추가합니다.

src/App.tsx

```
import { useState } from 'react';
import A from './components/A';

export default function App() {
  console.log('App render');
  const [count, setCount] = useState(0);
  return (
    <>
      <h1>App Count: {count}</h1>
      <button onClick={() => setCount((count) => count + 1)}>증가</button>
      <A />
    </>
  );
}
```

App 컴포넌트는 useState 훅을 사용해 count 상태를 정의합니다. [증가] 버튼을 클릭하면 count 값이 1씩 증가하고, 그에 따라 컴포넌트가 리렌더링됩니다. 그리고 하위 컴포넌트인 A를 렌더링합니다.

이제 A, B, C 컴포넌트를 다음과 같이 작성합니다.

src/components/A.tsx

```
import B from './B';

export default function A() {
  console.log('A render');
  return (
    <>
      <h1>A Component</h1>
      <B />
    </>
  );
}
```

src/components/B.tsx

```
import C from './C';
export default function B() {
  console.log('B render');
  return (
    <>
      <h1>B Component</h1>
      <C />
    </>
  );
}
```

src/components/C.tsx

```
export default function C() {
  console.log('C render');
  return (
    <>
      <h1>C Component</h1>
    </>
  );
}
```

코드를 저장하고 실행하면 웹 브라우저의 콘솔에 다음과 같이 로그가 출력됩니다. 이는 App 컴포넌트가 처음 렌더링될 때 A → B → C 순으로 하위 컴포넌트가 렌더링되었음을 보여줍니다.

그림 11-4 App 컴포넌트 렌더링 결과

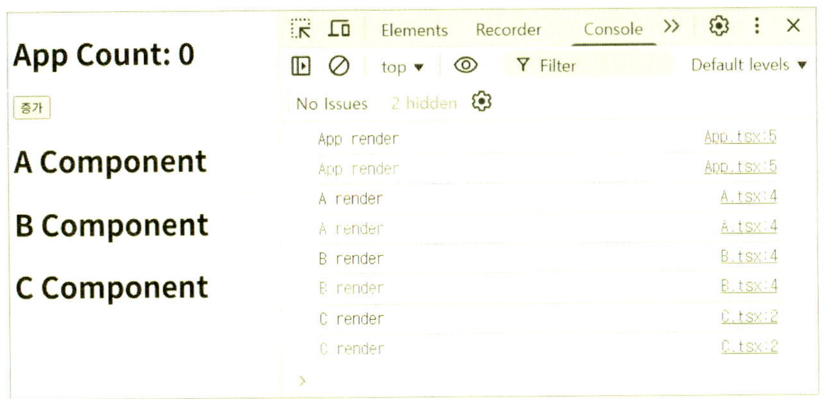

콘솔창에서 클리어 콘솔 아이콘(⊘)을 클릭하면 로그가 모두 삭제됩니다. 그리고 [증가] 버튼을 클릭해 보세요. [증가] 버튼을 클릭하면 count 상태가 변경되고, 이에 따라 App 컴포넌트가 리렌더링됩니다. 이때 App 컴포넌트뿐 아니라 A, B, C 컴포넌트도 모두 리렌더링되어 콘솔에 다시 로그가 출력됩니다.

그림 11-5 [증가] 버튼을 클릭한 결과

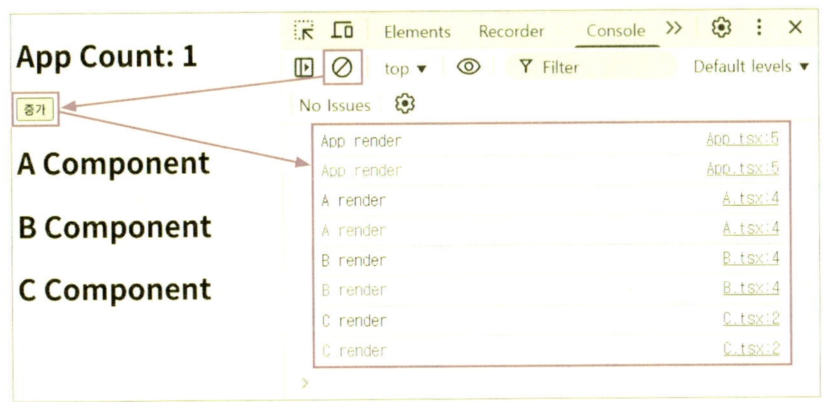

하지만 A, B, C 컴포넌트의 상태나 props가 전혀 바뀌지 않았습니다. 이처럼 실제로 변경된 내용이 없는데도 컴포넌트가 리렌더링되는 현상을 **불필요한 리렌더링**이라고 합니다.

이러한 불필요한 리렌더링은 성능 저하의 원인이 될 수 있으며, 컴포넌트의 수가 많아질수록 렌더링 비용도 커질 수 있습니다. 이를 해결하기 위한 방법으로 React.memo를 활용해 컴포넌트 메모이제이션을 적용하는 방법을 살펴보겠습니다.

TIP — **4장**에서 소개한 리액트 개발자 도구의 **하이라이트**(Highlight updates when components render) 기능을 활성화하면 컴포넌트가 리렌더링될 때 화면에 하이라이트로 표시됩니다. 이를 통해 어떤 컴포넌트가 실제로 리렌더링되는지 시각적으로 확인할 수 있습니다. 단, 이 기능은 개발자 도구 탭이 열려 있어야 작동합니다.

11.1.3 메모이제이션

메모이제이션(memoization)은 이미 계산한 결과를 저장해두고 같은 계산을 반복해야 할 때 저장된 값을 다시 사용하는 최적화 기법입니다. 특히, 재귀 함수나 같은 계산이 반복되는 알고리즘에서 효과적입니다.

다음은 피보나치 수열을 구하는 자바스크립트 함수입니다.

fibonacci.js

```
function fibonacci(n) {
  if (n <= 1) {
    return n;
  }
  return fibonacci(n - 1) + fibonacci(n - 2);
}
console.log(fibonacci(50));
```

이 함수는 n이 1 이하일 때까지 재귀적으로 자신을 호출해 피보나치 수를 계산합니다. 그런데 이 코드는 매우 비효율적입니다. 예를 들어, `fibonacci(50)`을 계산하려면 내부적으로 `fibonacci(49)`와 `fibonacci(48)`을 호출해야 하고, 그 안에서도 `fibonacci(48)`, `fibonacci(47)` 등을 또다시 계산하게 됩니다. 이처럼 같은 값을 중복해서 여러 번 계산하기 때문에 계산량이 기하급수적으로 증가하게 되고, 성능에 심각한 영향을 미치게 됩니다.

이런 문제를 해결하려면 한 번 계산한 결과를 저장해두고, 동일한 입력 값이 들어왔을 때 다시 계산하지 않고 저장된 값을 재사용하는 방식으로 개선해야 합니다. 이것이 바로 메모이제이션입니다.

다음은 메모이제이션을 적용한 피보나치 함수입니다.

memoization_ fibonacci.js

```
function fibonacci(n, memo = {}) {
  if (n <= 1) {
    return n;
```

```
    }
    // 이미 계산한 값이 있으면 저장된 값 반환
    if (memo[n]) {
      return memo[n];
    }
    // 없으면 새로 계산하고 결과를 memo에 저장
    memo[n] = fibonacci(n - 1, memo) + fibonacci(n - 2, memo);
    return memo[n];
  }
  console.log(fibonacci(40));
```

이 코드에서는 memo라는 객체에 이미 계산한 값을 저장합니다. 같은 입력이 다시 들어오면 새로운 계산 없이 memo에서 값을 가져오기 때문에 중복 계산을 피할 수 있어 성능이 크게 향상됩니다.

리액트에서도 메모이제이션 기법을 컴포넌트의 성능 최적화에 자주 활용합니다. 특히, 다음 세 가지 도구를 사용해 메모이제이션을 적용할 수 있습니다.

- **React.memo**: 컴포넌트 자체를 메모이제이션
- **useCallback**: 함수를 메모이제이션
- **useMemo**: 계산된 값을 메모이제이션

다음 절에서는 세 가지 도구를 어떻게 사용하는지, 각각 어떤 상황에서 도움이 되는지를 자세히 살펴보겠습니다.

1분 퀴즈

정답 노트 p.795

01. 리액트에서 상위 컴포넌트가 리렌더링되면 하위 컴포넌트도 함께 리렌더링되는 구조를 설명하는 용어는 무엇인가요?

① 단방향 데이터 흐름 ② 컴포넌트 트리 ③ 상태 트리 ④ 가상 DOM

02. 다음 중 리렌더링이 발생하는 상황이 아닌 것은 무엇인가요?

① 컴포넌트로 전달된 props가 변경될 때

② 버튼 클릭 시 setState 함수로 상태를 업데이트할 때

③ 컴포넌트 내부에서 useRef 훅으로 생성한 ref.current 값을 변경할 때

④ 부모 컴포넌트에서 useState나 useReducer 훅로 정의한 상태가 변경될 때

11.2

컴포넌트 메모이제이션

컴포넌트의 불필요한 리렌더링을 방지하기 위해 가장 먼저 시도해볼 수 있는 방법은 **컴포넌트 자체를 메모이제이션**하는 것입니다. 컴포넌트를 메모이제이션하면 해당 컴포넌트의 props나 상태가 변경되지 않는 한 리렌더링되지 않고, 이전에 렌더링한 결과를 그대로 재사용합니다.

이 방식은 복잡한 연산을 수행하지 않더라도 자주 렌더링되는 컴포넌트의 렌더링 횟수를 줄이는 데 유용합니다.

11.2.1 React.memo 사용하기

컴포넌트를 메모이제이션할 때는 고차 컴포넌트인 `React.memo`를 사용합니다. **고차 컴포넌트**(higher order component)란 컴포넌트를 인자로 받아 새로운 컴포넌트를 반환하는 함수를 의미합니다. `React.memo`는 다음과 같은 형식으로 사용합니다.

형식
```
const MemoizedComponent = React.memo(MyComponent);
```

이렇게 사용하면 `MyComponent`는 메모이제이션된 새로운 컴포넌트로 반환됩니다. 반환된 컴포넌트는 props가 변경되지 않는 한 리렌더링되지 않고, 이전 결과를 재사용합니다.

11.1.2절에서 작성한 A 컴포넌트에 `React.memo`를 적용해 보겠습니다. 코드를 다음과 같이 수정합니다.

src/components/A.tsx

```
import React from 'react';
import B from './B';

export default React.memo(function A() {
  console.log('A render');
  return (
    <>
      <h1>A Component</h1>
      <B />
    </>
  );
});
```

또는 React 객체에서 memo 함수를 구조 분해 할당해 사용하는 방식도 가능합니다. 다음처럼 A 컴포넌트를 memo로 감싸 메모이제이션하면 A의 props나 내부 상태가 변경되지 않는 한 A 컴포넌트는 리렌더링되지 않습니다.

src/components/A.tsx

```
import { memo } from 'react';
import B from './B';

export default memo(function A() {
  console.log('A render');
  return (
    <>
      <h1>A Component</h1>
      <B />
    </>
  );
});
```

코드를 저장하고 애플리케이션을 실행한 뒤 [증가] 버튼을 클릭해 보세요. App 컴포넌트의 상태가 변경되어 리렌더링되더라도 A 이하의 컴포넌트는 리렌더링되지 않습니다.

그림 11-6 React.memo 적용 결과

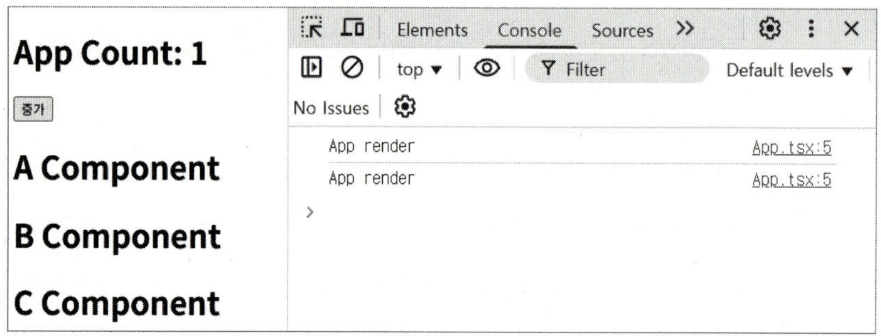

실무에서는 React.memo를 구조 분해 할당한 memo 방식으로 사용하는 경우가 더 많습니다. 이 책에서도 앞으로는 memo 방식으로 메모이제이션을 구현하겠습니다.

11.2.2 React.memo 사용 시 주의사항

React.memo를 사용할 때 몇 가지 주의해야 할 점이 있습니다.

● 메모이제이션의 적절한 사용

React.memo는 컴포넌트의 리렌더링을 방지해 성능을 향상시킬 수 있는 강력한 최적화 도구입니다. 그러나 항상 사용하는 것이 좋은 것은 아닙니다. 메모이제이션 자체도 하나의 연산이기 때문에 불필요하게 사용하면 오히려 성능 비용이 증가할 수 있습니다. 따라서 적절한 사용 기준을 따르는 것이 중요합니다.

앞서 살펴본 예제에서는 불필요한 메모이제이션을 방지하기 위해, A 컴포넌트에만 React.memo를 적용하고 B와 C 컴포넌트에는 적용하지 않았습니다.

그림 11-7 컴포넌트 트리와 메모이제이션 구조

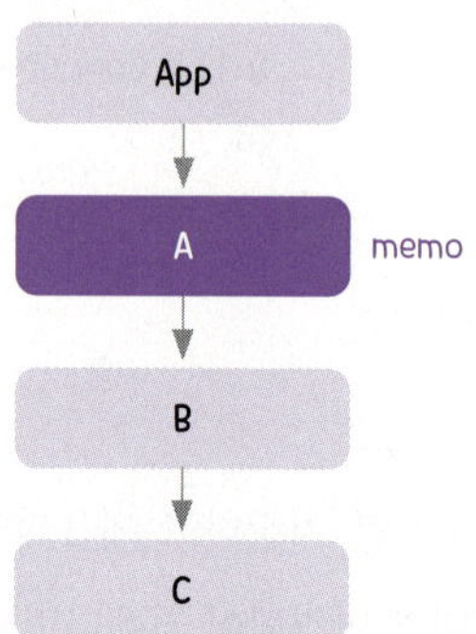

예제의 컴포넌트 구조는 **그림 11-7**과 같습니다.

기본적으로 리액트는 상위 컴포넌트가 리렌더링되면 하위 컴포넌트도 함께 리렌더링됩니다. 그러나 A 컴포넌트에 React.memo를 적용하면 props가 변경되지 않는 한 A 컴포넌트는 리렌더링되지 않습니다.

그리고 B와 C는 A 내부에서 렌더링되므로 A가 리렌더링되지 않으면 B와 C도 함께 리렌더링되지 않습니다. 즉, 이 경우에는 B와 C에 별도로 React.memo를 적용하지 않아도 메모이제이션 효과를 간접적으로 얻을 수 있습니다.

이런 경우 React.memo는 오히려 자원을 낭비하고, 성능 최적화에 도움이 되지 않을 수 있습니다. React.memo는 props가 자주 변경되지 않고, 컴포넌트가 리렌더링될 때 성능 비용이 큰 경우에만 사용하는 것이 좋습니다.

메모이제이션의 무효화 조건

React.memo로 컴포넌트를 메모이제이션하더라도 일정한 조건에서는 메모이제이션이 무효화되어 컴포넌트가 리렌더링될 수 있습니다. 다음과 같은 경우에 메모이제이션이 무효화되어 리렌더링이 발생합니다.

- 메모이제이션된 컴포넌트의 자체 상태가 변경된 경우
- 메모이제이션된 컴포넌트로 전달되는 props 값이 변경된 경우

다음 예제는 App 컴포넌트에서 A 컴포넌트로 count 상태를 전달합니다.

src/App.tsx

```
import { useState } from 'react';
import A from './components/A';

export default function App() {
  console.log('App render');
  const [count, setCount] = useState(0);
  return (
    <>
      <h1>App Count: {count}</h1>
      <button onClick={() => setCount((count) => count + 1)}>증가</button>
      <A count={count} />
    </>
  );
}
```

A 컴포넌트는 count를 props로 전달받습니다.

src/components/A.tsx

```
import { memo } from 'react';
import B from './B';
```

```
export default memo(function A({ count }: { count: number }) {
  console.log('A render');
  return (
    <>
      <h1>A Component: {count}</h1>
      <B />
    </>
  );
});
```

코드를 실행한 뒤 [증가] 버튼을 클릭해보면 A 컴포넌트는 React.memo로 감싸져 있음에도 매번 리렌더링됩니다. 그 이유는 count 값이 변경되면서 A 컴포넌트에 새로운 props가 전달되기 때문입니다. 이로 인해 메모이제이션이 무효화되어 리렌더링이 발생합니다.

그림 11-8 메모이제이션 무효화: count 변경으로 인한 A 컴포넌트 리렌더링

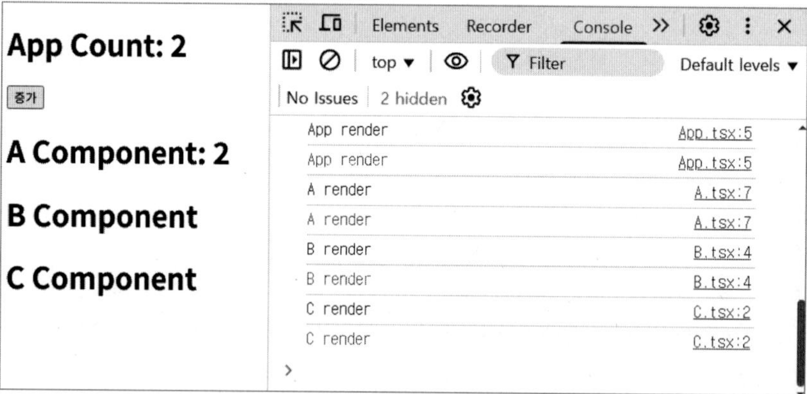

이 경우 A 컴포넌트는 props가 계속 바뀌기 때문에 리렌더링을 막을 수 없습니다. 그러나 하위 컴포넌트인 B와 C는 props를 전달받지 않으므로 B에 React.memo를 적용하면 그 하위 컴포넌트까지 불필요한 리렌더링을 방지할 수 있습니다.

src/components/B.tsx

```
import { memo } from 'react';
import C from './C';

export default memo(function B() {
  console.log('B render');
  return (
```

```
    <>
      <h1>B Component</h1>
      <C />
    </>
  );
});
```

이렇게 하면 A 컴포넌트가 리렌더링되더라도 B 컴포넌트는 이전 결과를 재사용하며 리렌더링되지 않습니다. 그 결과 C 컴포넌트 또한 렌더링되지 않습니다.

그림 11-9 B에 React.memo를 적용해 B와 C의 리렌더링 방지

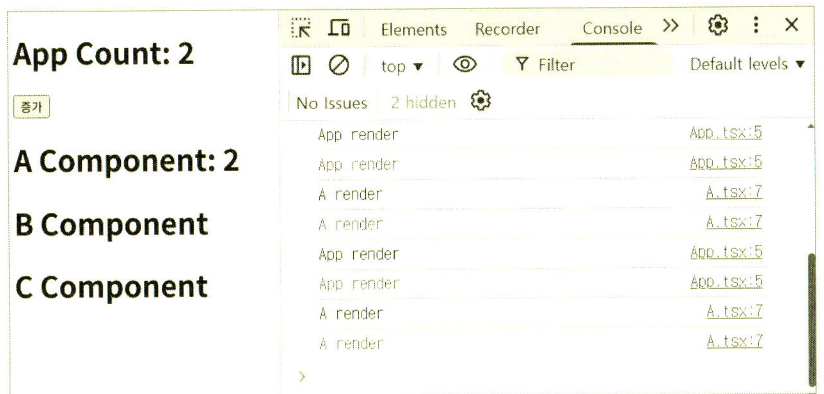

이처럼 메모이제이션이 효과를 발휘하지 못하는 상황이라면 오히려 `React.memo`를 제거하는 것이 더 나을 수 있습니다. 앞의 예제처럼 A 컴포넌트가 항상 새로운 props를 전달받아 리렌더링되는 경우, `React.memo`는 아무 효과가 없으며, 내부적으로 비교 연산만 추가로 수행하게 됩니다. 따라서 이럴 땐 A에서 `memo`를 제거하고, 대신 실제로 리렌더링을 막을 수 있는 하위 컴포넌트에만 메모이제이션을 적용하는 것이 더 효과적입니다.

1분 퀴즈

정답 노트 p.795

03. 다음 중 React.memo에 대한 설명으로 가장 적절한 것은 무엇인가요?

① 상태와 props가 바뀌지 않으면 리렌더링하지 않는다.

② 항상 컴포넌트를 리렌더링하는 고차 컴포넌트다.

③ `useEffect` 훅과 함께 사용할 때만 동작한다.

④ props가 변경되지 않아도 매번 렌더링된다.

계속

04. 다음 중 React.memo로 감싼 컴포넌트가 리렌더링되는 경우는 언제인가요?

① props 값이 이전과 동일한 경우

② 하위에 다른 컴포넌트를 포함한 경우

③ 컴포넌트 내부에 `useEffect` 훅이 있는 경우

④ props로 전달된 객체가 매번 새로 생성되는 경우

11.3

함수 메모이제이션

React.memo를 사용하면 컴포넌트의 불필요한 리렌더링을 방지할 수 있습니다. 그러나 컴포넌트 내부 상태가 변경되거나 부모 컴포넌트로부터 전달받은 props가 변경되면 메모이제이션이 무효화되어 리렌더링됩니다.

그렇다면 함수를 props로 전달하는 경우에는 어떻게 될까요? 예제로 살펴보고, 그 해결 방법을 설명하겠습니다.

11.3.1 함수를 props로 전달하는 경우

다음은 App 컴포넌트에서 count 상태를 직접 전달하지 않고, count 상태를 변경하는 함수인 increment()를 A 컴포넌트에 전달하는 예제입니다(B와 C 컴포넌트는 **11.1.2절**에서 작성한 코드를 그대로 사용합니다).

src/App.tsx

```
import { useState } from 'react';
import A from './components/A';

export default function App() {
  console.log('App render');
  const [count, setCount] = useState(0);
  const increment = () => setCount((count) => count + 1);
  return (
    <>
      <h1>App Count: {count}</h1>
      <A increment={increment} />
    </>
```

```
  );
}
```

그리고 A 컴포넌트는 다음과 같습니다. [증가] 버튼이 App 컴포넌트가 아닌 A 컴포넌트에 위치하며, increment() 함수는 props로 A에 전달됩니다. 코드를 실행해 [증가] 버튼을 클릭하면 무슨 일이 일어날까요?

src/components/A.tsx

```
import { memo } from 'react';
import B from './B';

export default memo(function A({ increment }: { increment: () => void }) {
  console.log('A render');
  return (
    <>
      <h1>A Component </h1>
      <button onClick={increment}>증가</button>
      <B />
    </>
  );
});
```

A 컴포넌트는 React.memo로 메모이제이션했지만, [증가] 버튼을 클릭할 때마다 여전히 리렌더링됩니다. 이유는 무엇일까요?

그림 11-10 함수 전달로 인해 A 컴포넌트가 리렌더링되는 구조

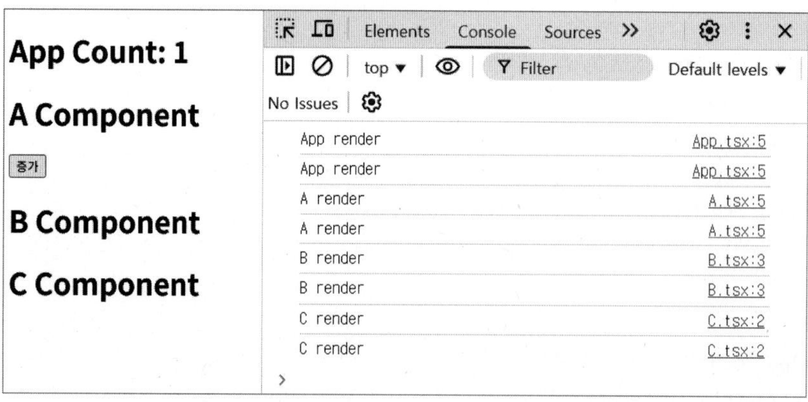

자바스크립트에서 함수, 배열, 객체는 모두 **참조 자료형**(reference type)입니다. 참조 자료형은 변

수에 값 자체가 저장되는 것이 아니라 값이 저장된 메모리 주소(참조 값)가 저장됩니다. 따라서 같은 로직의 함수라도 다시 정의하면 참조 값이 달라지게 됩니다.

예제에서 App 컴포넌트가 리렌더링될 때마다 increment() 함수는 새롭게 생성됩니다. 즉, 이전과는 다른 참조 값을 가진 함수가 되는 것입니다. 예를 들어, 첫 번째 렌더링에서는 increment() 함수의 참조 값이 0x01이었다면, 두 번째 렌더링에서는 0x02로 바뀝니다.

```
// 렌더링할 때마다 새로운 함수 생성
const increment = () => setCount((count) => count + 1);
```

React.memo는 참조 값이 달라지면 props가 변경된 것으로 판단하기 때문에 A 컴포넌트는 메모이제이션 효과를 얻지 못하고 매번 리렌더링됩니다.

11.3.2 useCallback 훅 사용하기

컴포넌트에 전달되는 props 중에는 실제로 화면 렌더링에 영향을 주지 않는 함수형 props가 있습니다. 예를 들어, 이벤트 핸들러나 콜백 함수처럼 UI보다 동작에 관여하는 props가 이에 해당합니다. 이러한 경우 매번 새로운 함수 객체가 전달되면 props가 변경된 것으로 인식해 불필요한 리렌더링이 발생할 수 있습니다.

이 문제를 방지하기 위해 리액트에서는 함수의 참조 값을 고정할 수 있는 useCallback 훅을 제공합니다. useCallback 훅은 다음과 같은 형식으로 사용합니다.

형식 `const cachedFn = useCallback(fn, dependencies);`

- **fn**: 메모이제이션할 함수입니다.
- **dependencies**: 의존성 배열로, useEffect 훅과 마찬가지로 배열의 값이 변경되지 않는 한 함수는 새로 생성되지 않고 기존 것을 재사용합니다. 의존성 배열을 빈 배열([])로 설정하면 컴포넌트가 처음 렌더링될 때 한 번만 함수가 생성되고, 리렌더링 때도 동일한 참조 값의 함수가 유지됩니다.

앞서 살펴본 App 컴포넌트에서 increment() 함수를 useCallback 훅으로 메모이제이션하면 다음과 같이 작성할 수 있습니다.

src/App.tsx

```
import { useCallback, useState } from 'react';
import A from './components/A';

export default function App() {
  console.log('App render');
  const [count, setCount] = useState(0);
  const increment = useCallback(() => setCount((count) => count + 1), []);
  return (
    <>
      <h1>App Count: {count}</h1>
      <A increment={increment} />
    </>
  );
}
```

useCallback 훅의 의존성 배열이 빈 배열로 설정되어 있어 increment() 함수는 처음 렌더링될 때 한 번만 생성됩니다. 이후 App 컴포넌트가 리렌더링되어도 increment()는 동일한 참조 값을 유지합니다. 따라서 A 컴포넌트는 변경된 props가 없다고 판단해 리렌더링되지 않습니다.

코드를 실행하고 [증가] 버튼을 여러 번 클릭해 보세요. App 컴포넌트는 상태 변경으로 인해 리렌더링되지만, A 컴포넌트는 리렌더링되지 않습니다.

그림 11-11 useCallback 훅으로 메모이제이션된 함수로 인한 A 컴포넌트의 렌더링 억제

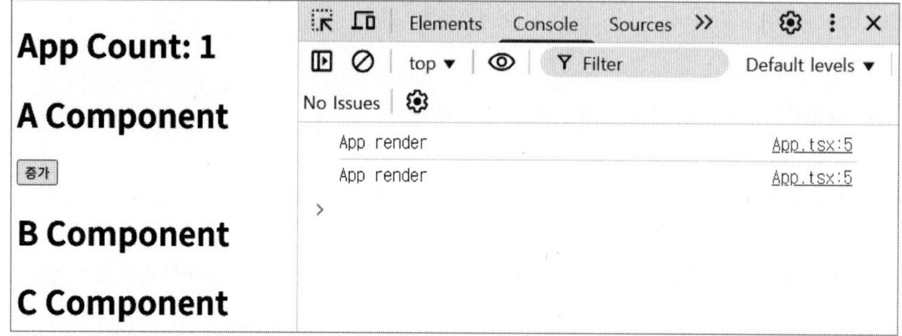

이처럼 컴포넌트에 전달되는 props가 함수인 경우에 그 함수가 렌더링에 직접적인 영향을 주지 않는다면 useCallback 훅으로 메모이제이션하는 것이 성능에 도움이 됩니다. 특히, 하위 컴포넌트가 React.memo로 메모이제이션되어 있고, 렌더링 비용이 큰 경우에 효과적입니다.

11.3.3 useCallback 훅 사용 시 주의사항

useCallback 훅은 컴포넌트에 전달되는 함수형 props의 참조 값을 고정하는 데 매우 유용한 도구입니다. 하지만 사용할 때 몇 가지 주의해야 할 사항이 있습니다.

● 상태 변경 함수를 콜백 함수 형태로 사용하기

useState 훅으로 정의한 상태를 변경할 때 이전 상태 값을 기준으로 새 값을 계산해야 하는 경우에는 상태 변경 함수를 콜백 함수 형태로 사용하는 것이 안전합니다.

다음 예제는 useCallback 훅을 사용해 increment() 함수를 메모이제이션하지만, setCount (count + 1)처럼 현재 상태 값을 직접 참조하고 있습니다.

src/App.tsx

```
import { useCallback, useState } from 'react';
import A from './components/A';

export default function App() {
  console.log('App render');
  const [count, setCount] = useState(0);
  const increment = useCallback(() => setCount(count + 1), []);
  return (
    <>
      <h1>App Count: {count}</h1>
      <A increment={increment} />
    </>
  );
}
```

이 코드는 실행에는 문제가 없지만, [증가] 버튼을 클릭해도 숫자가 1 이상으로 올라가지 않습니다.

그림 11-12 [증가] 버튼을 여러 번 클릭해도 숫자가 1에서 바뀌지 않음

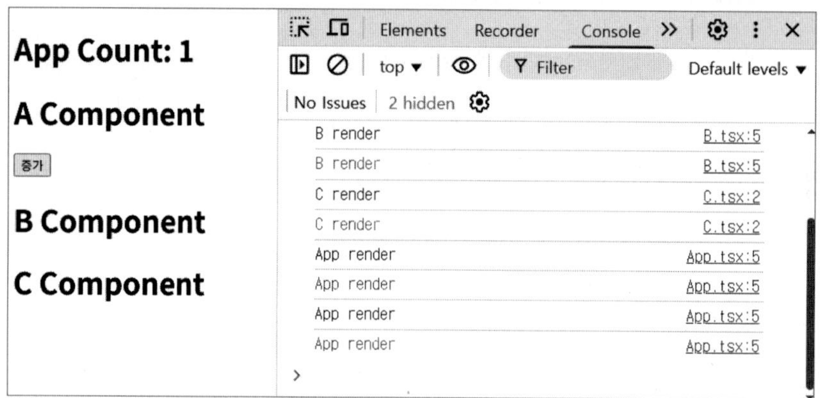

자바스크립트의 함수는 정의될 때 해당 시점의 변수 상태를 캡처해서 기억하는 **클로저**(Closure)라는 특성이 있습니다.

예제에서 increment() 함수는 컴포넌트가 처음 렌더링될 때 useCallback 훅으로 생성됩니다. 이때 count의 값은 0이므로 클로저는 count = 0을 고정 값으로 기억합니다. 그리고 의존성 배열이 빈 배열이기 때문에 increment() 함수는 이후에도 생성된 상태 그대로 유지됩니다. 따라서 [증가] 버튼을 클릭해도 항상 setCount(0 + 1)만 실행되어 count 값은 1 이상으로 증가하지 않습니다.

이 문제는 setCount()를 콜백 함수 형태로 작성하면 간단히 해결할 수 있습니다.

```
const increment = useCallback(() => setCount((count) => count + 1), []);
```

이렇게 작성하면 setCount()의 인자로 전달된 함수는 현재 상태 값(count)을 자동으로 받아 처리합니다. 즉, useCallback 훅으로 메모이제이션한 increment() 함수는 내부적으로 항상 최신 상태 값을 사용할 수 있게 됩니다.

- **의존성 배열에 상태 값을 포함하지 않기**

useCallback 훅은 잘못 사용하면 오히려 성능을 떨어뜨리는 원인이 되기도 합니다. 다음 예제를 살펴봅시다.

src/App.tsx

```
import { useCallback, useState } from 'react';
import A from './components/A';

export default function App() {
  console.log('App render');
  const [count, setCount] = useState(0);
  const increment = useCallback(() => setCount(count + 1), [count]);
  return (
    <>
      <h1>App Count: {count}</h1>
      <A increment={increment} />
    </>
  );
}
```

이 코드에는 useCallback 훅의 의존성 배열에 count 상태 값이 포함되어 있습니다. **그림 11-12**에서 살펴봤듯이 의존성 배열에 count 상태 값이 포함되지 않았을 때는 [증가] 버튼을 눌러도 숫자가 1 이상 증가하지 않고, A, B, C 컴포넌트도 리렌더링되지 않습니다. 하지만 의존성 배열에 count 상태 값이 포함되면 count는 버튼을 클릭할 때마다 값이 바뀌므로 App 컴포넌트가 리렌더링될 때마다 increment() 함수도 새로 생성됩니다. 결과적으로 useCallback 훅을 썼는데도 함수가 매번 새로 만들어지기 때문에 이전과 달리 숫자도 계속 증가하고 A 컴포넌트도 매번 리렌더링됩니다.

그림 11-13 잘못된 의존성 배열로 인해 메모이제이션 효과가 사라지고 A도 리렌더링됨

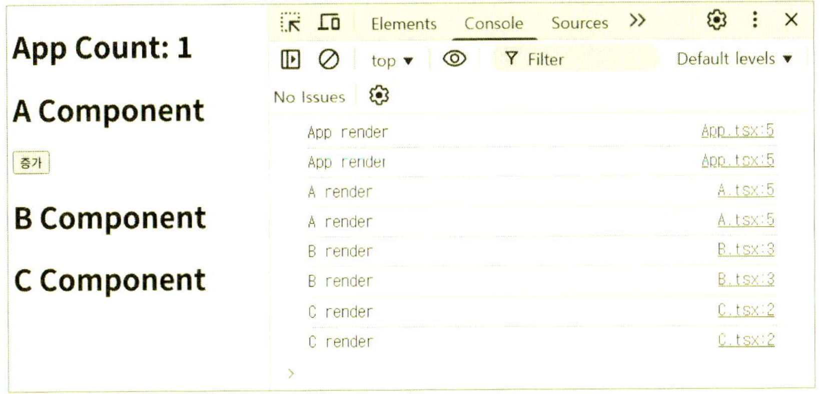

따라서 useCallback 훅을 사용할 때는 의존성 배열에 어떤 값을 포함할지 신중하게 판단해야 합니다. 특히 상태 값을 의존성 배열에 포함하면 해당 상태가 변경될 때마다 함수도 새로 생성되므로 결과적으로 메모이제이션의 효과를 얻지 못하고 함수 생성이 반복되는 문제가 발생할 수 있습니다.

1분 퀴즈

정답 노트 p.795

05. useCallback 훅을 사용하는 이유는 무엇인가요?

① 상태를 초기화하기 위해

② 비동기 함수를 선언하기 위해

③ 컴포넌트를 자동으로 렌더링하기 위해

④ 함수의 참조 값을 고정해 리렌더링을 방지하기 위해

06. useCallback 훅의 의존성 배열에 상태 값을 넣었을 때 발생하는 현상은 무엇인가요?

① 상태 값이 초기화된다.

② 함수가 한 번만 생성된다.

③ 참조 값이 저장되지 않는다.

④ 상태가 바뀔 때마다 새 함수가 생성된다.

07. 다음 코드에서 A 컴포넌트가 매번 리렌더링되는 이유는 무엇인가요?

```
const increment = () => setCount((count) => count + 1);
<A increment={increment} />
```

① increment() 함수가 항상 새로 생성되기 때문에

② count 값이 변경되었기 때문에

③ 상태 변경 함수가 props로 전달되어서

④ React.memo를 사용하지 않아서

11.4

값 메모이제이션

리액트에서는 컴포넌트의 상태나 props가 변경될 때마다 컴포넌트가 리렌더링됩니다. 함수형 컴포넌트에서는 리렌더링이 발생할 때마다 컴포넌트 전체 함수가 다시 실행된다고 볼 수 있습니다. 이런 구조에서 컴포넌트 내부에 연산 비용이 큰 작업이 포함되어 있다면 리렌더링이 발생할 때마다 해당 연산이 반복 실행되어 애플리케이션의 성능 저하로 이어질 수 있습니다. 예제를 통해 살펴보겠습니다.

11.4.1 연산 비용이 큰 작업의 성능 저하 문제

다음은 총 29,999,999개 항목을 가진 배열을 생성하고, 각 항목을 `{ id, selected }` 형태의 객체로 변환하는 유틸 함수입니다. 이때 마지막 항목(`id: 29_999_998`)만 `selected: true`로 설정합니다.

TIP — lib(library) 폴더는 주로 로직 처리나 외부 유틸리티 관련 함수를 모아둘 때 사용합니다.

src/lib/utils.ts

```
export const initialItems = new Array(29_999_999).fill(0).map((_, i) => {
  return {
    id: i,
    selected: i === 29_999_998,
  };
});
```

다음 코드는 앞에서 생성한 `initialItems` 배열에서 `selected: true`인 항목을 `.find()` 메서드로 찾아 렌더링합니다.

src/App.tsx

```
import { useState } from 'react';
import { initialItems } from './lib/utils';

export default function App() {
  // 상태 정의
  const [count, setCount] = useState(0);
  // 29,999,999개 항목 중 selected가 true인 항목 찾기
  const selectItems = initialItems.find((item) => item.selected);
  return (
    <>
      <h1>Count: {count}</h1>
      <button onClick={() => setCount((prevCount) => prevCount + 1)}>증가</button>
      {/* 연산 비용이 높은 코드 */}
      <p>{selectItems?.id}</p>
    </>
  );
}
```

코드에서 컴포넌트가 렌더링될 때마다 initialItems.find()가 실행됩니다. 배열의 마지막 항목만 selected: true로 설정했으므로 .find() 메서드는 약 3천만 개에 달하는 모든 항목을 순회하며 해당 항목을 찾아야 합니다. 즉, 매우 많은 연산 비용을 요구하는 작업입니다.

실제로 코드를 실행해보면 초기 렌더링에 수 초에서 수십 초가 소요될 수 있고, [증가] 버튼을 클릭해도 상태 변경이 즉시 반영되지 않고 지연됩니다. 또한, 버튼을 여러 번 클릭하면 숫자가 하나씩 증가하지 않고 갑자기 큰 값으로 점프하는 현상이 발생합니다.

이처럼 컴포넌트 내부에 연산 비용이 큰 코드가 있으면 리렌더링이 발생할 때마다 성능 저하가 누적되어 사용자 경험에 악영향을 미칠 수 있습니다. 이런 문제를 해결하기 위해 리액트는 useMemo 훅을 제공합니다.

수코딩의 조언 컴퓨터 사양에 따라 예제 코드가 느리게 실행되어 웹 브라우저가 멈출 수도 있습니다. 이때는 숫자를 적절히 증감해서 테스트해 주세요.

11.4.2 useMemo 훅 사용하기

useMemo는 리액트에서 제공하는 훅 중 하나로, 값을 메모이제이션할 때 사용합니다. useCallback 훅은 함수 자체를 메모이제이션하는 반면, useMemo는 함수의 반환 값을 메모이제이션하는 점에서 차이가 있습니다.

useMemo 훅은 다음과 같은 형식으로 사용합니다.

형식
```
const cachedValue = useMemo(calculateValue, dependencies);
```

- **calculateValue**: 메모이제이션할 값을 계산하는 함수입니다. 값을 직접 전달하는 것이 아니라 이 함수의 반환 값을 메모이제이션합니다.
- **dependencies**: 의존성 배열로, 이 배열에 포함된 값 중 하나라도 변경되면 calculateValue 함수가 다시 실행되어 새로운 값을 계산하고 저장합니다. 반대로, 의존성 배열의 값이 변경되지 않으면 기존에 저장된 값을 그대로 재사용합니다.

앞서 살펴본 연산 비용이 큰 코드를 useMemo 훅을 사용하도록 수정해 보겠습니다.

src/App.tsx
```
import { useMemo, useState } from 'react';
import { initialItems } from './lib/utils';

export default function App() {
  // 상태 정의
  const [count, setCount] = useState(0);
  // 3천만 개 항목 중 selected가 true인 항목 찾기
  const selectItems = useMemo(() => initialItems.find((item) => item.selected), []);
  return (
    <>
      <h1>Count: {count}</h1>
      <button onClick={() => setCount((prevCount) => prevCount + 1)}>증가</button>
      {/* 연산 비용이 높은 코드 */}
      <p>{selectItems?.id}</p>
    </>
  );
}
```

코드에서는 useMemo 훅을 사용해 selectedItem을 메모이제이션합니다. 이때 의존성 배열을 빈 배열([ ])로 설정했기 때문에 이 값은 최초 렌더링할 때 한 번만 계산되고 리렌더링할 때는 저장된 결과를 그대로 재사용합니다. 즉, 애플리케이션이 종료될 때까지 initialItems.find(...)는 다시 실행되지 않습니다.

코드를 저장하고 실행하면, 처음 렌더링할 때는 연산 시간이 오래 걸리기 때문에 값이 늦게 표시됩니다. 하지만 [증가] 버튼을 클릭해 count 상태를 변경하면 리렌더링이 발생해도 화면이 빠르게 업데이트됩니다. 이전과 달리 숫자도 순차적으로 하나씩 증가합니다.

그림 11-14 useMemo 훅 적용 전과 후

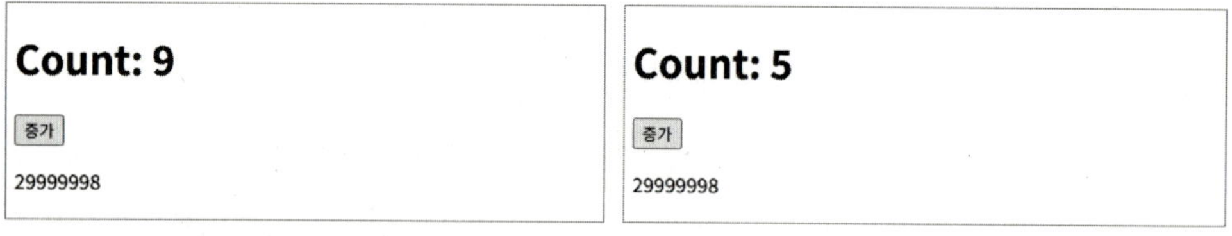

적용 전(값이 급격히 증가) 적용 후(값이 순차적으로 증가)

11.4.3 useMemo 훅 사용 시 주의사항

useMemo 훅은 렌더링 성능을 개선할 수 있는 유용한 도구이지만, 무분별하게 사용하거나 잘못된 방식으로 적용하면 오히려 성능을 악화시킬 수 있습니다. useMemo 훅을 사용할 때도 주의해야 할 사항이 몇 가지 있습니다.

● 메모이제이션을 무분별하게 사용하지 않기

useMemo 훅을 사용할 때 불필요하게 메모이제이션을 사용하는 것은 오히려 성능을 악화시킬 수 있습니다. useMemo 훅은 계산 결과를 저장해두는 기능을 제공하지만, 다음 두 가지 경우에는 오히려 **비효율적이거나 무의미한** 메모이제이션이 발생할 수 있습니다.

1. 잘못된 의존성 배열을 설정한 경우

useMemo 훅의 효과는 의존성 배열에 따라 달라집니다. 의존성 배열에 불필요한 값을 넣으면 해당 값이 변경될 때마다 메모이제이션된 값을 다시 계산하게 되어 결국 useMemo 훅을 쓰지 않은 것과 차이가 없어집니다. 예를 들어, 다음처럼 count를 의존성 배열에 넣으면 count가 변경될 때마다 initialItems.find(...) 연산이 매번 다시 실행됩니다.

```
export default function App() {
  ...
  const selectItems = useMemo(
    () => initialItems.find((item) => item.selected), [count]
  );
  return ( ... );
}
```

2. 연산 비용이 낮은 값을 메모이제이션하는 경우

useMemo 훅을 사용하는 것도 내부적으로 비용이 드는 작업입니다. 따라서 연산이 매우 단순하거나 값이 고정적인 경우에는 굳이 메모이제이션할 필요가 없습니다. 예를 들어 다음처럼 배열에서 첫 번째 항목만 접근하는 작업은 useMemo 훅 없이 직접 사용하는 것이 더 효율적입니다.

```
export default function App() {
  // 연산 비용이 낮은 값을 메모이제이션
  const selectItem = useMemo(() => initialItems[0], []);
  // 단순 접근은 그대로 사용
  // const selectItem = initialItems[0];
  return <p>{selectItem?.id}</p>;
}
```


메모이제이션할 때 useMemo 훅으로 함수 감싸지 않기

리액트 초보자가 자주 하는 실수 중 하나는 함수를 메모이제이션할 때 useMemo 훅을 사용하는 것입니다. useMemo는 값을 메모이제이션하기 위해 설계된 훅입니다. 물론 다음처럼 함수도 useMemo 훅으로 감싸 메모이제이션할 수는 있습니다.

```
const someFunction = useMemo(() => {
  return (x: number) => x + 1;
}, []);
```

이렇게 작성하면 someFunction()은 리렌더링되어도 동일한 참조 값을 유지하므로 React.memo로 감싼 자식 컴포넌트의 불필요한 리렌더링을 막을 수 있습니다. 이는 useCallback 훅이

useMemo 훅을 기반으로 만들어졌기 때문입니다.

useCallback 훅의 작동 방식을 단순화하면 다음과 같습니다.

```
// 내부 구현 방식(단순화 예)
function useCallback(callback, deps) {
  return useMemo(() => callback, deps);
}
```

즉, 기능적으로는 useCallback 훅과 useMemo 훅이 거의 동일하지만, 함수 메모이제이션에는 useCallback 훅을 사용하는 것이 더 적절하고 명확합니다. 그 이유는 다음과 같습니다.

1. 의도의 명확성

리액트 훅은 용도에 따라 설계되었습니다. useCallback 훅은 함수를, useMemo 훅은 값을 메모이제이션하는 것이 목적입니다. 따라서 함수에는 useCallback 훅을 사용하는 것이 리액트의 설계 철학에 더 부합합니다.

2. 코드 가독성 향상

useCallback 훅을 사용하면 함수 중첩 없이 더 간결하게 코드를 작성할 수 있습니다. 의도가 명확히 드러나므로 다른 개발자가 코드를 봤을 때도 이해하기 쉬워집니다.

리액트 훅은 용도별로 구분해서 사용하는 습관을 들이는 것이 좋습니다. 그렇게 하면 의도를 명확하게 전달하고, 유지보수성과 협업 효율성도 높일 수 있습니다.

1분 퀴즈

정답 노트 p.795

08. 다음 중 useMemo 훅을 사용하는 이유로 가장 적절한 것은 무엇인가요?

① 상태 값을 초기화하기 위해

② 이벤트 핸들러를 선언하기 위해

③ 의존성 배열을 업데이트하기 위해

④ 고비용 계산 결과를 저장하기 위해

09. useMemo 훅의 의존성 배열이 변경되지 않은 경우 발생하는 일은 무엇인가요?

① 상태가 초기화된다.

② 저장 결과가 재사용된다.

③ 함수가 매번 다시 실행된다.

④ 컴포넌트의 리렌더링과는 무관하다.

10. 다음 코드에서 useMemo 훅을 사용할 필요가 없는 이유는 무엇인가요?

```
const firstItem = useMemo(() => 10, []);
```

① 값이 상수이기 때문에

② 의존성 배열이 비어 있기 때문에

③ 계산이 매번 달라질 수 있기 때문에

④ 상태에 따라 값이 달라질 수 있기 때문에

11.5

로딩 성능 최적화

사용자가 웹사이트나 앱을 방문했을 때 초기 로딩 속도가 느리면 곧바로 이탈할 가능성이 높아집니다. 이는 사용자 경험을 저해할 뿐만 아니라 비즈니스에 안 좋은 영향을 미칠 수 있습니다. 특히, 첫 페이지를 진입할 때 로딩 속도는 서비스에 대한 첫인상을 결정짓는 중요한 요소입니다. 따라서 초기 로딩 시에는 불필요한 자원을 줄이고, 필요한 자원만 효율적으로 로드하는 방식이 중요합니다.

이 절에서는 코드 스플리팅, React.Suspense, ErrorBoundary 등을 활용해 자원 로딩을 제어하고, 성능을 최적화하는 실질적인 방법들을 살펴보겠습니다.

11.5.1 React.lazy()를 사용한 코드 스플리팅

리액트에서는 초기 렌더링 성능을 향상하는 방법 중 하나로 **React.lazy()**를 활용한 코드 스플리팅을 사용할 수 있습니다. **코드 스플리팅**(code splitting)은 애플리케이션의 코드를 청크 단위로 분할하고, 필요한 시점에만 해당 청크를 로드해 초기 렌더링 시 불필요한 코드의 로드를 지연시키는 최적화 기법입니다.

이 방법은 사용자가 특정 기능이나 화면을 요청하기 전까지는 그에 해당하는 컴포넌트를 로드하지 않기 때문에 초기 로딩 속도를 줄이고, 체감 성능을 높이는 효과가 있습니다.

TIP — **청크**(chunk)는 애플리케이션 코드를 여러 개의 작은 파일 조각으로 분리한 것을 의미합니다.

다음은 코드 스플리팅을 적용하지 않은 상태의 코드입니다.

src/App.tsx

```
import { useState } from 'react';
import LazyComponent from './components/LazyComponent';
```

```
export default function App() {
  const [isShow, setIsShow] = useState(false);
  return (
    <>
      <button onClick={() => setIsShow(!isShow)}>Toggle</button>
      {isShow && <LazyComponent />}
    </>
  );
}
```

src/components/LazyComponent.tsx

```
export default function LazyComponent() {
  return <div>LazyComponent</div>;
}
```

예제에서 App 컴포넌트는 isShow 상태가 true일 때만 LazyComponent를 조건부로 렌더링합니다. 하지만 isShow의 초깃값이 false인데도 LazyComponent는 애플리케이션이 처음 로드될 때 함께 불러와집니다. 웹 브라우저 개발자 도구의 Network 탭을 보면 LazyComponent.tsx가 초기 페이지 로드 시점에 함께 로드되었음을 확인할 수 있습니다.

그림 11-15 LazyComponent를 사용하지 않았는데도 초기 로드에 포함된 모습

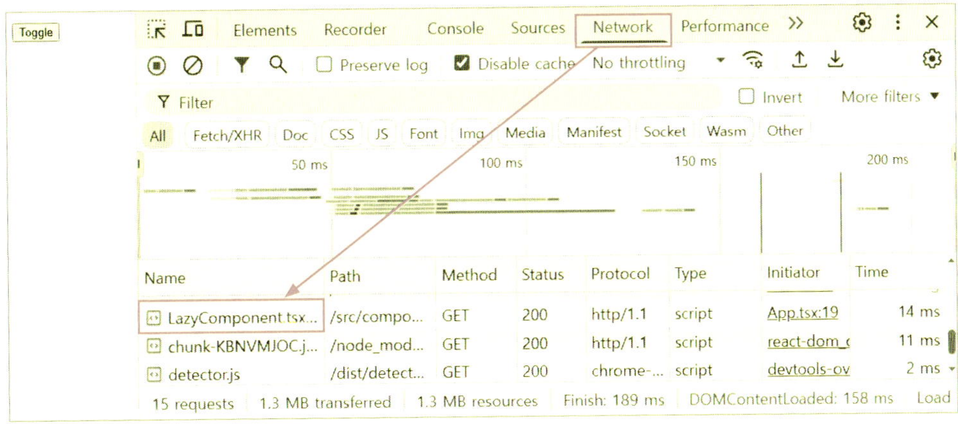

React.lazy()를 사용해 LazyComponent를 필요한 시점에만 로드하도록 코드를 수정해 보겠습니다.

src/App.tsx

```
import { lazy, useState } from 'react';
```

```
const LazyComponent = lazy(() => import('./components/LazyComponent'));

export default function App() {
  const [isShow, setIsShow] = useState(false);
  return (
    <>
      <button onClick={() => setIsShow(!isShow)}>Toggle</button>
      {isShow && <LazyComponent />}
    </>
  );
}
```

예제처럼 React.lazy()를 사용하면 LazyComponent를 초기 로딩 시점에는 포함하지 않고 실제 렌더링될 때 비로소 로드합니다.

코드를 저장하고 애플리케이션을 실행한 뒤 Network 탭을 다시 확인해 보세요. 기존과는 다르게 LazyComponent를 로드한 내역이 없습니다. 하지만 [Toggle] 버튼을 클릭해 컴포넌트가 렌더링되면 그제야 LazyComponent가 포함된 청크 파일이 네트워크 요청을 통해 로드됩니다.

그림 11-16 [Toggle] 버튼 클릭 시 LazyComponent의 네트워크 요청이 발생한 모습

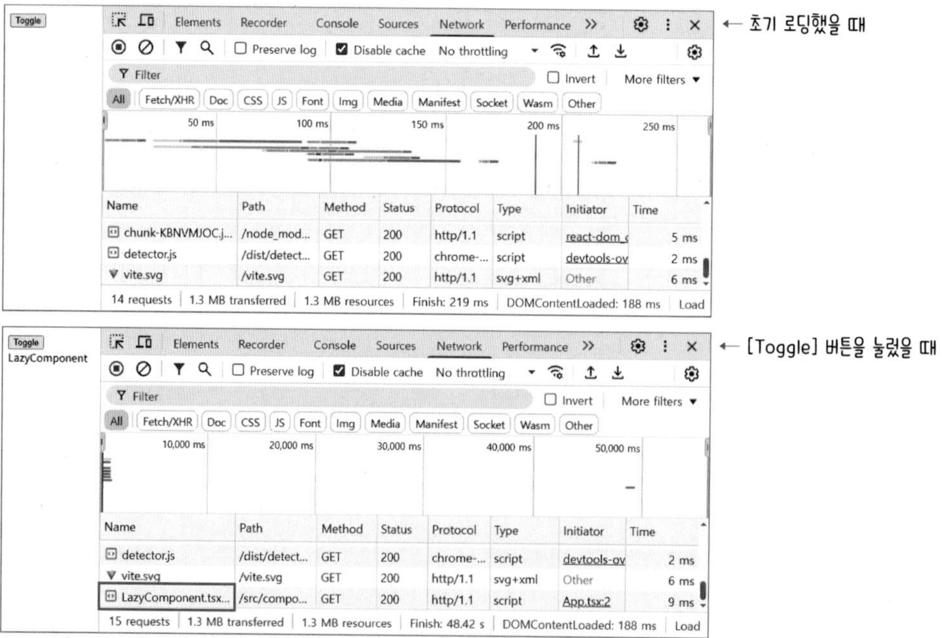

이처럼 React.lazy()를 사용하면 불필요한 컴포넌트를 초기 로딩에서 제외할 수 있어 초기 렌

더링 속도를 개선하고 불필요한 자원 낭비를 줄일 수 있습니다.

Note **React.lazy() 사용법**

React.lazy()는 리액트에서 컴포넌트를 지연 로딩(lazy loading)할 때 사용하는 메서드입니다. React 객체에 포함되어 있으므로 다음과 같이 사용할 수 있습니다.

```
import React from 'react';
const LazyComponent = React.lazy(
  () => import('./components/LazyComponent'));
```

하지만 일반적으로 구조 분해 할당을 해서 다음과 같이 사용하는 경우가 많습니다.

```
import { lazy } from 'react';
const LazyComponent = lazy(() => import('./components/LazyComponent'));
```

두 방식은 기능적으로 동일하므로 어떤 방식을 사용해도 상관은 없습니다. 다만, 구조 분해 할당을 사용하는 경우 lazy()라는 이름으로 기억하면 혼동을 줄일 수 있습니다.

11.5.2 Suspense

Suspense는 리액트 16.6에서 도입된 내장 컴포넌트로, 비동기 작업이 완료될 때까지 렌더링을 일시 중지하는 기능을 제공합니다. 주로 코드 스플리팅이나 데이터 패칭처럼 지연 로딩할 때 활용합니다.

TIP — **데이터 패칭**(data fetching)이란 애플리케이션이 외부 API나 데이터베이스에서 필요한 데이터를 요청하고 받아오는 작업을 의미합니다.

● Suspense 기본 사용법

React.lazy()를 사용해 동적으로 컴포넌트를 불러올 때 컴포넌트의 로드가 느리면 어떻게 될까요? 다음은 setTimeout()을 사용해 LazyComponent의 로드를 2초 지연시킨 예제입니다.

src/App.tsx

```
import { lazy, useState } from 'react';
type LazyModuleDefault = typeof import('./components/LazyComponent').default;
```

```
const LazyComponent = lazy<LazyModuleDefault>(
  () =>
    new Promise<{ default: LazyModuleDefault }>((resolve) => {
      setTimeout(() => {
        import('./components/LazyComponent').then((mod) => {
          resolve(mod);
        });
      }, 2000);
    })
);

export default function App() { (중략) }
```

코드를 실행하고 [Toggle] 버튼을 클릭하면 2초 동안 화면에 아무것도 표시되지 않습니다. 이는 LazyComponent가 아직 로드되지 않았기 때문입니다. 사용자 입장에서는 화면이 멈춘 것처럼 느껴질 수 있습니다.

그림 11-17 LazyComponent 로딩 지연

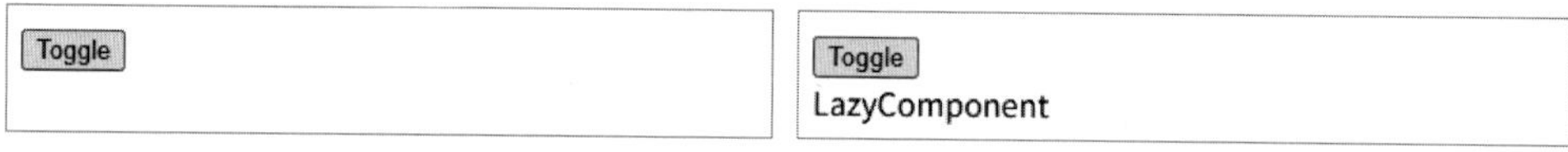

이럴 때 사용하는 것이 바로 Suspense입니다. **Suspense**는 비동기 로딩이 완료될 때까지 `fallback` 속성으로 지정한 UI를 대신 보여주는 역할을 합니다.

앞선 예제에서 `<LazyComponent />`를 다음과 같이 Suspense로 감쌉니다.

src/App.tsx

```
import { lazy, Suspense, useState } from 'react';
type LazyModuleDefault = typeof import('./components/LazyComponent').default;

const LazyComponent = lazy<LazyModuleDefault>( (중략) );

export default function App() {
  const [isShow, setIsShow] = useState(false);
  return (
    <>
      <button onClick={() => setIsShow(!isShow)}>Toggle</button>
      {isShow && (
```

```
        <Suspense fallback={<div>Loading...</div>}>
          <LazyComponent />
        </Suspense>
      )}
    </>
  );
}
```

코드를 다시 실행한 뒤 [Toggle] 버튼을 클릭하면 LazyComponent가 로드되기 전까지 'Loading...' 텍스트가 임시로 화면에 표시됩니다.

그림 11-18 Suspense 컴포넌트 적용 시

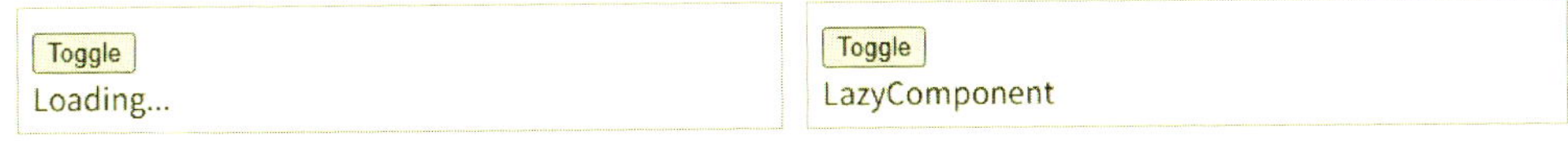

실무에서는 지연 로딩된 컴포넌트의 로딩 시간을 예측할 수 없기 때문에 React.lazy()로 불러오는 컴포넌트는 Suspense 컴포넌트로 감싸는 것이 일반적입니다. 이렇게 하면 사용자에게 로딩 중임을 명확하게 안내할 수 있고, 애플리케이션의 신뢰성과 사용성도 높일 수 있습니다.

Suspense 구성 방식

Suspense는 컴포넌트를 하나만 감쌀 수도 있고, 여러 컴포넌트를 묶어서 그룹화하거나 각 컴포넌트를 개별로 나눠서 감쌀 수도 있습니다. 또한, fallback 속성에는 JSX 요소 (<div>Loading...</div>)뿐 아니라 별도의 로딩 컴포넌트(<Loading />)도 지정할 수 있습니다.

다음은 Suspense를 두 그룹으로 나누어 적용한 코드입니다(Loading, LazyComponent2~4 코드는 각자 만들어 사용하세요).

src/App.tsx

```
export default function App() {
  ...
  return (
    <>
      ...
      {isShow && (
        <>
          <Suspense fallback={<Loading />}>
            <LazyComponent1 />
```

```
          <LazyComponent2 />
        </Suspense>
        <Suspense fallback={<Loading />}>
          <LazyComponent3 />
          <LazyComponent4 />
        </Suspense>
      </>
    )}
  </>
  );
}
```

두 그룹이 병렬로 비동기 로드되기 때문에 먼저 로드가 완료된 그룹은 바로 렌더링되고 아직 로딩 중인 그룹은 Loading 컴포넌트가 대신 표시됩니다.

11.5.3 ErrorBoundary

ErrorBoundary는 리액트 16부터 도입된 오류 복구용 컴포넌트 패턴으로, 컴포넌트 트리 내부에서 자바스크립트 오류가 발생해도 애플리케이션 전체가 멈추지 않도록 보호해 줍니다. 오류가 발생한 컴포넌트를 감싸서 대체 UI를 보여주는 방식으로 사용자 경험을 유지할 수 있습니다. 여기서 말하는 자바스크립트 오류는 주로 렌더링 과정, 생명주기 메서드, 생성자 등에서 발생하는 동기적 오류를 의미합니다.

예를 들어, `React.lazy()`로 컴포넌트를 동적 렌더링하는 도중 오류가 발생하면 어떻게 될까요? 다음은 오류를 일부러 발생시키도록 수정한 LazyComponent입니다.

src/components/LazyComponent.tsx

```
export default function LazyComponent() {
  // 숫자 1 또는 2 생성
  const random = Math.floor(Math.random() * 2) + 1;
  // 1이면 오류 발생
  if (random === 1) {
    throw new Error('random number is 1');
  }
  return <div>LazyComponent</div>;
}
```

11.5.2절에서 사용한 Suspense 코드를 그대로 활용해 LazyComponent를 렌더링합니다. 코드를 실행한 뒤 [Toggle] 버튼을 클릭하면 'Loading...' 텍스트가 표시되다가 2초 후 LazyComponent가 렌더링됩니다. 이때 랜덤으로 생성한 숫자가 1이면 오류가 발생하면서 애플리케이션 전체가 멈추고 [Toggle] 버튼이 사라집니다(오류가 발생할 때까지 [Toggle] 버튼을 클릭해 확인합니다).

그림 11-19 LazyComponent 렌더링 중 오류가 발생해 애플리케이션이 멈춘 상태

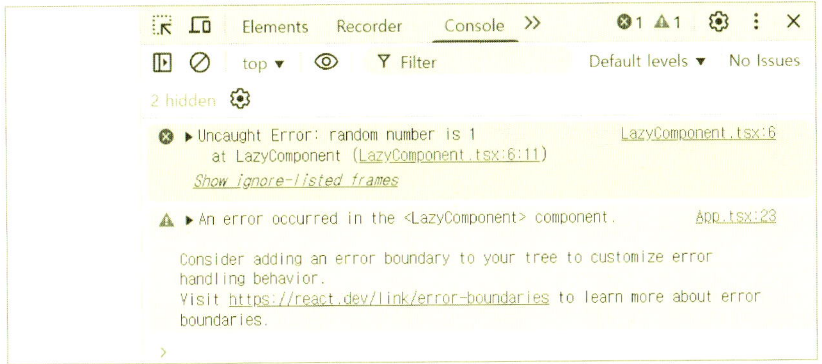

이처럼 컴포넌트가 렌더링되는 과정에서 오류가 발생할 가능성이 있으면 애플리케이션 전체가 중단되지 않도록 보호하는 장치가 필요합니다. 바로 그 역할을 하는 것이 ErrorBoundary입니다.

리액트 자체는 ErrorBoundary를 위한 별도의 내장 컴포넌트나 훅을 제공하지 않습니다. 그래서 기존에는 클래스 컴포넌트를 만들고 `componentDidCatch()` 메서드에서 오류를 감지해 처리하는 방식으로 직접 구현했습니다. 하지만 여기서는 직접 클래스 컴포넌트를 만들지 않고도 오류 처리를 쉽게 구현할 수 있는 `react-error-boundary` 라이브러리를 사용합니다.

● react-error-boundary

react-error-boundary는 리액트에서 ErrorBoundary 패턴을 쉽게 구현할 수 있도록 도와주는 라이브러리입니다. 이 라이브러리를 사용하면 클래스 컴포넌트를 직접 작성하지 않고도 간단하게 오류 복구 UI를 만들 수 있습니다.

터미널에 다음 명령어를 입력해 라이브러리를 설치합니다.

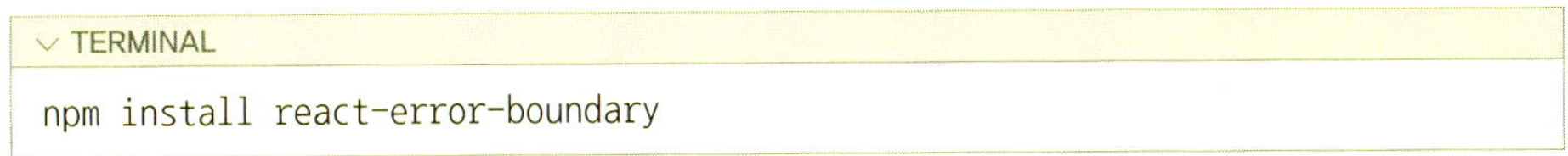
TERMINAL

```
npm install react-error-boundary
```

라이브러리를 설치한 후에는 오류가 발생할 수 있는 컴포넌트를 ErrorBoundary 컴포넌트로 감싸 안전하게 보호할 수 있습니다.

ErrorBoundary에서는 오류 발생 시 보여줄 UI를 두 가지 방식으로 지정할 수 있습니다.

- **fallback 속성**: JSX 요소를 직접 전달합니다.
- **FallbackComponent 속성**: 별도의 컴포넌트를 만들어 전달합니다.

다음은 fallback 속성을 사용하는 예제입니다.

src/App.tsx

```
import { lazy, Suspense, useState } from 'react';
import { ErrorBoundary } from 'react-error-boundary';
import Loading from './components/Loading';
type LazyModuleDefault = typeof import('./components/LazyComponent').default;

const LazyComponent = lazy<LazyModuleDefault>( (중략) );

export default function App() {
  const [isShow, setIsShow] = useState(false);
  return (
    <>
      <button onClick={() => setIsShow(!isShow)}>Toggle</button>
      {isShow && (
        <ErrorBoundary fallback={<div>오류 발생</div>}>
          <Suspense fallback={<Loading />}>
            <LazyComponent />
          </Suspense>
        </ErrorBoundary>
      )}
    </>
  );
}
```

Loading 컴포넌트는 다음과 같이 작성합니다.

src/components/Loading.tsx

```
export default function Loading() {
  return <div>Loading</div>;
}
```

애플리케이션을 실행하고 [Toggle] 버튼을 클릭해 LazyComponent를 불러옵니다. LazyComponent에서 오류가 발생하면 애플리케이션이 멈추지 않고 ErrorBoundary가 지정한 '오류 발생' 메시지를 대신 보여줍니다.

그림 11-20 ErrorBoundary 적용 결과

Toggle
오류 발생

더 유연한 방식으로 오류를 처리하고 싶다면 FallbackComponent 속성에 별도의 컴포넌트를 지정할 수 있습니다. 이 방식을 사용하면 단순한 오류 메시지를 출력하는 것에 그치지 않고, 재시도 버튼을 제공하는 등 더 정교한 UI도 구현할 수 있습니다.

다음은 FallbackComponent 속성을 사용하는 예제입니다.

src/App.tsx

```
import { lazy, Suspense, useState } from 'react';
import { ErrorBoundary } from 'react-error-boundary';
import Loading from './components/Loading';
import Fallback from './components/Fallback';
type LazyModuleDefault = typeof import('./components/LazyComponent').default;

const LazyComponent = lazy<LazyModuleDefault>( (중략) );

export default function App() {
  const [isShow, setIsShow] = useState(false);
  return (
    <>
      <button onClick={() => setIsShow(!isShow)}>Toggle</button>
      {isShow && (
        <ErrorBoundary FallbackComponent={Fallback}>
          <Suspense fallback={<Loading />}>
            <LazyComponent />
          </Suspense>
        </ErrorBoundary>
      )}
    </>
  );
}
```

예제에서 Fallback 컴포넌트는 오류가 발생했을 때 렌더링되는 컴포넌트입니다. 이 컴포넌트는 다음과 같이 작성합니다.

src/components/Fallback.tsx

```
export default function Fallback({
  error, resetErrorBoundary,
}: {
  error: Error;
  resetErrorBoundary: () => void;
}) {
  return (
    <div role='alert'>
      <p>Something went wrong:</p>
      <pre style={{ color: 'red' }}>{error.message}</pre>
      <button onClick={resetErrorBoundary}>retry</button>
    </div>
  );
}
```

Fallback 컴포넌트는 error와 resetErrorBoundary()를 props로 전달받습니다. error는 실제 발생한 오류 객체, resetErrorBoundary()는 오류 상태를 초기화하고 오류가 난 컴포넌트를 리렌더링하는 함수입니다.

코드를 실행한 뒤 [Toggle] 버튼을 클릭해 오류가 발생하면 오류 메시지와 함께 [retry] 버튼이 화면에 표시됩니다.

그림 11-21 오류 발생 시 오류 메시지와 [retry] 버튼 표시

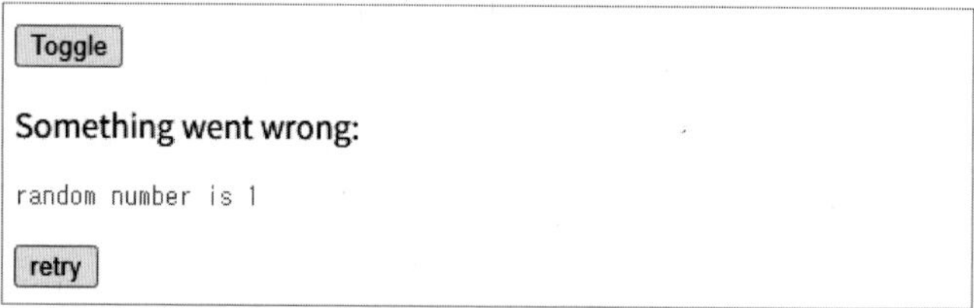

[retry] 버튼을 클릭하면 resetErrorBoundary() 함수가 호출되어 LazyComponent가 리렌더링됩니다. 이때 랜덤으로 생성한 숫자가 1이 아닌 경우에는 컴포넌트가 정상적으로 표시됩니다.

그림 11-22 [retry] 버튼 클릭 후 정상 렌더링 화면

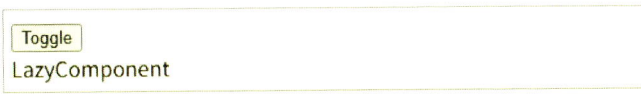

이처럼 ErrorBoundary는 렌더링 과정에서 발생하는 동기적 오류를 안전하게 처리할 수 있게 도와줍니다. 함수형 컴포넌트에서도 react-error-boundary 라이브러리를 사용하면 패턴을 쉽게 적용할 수 있어 매우 유용합니다.

> **수코딩의 조언**
>
> ErrorBoundary는 렌더링 중에 발생한 오류만 처리할 수 있으며, fetch(), axios()처럼 데이터 통신 중 발생하는 네트워크 오류는 감지하지 못합니다. 통신 오류는 try-catch 구문이나 .catch() 메서드 등을 사용해 직접 처리해야 합니다. 네트워크 오류 처리 방법은 **14장**에서 자세히 다룹니다.

● 리액트 19에서 개선한 오류 처리 방식

리액트 19에서는 오류 처리 방식이 개선되어 더 명확하고 효율적으로 오류를 다룰 수 있게 되었습니다. 리액트 18에서 앞에 작성한 코드를 실행하면 같은 오류 메시지가 중복 출력되는 문제가 발생합니다. 특히, ErrorBoundary에 의해 잡힌 오류와 잡히지 않은 오류가 각각 다른 방식으로 출력되며, 하나의 오류가 여러 번 콘솔에 출력되는 현상도 자주 발생합니다.

그림 11-23 리액트 18에서 발생한 오류 메시지 중복 출력

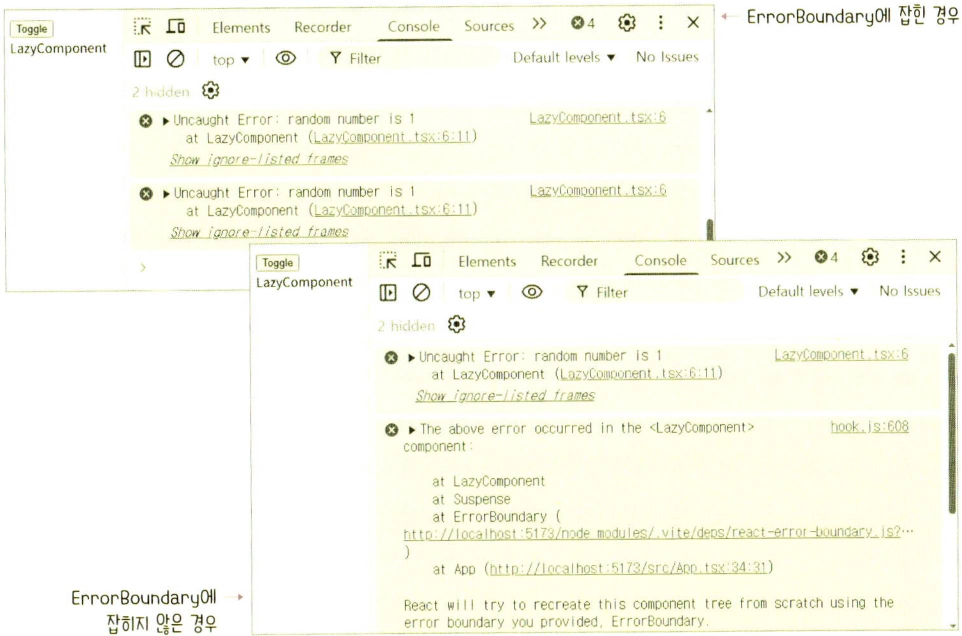

이처럼 리액트 18에서는 오류 종류와 관계없이 중복 로그 출력되므로 디버깅 과정이 혼란스러울 수 있습니다. 리액트 19에서는 이러한 문제를 해결해 같은 오류가 한 번만 출력되도록 오류 메시지 처리 방식을 개선했습니다.

그림 11-24 리액트 19에서의 오류 처리 결과

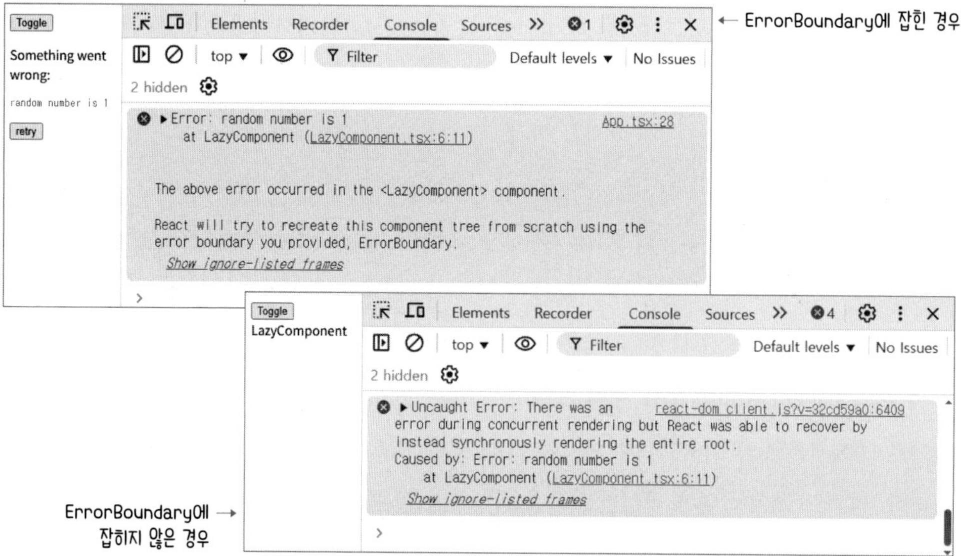

또한, 오류 상황에 따라 대응할 수 있도록 전용 콜백 함수도 제공합니다.

- **`onCaughtError`**: ErrorBoundary에 잡힌 오류가 발생하면 호출됩니다.
- **`onUncaughtError`**: ErrorBoundary에 잡히지 않은 오류가 발생하면 호출됩니다.
- **`onRecoverableError`**: ErrorBoundary로 오류를 처리한 후 [retry] 버튼 등을 클릭해 컴포넌트를 리렌더링할 때 호출됩니다.

다음은 `createRoot()` 함수에서 각 콜백 함수를 설정하는 예제입니다.

src/main.tsx

```
import { StrictMode } from 'react';
import { createRoot } from 'react-dom/client';
import App from './App.tsx';

createRoot(document.getElementById('root')!, {
  onCaughtError: (error, errorInfo) => {
    console.info('Caught error', error, errorInfo.componentStack);
  },
```

```
  onUncaughtError: (error, errorInfo) => {
    console.info('Uncaught error', error, errorInfo.componentStack);
  },
  onRecoverableError: (error, errorInfo) => {
    console.info('Recovery error', error, errorInfo.componentStack);
  },
}).render(
  <StrictMode>
    <App />
  </StrictMode>
);
```

리액트 19 환경에서 코드를 실행하고 오류가 발생하게 해봅니다. 각 상황에 맞는 콜백 함수에서 실행한 console.info()에 의해 빨간색 오류 메시지 대신 검은색 일반 텍스트 로그가 출력됩니다.

그림 11-25 상황별 콜백 함수에 의해 출력된 오류 메시지

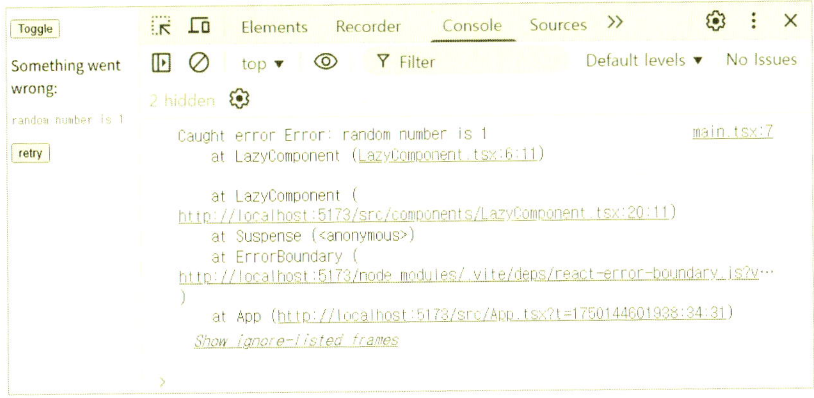

이처럼 각 오류 상황에 맞는 콜백 함수를 활용하면 오류를 체계적으로 로깅하고 분석할 수 있어 디버깅에 매우 유용합니다.

1분 퀴즈

정답 노트 p.795

11. 코드 스플리팅을 사용하는 이유는 무엇인가요?

① UI 성능 최적화 ② 초기 로딩 속도 개선

③ 상태 관리 단순화 ④ 이벤트 처리 간소화

계속

12. Suspense 컴포넌트의 fallback 속성은 언제 사용하나요?

① 오류 발생 시 ② 데이터 통신 성공 시

③ 컴포넌트가 로드되기 전까지 ④ 컴포넌트를 삭제할 때

13. ErrorBoundary의 주요 기능은 무엇인가요?

① 데이터 무결성 검사

② 서버 렌더링 전환 처리

③ 네트워크 오류 자동 복구

④ 렌더링 중 발생한 오류를 감지해 애플리케이션이 멈추는 것을 방지

11.6 상태 업데이트 최적화

리액트 18에서는 상태 업데이트로 발생하는 렌더링 성능 저하 문제를 완화하기 위해 useDeferredValue 훅과 useTransition 훅이 도입되었습니다. 두 훅은 상태 변경을 보다 효율적으로 처리하고, 렌더링을 지연시켜 UI의 응답성을 향상시키는 데 도움을 줍니다.

11.6.1 useDeferredValue 훅(리액트 19 이후)

사용자가 입력칸에 글자를 입력할 때마다 화면이 무거워지고 버벅거린다면 입력 값이 바뀔 때마다 화면 전체를 리렌더링하는 것이 원인일 수 있습니다. 이런 경우 입력 값은 즉시 업데이트하되 그에 따른 UI 반영은 조금 늦추면 성능을 개선할 수 있습니다. 이럴 때 사용하는 것이 useDeferredValue 훅입니다.

useDeferredValue 훅은 리액트 18까지는 초깃값을 지정할 수 없었으나 리액트 19부터 지정할 수 있게 되었습니다. 초깃값을 지정하면 초기 렌더링 시 해당 값을 먼저 사용해 화면을 표시하고, 이후 백그라운드에서 value 값을 기반으로 업데이트를 실행합니다.

형식 `const deferredValue = useDeferredValue(value, 초깃값);`

다음은 App 컴포넌트에서 SlowList 컴포넌트를 렌더링하는 예제입니다.

src/App.tsx

```
import { useState } from 'react';
import SlowList from './components/SlowList';

export default function App() {
  const [query, setQuery] = useState('');
```

```
  return (
    <div>
      <input type='text' value={query} onChange={(e) => setQuery(e.target.value)} />
      <SlowList query={query} />
    </div>
  );
}
```

SlowList 컴포넌트는 전달받은 query 값을 기반으로 500개 항목을 렌더링합니다. 각 항목은 1밀리초(ms) 동안 인위적인 지연 작업을 수행하므로 전체 리스트를 렌더링하는 데 약 500밀리초가 걸립니다.

src/components/SlowList.tsx

```
import React from 'react';

export default React.memo(function SlowList({ query }: { query: string }) {
  const items = [];
  // 1ms 작업 지연을 500번 반복하므로 총 500ms 소요
  for (let i = 0; i < 500; i++) {
    items.push(<SlowItem key={i} query={query} />);
  }
  return <ul>{items}</ul>;
});

function SlowItem({ query }: { query: string }) {
  const startTime = performance.now();
  while (performance.now() - startTime < 1) {/* empty */} // 1ms 동안 작업 지연
  return <li>query: {query}</li>;
}
```

코드를 실행하면 입력칸에 글자를 입력할 때마다 화면 전체가 잠시 멈추는 듯한 지연 현상이 발생합니다. 이는 입력 값이 바뀔 때마다 query 상태가 즉시 업데이트되고, 그에 따라 SlowList 컴포넌트가 리렌더링되기 때문입니다. 예를 들어, 사용자가 1, 2, 3을 연속으로 입력하면 query 값은 3번 바뀌고, 그때마다 SlowList 컴포넌트를 다시 그리게 되어 총 3번의 무거운 렌더링이 발생합니다.

이 문제를 해결하려면 useDeferredValue 훅을 사용해 query 값 전달을 지연시켜 사용자가 빠르게 입력하는 도중에는 렌더링을 건너뛰고 최종 입력 값에 따라 한 번만 렌더링되도록 합니다. 이를 반영해 App 컴포넌트를 다음과 같이 수정합니다.

src/App.tsx

```
import { useDeferredValue, useState } from 'react';
import SlowList from './components/SlowList';

export default function App() {
  const [query, setQuery] = useState('');
  const deferredValue = useDeferredValue(query); // 지연된 값
  return (
    <div>
      <input type='text' value={query} onChange={(e) => setQuery(e.target.value)} />
      <SlowList query={deferredValue} />
    </div>
  );
}
```

이제 SlowList 컴포넌트는 실시간으로 변경되는 query 값 대신, useDeferredValue 훅으로 생성한 deferredValue 값을 전달받습니다. deferredValue는 렌더링에 부담을 주지 않는 범위 내에서 가능한 한 늦게 업데이트되도록 리액트가 자동으로 조절합니다. 즉, 사용자가 빠르게 입력 값을 바꾸더라도 렌더링은 그중 일부만 선택적으로 수행됩니다.

예를 들어, 사용자가 1, 2, 3을 연속해서 빠르게 입력했다면 SlowList는 2를 건너뛰고 1, 3만 렌더링합니다. 이처럼 중간 값을 건너뛰면서 불필요한 렌더링 횟수를 줄이면 성능 저하 없이 사용자 입력을 부드럽게 처리할 수 있습니다.

이처럼 useDeferredValue 훅은 입력 값의 실시간 반영을 지연시켜 무거운 컴포넌트의 리렌더링을 최적화합니다. 자식 컴포넌트에 deferredValue와 같이 지연된 값을 전달하면 사용사 입력은 빠르게 처리하면서도 성능을 지킬 수 있습니다. 또 하나의 큰 장점은 렌더링 부하가 없을 때는 거의 지연 없이 빠르게 반영된다는 점입니다. 즉, 리액트가 렌더링 상황을 판단해 자동으로 최적화한 업데이트 타이밍을 결정합니다.

> **수코딩의 조언**
>
> useDeferredValue 훅은 React.memo와 함께 사용하는 것이 좋습니다. useDeferredValue 훅은 상태 값의 업데이트 시점을 지연시킬 수 있지만, 컴포넌트의 리렌더링 자체를 막지는 못합니다. 입력 값이 바뀌면 부모 컴포넌트는 여전히 리렌더링되고, 그에 따라 자식 컴포넌트도 호출됩니다. 하지만 자식 컴포넌트를 React.memo로 감싸면 전달된 deferredValue 값이 이전 렌더링과 동일한 경우에는 리렌더링을 건너뜁니다. 즉, React.memo는 useDeferredValue와 함께 사용할 때 불필요한 렌더링을 방지하는 데 중요한 역할을 합니다. 이 조합을 활용하면 입력은 빠르게 처리하고, 무거운 컴포넌트는 필요할 때만 렌더링되도록 최적화할 수 있습니다.

11.6.2 useTransition 훅

useTransition 훅은 리액트에서 UI의 일부 렌더링 작업을 백그라운드에서 처리할 수 있도록 합니다. 이 훅을 사용하면 사용자의 입력과 같은 상호작용은 즉시 처리하면서도 무거운 UI 업데이트는 지연시켜 더 자연스럽고 부드러운 사용자 경험을 제공할 수 있습니다.

useTransition 훅은 다음과 같은 형식으로 사용합니다.

형식
```
const [isPending, startTransition] = useTransition();
```

- **isPending**: 현재 백그라운드 작업이 진행 중인지 여부를 나타냅니다. true일 경우 작업이 진행 중이며, false일 경우 작업이 완료된 상태입니다.
- **startTransition**: 지정한 작업을 백그라운드에서 지연 실행하는 함수입니다.

다음은 useDeferredValue 훅을 사용한 코드를 useTransition 훅으로 다시 작성한 예제입니다.

src/App.tsx
```
import { useState, useTransition } from 'react';
import SlowList from './components/SlowList';

export default function App() {
  const [query, setQuery] = useState('');
  const [deferredValue, setDeferredValue] = useState('');
  const [isPending, startTransition] = useTransition();
  const handleChange = (e: React.ChangeEvent<HTMLInputElement>) => {
```

```
    const newQuery = e.target.value;
    setQuery(newQuery);
    startTransition(() => setDeferredValue(newQuery));
  };
  return (
    <div>
      <input type='text' value={query} onChange={handleChange} />
      {isPending ? <div>Loading</div> : <SlowList query={deferredValue} />}
    </div>
  );
}
```

useTransition 훅도 useDeferredValue 훅처럼 상태 업데이트를 지연해 렌더링 성능을 최적화할 수 있습니다. 하지만 두 훅의 작동 방식에는 차이가 있습니다.

useTransition 훅은 isPending 상태와 startTransition() 함수를 반환합니다. startTransition() 함수는 전달한 작업을 백그라운드에서 지연 실행하는 함수이고, isPending은 해당 작업이 진행 중인지 여부를 나타냅니다. 작업이 시작되면 isPending 값은 true가 되고, 작업이 끝나면 false로 변경됩니다. 이 값을 활용하면 지연 작업이 수행되는 동안 로딩 메시지를 화면에 표시하는 등의 UI 처리를 할 수 있습니다. 이는 useDeferredValue 훅에서는 제공하지 않는 기능입니다.

정리하면, useDeferredValue 훅은 특정 값 하나만 지연해 렌더링을 최적화할 수 있는 반면, useTransition 훅은 함수 단위의 작업 전체를 지연할 수 있고, 작업의 진행 상태를 확인할 수 있는 isPending 값도 함께 제공합니다. 두 훅 모두 상태 업데이트로 인한 렌더링 성능 저하를 줄이는 데 사용하지만, 지연하려는 대상이 '값'인지 '작업 전체'인지에 따라 적절한 훅을 선택해야 합니다.

TIP — 리액트 19부터는 useTransition 훅을 사용해 비동기 작업도 처리할 수 있습니다. 이에 관해서는 **14장 데이터 통신**에서 다룹니다.

1분 퀴즈

정답 노트 p.795

14. 다음 중 useDeferredValue 훅에 대한 설명으로 옳은 것은 무엇인가요?

① 외부 API 호출을 비동기적으로 처리한다.

② 상태 값 변경 시 즉시 렌더링을 유도한다.

③ 지연된 값이 항상 최신 값보다 먼저 렌더링된다.

④ 입력 값 변경을 지연시켜 렌더링 부하를 줄일 수 있다.

15. 다음 중 useTransition 훅에 관한 설명으로 옳지 않은 것은 무엇인가요?

① 하나의 값만 지연 처리할 수 있다.

② 로딩 상태를 UI에 표시할 수 있다.

③ `isPending` 값으로 지연 상태를 알 수 있다.

④ 함수 단위의 상태 업데이트 작업 전체를 지연 처리할 수 있다.

11.7

리소스 로딩 최적화(리액트 19 이후)

웹 페이지가 처음 로드되거나 리액트 같은 라이브러리가 클라이언트 측에서 화면을 업데이트할 때, 웹 브라우저가 어떤 리소스(스크립트, 폰트, 이미지 등)를 먼저 불러와야 하는지 미리 알려 줄 수 있다면 페이지가 훨씬 더 빠르게 표시되고 사용자 경험도 크게 향상될 수 있습니다.

리액트 19에서는 로딩 지연 문제를 해결하기 위해 웹 브라우저가 필요한 리소스를 미리 불러올 수 있도록 도와주는 API들을 새롭게 제공합니다. 이 API들은 네트워크 지연을 줄이고, 페이지 렌더링을 빠르게 만들어주는 데 효과적입니다.

표 11-1 리소스 로딩을 위한 새로운 API

API	설명
preconnect()	아직 어떤 리소스를 요청할지 명확하지 않더라도 서버와의 연결을 미리 설정합니다.
prefetchDNS()	요청할 가능성이 있는 도메인의 IP 주소를 미리 조회(DNS lookup)해 지연을 줄입니다.
preinit()	외부 스크립트나 스타일시트를 미리 로드하고 실행하거나 삽입할 수 있습니다.
preinitModule()	ESM(ECMAScript Module)을 미리 로드해 실행할 수 있습니다.
preload()	스타일시트, 폰트, 이미지, 외부 스크립트 등 필요한 리소스를 미리 불러옵니다.
preloadModule()	사용할 가능성이 있는 ESM을 미리 불러옵니다.

새로운 API는 다음과 같이 사용합니다.

```
import { prefetchDNS, preconnect, preload, preinit } from 'react-dom'

function MyComponent() {
  // 외부 스크립트 미리 실행
  preinit('https://.../path/to/some/script.js', { as: 'script' });
  //  웹 폰트 미리 로드
```

```
  preload('https://.../path/to/font.woff', { as: 'font' });
  // 스타일시트 미리 로드
  preload('https://.../path/to/stylesheet.css', { as: 'style' });
  // DNS 조회 사전 수행
  prefetchDNS('https://...');
  // 서버와 사전 연결 설정
  preconnect('https://...');
}
```

이 컴포넌트를 실행하면 리액트는 다음과 같은 <head> 태그 내부의 HTML 코드를 자동으로 생성합니다.

```
<html>
  <head>
    <!-- 리소스 중요도에 따라 우선순위 지정 -->
    <link rel="prefetch-dns" href="https://...">
    <link rel="preconnect" href="https://...">
    <link rel="preload" as="font" href="https://.../path/to/font.woff">
    <link rel="preload" as="style" href="https://.../path/to/stylesheet.css">
    <script async="" src="https://.../path/to/some/script.js"></script>
  </head>
  <body>
    ...
  </body>
</html>
```

TIP — `prefetchDns()`, `preconnect()`, `preload()` 등은 리액트만의 기능이 아니라 HTML에서도 사용할 수 있는 표준 속성입니다. 리액트 19에서는 이러한 기능을 자바스크립트 코드 안에서 선언적으로 관리할 수 있도록 API 형태로 제공하는 것입니다. 자세한 내용은 리액트 공식 문서(https://ko.react.dev/reference/react-dom#resource-preloading-apis)에서 확인할 수 있습니다.

11.8

할 일 관리 애플리케이션 개선하기

메모이제이션을 활용해 **10장**에서 개선한 할 일 관리 애플리케이션을 다시 한번 개선해 보겠습니다. ch10/03/2 폴더의 코드를 사용합니다.

11.8.1 불필요한 리렌더링 코드 찾기

먼저 할 일 관리 애플리케이션에서 불필요하게 리렌더링이 발생하는 부분이 있는지 확인해 보겠습니다.

1 각 항목이 렌더링될 때마다 로그가 출력되도록 TodoListItem 컴포넌트에 `console.log()` 구문을 추가합니다.

src/components/TodoListItem.tsx

```
export default function TodoListItem( (중략) ) {
  (중략)
  console.log('TodoListItem rendering');
  return ( (중략) );
}
```

2 애플리케이션을 실행하고, 기존에 등록된 할 일이 있다면 모두 삭제합니다. 그런 다음 할 일을 새로 하나씩 추가해 보면서 콘솔에 출력되는 로그 수를 확인합니다.

그림 11-26 할 일 등록에 따라 증가하는 로그 수

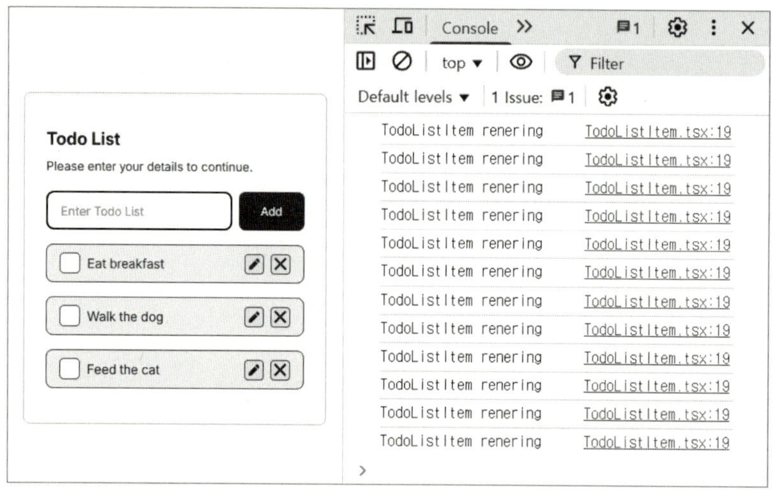

할 일을 1개 등록하면 로그가 1개 출력됩니다. 할 일을 2개 등록하면 로그가 2개, 할 일을 3개 등록하면 로그가 3개 출력됩니다. 즉, 할 일을 추가할수록 콘솔에 출력되는 로그 수도 함께 증가합니다. 이는 할 일을 추가할 때 기존 항목들까지 모두 리렌더링되고 있다는 의미입니다.

11.8.2 불필요한 리렌더링 최적화하기

앞서 확인한 것처럼 할 일을 추가할 때마다 TodoListItem 컴포넌트가 불필요하게 여러 번 리렌더링되는 문제가 있습니다. 이 문제를 개선해 할 일이 하나 추가될 때 TodoListItem이 정확히 한 번만 렌더링되도록 최적화해 보겠습니다.

1 가장 기본적인 컴포넌트 최적화 방법은 React.memo를 사용하는 것입니다. TodoListItem 컴포넌트를 다음과 같이 memo()로 감싸면 해당 항목의 props가 변경되지 않는 한 리렌더링이 발생하지 않게 됩니다.

src/components/TodoListItem.tsx

```
import { memo, useState } from 'react';
import Button from './html/Button';
(중략)

export default memo(function TodoListItem({ (중략) }) {
  (중략)
});
```

2 코드를 저장하고 애플리케이션을 실행한 뒤 할 일을 하나씩 추가합니다. 할 일을 추가할 때마다 콘솔에 출력되는 TodoListItem rendering 로그가 몇 번 나타나는지 확인합니다. 정상적으로 최적화되었다면 새로 추가한 항목만 리렌더링되고, 기존 항목은 리렌더링되지 않아야 합니다.

그러나 애플리케이션을 실행하고 할 일을 추가해보면 여전히 기존 항목들이 함께 리렌더링되는 현상을 확인할 수 있습니다. 이는 `React.memo`의 메모이제이션이 해제되었기 때문입니다. 메모이제이션이 해제되는 주된 원인은 다음 두 가지입니다.

- 컴포넌트의 내부 상태가 변경된 경우
- 컴포넌트가 전달받는 props 값이 변경된 경우

TodoListItem 컴포넌트가 TodoList 컴포넌트에서 전달받는 props는 다음과 같습니다(key 속성은 JSX의 배열 렌더링 시 리액트 내부에서만 사용하는 값이고, 실제로 컴포넌트에 전달되지 않으므로 비교 대상이 아닙니다).

- **`todo`**: 할 일 데이터 객체
- **`toggleTodo`**: 할 일 완료 상태를 토글하는 함수
- **`deleteTodo`**: 할 일을 삭제하는 함수
- **`modifyTodo`**: 할 일 내용을 수정하는 함수

이 중 todo는 객체의 참조 값이 유지되므로 메모이제이션에 영향을 주지 않지만, toggleTodo, `deleteTodo`, `modifyTodo`는 함수이며, 렌더링마다 새로운 참조 값이 생성됩니다. 따라서 이 함수들이 매번 새롭게 생성되면 `React.memo`는 props가 변경되었다고 판단해 모든 TodoListItem을 리렌더링하게 됩니다.

src/components/TodoList.tsx

```
export default function TodoList({ (중략) }) {
  return (
    <ul className='todo__list'>
      {todos.length === 0 && <TodoListItemEmpty />}
      {todos.length > 0 && todos.map((todo) => (
        <TodoListItem key={todo.id}
          todo={todo} toggleTodo={toggleTodo}
          deleteTodo={deleteTodo} modifyTodo={modifyTodo} />
      ))}
```

```
    </ul>
  );
}
```

3 React.memo를 사용하더라도 함수형 props의 참조 값이 변경되면 컴포넌트가 다시 리렌더링됩니다. 이를 해결하기 위해 App 컴포넌트에서 toggleTodo(), deleteTodo(), modifyTodo() 함수를 useCallback 훅으로 감싸 함수 참조 값이 변하지 않도록 메모이제이션합니다.

src/App.tsx

```
import { useCallback, useState, , useEffect } from 'react';
(중략)

export default function App() {
  (중략)
  const toggleTodo = useCallback((id: number) => {
    setTodos((todos) =>
      todos.map((todo) => todo.id === id ? { ...todo, done: !todo.done } : todo
      )
    );
  }, []);
  const deleteTodo = useCallback((id: number) => {
    setTodos((todos) => todos.filter((todo) => todo.id !== id));
  }, []);
  const modifyTodo = useCallback((id: number, title: string) => {
    setTodos((todos) =>
      todos.map((todo) => (todo.id === id ? { ...todo, title } : todo))
    );
  }, []);
  (중략)
}
```

4 코드를 저장하고 애플리케이션을 다시 실행한 뒤, 할 일을 하나씩 추가해 봅니다. 이때 콘솔에 출력되는 TodoListItem rendering 로그가 새로 추가된 항목에 대해서만 한 번 출력되는 것을 확인할 수 있습니다. 기존 항목은 리렌더링되지 않습니다.

그림 11-27 React.memo와 useCallback 훅 조합 적용 후 렌더링 결과

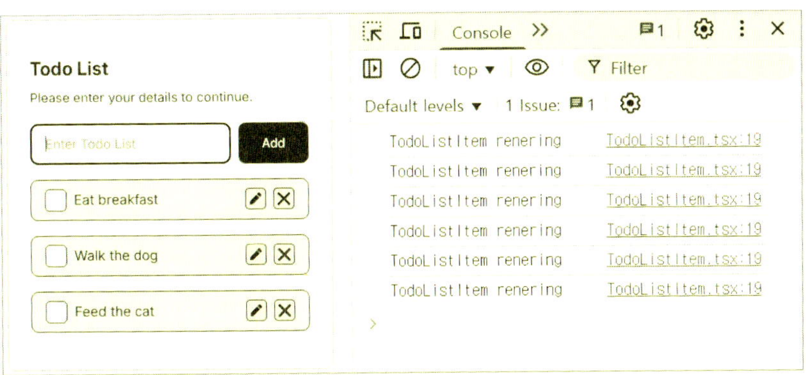

이로써 할 일 관리 애플리케이션에서 React.memo와 useCallback 훅 조합을 활용한 메모이제이션으로 불필요한 리렌더링을 효과적으로 제거했습니다.

수코딩의 조언

컴포넌트를 메모이제이션할 때 모든 컴포넌트에 무조건 적용하기보다는 특정 조건에서 선택적으로 사용하는 것이 더 효과적입니다. 예를 들어, 어떤 컴포넌트가 화면에서 여러 번 렌더링되며, 사용자의 행동이나 상태 변화에 따라 자주 추가, 삭제, 수정되는 경우라면 React.memo를 사용해 해당 컴포넌트를 메모이제이션하는 것이 렌더링 성능을 향상하는 데 도움이 됩니다.

반대로 이러한 조건에 해당하지 않는 경우, 즉 렌더링 횟수가 적거나 props 변경이 드물고 단순한 컴포넌트라면 굳이 메모이제이션을 적용하지 않아도 됩니다. 이런 경우에는 React.memo가 내부적으로 수행하는 props 비교 연산의 비용이 오히려 더 커질 수 있어 성능 개선보다는 비효율을 초래할 수 있습니다.

따라서 컴포넌트 메모이제이션은 렌더링 빈도와 props의 변경 패턴을 고려해 선택적으로 적용하는 것이 바람직합니다.

1. **컴포넌트 최적화**

① 리렌더링 횟수와 비용을 줄여 리액트 애플리케이션의 성능을 개선하는 전략입니다.

② 불필요한 리렌더링: 컴포넌트 트리 구조에서 상위 컴포넌트가 리렌더링될 때 변경 사항이 없는 하위 컴포넌트까지 렌더링되는 현상을 의미합니다.

③ 메모이제이션: 동일한 입력에 대해 이전 결과를 재사용해 중복 계산을 방지하는 최적화 기법입니다.

2. **컴포넌트 메모이제이션**

① React.memo를 사용해 props가 변경되지 않으면 컴포넌트를 리렌더링하지 않고 이전 결과를 재사용합니다.

형식

```
const MemoizedComponent = React.memo(MyComponent);
// 구조 분해 할당을 이용한 방식
import { memo } from 'react';
export default memo(function MyComponent() { ... });
```

② 과도하게 사용하면 비교 연산 비용으로 인해 성능이 저하될 수 있으므로 렌더링 빈도가 높은 컴포넌트에만 적용합니다.

3. **함수 메모이제이션**

① 함수는 렌더링할 때마다 새로 생성되므로 참조 값이 달라집니다.

② useCallback 훅을 사용해 함수 참조 값을 고정하면 자식 컴포넌트의 불필요한 리렌더링을 방지할 수 있습니다.

형식

```
const cachedFn = useCallback(fn, dependencies);
```

4. 값 메모이제이션

① 렌더링할 때마다 반복되는 연산을 방지하려면 useMemo 훅으로 결과 값을 메모이제이션 합니다.

형식
```
const memoizedValue = useMemo(() => calculateExpensiveValue(),
[dependencies]);
```

② 연산 비용이 큰 계산에만 적용합니다.

5. 로딩 성능 최적화

① 코드 스플리팅: 컴포넌트를 청크 단위로 분리해 필요한 시점에만 로드함으로써 초기 로딩 속도를 줄이는 기법입니다.

② Suspense: 컴포넌트가 로드되는 동안 대체 UI를 보여주는 기능을 제공합니다.

③ ErrorBoundary: 렌더링 중 발생한 오류를 감지하고 애플리케이션이 전체적으로 충돌하지 않도록 보호하며, 대체 UI로 전환할 수 있도록 합니다. 함수형 컴포넌트에서는 react-error-boundary 라이브러리를 사용해 구현할 수 있습니다.

6. 상태 업데이트 최적화

① 사용자의 입력이 잦아 즉각적인 상태 업데이트로 리렌더링이 자주 발생하는 경우 이를 최적화하기 위해 useDeferredValue와 useTransition 훅을 사용합니다.

② useDeferredValue 훅: 특정 값의 반영을 지연시켜 렌더링 부하를 줄입니다. 초깃값을 지정해 초기 렌더링 시 화면 깜빡임을 줄일 수 있습니다.

③ useTransition 훅: 전체 작업을 백그라운드에서 지연 처리하며, 작업 상태를 나타내는 isPending 값을 활용해 로딩 상태를 UI에 반영할 수 있습니다.

7. 리소스 로딩 최적화

① 리액트 19에서는 웹 브라우저가 주요 리소스를 사전 연결하거나 로딩할 수 있게 하는 API를 지원합니다.

② 주요 API

- **preconnect()**: 서버와의 연결을 미리 설정
- **prefetchDNS()**: DNS 조회를 사전에 수행해 지연 최소화
- **preinit()**: 외부 스크립트나 스타일시트를 미리 실행 또는 삽입
- **preinitModule()**: ESM 모듈을 미리 실행
- **preload()**: 스타일시트, 폰트, 이미지 등 리소스를 미리 불러옴
- **preloadModule()**: ESM 모듈을 미리 불러옴

셀프체크

정답 노트 p.795

ch11/selfcheck/ing 폴더에 있는 리액트 애플리케이션을 실행하면 다음과 같이 Tailwind CSS 기반으로 작성한 대시보드 UI가 표시됩니다.

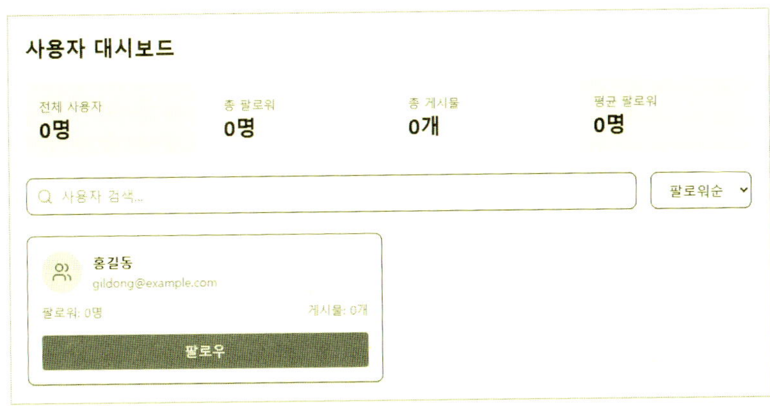

제공한 코드를 바탕으로 다음 조건에 맞게 애플리케이션을 수정해 보세요.

조건

① useState 훅으로 정의한 사용자 데이터는 값을 추가하거나 수정하지 않습니다.

② 사용자 데이터로 전체 사용자 수, 총 팔로워 수, 총 게시물 수, 평균 팔로워 수를 계산해 화면에 출력합니다.

③ 사용자 데이터를 기반으로 UserCard 컴포넌트를 반복 렌더링하며 각 카드에서 이름, 이메일, 팔로워 수, 게시글 수, 팔로워 여부에 따른 버튼이 올바르게 표시되도록 합니다.

④ 입력칸에 이름을 입력하면 해당 이름과 일치하는 사용자를 검색해 보여주고, 셀렉트 박스(select box)로 팔로워 수 또는 게시물을 기준으로 정렬할 수 있도록 구현합니다.

⑤ 함수, 값, 컴포넌트 단위로 useCallback, useMemo, React.memo를 활용해 애플리케이션을 최적화합니다.

⑥ 이 문제는 메모이제이션의 학습과 실습이 목적이므로 최적화의 실효성이나 리소스 낭비 여부는 고려하지 않습니다.

MEMO

코딩
자율학습

12장

전역 상태 관리

리액트 애플리케이션을 성공적으로 개발하려면 상태 관리가 매우 중요합니다. 이 장에서는 로컬 상태와 전역 상태의 차이를 이해하고, 각각의 특징과 사용 방법을 살펴봅니다.

12.1

상태 관리 이해하기

웹 애플리케이션이 점점 복잡해지면서 상태 관리 방식이 성능과 유지보수에 큰 영향을 주고 있습니다. 특히 리액트처럼 컴포넌트 단위로 UI를 구성하는 라이브러리에서는 더욱 그렇습니다. 리액트 애플리케이션은 사용자와의 상호작용에 따라 UI가 변화하고 데이터를 실시간으로 처리해야 하며, 이러한 동작은 모두 상태를 기반으로 이루어집니다.

리액트에서 상태는 단일 컴포넌트 안에만 존재할 수도 있지만, 여러 컴포넌트에 걸쳐 공유되어야 할 수도 있습니다. 이때 상태를 관리하는 방식은 크게 로컬 상태 관리와 전역 상태 관리로 나뉩니다.

리액트 애플리케이션의 규모가 작을 때는 로컬 상태 관리만으로도 충분하지만, 규모가 커질수록 전역 상태 관리의 필요성이 커집니다. 그렇지 않으면 컴포넌트 간 상태 전달이 복잡해지고, 유지보수가 어려워질 수 있습니다.

12.1.1 로컬 상태 관리

로컬 상태 관리는 useState나 useReducer와 같은 훅을 사용해 각 컴포넌트 내부에서 상태를 관리하는 방식입니다. 이 경우 상태는 해당 컴포넌트에만 국한되며, 다른 컴포넌트와 공유하려면 props를 통해 전달해야 합니다. 컴포넌트 구조가 복잡해질수록 이러한 상태 전달이 번거로워지고 관리도 어려워질 수 있습니다.

숫자를 증가, 감소, 초기화할 수 있는 간단한 카운터 애플리케이션을 만들어보며 로컬 상태 관리의 개념을 익혀 보겠습니다.

src/App.tsx

```
import { useState } from 'react';

export default function App() {
  const [count, setCount] = useState(0);
  const increment = () => setCount((count) => count + 1);
  const decrement = () => setCount((count) => count - 1);
  const reset = () => setCount(0);
  return (
    <>
      <h1>Count: {count}</h1>
      <button onClick={decrement}>감소</button>
      <button onClick={reset}>초기화</button>
      <button onClick={increment}>증가</button>
    </>
  );
}
```

예제 코드를 저장하고 애플리케이션을 실행하면 화면에 표시된 [감소], [초기화], [증가] 버튼을 클릭할 때마다 숫자가 변하는 것을 확인할 수 있습니다.

그림 12-1 버튼을 클릭할 때마다 숫자가 변하는 카운터 애플리케이션 화면

이처럼 useState 훅을 사용하면 컴포넌트 내부에서 상태를 선언하고 관리할 수 있습니다. 이러한 상태는 해당 컴포넌트 안에서만 유효하기 때문에 이를 **로컬**(local) **상태**라고 합니다. useState는 리액트에서 로컬 상태를 관리할 때 가장 기본이 되는 훅입니다.

로컬 상태는 컴포넌트 단위로 독립적으로 관리된다는 특징이 있습니다. 예제처럼 단일 컴포넌트에서 모든 기능을 처리하는 구조에서는 관리가 간단합니다. 하지만 컴포넌트를 나누어 구성할 경우 상태를 자식 컴포넌트로 전달해야 하므로 추가로 처리해야 할 부분이 있습니다.

앞에서 만든 카운터 애플리케이션을 두 개의 컴포넌트(CountDisplay, CountButtons)로 분할해 로컬 상태를 어떻게 전달하고 관리하는지 살펴보겠습니다.

그림 12-2 카운터 애플리케이션의 컴포넌트 분할 구조

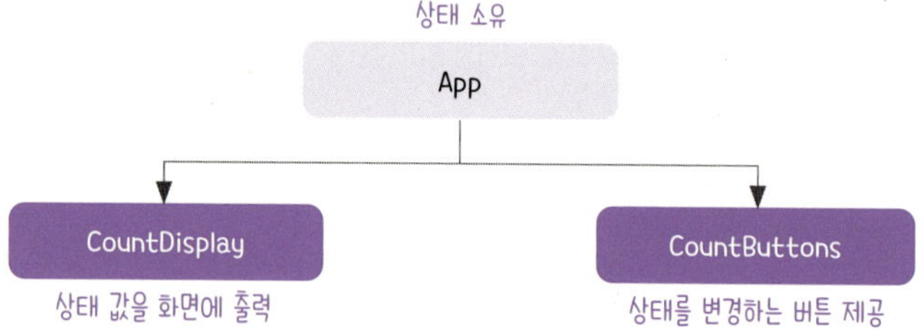

CountDisplay와 CountButtons 컴포넌트를 생성해 분리하고 App 컴포넌트를 다음과 같이 수정합니다.

src/App.tsx

```
import { useState } from 'react';
import CountDisplay from './components/CountDisplay';
import CountButtons from './components/CountButtons';

export default function App() {
  const [count, setCount] = useState(0);
  const increment = () => setCount((count) => count + 1);
  const decrement = () => setCount((count) => count - 1);
  const reset = () => setCount(0);
  return (
    <>
      <CountDisplay count={count} />
      <CountButtons increment={increment} decrement={decrement} reset={reset} />
    </>
  );
}
```

src/components/CountDisplay.tsx

```
export default function CountDisplay({ count }: { count: number }) {
  return <h1>Count: {count}</h1>;
}
```

src/components/CountButtons.tsx

```
export default function CountButtons({
  increment, decrement, reset,
}: {
```

```
  increment: () => void;
  decrement: () => void;
  reset: () => void;
}) {
  return (
    <>
      <button onClick={decrement}>감소</button>
      <button onClick={reset}>초기화</button>
      <button onClick={increment}>증가</button>
    </>
  );
}
```

CountDisplay 컴포넌트는 상태 값을 노출하고, CountButtons 컴포넌트는 상태를 변경하는 버튼을 포함합니다. 이처럼 컴포넌트를 분리했을 때 가장 중요한 점은 상태를 부모 컴포넌트(App)에 두고, 이를 props를 통해 자식 컴포넌트에 전달한다는 점입니다.

이런 방식은 리액트에서 흔히 사용하는 **상태 끌어올리기**(state lifting) 패턴입니다. 상태를 여러 컴포넌트에서 공유해야 할 때 상태를 부모 컴포넌트로 올리고 자식 컴포넌트에는 props로 필요한 값이나 함수를 전달하는 방식입니다.

예제는 다음과 같은 흐름으로 동작합니다.

- App 컴포넌트는 count 상태와 상태 변경 함수(increment, decrement, reset)를 관리합니다.
- CountDisplay 컴포넌트는 count 값을 props로 전달받아 화면에 출력합니다.
- CountButtons 컴포넌트는 상태 변경 함수들을 props로 전달받아 버튼 클릭 시 상태를 업데이트합니다.

부모가 상태를 소유하고, 자식은 props를 통해 상태를 사용하는 구조는 로컬 상태 관리의 전형적인 형태입니다.

로컬 상태 관리에서는 부모 → 자식 방향으로만 데이터 전달이 가능하며, 형제 컴포넌트 간에는 직접적으로 상태를 공유할 수 없습니다. 예를 들어, CountDisplay와 CountButtons 컴포넌트 각각 내부에 상태를 따로 정의했다면 서로의 상태를 참조하거나 변경하는 것이 불가능합니다.

그림 12-3 로컬 상태 관리에서 같은 레벨 컴포넌트끼리 상태 직접 공유 불가능

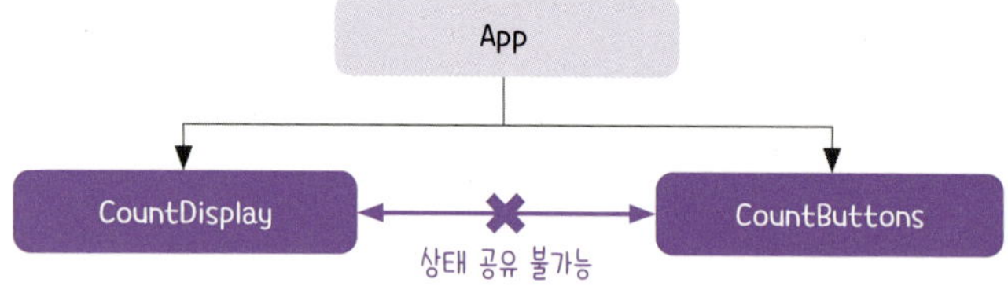

이처럼 로컬 상태 관리는 컴포넌트 구조가 단순한 소규모 애플리케이션에 적합합니다. 구현이 간단하고 코드 흐름이 명확하며 외부 의존성이 없기 때문에 빠르게 시작할 수 있는 장점이 있습니다. 하지만 애플리케이션의 규모가 커지고, 컴포넌트 간 상태 공유가 복잡해지는 구조로 발전하게 되면 로컬 상태만으로는 한계가 생깁니다. 이때는 전역 상태 관리 도구를 도입해 전체 애플리케이션에서 상태를 효과적으로 관리해야 합니다.

12.1.2 전역 상태 관리

전역 상태 관리는 상태를 애플리케이션 전체에서 공유 가능한 형태로 관리하는 방식입니다. 여러 컴포넌트가 전역 상태에 직접 접근하고 값을 수정할 수 있으므로 일일이 props를 통해 전달할 필요가 없습니다. 이 방식은 복잡한 컴포넌트 구조에서도 상태 흐름을 단순화하고, 코드의 가독성과 유지보수성을 높여줍니다.

이번에는 앞에서 만든 카운터 애플리케이션의 컴포넌트 구조를 한 단계 더 복잡하게 구성해 보겠습니다.

그림 12-4 카운터 애플리케이션의 컴포넌트 트리 구조 확장

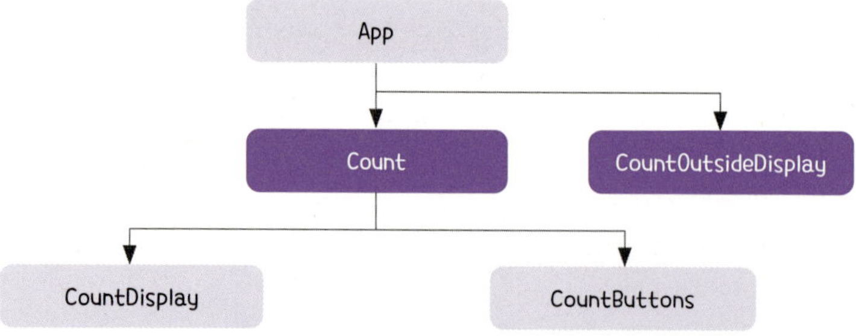

App 컴포넌트 내부에 Count 컴포넌트를 추가해 컴포넌트 깊이를 한 단계 더 추가하고, 같은 레벨에 CountOutsideDisplay라는 별도의 컴포넌트를 하나 더 배치합니다. CountOutsideDisplay 컴포넌트는 Count 컴포넌트와는 다른 위치에 있지만, 동일한 상태 값을 화면에 표시해야 합니다.

보통은 Count 컴포넌트 내부에 상태를 정의한 뒤 props로 하위 컴포넌트에 전달하면 충분합니다. 하지만 이 구조에서는 CountOutsideDisplay도 같은 상태를 공유해야 하므로 상태를 Count 컴포넌트 내부에 둘 수 없습니다. Count와 CountOutsideDisplay는 형제 관계에 있기 때문입니다.

로컬 상태 관리 방식에서는 부모 → 자식 방향으로만 상태를 전달할 수 있고, 형제 컴포넌트끼리는 상태를 직접 공유할 수 없습니다. 결국, 상태는 최상위 컴포넌트(App)에서 정의하고, 필요한 모든 하위 컴포넌트에 props로 전달해야 합니다.

컴포넌트 구조에 맞게 코드를 다음과 같이 수정합니다.

src/App.tsx

```
import { useState } from 'react';
import Count from './components/Count';
import CountOutsideDisplay from './components/CountOutsideDisplay';

export default function App() {
  const [count, setCount] = useState(0);
  const increment = () => setCount(count + 1);
  const decrement = () => setCount(count - 1);
  const reset = () => setCount(0);
  return (
    <>
      <Count count={count} increment={increment} decrement={decrement} reset={reset} />
      <CountOutsideDisplay count={count} />
    </>
  );
}
```

App 컴포넌트는 Count와 CountOutsideDisplay 컴포넌트를 렌더링합니다. 두 컴포넌트 모두 동일한 상태(count)를 공유해야 하므로 상태를 App 컴포넌트에 정의하고 필요한 값을 props를 통해 자식 컴포넌트로 전달합니다.

CountOutsideDisplay는 단순히 상태 값을 받아 화면에 표시만 하는 역할을 합니다. 이처럼 UI만 담당하고 상태 변경은 하지 않는 컴포넌트를 **프레젠테이셔널 컴포넌트**(presentational component)라고 합니다.

src/components/CountOutsideDisplay.tsx

```
export default function CountOutsideDisplay({ count }: { count: number }) {
  return <h1>Outside Count: {count}</h1>;
}
```

Count 컴포넌트는 부모로부터 전달받은 props를 직접 사용하지 않고, 하위 컴포넌트에 다시 전달만 합니다. 이처럼 데이터를 단순히 중간에서 넘겨주는 역할을 하는 컴포넌트는 **컨테이너 컴포넌트**(container component)라고 하며, 컴포넌트 구조가 깊어질수록 props 전달이 반복되는 단점이 있습니다.

src/components/Count.tsx

```
import CountButtons from './CountButtons';
import CountDisplay from './CountDisplay';

export default function Count({
  count, increment, decrement, reset,
}: {
  count: number;
  increment: () => void;
  decrement: () => void;
  reset: () => void;
}) {
  return (
    <>
      <CountDisplay count={count} />
      <CountButtons increment={increment} decrement={decrement} reset={reset} />
    </>
  );
}
```

App 컴포넌트에서 정의한 count 상태와 관련 함수들은 최종적으로 CountDisplay와 CountButtons 컴포넌트에서 사용됩니다. CountDisplay는 상태 값을 화면에 출력하고, CountButtons는 버튼 클릭 이벤트를 통해 상태를 변경합니다.

이와 같이 로컬 상태를 여러 컴포넌트에서 공유하려면 상태를 최상위 컴포넌트에 정의하고 props를 통해 하위 컴포넌트로 전달해야 합니다. 이 방식은 컴포넌트 구조가 단순할 때는 문제가 없지만, 구조가 깊어지고 컴포넌트 수가 많아질수록 상태 전달이 번거로워지고 코드도 복잡해집니다.

카운터 애플리케이션에서 데이터 공유 흐름을 정리하면 다음과 같습니다.

그림 12-5 컴포넌트의 데이터 공유 흐름

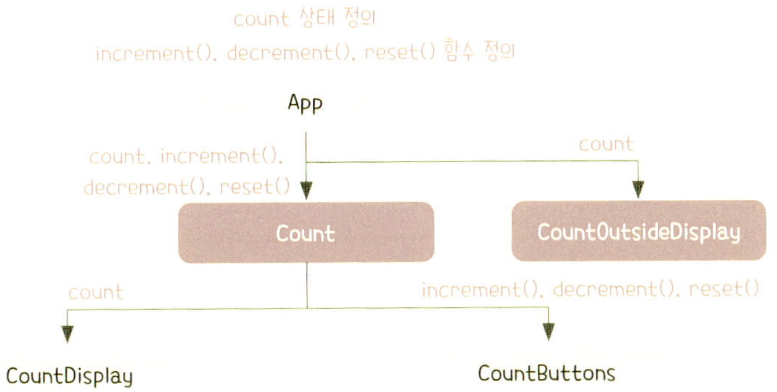

그림에서 보듯이 컴포넌트 트리가 한 단계만 깊어져도 상태 전달 경로가 늘어나고, Count 컴포넌트처럼 단지 상태를 중간에서 넘기기 위한 용도의 컴포넌트가 생길 수 있습니다. 이런 구조는 코드의 가독성과 유지보수성을 떨어뜨리는 원인이 됩니다.

따라서 로컬 상태 관리 방식은 소규모 애플리케이션에는 적합하지만, 구조가 복잡하거나 여러 컴포넌트에서 상태를 자주 공유해야 하는 대규모 애플리케이션에는 한계가 있습니다. 이러한 문제를 해결하기 위해 전역 상태 관리를 사용할 수 있습니다.

전역 상태 관리를 사용하면 컴포넌트 트리의 깊이나 위치에 상관없이 여러 컴포넌트가 동일한 상태에 직접 접근하고 수정할 수 있습니다. 즉, 더 이상 상태를 props로 일일이 전달할 필요가 없습니다.

리액트에서는 다음과 같은 전역 상태 관리 방법을 제공합니다.

- Context API(리액트 기본 제공)
- Redux Toolkit
- Zustand

각 방식은 구현 방법에는 차이가 있지만, 공통적으로 상태를 전역에서 관리하고 공유할 수 있다는 특징이 있습니다. 앞에서 만든 카운터 애플리케이션 예제를 기반으로 각 전역 상태 관리 방법이 어떻게 동작하는지 순차적으로 살펴보겠습니다.

1분 퀴즈

정답 노트 p.801

01. 상태를 자식 컴포넌트로 전달하기 위해 부모 컴포넌트로 올리는 방식은 무엇인가요?

① 상태 공유하기 ② 상태 위임하기

③ 상태 끌어올리기 ④ 상태 분리하기

02. 다음 중 로컬 상태 관리에서 일반적으로 사용하는 훅은 무엇인가요?

① `useState` ② `useDispatch`

③ `useSelector` ④ `useStore`

03. 다음 중 전역 상태 관리 방식의 장점으로 가장 적절한 것은 무엇인가요?

① 상태를 항상 props로 전달해야 한다.

② 상태 변경이 컴포넌트 외부에서 차단된다.

③ 여러 컴포넌트가 상태를 쉽게 공유할 수 있다.

④ 각 컴포넌트가 상태를 개별적으로 유지할 수 있다.

04. 전역 상태 관리를 사용하지 않고 로컬 상태만 사용했을 때 발생하는 문제는 무엇인가요?

① 상태 변경이 불가능하다.

② 컴포넌트 간 상태 동기화가 쉬워진다.

③ 모든 컴포넌트에서 상태를 직접 수정할 수 있다.

④ 중간 컴포넌트를 상태 전달 용도로만 사용하는 경우가 많다.

Context API로 전역 상태 관리하기

Context API는 컴포넌트 트리 내에서 상태나 값을 전역적으로 공유할 수 있게 하는 기능을 제공합니다. 여기서 **컨텍스트**(context)는 프로그래밍에서 컴포넌트들이 공통으로 사용하는 데이터의 흐름이나 의미를 담는 공간을 의미합니다. 그리고 **API**(Application Programming Interface)는 다양한 소프트웨어 컴포넌트가 상호작용할 수 있게 하는 인터페이스를 의미합니다. 리액트에서 컨텍스트는 여러 컴포넌트를 하나의 환경으로 묶어 이들 사이에서 상태나 데이터를 props 없이 직접 공유할 수 있도록 해주는 구조입니다. Context API는 바로 이 기능을 제공하는 공식 인터페이스입니다.

앞에서 만든 카운터 애플리케이션을 예로 들면, CountDisplay, CountButtons, CountOutsideDisplay 컴포넌트는 모두 count라는 상태를 공유해야 합니다. 이때 컴포넌트들을 하나의 컨텍스트 범위(context provider) 안에 포함합니다.

그림 12-6 컨텍스트 범위

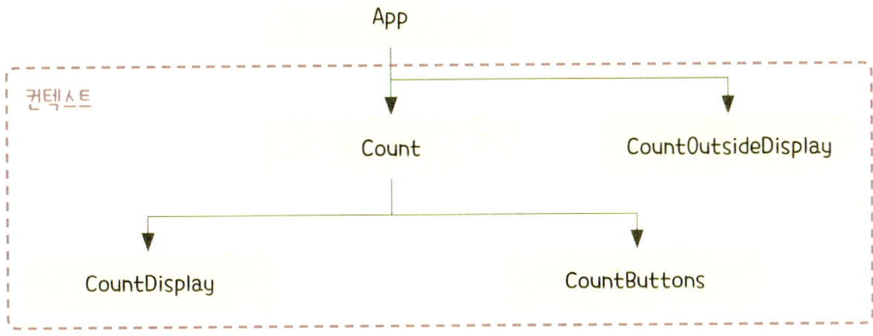

이처럼 하나의 컨텍스트로 묶인 컴포넌트들은 같은 환경 안에 있다고 간주하며, 해당 컨텍스트가 제공하는 상태나 값을 props 없이 직접 사용할 수 있습니다.

Context API를 사용하려면 다음 두 가지 작업을 해야 합니다.

1. **컨텍스트 객체 생성 및 제공**: 컨텍스트 객체를 만들고 Provider 컴포넌트를 통해 하위 컴포넌트에 공유할 상태를 전달합니다.
2. **컨텍스트 값 소비**: 컨텍스트 범위 내에 있는 하위 컴포넌트에서는 useContext() 훅을 사용해 전역 상태에 직접 접근합니다.

12.2.1 컨텍스트 객체 생성하기

Context API를 사용하려면 가장 먼저 컨텍스트 객체를 생성해야 합니다. **컨텍스트 객체**는 데이터를 전역으로 공유하기 위한 매개체 역할을 합니다. 컨텍스트 객체는 내부에 Provider 컴포넌트를 포함해 이를 사용해서 전역 상태를 어느 범위의 컴포넌트에서 사용할지 지정할 수 있습니다.

Provider는 컨텍스트의 데이터를 하위 컴포넌트에 공급하는 컴포넌트입니다. Provider로 감싼 컴포넌트들은 props 없이도 컨텍스트 값을 사용할 수 있습니다.

리액트에서는 createContext() 함수를 사용해 컨텍스트 객체를 생성할 수 있습니다.

형식
```
const SomeContext = createContext<DataType>(defaultValue);
```

- **<DataType>**: 컨텍스트에서 공유할 데이터의 타입을 제네릭 타입으로 지정합니다.
- **defaultValue**: 컨텍스트의 초깃값입니다. 일반적으로 null을 전달하고, 실제 데이터는 Provider를 통해 나중에 공급합니다.

카운터 애플리케이션에서 count 상태와 관련 함수들을 전역으로 공유하려면 다음과 같이 컨텍스트 객체를 생성합니다.

src/contexts/CountContext.ts

```
import { createContext } from 'react';

interface CountContextType { ------------------------------ ❶
  count: number;
  increment: () => void;
  decrement: () => void;
  reset: () => void;
}
export const CountContext = createContext<CountContextType | null>(null); ----- ❷
```

❶ 공유하려는 데이터(상태와 함수들)의 타입 구조를 정의한 인터페이스입니다. 이때 interface 대신 type 키워드를 써도 무방합니다.

❷ createContext() 함수로 컨텍스트 객체를 생성합니다. 아직 실제 데이터를 공급할 수 없으므로 초깃값은 null로 지정합니다. 타입 안정성을 위해 CountContextType | null 유니언 타입으로 null을 허용합니다.

> **수코딩의 조언**
>
> 컨텍스트 객체는 파일을 따로 분리하는 것이 좋습니다. 이 책에서는 컨텍스트 객체를 src/contexts 폴더 하위에 파일로 만들어 정의하겠습니다. 이렇게 폴더 구조를 명확히 하면 전역 상태를 구성할 때마다 관련된 컨텍스트 파일을 한눈에 관리하고 추적하기 쉬워집니다. 또한 다른 컴포넌트에서도 쉽게 가져와 사용할 수 있어 코드의 일관성과 가독성을 높이는 데 도움이 됩니다.

12.2.2 Provider로 컨텍스트 범위 지정하기

컨텍스트 객체를 생성했다면 이제 이 객체를 활용해 어떤 컴포넌트들이 전역 상태를 공유할지 지정해야 합니다. 이때 사용하는 것이 바로 **Provider** 컴포넌트입니다. 리액트의 컨텍스트 객체에는 기본으로 Provider가 포함되어 있으며, 다음과 같은 형식으로 사용할 수 있습니다.

형식

```
<컨텍스트_객체 value={공유할_데이터}>
  공유할_컴포넌트
</컨텍스트_객체>
```

- value: 하위 컴포넌트에 전달할 데이터입니다. 상태, 함수 등 여러 값을 객체 형태로 묶어 전달합니다.
- 공유할_컴포넌트: 전달한 데이터를 사용할 컴포넌트입니다.

앞에서 만든 CountContext 객체를 사용해 Provider 역할을 수행할 CountProvider 컴포넌트를 만들어 보겠습니다.

src/providers/CountProvider.tsx

```
import { useState } from 'react';
import { CountContext } from '../contexts/CountContext'; ---------- ❶

export default function CountProvider({
```

```
  children,
}: {
  children: React.ReactNode;
}) { -------------------------------------------------------------------- ❷
  const [count, setCount] = useState(0);                          --┐
  const increment = () => setCount((count) => count + 1);           |
  const decrement = () => setCount((count) => count - 1);           ├---------------- ❸
  const reset = () => setCount(0);                                --┘
  return (
    <>
      <CountContext value={{ count, increment, decrement, reset }}> ------ ❹
        {children}
      </CountContext>
    </>
  );
}
```

❶ 데이터를 공유할 CountContext를 불러옵니다.

❷ 컨텍스트 범위를 지정합니다. 여기서 children은 Provider 컴포넌트로 감쌀 대상 컴포넌트들을 의미합니다. 이렇게 작성하면 children에 해당하는 컴포넌트들만 CountProvider가 제공하는 상태를 사용할 수 있습니다.

❸ count 상태와 이를 조작하는 increment(), decrement(), reset() 함수를 정의합니다.

❹ CountContext의 value 속성에 공유할 데이터를 객체 형태로 전달합니다. 이 데이터는 children에 해당하는 모든 하위 컴포넌트에서 props 없이 직접 사용할 수 있습니다.

수코딩의 조언

컨텍스트 객체와 Provider 컴포넌트는 이름을 일관성 있게 짓는 것이 좋습니다. 예를 들어, CountContext.ts 파일에서 CountContext라는 이름의 컨텍스트 객체를 생성했다면 그에 대응하는 Provider 컴포넌트의 파일 이름은 CountProvider로 짓는 것이 일반적입니다. 이처럼 이름 규칙을 맞춰주면 어떤 컨텍스트와 어떤 Provider가 연결되어 있는지 명확해지고 협업이나 유지보수 시 구조를 빠르게 파악할 수 있으며 다른 프로젝트에서도 일관된 구조로 재사용하기 쉬워집니다.

Note 리액트 19에서 Provider 컴포넌트 사용 시

리액트 19 이전에는 컨텍스트 객체를 사용할 때 항상 .Provider를 명시해야 했습니다. 예를 들어, CountContext를 사용할 경우 다음과 같이 작성해야 했습니다.

```
<CountContext.Provider value={{ count, increment, decrement, reset }}>
  {children}
</CountContext.Provider>
```

그러나 리액트 19부터는 .Provider를 생략하고, 컨텍스트 객체를 마치 컴포넌트처럼 사용할 수 있게 되었습니다. 리액트가 .Provider를 내부적으로 자동 연결해주기 때문입니다.

```
<CountContext value={{ count, increment, decrement, reset }}>
  {children}
</CountContext>
```

코드가 더 간결해지고 직관적으로 바뀌었지만, 프로젝트에서는 기존 버전과의 호환성을 고려해 사용하는 리액트 버전에 맞춰 적절한 방식으로 작성해야 합니다.

12.2.3 useContext 커스텀 훅 만들기

컨텍스트로 공유되는 데이터를 쉽게 사용하기 위해 별도의 커스텀 훅을 만들겠습니다.

src/hooks/useCountContext.ts

```
import { useContext } from 'react';
import { CountContext } from '../contexts/CountContext';

export function useCountContext() {
  const context = useContext(CountContext); ------- ❶
  if (!context) { --------------------------------- ❷
    throw new Error(
      'useCountContext는 CountContext로 감싼 컴포넌트 안에서만 호출할 수 있습니다.'
    );
  }
  return context; --------------------------------- ❸
}
```

❶ useContext는 Context API로 공유된 값을 하위 컴포넌트에서 직접 가져올 수 있게 해주는 훅으로, 다음과 같이 사용합니다.

```
형식  const value = useContext(SomeContext);
```

- **value**: 컨텍스트에서 제공한 데이터입니다. 보통 객체 형태이므로 필요한 값만 구조 분해 할당해서 사용할 수 있습니다.
- **SomeContext**: createContext()로 생성한 컨텍스트 객체입니다. createContext()로 객체를 생성할 때 export한 이유가 바로 useContext 훅에서 사용하기 위함입니다.

❷ useContext 훅의 반환 값을 확인합니다. 이 값이 null 또는 undefined라면 컨텍스트 프로바이더(*Provider.tsx)로 감싸지 않은 것이므로 잘못된 사용을 알리기 위해 예외 처리합니다.

❸ 정상적으로 조회된 컨텍스트 데이터를 반환합니다.

이렇게 컨텍스트 전용 커스텀 훅을 만들어 두면, 컴포넌트 안에서 useContext 훅을 직접 사용하지 않고도, 해당 컨텍스트의 데이터를 편리하게 가져와 쓸 수 있습니다.

12.2.4 컨텍스트로 공유되는 전역 상태 사용하기

앞에서 만든 CountProvider 컴포넌트를 사용하면 전역 상태를 공유하고 싶은 컴포넌트들을 하나의 컨텍스트 범위로 묶을 수 있습니다. CountProvider 컴포넌트 내부에서 children을 받아 <CountContext>로 감싸기 때문에 CountProvider의 자식 컴포넌트들은 모두 같은 컨텍스트 범위에 포함됩니다.

따라서 다음과 같이 코드를 작성하면 Count와 CountOutsideDisplay 컴포넌트는 모두 CountProvider 컴포넌트를 통해 상태(count)와 함수(increment(), decrement(), reset())를 전역으로 공유할 수 있습니다.

src/App.tsx

```
import Count from './components/Count';
import CountOutsideDisplay from './components/CountOutsideDisplay';
import CountProvider from './providers/CountProvider';

export default function App() {
```

```
  return (
    <>
      <CountProvider>
        <Count />
        <CountOutsideDisplay />
      </CountProvider>
    </>
  );
}
```

CountProvider로 감싼 범위 안에서는 더 이상 props를 사용하지 않아도 됩니다. 앞에서 만든 useCountContext 커스텀 훅으로 컨텍스트에서 직접 데이터를 꺼내 사용할 수 있습니다.

카운터 애플리케이션을 useCountContext 커스텀 훅을 사용하도록 변경해 보겠습니다. App.tsx에서는 더 이상 props를 전달하지 않으므로 하위 컴포넌트에서 모두 props를 제거하고 useCountContext 커스텀 훅으로 컨텍스트 값을 직접 읽도록 수정해야 합니다.

먼저 Count 컴포넌트에서 props를 제거하고 하위 컴포넌트만 렌더링합니다.

src/components/Count.tsx

```
import CountDisplay from './CountDisplay';
import CountButtons from './CountButtons';

export default function Count() {
  return (
    <>
      <CountDisplay />
      <CountButtons />
    </>
  );
}
```

CountDisplay 컴포넌트는 컨텍스트에서 count 값을 직접 가져와 표시합니다.

src/components/CountDisplay.tsx

```
import { useCountContext } from '../hooks/useCountContext';

export default function CountDisplay() {
  const { count } = useCountContext();
```

```
  return <h1>Count: {count}</h1>;
}
```

useCountContext 커스텀 훅으로 컨텍스트에서 제공하는 데이터에 접근할 수 있습니다. 데이터는 보통 객체 형태로 제공하므로 구조 분해 할당을 사용해 필요한 값({ count })만 골라서 사용합니다.

CountButtons 컴포넌트도 전역 상태 변경 함수들을 컨텍스트에서 직접 가져옵니다.

src/components/CountButtons.tsx

```
import { useCountContext } from '../hooks/useCountContext';

export default function CountButtons() {
  const { increment, decrement, reset } = useCountContext();
  return (
    <>
      <button onClick={decrement}>감소</button>
      <button onClick={reset}>초기화</button>
      <button onClick={increment}>증가</button>
    </>
  );
}
```

마지막으로 CountOutsideDisplay 컴포넌트에서 props를 제거하고 useCountContext 커스텀 훅으로 count 값을 가져와 출력합니다.

src/CountOutsideDisplay.tsx

```
import { useCountContext } from '../hooks/useCountContext';

export default function CountOutsideDisplay() {
  const { count } = useCountContext();
  return <h1>Outside Count: {count}</h1>;
}
```

코드를 저장하고 애플리케이션을 실행해 보세요. [증가], [감소], [초기화] 버튼을 클릭하면 화면의 두 위치(CountDisplay, CountOutsideDisplay)에 있는 숫자가 동시에 바뀌는 것을 확인할 수 있습니다.

그림 12-7 useContext 훅으로 직접 접근해도 상태는 정상 작동함

Count: 2

감소 초기화 증가

Outside Count: 2

더 이상 props로 상태를 전달하지 않아도 됩니다. 어느 컴포넌트든 컨텍스트 범위 안에 있으면 상태에 직접 접근할 수 있는 전역 상태 관리 구조가 완성되었습니다.

수코딩의 조언

이 책에서는 하나의 컨텍스트를 contexts/CountContext.ts, hooks/useCountContext.ts, providers/CountProvider.tsx처럼 3개의 폴더/파일로 분리해 관리합니다. 이렇게 폴더와 파일을 세분하면 각 폴더와 파일의 역할이 명확해지는 장점이 있습니다. 다만, 컨텍스트의 수가 많아질수록 contexts, providers, hooks 폴더 간 이동이 잦아질 수 있다는 단점도 있습니다. 따라서 프로젝트 규모와 개발 스타일에 맞게 파일 구조를 유연하게 구성하는 것이 중요합니다.

12.2.5 렌더링 최적화하기

Context API를 사용하면 컴포넌트 트리 전체에 상태를 전역적으로 공유할 수 있습니다. 또한, 컨텍스트에서 제공하는 데이터를 커스텀 훅으로 직접 사용하는 컴포넌트는 상태 변경 시 리렌더링되므로 불필요한 리렌더링을 줄이는 데도 도움이 됩니다.

현재 카운터 애플리케이션에서 App과 Count 컴포넌트는 컨텍스트 데이터를 직접 사용하지 않기 때문에 상태가 변경되어도 리렌더링되지 않습니다. 반면, CountDisplay, CountButtons, CountOutsideDisplay 컴포넌트는 컨텍스트 데이터를 사용하므로 상태가 변경되면 리렌더링됩니다.

각 컴포넌트의 렌더링 여부는 다음과 같이 `console.log()`로 확인할 수 있습니다.

src/App.tsx

```
export default function App() {
  console.log('App rendering');
  (중략)
}
```

src/components/Count.tsx

```
export default function Count() {
  console.log('Count rendering');
  (중략)
}
```

src/components/CountDisplay.tsx

```
export default function CountDisplay() {
  console.log('CountDisplay rendering');
  (중략)
}
```

src/components/CountButtons.tsx

```
export default function CountButtons() {
  console.log('CountButtons rendering');
  (중략)
});
```

src/components/CountOutsideDisplay.tsx

```
export default function CountOutsideDisplay() {
  console.log('CountOutsideDisplay rendering');
  (중략)
}
```

애플리케이션을 실행하고 버튼을 클릭하면 상태가 변경되지만, App과 Count 컴포넌트는 리렌더링되지 않는 것을 확인할 수 있습니다.

그림 12-8 App과 Count 컴포넌트는 리렌더링 안 됨

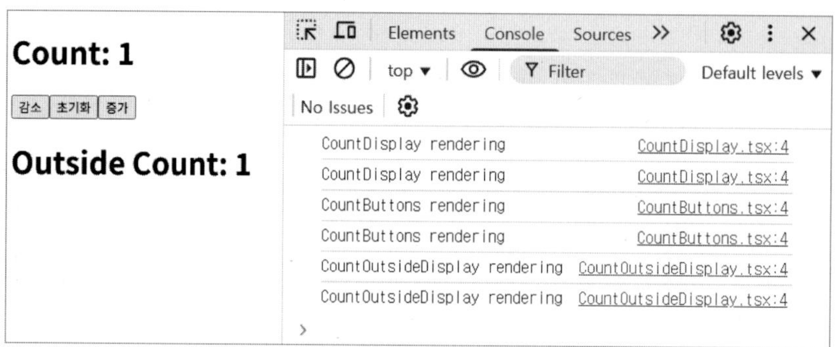

Context API는 props를 단계적으로 전달하는 방식(props drilling)과 달리, 데이터를 직접 사용하지 않는 중간 컴포넌트는 렌더링에 영향을 받지 않습니다.

여기서 한 가지 아쉬운 점은 CountButtons 컴포넌트가 실제로 화면에 상태 값을 표시하지 않는데도 리렌더링된다는 점입니다. CountDisplay와 CountOutsideDisplay 컴포넌트는 count 값을 화면에 직접 렌더링하므로 count 상태가 변경될 때마다 리렌더링되는 것이 자연스럽습니다. 그에 반해 CountButtons 컴포넌트는 단순히 버튼 UI를 제공하고, 내부에서 상태 값을 직접 사용하지 않기 때문에 리렌더링될 필요가 없습니다.

하지만 현재 count 상태가 변경되면 CountProvider 컴포넌트가 리렌더링되고 그때마다 value={{ count, increment, decrement, reset }} 객체도 새로 생성됩니다. 리액트에서는 value 속성의 참조 값이 변경되면 이를 사용하는 모든 하위 컴포넌트가 리렌더링됩니다. 따라서 상태를 사용하지 않는 CountButtons도 영향을 받아 리렌더링되는 것입니다.

이 문제를 해결하려면 value 속성에 전달하는 객체를 메모이제이션해야 합니다. 즉, useMemo 훅을 사용해 value 객체를 구성하는 값이 실제로 변경된 경우에만 객체를 새로 생성하도록 해야 합니다.

주의할 점은 count 상태 자체를 메모이제이션하면 안 된다는 것입니다. 상태 값을 직접 메모이제이션할 경우 변경 사항이 제대로 반영되지 않아 UI 동기화에 문제가 생길 수 있습니다. 이는 하나의 컨텍스트에 모든 값을 담는 대신, count 상태와 관련 함수들을 별도의 컨텍스트로 분리하는 방법으로 해결할 수 있습니다.

예를 들어 카운터 애플리케이션에 다음과 같이 2개의 컨텍스트 객체를 정의합니다.

src/contexts/CountContext.ts

```
import { createContext } from 'react';

interface CountContextType {
  count: number;
}
interface CountActionContextType {
  increment: () => void;
  decrement: () => void;
  reset: () => void;
}
```

```
export const CountContext = createContext<CountContextType | null>(null);
export const CountActionContext = createContext<CountActionContextType | null>(null);
```

이제 CountProvider 컴포넌트에서 상태와 함수를 분리해 각각 제공하도록 구성합니다.

src/providers/CountProvider.tsx

```
import { useMemo, useState } from 'react';
import { CountActionContext, CountContext } from '../contexts/CountContext';

export default function CountProvider({
  children,
}: {
  children: React.ReactNode;
}) {
  const [count, setCount] = useState(0);
  const increment = () => setCount((count) => count + 1);
  const decrement = () => setCount((count) => count - 1);
  const reset = () => setCount(0);
  const memoizedValue = useMemo(() => ({ increment, decrement, reset }), []);
  return (
    <>
      <CountActionContext value={memoizedValue}>
        <CountContext value={{ count }}>
          {children}
        </CountContext>
      </CountActionContext>
    </>
  );
}
```

이 코드에서 핵심은 increment(), decrement(), reset() 함수를 별도의 컨텍스트(CountActionContext)에서 제공하고, 해당 객체를 useMemo 훅으로 메모이제이션했다는 점입니다. 이렇게 하면 CountProvider 컴포넌트가 리렌더링되더라도 CountActionContext가 제공하는 value 객체의 참조 값은 유지됩니다. 따라서 이를 사용하는 컴포넌트는 불필요하게 리렌더링되지 않습니다.

커스텀 훅도 다음과 같이 수정합니다.

src/hooks/useCountContext.ts

```
import { useContext } from 'react';
import { CountActionContext, CountContext } from '../contexts/CountContext';

export function useCountContext() { (중략) }

export function useCountActionContext() {
  const context = useContext(CountActionContext);
  if (!context) {
    throw new Error(
      'useCountActionContext는 CountContext로 감싼 컴포넌트 안에서만 호출할 수 있습니다.'
    );
  }
  return context;
}
```

이제 함수들은 CountActionContext에서 제공하므로 이를 사용하는 useCountActionContext 커스텀 훅을 사용해야 합니다. 따라서 CountButtons 컴포넌트를 다음과 같이 수정합니다.

src/components/CountButtons.tsx

```
import { useCountActionContext } from '../hooks/useCountContext';

export default function CountButtons() {
  console.log('CountButtons rendering');
  const { increment, decrement, reset } = useCountActionContext();
  return ( (중략) );
};
```


애플리케이션을 실행한 뒤 버튼을 클릭해보면 상태가 변경되어도 CountButtons 컴포넌트는 리렌더링되지 않습니다.

그림 12-9 상태가 바뀌어도 CountButtons 컴포넌트는 리렌더링 안 됨

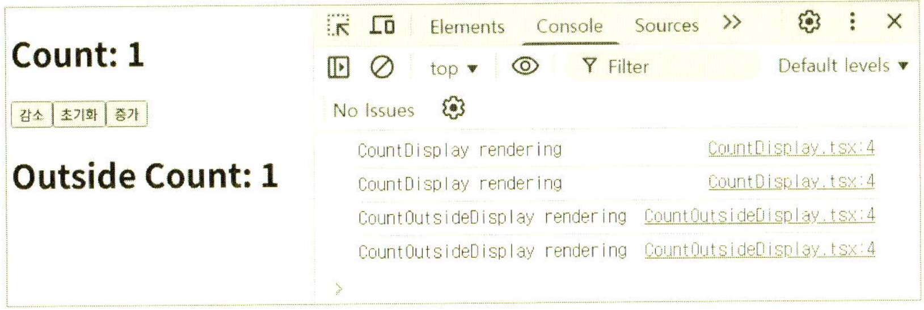

참고로, CountProvider.tsx 파일에서 CountActionContext와 CountContext의 중첩 순서에는 영향이 없습니다. 어느 쪽이 먼저 렌더링되더라도 두 컨텍스트는 독립적으로 작동하므로 동일하게 동작합니다.

12.2.6 컨텍스트 중첩 사용하기

Context API는 여러 개의 컨텍스트 객체를 생성해 컨텍스트 범위를 중첩해 구성할 수 있습니다. 지금까지 카운터 애플리케이션은 하나의 컨텍스트 범위만 사용했지만, 다음처럼 서로 다른 컨텍스트를 중첩하는 구성도 가능합니다.

그림 12-10 컨텍스트 중첩

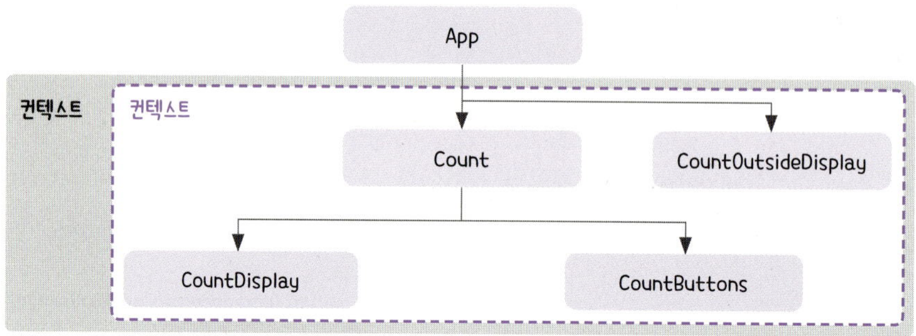

구조를 직접 확인하기 위해 카운터 애플리케이션에 새로운 AuthContext 객체를 생성하고 기존 CountContext와 함께 중첩된 컨텍스트 구조를 구성해 보겠습니다.

먼저 src/contexts 폴더에 AuthContext.ts 파일을 생성하고 다음과 같이 작성합니다.

src/contexts/AuthContext.ts

```
import { createContext } from 'react';

interface AuthContextType {
  isLogin: boolean;
  login: () => void;
  logout: () => void;
}

export const AuthContext = createContext<AuthContextType | null>(null);
```

AuthContextType 인터페이스는 컨텍스트에서 공유할 상태(isLogin)와 이를 변경하는 함수

(login, logout)의 타입을 정의합니다. 이 인터페이스를 기반으로 createContext() 함수를 사용해 AuthContext 객체를 생성하고, 초깃값은 null로 설정합니다. 이제 이 컨텍스트를 Provider로 감싸면 CountContext와 중첩해 사용할 수 있습니다.

생성한 AuthContext를 기반으로 로그인 상태를 전역으로 관리할 수 있는 AuthProvider 컴포넌트를 다음과 같이 정의합니다.

src/providers/AuthProvider.tsx

```
import { useState } from 'react';
import { AuthContext } from '../contexts/AuthContext';

export default function AuthProvider({
  children,
}: {
  children: React.ReactNode;
}) {
  const [isLogin, setIsLogin] = useState(false);
  const login = () => setIsLogin(true);
  const logout = () => setIsLogin(false);

  return (
    <AuthContext value={{ isLogin, login, logout }}>
      {children}
    </AuthContext>
  );
}
```

이처럼 AuthContext의 value 속성에 로그인 상태와 관련 함수를 전달하면 해당 Provider로 감싼 범위 내 컴포넌트들은 useContext(AuthContext)를 통해 데이터를 자유롭게 사용할 수 있습니다.

AuthProvider 컴포넌트를 만들었으니 AuthContext를 사용하는 커스텀 훅을 만듭니다.

src/hooks/useAuthContext.ts

```
import { useContext } from 'react';
import { AuthContext } from '../contexts/AuthContext';

export function useAuthContext() {
```

```
  const context = useContext(AuthContext);
  if (!context) {
    throw new Error(
      'useAuthContext는 AuthProvider로 감싼 컴포넌트 안에서만 호출할 수 있습니다.'
    );
  }
  return context;
}
```

다음으로 로그인 상태와 관련 함수를 실제로 사용하는 컴포넌트를 만듭니다. useAuthContext 커스텀 훅을 사용하는 Auth 컴포넌트는 다음과 같이 작성합니다.

src/components/Auth.tsx

```
import { useAuthContext } from '../hooks/useAuthContext';

export default function Auth() {
  console.log('Auth rendering');
  const { isLogin, login, logout } = useAuthContext();
  return (
    <>
      <h1>login: {isLogin.toString()}</h1>
      <button onClick={login}>로그인</button>
      <button onClick={logout}>로그아웃</button>
    </>
  );
}
```

이 컴포넌트는 useAuthContext 커스텀 훅으로 isLogin, login, logout을 가져와 현재 로그인 상태를 화면에 표시하고, 버튼을 사용해 로그인 상태를 변경할 수 있습니다.

다음으로 App 컴포넌트에서 AuthProvider와 CountProvider 컴포넌트를 중첩해 구성하고, 하위에 Auth 컴포넌트를 포함합니다.

src/App.tsx

```
import Auth from './components/Auth';
import Count from './components/Count';
import CountOutsideDisplay from './components/CountOutsideDisplay';
import AuthProvider from './providers/AuthProvider';
```

```
import CountProvider from './providers/CountProvider';

export default function App() {
  console.log('App rendering');
  return (
    <>
      <AuthProvider>
        <CountProvider>
          <Count />
          <CountOutsideDisplay />
          <Auth />
        </CountProvider>
      </AuthProvider>
    </>
  );
}
```

이처럼 컨텍스트를 중첩 구성하면 각 컴포넌트는 자신이 사용하는 컨텍스트 값의 변경에만 반응하게 됩니다. Auth 컴포넌트는 AuthProvider의 상태에만 반응하고, CountProvider의 상태가 변경되어도 리렌더링되지 않습니다.

그림 12-11 CountContext의 데이터가 변경되어도 Auth 컴포넌트는 리렌더링되지 않음

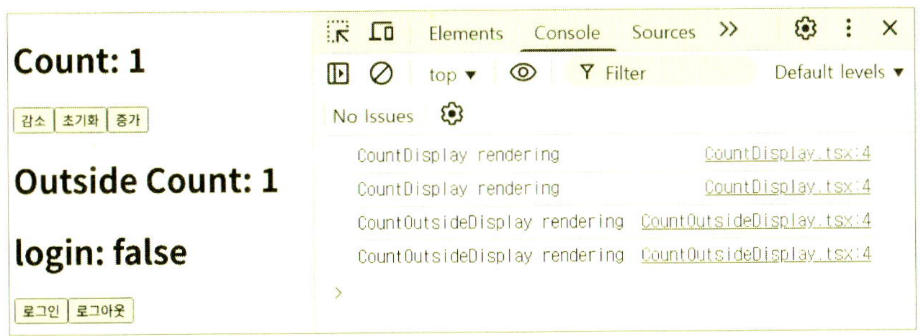

이러한 구조는 불필요한 리렌더링을 방지하고, 각 컨텍스트의 변경이 관련된 컴포넌트에만 영향을 미쳐 성능을 최적화하는 데 매우 효과적입니다.

참고로, AuthProvider와 CountProvider의 중첩 순서는 중요하지 않고, 어떤 컨텍스트가 먼저 렌더링되든 동일하게 동작합니다. 중요한 점은, 컴포넌트는 자신이 실제로 사용하는 컨텍스트의 값이 변경될 때만 리렌더링된다는 점입니다.

12.2.7 Context API 사용 시 주의사항

Context API를 사용할 때 반드시 기억해야 할 점이 있습니다. 바로 같은 컨텍스트 범위 안에 있는 컴포넌트끼리만 데이터를 공유할 수 있다는 점입니다.

App.tsx 파일을 다음과 같이 수정합니다.

src/App.tsx

```
import Auth from './components/Auth';
(중략)

export default function App() {
  console.log('App rendering');
  return (
    <>
      <AuthProvider>
        <CountProvider>
          <Count />
          <Auth />
        </CountProvider>
        <CountOutsideDisplay />
      </AuthProvider>
    </>
  );
}
```

이 구조에서 CountOutsideDisplay 컴포넌트는 CountProvider 바깥에 위치하고 있습니다.

그림 12-12 CountOutsideDisplay가 컨텍스트 범위 밖에 있음

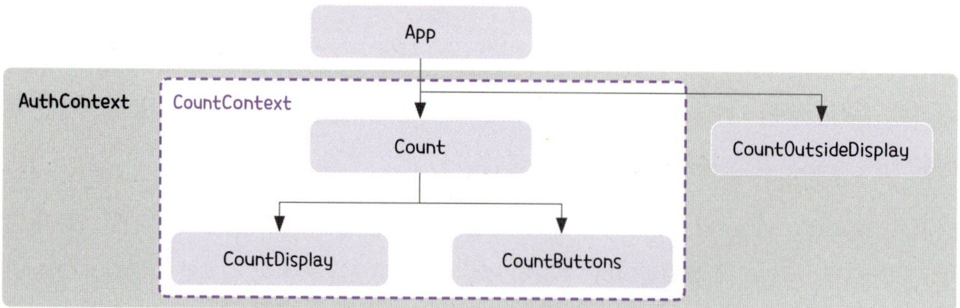

이 경우 CountOutsideDisplay는 CountProvider가 제공하는 전역 상태(count, increment 등)에 접근할 수 없습니다. 그런데도 CountOutsideDisplay 컴포넌트에서 useCountContext (CountContext)를 사용하면 어떻게 될까요?

애플리케이션을 실행하면 오류가 발생하고 화면이 정상적으로 렌더링되지 않습니다.

그림 12-13 컨텍스트 범위 밖에서 useContext를 사용할 경우 렌더링 오류 발생

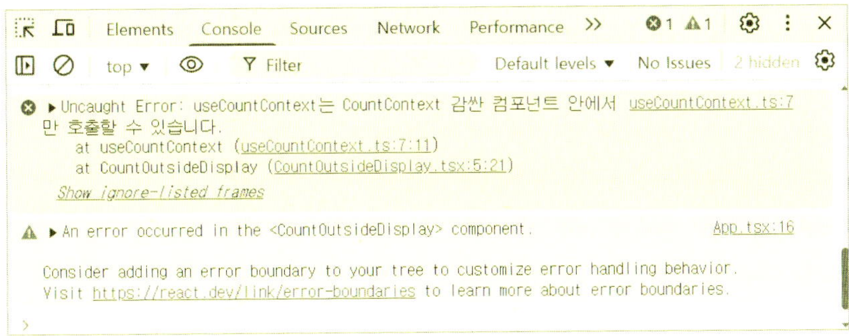

오류를 해결하려면 CountOutsideDisplay 컴포넌트에서 컨텍스트 값을 사용하지 않도록 수정해야 합니다.

src/components/CountOutsideDisplay.tsx

```
export default function CountOutsideDisplay() {
  console.log('CountOutsideDisplay rendering');
  return <h1>Outside Count: 0</h1>;
}
```

이제 CountOutsideDisplay는 더 이상 전역 상태를 사용하지 않으므로 컨텍스트 범위 밖에 있더라도 정상적으로 렌더링됩니다.

Context API는 Provider로 감싼 범위 안에 있는 컴포넌트끼리만 상태나 값을 공유할 수 있고, 컨텍스트 범위 밖 컴포넌트에서 useCountContext 훅을 사용하면 오류가 발생합니다. 상태를 사용하려는 컴포넌트는 반드시 해당 컨텍스트 Provider의 자식으로 포함되어야 합니다. 이 점을 반드시 기억하고 컴포넌트 구조를 설계해야 예상치 못한 오류를 방지할 수 있습니다.

12.2.8 use 훅으로 Context API 사용하기(리액트 19 이후)

리액트 19에서는 useContext 훅을 대체할 수 있는 새로운 use 훅이 도입되었습니다. 이 훅은 useContext 훅과 기능은 거의 같습니다. 하지만 항상 컴포넌트의 최상위에서만 호출해야 하는 useContext 훅과 달리, use 훅은 if 문 같은 조건문 안에서도 사용할 수 있습니다.

use 훅의 사용법은 매우 간단하며, useContext 훅과 거의 동일합니다.

형식 `const value = use(SomeContext);`

기존 커스텀 훅 중에서 useAuthContext.ts 파일만 useContext 훅 대신에 use 훅을 사용하도록 다음과 같이 수정합니다.

src/hooks/useAuthContext.ts

```
/* eslint-disable no-constant-condition */
import { use } from 'react';
import { AuthContext } from '../contexts/AuthContext';

export function useAuthContext() {
  if (true) {
    const context = use(AuthContext);
    if (!context) { (중략) }
    return context;
  }
}
```

if 문 안에서도 use 훅을 사용할 수 있음을 보여주기 위해 의도적으로 if 문을 true로 구성했습니다. 코드를 저장하고 실행하면 useContext 훅을 use 훅으로 변경하더라도 카운터 애플리케이션이 문제없이 작동하는 것을 확인할 수 있습니다.

useContext 훅은 컴포넌트의 최상위에서만 호출해야 하기 때문에 if 문 안에서 사용하면 오류가 발생합니다. 반면에 use 훅은 리액트가 자동으로 이 훅을 최상위에서 처리하도록 지원하기 때문에 조건문 안에서도 자유롭게 사용할 수 있는 장점이 있습니다.

수코딩의 조언

리액트 19 이상을 사용한다면 useContext 훅 대신 새로 도입된 use 훅을 추천합니다. use 훅을 사용하면 조건문 안에서도 컨텍스트 값을 사용할 수 있어 코드 작성이 훨씬 유연해지고 컴포넌트 구조도 더 간결하며 가독성을 높일 수 있습니다. 단, use 훅은 리액트 19 이상에서만 지원되므로 프로젝트 버전을 반드시 확인하세요.

1분 퀴즈

정답 노트 p.801

05. Context API를 사용할 때 가장 먼저 해야 할 일은 무엇인가요?

① Provider 컴포넌트를 작성한다. ② 컨텍스트 객체를 생성한다.

③ 상태를 로컬에 저장한다. ④ useContext 훅을 호출한다.

06. Provider 컴포넌트에서 데이터를 하위 컴포넌트에 전달하기 위해 사용하는 속성은 무엇인가요?

① context ② data ③ value ④ store

07. useContext 훅을 사용할 때 필요한 조건으로 가장 적절한 것은 무엇인가요?

① 상위 컴포넌트에서 Provider 컴포넌트로 감싸야 한다.

② 컨텍스트 객체는 useEffect 훅으로 감싸야 한다.

③ useContext 훅은 문자열만 반환할 수 있다.

④ 컨텍스트 내부에서만 호출해야 한다.

08. 중첩된 컨텍스트 구조에서 리렌더링 범위를 줄이려면 어떻게 해야 할까요?

① children을 여러 번 감싼다.

② useContext를 여러 번 호출한다.

③ 모든 상태를 하나의 컨텍스트로 통합한다.

④ 리렌더링과 무관한 컨텍스트는 useMemo로 감싸서 제공한다.

12.3

Redux로 전역 상태 관리하기

리액트는 기본적으로 컴포넌트 내부에서만 상태를 관리합니다. 따라서 여러 컴포넌트에서 상태를 함께 사용해야 하는 경우에는 전역 상태 관리에 한계가 있었습니다. 이 문제를 해결하기 위해 등장한 도구가 바로 Redux입니다.

Redux(리덕스)는 자바스크립트 애플리케이션에서 상태 관리를 도와주는 라이브러리입니다. 주로 리액트에서 사용하는 도구로 알려져 있지만, 사실 Vue.js, Angular와 같은 다른 자바스크립트 프레임워크에서도 사용할 수 있습니다. Redux를 사용하면 애플리케이션의 상태를 일관되게 관리할 수 있고, 상태 흐름이 예측 가능해져 대규모 프로젝트에서도 매우 유용합니다.

하지만 Redux는 설정이 복잡하고 문법이 어려우며 작성해야 할 코드량이 많다는 단점이 있었습니다. 이러한 불편함 때문에 Redux 도입을 꺼리는 개발자도 많았습니다. 그래서 등장한 것이 Redux Toolkit입니다.

Redux Toolkit은 Redux를 더 쉽게 사용할 수 있도록 만든 보조 라이브러리입니다. Redux Toolkit은 설정이 간단하고 문법이 직관적이며 다양한 유틸리티 함수와 기능이 기본으로 내장되어 있습니다. Redux 공식 문서에서도 Redux Toolkit 사용을 권장하고 있습니다.

Redux Toolkit에서는 다음과 같은 함수를 주로 사용합니다.

표 12-1 Redux Toolkit 주요 함수

메서드	설명
`createSlice()`	리듀서와 액션을 한 번에 생성
`configureStore()`	Redux 스토어를 간편하게 설정
`createAsyncThunk()`	비동기 작업을 처리하는 액션 생성기
`createEntityAdapter()`	리스트 데이터 관리를 위한 유틸리티

이 메서드들을 활용하면 기존 Redux보다 훨씬 간편하게 전역 상태를 관리할 수 있으며, 리액트 애플리케이션에 더 빠르게 적용할 수 있습니다.

TIP — 이 절에서는 앞에서 작성한 카운터 애플리케이션을 기반으로 Redux Toolkit을 적용해 전역 상태 관리를 구현합니다.

12.3.1 Redux와 Redux Toolkit 설치하기

Redux와 Redux Toolkit은 npm으로 손쉽게 설치할 수 있습니다. 리액트 애플리케이션 폴더에서 터미널을 열고 다음 명령어를 입력합니다.

```
TERMINAL
npm install @reduxjs/toolkit react-redux
```

- **@reduxjs/toolkit**: Redux를 더 쉽고 효율적으로 사용할 수 있도록 만든 공식 도구 모음입니다. 이 패키지에는 redux Core(상태 관리 핵심), redux-thunk(비동기 작업 처리), immer(불변성 관리), redux-devtools-extension(개발자 도구 연동), reselect(선택자 함수 지원)와 같은 유용한 라이브러리가 포함되어 있습니다.
- **react-redux**: 리액트 애플리케이션에서 Redux를 사용할 수 있도록 하는 공식 바인딩 라이브러리입니다. 여기에는 상태를 조회하는 useSelector 훅과 액션을 보내는 useDispatch 훅이 포함되어 있습니다.

설치가 끝나면 package.json 파일의 dependencies 항목에 다음과 같이 의존성이 추가됩니다(설치 시점에 따라 버전은 책과 다를 수 있습니다).

package.json

```
"dependencies": {
  "@reduxjs/toolkit": "^2.8.2",
  "react": "^19.1.0",
  "react-dom": "^19.1.0",
  "react-redux": "^9.2.0"
},
```

12.3.2 Redux 스토어 생성하기

Redux에서는 애플리케이션의 전체 상태를 스토어에서 중앙집중식으로 관리합니다. **스토어**

(store)는 애플리케이션에서 사용하는 모든 상태를 한곳에 모아 저장하고 관리하는 역할을 하는 객체로, 하나의 애플리케이션에 한 개만 존재할 수 있습니다.

스토어는 Redux Toolkit에서 제공하는 configureStore() 함수로 생성합니다. 이 함수는 기존 Redux의 createStore()보다 더 간단한 문법으로 미들웨어 설정, 개발자 도구 연결 등 다양한 기능을 자동으로 처리해 줍니다.

형식

```
const store = configureStore({
  reducer: rootReducer,
});
```

- **reducer**: 상태를 어떻게 변경할지 정의하는 **리듀서**(reducer) 함수를 지정합니다. 여러 개의 리듀서를 사용할 경우 보통 rootReducer로 합쳐 전달합니다.

카운터 애플리케이션에서 스토어를 생성해 보겠습니다. src 폴더에 store 폴더를 만들고 그 안에 store.ts 파일을 생성합니다. 생성한 파일에 다음과 같이 코드를 작성합니다.

src/store/store.ts

```
import { configureStore } from '@reduxjs/toolkit'; -------------- ❶

export const store = configureStore({ ---------------------------- ❷
  reducer: {}, // 리듀서 등록 위치
});
export type RootState = ReturnType<typeof store.getState>; ----- ❸
export type AppDispatch = typeof store.dispatch; ---------------- ❹
```

❶ redux-toolkit 패키지에서 configureStore() 함수를 가져옵니다.

❷ configureStore() 함수에 객체를 전달하고, 그 안에 reducer 속성을 정의합니다. 아직 사용할 리듀서가 없기 때문에 현재는 빈 객체({})로 설정합니다. 나중에 실제 리듀서를 생성한 뒤 이 위치에 등록합니다.

❸ store.getState()는 스토어의 현재 상태를 반환하는 디스패치 함수입니다. 반환 값의 타입은 ReturnType<typeof 함수>를 사용해 추론합니다. ReturnType<typeof 함수>는 어떤 함수가 반환하는 값의 타입을 자동으로 추론해주는 타입스크립트 유틸리티입니다. 추론한 타입을 사용할 수 있게 RootState 변수에 담아 내보냅니다.

❹ store.dispatch()는 액션을 보낼 때 사용하는 함수입니다. 여기에 어떤 변수나 함수의 타입을 가져오는 연산자인 typeof를 사용하면 해당 함수의 타입을 추론할 수 있습니다. 이를 AppDispatch 변수에 담아 내보냅니다.

TIP — **디스패치**(dispatch)는 스토어에 어떤 액션이 발생했다고 알려주는 함수입니다. 이 함수를 사용해 리듀서가 상태를 변경하게 됩니다.

12.3.3 Redux 스토어 리액트에 제공하기

앞에서 만든 Redux 스토어를 리액트 애플리케이션에서 사용하려면 Provider 컴포넌트로 제공해야 합니다. 이를 위해 main.tsx 파일에 Redux 스토어를 연결하는 코드를 다음과 같이 작성합니다.

src/main.tsx

```
import { StrictMode } from 'react';
import { createRoot } from 'react-dom/client';
import { store } from './store/store.ts'; ---------- ❶
import { Provider } from 'react-redux'; ----------- ❷
import App from './App.tsx';

createRoot(document.getElementById('root')!).render(
  <StrictMode>
    <Provider store={store}> ---------------------- ❸
      <App />
    </Provider>
  </StrictMode>
);
```

❶ 생성한 스토어 객체를 불러옵니다.

❷ react-redux 패키지에서 제공하는 Provider 컴포넌트를 불러옵니다. 이 컴포넌트는 리액트 애플리케이션에 Redux 스토어를 연결하는 역할을 합니다.

❸ App 컴포넌트를 Provider로 감싸고, store 속성으로 스토어를 전달합니다. 이렇게 하면 App 컴포넌트와 그 하위에 있는 모든 컴포넌트에서 스토어에 접근할 수 있습니다.

12.3.4 Redux 상태 슬라이스 만들기

Redux에서는 상태를 슬라이스 단위로 나눠 관리합니다. **슬라이스**(slice)는 하나의 상태와 해당 상태를 변경하는 액션(리듀서)을 묶은 단위로, Redux Toolkit의 createSlice() 함수를 사용해 쉽게 만들 수 있습니다.

createSlice() 함수를 사용하면 다음 세 가지를 한 번에 생성할 수 있습니다.

- **액션 타입(action type)**: 슬라이스 이름과 리듀서 이름을 결합한 고유 문자열
- **액션 생성 함수(action creator)**: 액션 객체를 자동으로 생성하는 함수
- **리듀서 함수(reducer)**: 상태를 실제로 변경하는 함수

createSlice() 함수는 다음과 같은 형식으로 사용합니다.

형식

```
const exampleSlice = createSlice({
  name: '슬라이스_이름', // 액션 타입의 접두어로 사용함
  initialState: 초깃값, // 상태 초깃값
  reducers: {
    리듀서_이름(state, action) {
      // 상태를 어떻게 바꿀지 정의
    }
  }
});
```

- **name**: 슬라이스의 이름으로, 액션 타입의 접두어로 사용합니다. 예 name: 'counter'
- **initialState**: 슬라이스에서 사용할 상태의 초깃값입니다. 예 initialState: { value: 0 }
- **reducers**: 상태를 변경하는 로직을 정의하는 함수입니다.

카운터 애플리케이션에서는 카운터를 나타내는 상태와, 상태를 변경하는 함수가 필요합니다. 이를 위한 슬라이스를 만들어 보겠습니다. store 폴더 아래 slice 폴더를 만들고 그 안에 counterSlice.ts 파일을 생성합니다. 이 파일에 다음과 같이 코드를 작성합니다.

src/store/slice/counterSlice.ts

```
import { createSlice } from '@reduxjs/toolkit';

export interface CounterState { ---------------------------------------- ❶
  value: number;
}
```

```
const initialState: CounterState = { ❷
  value: 0,
};
export const counterSlice = createSlice({ ❸
  name: 'counter',
  initialState,
  reducers: {
    increment: (state) => {
      state.value += 1;
    },
    decrement: (state) => {
      state.value -= 1;
    },
    reset: (state) => {
      state.value = 0;
    },
  },
});
export const { increment, decrement, reset } = counterSlice.actions; ❹
export default counterSlice.reducer; ❺
```

❶ 슬라이스에서 관리할 상태의 구조를 인터페이스로 정의합니다. 여기서는 number 타입의 value 속성을 정의합니다.

❷ ❶에서 정의한 타입을 사용해 상태의 초깃값을 { value: 0 }으로 설정합니다.

❸ createSlice() 함수로 슬라이스를 생성합니다. 인자는 객체로 받습니다. 객체에는 슬라이스를 만들기 위한 값이 들어갑니다.

- name: 슬라이스 이름을 'counter'로 설정합니다. 이 이름은 'counter/increment'와 같이 자동으로 액션 타입 이름에 반영됩니다.
- initialState: 앞서 설정한 { value: 0 }을 초깃값으로 사용합니다.
- reducers: 리듀서를 정의합니다. 각 리듀서는 특정 액션에 대한 처리를 담당합니다(increment 값 1 증가, decrement 값 1 감소, reset 0으로 초기화).

TIP — Redux에서는 상태의 불변성(immutability)을 지켜야 해서 원래는 상태를 직접 바꾸면 안 됩니다. 그러나 createSlice()는 내부적으로 Immer라는 라이브러리를 사용합니다. **Immer**는 상태를 직접 바꾸는 코드를 작성해도 실제로는 상태를 복사해서 새 상태를 반환하는 방식으로 처리합니다. state.value += 1처럼 작성해도 불변성을 유지하면서 안전하게 처리됩니다.

❹ 액션 생성 함수(increment, decrement, reset)를 구조 분해 할당으로 추출해 내보냅니다. 이렇게 해야 컴포넌트에서 dispatch(increment())처럼 사용할 수 있습니다.

❺ 슬라이스 안에서 자동 생성된 리듀서를 기본값으로 내보냅니다. 이 리듀서는 store.ts 파일에서 사용합니다.

12.3.5 슬라이스를 스토어에 추가하기

Redux는 모든 상태를 스토어에서 관리하므로 앞에서 만든 슬라이스도 스토어에 등록해야 실제로 상태를 조회하거나 변경할 수 있습니다. 슬라이스를 스토어에 추가하려면 store.ts 파일의 reducer 설정에 해당 슬라이스 리듀서를 포함해야 합니다. 이를 위해 store.ts 파일을 다음과 같이 수정합니다.

src/store/store.ts

```
import { configureStore } from '@reduxjs/toolkit';
import counterSlice from './slice/counterSlice'; -------- ❶

export const store = configureStore({
  reducer: {
    counter: counterSlice, -------------------------------- ❷
  },
});
export type RootState = ReturnType<typeof store.getState>;
export type AppDispatch = typeof store.dispatch;
```

❶ counterSlice.ts에서 리듀서를 불러옵니다.

❷ reducer 객체 안에 counter: counterSlice를 추가합니다. 이때 counter라는 키는 컴포넌트에서 슬라이스를 구분하는 이름 역할을 합니다.

12.3.6 스토어 사용하기

Redux 설정이 모두 끝났습니다. 이제 카운터 애플리케이션에서 Redux 스토어를 실제로 사용해 보겠습니다. 이제부터는 더 이상 props로 상태를 전달할 필요 없이 각 컴포넌트가 Redux 스토어에서 직접 상태를 조회하고 변경할 수 있습니다.

1 Redux로 상태를 전역에서 관리하므로 App.tsx와 Count.tsx에서 props 전달 코드를 제거합니다.

src/App.tsx

```
import Count from './components/Count';
import CountOutsideDisplay from './components/CountOutsideDisplay';

export default function App() {
  return (
    <>
      <Count />
      <CountOutsideDisplay />
    </>
  );
}
```

src/components/Count.tsx

```
import CountButtons from './CountButtons';
import CountDisplay from './CountDisplay';

export default function Count() {
  return (
    <>
      <CountDisplay />
      <CountButtons />
    </>
  );
}
```

2 CountOutsideDisplay 컴포넌트에서 스토어 상태를 조회하도록 수정합니다.

src/components/CountOutsideDisplay.tsx

```
import { useSelector } from 'react-redux';
import { type RootState } from '../store/store';

export default function CountOutsideDisplay() {
  const count = useSelector((state: RootState) => state.counter.value);
  return <h1>Outside Count: {count}</h1>;
}
```

- **useSelector**: 스토어에 저장된 상태를 컴포넌트에서 쉽게 조회할 수 있게 하는 조회 전용 훅입니다.
- **RootState**: 스토어의 전체 상태 타입으로, store.ts 파일에 정의되어 있습니다.
- **state.counter.value**: 스토어에 counter라는 이름으로 등록한 슬라이스의 value 상태 값입니다.

3 같은 방식으로 CountDisplay 컴포넌트도 수정합니다.

src/components/CountDisplay.tsx

```
import { useSelector } from 'react-redux';
import { type RootState } from '../store/store';

export default function CountDisplay() {
  const count = useSelector((state: RootState) => state.counter.value);
  return <h1>Count: {count}</h1>;
}
```

4 CountButtons 컴포넌트에서는 버튼 클릭 시 상태를 변경해야 하므로 useDispatch 훅을 사용합니다.

src/components/CountButtons.tsx

```
import { useDispatch } from 'react-redux';
import { decrement, increment, reset } from '../store/slice/counterSlice'; -- ❶

export default function CountButtons() {
  const dispatch = useDispatch(); ------------------------------------------ ❷
```

```
  return (
    <>
      <button onClick={() => dispatch(decrement())}>감소</button>
      <button onClick={() => dispatch(reset())}>초기화</button>       ❸
      <button onClick={() => dispatch(increment())}>증가</button>
    </>
  );
}
```

❶ 슬라이스에서 내보낸 액션 생성 함수(decrement, increment, reset)를 불러옵니다.

❷ 스토어의 디스패치 함수를 컴포넌트에서 사용할 수 있도록 useDispatch 훅으로 가져옵니다. 디스패치 함수는 액션을 스토어에 전달해 리듀서가 상태를 변경하도록 요청하는 데 사용합니다.

❸ dispatch(액션_생성_함수()) 형태로 사용하면 Redux가 해당 액션을 처리할 리듀서를 자동으로 실행합니다. 예를 들어, dispatch(decrement())를 호출하면 { type: 'counter/decrement' } 액션을 생성해 Redux에 보냅니다. Redux는 이 액션을 보고 등록된 리듀서에서 해당 액션에 맞는 로직을 실행합니다. 즉, value를 1 감소시킵니다.

코드를 저장하고 실행하면 props 없이도 컴포넌트들이 상태를 공유하고 변경해 카운터 애플리케이션이 정상적으로 작동합니다.

Context API를 사용할 때는 컨텍스트 객체를 분리하거나 메모이제이션을 해야만 불필요한 리렌더링을 막을 수 있었습니다. 하지만 Redux는 메모이제이션 없이도 상태 값이 변경된 컴포넌트만 리렌더링되도록 자동으로 최적화합니다. 각 컴포넌트에 console.log()로 메시지가 출력되게 작성한 후에 코드를 확인해보면 상태가 변경될 때마다 CountDisplay와 CountOutsideDisplay 컴포넌트만 리렌더링이 발생하는 것을 확인할 수 있습니다.

12.3.7 값을 전달해 상태 변경하기

앞에서 만든 리듀서 함수(increment, decrement, reset)는 모두 정해진 방식으로 상태를 변경합니다. 예를 들어, increment는 항상 상태를 1씩 증가시키고, decrement는 항상 1만큼 감소시킵니다. 그래서 값을 따로 전달할 필요가 없었습니다.

그런데 만약 호출할 때 전달한 값만큼 증가시키고 싶다면 어떻게 해야 할까요? 이럴 때는 리듀서 함수의 두 번째 매개변수인 action 객체를 활용합니다.

counterSlice.ts 파일에 외부에서 전달받은 값을 상태에 반영할 수 있는 리듀서 함수를 추가해 보겠습니다. 코드를 다음과 같이 수정합니다.

src/store/slice/counterSlice.ts

```
import { createSlice, type PayloadAction } from '@reduxjs/toolkit';

(중략)

export const counterSlice = createSlice({
  name: 'counter',
  initialState,
  reducers: {
    (중략)
    incrementByAmount: (state, action: PayloadAction<number>) => {
      state.value += action.payload;
    },
  },
});

export const { increment, decrement, reset, incrementByAmount } = counterSlice.
actions;
export default counterSlice.reducer;
```

incrementByAmount() 함수는 state와 action 매개변수를 받습니다.

- **state**: 현재 슬라이스의 상태를 나타냅니다.
- **action**: 컴포넌트에서 전달한 값을 포함한 객체입니다.
- **PayloadAction<number>**: Redux Toolkit에서 제공하는 제네릭 타입으로, 해당 액션이 숫자 타입(payload: number)의 값임을 명시합니다. 이처럼 payload 타입을 미리 지정하면 코드 작성 시 자동 완성과 타입 추론 기능이 잘 작동합니다.
- **action.payload**: 전달한 실제 값이 담겨 있습니다. 이 값으로 상태를 원하는 만큼 증가시킵니다.

incrementByAmount() 함수는 컴포넌트에서 다음과 같이 사용합니다.

src/components/CountButtons.tsx

```
import { useDispatch } from 'react-redux';
import { decrement, increment, reset, incrementByAmount } from '../store/slice/
counterSlice';

export default function CountButtons() {
  const dispatch = useDispatch();
  return (
    <>
      (중략)
      <button onClick={() => dispatch(incrementByAmount(10))}>10 증가</button>
    </>
  );
}
```

incrementByAmount() 함수를 호출할 때 인자로 숫자 10을 넘깁니다. 그러면 incrementByAmount() 함수의 action.payload 값이 10이 되고, 리듀서 함수 내부에서 상태가 현재 값보다 10만큼 증가합니다.

애플리케이션을 실행한 후 [10 증가] 버튼을 클릭하면 화면에 표시된 숫자가 10씩 증가합니다.

그림 12-14 [10 증가] 버튼을 클릭할 때마다 값이 10씩 증가

Count: 10

감소 | 리셋 | 증가 | 10 증가

Outside Count: 10

이해하기 쉽게 incrementByAmount() 함수에서 사용하는 PayloadAction의 타입을 다음과 같이 객체 형태로 수정해 보겠습니다.

src/store/slice/counterSlice.ts

```
export const counterSlice = createSlice({
  name: 'counter',
  initialState,
  reducers: {
```

```
  (중략)
    incrementByAmount: (state, action: PayloadAction<{ count: number }>) => {
      state.value += action.payload.count;
    },
  },
});
export const { increment, decrement, reset, incrementByAmount } = counterSlice.actions;
export default counterSlice.reducer;
```

PayloadAction의 타입을 { count: number }로 지정하면 action.payload는 { count: 10 }과 같은 객체 형태가 됩니다. 그리고 객체 안에 있는 count 값(action.payload.count)을 꺼내 상태에 반영합니다.

리듀서 함수의 변경에 맞춰 컴포넌트에서도 incrementByAmount() 함수 호출 코드를 수정해야 합니다.

src/components/CountButtons.tsx

```
export default function CountButtons() {
  const dispatch = useDispatch();
  return (
    <>
      (중략)
      <button onClick={() => dispatch(incrementByAmount({ count: 10 }))}>
        10 증가
      </button>
    </>
  );
}
```

리듀서 함수는 인자를 하나만 받을 수 있습니다. 만약 여러 값을 전달하고 싶다면 객체 형태로 묶어 전달해야 합니다.

12.3.8 개발자 도구 활용하기

Redux Toolkit을 사용할 때 크롬 웹 브라우저의 확장 프로그램을 설치하면 개발자 도구를 통해 상태 변화 과정을 시각적으로 확인할 수 있습니다. 크롬 웹 스토어에서 **Redux DevTools**를 검색해 설치합니다. 확장 프로그램 설치 방법은 **1.2.4절**을 참고하세요.

그림 12-15 확장 프로그램 설치: Redux DevTools

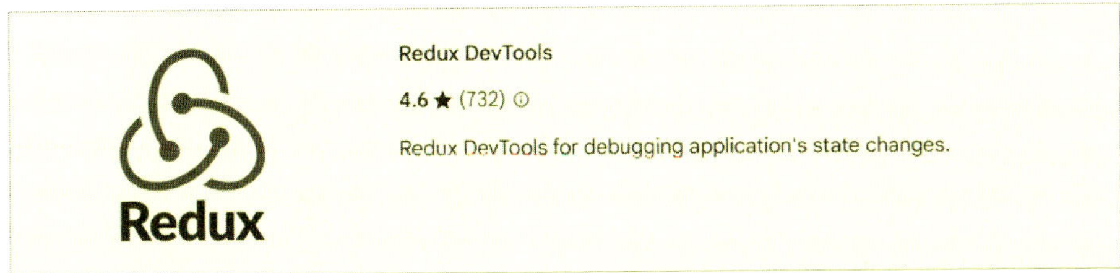

확장 프로그램을 설치한 뒤 개발자 도구(F12)를 열면 기존 탭 옆에 Redux 탭이 새로 생긴 것을 확인할 수 있습니다. 환경에 따라 탭 목록 오른쪽에 있는 » 버튼을 클릭해야 보일 수 있습니다. 또한, Redux DevTools는 Redux가 적용된 페이지에서만 사용할 수 있습니다. 따라서 Redux를 사용 중인 리액트 애플리케이션을 실행해야 Redux 탭이 보입니다.

그림 12-16 Redux 탭 확인

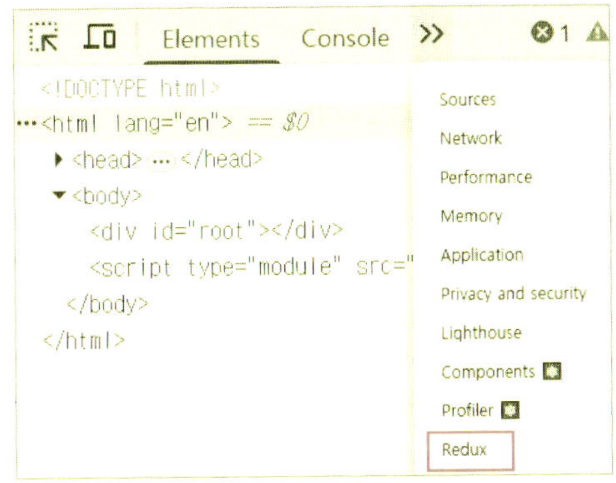

Redux 탭을 클릭하면 다음과 같은 Redux 전용 개발자 도구 화면이 나타납니다.

그림 12-17 Redux 개발자 도구 화면

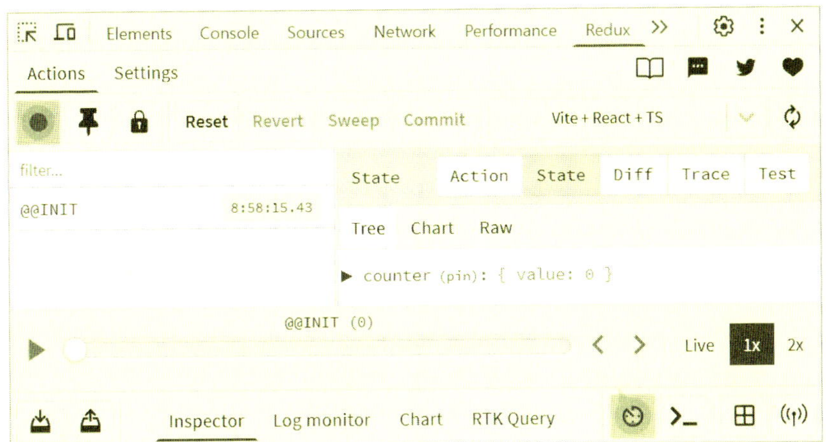

Redux DevTools는 매우 다양한 기능을 지원하지만, 여기서는 기본 사용법만 살펴보겠습니다. 기본적으로 Actions 탭이 활성화되어 있으며, 화면은 상하 또는 좌우 2분할 구조입니다.

- **왼쪽(위쪽) 영역**: 지금까지 발생한 액션 히스토리가 시간순으로 표시됩니다.
- **오른쪽(아래쪽) 영역**: 선택한 액션에 대한 세부 정보를 다양한 탭(Action, State, Diff, Trace, Test)으로 확인할 수 있습니다.

예를 들어, 지금까지 만든 카운터 애플리케이션에서 [증가] 버튼 3번과 [감소] 버튼 1번을 클릭하면 Redux 개발자 도구는 다음과 같이 액션 히스토리를 기록합니다.

그림 12-18 Redux 개발자 도구의 기록 화면

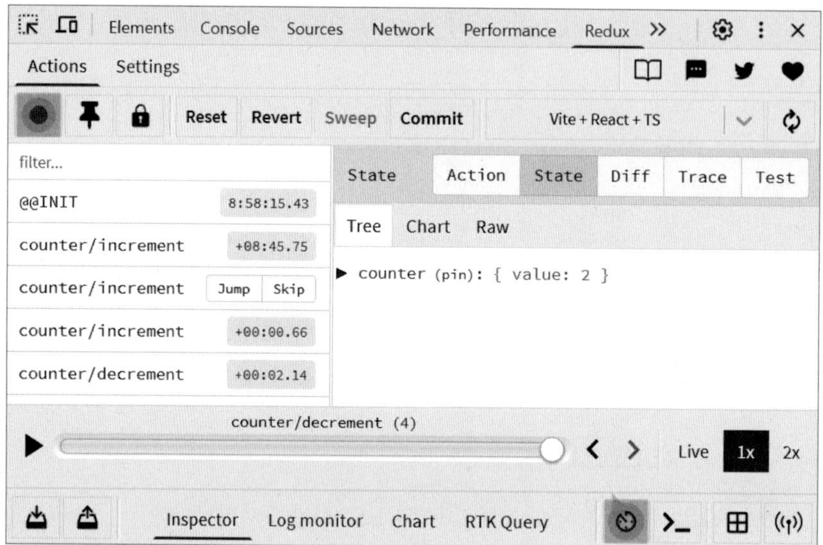

왼쪽 히스토리에는 발생한 액션의 종류가 각각 한 줄씩 기록됩니다. 현재 counter/increment가 3번, counter/decrement가 1번 기록되어 있습니다. 각 액션을 클릭하면 [Jump], [Skip] 버튼이 표시됩니다.

- **[Jump]**: 해당 액션이 발생한 시점으로 상태를 되돌립니다. 예를 들어 counter/increment 두 번째 항목에서 [Jump]를 클릭하면 증가 액션이 2번 수행된 상태(값 2)로 돌아갑니다.
- **[Skip]**: 해당 액션을 무시하고 상태 변화를 무효화합니다.

오른쪽 영역의 탭에서 제공하는 기능은 다음과 같습니다.

- **Action**: 발생한 액션의 타입을 자세히 볼 수 있습니다.
- **State**: 해당 시점의 전체 상태 정보를 보여줍니다.
- **Diff**: 액션 전후로 어떤 값이 어떻게 달라졌는지 보여줍니다.
- **Trace**: 해당 액션이 어디에서 발생했는지 호출 스택을 추적해 보여줍니다.
- **Test**: 해당 액션을 기반으로 테스트 코드를 자동 생성합니다.

이 중에서 [State]와 [Diff] 기능만 잘 활용해도 Redux 상태 흐름을 디버깅하는 데 큰 도움이 됩니다. Redux를 사용할 때는 개발자 도구를 함께 활용해 보세요.

TIP — Redux Toolkit에 관해 더 자세히 알고 싶다면 공식 문서(https://redux-toolkit.js.org)를 참고하세요.

1분 퀴즈

정답 노트 p.801

09. 다음 중 Redux Toolkit에서 스토어를 생성할 때 사용하는 함수는 무엇인가요?

① `createStore()` ② `createSlice()`

③ `configureStore()` ④ `useSelector()`

10. Redux 스토어를 리액트 애플리케이션에 연결할 때 사용하는 컴포넌트는 무엇인가요?

① AppRouter ② Provider

③ StoreProvider ④ StateContext

11. 다음 중 createSlice() 함수의 기능이 아닌 것은 무엇인가요?

① 액션 타입을 자동으로 생성한다.

② 액션 생성 함수를 자동으로 만들어준다.

③ 리듀서 함수를 슬라이스에 자동으로 포함해준다.

④ 리액트 컴포넌트에 상태를 자동으로 연결해준다.

12. Redux Toolkit에서 액션과 함께 값을 전달하고 싶을 때 리듀서 함수의 매개변수로 사용하는 타입은 무엇인가요?

① `PayloadAction` ② `RootState`

③ `useSelector` ④ `ActionPayload`

12.4 Zustand로 전역 상태 관리하기

Zustand(독일어로 '상태'를 뜻함)는 리액트 애플리케이션에서 사용할 수 있는 가볍고 직관적인 상태 관리 라이브러리입니다. Zustand는 상태를 생성하고 공유하는 과정을 더 간단하고 효율적으로 처리할 수 있도록 설계되었습니다.

Zustand가 등장하기 전까지는 전역 상태를 관리할 때 Context API나 Redux + Redux ToolKit 조합을 사용했습니다. 그러나 Zustand가 출시된 후 적은 코드량과 간편한 사용법 덕분에 빠르게 주목받기 시작했습니다. 실제 npm 다운로드 수를 보면 사용률이 지속적으로 증가하고 있습니다.

그림 12-19 npm 다운로드 수 비교 자료(출처: https://npmtrends.com/redux-vs-zustand)

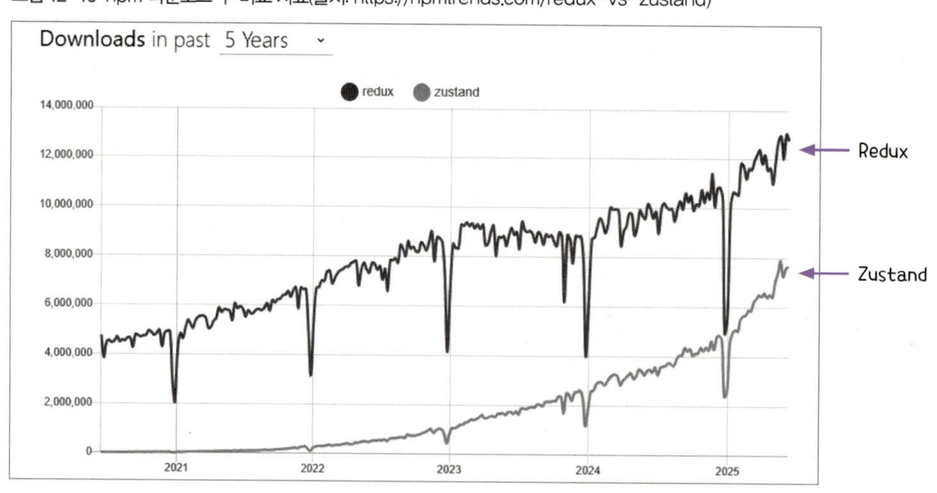

이 절에서는 Zustand를 카운터 애플리케이션에 적용해 보겠습니다.

TIP — 이 절에서 사용하는 리액트 애플리케이션은 **12.1절**에서 작성한 코드를 기반으로 합니다.

12.4.1 Zustand 설치하기

Zustand는 리액트에서 기본으로 제공하지 않는 외부 라이브러리입니다. 따라서 리액트 애플리케이션 폴더로 가서 터미널에 다음 명령어를 입력해 zustand 패키지를 설치합니다.

TERMINAL

```
npm install zustand
```

설치한 후 package.json 파일을 열어보면 dependencies 항목에 의존성이 추가되었습니다(설치 시점에 따라 버전은 책과 다를 수 있습니다).

package.json

```
"dependencies": {
  "react": "^19.1.0",
  "react-dom": "^19.1.0",
  "zustand": "^5.0.7"
},
```

12.4.2 Zustand 스토어 생성하기

Zustand로 상태를 관리할 때 가장 중요한 개념은 스토어입니다. **12.3.2절**에서 살펴보았듯 스토어는 현재 상태와 상태를 변경할 수 있는 함수(액션)를 함께 담고 있는 객체입니다. Zustand 역시 스토어를 통해 전역 상태를 생성하고 관리합니다.

Zustand에서 스토어를 생성할 때는 create() 함수를 사용합니다. 기본 형식은 다음과 같습니다.

형식

```
create<StoreType>()((set, get) => ({ // get 생략 가능
  state: 초깃값,
  action: () => set(...) // 또는 get(...) 사용 가능
}))
```

- **create<StoreType>**: 스토어에 포함될 상태와 액션의 타입을 제네릭으로 지정합니다.
- **(set, get) => ({ ... })**: 상태와 액션을 정의하는 함수입니다. get은 현재 상태를 조회할 때 사용하며 생략할 수 있습니다.
- **set()**: 상태를 변경할 때 사용하는 함수입니다.

Zustand의 기본 사용법을 이해하기 위해 카운터 상태를 관리하는 스토어를 만들어 보겠습니다. src/store 폴더를 만들고 counterStore.ts 파일을 생성해 다음과 같이 코드를 작성합니다.

src/store/counterStore.ts

```
import { create } from 'zustand'; ---------------------------------------- ❶

interface CounterStoreState { --------------------------------------------- ❷
  count: number;
  increment: () => void;
  decrement: () => void;
  reset: () => void;
  resetIfEven: () => void;
}
export const useCounterStore = create<CounterStoreState>((set, get) => ({ --- ❸
  count: 0,
  increment: () => set((state) => ({ count: state.count + 1 })), // 기존 상태 기반
  decrement: () => set((state) => ({ count: state.count - 1 })), // 기존 상태 기반
  reset: () => set({ count: 0 }), // 새 상태 직접 지정
  resetIfEven: () => { // get() 함수로 현재 상태 값 참조
    const { count } = get();
    if (count % 2 === 0) {
      set({ count: 0 });
    }
  },
}));
```

❶ zustand 패키지에서 create() 함수를 불러옵니다.

❷ 타입스크립트를 사용할 경우 상태와 액션의 구조를 미리 정의해야 합니다. 여기서는 count라는 숫자 상태와 increment(), decrement(), reset(), resetIfEven()이라는 4가지 함수를 포함한 구조를 인터페이스로 작성합니다.

❸ create() 함수로 상태와 액션을 포함한 스토어를 생성합니다. 이때 <CounterStoreState>를 제네릭 타입으로 명시해 스토어가 이 구조를 따르도록 합니다. Zustand에서 상태를 변경할 때는 set() 함수를 사용합니다. 이 함수는 리액트의 useState 훅에서 사용하는 상태 변경 함수와 비슷한 방식으로 동작합니다. increment, decrement처럼 현재 상태를 참조해 계산할 경우에는 콜백 함수((state) => {}) 형태로 작성하고, reset처럼 고정 값을 바로 설

정할 경우에는 객체 형태로 새 상태를 직접 전달합니다. 또한, resetIfEven()처럼 함수 내부에서 상태 값을 안전하게 가져오고 싶을 때는 get() 함수를 사용합니다.

Zustand에서 만든 스토어는 커스텀 훅 형태로 반환되기 때문에 변수 이름이 useCounterStore처럼 use로 시작하는 것을 권장합니다. 이는 리액트 훅의 네이밍 규칙과도 일치하며, 자동 완성, 코드 가독성, 유지보수성 측면에서도 도움이 됩니다.

12.4.3 Zustand 스토어 사용하기

Zustand는 create() 함수를 사용해 스토어 객체를 생성하고, 이때 반환된 커스텀 훅을 통해 리액트 컴포넌트 어디에서든 손쉽게 스토어에 접근할 수 있습니다. 즉, 복잡한 설정 없이도 상태를 조회하거나 업데이트할 수 있으며, 별도의 Provider로 감싸줄 필요도 없습니다. 상태를 직접 props로 전달할 필요가 없으므로 기존에 App 컴포넌트와 Count 컴포넌트 사이에서 props를 주고받던 코드를 제거하고, 각 컴포넌트가 Zustand 스토어를 직접 사용할 수 있도록 구조를 정리합니다.

src/App.tsx

```
import Count from './components/Count';
import CountOutsideDisplay from './components/CountOutsideDisplay';

export default function App() {
  return (
    <>
      <Count />
      <CountOutsideDisplay />
    </>
  );
}
```

src/components/Count.tsx

```
import CountButtons from './CountButtons';
import CountDisplay from './CountDisplay';

export default function Count() {
  return (
    <>
```

```
      <CountDisplay />
      <CountButtons />
    </>
  );
}
```

각 컴포넌트에서 useCounterStore 커스텀 훅을 사용해 전역 상태를 직접 조회하거나 업데이트하도록 수정합니다.

src/CountOutsideDisplay.tsx

```
import { useCounterStore } from '../store/counterStore';

export default function CountOutsideDisplay() {
  const count = useCounterStore((state) => state.count);
  return <h1>Outside Count: {count}</h1>;
}
```

src/CountDisplay.tsx

```
import { useCounterStore } from '../store/counterStore';

export default function CountDisplay() {
  const count = useCounterStore((state) => state.count);
  return <h1>Count: {count}</h1>;
}
```

두 컴포넌트는 count 값을 직접 조회합니다. 기존처럼 상위 컴포넌트에서 props를 전달할 필요 없이 커스텀 훅 한 줄로 상태를 가져올 수 있다는 점이 매우 편리합니다.

상태를 변경할 때도 액션 함수를 동일한 방식으로 사용할 수 있습니다.

src/CountButtons.tsx

```
import { useCounterStore } from '../store/counterStore';

export default function CountButtons() {
  const increment = useCounterStore((state) => state.increment);
  const decrement = useCounterStore((state) => state.decrement);
  const reset = useCounterStore((state) => state.reset);
  const resetIfEven = useCounterStore((state) => state.resetIfEven);
```

```
  return (
    <>
      <button onClick={decrement}>감소</button>
      <button onClick={reset}>초기화</button>
      <button onClick={resetIfEven}>초기화(짝수)</button>
      <button onClick={increment}>증가</button>
    </>
  );
}
```

Zustand에서는 상태를 가져오는 것과 동일한 방식으로 액션 함수도 가져올 수 있습니다. 액션이라고 해서 특별한 훅이나 디스패치 함수가 필요한 것은 아닙니다.

애플리케이션을 실행해보면 Zustand 기반의 카운터 애플리케이션이 정상적으로 동작합니다. 이처럼 Zustand를 사용하면 Context API나 Provider 없이도 상태를 공유할 수 있고, 불필요한 props 전달 없이 컴포넌트에서 직접 상태에 접근할 수 있습니다. 또한, 자동 최적화로 값이 변경된 컴포넌트만 리렌더링됩니다.

콘솔을 활용해 각 컴포넌트에 로그를 찍어보며 상태가 실제로 변경된 컴포넌트만 리렌더링되는 것을 확인해 보세요.

그림 12-20 Zustand로 전역 상태를 관리한 결과

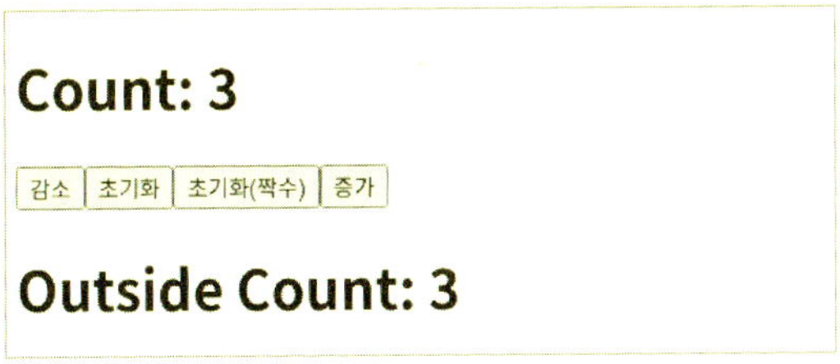

Count: 3

감소 | 초기화 | 초기화(짝수) | 증가

Outside Count: 3

12.4.4 Zustand의 고급 기능

Zustand는 다양한 미들웨어를 제공해 상태 관리 기능을 확장할 수 있도록 지원합니다. 여기서 **미들웨어**(middleware)란 상태를 읽거나 쓸 때 또는 변경하는 과정에 추가 동작을 삽입할 수 있게 해주는 기능입니다. 자주 사용하는 미들웨어로는 persist, subscribeWithSelector, immer, devtools가 있습니다.

● persist 미들웨어

persist 미들웨어를 사용하면 상태를 로컬 스토리지에 저장할 수 있어 페이지를 새로 고쳐도 변경한 상태가 초기화되지 않고 유지됩니다. 카운터 애플리케이션에서 상태를 저장할 수 있도록 persist 미들웨어를 다음과 같이 적용합니다.

src/store/countStore.ts

```
import { create } from 'zustand';
import { persist } from 'zustand/middleware';

interface CounterStoreState { (중략) }

export const useCounterStore = create<CounterStoreState>() ( ------ ❶
  persist ( // 상태를 저장할 수 있게 persist()로 감싸기 ----------------- ❷
    (set, get) => ({
      count: 0,
      increment: () => set((state) => ({ count: state.count + 1 })),
      decrement: () => set((state) => ({ count: state.count - 1 })),
      reset: () => set({ count: 0 }),
      resetIfEven: () => { (중략) },
    }),
    { name: 'counter-store' } // 로컬 스토리지에서 사용할 키 이름 지정
  )
);
```

❶ create<CounterStoreState>()(...) 형식으로 타입을 지정해야 타입스크립트 오류 없이 미들웨어를 적용할 수 있습니다.

❷ persist() 함수는 인자 2개를 받습니다.

- **첫 번째 인자**: 상태와 액션을 정의하는 함수입니다((set) => ({ ... })).
- **두 번째 인자**: 상태를 어디에, 어떻게 저장할지 설정하는 객체입니다. 여기서 name은 로컬 스토리지에 저장할 때 사용할 키 이름입니다.

코드를 실행하고 상태를 변경한 뒤 새로 고침해도 변경된 값이 그대로 유지됩니다.

subscribeWithSelector 미들웨어

Zustand는 상태가 변경될 때 특정 동작을 실행할 수 있도록 **구독 기능**(subscribe())을 제공합니다. 이 기능을 사용하면 특정 상태를 계속 감시하다가 값이 변경되는 순간 자동으로 지정한 함수가 실행되도록 설정할 수 있습니다. 예를 들어, 상태가 변경될 때마다 콘솔에 로그를 출력하거나 서버에 데이터를 전송하는 작업 등을 수행할 수 있습니다.

subscribe()는 상태 변화를 정밀하게 감지하고 변화된 상태를 저장하기 위해 subscribeWithSelector, persist 미들웨어와 조합해 함께 사용합니다.

src/store/useCounterStore.ts

```
import { create } from 'zustand';
import { persist, subscribeWithSelector } from 'zustand/middleware';

interface CounterStoreState { (중략) }

export const useCounterStore = create<CounterStoreState>()(
  subscribeWithSelector(
    persist (
      (set, get) => ({
        (중략)
      }),
      { name: 'counter-store' }
    )
  )
);
```

subscribeWithSelector()는 특정 상태를 선택해서 구독할 수 있게 합니다. 이때 subscribeWithSelector()로 persist(...)를 감싸야 합니다.

이제 상태 변경을 감지해 로그를 출력해 보겠습니다. count 상태를 구독하도록 CountButtons 컴포넌트를 다음과 같이 수정합니다.

src/components/CountButtons.tsx

```
import { useEffect } from 'react';
import { useCounterStore } from '../store/counterStore';

export default function CountButtons() {
  const increment = useCounterStore((state) => state.increment);
```

```
  const decrement = useCounterStore((state) => state.decrement);
  const reset = useCounterStore((state) => state.reset);
  const resetIfEven = useCounterStore((state) => state.resetIfEven);
  useEffect(() => {
    const unsubscribe = useCounterStore.subscribe( // 상태 구독 설정
      (state) => state.count, // 구독할 상태 선택
      (newCount) => { // 상태가 변경될 때 실행할 함수
        console.log('Count has changed to:', newCount);
      }
    );
    return () => { // 컴포넌트 언마운트 시 구독 해제
      unsubscribe();
    };
  }, []);
  return ( (중략) );
}
```

subscribe() 함수는 2개의 인자를 받습니다.

- **첫 번째 인자**: 어떤 상태를 구독할지 결정하는 선택자 함수입니다((state) => state.count).
- **두 번째 인자**: 해당 상태가 변경될 때 실행할 함수입니다((newCount) => {...}).

subscribe()는 상태가 변경될 때만 콜백 함수가 실행되며 컴포넌트가 리렌더링되지 않습니다. subscribe()로 구독을 설정한 경우에는 컴포넌트가 언마운트될 때 unsubscribe()로 반드시 해제해 주어야 합니다. 구독을 해제하지 않으면 컴포넌트가 언마운트된 후에도 콜백 함수가 계속 실행되어 불필요한 동작이 발생할 수 있습니다.

코드를 저장하고 애플리케이션을 실행한 뒤 버튼을 클릭해 보세요. 버튼을 클릭할 때마다 콘솔에 다음과 같이 메시지가 출력됩니다.

그림 12-21 상태 변경 시 로그 출력

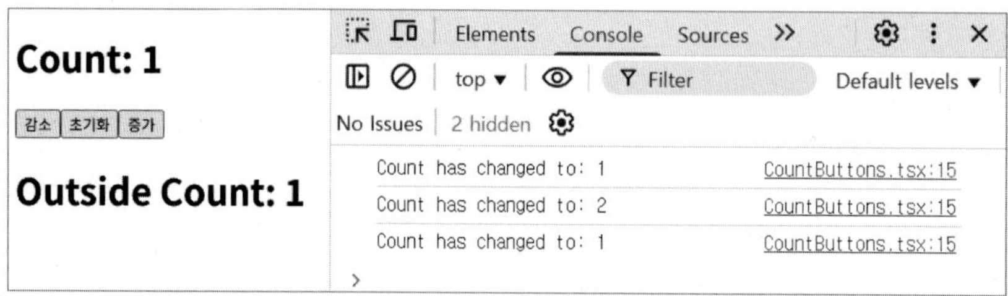

subscribe() 함수의 두 번째 인자로 넘긴 콜백 함수가 상태가 변경될 때마다 실행되고, 이때 콜백 함수의 매개변수로 상태의 최신 값이 전달됩니다.

immer 미들웨어

Zustand에서 상태를 변경할 때는 반드시 불변성을 지켜야 합니다. 즉, 기존 상태를 직접 수정하지 않고 새로운 객체로 상태를 업데이트해야 합니다. 하지만 이런 방식은 상태가 복잡해질수록 코드는 길고 복잡해지며, 가독성이 떨어지고 실수하기 쉽습니다.

이러한 문제를 해결하기 위해 Zustand는 immer 미들웨어를 제공합니다. immer를 사용하면 상태를 직접 수정하듯 간단하게 작성해도 내부적으로는 자동으로 불변성을 유지해 안전하게 처리합니다.

immer 미들웨어를 사용하려면 immer 패키지를 다음과 같이 설치해야 합니다.

TERMINAL

```
npm install immer
```

설치하고 나면 스토어에 immer 미들웨어를 적용해 상태를 보다 간단하게 관리할 수 있습니다. 카운터 애플리케이션에 적용하기 위해 counterStore.ts 파일을 다음과 같이 수정합니다.

src/store/counterStore.ts

```
import { create } from 'zustand';
import { persist, subscribeWithSelector } from 'zustand/middleware';
import { immer } from 'zustand/middleware/immer';

interface CounterStoreState { (중략) }

export const useCounterStore = create<CounterStoreState>()(
  subscribeWithSelector( // 상태 구독을 위한 미들웨어 적용
    persist( // 상태 유지를 위한 미들웨어 적용
      immer((set, get) => ({ // 불변성 관리를 위한 미들웨어 적용
        count: 0,
        // immer가 자동으로 불변성 관리
        increment: () => set((state) => { state.count += 1; }),
        decrement: () => set((state) => { state.count -= 1; }),
        reset: () => set((state) => { state.count = 0; }),
        resetIfEven: () => {
          const { count } = get();
```

```
        if (count % 2 === 0) {
          set(state => state.count = 0);
        }
      },
    })),
    { name: 'counter-store' }
  )
)
);
```

set() 함수 안에서 state.count += 1처럼 작성해 상태를 직접 수정하는 것처럼 보이지만, 실제로 immer는 내부에서 임시 복사본을 만들고 새로운 객체로 상태를 업데이트합니다. 즉, 불변성을 유지하면서도 코드 작성은 간결하게 할 수 있습니다.

● devtools 미들웨어

Zustand는 devtools 미들웨어를 통해 Redux 개발자 도구(Redux DevTools)와 연동할 수 있습니다. 이를 사용하면 상태 변경 기록을 추적하거나 이전 상태로 되돌리는 등 디버깅에 유용한 기능을 사용할 수 있습니다.

devtools 미들웨어는 Zustand 패키지에 포함되어 있어 다음과 같이 불러와서 사용합니다.

src/store/countStore.ts

```
import { create } from 'zustand';
import { devtools, persist, subscribeWithSelector } from 'zustand/middleware';
import { immer } from 'zustand/middleware/immer';

(중략)
export const useCounterStore = create<CounterStoreState>()(
  devtools(
    subscribeWithSelector(
      (중략)
    ),
    {
      trace: true, // 액션 호출 스택 추적 활성화
    }
  )
);
```

이렇게 구성한 뒤 웹 브라우저에서 Redux 개발자 도구를 열면 Zustand의 상태도 Redux 상태처럼 확인할 수 있습니다.

그림 12-22 Zustand와 Redux 개발자 도구 연동

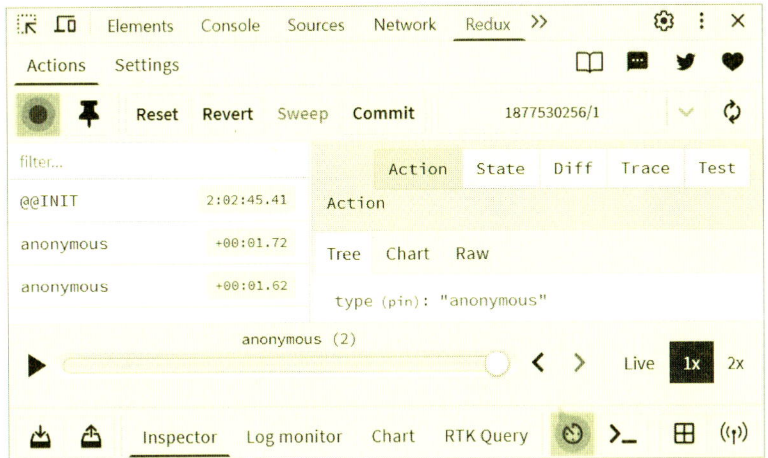

다만, Zustand는 Redux 기반 라이브러리가 아니기 때문에 Redux 개발자 도구와 완전히 동일하게 동작하지는 않습니다. 예를 들어, 액션 이름이 자동으로 anonymous로 표시됩니다. 또한, [Skip] 버튼이 제대로 동작하지 않아 특정 액션을 무효화하는 기능은 사용할 수 없습니다. 하지만 [Jump], [State], [Diff] 등은 문제없이 사용할 수 있습니다.

이처럼 일부 제약은 있지만, 기본 기능만으로도 Zustand의 상태 흐름을 시각적으로 추적하고 디버깅하는 데 충분히 유용합니다.

TIP — Zustand를 더 자세히 알고 싶다면 공식 문서(https://docs.pmnd.rs/zustand)를 참고하세요.

1분 퀴즈

정답 노트 p.801

13. Zustand의 특징으로 올바른 것은 무엇인가요?

① 상태 공유를 위해 컨텍스트의 Provider로 컴포넌트를 감싸야 한다.

② 별도의 Provider 없이도 전역 상태에 직접 접근할 수 있다.

③ 상태를 읽으려면 반드시 `useContext` 훅을 사용해야 한다.

④ 상태는 한 번 생성되면 변경할 수 없다.

계속

14. 다음 중 Zustand 스토어를 생성할 때 사용하는 함수는 무엇인가요?

① `createStore()` ② `configureStore()`

③ `create()` ④ `defineStore()`

15. Zustand의 스토어 내부에서 상태를 변경할 때 사용하는 함수는 무엇인가요?

① `set()` ② `get()` ③ `updateState()` ④ `useDispatch()`

16. 다음 중 Zustand의 persist 미들웨어에 대한 설명으로 올바른 것은 무엇인가요?

① 상태를 외부 API에 자동 전송한다.

② 상태 변경 시 자동으로 컴포넌트를 리렌더링한다.

③ 상태를 메모리에서만 유지해 새로 고침하면 초기화된다.

④ 상태를 로컬 스토리지 등에 저장해 새로 고침해도 유지된다.

17. subscribeWithSelector 미들웨어에 대한 설명으로 적절한 것은 무엇인가요?

① 상태를 구독하려면 Provider로 감싸야 한다.

② 원하는 상태만 선택 구독해 성능을 최적화할 수 있다.

③ 상태가 변경될 때마다 전체 애플리케이션이 리렌더링된다.

④ 상태를 구독하더라도 값이 바뀌지 않으면 항상 콜백이 실행된다.

12.5

할 일 관리 애플리케이션에 전역 상태 관리 적용하기

9장에서 만든 할 일 관리 애플리케이션은 이후 장에서 배운 새로운 개념을 적용해 점점 개선하고 있습니다. 이번에는 전역 상태 관리 도구인 Zustand를 도입해 보겠습니다(실습은 ch11/08 폴더의 코드를 활용해 주세요).

지금까지는 컴포넌트 간 데이터를 props로 전달하는 방식을 사용했습니다. 이 방식은 컴포넌트 구조가 복잡해질수록 코드가 길어지고, 유지보수가 어려워지는 단점이 있습니다. Zustand를 사용하면 어떤 컴포넌트에서든 전역 상태에 직접 접근할 수 있어 코드 구조가 훨씬 간결해집니다. 특히 persist 미들웨어를 활용하면 앞서 구현한 로컬 스토리지 저장 기능도 손쉽게 처리할 수 있어 매우 효율적입니다.

12.5.1 Zustand 설치하기

할 일 관리 애플리케이션에 `zustand` 패키지를 설치합니다. 여기서는 `immer`도 사용하므로 다음 명령어로 설치합니다.

TERMINAL

```
npm install zustand immer
```

설치가 끝나면 package.json 파일에 `zustand` 의존성이 추가되었는지 확인합니다.

package.json

```
"dependencies": {
  "immer": "^10.1.1",
  "react": "^19.1.0",
  "react-dom": "^19.1.0",
  "zustand": "^5.0.7"
```

```
},
```

12.5.2 스토어 생성하기

할 일 관리 애플리케이션에서 Zustand 스토어를 생성하겠습니다. src 폴더에 store 폴더를 만듭니다. 그 안에 todoStore.ts 파일을 생성하고 다음과 같이 코드를 작성합니다.

src/store/todoStore.ts

```
import { create } from 'zustand';
import { persist } from 'zustand/middleware';
import { immer } from 'zustand/middleware/immer';

interface TodoStoreState {
  todos: Todo[];
}
interface TodoStoreActions {
  addTodo: (title: string) => void;
  deleteTodo: (id: number) => void;
  toggleTodo: (id: number) => void;
  modifyTodo: (id: number, title: string) => void;
}

export const useTodoStore = create<TodoStoreState & TodoStoreActions>()(
  persist(
    immer((set) => ({
      todos: [],
      addTodo: (title) => set((state) => {
        state.todos.push({
          id: new Date().getTime(),
          title,
          done: false,
        });
      }),
      deleteTodo: (id) => set((state) => {
        state.todos = state.todos.filter((todo: Todo) => todo.id !== id);
      }),
      toggleTodo: (id) => set((state) => {
        state.todos = state.todos.map((todo: Todo) =>
          todo.id === id ? { ...todo, done: !todo.done } : todo
```

```
        );
      }),
      modifyTodo: (id, title) => set((state) => {
        state.todos = state.todos.map((todo: Todo) =>
          todo.id === id ? { ...todo, title } : todo
        );
      }),
    })),
    { name: 'todos' }
  )
);
```

persist 미들웨어를 사용해 상태를 로컬 스토리지에 'todos'라는 키로 자동 저장합니다. immer 미들웨어를 사용해 상태 변경 로직을 간소화합니다. 이제 불변성을 직접 신경 쓰지 않고 state.todos.push(...)처럼 기존 배열을 직접 수정하듯 작성해도 상태를 간단하게 업데이트할 수 있습니다.

12.5.3 스토어 사용하기

이제 상태를 Zustand 스토어로 관리하므로 기존에 사용하던 props 전달 방식의 코드는 모두 제거하겠습니다. 컴포넌트 간에 상태를 직접 전달하지 않기 때문에 더 이상 props를 내려줄 필요가 없고, 이에 따라 불필요한 메모이제이션 처리(useMemo, useCallback 등)도 함께 정리할 수 있습니다.

먼저 App 컴포넌트를 다음과 같이 수정합니다. 코드를 보면 useState 훅 선언과 상태 변경 함수가 사라지고, 전체 구조가 훨씬 간결하고 깔끔합니다.

src/App.tsx

```
import TodoEditor from './components/TodoEditor';
import TodoHeader from './components/TodoHeader';
import TodoList from './components/TodoList';

export default function App() {
  return (
    <div className='todo'>
      <TodoHeader />
      <TodoEditor />
      <TodoList />
```

```
    </div>
  );
}
```

다음으로 TodoEditor 컴포넌트의 코드를 수정하겠습니다. 기존에는 addTodo 함수를 상위 컴포넌트에서 props로 전달받아 사용했지만, 이제는 Zustand 스토어에서 직접 액션 생성 함수를 가져와 사용할 수 있습니다.

src/components/TodoEditor.tsx

```
import { useState } from 'react';
import Button from './html/Button';
import Input from './html/Input';
import { useTodoStore } from '../store/todoStore';

export default function TodoEditor() {
  const addTodo = useTodoStore((state) => state.addTodo); // 액션 생성 함수 가져오기
  const [text, setText] = useState('');
  (중략)
}
```

TodoList 컴포넌트도 Zustand 스토어를 사용하는 방식으로 개선하겠습니다. 기존에는 todos 배열뿐만 아니라 toggleTodo, deleteTodo, modifyTodo 함수도 props로 전달받아 사용했습니다. 하지만 이제는 상태와 액션을 각각 필요한 컴포넌트에서 직접 가져오도록 구조로 변경합니다. TodoList에서는 할 일 목록(todos)만 스토어에서 가져오고, 각 액션 함수는 하위 컴포넌트인 TodoListItem에서 직접 사용합니다.

src/components/TodoList.tsx

```
import TodoListItem from './TodoListItem';
import TodoListItemEmpty from './TodoListItemEmpty';
import { useTodoStore } from '../store/todoStore';

export default function TodoList() {
  const todos = useTodoStore((state) => state.todos);
  return (
    <ul className='todo__list'>
      {todos.length === 0 && <TodoListItemEmpty />}
      {todos.length > 0 &&
        todos.map((todo) => <TodoListItem key={todo.id} todo={todo} />)
```

```
      )}
    </ul>
  );
}
```

TodoListItem 컴포넌트에서는 이제 todo 객체만 props로 전달받고, deleteTodo, toggleTodo, modifyTodo 함수는 Zustand 스토어에서 직접 가져오도록 변경합니다.

src/components/TodoListItem.tsx

```
import { useState } from 'react';
import { useTodoStore } from '../store/todoStore';
(중략)

export default memo(function TodoListItem({ todo }: { todo: Todo }) {
  (중략)
  const deleteTodo = useTodoStore((state) => state.deleteTodo);
  const toggleTodo = useTodoStore((state) => state.toggleTodo);
  const modifyTodo = useTodoStore((state) => state.modifyTodo);
  return ( (중략) );
});
```

Zustand는 기본적으로 상태 변경 시 해당 상태를 구독한 컴포넌트만 리렌더링되도록 최적화되어 있습니다. 따라서 대부분의 경우 React.memo 같은 메모이제이션 처리를 하지 않아도 성능 문제가 발생하지 않습니다. 하지만 TodoListItem처럼 부모 컴포넌트로부터 todo 객체를 props로 전달받는 경우에는 memo()를 사용해 props가 변경되지 않을 때 불필요한 리렌더링을 방지하는 것이 좋습니다.

코드를 저장하고 애플리케이션을 실행해보면 다음과 같은 개선 효과를 확인할 수 있습니다.

- props 전달이 사라져 구조가 단순하고 유지보수가 쉬워졌습니다.
- memo()와 Zustand 구독 덕분에 불필요한 리렌더링 없이 효율적으로 렌더링됩니다.
- persist 미들웨어 덕분에 상태가 로컬 스토리지에 자동 저장되어 페이지를 새로 고침해도 데이터가 유지됩니다.

이로써 할 일 관리 애플리케이션에 Zustand를 도입해 전역 상태 관리, 성능 최적화, 상태 저장 기능까지 모두 반영한 구조로 개선했습니다.

마무리

1. 상태 관리 이해하기

① 로컬 상태 관리

- useState, useReducer 훅을 사용해 컴포넌트 내부에서 상태를 관리하는 방식입니다.
- 상태를 다른 컴포넌트와 공유하려면 props로 전달해야 하며, 부모 → 자식 방향으로만 가능합니다. 컴포넌트가 많아질수록 props를 계속 전달해야 하므로 구조가 복잡해질 수 있습니다.

② 전역 상태 관리

- 상태를 하나의 전역 저장소(스토어)에서 관리하는 방식입니다.
- 여러 컴포넌트에서 직접 상태를 읽고 수정할 수 있어 props 전달 없이도 상태 공유가 가능합니다.

2. Context API

① 리액트의 내장 기능으로, 컴포넌트 간에 상태나 데이터를 전역적으로 공유할 수 있습니다.

② createContext()로 컨텍스트 객체를 생성합니다.

형식
```
const SomeContext = createContext<DataType>(defaultValue);
```

③ Provider 컴포넌트를 사용해 컨텍스트의 범위를 지정합니다.

형식
```
<Context객체 value={공유할_데이터}>
  공유할_컴포넌트
</Context객체>
```

④ useContext() 훅으로 공유된 값을 사용할 수 있으며, 보통 이를 커스텀 훅으로 만듭니다.

형식
```
const value = useContext(SomeContext);
```

⑤ 성능을 위해 컨텍스트 객체 분리나 memo() 등 최적화가 필요할 수 있습니다.

⑥ 여러 컨텍스트를 중첩해 사용할 수 있으며, 각 컨텍스트는 독립적으로 동작합니다. 컨텍스트는 동일한 범위 내에서만 데이터가 공유됩니다.

⑦ 리액트 19에서는 useContext 훅 대신 use 훅을 사용할 수 있으며, 조건문 안에서도 사용 가능합니다.

3. Redux

① 자바스크립트 애플리케이션에서 상태 관리를 위한 전역 상태 관리 라이브러리입니다.

② Redux Toolkit은 Redux를 쉽게 사용할 수 있게 도와주는 유틸리티 라이브러리입니다.

③ configureStore() 함수로 스토어를 생성하고, Provider로 감싼 컴포넌트에서 스토어를 사용할 수 있습니다.

④ createSlice() 함수로 상태와 리듀서를 포함한 슬라이스를 생성합니다. 슬라이스 리듀서를 스토어의 reducer 속성에 등록합니다.

⑤ 상태 조회에는 useSelector 훅을, 상태 변경에는 dispatch() 함수를 사용합니다.

⑥ 액션에 값을 전달해 상태를 동적으로 바꿀 수 있고, 여러 값을 전달할 땐 객체로 묶습니다.

4. Zustand

① 가볍고 직관적인 리액트 전역 상태 관리 라이브러리입니다.

② create() 함수로 상태와 액션을 포함한 스토어를 생성합니다.

형식

```
create<StoreType>()((set, get) => ({
  state: 초깃값,
  action: () => set(...)
}))
```

③ useStore() 형태의 커스텀 훅을 통해 상태에 직접 접근할 수 있습니다.

④ Zustand는 기능을 추가할 수 있는 미들웨어를 제공합니다.

- **persist**: 상태를 로컬 스토리지에 저장해 새로 고침 후에 상태가 유지됩니다.
- **subscribeWithSelector**: 특정 상태 변화를 감지해 특정 로직을 수행할 수 있습니다.
- **immer**: 불변성을 자동으로 유지하면서 직관적인 코드 작성이 가능합니다.

셀프체크

정답 노트 p.801

다음 조건을 참고해 할 일 관리 애플리케이션에 전역 상태 관리를 적용해 보세요.

조건

① ch12/06/selfcheck 폴더의 기존 코드를 기반으로 구현합니다.

② Context API를 사용해 전역 상태를 관리합니다.

③ 구현해야 하는 기능은 **할 일 등록**, **할 일 완료/미완료 체크**, **할 일 수정**, **할 일 삭제**입니다.

④ 할 일 목록은 `todos` 상태에 저장합니다.

⑤ 각 기능은 다음 함수로 작성합니다.

- 할 일 등록: `addTodo()`
- 할 일 수정: `modifyTodo()`
- 할 일 삭제: `deleteTodo()`
- 할 일 완료/미완료 체크: `toggleTodo()`

⑥ `todos`, `addTodo`, `modifyTodo`, `deleteTodo`, `toggleTodo`를 컨텍스트를 통해 공급합니다.

⑦ `React.memo`, `useCallback`, `useMemo` 등을 사용해 불필요한 리렌더링을 방지합니다.

⑧ 구현 방식은 자유롭게 선택하되 이 장에서 배운 내용을 최대한 반영해 보세요.

구성 요소

1. TodoHeader.tsx: 애플리케이션의 헤더를 표시하는 컴포넌트입니다.
2. TodoEditor.tsx: 할 일을 등록하는 폼 요소가 포함된 컴포넌트입니다.
3. TodoList.tsx: 등록된 할 일 목록을 출력하는 컴포넌트입니다.
4. TodoListItem.tsx: 개별 할 일 항목을 렌더링하는 컴포넌트입니다.
5. TodoListItemEmpty.tsx: 할 일이 하나도 없을 때 출력되는 컴포넌트입니다.

구현 단계

1. 컨텍스트를 생성하고, Provider를 통해 상태와 함수를 공유할 수 있도록 설정합니다.
2. todos 상태를 정의하고, 각 기능을 담당하는 addTodo, modifyTodo, deleteTodo, toggleTodo 함수를 구현합니다.
3. Provider를 통해 todos 상태와 함수들을 애플리케이션 전반에 공유합니다.
4. 각 컴포넌트에서 useContext 훅을 사용해 컨텍스트로부터 필요한 상태와 함수를 받아 사용합니다.

힌트 각 컴포넌트 파일에는 기능 구현을 돕기 위한 주석이 포함되어 있으니 구현하는 데 참고해 보세요.

MEMO

코딩 자율학습

13장

리액트 라우터로 라우팅 기능 사용하기

리액트 애플리케이션을 개발하다 보면 사용자가 입력한 URL에 따라 다른 화면을 보여줘야 할 때가 많습니다. 예를 들어 /about 주소로 이동하면 '회사 소개' 화면이 나타나고, /products 주소로 이동하면 '상품 목록' 화면이 나타나는 식입니다. 이를 라우팅이라고 합니다. 리액트에서는 라우팅 기능을 리액트 라우터라는 외부 라이브러리를 사용해 간편하게 처리할 수 있습니다. 이 장에서는 리액트 라우터가 무엇인지, 왜 필요한지, 어떻게 사용하는지를 알아봅니다.

13.1

라우팅 방식 이해하기

웹 애플리케이션에서 **라우팅**(routing)이란 사용자가 주소(URL)를 입력하거나 버튼을 클릭했을 때 그에 맞는 화면(UI)을 보여주는 기능을 말합니다. 이 기능은 웹 페이지가 어떤 구조로 구성되어 있는지에 따라 처리 방식이 달라집니다.

웹 애플리케이션의 구조는 크게 SPA와 MPA로 나눌 수 있습니다. 그리고 이 구조는 렌더링 방식과도 관련이 있습니다. 따라서 라우팅 개념을 정확히 이해하려면 웹 애플리케이션의 구조와 렌더링 방식에 대해 먼저 알아야 합니다.

13.1.1 SPA와 CSR

싱글 페이지 애플리케이션(SPA, Single Page Application)은 말 그대로 하나의 HTML 페이지로 구성된 웹 애플리케이션입니다. 사용자가 처음 웹사이트에 접속할 때 전체 애플리케이션을 한 번에 불러오며, 이후에는 URL이 변경되더라도 페이지 전체를 다시 로드하지 않고 필요한 부분만 화면에 다시 그려줍니다.

리액트와 같은 SPA 프레임워크에서는 클라이언트 사이드 렌더링 방식을 주로 사용합니다. **클라이언트 사이드 렌더링**(CSR, Client Side Rendering)은 화면을 서버가 아닌 사용자의 웹 브라우저(클라이언트)에서 자바스크립트를 이용해 직접 렌더링하는 방식입니다. 이때 서버는 초기 HTML만 전달하고, 이후 필요한 데이터는 API를 통해 서버에서 받아옵니다. 웹 브라우저는 이 데이터를 바탕으로 UI를 구성합니다.

SPA 구조는 URL이 바뀌더라도 전체 페이지를 새로 불러오지 않고, 필요한 컴포넌트만 업데이트할 수 있어 CSR과 잘 어울립니다.

그림 13-1 SPA에서 사용하는 CSR 방식의 요청-응답 흐름

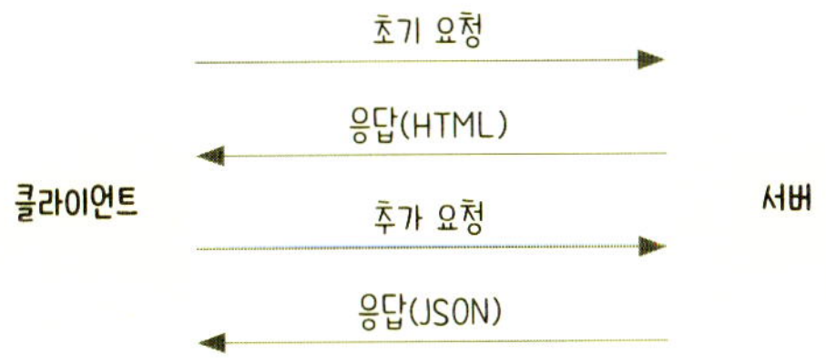

SPA와 CSR 조합은 페이지가 한 번 로드되면 이후 화면 전환이 빠르고 부드러워 사용자 경험이 우수합니다. 또한, 필요할 때만 데이터를 받아오기 때문에 효율적입니다. 하지만 초기 로딩 시 자바스크립트 번들까지 함께 받아야 하므로 첫 화면이 늦게 뜰 수 있습니다. 그리고 콘텐츠가 웹 브라우저에서 동적으로 생성되어 검색 엔진 최적화에 불리합니다.

TIP — **검색 엔진 최적화**(SEO, Search Engine Optimization)란 웹사이트나 웹 페이지가 구글, 네이버, 빙(Bing) 같은 검색 엔진 결과에서 더 상위에 노출되도록 최적화하는 작업입니다.

13.1.2 MPA와 SSR

멀티 페이지 애플리케이션(MPA, Multiple Page Application)은 여러 HTML 페이지로 구성된 애플리케이션입니다. MPA 구조에서는 사용자가 다른 페이지로 이동하면 웹 브라우저는 해당 경로에 맞는 새로운 HTML 파일을 서버에 요청하고 전체 페이지를 다시 불러옵니다.

이러한 구조에서는 보통 서버 사이드 렌더링 방식을 사용합니다. **서버 사이드 렌더링**(SSR, Sever Side Rendering)은 서버에서 HTML을 미리 렌더링해 클라이언트에 완성된 페이지를 전달하는 방식입니다. 이때 서버는 요청된 경로에 따라 HTML을 직접 렌더링하거나 미리 만들어진 HTML 파일을 찾아 클라이언트로 전송합니다.

MPA는 여러 페이지로 구성되어 있어 SSR 방식과 자연스럽게 연결됩니다. 요청한 URL에 따라 서버는 그에 맞는 HTML을 생성하거나 찾아서 응답할 수 있기 때문입니다.

그림 13-2 MPA에서 사용하는 SSR 방식의 요청-응답 흐름

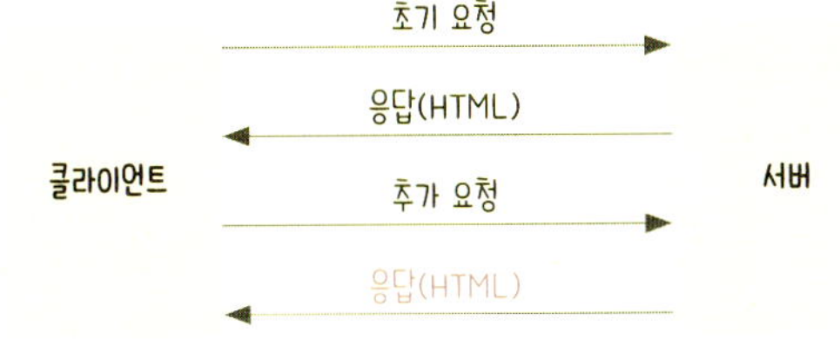

MPA와 SSR 조합은 서버가 미리 렌더링한 HTML을 전달하므로 초기 로딩 속도가 빠르고, 콘텐츠가 HTML에 포함되어 있어 SEO에 유리합니다. 하지만 페이지를 이동할 때마다 서버에서 새로운 HTML을 받아와야 해서 반응 속도가 느리고, 전체 페이지를 매번 새로 로딩하기 때문에 사용자 경험이 SPA보다 떨어질 수 있습니다.

13.1.3 리액트와 리액트 라우터

리액트는 전통적인 MPA 구조와 달리 SPA 구조의 웹 애플리케이션을 만드는 프런트엔드 라이브러리입니다. SPA 구조에서는 페이지를 새로 고치지 않고도 화면 전환이 가능해야 하므로 기본적으로 CSR 방식을 사용합니다.

이런 SPA 환경에서는 페이지를 이동할 때마다 서버에 새로운 HTML을 요청하는 대신, 클라이언트에서 URL을 동적으로 처리해야 합니다. 이를 위해 웹 브라우저가 제공하는 히스토리 API(history API)를 활용합니다. 히스토리 API를 사용하면 자바스크립트로 URL을 변경하거나 이전/다음 페이지로 이동하는 동작 등을 제어할 수 있습니다.

하지만 히스토리 API만으로 직접 라우팅 로직을 구현하는 것은 번거롭고 복잡합니다. 특히 URL에 따라 어떤 컴포넌트를 렌더링할지 결정하거나 화면 레이아웃을 동적으로 변경하려면 많은 조건 분기와 코드가 필요합니다. 이런 문제를 해결하기 위해 등장한 도구가 바로 리액트 라우터입니다.

리액트 라우터(React Router)는 리액트 애플리케이션에서 CSR 기반 라우팅을 간편하게 구현할 수 있도록 도와주는 라이브러리입니다. 이 라이브러리는 웹 브라우저의 히스토리 API를 내부적으로 활용해 URL이 변경되면 해당 경로에 맞는 컴포넌트를 렌더링해 줍니다. 이 과정에서 전체 페이지를 새로 고치지 않기 때문에 부드러운 화면 전환과 더 나은 사용자 경험을 제공할 수 있습니다.

리액트 라우터의 다음과 같은 기능을 지원합니다.

1. **URL에 따른 컴포넌트 렌더링**: 경로에 따라 해당 컴포넌트를 자동으로 표시합니다.
   예 /home → Home 컴포넌트, /about → About 컴포넌트
2. **중첩 라우팅**: 한 페이지 안에 여러 컴포넌트를 중첩해 하위 경로별로 다른 화면을 구성할 수 있습니다.

예 Dashboard 컴포넌트 내부에 여러 하위 경로 구성(/dashboard/profile, /dashboard/settings 등)

3. **동적 라우팅**: URL에 변수처럼 동적인 값을 넣어 특정 데이터를 표시할 수 있습니다.

   예 /user/:id → UserDetail 컴포넌트에서 해당 사용자의 정보 로드

4. **프로그래밍 방식 내비게이션**: 사용자가 직접 링크를 클릭하지 않아도 자바스크립트 코드로 페이지 전환을 제어할 수 있습니다.

   예 로그인 후 자동으로 메인 페이지 이동

5. **리다이렉션 및 조건부 렌더링**: 특정 조건에 따라 다른 경로로 이동시키거나 조건에 맞는 컴포넌트만 보여줄 수 있습니다.

   예 로그인하지 않은 사용자는 /login 페이지로 강제 이동

이러한 리액트 라우터를 사용해 라우팅을 효과적으로 적용하는 방법을 알아보겠습니다.

1분 퀴즈

정답 노트 p.807

01. SPA 구조에서 클라이언트가 직접 화면을 렌더링하는 방식은 무엇인가요?

① REST ② DOM ③ CSR ④ SSR

02. MPA와 SSR 조합의 주요 장점으로 올바른 것은 무엇인가요?

① 웹 브라우저에서 렌더링 부담이 크다.

② 사용자 경험이 매우 빠르다.

③ URL 변경이 어렵다.

④ SEO에 유리하다.

03. 리액트 라우터의 기능이 아닌 것은 무엇인가요?

① 페이지를 새로 고침 없이 전환할 수 있다.

② 서버에서 HTML을 생성해 전달한다.

③ URL에 따라 컴포넌트를 렌더링한다.

④ 화면을 조건부 렌더링할 수 있다.

13.2

리액트 라우터 다루기

리액트 라우터를 사용하려면 이를 설치하고 기본 설정하는 추가 작업이 필요합니다. 하지만 히스토리 API를 직접 사용해 라우팅 기능을 구현하는 것보다 훨씬 간단하면서도 강력한 기능을 제공합니다.

13.2.1 리액트 라우터 설치하기

리액트 라우터는 다음과 같은 npm 명령어로 설치합니다. 이 명령어는 리액트 애플리케이션의 초기 스캐폴딩 작업을 마친 후 애플리케이션의 루트 경로에서 실행해야 합니다.

```
TERMINAL
npm install react-router
```

설치가 끝나면 package.json 파일의 dependencies 항목에 react-router 의존성이 다음과 같이 추가됩니다(package.json에 등록된 버전은 설치 시점에 따라 책과 다를 수 있습니다).

package.json

```
"dependencies": {
  "react": "^19.1.0",
  "react-dom": "^19.1.0",
  "react-router": "^7.6.3"
}
```

13.2.2 라우팅 컴포넌트 만들기

리액트 라우터를 적용해 라우팅을 구현하려면 URL 경로에 따라 어떤 컴포넌트를 화면에 보여줄지 정의해야 합니다. 즉, 각 경로에 연결할 컴포넌트를 따로 만들어야 합니다. 리액트에서는 일반적으로 이러한 컴포넌트들을 pages 폴더 하위에 생성합니다.

src/pages 폴더를 만들고 /home과 /about 경로에 대응할 Home과 About 컴포넌트를 다음과 같이 구성합니다.

src/pages/Home.tsx

```
export default function Home() {
  return <h1>Home</h1>;
}
```

src/pages/About.tsx

```
export default function About() {
  return <h1>About</h1>;
}
```

현재 폴더 구조는 다음과 같습니다.

그림 13-3 현재 폴더 구조

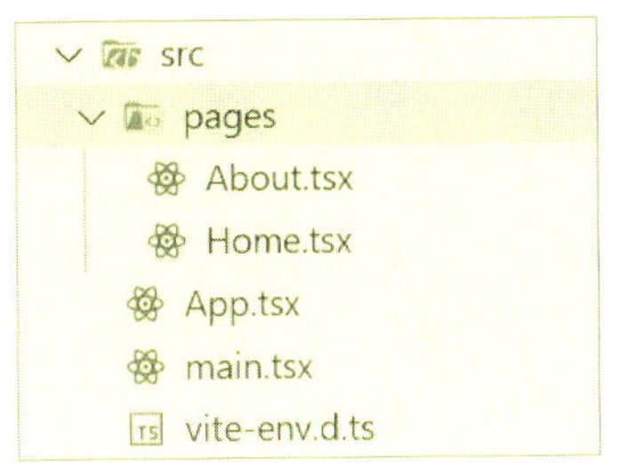

TIP — 라우팅에 사용할 컴포넌트를 꼭 pages 폴더에 만들어야 하는 것은 아닙니다. 필수 규칙은 아니지만, 많은 프로젝트에서 따르는 관례이므로 이 책에서도 같은 구조를 따릅니다. 실무에서는 프로젝트의 규모, 팀의 스타일 가이드, 파일 관리 방식에 맞춰 구성하면 됩니다.

13.2.3 라우팅 범위 지정하기

리액트 라우터를 기존 리액트 애플리케이션에 적용하려면 가장 먼저 라우팅 컨텍스트를 지정해야 합니다. **라우팅 컨텍스트**(routing context)는 라우팅 기능이 적용될 범위를 설정하는 작업으로, Context API에서 전역 상태를 사용할 범위를 지정했던 것과 유사합니다.

리액트 라우터에서는 용도에 따라 다음과 같이 4가지 라우팅 컨텍스트 컴포넌트를 제공합니다.

- **BrowserRouter**: 최신 웹 브라우저에서 제공하는 히스토리 API를 사용해 URL을 관리합니다. 가장 일반적이며, CSR 환경에서 주로 사용합니다. 서버가 아닌 클라이언트에서 URL을 처리하므로 현대 웹 애플리케이션에 가장 적합합니다.

- **HashRouter**: URL에 해시(#) 기호를 포함해 경로를 구분합니다. 서버 설정이 필요 없기 때문에 정적 파일 기반 환경에서 유용합니다.
- **MemoryRouter**: 주소창을 변경하지 않고, 내부 메모리에서 라우팅 상태를 관리합니다. 주로 테스트 환경이나 MPA 구조에서 사용합니다. 변경한 URL을 표시하지 않기 때문에 웹 브라우저의 히스토리나 주소창에 영향을 미치지 않습니다.
- **StaticRouter**: SSR 환경에서 사용하는 라우터입니다. 클라이언트의 주소창은 변경하지 않고, 서버에서 HTML을 렌더링할 때 사용합니다.

이 중 실무에서 가장 널리 사용하는 컴포넌트는 BrowserRouter입니다. 현대 웹 브라우저에서 지원하는 URL 구조와 가장 잘 맞고, CSR 환경에서 라우팅을 구현하기에 적합하기 때문입니다. 이 책에서도 BrowserRouter 컴포넌트를 기본 라우터 컴포넌트로 사용합니다.

BrowserRouter 컴포넌트는 `react-router` 패키지에서 불러옵니다. 그리고 다음과 같이 App 컴포넌트를 감싸는 방식으로 라우팅 범위를 지정합니다.

src/main.tsx

```
import { StrictMode } from 'react';
import { createRoot } from 'react-dom/client';
import { BrowserRouter } from 'react-router';
import App from './App';

createRoot(document.getElementById('root')!).render(
  <StrictMode>
    <BrowserRouter>
      <App />
    </BrowserRouter>
  </StrictMode>
);
```

이제 이 안에서 URL 경로에 따라 컴포넌트를 나누는 라우팅을 구성할 수 있습니다.

수코딩의 조언

이 책에서는 BrowserRouter 컴포넌트만 사용합니다. 실무에서도 특별한 상황이 아니면 HashRouter, MemoryRouter, StaticRouter 컴포넌트를 거의 사용하지 않습니다. 대부분의 웹 애플리케이션은 BrowserRouter 하나로 충분히 구현할 수 있습니다. 궁금하다면 BrowserRouter 대신에 다른 컴포넌트로 직접 교체해 테스트해볼 수 있습니다. 사용법은 동일합니다.

13.2.4 라우트 설정하기

BrowserRouter 컴포넌트로 라우팅 범위를 지정하고 나면 다음으로 할 일은 라우트 설정입니다. **라우트 설정**(configuring route)은 특정 URL 경로를 컴포넌트와 연결하는 작업입니다. 즉, 사용자가 웹사이트의 특정 주소로 방문했을 때 어떤 컴포넌트를 보여줄지 결정하는 것입니다. 리액트 라우터에서는 이 작업을 위해 Route와 Routes 컴포넌트를 함께 사용합니다.

- **Route**: 하나의 라우트 정보를 정의합니다. `path` 속성에 URL 경로를, `element` 속성에 해당 경로에 표시할 컴포넌트를 지정합니다.
- **Routes**: 여러 개의 Route 컴포넌트를 감싸는 컨테이너 역할을 합니다. 내부에서 경로를 비교해 현재 URL과 일치하는 첫 번째 Route 컴포넌트를 렌더링합니다.

Route 컴포넌트의 주요 속성은 다음과 같습니다.

표 13-1 Route 컴포넌트의 주요 속성

속성	타입	설명
`path`	`string`	URL 경로 지정
`element`	`React.ReactNode`	해당 경로에서 렌더링할 컴포넌트
`index`	`boolean`	부모 라우트의 기본 페이지 지정 여부
`children`	`React.ReactNode`	중첩 라우트를 정의할 때 사용
`errorElement`	`React.ReactNode`	해당 라우트에서 오류 발생 시 표시할 컴포넌트
`handle`	`object`	라우트에 메타데이터를 전달할 때 사용
`lazy`	`function`	동적 임포트를 통해 코드 분할 구현

이 중에서 `element` 속성은 필수이며, 나머지 속성은 선택사항입니다. `path` 속성도 자주 사용하지만 상황에 따라 `index` 속성을 대신 사용할 수 있습니다.

다음은 / 경로에는 Home 컴포넌트를, /about 경로에는 About 컴포넌트를 연결하는 라우트 설정 예제입니다.

src/App.tsx

```
import { Route, Routes } from 'react-router';
import Home from './pages/Home';
import About from './pages/About';

export default function App() {
  return (
```

```
    <Routes>
      <Route path='/' element={<Home />} />
      <Route path='about' element={<About />} />
    </Routes>
  );
}
```

코드를 저장하고 리액트 애플리케이션을 실행한 뒤 웹 브라우저의 주소창에 http://localhost:5173과 http://localhost:5173/about을 입력해 보세요. 각각 Home과 About 컴포넌트가 화면에 표시됩니다.

TIP — 로컬 주소는 개발 환경을 따르므로 책과 다를 수 있습니다. 각자 서버를 구동해 나온 로컬 주소 뒤에 경로를 입력하세요.

그림 13-4 라우트 설정 결과

Home	**About**

1분 퀴즈

정답 노트 p.807

04. 다음 중 히스토리 API를 사용해 URL을 관리하는, 리액트 라우터의 라우팅 범위 지정 컴포넌트는 무엇인가요?

① Route ② Routes ③ BrowserRouter ④ HashRouter

05. Route 컴포넌트에서 화면에 표시할 컴포넌트를 지정하는 속성은 무엇인가요?

① `path` ② `element` ③ `index` ④ `handle`

06. 다음 중 Routes 컴포넌트의 역할로 올바른 것은 무엇인가요?

① URL 해시를 관리한다.

② 동적으로 URL을 생성한다.

③ 오류 발생 시 대체 컴포넌트를 렌더링한다.

④ 라우트들을 그룹으로 묶고 일치하는 첫 번째 경로를 렌더링한다.

리액트 라우터 기능 사용하기

앞에서 다룬 내용만으로도 기본적인 라우팅 기능은 충분히 구현할 수 있습니다. 하지만 리액트 라우터는 더 복잡한 UI 구성과 경로 처리를 위해 다양한 기능을 제공합니다. 이 절에서는 이러한 기능을 하나씩 살펴보겠습니다.

13.3.1 중첩 라우트

중첩 라우트(nested route)란 하나의 라우트 안에 또 다른 라우트를 포함하는 방식으로, 복잡한 UI를 계층적으로 관리하고, 하위 페이지 구조도 효율적으로 구성할 수 있습니다. 예를 들어, /dashboard 페이지 안에 요약 정보나 설정과 같은 하위 페이지가 있는 경우 이를 중첩 라우트로 처리할 수 있습니다.

중첩 라우트 구성을 위한 컴포넌트를 다음과 같이 생성합니다.

src/pages/Dashboard.tsx

```
export default function Dashboard() {
  return <h1>Dashboard</h1>;
}
```

src/pages/Summary.tsx

```
export default function Summary() {
  return <h1>Summary</h1>;
}
```

src/pages/Settings.tsx

```
export default function Settings() {
  return <h1>Settings</h1>;
}
```

Dashboard, Summary, Settings 컴포넌트로 중첩 라우트를 구성합니다. 중첩 라우트를 구성할 때는 App 컴포넌트에서 Route 컴포넌트를 중첩해 설정합니다.

src/App.tsx

```
import { Route, Routes } from 'react-router';
import Home from './pages/Home';
import About from './pages/About';
import Dashboard from './pages/Dashboard';
import Summary from './pages/Summary';
import Settings from './pages/Settings';

export default function App() {
  return (
    <Routes>
      <Route path='/' element={<Home />} />
      <Route path='about' element={<About />} />
      <Route path='dashboard' element={<Dashboard />}> --------- ❶
        <Route index element={<Summary />} /> ------------------- ❷
        <Route path='settings' element={<Settings />} /> ------- ❸
      </Route>
    </Routes>
  );
}
```

❶ Route 컴포넌트의 `path` 속성을 `'dashboard'`로, `element` 속성을 `<Dashboard />`로 지정합니다. 이제 /dashboard 경로에 접근하면 Dashboard 컴포넌트가 렌더링됩니다.

❷ Route 컴포넌트를 중첩시키면서 `index` 속성에 `<Summary />`를 지정합니다. `index` 속성은 부모 경로(/dashboard)의 기본 자식 컴포넌트를 지정할 때 사용합니다. 따라서 /dashboard 경로로 접근하면 Dashboard와 함께 Summary도 렌더링됩니다.

❸ Route 컴포넌트를 중첩시키면서 `path` 속성에 `'settings'`를 지정합니다. `element` 속성 값

이 Settings 컴포넌트이므로 /dashboard/settings 경로로 접근하면 Dashboard와 함께 Settings 컴포넌트가 렌더링됩니다.

부모 컴포넌트를 기준으로 index 속성이 붙은 라우트는 하나만 지정할 수 있습니다. 그리고 index 속성을 지정한 컴포넌트는 하위 라우트를 가질 수 없습니다. 즉, 다른 중첩 라우트의 부모가 될 수 없습니다.

중첩 라우트를 설정할 때 필수 컴포넌트가 있습니다. 바로 Outlet 컴포넌트입니다. 이 컴포넌트는 하위 라우트가 렌더링될 자리를 표시합니다. 예제 코드에서 Dashboard가 부모 컴포넌트이고, Summary, Settings가 하위 컴포넌트입니다. 따라서 Dashboard 컴포넌트를 다음과 같이 수정합니다.

src/pages/Dashboard.tsx

```
import { Outlet } from 'react-router';

export default function Dashboard() {
  return (
    <>
      <h1>Dashboard</h1>
      <Outlet />
    </>
  );
}
```

이와 같이 작성하면 Summary, Settings 컴포넌트는 Outlet 컴포넌트 위치에 렌더링됩니다.

코드를 저장하고 애플리케이션을 실행한 뒤 /dashboard와 /dashboard/settings 경로에 접근해 보세요. /dashboard 경로로 접근하면 Dashboard와 Summary 컴포넌트가, /dashboard/settings로 접근하면 Dashboard와 Settings 컴포넌트가 함께 렌더링됩니다.

그림 13-5 중첩 라우트 적용 후 렌더링된 화면

Dashboard **Summary**	**Dashboard** **Settings**
/dashboard	/dashboard/settings

13.3.2 레이아웃 라우트

리액트 라우터는 여러 페이지에서 공통으로 사용하는 UI 요소(헤더, 푸터 등)를 효율적으로 관리할 수 있는 기능도 제공합니다. 이 기능을 구현하는 방식이 바로 레이아웃 라우트입니다.

레이아웃 라우트(layout route)는 여러 페이지에서 공통으로 사용하는 레이아웃을 정의하는 라우트입니다. 구조상 중첩 라우트와 비슷하지만, 중요한 차이점이 하나 있습니다. 중첩 라우트는 `path` 속성으로 특정 경로에 대응합니다. 반면에 레이아웃 라우트는 `path` 속성을 사용하지 않고, 자식 라우트를 감싸는 데만 사용합니다. 즉, 부모 라우트에 `path` 속성이 있으면 중첩 라우트, 없으면 레이아웃 라우트로 작동합니다.

레이아웃 라우트를 구성해보기 위해 src/layouts 폴더를 만들고 그 안에 다음과 같이 RootLayout 컴포넌트를 생성합니다.

src/layouts/RootLayout.tsx

```
import { Outlet } from 'react-router';

export default function RootLayout() {
  return (
    <>
      <header>Header</header>
      <Outlet />
      <footer>Footer</footer>
    </>
  );
}
```

레이아웃 라우트에서는 `<Outlet />` 컴포넌트를 반드시 포함해야 합니다. `<Outlet />`은 자식 라우트의 컴포넌트가 렌더링될 위치를 나타내며, 이 요소가 없으면 자식 컴포넌트가 화면에 표시되지 않습니다.

RootLayout 컴포넌트를 레이아웃 라우트로 사용해 App.tsx 파일을 다음과 같이 구성합니다.

src/App.tsx

```
import { Route, Routes } from 'react-router';
(중략)
import RootLayout from './layouts/RootLayout';
```

```
export default function App() {
  return (
    <Routes>
      <Route element={<RootLayout />}>
        <Route path='/' element={<Home />} />
        <Route path='about' element={<About />} />
        <Route path='dashboard' element={<Dashboard />}>
          <Route index element={<Summary />} />
          <Route path='settings' element={<Settings />} />
        </Route>
      </Route>
    </Routes>
  );
}
```

`<Route element={<RootLayout />}>`는 공통 레이아웃을 적용하는 부모 라우트입니다. path 속성이 없기 때문에 URL 경로와 직접 연결되지는 않습니다. 이 라우트는 자식 라우트들을 감싸며 공통 레이아웃을 제공합니다. 이제 /, /about, /dashboard, /dashboard/settings 등 모든 하위 경로에서 RootLayout의 `<header>`와 `<footer>`가 함께 렌더링되고, 각 페이지는 `<Outlet />` 위치에 표시됩니다.

그림 13-6 레이아웃 라우트 적용 후 화면 구조

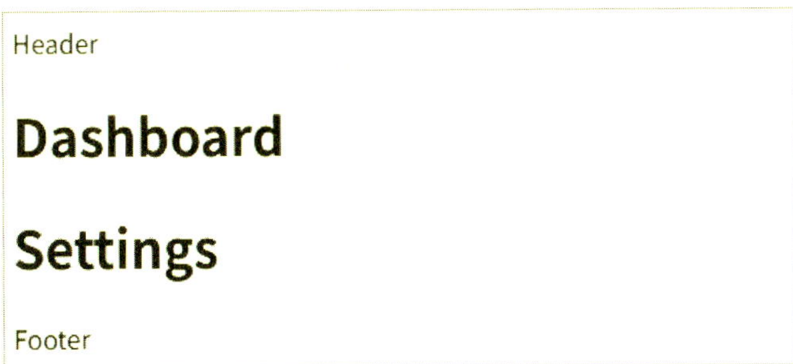

13.3.3 라우트 프리픽스

리액트 라우터에서는 특정 그룹의 여러 라우트 경로에 공통된 접두사(prefix)를 붙일 수 있습니다. 이 기능을 **라우트 프리픽스**(route prefix)라고 하며, 관련 경로를 논리적으로 묶고 URL 구조를 정돈하는 데 유용합니다.

예를 들어, /dashboard를 포함하는 중첩 라우트 그룹에 /my라는 접두사를 추가하고 싶다면 다음과 같이 구성할 수 있습니다.

src/App.tsx

```
export default function App() {
  return (
    <Routes>
      <Route element={<RootLayout />}>
        <Route path='/' element={<Home />} />
        <Route path='about' element={<About />} />
        <Route path='my'>
          <Route path='dashboard' element={<Dashboard />}>
            <Route index element={<Summary />} />
            <Route path='settings' element={<Settings />} />
          </Route>
        </Route>
      </Route>
    </Routes>
  );
}
```

<Route path='my'>는 자식 라우트들 앞에 공통 접두사 /my를 붙이는 역할을 합니다. 즉, dashboard, dashboard/settings 경로는 각각 /my/dashboard, /my/dashboard/settings로 바뀝니다. 이처럼 라우트 프리픽스를 적용하려면 Route 컴포넌트를 중첩 구조로 작성하고, 접두사가 될 부모 Route에 path만 지정하면 됩니다.

그림 13-7 라우트 프리픽스 적용 후 렌더링된 화면 구조

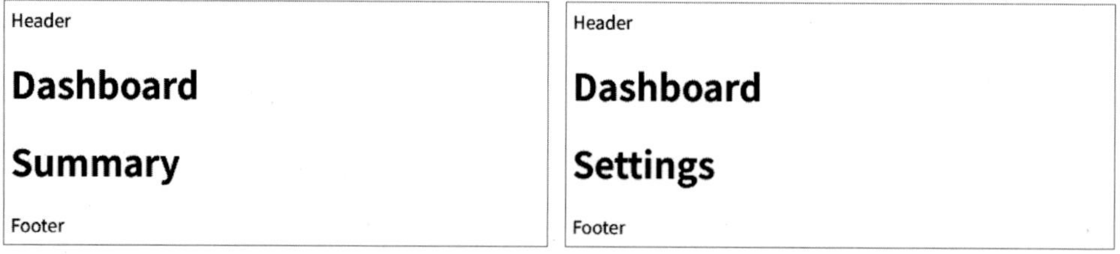

13.3.4 동적 세그먼트

리액트 라우터에서는 URL 경로 중 일부를 동적으로 바꿀 수 있는 값으로 지정할 수 있습니다. 이처럼 변할 수 있는 URL 경로의 일부를 **동적 세그먼트**(dynamic segment)라고 합니다.

Route 컴포넌트의 path 속성에 콜론(:)을 붙이면 해당 부분이 동적 세그먼트로 처리됩니다. 이렇게 설정하면 하나의 라우트로 여러 URL 패턴을 처리할 수 있어 유연한 경로 구성이 가능합니다.

/team/:teamId 형식의 동적 세그먼트를 정의하는 예제를 살펴봅시다. src/pages 폴더에 Team이라는 컴포넌트를 다음과 같이 만듭니다.

src/pages/Team.tsx

```
export default function Team() {
  return <h1>Team</h1>;
}
```

App 컴포넌트를 다음과 같이 수정합니다.

src/App.tsx

```
import { Route, Routes } from 'react-router';
(중략)
import Team from './pages/Team';

export default function App() {
  return (
    <Routes>
      <Route element={<RootLayout />}>
        <Route path='/' element={<Home />} />
        <Route path='about' element={<About />} />
        <Route path='team/:teamId' element={<Team />} />
        (중략)
      </Route>
    </Routes>
  );
}
```

코드에서 `path='team/:teamId`의 `:teamId` 부분이 바로 동적 세그먼트입니다. 이 설정으로 /team/1, /team/2, /team/3 등 다양한 팀 ID 경로가 모두 Team 컴포넌트로 연결됩니다.

이때 URL에 포함된 동적 세그먼트 값을 컴포넌트에서 사용하려면 리액트 라우터에서 제공하는 **`useParams`** 훅을 사용합니다.

src/pages/Team.tsx

```
import { useParams } from 'react-router';

export default function Team() {
  const params = useParams();
  return (
    <>
      <h1>Team Overview - Team ID: {params.teamId}</h1>
    </>
  );
}
```

params.teamId는 URL에서 :teamId에 대응하는 실제 값을 나타냅니다. 예를 들어 /team/3으로 접속하면 params.teamId는 '3'입니다.

코드를 저장하고 실행한 후 웹 브라우저에서 /team/1로 접속해보면 다음과 같이 동적 세그먼트의 값이 화면에 표시됩니다.

그림 13-8 동적 세그먼트를 이용한 렌더링 결과 화면

Header

Team Overview - Team ID: 1

Footer

동적 세그먼트는 한 라우트에 여러 개를 동시에 사용할 수도 있습니다.

src/App.tsx

```
<Route path='team/:teamId/group/:groupId' element={<Team />} />
```

이와 같이 지정하면 /team/1/group/2로 접속했을 때 params.teamId는 '1', params.groupId는 '2'가 됩니다.

src/pages/Team.tsx

```
import { useParams } from 'react-router';

export default function Team() {
  const params = useParams();
```

```
    return (
      <>
        <h1>Team Overview - Team ID: {params.teamId} | Group ID: {params.groupId}</h1>
      </>
    );
}
```

useParams 훅은 리액트 라우터에서 Route 컴포넌트의 path 속성에 콜론(:)을 붙여 동적 세그먼트를 설정하면 그 부분에 들어오는 값들을 자동으로 추출해 객체 형태로 제공해 줍니다. 그래서 /team/1/group/2로 접속하면 리액트 라우터는 다음과 같은 객체를 자동으로 만들어 줍니다.

```
{
  teamId: '1',
  groupId: '2'
}
```

이 객체를 `params` 변수로 받아 `params.teamId`, `params.groupId`처럼 키 값으로 접근할 수 있는 구조입니다.

실행해보면 URL에 입력한 `teamId`와 `groupId` 값이 정상적으로 화면에 출력됩니다.

그림 13-9 여러 동적 세그먼트를 사용하는 경우

Header

Team Overview - Team ID: 1 | Group ID: 2

Footer

13.3.5 옵셔널 세그먼트

리액트 라우터에서는 URL 경로의 일부를 선택해 입력할 수 있도록 처리할 수 있습니다. 이 기능을 **옵셔널 세그먼트**(optional segment)라고 하며, 세그먼트 뒤에 물음표(?)를 붙여 설정합니다.

앞에서 라우트를 다음과 같이 설정했습니다.

```
<Route path='team/:teamId/group/:groupId' element={<Team />} />
```

이 경우 사용자는 /team/1/group/1처럼 4개의 세그먼트가 모두 포함된 URL을 입력해야만 해당 라우트에 매칭됩니다. 즉, /group/1처럼 일부가 빠진 경로로는 접근할 수 없습니다. 그러나 옵셔널 세그먼트를 사용하면 일부 세그먼트가 없어도 해당 라우트가 작동하도록 만들 수 있습니다.

예를 들어, 다음과 같이 설정하면 이 라우트는 /team/1/group/1, /group/1 경로 모두에 매칭됩니다. 즉, team 세그먼트와 동적 세그먼트인 teamId도 생략 가능합니다.

```
<Route path='team?/:teamId?/group/:groupId' element={<Team />} />
```

이때 주의할 점이 있습니다. useParams() 훅을 사용할 때 옵셔널 세그먼트는 URL에 실제 값이 포함되어야만 params 객체에 값이 들어옵니다. 즉, 세그먼트가 생략되었다면 해당 값은 undefined로 반환됩니다. 따라서 옵셔널 세그먼트를 사용하는 라우트에서는 useParams 훅으로 받은 값이 무조건 있다고 가정하면 안 됩니다.

또한, 다음과 같이 모든 세그먼트에 물음표를 붙이면 이 라우트는 /, /team, /team/1, /group/1, /team/1/group/2 등 사실상 모든 경로에 매칭됩니다.

```
<Route path='team?/:teamId?/group?/:groupId?' element={<Team />} />
```

결국 이는 기본 루트 라우트와 동일한 역할을 하게 됩니다. 이미 / 경로에 해당하는 Route가 있다면 라우트 충돌이 발생할 수 있으며, 경로를 명확하게 정의하기도 어려워지므로 사용하지 않는 편을 권합니다.

13.3.6 스플랫

리액트 라우터에서는 정의되지 않은 경로를 포괄적으로 처리할 수 있도록 **스플랫**(splat)이라는 기능을 제공합니다. 스플랫은 **catch-all** 또는 **와일드카드**(wildcard) 라우트라고도 하며, 경로에 * 기호를 사용해 설정합니다. * 기호를 사용하면 특정 경로 이후의 모든 하위 경로를 한꺼번에 매칭시킬 수 있습니다.

예를 들어, 다음과 같이 설정하면 /team, /team/1, /team/1/group, /team/1/group/2, /team/1/group/2/my/1 등 모든 경로가 Team 컴포넌트로 연결됩니다. 즉, 경로가 /team으로 시작하기만 하면 그 뒤에 어떤 세그먼트가 오든 모두 매칭됩니다.

```
<Route path='team/*' element={<Team />} />
```

스플랫 라우트는 존재하지 않는 경로(404 Not Found)를 처리할 때 자주 사용합니다. 예를 들어 다음처럼 NotFound 컴포넌트를 만들어 설정할 수 있습니다.

src/pages/NotFound.tsx

```
export default function NotFound() {
  return <h1>NotFound</h1>;
}
```

src/App.tsx

```
import { Route, Routes } from 'react-router';
(중략)
import NotFound from './pages/NotFound';

export default function App() {
  return (
    <Routes>
      <Route element={<RootLayout />}>
        (중략)
      </Route>
      <Route path='*' element={<NotFound />} />
    </Routes>
  );
}
```

코드를 저장하고 실행하면 Route 컴포넌트와 매칭되지 않는 URL을 입력했을 때 자동으로 NotFound 컴포넌트가 렌더링됩니다.

그림 13-10 엉뚱한 URL을 입력했을 때 결과 화면

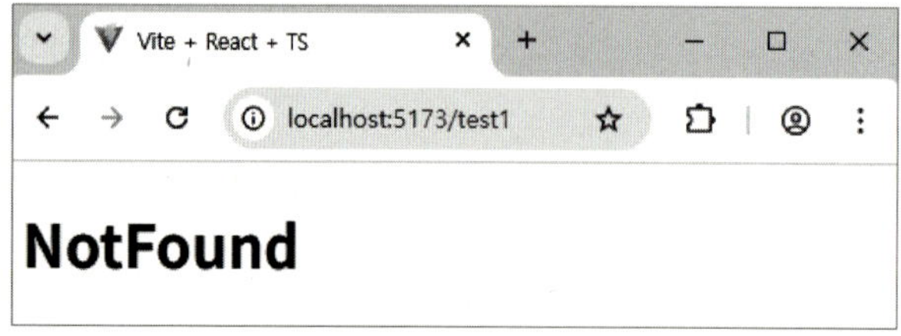

Route path='*'로 설정한 스플랫 라우트는 작성 위치에 따라 작동 방식이 달라질 수 있습니다. 레이아웃 라우트 내부에 위치하면 NotFound 컴포넌트가 RootLayout의 <Outlet /> 자리에 표시됩니다. 예제처럼 레이아웃 라우트 외부에 있으면 공통 레이아웃 없이 NotFound 컴포넌트만 단독으로 렌더링됩니다. 따라서 404 페이지에도 공통 레이아웃을 적용하고 싶다면 스플랫 라우트를 레이아웃 라우트 내부에 작성하는 것이 좋습니다.

13.3.7 문서 메타데이터 설정하기(리액트 19 이후)

리액트 19부터는 HTML 문서의 <head>에 작성하던 <title>, <link>, <meta>, <script async> 등의 메타데이터 태그를 JSX 안에서 직접 사용할 수 있는 기능이 추가되었습니다. 즉, 이전까지는 별도의 외부 라이브러리(react-helmet)를 사용하거나 index.html을 수정해야 했던 작업을 이제는 각 컴포넌트 내부에서 직접 JSX 형태로 작성하면 자동으로 <head>에 반영됩니다.

다음은 Home 컴포넌트에서 메타데이터를 JSX 안에 작성한 예제입니다.

src/pages/Home.tsx

```
export default function Home() {
  return (
    <>
      <h1>Home</h1>
      <title>React 19 | Home</title>
      <link rel='author' href='https://www.sucoding.kr' />
      <meta name='keywords' content='길벗, 코딩자율학습' />
      <script async src='(스크립트_주소)'></script>
    </>
  );
}
```

코드를 저장하고 애플리케이션을 실행한 뒤 웹 브라우저에서 / 경로에 접속해 보세요. 페이지 내용에는 <h1>Home</h1>이 표시됩니다. 웹 브라우저 개발자 도구의 Elements 탭에서 <head> 영역을 확인하면 앞에서 작성한 <title>, <link>, <meta>, <script> 태그가 자동으로 삽입되어 있습니다.

그림 13-11 <head> 태그에 메타데이터가 반영된 결과

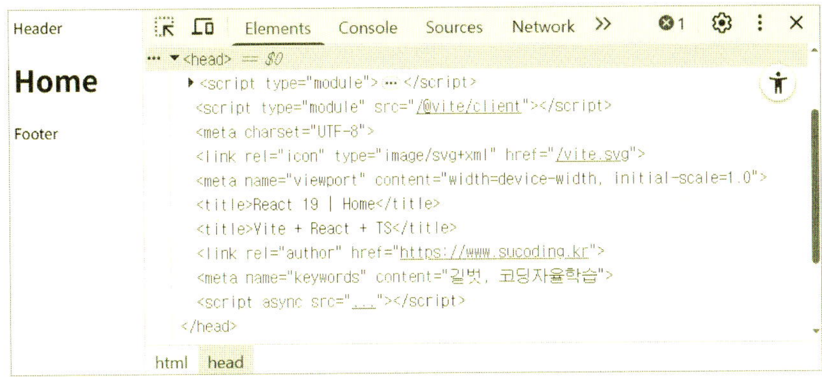

각 태그의 기능에 대해 좀 더 자세히 알아보겠습니다.

● <title> 태그

리액트 19부터는 컴포넌트 내부에서 직접 <title> 태그를 사용해 HTML 문서의 제목을 설정할 수 있습니다. 이는 기존의 <head> 수정 방식이나 외부 라이브러리 없이도 페이지별 제목을 컴포넌트 단위의 선언형 방식으로 관리할 수 있게 해주는 매우 유용한 기능입니다.

<title> 태그는 단순한 정적 문자열뿐만 아니라 동적 세그먼트나 props 값 등 변화하는 데이터를 기반으로 동적으로 구성할 수도 있습니다. 예를 들어, URL 경로에 포함된 teamId와 groupId를 기반으로 제목을 설정할 수 있습니다. 하지만 다음과 같은 형태로 JSX 표현식({})과 문자열을 섞어 사용하는 방식은 허용되지 않습니다.

```
// 오류 발생
<title>Team Overview - Team ID: {params.teamId} | Group ID: {params.groupId}</title>
```

그 대신 템플릿 문자열을 사용해 하나의 문자열로 묶은 뒤 JSX 표현식으로 감싸야 합니다.

```
// 올바른 방식
<title>
  {`Team Overview - Team ID: ${params.teamId} | Group ID: ${params.groupId}`}
</title>
```

Team 컴포넌트에 동적 제목을 적용하려면 다음과 같이 작성합니다.

src/pages/Team.tsx

```
import { useParams } from 'react-router';

export default function Team() {
  const params = useParams();
  return (
    <>
      <h1>Team Overview - Team ID: {params.teamId} | Group ID: {params.groupId}</h1>
      <title>
        {`Team Overview - Team ID: ${params.teamId} | Group ID: ${params.groupId}`}
      </title>
    </>
  );
}
```

코드를 저장하고 웹 브라우저에서 /team/1/group/1 경로로 접속해 보세요. 웹 브라우저의 탭 제목이 <title> 태그에 지정한 제목으로 설정된 것을 확인할 수 있습니다.

그림 13-12 <title> 태그로 문서 제목 설정 결과

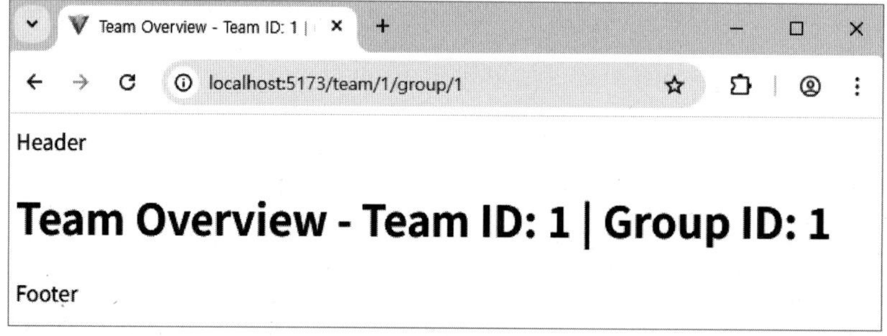

만약 해당 경로로 들어가도 아무 컴포넌트도 렌더링되지 않거나 404 페이지로 이동한다면 App 컴포넌트에 다음과 같은 형태의 라우트 설정이 정의되어 있는지 확인해 보세요.

src/App.tsx

```
<Route path='team/:teamId/group/:groupId' element={<Team />} />
```

리액트 19에서는 <title> 태그를 여러 컴포넌트에서 중복으로 작성할 수는 있지만, 웹 브라우저는 가장 마지막에 렌더링된 하나만 적용합니다. 따라서 하나의 페이지 안에 <title> 태그가 중복되지 않도록 구성해야 합니다. 특히 중첩 라우트나 레이아웃 컴포넌트를 사용할 때는 의도하지 않게 중복될 수 있으니 주의하세요.

● <link> 태그

리액트 19부터는 JSX 안에서 <link> 태그를 직접 사용해 <head>에 삽입할 외부 리소스를 손쉽게 불러올 수 있습니다. 즉, 기존처럼 public/index.html 파일을 수정하거나 외부 라이브러리를 사용할 필요 없이 컴포넌트 안에서 <link> 태그를 작성하면 해당 리소스가 자동으로 문서의 <head> 영역에 반영됩니다.

- **스타일시트 연결**: `rel="stylesheet"`
- **웹 폰트 사전 로드**: `rel="preload"`
- **아이콘 설정**: `rel="icon"`, `rel="apple-touch-icon"`

<link> 태그에 주로 사용하는 속성은 다음과 같습니다.

표 13-2 <link> 태그의 주요 속성

속성	타입	적용 조건	설명
rel	string	모든 경우	링크 대상 리소스와의 관계를 지정(예 stylesheet, icon, preload, apple-touch-icon 등)
href	string	모든 경우	연결된 리소스 경로(URL)
crossOrigin	string	필요한 경우	CORS 정책 설정. as 속성 값을 "fetch"로 지정한 경우 crossOrigin 속성을 반드시 설정해야 함(예 anonymous, use-credentials)
referrerPolicy	string	필요한 경우	Referrer 헤더 전송 방식 지정(예 no-referrer-when-downgrade, no-referrer, origin, unsafe-url 등)
fetchPriority	string	필요한 경우	리소스 로딩 우선순위 지정(예 auto, high, low)
hrefLang	string	필요한 경우	리소스 언어 정보
integrity	string	필요한 경우	SRI 해시 값(리소스 무결성 검사용)
type	string	필요한 경우	리소스의 MIME 타입 지정
blocking	string	권장 안 함	'render'로 설정 시 렌더링 지연(사용 권장하지 않음)
itemProp	string	rel이 별도로 지정된 경우	일반 메타데이터가 아닌 특정 DOM 요소에 대한 메타데이터 지정 시 사용(<head>로 자동 이동되지 않음)

TIP — • **교차 출처 리소스 공유**(CORS, Cross-Origin Resource Sharing): 웹 브라우저에서 한 출처의 웹 애플리케이션이 다른 출처의 리소스에 접근할 수 있도록 허용하는 HTTP 기반의 보안 메커니즘입니다. 여기서 **출처**(orgin)란 프로토콜, 도메인(호스트), 포트 번호의 조합을 의미하며, 이 중 하나라도 다르면 웹 브라우저는 해당 리소스를 서로 다른 출처로 간주합니다.

• **Referrer 헤더**: 웹 브라우저가 서버에 요청을 보낼 때 사용자가 이전에 어떤 페이지(또는 출처)에서 왔는지를 서버에 알려주는 HTTP 요청 헤더입니다. 서버는 이 정보를 이용해 요청의 출처를 식별하거나 접근 제한 정책을 적용할 수 있습니다.

<link> 태그의 rel 속성 값이 stylesheet인 경우에만 적용하는 속성도 있습니다. 특히 precedence 속성은 필수입니다.

표 13-3 rel 속성 값이 stylesheet일 때 적용 속성

속성	타입	설명
precedence(필수)	string	스타일시트 우선 순위 지정(예 reset, low, medium, high)
media	string	특정 미디어 쿼리에만 적용
title	string	대체 스타일시트 이름
disabled	boolean	true일 때 스타일시트 비활성
onLoad	function	로드 완료 시점 수동 처리, 자동 관리 해제
onError	function	로드 실패 시점 수동 처리, 자동 관리 해제

<link> 태그의 rel 속성 값이 preload이거나 modulepreload일 때만 적용되는 속성도 있습니다.

표 13-4 rel 속성 값이 preload 또는 modulepreload일 때 적용 속성

속성	타입	적용 조건	설명
as	string	rel="preload" 또는 rel="modulepreload"	리소스 유형 지정(예 audio, fetch, font, image, script, style, worker 등)
imageSrcSet	string	as="image"	해상도별 이미지 지정, <img srcSet>과 동일 속성
imageSizes	string	as="image"	이미지 로딩 기준 지정, <img sizes>와 동일 속성

<link> 태그의 rel 속성 값이 icon이거나 apple-touch-icon일 때 적용하는 속성은 다음과 같습니다.

표 13-5 rel 속성 값이 icon 또는 apple-touch-icon일 때 적용 속성

속성	타입	설명
sizes	string	아이콘 크기(예 16x16, 32x32)

특정 속성과 함께 <link> 태그를 사용하면 리액트는 다음과 같이 자동 처리 또는 특별 렌더링을

수행합니다.

표 13-6 <link> 태그의 특별한 렌더링 동작

조건	동작
rel="stylesheet" + precedence	• 자동 관리: 스타일시트 로드 중에 해당 컴포넌트 일시 중단(자동 Suspense) • 중복 제거: 동일한 href 중복 삽입 방지 • 순서 관리: precedence 값에 따라 자동 정렬
rel="stylesheet" + onLoad ¦ onError ¦ disabled	수동 관리 간주, 특별 처리(자동 관리, 중복 제거, 순서 관리) 비활성화
itemProp 속성이 있는 <link>	<head>가 아닌 해당 DOM 요소에 직접 삽입
rel="stylesheet"지만 precedence가 없는 경우	일반 <link>처럼 작동(자동 관리 불가)

<link> 태그의 속성 값(href, precedence 등)은 DOM에 렌더링된 이후 변경해도 반영되지 않을 수 있습니다. 또한, 컴포넌트가 언마운트된 이후에도 링크 요소가 DOM에 남아 있을 수 있습니다. 개발 모드에서는 중복 링크 삽입이나 precedence 누락에 대한 경고 메시지가 표시됩니다.

● <meta> 태그

리액트 19부터 JSX 안에서 <meta> 태그를 직접 작성해 문서의 메타데이터를 설정할 수 있습니다. JSX 어디에 <meta> 태그를 작성하더라도 리액트는 이를 자동으로 HTML 문서의 <head> 태그 안에 배치합니다.

<meta> 태그에 사용할 수 있는 속성은 다음과 같습니다.

표 13-7 <meta> 태그의 주요 속성

속성	타입	설명
name	string	메타데이터 종류 지정(예 keywords, description, author 등)
charset	string	문자 인코딩 지정, 현재 'utf-8'만 유효
httpEquiv	string	웹 브라우저에 문서 처리 지침 전달(예 refresh, content-type, default-style 등)
itemProp	string	특정 요소에 대한 메타데이터 지정
content	string	• name ¦ itemProp과 함께 사용 시: 메타데이터의 실제 내용 작성 • httpEquiv와 함께 사용 시: 해당 지시 사항의 값(동작) 설정

<meta> 태그에는 name, charset, httpEquiv, itemProp 중 하나의 속성만 지정해야 합니다. 동시에 2개 이상 지정하면 해당 <meta> 태그는 무효 처리될 수 있습니다.

● <script async> 태그

리액트 19부터는 JSX 안에서도 `<script async>` 태그를 사용할 수 있게 되었습니다. 이 기능을 사용하면 외부 스크립트를 비동기 방식으로 쉽게 불러올 수 있습니다.

예를 들어 다음과 같이 작성할 수 있습니다.

```
function MyComponent() {
  return (
    <div>
      <script async={true} src='...' />
      <h1>Hello World</h1>
    </div>
  )
}
```

웹 브라우저는 `<script>` 태그의 src 경로에 있는 외부 스크립트를 비동기(async) 방식으로 불러옵니다. 즉, HTML을 파싱하면서 동시에 스크립트를 다운로드하므로 페이지 로딩 속도를 늦추지 않습니다.

또한, 같은 src 경로를 가진 `<script async>` 태그가 여러 번 렌더링되더라도 리액트는 내부적으로 중복을 감지해 <head>에 한 번만 삽입합니다. 이 덕분에 중복 삽입으로 인한 불필요한 실행이나 네트워크 요청을 방지할 수 있습니다.

TIP — 문서 메타데이터를 JSX에서 다루는 방법은 리액트 공식 문서에서 확인할 수 있습니다.

- **`<title>` 태그**: https://ko.react.dev/reference/react-dom/components/title
- **`<link>` 태그**: https://ko.react.dev/reference/react-dom/components/link
- **`<meta>` 태그**: https://ko.react.dev/reference/react-dom/components/meta
- **`<script>` 태그**: https://ko.react.dev/reference/react-dom/components/script

1분 퀴즈

정답 노트 p.807

07. 중첩 라우트를 구성할 때 하위 라우트가 렌더링되는 위치를 정의하는 컴포넌트는 무엇인가요?

① `<Switch />` ② `<Render />` ③ `<Outlet />` ④ `<View />`

08. 다음 중 레이아웃 라우트의 특징으로 올바른 것은 무엇인가요?

① path는 항상 지정해야 한다.

② <Outlet /> 없이도 자식 컴포넌트가 렌더링된다.

③ 레이아웃 라우트 안에는 하나의 컴포넌트만 가질 수 있다.

④ path 없이 element만 설정해 공통 레이아웃을 구성할 수 있다.

09. 다음 중 동적 세그먼트의 예로 올바른 것은 무엇인가요?

① team/:id ② team*id ③ team{id} ④ team?id=1

10. 리액트 19에서 JSX 내에 작성한 <link>, <meta> 태그가 삽입되는 실제 DOM의 위치로 올바른 것은 무엇인가요?

① <body> ② <head> ③ 컴포넌트 내부 ④ 마지막 자식 컴포넌트

13.4

내비게이션 기능 사용하기

리액트 라우터는 페이지 간 이동(내비게이션)을 쉽게 구현할 수 있도록 여러 기능을 제공합니다.

13.4.1 링크를 통한 이동

HTML에서는 페이지를 이동할 때 <a> 태그를 사용합니다. 하지만 리액트 라우터에서는 SPA 방식으로 작동하므로 <a> 태그 대신 Link 또는 NavLink 컴포넌트를 사용합니다.

각 컴포넌트의 특징은 다음과 같습니다.

- **Link**: 단순히 경로 이동만 수행하는 컴포넌트입니다. 활성 상태 감지는 지원하지 않습니다.
- **NavLink**: 현재 경로와 일치하는지 감지할 수 있습니다. `isActive` 속성을 사용해 활성 상태를 감지하며, 스타일이나 클래스를 동적으로 설정할 수 있습니다.

다음은 RootLayout 컴포넌트에 <nav> 태그를 추가한 예제입니다.

src/layouts/RootLayout.tsx

```
import { Link, NavLink, Outlet } from 'react-router';

export default function RootLayout() {
  return (
    <>
      <header>Header</header>
      <nav>
        <Link to='/'>Home</Link> ------------------- ❶
        <NavLink ------------------------------------ ❷
          to='/about'
```

```
          className={({ isActive }) => (isActive ? 'active' : '')}>About
        </NavLink>
        <NavLink ------------------------------------ ❸
          to='/my/dashboard'
          style={({ isActive }) => ({ color: isActive ? 'red' : 'black' })}>Dashboard
        </NavLink>
        <NavLink to='/my/dashboard/settings'> ---- ❹
          {({ isActive }) => <span>settings({isActive && 'selected'})</span>}
        </NavLink>
      </nav>
      <Outlet />
      <footer>Footer</footer>
    </>
  );
}
```

❶ <Link> 컴포넌트는 페이지 이동만 처리하며, 현재 경로가 일치하는지 여부는 알 수 없습니다.

❷ <NavLink> 컴포넌트는 현재 경로가 /about일 때만 'active' 클래스를 추가합니다.

❸ 경로가 /my/dashboard일 경우 글자가 빨간색으로 표시됩니다.

❹ 경로가 /my/dashboard/settings인 경우에는 settings(selected)로, 그렇지 않으면 settings()로 표시됩니다.

이처럼 Link는 단순히 경로를 변경할 때 사용합니다. NavLink는 현재 경로가 지정한 경로와 일치하는지 판단해 스타일이나 콘텐츠를 동적으로 변경할 수 있습니다. isActive는 NavLink의 props로 전달되는 콜백 함수 인자에서 제공되며, 이를 활용해 className, style, 렌더링 내용을 조건부로 설정할 수 있습니다.

코드를 실행한 후 페이지를 이동해보면 현재 URL 경로에 따라 어떤 <NavLink>가 활성화되었는지 확인할 수 있습니다. isActive 속성이 true인 경우에만 스타일이나 콘텐츠가 변경됩니다.

그림 13-13 Dashboard 활성화 여부 감지

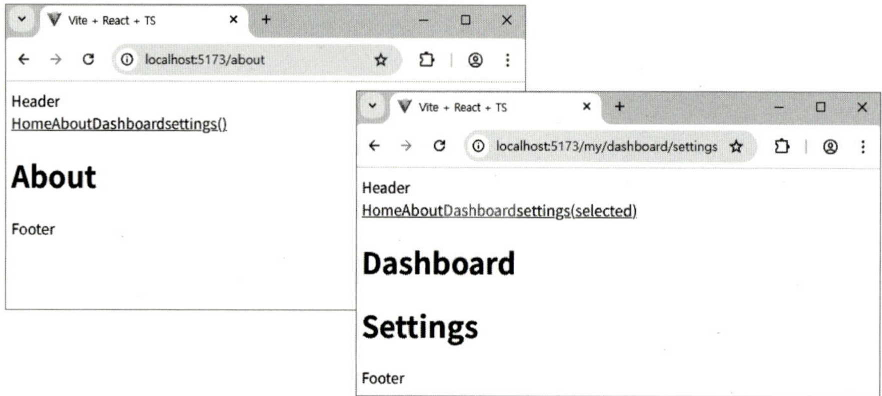

13.4.2 프로그래밍 방식 라우팅

리액트 라우터에서는 useNavigate 훅을 사용해 자바스크립트 코드 안에서 직접 페이지를 이동(라우팅)할 수 있습니다. 이처럼 사용자의 클릭 없이 특정 조건이나 이벤트에 따라 페이지를 전환하는 방식을 **프로그래밍 방식 라우팅**이라고 합니다.

useNavigate 훅을 호출하면 경로를 인자로 받아 이동해주는 함수가 반환됩니다. 다음 코드는 기본 사용 예입니다.

```
import { useNavigate } from 'react-router';
const navigate = useNavigate();
```

다음은 RootLayout 컴포넌트를 렌더링한 후 3초 뒤에 자동으로 /about 페이지로 이동하도록 설정한 예제입니다.

src/layouts/RootLayout.tsx

```
import { useEffect } from 'react';
import { Link, NavLink, Outlet, useNavigate } from 'react-router';

export default function RootLayout() {
  const navigate = useNavigate();
  useEffect(() => {
    setTimeout(() => {
      navigate('/about');
```

```
    }, 3000);
  }, [navigate]);
  return ( (중략) );
}
```

이 예제에서는 RootLayout 컴포넌트를 렌더링할 때마다 useEffect()가 실행되기 때문에 3초마다 /about 페이지로 이동하는 현상이 발생할 수 있습니다. 실제 애플리케이션에서는 다음과 같은 방식으로 조건을 걸어 한 번만 실행되도록 제어해야 합니다.

```
if (shouldNavigate) { // shouldNavigate 조건이 참이면
  navigate('/about');
}
```

navigate() 함수의 기능을 컴포넌트로도 구현할 수 있습니다.

형식 `<Navigate to='경로' />`

예를 들어, 다음과 같이 Route 컴포넌트의 element 속성에 Navigate 컴포넌트를 사용하면 Navigate 컴포넌트에 명시된 to 속성의 경로로 페이지가 이동합니다.

src/App.tsx

```
import { Navigate, Route, Routes } from "react-router";
(중략)

export default function App() {
  return (
    <Routes>
      (중략)
      <Route path='/not-found' element={<NotFound />} /> --------------- ❶
      <Route path='*' element={<Navigate to='/not-found' />} /> ------- ❷
    </Routes>
  );
}
```

❶ /not-found 경로에 접속하면 NotFound 컴포넌트가 렌더링되도록 합니다.

❷ 일치하는 path가 없으면 Navigate 컴포넌트를 사용해 /not-found 경로로 이동하도록 지정합니다.

이처럼 `navigate()` 함수 또는 `Navigate` 컴포넌트를 사용해 상황에 맞게 페이지 이동을 처리하면 됩니다.

1분 퀴즈

정답 노트 p.807

11. Link 컴포넌트와 NavLink 컴포넌트에 대한 설명으로 올바른 것은 무엇인가요?

① Link는 외부 링크에만 사용한다.

② Link는 경로 이동을 지원하지 않는다.

③ NavLink는 경로 이동 대신 버튼 역할을 한다.

④ NavLink는 현재 경로와의 일치 여부를 감지할 수 있다.

12. NavLink에서 현재 페이지 경로와 일치할 때만 스타일을 다르게 설정하고 싶은 경우에 사용하는 속성은 무엇인가요?

① `current` ② `isActive` ③ `href` ④ `useLocation`

13. 프로그래밍 방식으로 페이지를 이동할 수 있는 리액트 라우터 훅은 무엇인가요?

① `useLocation` ② `useParams` ③ `useNavigate` ④ `useHistory`

1. 라우팅

① 라우팅은 사용자가 URL을 입력하거나 버튼을 클릭했을 때 해당 경로에 맞는 화면을 보여주는 기능입니다.

② SPA와 CSR

- **SPA(Single Page Application)**: 하나의 HTML로 구성된 애플리케이션
- **CSR(Client Side Rendering)**: 사용자의 브라우저에서 자바스크립트를 이용해 화면을 렌더링하는 방식
- SPA와 CSR 조합은 초기 로딩이 느릴 수 있고 SEO에 불리하지만, 화면 전환 속도가 빠르고 사용자 경험이 뛰어남

③ MPA와 SSR

- **MPA(Multi Page Application)**: 여러 개의 HTML 페이지로 구성된 애플리케이션
- **SSR(Server Side Rendering)**: 서버가 요청에 맞는 HTML을 미리 렌더링해 클라이언트에 전달하는 방식
- MPA와 SSR 조합은 초기 로딩이 빠르고 SEO에 유리하지만, 페이지 이동 시 전체 페이지를 새로 받아야 해서 사용자 경험이 떨어질 수 있음

④ 리액트와 리액트 라우터

- 리액트: SPA 방식에 최적화된 라이브러리, CSR 방식 기본 사용
- 리액트 라우터: SPA에서 URL을 클라이언트에서 동적으로 처리할 수 있게 도와주는 도구
- 리액트 라우터는 URL에 따른 컴포넌트 렌더링, 중첩 라우팅, 동적 라우팅, 프로그래밍 방식 내비게이션, 리다이렉션 및 조건부 렌더링 기능을 지원함

2. 리액트 라우터 다루기

① 리액트 라우터는 다음 명령어로 설치합니다.

```
npm install react-router
```

② URL 경로에 따라 렌더링할 컴포넌트를 정의해 라우팅을 구현합니다. 예 / 경로 → Home.tsx, /about 경로 → About.tsx

③ 라우팅 컨텍스트를 지정할 때 보통 BrowserRouter 컴포넌트를 사용합니다.

④ 경로와 컴포넌트를 연결하는 데 Route와 Routes 컴포넌트를 사용합니다.

3. 리액트 라우터의 고급 기능

① 중첩 라우트: 라우트를 계층 구조로 구성해 복잡한 UI를 표현할 수 있습니다.

② 레이아웃 라우트: 여러 라우트에 공통된 레이아웃을 적용할 수 있는 상위 라우트입니다.

③ 라우트 프리픽스: 특정 라우트 그룹에 공통 접두사를 지정합니다.

④ 동적 세그먼트: `:param` 형식으로 URL의 가변 부분을 정의하고, `useParams` 훅으로 해당 값을 추출할 수 있습니다.

⑤ 옵셔널 세그먼트: ? 기호를 사용해 URL 일부를 선택해 처리할 수 있습니다.

⑥ 스플랫: * 기호를 사용해 모든 경로를 포괄하는 라우트를 정의합니다. 404 페이지 처리나 하위 경로 전체 처리에 활용합니다.

⑦ 메타데이터 설정: 리액트 19부터 `<title>`, `<meta>`, `<link>`, `<script async>` 태그를 JSX에서 직접 사용해 문서 정보를 설정할 수 있습니다.

4. 내비게이션 기능 사용하기

① 링크를 통한 이동: 사용자가 직접 클릭해 페이지를 이동하는 방식입니다.

- **Link**: `to` 속성에 지정한 경로로 이동, 현재 경로와의 일치 여부는 감지하지 않음
- **NavLink**: 현재 URL과 일치 여부를 감지할 수 있고, `isActive` 속성으로 클래스나 스타일을 동적으로 지정할 수 있음

② 프로그래밍 방식 라우팅: `useNavigate` 훅이나 Navigate 컴포넌트를 사용해 자바스크립트 코드 내에서 페이지 이동을 직접 제어할 수 있습니다.

셀프체크

정답 노트 p.807

기본 정보를 참고해 도서 목록 및 상세 정보를 표시하는 애플리케이션을 만들어 보세요. 제시한 조건만 지킨다면 어떤 형태로 코드를 작성하든 상관없습니다.

기본 정보

도서 정보는 다음 표와 같습니다.

id	title	author	publishYear	description
1	코딩 자율학습 HTML+CSS+자바스크립트	김기수	2022	기초부터 반응형 웹까지 초보자를 위한 웹 개발 입문서
2	코딩 자율학습 나도코딩의 C 언어 입문	나도코딩	2022	C 언어의 완공을 돕는 프로그래밍 자습서
3	코딩 자율학습 나도코딩의 파이썬 입문	나도코딩	2023	초보자의 눈높이에 맞춘 친절한 프로그래밍 자습서
4	코딩 자율학습 스프링 부트 3 자바 백엔드 개발 입문	홍팍	2023	만들면서 배우는 친절한 백엔드 개발 자습서
5	코딩 자율학습 제로초의 자바스크립트 입문	조현영	2024	12가지 프로그램을 만들면서 배우는 자바스크립트 자습서
6	코딩 자율학습 Vue.js 프런트엔드 개발 입문	김기수	2024	기초부터 실무 프로젝트까지 만들면서 배우는 프런트엔드 개발 자습서
7	코딩 자율학습 리눅스 입문 with 우분투	런잇	2024	입문자를 위한 가장 쉬운 리눅스 입문서
8	코딩 자율학습 자바 입문	최원효	2024	입문자의 눈높이에 맞춰 문법과 개념을 설명하는 자바 입문서
9	코딩 자율학습 SQL 데이터베이스 입문	홍팍	2025	기초부터 활용까지 입문자를 위한 SQL 자습서
10	코딩 자율학습 잔재미코딩의 파이썬 데이터 분석 입문	Dave Lee	2025	Pandas, Plotly 사용부터 생성형 AI 활용법까지 한 권으로 배우는 데이터 분석 입문
11	코딩 자율학습 컴퓨터 구조와 운영체제	기술노트 알렉	2025	이해하기 쉽게 체계적으로 정리한 CS 자습서

계속

조건

① 도서 목록 페이지

- 도서의 id와 제목을 나열합니다(<table> 태그 사용).
- 도서 제목은 각 도서의 상세 페이지로 이동하는 링크입니다.

② 도서 상세 페이지

- 선택한 도서의 id, 제목, 저자, 출판 연도, 설명을 표시합니다(<table> 태그 사용).
- URL에는 도서의 고유 식별자(id)가 포함되어야 합니다. 예 /books/1
- id에 따른 상세 정보가 없는 경우 '도서의 상세 정보가 없습니다.'를 화면에 표시합니다.

③ 라우팅

- 도서 목록을 보여주는 경로는 /books이고, 상세 페이지는 /books/:id입니다.
- 상세 페이지에서 도서 목록으로 이동하는 링크가 있습니다.
- 루트 경로에 접속하면 /books 경로로 자동 이동됩니다.
- 지정되지 않은 경로로 접속하면 '올바르지 않은 경로입니다.'를 화면에 표시합니다.

14장

비동기 데이터 통신과 처리 기법

리액트로 웹 애플리케이션을 개발할 때 중요한 요소 중 하나는 데이터 통신입니다. 리액트 애플리케이션은 외부 데이터 소스와 상호작용하면서 동적 화면을 구성합니다. 이때 클라이언트와 서버 간 데이터 통신이 핵심적인 역할을 합니다.

이 장에서는 리액트에서 데이터를 효율적으로 요청하고 처리하는 방법, 그리고 이를 지원하는 주요 기술을 살펴봅니다.

14.1

데이터 통신의 기초 개념

데이터 통신이란 디지털 환경에서 정보를 주고받는 과정을 의미합니다. 클라이언트(사용자 측)와 서버(데이터 제공 측) 간에 정보를 요청하고 응답받는 것이 대표적인 형태입니다.

이 절에서는 리액트에서 데이터 통신을 이해하는 데 필요한 기초 개념을 알아봅니다.

14.1.1 HTTP와 메서드

데이터를 주고받기 위해서는 일정한 규칙이 필요한데, 이를 **통신 프로토콜**(communication protocol)이라고 합니다. 프로토콜은 서로 다른 시스템이 정보를 공통된 방식으로 주고받을 수 있게 해주는 약속입니다.

대표적인 통신 프로토콜은 다음과 같습니다.

- **HTTP/HTTPS**: 웹 브라우저에서 가장 널리 사용하는 프로토콜
- **TCP/UDP/QUIC**: 보다 낮은 수준의 네트워크 통신에 사용하는 프로토콜

이 중 리액트 애플리케이션에서 가장 자주 사용하는 프로토콜은 HTTP입니다. **HTTP**(Hyper Text Transfer Protocol)는 클라이언트가 서버에 요청을 보내면 서버가 이에 응답하는 방식으로 작동합니다. 리액트 애플리케이션이 클라이언트이며, 서버에 데이터 요청을 보내고 응답을 받아 화면을 업데이트합니다.

그림 14-1 클라이언트와 서버의 HTTP 통신 과정

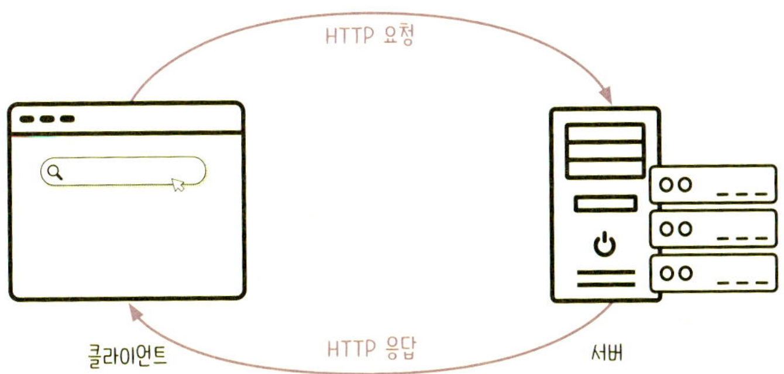

HTTP 요청에는 작업의 목적을 명확히 하기 위해 **HTTP 메서드**(HTTP method)를 함께 사용합니다. 주로 사용하는 HTTP 메서드는 다음과 같습니다.

표 14-1 주요 HTTP 메서드

메서드	역할
GET	데이터 가져오기
POST	데이터 쓰기(추가)
PUT	데이터 전체 수정
PATCH	데이터 일부 수정
DELETE	데이터 삭제

GET 요청은 데이터를 조회할 때 사용하며, 서버의 상태를 변경하지 않습니다. 나머지 POST, PUT, PATCH, DELETE는 서버의 데이터를 변경할 때 사용하는 메서드입니다. 실제로는 POST로 데이터를 수정하거나 삭제할 수도 있지만, 가능한 한 표에 나온 것처럼 표준 역할을 따르는 것이 좋습니다.

HTTP 메서드에 대한 더 자세한 설명은 MDN 웹 문서(https://developer.mozilla.org/en-US/docs/Web/HTTP/Methods)를 참고하세요.

수코딩의 조언

대부분의 브라우저는 HTTP와 HTTPS를 모두 지원하지만, 실제 애플리케이션에서는 보안이 강화된 HTTPS를 사용하는 경우가 많습니다. 이 책에서는 이해하기 쉽게 설명하기 위해 HTTP를 기준으로 하지만, 실제 개발에서는 HTTPS를 사용하는 것이 기본임을 기억해 주세요.

14.1.2 API

리액트 애플리케이션에서 데이터를 주고받기 위해서는 클라이언트와 서버 간에 정보를 주고받는 통신 규칙이 필요합니다. 이때 사용하는 것이 바로 HTTP 프로토콜입니다. 하지만 HTTP만으로는 어떤 데이터를 어떻게 요청하고 응답할지에 대한 구체적인 약속이 부족합니다. 이러한 약속을 정의한 것이 API입니다.

API(Application Programming Interface)는 프런트엔드와 백엔드가 데이터를 주고받기 위한 인터페이스입니다. 프런트엔드(리액트 애플리케이션)는 API를 통해 백엔드(서버)에 요청을 보내고, 그 응답을 받아 화면을 구성합니다. 즉, API는 프런트엔드와 백엔드 사이의 데이터 통로 역할을 합니다.

그림 14-2 API의 역할

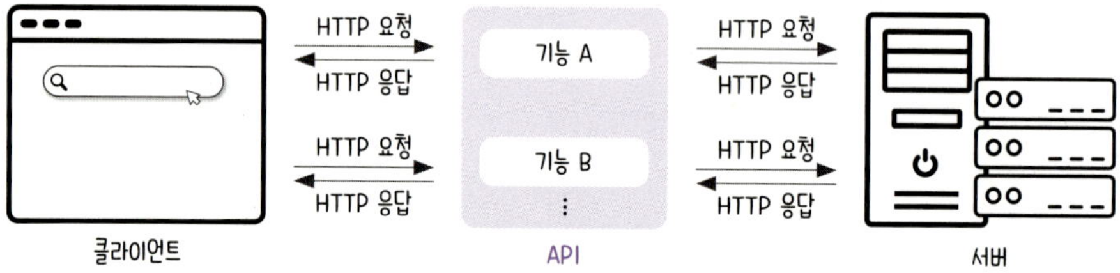

프런트엔드에서는 주로 두 가지 형태의 API를 사용합니다.

• REST API

REST API는 웹 개발에서 가장 널리 사용하는 API입니다. REST는 Representational State Transfer의 약자로, HTTP 기반의 리소스 중심 아키텍처를 따릅니다.

REST API의 주요 특징은 다음과 같습니다.

1. 리소스 중심 설계

REST API는 사용자 정보, 게시글, 이미지와 같은 데이터를 리소스(자원) 단위로 나누어 다룹니다. 각 리소스는 고유한 URI로 식별합니다. 예를 들어, 사용자 정보를 다룰 때는 https://example.com/user, 게시글을 다룰 때는 https://example.com/post와 같은 고유한 주소를 사용합니다. 여기서 **URI**(Uniform Resource Identifier)는 인터넷에서 자원을 식별할 수 있도록 해주는 표준화된 문자열 형식입니다. 쉽게 말해, 웹에서 어떤 리소스를 가리키는 주소라고 생각하면 됩니다. 이때 URI에서 /user나 /post와 같은 경로를 엔드포인트라고 합니다. **엔드포인트**(endpoint)는 클라이언트가 서버에 특정 리소스를 요청하거나 조작할 수 있도록 지정된 URL 경로를 의미합니다. REST API에서는 엔드포인트를 통해 데이터를 요청하고 서버는 이에 응답합니다.

2. HTTP 메서드 활용

REST API에서는 같은 URI라도 요청 목적에 따라 서로 다른 HTTP 메서드를 사용할 수 있습니다. 예를 들어, /user라는 URI에 대해 사용자 정보를 조회할 때는 GET 메서드로 요청하고, 새로운 사용자를 등록할 때는 POST 메서드로 요청합니다. 같은 URI지만 HTTP 메서드가 다르면 서버의 처리 방식도 달라집니다. 이처럼 REST API는 기능 이름이 아니라 리소스 자체를 중심으로 URI를 설계하며, 동작은 HTTP 메서드로 구분합니다. 즉, URI가 같아도 HTTP 메서드에 따라 서버의 동작이 달라지므로 URI가 중복되어도 문제가 되지 않습니다.

3. 무상태성

REST API는 **무상태성**(stateless)을 원칙으로 합니다. 즉, 서버는 클라이언트의 상태를 저장하지 않으며, 모든 요청은 독립적이어야 합니다. 예를 들어, 클라이언트가 로그인했다고 해도 서버는 그 사실을 기억하지 않습니다. 따라서 클라이언트는 이후의 모든 요청에도 인증 정보를 매번 포함해야 합니다.

이러한 구조는 REST API를 단순하고 일관되게 만들며, 다양한 플랫폼과 시스템에서 안정적으로 사용할 수 있도록 해줍니다.

● GraphQL

GraphQL은 페이스북에서 만든 데이터 쿼리 언어입니다. 클라이언트가 필요한 데이터만 정확하게 지정해서 요청하면 서버는 그 요청에 딱 맞는 데이터만 응답하는 방식으로 작동합니다. 여기서 **쿼리 언어**(query language)는 데이터를 검색하거나 조작하기 위해 사용하는 언어입니다. 쉽게 말해, 컴퓨터에 "이런 데이터를 주세요."라고 질문하는 언어라고 이해하면 됩니다.

GraphQL의 주요 특징은 다음과 같습니다.

1. 단일 엔드포인트

GraphQL은 REST API처럼 리소스마다 별도의 URI를 만들지 않습니다. 대신 일반적으로 /graphql이라는 하나의 엔드포인트만 사용합니다. 하나의 엔드포인트에 다양한 쿼리를 전송해 클라이언트는 원하는 데이터에 한 번에 접근할 수 있습니다.

2. 유연한 데이터 요청

GraphQL에서는 클라이언트가 어떤 데이터가 필요한지 정밀하게 선택할 수 있습니다. 예를 들어, 사용자 정보에서 이름과 이메일만 요청하거나 사용자 정보와 게시글 목록을 동시에 요청할 수도 있습니다. 이처럼 필요한 필드만 요청할 수 있기 때문에 불필요한 데이터 전송을 줄일 수 있고, 모바일처럼 네트워크가 민감한 환경에서도 효율적으로 사용할 수 있습니다.

3. 실시간 데이터 처리

GraphQL은 **서브스크립션**(subscription)이라는 기능을 통해 실시간 데이터 처리도 지원합니다. 클라이언트가 특정 데이터를 구독하면 서버는 해당 이벤트가 발생할 때마다 실시간으로 데이터를 푸시합니다. REST API에서는 실시간 기능을 구현하려면 웹소켓 등 별도 기술을 추가해야 하지만, GraphQL은 기본 기능으로 실시간 통신을 지원합니다.

이러한 특징 덕분에 GraphQL은 데이터 요청의 유연성과 효율성을 갖춘 현대적인 API 기술로 주목받고 있습니다.

1분 퀴즈

정답 노트 p.812

01. 다음 중 HTTP 메서드와 그 역할이 잘못 연결된 것은 무엇인가요?

① GET – 데이터 조회
② POST – 데이터 생성
③ PUT – 데이터 전체 수정
④ PATCH – 데이터 삭제

02. 다음 중 REST API의 특징으로 올바른 것은 무엇인가요?

① 같은 URI라도 요청 목적에 따라 다른 HTTP 메서드를 사용할 수 있다.

② REST API는 상태 정보를 지속적으로 유지하며 데이터를 전달한다.

③ 클라이언트는 데이터 요청 시 URI 대신 파일 경로를 지정해야 한다.

④ 서버는 클라이언트의 로그인 상태를 항상 기억해야 한다.

Node.js로 API 서버 만들기

리액트에서 데이터 통신을 공부하려면 실제로 데이터를 주고받을 수 있는 REST API 서버가 필요합니다. 하지만 무료로 사용할 수 있는 완전한 기능의 API 서버는 거의 없습니다. 따라서 이 책에서는 간단한 백엔드 API 서버를 만들어 학습을 진행하겠습니다. 백엔드 구현 자체는 이 책의 범위에 포함되지 않으므로 API 서버 코드를 실행하는 데 필요한 최소한의 개념과 설정만 살펴봅니다.

14.2.1 API 서버 실행하기

여기서 사용할 API 서버 코드는 제공한 소스 코드의 ch14/backend 폴더에 있습니다. 폴더 안에는 index.js, package.json 파일이 포함되어 있습니다. 해당 폴더를 복사해 원하는 경로에 붙여 넣거나 기존 폴더를 그대로 사용해도 괜찮습니다.

그림 14-3 backend 폴더 구조

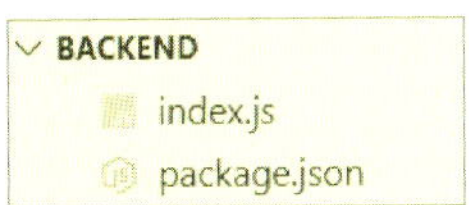

서버를 실행하려면 패키지를 설치해야 합니다. 터미널에서 경로를 backend 폴더로 이동한 후 다음 명령어를 입력합니다. 이때 터미널의 경로가 backend 폴더가 맞는지 꼭 확인합니다.

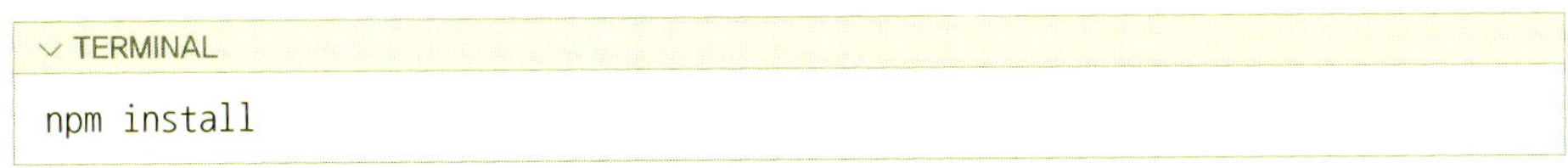

설치가 끝나면 node_modules 폴더와 package-lock.json 파일이 생성됩니다.

그림 14-4 패키지 설치 후 생성된 폴더와 파일

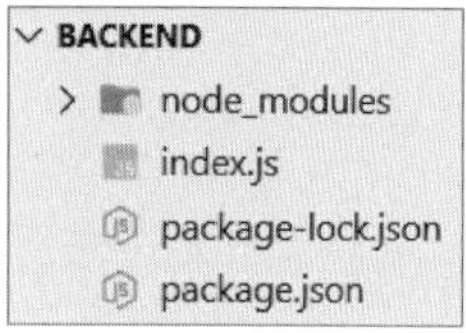

터미널에서 다음 명령어를 입력해 API 서버를 실행합니다.

```
TERMINAL
npx nodemon index.js
```

서버는 nodemon 라이브러리를 사용해 실행합니다. nodemon은 Node.js로 개발할 때 서버 코드를 수정하면 자동으로 서버를 재시작해 주는 도구입니다. 한 번 서버를 시작하면 서버 코드를 수정해도 매번 직접 재시작할 필요 없이 nodemon 라이브러리가 서버를 자동으로 재실행해 줍니다.

서버가 정상적으로 실행되면 터미널에 다음과 같은 메시지가 출력됩니다. 만약 오류가 발생한다면 VSCode를 종료한 후 컴퓨터를 재부팅하고 다시 시도해 보세요.

그림 14-5 서버 실행결과

```
D:\react\ch14\backend>npx nodemon index.js
[nodemon] 3.1.10
[nodemon] to restart at any time, enter `rs`
[nodemon] watching path(s): *.*
[nodemon] watching extensions: js,mjs,cjs,json
[nodemon] starting `node index.js`
Server is running on http://localhost:3000
```

웹 브라우저 주소창에, 화면에 나온 주소(여기서는 http://localhost:3000)를 입력하면 다음 화면을 표시합니다. 이는 API 서버가 정상적으로 실행 중임을 의미합니다.

그림 14-6 API 서버 실행 확인

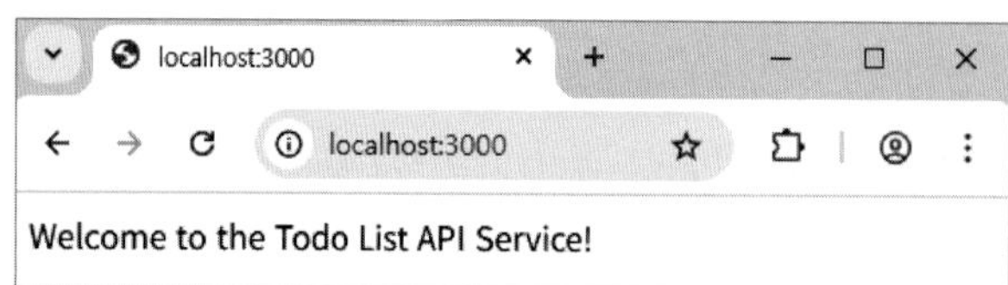

14.2.2 API 서버 코드 확인하기

책에서 제공하는 API 서버 코드는 할 일 관리 애플리케이션을 위한 간단한 백엔드 서버입니다. Node.js 기반으로 작성되었으며, 모든 기능이 index.js 파일 하나에 구현되어 있습니다. 이 책은 백엔드 개발 자체를 다루지 않기 때문에 전체 코드를 이해할 필요는 없습니다. 다만, 리액트와의 데이터 통신에 필요한 핵심 부분만 간단히 살펴보겠습니다.

backend/index.js

```
// 필요한 모듈 로드
const express = require('express'); // Express 웹 프레임워크 로드
const cors = require('cors'); // CORS 미들웨어 로드
const app = express(); // Express 애플리케이션 인스턴스 생성
const PORT = 3000; // 서버가 사용할 포트 설정

// CORS 설정: 모든 도메인에서 접근 허용
app.use(cors());
// JSON 요청 본문 처리
app.use(express.json());
// 할 일 목록 저장용 배열(메모리 저장 방식, 서버 종료 시 데이터 사라짐)
let todos = []; ---------------------------------- ❶
// 기본 엔드포인트
app.get('/', (req, res) => { ---------------------- ❷
  res.send('Welcome to the Todo List API Service!');
});
// 할 일 추가(POST /todos)
app.post('/todos', (req, res) => {…}); ------------ ❸
// 할 일 목록 조회(GET /todos)
app.get('/todos', (req, res) => {…}); ------------- ❹
// 할 일 삭제(DELETE /todos/:id)
app.delete('/todos/:id', (req, res) => {…}); ------ ❺
// 할 일 완료 상태 변경(PATCH /todos/:id/done)
app.patch('/todos/:id/done', (req, res) => {…}); -- ❻
// 할 일 수정(PUT /todos/:id)
app.put('/todos/:id', (req, res) => {…}); --------- ❼
// 서버 실행
app.listen(PORT, () => { -------------------------- ❽
  console.log(`Server is running on http://localhost:${PORT}`);
});
```

❶ 할 일 목록을 저장할 배열입니다. 메모리에 저장되므로 서버를 재시작하면 데이터는 모두 사라집니다. 실무에서는 데이터베이스를 사용하지만, 여기서는 학습용이므로 간단한 배열로 처리합니다.

❷ 기본 루트 경로(/)에 대한 응답을 처리합니다. 웹 브라우저에서 http://localhost:3000에 접속하면 'Welcome to the Todo List API Service!'라는 메시지가 표시됩니다.

❸ 클라이언트에서 전달한 `title` 값을 읽어 새로운 할 일을 추가합니다. POST /todos 형식으로 요청됩니다.

❹ 등록된 모든 할 일을 조회합니다. GET /todos 요청에 대해 응답합니다.

❺ 특정 ID를 가진 할 일을 삭제합니다. `:id`는 동적 세그먼트로, 숫자로 해당 항목을 지정할 수 있습니다.

❻ 특정 할 일의 완료 상태(done)를 반전시킵니다. 예를 들어 PATCH /todos/3/done은 ID가 3인 할 일의 완료 상태를 반전합니다.

❼ 특정 할 일의 제목을 수정합니다. PUT /todos/:id 요청으로 수행하며, 요청 본문에 새로운 `title`을 포함해야 합니다.

❽ 서버를 지정한 포트(여기서는 3000번)에서 실행하고, 콘솔에 실행 메시지를 출력합니다. 해당 포트가 다른 프로그램에서 사용 중이면 오류가 발생할 수 있습니다. 이 경우 VSCode를 종료하거나 컴퓨터를 재시작한 후 다시 실행해 보세요.

이 API 서버는 할 일 관리 애플리케이션에 필요한 핵심 기능(등록, 목록 조회, 삭제, 상태 변경, 수정)을 제공하는 간단한 모의(mock) REST API입니다. 이제 리액트 애플리케이션에서 이 API를 연동해 실제로 데이터를 주고받는 예제를 실습해 보겠습니다.

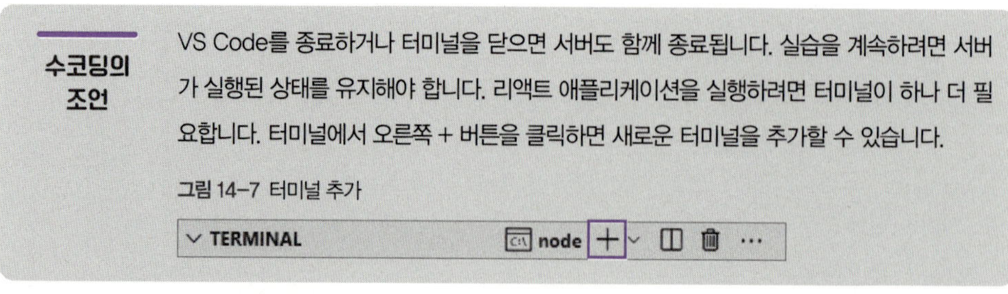

수코딩의 조언

VS Code를 종료하거나 터미널을 닫으면 서버도 함께 종료됩니다. 실습을 계속하려면 서버가 실행된 상태를 유지해야 합니다. 리액트 애플리케이션을 실행하려면 터미널이 하나 더 필요합니다. 터미널에서 오른쪽 + 버튼을 클릭하면 새로운 터미널을 추가할 수 있습니다.

그림 14-7 터미널 추가

Fetch API로 데이터 통신하기

최신 웹 브라우저는 자바스크립트를 사용해 HTTP 통신을 할 수 있도록 여러 기능을 제공합니다. 이 기능들의 집합을 Fetch API라고 하며, 기존에 사용하던 XMLHttpRequest를 대체하기 위해 등장했습니다. Fetch API는 더 간결하고 강력한 인터페이스를 제공하며, 실제 개발 현장에서도 널리 사용하고 있습니다.

이 절에서는 Fetch API의 기본 사용법과 async/await 방식을 함께 배워 보겠습니다.

> **수코딩의 조언**
>
> API와 Fetch API는 이름이 비슷해 혼동하기 쉽습니다. API는 애플리케이션 간 상호작용을 위한 인터페이스를 의미합니다. Fetch API는 자바스크립트에서 HTTP 요청을 보내고 응답을 받을 수 있도록 도와주는 기능입니다. 즉, 자바스크립트와 HTTP 간 상호작용을 위한 인터페이스이기 때문에 이름에 API가 포함된 것입니다.

14.3.1 기본 문법

Fetch API는 fetch() 함수를 사용해 HTTP 요청을 보냅니다. 기본 사용 형식은 다음과 같습니다.

형식

```
fetch(url[, options]) ------ ❶
  .then(response => { ------ ❷
    // 응답을 처리하는 로직
    if(!response.ok){ // 응답이 성공하지 않을 때 오류 발생
      throw new Error('Network response was not ok');
    }
    return response.json(); // 예: JSON 형식의 데이터를 자바스크립트 객체로 변환
  })
  .then(data => { ---------- ❸
```

```
    // 처리한 데이터를 활용하는 로직
    console.log(data);
  })
  .catch(error => { ------------ ④
    // 오류 처리
    console.error('Error:', error);
  });
```

❶ fetch() 함수는 첫 번째 인수로 요청할 URL을, 두 번째 인수로는 옵션 객체를 받을 수 있습니다. 옵션에는 method, headers, body 등의 속성을 지정할 수 있습니다.

❷ fetch() 함수는 요청 결과를 Promise 객체로 반환합니다. then()을 사용해 응답을 처리하며, response.ok를 확인해 성공 여부를 판단합니다.

❸ 응답이 성공이라면 response.json()으로 JSON 데이터를 변환한 후 활용합니다.

❹ 요청 과정에서 오류가 발생하면 .catch() 구문에서 예외를 처리합니다.

기존의 then() 방식은 콜백이 중첩되어 가독성이 떨어질 수 있습니다. 이를 개선하기 위해 ES 2017부터 도입된 문법이 async/await입니다. async/await를 사용하면 비동기 코드가 동기 코드처럼 읽혀 가독성이 좋고 오류 처리 흐름도 더 명확합니다.

형식

```
const fetchData = async () => { ------------------------ ❶
  try { ------------------------------------------------ ❷
    const response = await fetch(url[, options]); ----- ❸
    if (!response.ok) { -------------------------------- ❹
      throw new Error('Network response was not ok');
    }
    const data = await response.json(); --------------- ❺
    console.log(data);
  } catch (error) { ------------------------------------ ❻
    console.error(error);
  }
};
```

❶ async 키워드를 붙이면 해당 함수는 비동기 함수가 됩니다. 이 안에서만 await를 사용할 수 있습니다.

❷ 오류 처리에 try-catch() 문을 사용합니다.

❸ await는 fetch() 함수의 응답을 기다립니다. 서버의 응답이 도착할 때까지 다음 줄로 넘어가지 않습니다.

❹ 응답이 실패했는지(ok가 false인지)를 확인하고, 실패 시 예외를 발생시킵니다.

❺ 응답을 JSON으로 변환하고 데이터를 처리합니다.

❻ 네트워크 오류나 변환 오류가 발생하면 catch 블록에서 예외를 처리합니다.

Fetch API는 Promise 기반이기 때문에 then() 방식과 async/await 방식 둘 다 사용할 수 있습니다. 단순한 요청이나 빠른 테스트에는 then()을, 복잡한 로직이나 예외 처리가 필요한 상황에서는 async/await 방식이 더 가독성이 좋고 이 방식을 권장합니다. 이 책에서는 async/await 방식으로 설명합니다.

14.3.2 HTTP 메서드 사용법

fetch() 함수는 요청에 사용할 HTTP 메서드에 따라 작성 방식이 조금씩 달라집니다. 이 절에서는 대표적인 HTTP 메서드들을 중심으로 사용 방법을 살펴보겠습니다.

● GET

GET 메서드는 서버로부터 데이터를 조회할 때 사용합니다. 가장 기본적인 요청 방식이며, 별도의 옵션 객체 없이도 호출할 수 있습니다.

```
const fetchData = async () => {
  try {
    // GET 요청(옵션 없이 호출)
    const response = await fetch('http://localhost:3000/api/data');
    ...
  } catch (error) {...}
};
```

fetch() 함수는 기본적으로 GET 요청을 수행하므로 method: 'GET'을 생략해도 문제없습니다. 다만, 명시적으로 작성하면 코드의 의도가 분명해지고 다른 메서드들과 구조가 일관돼 유지 관리가 쉬워집니다.

```
const fetchData = async () => {
  try {
    // GET 요청(옵션 객체에 명시적으로 method 지정)
    const response = await fetch('http://localhost:3000/api/data', {
      method: 'GET'
    });
    ...
  } catch (error) {...}
};
```

- **POST**

POST 메서드는 서버에 새로운 데이터를 추가할 때 사용합니다. 이때는 요청 본문(body)에 데이터를 함께 전송해야 하므로 다음 두 가지를 반드시 지정해야 합니다.

- headers: 전송하는 데이터의 형식을 서버에 알려줍니다. 일반적으로 'Content-Type': 'application/json'을 사용합니다.
- body: 서버로 보낼 실제 데이터(자바스크립트 객체)를, JSON.stringify()를 사용해 문자열로 변환해 지정합니다. 서버는 이 문자열을 JSON으로 해석해 데이터를 처리합니다.

```
const fetchData = async () => {
  try {
    // POST 요청
    const response = await fetch('http://localhost:3000/api/data', {
      method: 'POST', // 요청 방식 지정
      headers: {
        'Content-Type': 'application/json', // JSON 형식으로 데이터 전송
      },
      body: JSON.stringify({ key: 'value' }), // 전송할 데이터(문자열로 변환)
    });
    ...
  } catch (error) {...}
};
```

PUT

PUT 메서드는 기존 데이터를 전체적으로 수정하거나 해당 리소스가 없다면 새로 생성할 때 사용합니다. 기존 데이터를 완전히 덮어쓰기 때문에 누락된 필드는 모두 삭제됩니다. 따라서 수정할 때는 전체 정보를 포함해야 합니다. POST 요청과 구조는 거의 같지만, 수정할 대상의 ID를 URL 경로에 함께 전달합니다.

```
const fetchData = async () => {
  try {
    // PUT 요청: ID가 1인 데이터 전체 수정
    const response = await fetch('http://localhost:3000/api/data/1', {
      method: 'PUT', // 전체 수정 요청
      headers: {
        'Content-Type': 'application/json', // JSON 형식 명시
      },
      body: JSON.stringify({ key: 'updated_value' }), // 전체 데이터를 포함해야 함
    });
    ...
  } catch (error) {...}
};
```

PATCH

PATCH 메서드는 서버의 리소스 중에서 일부 필드만 수정할 때 사용합니다. 전체 데이터를 수정하는 PUT과 달리 변경할 값만 전달하면 되므로 더 효율적입니다. 서버에서는 요청에 포함된 필드만 선택해 수정합니다.

```
const fetchData = async () => {
  try {
    // PATCH 요청: ID가 1인 데이터의 일부만 수정
    const response = await fetch('http://localhost:3000/api/data/1', {
      method: 'PATCH', // 부분 수정 요청
      headers: {
        'Content-Type': 'application/json', // JSON 형식 명시
      },
      body: JSON.stringify({ key: 'partial_update' }), // 수정할 필드만 포함
```

```
    });
    ...
  } catch (error) {...}
};
```

• DELETE

DELETE 메서드는 서버에서 특정 데이터를 삭제할 때 사용합니다. 요청 시에는 삭제할 리소스를 식별할 수 있는 ID만 URL에 포함하면 되며, 일반적으로 headers나 body 속성은 필요하지 않습니다.

```
const fetchData = async () => {
  try {
    // PATCH 요청: ID가 1인 데이터 삭제
    const response = await fetch('http://localhost:3000/api/data/1', {
      method: 'DELETE', // 삭제 요청
    });
    ...
  } catch (error) {...}
};
```

TIP — Fetch API에 대해 더 자세히 알고 싶다면 MDN 공식 문서(https://developer.mozilla.org/ko/docs/Web/API/Fetch_API/Using_Fetch)를 참고하세요.

14.3.3 리액트에서 사용하기

Fetch API의 기본 문법을 살펴봤으니 이제 리액트 애플리케이션에서 어떻게 활용하는지 알아보겠습니다.

리액트에서는 보통 두 가지 상황에서 API 요청이 발생합니다.

1. 컴포넌트가 마운트될 때

GET 요청처럼 페이지를 처음 불러올 때(처음 렌더링될 때) 서버에서 데이터를 받아와야 하는 경우, useEffect 훅을 사용해 API를 호출합니다. 이 방식은 컴포넌트가 렌더링될 때 한 번 실행되도록 설정합니다.

2. 사용자 이벤트가 발생했을 때

POST, PUT, PATCH, DELETE 요청은 주로 사용자의 행동(버튼 클릭, 입력 등)에 따라 서버에 데이터를 보내거나 수정/삭제하는 데 사용합니다. 이때는 이벤트 핸들러 함수 안에서 fetch()를 호출합니다.

각각의 사용 방법을 자세히 살펴보겠습니다.

TIP — 실습하려면 **14.2절**에서 구성한 API 서버가 실행 중이어야 합니다. API 서버가 정상적으로 작동하는지 확인한 후 예제를 실행하세요.

컴포넌트 생성 시점에 API 호출하기

컴포넌트가 처음 렌더링될 때 서버에서 데이터를 받아오려면 보통 GET 요청을 사용합니다. 이때는 useEffect 훅으로 컴포넌트 생성 시점(마운트 시점)에 데이터를 요청하면 됩니다.

다음은 App 컴포넌트가 마운트되면서 /todos 엔드포인트로 GET 요청을 보내는 예제입니다.

src/App.tsx

```
import { useEffect, useState } from 'react';

export default function App() {
  const [todos, setTodos] = useState([]);
  useEffect(() => { ------------------------------ ❶
    const fetchData = async () => { ------------ ❷
      try {
        const response = await fetch('http://localhost:3000/todos');
        const data = await response.json();
        setTodos(data);
      } catch (error) {
        console.error(error);
      }
    };
    fetchData(); -------------------------------- ❸
  }, []);
  return (
    <div>
      <h1>Todos</h1>
      <pre>{JSON.stringify(todos)}</pre> ------ ❹
    </div>
```

```
  );
}
```

❶ useEffect는 컴포넌트가 렌더링된 후 특정 작업을 수행할 수 있게 해주는 훅입니다. 의존성 배열을 빈 배열([])로 지정하면 컴포넌트가 처음 마운트될 때 단 한 번만 실행됩니다.

❷ useEffect 훅 자체는 비동기 함수로 만들 수 없습니다. 따라서 useEffect 훅 내부에서 별도의 async 함수를 정의해 사용하는 방식이 일반적입니다.

❸ 정의한 fetchData() 함수를 호출해 서버(/todos)에 GET 요청을 보냅니다. 응답 데이터는 setTodos()를 통해 상태에 저장됩니다.

❹ todos 상태 값을 사용하려면 원래는 타입을 지정해야 합니다. 하지만 실습에서는 타입을 생략하고 JSON.stringify() 메서드를 사용해 상태를 JSON 문자열로 변환한 후 출력합니다. 이 문자열을 <pre> 태그로 감싸면 줄 바꿈과 들여쓰기가 적용되어 보기 좋게 렌더링됩니다.

코드를 저장하고 실행하면 화면에는 [] 형태의 빈 배열만 출력됩니다. 이는 API 서버에 아직 등록된 할 일이 없다는 의미입니다.

TIP — useEffect 훅의 첫 번째 매개변수에 전달하는 설정 함수는 async 키워드로 직접 지정할 수 없기 때문에 예제처럼 내부에 별도의 async 함수를 정의해서 사용해야 합니다.

● 이벤트 핸들러에서 API 호출하기

이번에는 버튼 클릭과 같은 이벤트가 발생했을 때 API를 호출하는 방법을 알아보겠습니다. 이벤트 핸들러에서 API를 호출하는 방법은 일반적인 함수 호출과 크게 다르지 않습니다.

예제는 책에서 제공하는 API 서버를 이용해 다음 작업을 모두 수행하도록 구성되어 있습니다.

- 할 일 목록 조회(GET)
- 새로운 할 일 추가(POST)
- 할 일 완료 상태 토글(PATCH)
- 할 일 수정(PUT)
- 할 일 삭제(DELETE)

코드가 길어서 작업별로 나눠 살펴보겠습니다.

src/components/Ex2.tsx

```
import { useState } from 'react';

export default function Ex2() {
  const [todoId, setTodoId] = useState(''); ------- ❶
  const [todos, setTodos] = useState<
    { id: number; title: string; done: boolean }[]
  >([]); ---------------------------------------- ❷
  // GET 요청: 할 일 목록 조회
  const getTodos = async () => { ------------------ ❸
    try {
      const response = await fetch('http://localhost:3000/todos');
      if (!response.ok) {
        throw new Error('Network response was not ok');
      }
      const data = await response.json();
      setTodos(data);
    } catch (error) {
      console.error(error);
    }
  };
}
```

❶ 할 일을 등록하면 서버에서 ID 값이 자동으로 생성됩니다. 이 값은 현재 시간을 기준으로 만들어지기 때문에 미리 알 수 없습니다. 따라서 이후에 할 일을 수정, 삭제, 완료 처리할 때는 해당 할 일의 ID 값을 직접 입력할 수 있도록 상태를 하나 정의합니다. 이 상태를 <input> 입력 요소와 연결합니다.

❷ 할 일 전체를 저장하기 위한 상태를 정의합니다. 여기서 중요한 점은 useState 훅을 사용할 때 상태에 들어갈 데이터의 타입을 명시한다는 점입니다. 타입스크립트를 사용하는 리액트에서는 API로부터 받은 데이터를 그대로 상태에 저장하려면 해당 데이터의 구조를 미리 알려줘야 타입 오류가 발생하지 않습니다. 여기서 사용하는 API 서버는 id, title, done이라는 3가지 속성을 가진 할 일 객체들의 배열을 반환하므로 이에 맞춰 타입을 지정해야 합니다.

❸ 할 일 목록을 불러오는 함수입니다. 이 함수는 GET 메서드를 사용해 /todos 주소로 요청을 보냅니다. 서버로부터 응답이 정상적으로 도착하면 JSON 데이터를 파싱해 todos 상태

에 저장합니다. useState 훅으로 관리하는 상태는 값이 변경되면 리액트가 자동으로 화면을 리렌더링하기 때문에 별도로 화면을 업데이트하지 않아도 최신 데이터가 즉시 반영됩니다.

src/components/Ex2.tsx

```
// POST 요청: 할 일 추가
const postTodo = async () => { -------- ❹
  try {
    const response = await fetch('http://localhost:3000/todos', {
      method: 'POST',
      headers: {
        'Content-Type': 'application/json',
      },
      body: JSON.stringify({
        title: 'New Todo',
      }),
    });
    if (!response.ok) {
      throw new Error('Network response was not ok');
    }
    const data = await response.json();
    setTodos([...todos, data]);
  } catch (error) {
    console.error(error);
  }
};
```

❹ 할 일을 등록하는 함수입니다. 이 함수는 POST 메서드를 사용해 /todos 주소로 새로운 할 일을 서버에 추가합니다. 참고로, 할 일 목록을 가져올 때도 동일한 /todos 주소를 사용하지만, GET과 POST처럼 HTTP 메서드가 다르면 요청의 목적과 동작이 완전히 달라집니다. 이러한 방식은 REST API의 핵심 개념 중 하나입니다. API 서버는 할 일을 등록할 때 title 값만 전달하면 되므로 요청의 body에 title 값을 포함해 전송합니다. 이때 headers에 'Content-Type': 'application/json'을 반드시 지정해야 서버가 이 요청이 JSON 형식의 데이터임을 올바르게 해석할 수 있습니다. 요청이 성공하면 서버는 새로 등록된 할 일 데이터를 응답으로 보내고, 이 데이터를 기존의 todos 상태에 추가하면 화면이 곧바로 업데이트됩니다. 즉, 다시 GET 요청을 하지 않아도 최신 상태가 화면에 반영되는 셈입니다.

src/components/Ex2.tsx

```
// PATCH 요청: 완료 상태 토글
const toggleTodo = async () => { ---------- ⑤
  try {
    const response = await fetch(`http://localhost:3000/todos/${todoId}/done `, {
      method: 'PATCH',
    });
    const data = await response.json();
    if (!response.ok) {
      throw new Error('Network response was not ok');
    }
    setTodos(
      todos.map((todo) =>
        todo.id === Number(todoId) ? { ...todo, done: data.done } : todo
      )
    );
  } catch (error) {
    console.error(error);
  }
};
```

⑤ 할 일의 완료 상태를 변경하는 함수입니다. 이 함수는 PATCH 메서드를 사용해 /todos/:id/done 주소로 요청을 보냅니다. 여기서 :id는 완료 상태를 변경할 할 일의 고유한 ID이며, 사용자가 <input> 입력 요소에 직접 입력하도록 구성되어 있습니다. 이 요청은 해당 할 일의 done 값을 반대로 바꾸는 역할을 합니다. 즉, true면 false로, false면 true로 전환되며, 마치 스위치를 켜고 끄는 것처럼 완료 상태를 토글하는 기능입니다. 이 작업은 별도의 데이터를 전송할 필요 없이 요청 주소에 ID 값만 포함하면 됩니다. 요청이 성공하면 응답으로 받은 done 값을 기준으로 todos 상태를 업데이트해 화면에 최신 상태를 반영합니다.

src/components/Ex2.tsx

```
// PUT 요청: 할 일 수정
const updateTodo = async () => { ---------- ⑥
  try {
    const response = await fetch(`http://localhost:3000/todos/${todoId}`, {
      method: 'PUT',
      headers: {
        'Content-Type': 'application/json',
```

```
      },
      body: JSON.stringify({
        title: 'Updated Todo',
      }),
    });
    if (!response.ok) {
      throw new Error('Network response was not ok');
    }
    const data = await response.json();
    setTodos(todos.map((todo) => (todo.id === Number(todoId) ? data : todo)));
  } catch (error) {
    console.error(error);
  }
};
```

❻ 할 일을 수정하는 함수입니다. 이 함수는 PUT 메서드를 사용해 /todos/:id 주소로 요청을 보냅니다. 여기서 :id는 수정할 할 일의 고유한 ID입니다. 수정할 내용을 보낼 때는 body 속성에 title 값을 담아 함께 전송합니다. 그러면 백엔드는 해당 ID의 할 일을 찾아 title 값을 새로운 내용으로 덮어씌웁니다. 요청이 성공하면 서버는 수정된 할 일 데이터를 응답으로 보내줍니다. 이 데이터를 받아 기존 todos 상태에서 해당 항목만 업데이트하면 다시 GET 요청을 보내지 않고도 화면이 최신 상태로 유지됩니다.

src/components/Ex2.tsx

```
// DELETE 요청: 할 일 삭제
const deleteTodo = async () => { --------- ❼
  try {
    const response = await fetch(`http://localhost:3000/todos/${todoId}`, {
      method: 'DELETE',
    });
    if (!response.ok) {
      throw new Error('Network response was not ok');
    }
    setTodos(todos.filter((todo) => todo.id !== Number(todoId)));
  } catch (error) {
    console.error(error);
  }
};
return (
```

```
    <div>
      <h1>Todos</h1>
      <pre>{JSON.stringify(todos)}</pre>
      {/* 아이디 입력칸 */}
      <div>
        <input
          type='text'
          value={todoId}
          onChange={(e) => setTodoId(e.target.value)}
        />
      </div>
      {/* API 호출 버튼: 버튼 클릭 시 각 함수 실행 */}
      <button onClick={getTodos}>Get Todos(GET)</button>
      <button onClick={postTodo}>Insert Todos(POST)</button>
      <button onClick={toggleTodo}>Toggle Todos(PATCH)</button>
      <button onClick={updateTodo}>Update Todos(PUT)</button>
      <button onClick={deleteTodo}>Delete Todos(DELETE)</button>
    </div>
  );
}
```

❼ 할 일을 삭제하는 함수입니다. 이 함수는 DELETE 메서드를 사용하여 /todos/:id 주소로 요청을 보냅니다. :id는 삭제할 할 일의 고유한 ID이며, 요청 주소의 일부로 포함되는 동적 세그먼트입니다. 요청이 성공하면 서버는 해당 ID의 할 일을 삭제합니다. 이때는 별도의 데이터를 요청하거나 응답을 처리할 필요가 없습니다. 응답으로 반환된 값을 사용하지 않기 때문에 클라이언트에서 `filter()` 메서드를 사용해 todos 상태에서 해당 항목을 제거하면 됩니다. 이렇게 하면 다시 GET 요청을 보내지 않아도 화면이 최신 상태로 유지됩니다.

지금까지 작성한 코드는 **14.3.2절**에서 살펴본 HTTP 메서드(GET, POST, PATCH, PUT, DELETE)의 사용법을 리액트 환경에 그대로 적용한 예제입니다. 이 내용을 잘 이해하면 리액트에서 API와 통신하는 기본 방식은 충분히 익힐 수 있습니다.

수코딩의 조언

리액트에서 API 호출할 때 CORS 오류가 발생할 수 있습니다. 이 문제는 보통 서버가 응답에 CORS 관련 헤더를 포함하지 않았을 때 발생합니다.

그림 14-8 CORS 오류 발생

```
ⓧ Access to fetch at 'http://localhost:3000/todos' from      localhost/:1
  origin 'http://localhost:5173' has been blocked by CORS policy: No
  'Access-Control-Allow-Origin' header is present on the requested
  resource. If an opaque response serves your needs, set the request's
  mode to 'no-cors' to fetch the resource with CORS disabled.
ⓧ ▸GET http://localhost:3000/todos net::ERR_FAILED     Ex2.tsx:11
ⓧ ▸TypeError: Failed to fetch                            Ex2.tsx:18
     at getTodos (Ex2.tsx:11:30)
   Show ignore-listed frames
```

이럴 때는 프런트엔드에서 억지로 해결하려 하기보다는 서버에서 CORS 설정을 올바르게 적용하는 것이 정석입니다. 참고로, 이 책에서 제공하는 API 서버는 이미 CORS 문제를 해결할 수 있도록 설정(`app.use(cors());`)되어서 CORS 관련 오류 없이 사용할 수 있습니다.

1분 퀴즈

정답 노트 p.812

03. fetch() 함수를 메서드 옵션 없이 호출할 때 기본으로 사용하는 HTTP 메서드는 무엇인가요?

① POST ② PUT ③ DELETE ④ GET

04. async/await 방식으로 fetch() 함수를 사용할 때, 오류 처리로 알맞은 것은 무엇인가요?

① `if-else` ② `switch-case` ③ `try-catch` ④ `finally only`

05. 다음 중 HTTP 메서드의 설명이 잘못된 것은 무엇인가요?

① POST는 서버의 기존 데이터를 삭제할 때 사용하며, body 없이 요청한다.

② GET은 서버로부터 데이터를 조회할 때 사용하며, 보통 URL만으로 요청을 보낸다.

③ PATCH는 기존 데이터의 일부 필드만 수정할 때 사용하며, 필요한 필드만 요청에 포함하면 된다.

④ PUT은 기존 데이터를 전체 수정하거나 새로 생성할 때 사용하며, 전송한 데이터로 기존 내용을 덮어쓴다.

06. 리액트에서 컴포넌트가 처음 화면에 렌더링될 때 fetch 요청을 보내려면 사용하는 훅으로 알맞은 것은 무엇인가요?

① `useCallback` ② `useEffect` ③ `useState` ④ `useRef`

Axios로 데이터 통신하기

Axios(엑시오스)는 웹 브라우저에서 HTTP 통신을 더욱 쉽게 처리할 수 있도록 도와주는 대표적인 HTTP 클라이언트 라이브러리입니다. 기본 기능 외에도 Fetch API보다 더 다양한 기능을 제공하므로 대규모 프로젝트나 실제 서비스 개발 환경에서 자주 사용합니다.

14.4.1 Axios 라이브러리 설치 및 기본 문법

Axios 라이브러리는 웹 브라우저에 기본으로 내장되지 않아 따로 설치해야 합니다. 터미널에 다음 명령어를 입력하면 Axios 라이브러리를 설치할 수 있습니다.

TERMINAL

```
npm install axios
```

Axios는 HTTP 요청을 보낼 때 axios() 함수를 사용합니다. 기본 사용 형식은 다음과 같습니다.

형식

```
axios(config)
  .then(response => console.log(response.data))
  .catch(error => console.error('Error:', error));
```

config는 요청에 필요한 다양한 옵션을 담은 객체로, 다음과 같은 속성을 설정할 수 있습니다.

- method: 요청 방식(예 'GET', 'POST')
- url: 요청할 주소
- data: 서버로 전송할 데이터(주로 POST, PUT 요청에서 사용)
- headers: 요청 헤더 설정

axios() 함수는 Promise 기반이므로 then()과 async/await 방식 중 하나를 선택해 사용할 수 있습니다. 다음은 async/await 방식을 사용한 예제입니다.

형식
```
const fetchData = async () => {
  try {
    // GET 요청
    const response = await axios(config);
    console.log(response.data);
  } catch (error) {
    console.log(error);
  }
};
```

이처럼 axios() 함수는 fetch() 함수보다 더 간단하고 직관적인 사용이 가능합니다. 특히, 다음과 같은 차이가 있습니다.

- axios()는 응답 객체에서 데이터를 response.data로 바로 접근할 수 있습니다. fetch()처럼 response.json()을 따로 호출할 필요가 없습니다.
- axios()는 응답이 실패한 경우 자동으로 catch 블록으로 오류를 전달합니다. fetch()처럼 response.ok를 일일이 검사할 필요가 없습니다.

async/await 방식은 비동기 흐름을 동기 코드처럼 작성할 수 있어 가독성이 좋습니다. 따라서 이후 예제에서 axios()를 사용할 때 async/await 방식을 기본으로 설명합니다.

14.4.2 HTTP 메서드 사용법

axios() 함수로 HTTP 요청을 보낼 때는 일반적으로 설정 객체를 통해 요청 방식(HTTP 메서드)을 지정합니다. 예를 들어, POST 요청을 보내려면 다음과 같이 작성합니다.

```
axios({
  method: 'post',
  …
});
```

axios() 함수는 다양한 설정 값을 담은 객체를 인자로 전달받아 요청을 처리합니다. 하지만 실제 개발에서는 이렇게 긴 형식보다는 더 간단한 **단축 메서드**(shortcut method)를 훨씬 더 자주 사용합니다. 자주 사용하는 단축 메서드는 다음과 같습니다.

- axios.get(): 데이터 조회(GET 요청)
- axios.post(): 데이터 추가(POST 요청)
- axios.put(): 전체 수정(PUT 요청)
- axios.patch(): 일부 수정(PATCH 요청)
- axios.delete(): 데이터 삭제(DELETE 요청)

단축 메서드는 각각 axios() 함수와 같은 방식으로 동작하지만, 더 간편하게 사용할 수 있도록 제공된 문법입니다. 각 메서드를 어떻게 사용하는지 알아보겠습니다.

GET

Axios에서는 서버로부터 데이터를 조회할 때 get() 단축 메서드를 사용해 별도의 설정 없이 간단하게 요청을 보낼 수 있습니다. 첫 번째 인자로 요청할 URL만 전달하면 되고, 추가 설정 없이도 데이터를 쉽게 받아올 수 있습니다.

```
const fetchData = async () => {
  try {
    // GET 요청
    const response = await axios.get('http://localhost:3000/api/data');
    ... // 응답 데이터 처리
  } catch (error) {...} // 오류 처리
};
```

POST

Axios에서는 서버에 새로운 데이터를 추가할 때 post() 단축 메서드를 사용해 요청을 보낼 수 있습니다. 전송할 데이터를 두 번째 인자에 객체 형태로 전달합니다. 또한, fetch()와 달리 JSON.stringify()로 데이터를 문자열로 변환하거나 headers 속성에 'Content-Type': 'application/json'을 명시할 필요가 없습니다. 이러한 작업은 Axios가 자동으로 처리하기 때문에 단순히 보내고 싶은 데이터를 객체 형태로 작성하면 됩니다.

```
const fetchData = async () => {
  try {
    // POST 요청
    const response = await axios.post('http://localhost:3000/api/data', {
      key: 'value', // 전송할 데이터
    });
    ...
  } catch (error) {...}
};
```

- **PUT**

put() 단축 메서드는 기존 데이터를 완전히 덮어써서 수정하거나 새로 데이터를 생성할 때 사용합니다. put() 메서드를 사용할 때는 어떤 데이터를 수정할지 식별하기 위해 대상 리소스의 ID를 URL에 포함해야 합니다. 예제에서는 1이라는 ID를 가진 데이터를 수정하고 있습니다. 보내는 데이터 형식은 POST와 동일하며, JSON.stringify()나 headers 설정은 필요하지 않습니다.

```
const fetchData = async () => {
  try {
    // PUT 요청
    const response = await axios.put('http://localhost:3000/api/data/1', {
      key: 'updated_value',
    });
    ...
  } catch (error) {...}
};
```

- **PATCH**

patch() 단축 메서드는 기존 데이터 중 일부만 수정할 때 사용합니다. PUT 요청이 전체 데이터를 덮어쓰는 반면, PATCH 요청은 전달한 항목만 선택해 변경합니다.

```
const fetchData = async () => {
  try {
```

```
    // PATCH 요청
    const response = await axios.patch('http://localhost:3000/api/data/1', {
      key: 'partial_update',
    });
    ...
  } catch (error) {...}
};
```

DELETE

delete() 단축 메서드는 서버에 저장된 데이터를 삭제할 때 사용하며, 삭제할 리소스를 지정하기 위해 URL에 고유 식별자(ID)를 포함합니다. 예제에서는 ID가 1인 데이터를 삭제하고 있습니다. DELETE 요청은 서버에 보낼 데이터가 없기 때문에 POST나 PUT처럼 data나 headers를 따로 지정할 필요가 없습니다.

```
const fetchData = async () => {
  try {
    // PATCH 요청
    const response = await axios.delete('http://localhost:3000/api/data/1');
    ...
  } catch (error) {...}
};
```

TIP — Axios에 대해 더 자세히 알고 싶다면 Axios 공식 사이트(https://axios-http.com/kr)를 참고해 주세요.

14.4.3 리액트에서 사용하기

axios() 함수를 리액트 컴포넌트에서 사용하는 방법은 fetch() 함수와 거의 동일합니다. 따라서 이 절에서는 복잡한 설명보다는 어떻게 코드를 작성하는지만 간단히 살펴보겠습니다.

컴포넌트 생성 시점에 API 호출하기

axios()도 fetch()와 마찬가지로 컴포넌트가 화면에 렌더링된 이후 데이터를 요청하려면 useEffect 훅을 사용해야 합니다. 전체 흐름은 동일하며 문법적으로만 Axios로 바꾸면 더 간단하게 사용할 수 있습니다.

src/App.tsx

```
import axios from 'axios';
import { useEffect, useState } from 'react';

export default function App() {
  const [todos, setTodos] = useState([]);
  useEffect(() => {
    const fetchData = async () => {
      try {
        const response = await axios.get('http://localhost:3000/todos'); ---- ❶
        setTodos(response.data); ------------------------------------------ ❷
      } catch (error) {
        console.error(error);
      }
    };
    fetchData();
  }, []);
  return ( (중략) );
}
```

❶ axios.get()은 fetch()처럼 response.ok를 따로 확인하지 않아도 됩니다. 실패한 요청은 자동으로 catch() 블록으로 넘어갑니다.

❷ 응답 데이터는 response.data에 담겨 있어 바로 사용할 수 있습니다. fetch()처럼 .json()을 호출할 필요가 없습니다.

● 이벤트 핸들러에서 API 호출하기

버튼 클릭과 같은 사용자 이벤트가 발생했을 때 axios() 함수를 사용해 서버에 API 요청을 보내는 방법을 알아보겠습니다. 전체적인 흐름은 fetch() 함수와 유사하지만, Axios는 단축 메서드를 제공하므로 코드를 훨씬 간단하게 작성할 수 있습니다(ch14/03/3 코드에서 fetch() 함수 부분만 다음과 같이 변경해 보세요).

src/components/Ex2.tsx

```
import axios from 'axios';
import { useState } from 'react';

export default function Ex2() {
  (중략)
```

```
const getTodos = async () => {
  try {
    const response = await axios.get('http://localhost:3000/todos');
    setTodos(response.data);
  } catch (error) {
    console.error(error);
  }
};
const postTodo = async () => {
  try {
    const response = await axios.post('http://localhost:3000/todos', {
      title: 'New Todo',
    });
    setTodos([...todos, response.data]);
  } catch (error) {
    console.error(error);
  }
};
const toggleTodo = async () => {
  try {
    const response = await axios.patch(`http://localhost:3000/todos/${todoId}/done`);
    setTodos(
      todos.map((todo) =>
        todo.id === Number(todoId) ? { ...todo, done: response.data.done } : todo
      )
    );
  } catch (error) {
    console.error(error);
  }
};
const updateTodo = async () => {
  try {
    const response = await axios.put(`http://localhost:3000/todos/${todoId}`, {
        title: 'Updated Todo',
      }
    );
    setTodos(
      todos.map((todo) => (todo.id === Number(todoId) ? response.data : todo))
    );
  } catch (error) {
```

```
      console.error(error);
    }
  };
  const deleteTodo = async () => {
    try {
      await axios.delete(`http://localhost:3000/todos/${todoId}`);
      setTodos(todos.filter((todo) => todo.id !== Number(todoId)));
    } catch (error) {
      console.error(error);
    }
  };
  return ( (중략) );
}
```

axios.get(), axios.post() 등 단축 메서드를 사용해 코드가 간결해집니다. 응답 객체는 response.data로 바로 접근할 수 있으며, fetch()와 달리 JSON.stringify()나 'Content-Type': 'application/json' 설정이 불필요합니다.

Note fetch()와 axios() 함수 비교

Fetch API의 fetch() 함수와 Axios 라이브러리의 axios() 함수를 사용해 데이터 통신하는 방법을 비교하면 다음과 같습니다.

표 14-2 fetch()와 axios() 함수 비교

구분	fetch()	axios()
설치 여부	설치 불필요(내장되어 있음)	별도 설치 필요
웹 브라우저 지원	최신 웹 브라우저에서만 지원	대부분의 웹 브라우저에서 지원
응답 처리	.then()을 두 번 사용	.then() 한 번으로 처리
기본 설정	수동 설정 필요	일부(Content-Type) 자동 설정
JSON 파싱	respons.json() 호출 필요	자동 파싱
고급 기능	없음	인터셉터, 요청 취소 등 지원
요청 취소 및 타임아웃	미지원	지원

1분 퀴즈

정답 노트 p.812

07. Axios는 무엇을 위한 라이브러리인가요?

① CSS 렌더링 최적화
② 상태 관리
③ HTTP 요청 처리
④ 컴포넌트 스타일링

08. axios() 함수로 HTTP 요청을 보낸 뒤 응답에서 데이터를 꺼내려면 어떤 속성을 사용해야 하나요?

① `response.json()`
② `response.body`
③ `response.result`
④ `response.data`

09. 다음 중 본문(body)에 데이터를 함께 보내는 요청에서 가장 일반적으로 사용하는 Axios 단축 메서드는 무엇인가요?

① `axios.get()`
② `axios.post()`
③ `axios.delete()`
④ `axios.head()`

14.5

데이터 통신 파고들기

지금까지 리액트에서 사용할 수 있는 두 가지 데이터 통신 방법인 Fetch API와 Axios 라이브러리의 사용법을 살펴보았습니다. 두 방식 모두 실제 리액트 프로젝트에서 자주 사용하며, 어떤 방법을 선택하더라도 큰 문제는 없습니다. 하지만 어떤 방식을 사용하든 데이터 통신에서 반드시 알아두면 좋은 유용한 팁들이 있습니다. 이 절에서는 그중 가장 기본이 되는 GET 요청을 실습해보며 내용을 더 깊이 있게 살펴보겠습니다.

14.5.1 초기 데이터 설정하기

리액트에서 가장 많이 사용하는 통신 방식은 GET 요청입니다. GET은 주로 서버에 저장된 데이터를 불러올 때 사용합니다. 여기서는 실습을 위해 API 서버에 초기 데이터 4개를 다음과 같이 추가하겠습니다. 초기 데이터를 미리 작성해두면 서버를 재시작해도 항상 동일한 데이터로 테스트할 수 있습니다.

backend/index.js

```
let todos = [
  { id: 1733887532053, title: 'Buy groceries', done: false, },
  { id: 1733887532054, title: 'Finish homework', done: false, },
  { id: 1733887532055, title: 'Clean the house', done: false, },
  { id: 1733887532056, title: 'Call mom', done: false, },
];
```

API 서버에 GET 요청을 보내 todos 데이터를 받아오고, 그 데이터를 화면에 출력하는 클라이언트 코드를 다음과 같이 작성합니다.

src/App.tsx

```
import { useEffect, useState } from 'react';

export default function App() {
  const [data, setData] = useState([]); ---------------------------- ❶
  useEffect(() => { ------------------------------------------------- ❷
    const fetchData = async () => {
      const response = await fetch('http://localhost:3000/todos'); --- ❸
      if (!response.ok) {
        throw new Error('데이터를 불러오지 못했습니다.');
      }
      const data = await response.json(); --------------------------- ❸
      setData(data); ------------------------------------------------ ❹
    };
    fetchData();
  }, []);
  return (
    <div>
      <pre>{JSON.stringify(data, null, 2)}</pre> -------------------- ❺
    </div>
  );
}
```

❶ useState 훅으로 todos 데이터를 저장할 상태 값 data를 정의합니다.

❷ useEffect 훅 안에서 API 요청 함수인 fetchData()를 정의하고 호출합니다.

❸ fetch() 함수로 데이터를 요청하고, 응답이 성공(response.ok)했을 때 response.json()으로 파싱합니다.

❹ 파싱한 데이터를 setData()로 상태에 저장합니다. 리액트에서는 API 응답 데이터를 반드시 상태에 저장해야 화면에 출력하거나 다른 로직에서 사용할 수 있습니다.

❺ 화면에는 JSON.stringify()를 사용해 받아온 데이터를 보기 좋게 출력합니다.

코드를 실행하면 웹 브라우저 화면에 todos 배열에 포함된 4개의 할 일 데이터가 JSON 형식으로 출력됩니다.

그림 14-9 todos 데이터 출력

```
[
  {
    "id": 1733887532053,
    "title": "Buy groceries",
    "done": false
  },
  {
    "id": 1733887532054,
    "title": "Finish homework",
    "done": false
  },
  {
    "id": 1733887532055,
    "title": "Clean the house",
    "done": false
  },
  {
    "id": 1733887532056,
    "title": "Call mom",
    "done": false
  }
]
```

14.5.2 응답 데이터 안전하게 처리하기

GET 요청으로 서버에서 데이터를 받아오고, useState 훅으로 상태에 저장하면 일반적인 출력에는 문제가 없어 보일 수 있습니다. 하지만 해당 데이터를 활용하려 할 때 타입 오류가 발생하는 경우가 있습니다.

다음 코드는 API에서 받아온 data 배열을 map()으로 순회하며 각 할 일(todo)의 제목을 화면에 출력합니다.

src/App.tsx

```
import { useEffect, useState } from 'react';

export default function App() {
  const [data, setData] = useState([]); // 타입 미지정
  useEffect( (중략) )
  return (
    <div>
      <ul>
        {/* 타입 오류 발생 */}
        {data.map((todo) => (<li key={todo.id}>{todo.title}</li>))}
      </ul>
    </div>
  );
}
```

이 코드는 data.map() 부분에서 타입스크립트 오류가 발생합니다. todo.id나 todo.title에 빨간색 밑줄이 생기고 여기에 마우스를 가져가면 "속성 'id(title)'는 'never' 타입에 존재하지 않습니다(Property 'id' does not exist on type 'never')"와 같은 메시지가 표시됩니다. useState([])처럼 타입을 명시하지 않으면 타입스크립트는 초깃값인 빈 배열([])만 보고 타입을 추론합니다. 이 경우 data의 타입은 never[] 또는 any[]로 추론되어, 타입 안정성이 보장되지 않습니다. 즉, 타입스크립트는 data 상태가 어떤 구조의 데이터를 가질지 알 수 없기 때문에 map()으로 순회하면서 객체 속성에 접근하는 코드에 오류를 표시한 것입니다.

현재 API 서버에서 응답하는 todos 데이터는 id, title, done 속성이 포함된 객체의 배열입니다. 따라서 useState 훅을 사용할 때 이 구조에 맞는 타입을 명시해줘야 합니다.

src/App.tsx

```
import { useEffect, useState } from 'react';

export default function App() {
  const [data, setData] = useState<{ id: number; title: string; done: boolean }[]>([]);
  useEffect( (중략) )
  return (
    <div>
      <ul>
        {/* 타입 오류 없음 */}
        {data.map((todo) => (<li key={todo.id}>{todo.title}</li>))}
      </ul>
    </div>
  );
}
```

API 응답 데이터를 useState 훅으로 저장할 때는 반드시 정확한 타입을 명시해야 합니다. 타입을 지정하면 코드의 안정성과 가독성이 향상되며, 자동 완성 기능도 정확하게 동작합니다. 실무에서는 자주 사용하는 데이터 구조를 type이나 interface로 미리 정의해 사용하는 것이 일반적입니다.

14.5.3 오류 상태 정의하고 오류 처리하기

GET 요청을 포함한 모든 HTTP 요청에서는 오류가 발생할 수 있습니다. 특히 GET 요청은 컴포넌트가 렌더링되자마자 데이터를 불러오는 경우가 많기 때문에 오류 처리를 더욱 신중하게 해야 합니다. 만약 요청이 실패했는데도 아무런 처리 없이 화면을 렌더링하면 사용자는 데이터가 없는 건지 오류가 발생한 건지 구분할 수 없어 혼란스러울 수 있습니다.

다음 예제를 봅시다.

src/App.tsx

```
import { useEffect, useState } from 'react';

export default function App() {
  const [data, setData] = useState<{ id: number; title: string; done: boolean }[]>([]);
  const [error, setError] = useState(''); ----- ❶
  useEffect(() => {
    const fetchData = async () => {
      try { -------------------------------------- ❷
        const response = await fetch('http://localhost:3000/todos');
        if (!response.ok) {
          throw new Error('데이터를 불러오지 못했습니다.');
        }
        const data = await response.json();
        setData(data);
      } catch (e) {
        setError(
          e instanceof Error ? e.message : '알 수 없는 오류가 발생했습니다.'
        );
      }
    };
    fetchData();
  }, []);
  if (error) return <div>{error}</div>; ------- ❸
  return ( (중략) );
}
```

❶ useState('')로 오류 메시지 상태 error를 선언합니다. 초깃값을 빈 문자열로 지정하면 타입스크립트가 error 상태를 string으로 자동 추론합니다.

❷ try-catch 문으로 오류를 처리합니다. catch 블록의 e는 타입이 자동으로 unknown으로 추론되므로 e instanceof Error로 실제 오류 객체인지 확인한 후 안전하게 .message 속성에 접근해야 합니다. 그렇지 않으면 타입 오류가 발생할 수 있습니다.

❸ 오류가 발생한 경우 화면 전체를 오류 메시지로 대체합니다. 상황에 따라 오류 전용 컴포넌트를 만들어 출력하거나 재시도 버튼을 제공할 수도 있습니다.

14.5.4 로딩 상태 정의하고 처리하기

GET 요청을 사용할 때는 API 응답이 지연될 수 있다는 점도 고려해야 합니다. 실제로 인터넷 속도나 서버 상황에 따라 응답이 늦어질 수 있습니다. 이런 상황에서 아무런 표시 없이 기다리게 하면 사용자는 화면이 멈췄거나 오류가 발생한 것으로 오해할 수 있습니다. 따라서 데이터가 도착하기 전까지 '로딩 중'이라는 상태를 명확하게 알려주는 UI 처리가 필요합니다.

API 응답을 일부러 2초 늦추는 코드를 추가해 보겠습니다. API 서버에서 app.use()와 setTimeout()을 사용하면 모든 요청에 대해 응답을 지연시킬 수 있습니다.

backend/index.js

```
app.use(express.json());
// 모든 요청에 대해 응답을 2초 지연하는 미들웨어
app.use((req, res, next) => {
  setTimeout(() => {
    next(); // 미들웨어 체인 계속 진행
  }, 2000); // 2000ms = 2초
});
let todos = [ (중략) ];
```

코드를 적용한 뒤 서버를 종료하고(Ctrl + C) 다시 실행합니다. 그런 다음 웹 브라우저를 새로고침하면 2초 동안 빈 화면이 표시되고 그 뒤에 데이터를 출력합니다.

다음으로 응답 대기 중일 때 '로딩 중...' 메시지를 표시하도록 코드를 개선해 보겠습니다.

src/App.tsx

```
import { useEffect, useState } from 'react';

export default function App() {
  const [data, setData] = useState<
```

```
    { id: number; title: string; done: boolean }[]
  >([]);
  const [error, setError] = useState('');
  const [isLoading, setIsLoading] = useState(true); ----- ❶
  useEffect(() => {
    const fetchData = async () => {
      (중략)
      finally { ------------------------------------------ ❷
        setIsLoading(false); // 데이터 요청이 끝나면 로딩 상태를 false로 변경
      }
    };
    fetchData();
  }, []);
  // 로딩 상태가 true면 '로딩 중...' 표시
  if (isLoading) return <div>로딩 중...</div>; ------------ ❸
  if (error) return <div>{error}</div>;
  return ( (중략) );
}
```

❶ isLoading 상태를 true로 초기화하면 데이터 요청이 시작될 때 로딩 상태가 활성화됩니다.

❷ finally 블록은 요청이 성공하거나 실패하더라도 무조건 실행되므로 로딩 종료 시점을 처리하기 적절합니다.

❸ isLoading 상태가 true일 때는 '로딩 중...'이라는 메시지를 먼저 보여주고, 데이터가 도착한 후에야 실제 데이터를 렌더링합니다.

응답 대기 중에는 화면에 '로딩 중...'이 표시되고, 응답이 도착한 후에는 할 일 목록이 렌더링됩니다. 이렇게 하면 사용자에게 응답 지연 상황을 명확히 안내할 수 있어 더 원활한 사용자 경험을 제공할 수 있습니다.

그림 14-10 로딩 상태를 정의한 결과

로딩 중...	• Buy groceries • Finish homework • Clean the house • Call mom
응답 대기 중일 때	응답 도착 후

14.5.5 데이터 요청 취소하기

GET 요청을 보내는 중에 컴포넌트가 갑자기 언마운트(사라짐)되는 경우가 있을 수 있습니다. 예를 들어, A 페이지에서 데이터를 요청했는데 응답까지 10초가 걸린다고 가정해 보겠습니다. 그런데 사용자가 기다리지 않고 B 페이지로 이동하면 어떻게 될까요?

A 페이지의 API 요청은 여전히 백그라운드에서 진행 중입니다. 사용자에게는 필요 없는 요청인데도 서버와 네트워크 자원이 낭비됩니다. 이처럼 컴포넌트가 화면에서 사라졌다면 해당 요청도 함께 취소하는 것이 바람직합니다.

먼저 문제 상황을 직접 확인해 봅시다. src/components/Fetch.tsx 파일을 생성합니다. 이 파일에 기존 App 컴포넌트의 코드를 복사해 붙여 넣고 함수 이름만 수정합니다.

src/components/Fetch.tsx

```
import { useEffect, useState } from 'react';

export default function Fetch() {
  (중략)
}
```

App 컴포넌트에서 Fetch 컴포넌트를 조건부로 렌더링하도록 코드를 수정합니다.

src/App.tsx

```
import { useState } from 'react';
import Fetch from './components/Fetch';

export default function App() {
  const [isShow, setIsShow] = useState(false);
  return (
    <>
      <button onClick={() => setIsShow(!isShow)}>노출 변경</button>
      {isShow && <Fetch />}
    </>
  );
}
```

애플리케이션을 실행한 뒤 개발자 도구의 Network 탭을 열고 [노출 변경] 버튼을 빠르게 2번 클릭해 보세요. 컴포넌트는 렌더링되었다가 곧바로 언마운트됩니다. 그러나 Network 탭에서는 /todos 요청이 계속 진행되고, 2초 후 응답이 도착합니다. 즉, 컴포넌트가 사라졌는데도 요청이 남아 있고 리소스가 낭비되었습니다.

그림 14-11 [노출 변경] 버튼 클릭 후 Network 탭 변화

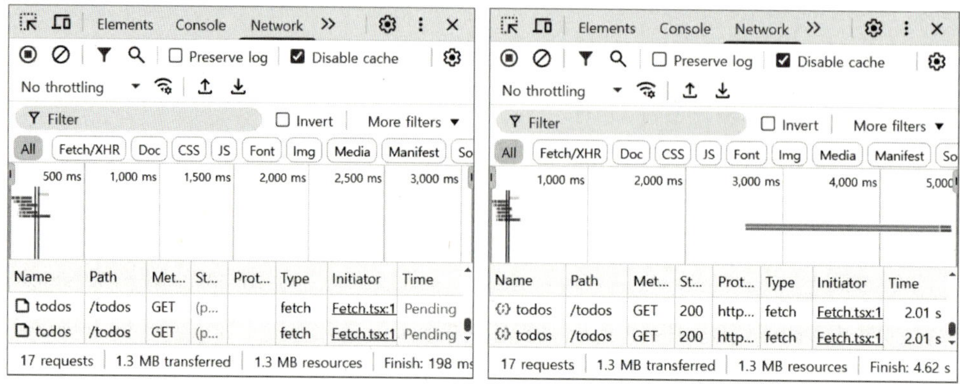

버튼을 클릭했을 때　　　　버튼 클릭 2초 후

데이터 요청을 취소할 수 있게 코드를 수정해 봅시다.

src/components/Fetch.tsx

```
import { useEffect, useState } from 'react';

export default function Fetch() {
  const [data, setData] = useState<
    { id: number; title: string; done: boolean }[]
  >([]);
  const [error, setError] = useState('');
  const [isLoading, setIsLoading] = useState(true);
  useEffect(() => {
    const controller = new AbortController(); ---------------------------- ❶
    const signal = controller.signal;
    const fetchData = async () => {
      try {
        const response = await fetch('http://localhost:3000/todos', { ---- ❷
          signal,
        });
        if (!response.ok) {
          throw new Error('데이터를 불러오지 못했습니다.');
```

```
      }
      const data = await response.json();
      setData(data);
      setIsLoading(false);
    } catch (e) {
      if (e instanceof Error && e.name !== 'AbortError') { ------ ❸
        setError(e.message || '알 수 없는 오류가 발생했습니다.');
        setIsLoading(false); // 데이터 요청이 끝나면 로딩 상태를 false로 변경
      }
    }
  };
  fetchData();
  return () => { ------------------------------------------------ ❹
    controller.abort();
  };
}, []);
(중략)
}
```

❶ AbortController()로 컨트롤러 객체를 생성합니다. AbortController()는 비동기 요청을 중단할 수 있는 컨트롤러 객체를 생성하는 함수로, 웹 브라우저에서 제공합니다. 이 컨트롤러가 생성한 객체에는 signal이라는 속성이 포함되어 있습니다.

❷ signal 속성을 fetch() 함수 호출 시 전달합니다. 그러면 나중에 해당 요청을 취소할 수 있습니다.

❸ 요청이 취소되면 자동으로 AbortError가 발생하며 catch 블록으로 이동합니다. 이를 실제 오류와 구분하기 위해 e.name !== 'AbortError' 조건을 추가합니다. 그러면 요청 취소는 정상적인 흐름으로 간주하고 무시합니다.

❹ useEffect 훅의 클린업 함수는 컴포넌트가 화면에서 사라질 때 자동으로 실행됩니다. 이 함수 안에서 controller.abort()를 호출하면 진행 중이던 fetch() 요청을 중단할 수 있습니다.

다시 애플리케이션을 실행하고 [노출 변경] 버튼을 빠르게 두 번 클릭해보면 Network 탭에서 /todos 요청이 즉시 취소됩니다. 컴포넌트가 사라져서 요청을 더 이상 유지할 이유가 없기 때문입니다.

그림 14-12 AbortController()를 사용해 데이터 요청을 취소한 결과

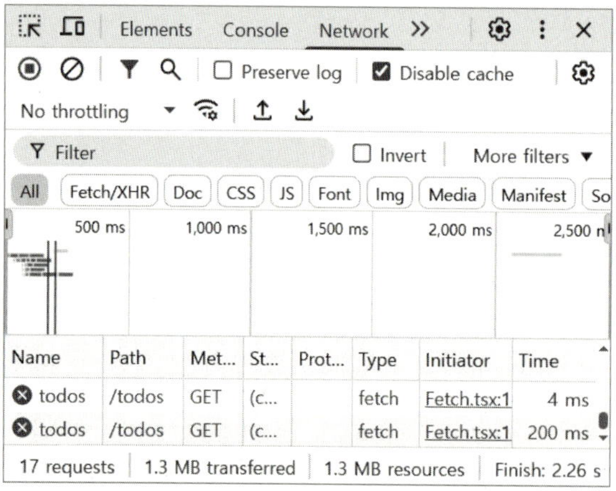

14.5.6 커스텀 훅 사용: Fetch API 방식

앞에서 GET 요청 시 발생할 수 있는 다양한 상황(오류, 로딩, 요청 취소 등)을 반영해 코드를 개선해 보았습니다. 하지만 단순한 API 호출에도 반복되는 코드가 많다는 것을 확인할 수 있었습니다. 이러한 API 호출 로직을 여러 컴포넌트에서 그대로 반복하면 가독성은 떨어지고 유지보수도 어려워집니다. 이럴 때는 커스텀 훅을 정의해 공통 로직을 분리하고 재사용하는 것이 좋습니다.

앞에서 작성한 Fetch 컴포넌트의 API 요청 코드를 기반으로 src/hooks/useFetch.ts 파일에 커스텀 훅을 정의해 봅니다. 이 훅은 다양한 데이터 구조에 대응할 수 있도록 제네릭 타입 <T>를 사용합니다.

src/hooks/useFetch.ts

```
import { useState, useEffect } from 'react';

export function useFetch<T>(url: string, initialData: T) {
  const [data, setData] = useState<T>(initialData);
  const [error, setError] = useState<string>('');
  const [isLoading, setIsLoading] = useState<boolean>(true);
  useEffect(() => {
    const controller = new AbortController();
    const signal = controller.signal;
    const fetchData = async () => {
      try {
```

```
            const response = await fetch(url, { signal });
            if (!response.ok) {
              throw new Error('데이터를 불러오지 못했습니다.');
            }
            const data = await response.json();
            setData(data);
            setIsLoading(false);
          } catch (e) {
            if (e instanceof Error && e.name !== 'AbortError') {
              setError(e.message || '알 수 없는 오류가 발생했습니다.');
              setIsLoading(false);
            }
          }
        };
        fetchData();
        return () => {
          controller.abort();
        };
      }, [url]);
      return { data, error, isLoading };
    }
```

useFetch 훅을 기존 Fetch 컴포넌트에 적용해 봅시다. 기존 코드보다 훨씬 간결해집니다.

src/components/Fetch.tsx

```
import { useFetch } from '../hooks/useFetch';

export default function Fetch() {
  const { data, error, isLoading } = useFetch<
    { id: number; title: string; done: boolean }[]
  >('http://localhost:3000/todos', []);
  if (isLoading) return <div>로딩 중...</div>;
  if (error) return <div>{error}</div>;
  return (
    <div>
      <ul>
        {data.map((todo) => (<li key={todo.id}>{todo.title}</li>))}
      </ul>
    </div>
```

```
  );
}
```

useFetch 훅은 API 주소만 바꾸면 다양한 엔드포인트에도 그대로 사용할 수 있습니다. 예를 들어, API 서버에 /users 엔드포인트를 추가해 보겠습니다.

backend/index.js

```
let todos = [ (중략) ];
let users = [
  { id: 1, name: 'Alice', age: 20, },
  { id: 2, name: 'James', age: 20, },
  { id: 3, name: 'John', age: 20, },
];
app.get('/users', (req, res) => {
  res.json(users);
});
```

그다음 Fetch 컴포넌트에서 /users API도 함께 요청해 봅니다.

src/components/Fetch.tsx

```
import { useFetch } from '../hooks/useFetch';

export default function Fetch() {
  const { data, error, isLoading } = useFetch<
    { id: number; title: string; done: boolean }[]
  >('http://localhost:3000/todos', []);
  const { data: users, error: usersError, isLoading: isUsersLoading, } = useFetch<
    { id: number; name: string; age: number }[]
  >('http://localhost:3000/users', [] );
  if (isLoading) return <div>로딩 중...</div>;
  if (error) return <div>{error}</div>;
  if (isUsersLoading) return <div>로딩 중...</div>;
  if (usersError) return <div>{usersError}</div>;
  return (
    <div>
      <p>Todos</p>
      <ul>
        {data.map((todo) => (<li key={todo.id}>{todo.title}</li>))}
      </ul>
```

```
        <p>Users</p>
        <ul>
          {users.map((user) => (<li key={user.id}>{user.name}</li>))}
        </ul>
      </div>
    );
}
```

useFetch 훅을 여러 번 사용할 때는 반환되는 변수 이름이 충돌하지 않도록 별도의 이름(users, usersError, isUsersLoading)을 지정해야 합니다.

실행해보면 /todos와 /users 데이터를 모두 정상적으로 받아와 화면에 출력합니다.

그림 14-13 커스텀 훅을 사용해 데이터를 요청한 결과

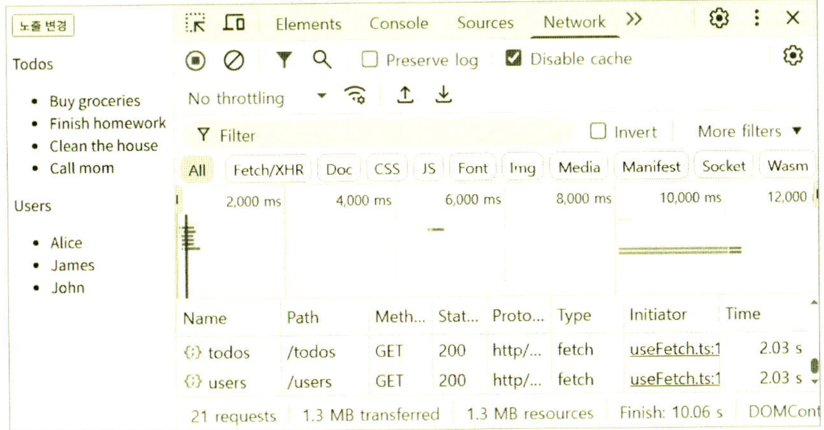

14.5.7 커스텀 훅 사용: Axios 방식

앞에서 Fetch API 기반으로 커스텀 훅을 구현해 보았습니다. 이번에는 Axios 라이브러리를 사용해 동일한 방식으로 커스텀 훅을 구현해 보겠습니다.

먼저 **14.5.5절** 코드를 기반으로 Fetch 컴포넌트를 Axios 라이브러리를 사용하도록 다음과 같이 작성합니다.

src/components/Fetch.tsx

```
import axios from 'axios';
import { useEffect, useState } from 'react';
```

```
export default function Fetch() {
  (중략)
  useEffect(() => {
    const controller = new AbortController();
    const signal = controller.signal;
    const fetchData = async () => {
      try {
        const response = await axios.get(url, {
          signal,
        });
        const data = await response.data;
        setData(data);
        setIsLoading(false);
      } catch (e) {
        if (e instanceof Error && e.name !== 'CanceledError') {
          setError(e.message || '알 수 없는 오류가 발생했습니다.');
          setIsLoading(false);
        }
      }
    };
    fetchData();
    return () => {
      controller.abort();
    };
  }, [url]);
  (중략)
}
```

기본적으로 axios()는 fetch()와 사용법이 크게 다르지 않지만, 다음과 같은 차이점이 있습니다.

- response.ok 속성을 따로 확인하지 않아도 됩니다. Axios는 응답 상태를 내부적으로 검사하고, 오류 응답일 경우 자동으로 예외를 발생시킵니다.
- 요청이 취소되면 AbortError가 아닌 CanceledError라는 이름의 예외가 발생합니다. Axios는 자체적으로 요청 취소 기능을 제공하며, 이때 오류 이름이 다르게 처리됩니다.

Axios는 axios.create() 메서드로 공통 설정이 적용된 인스턴스를 만들 수 있습니다. 이렇게 하면 매번 API 요청 시 baseURL, headers 등을 반복해서 작성할 필요가 없습니다.

src/api/axiosInstance.ts

```
import axios from 'axios';

export const axiosInstance = axios.create({
  baseURL: 'http://localhost:3000',
});
```

그리고 앞서 구현한 useFetch 훅과 거의 동일한 구조로, Axios 기반 커스텀 훅을 구현합니다.

src/hooks/useAxios.ts

```
import { useState, useEffect } from 'react';
import { axiosInstance } from '../api/axiosInstance';

export function useAxios<T>(url: string, initialData: T) {
  (중략)
  useEffect(() => {
    const controller = new AbortController();
    const signal = controller.signal;
    const fetchData = async () => {
      try {
        const { data } = await axiosInstance(url, { signal });
        setData(data);
        setIsLoading(false);
      } catch (e) { (중략) }
    };
    (중략)
  }, [url]);
  return { data, error, isLoading };
}
```

useFetch 훅과 비교해보면 useAxios 훅도 기본 구조는 거의 동일합니다. 가장 눈에 띄는 차이점은 axios() 함수를 직접 사용하는 대신 axiosInstance라는 객체를 사용하는 것입니다. Axios는 axios.create() 메서드를 사용해 기본 설정이 적용된 Axios 전용 인스턴스를 만들 수 있습니다. 예를 들어, baseURL 속성을 설정해두면 이후 요청에서는 전체 주소를 반복해서 입력하지 않아도 됩니다.

axios.create()에서 사용할 수 있는 옵션은 다음과 같습니다.

표 14-3 axios.create() 주요 옵션

속성명	설명
baseURL	모든 요청에 공통으로 붙는 기본 주소 설정 예 'http://localhost:3000'
url	실제 요청할 경로(baseURL과 결합)
method	HTTP 요청 방식 지정(기본 값 'get')
headers	요청 헤더 설정 예 Content-Type, 인증 토큰 등
params	쿼리 매개변수 설정 예 ?page=1
data	전송할 본문 데이터(POST, PUT 등에서 사용)
timeout	요청 제한 시간 설정 예 5000 → 5초 이내 응답 없으면 오류 발생
withCredentials	CORS 요청 시 쿠키 포함 여부 설정
responseType	응답 데이터 타입 예 'json', 'text', 'blob' 등
signal	AbortControl()로 요청을 취소할 때 사용
onUploadProgress/ onDownloadProgress	업로드/다운로드 진행률 추적(웹 브라우저 전용)

TIP — axios.create()의 옵션을 더 자세히 알고 싶다면 공식 문서(https://axios-http.com/docs/req_config)를 참고하세요.

이렇게 생성한 useAxios 커스텀 훅을 다음과 같이 적용합니다. Axios를 사용할 때도 커스텀 훅을 적용하면 코드가 훨씬 간결하고 재사용성이 높아집니다.

src/components/Fetch.tsx

```
import { useAxios } from '../hooks/useAxios';

export default function Fetch() {
  const { data, error, isLoading } = useAxios<
    { id: number; title: string; done: boolean }[]>('/todos', []);
  const { data: users, error: usersError, isLoading: isUsersLoading, } = useAxios<
    { id: number; name: string; age: number }[]>('/users', []);
  if (isLoading) return <div>로딩 중...</div>;
  if (error) return <div>{error}</div>;
  if (isUsersLoading) return <div>로딩 중...</div>;
  if (usersError) return <div>{usersError}</div>;
  return (
    <div>
      <p>Todos</p>
      <ul>
        {data.map((todo) => (<li key={todo.id}>{todo.title}</li>))}
```

```
      </ul>
      <p>Users</p>
      <ul>
        {users.map((user) => (<li key={user.id}>{user.name}</li>))}
      </ul>
    </div>
  );
}
```

수코딩의 조언

커스텀 훅은 반복되는 코드를 줄이고, 유지보수를 쉽게 해주는 강력한 도구입니다. useAxios 훅은 GET 요청에 초점을 맞췄지만, 필요하다면 POST, PUT, PATCH, DELETE 등의 요청을 처리하는 커스텀 훅을 만들 수 있습니다. GET 요청은 로딩, 오류, 요청 취소 등 고려해야 할 것이 많지만, POST나 PUT은 주로 버튼 클릭 등의 이벤트로 실행되므로 비교적 간단한 구조로도 충분할 수 있습니다.

1분 퀴즈

정답 노트 p.812

10. GET 요청 결과를 안전하게 화면에 출력하기 위해 가장 중요한 것은 무엇인가요?

① 응답 데이터 구조에 맞게 타입을 명시한다.

② 데이터를 any 타입으로 선언해 자유롭게 쓴다.

③ 데이터를 받아온 후 JSON.stringify로 출력한다.

④ useEffect 훅 안에서 setTimeout을 사용해 대기한다.

11. AbortController()를 사용하는 이유는 무엇인가요?

① 데이터를 자동 정렬하기 위해

② API 요청을 재시도하기 위해

③ 요청을 강제로 취소하기 위해

④ 에러 메시지를 수집하기 위해

12. useFetch 훅에서 사용하는 제네릭 타입 〈T〉의 역할은 무엇인가요?

① API 호출을 지연시킨다.

② 함수의 반복 실행을 막는다.

③ 타입스크립트 오류를 무시한다.

④ 다양한 데이터 타입에 유연하게 대응한다.

14.6

비동기 데이터 처리 심화

비동기 데이터 처리(asynchronous processing)란 어떤 작업의 결과가 준비될 때까지 기다리는 동안에도 애플리케이션이 멈추지 않고 다른 작업을 동시에 처리할 수 있도록 하는 방식을 말합니다. 예를 들어, 웹 브라우저에서 서버에 데이터를 요청하는 상황을 생각해 봅시다. 이 요청은 네트워크 환경이나 서버의 처리 속도에 따라 시간이 지연될 수밖에 없습니다. 이때 요청을 보내는 동안 애플리케이션 전체가 멈춘다면 사용자는 화면이 멈춘 것처럼 느껴 불편함을 겪게 됩니다.

이때 비동기 방식으로 요청을 처리하면 네트워크 요청을 보낸 후 곧바로 제어권을 다시 반환받아 UI를 계속 렌더링하거나 사용자 입력을 받을 수 있고, 요청 결과가 도착하면 콜백 함수, Promise, `async/await` 등을 통해 응답을 처리합니다.

리액트에서 말하는 비동기 데이터 처리는 단순한 서버 통신뿐 아니라 다음과 같은 전체 흐름을 포함하는 개념입니다.

1. **데이터 요청**
    - 서버로부터 사용자 목록, 게시글 등 데이터를 가져오는 작업
    - `fetch()`, `axios()` 등으로 HTTP 요청 수행
2. **상태 관리**
    - 요청을 보내고 응답을 기다리는 동안 '로딩 중...'과 같은 상태 표시
    - 요청 실패 시 오류 메시지 출력, 성공 시 데이터를 화면에 반영해 UI 업데이트

즉, 비동기 데이터 처리는 단순히 데이터를 가져오는 것뿐 아니라 요청–응답–상태 변화–화면 반영까지 전 과정을 아우르는 흐름입니다.

리액트 18까지는 비동기 처리를 위해 useState, useEffect 훅 등을 조합해 직접 상태를 관리해야 했습니다. 로딩 상태를 만들고, 오류를 처리하고, 상태가 바뀔 때마다 리렌더링을 수동으로 조정하는 방식이었습니다.

하지만 리액트 19에서 비동기 데이터 처리 작업을 위한 전용 훅이 도입되어 번거로운 과정 없이 데이터를 불러오고 상태를 더 짧고 명확하게 관리할 수 있게 되었습니다.

이 절에서는 리액트 19에서 추가된 대표적인 비동기 훅들을 하나씩 살펴보고, 어떤 상황에서 사용할 수 있는지, 기존 방식과 어떤 점이 다른지를 알아보겠습니다.

14.6.1 기본 예제 작성

먼저, 기존 방식으로 비동기 로직을 구현하는 코드를 살펴보겠습니다. 이 과정에서 왜 새로운 훅이 필요한지 자연스럽게 이해할 수 있습니다.

다음과 같은 간단한 비동기 함수를 정의합니다. 실제 서비스에서는 fetch()나 axios()를 사용해 서버에 요청하지만, 여기서는 개념 설명에 집중하기 위해 setTimeout()을 사용한 단순 예제로 구성했습니다.

src/api/updateName.ts

```
export function updateName(name: string): Promise<string | null> {
  return new Promise((resolve, reject) => {
    setTimeout(() => {
      if (name.toLowerCase() === '홍길동') { // 이름이 홍길동이면 reject() 호출
        reject(new Error('이름 변경에 실패했습니다.'));
      }
      else { // 정상이면 오류 없이 성공 처리(null 반환)
        resolve(null);
      }
    }, 1000); // 1초 지연 시뮬레이션
  });
}
```

updateName()이라는 이름의 비동기 함수는 매개변수로 전달된 이름이 '홍길동'일 경우 reject()를 호출해 오류를 발생시킵니다. 그 외에는 resolve(null)을 호출해 성공으로 처리합니다. 이 함수는 이후 여러 예제에서 재사용하므로 잘 기억해 두세요.

updateName() 비동기 함수를 활용해 사용자의 이름을 변경할 수 있는 App 컴포넌트를 구현해 보겠습니다.

src/App.tsx

```
import { useState } from 'react';
import { updateName } from './api/updateName';

export default function App() {
  const [name, setName] = useState(''); ----------------------------- ❶
  const [inputName, setInputName] = useState(''); ---------------- ❷
  const [error, setError] = useState<string | null>(null); ----- ❸
  const [isPending, setIsPending] = useState(false); ----------- ❹
  const handleSubmit = async () => { ---------------------------- ❺
    try {
      setIsPending(true);
      await updateName(inputName);
      setIsPending(false);
      setName(inputName);
    } catch (e) {
      setError(e instanceof Error ? e.message : '알 수 없는 오류 발생');
    }
  };
  return (
    <div>
      <p>현재 이름: {name}</p>
      <input
        value={inputName} onChange={(event) => setInputName(event.target.value)} />
      <button onClick={handleSubmit} disabled={isPending}>변경</button>
      {error && <p>{error}</p>}
    </div>
  );
}
```

❶ 화면에 표시할 이름을 저장할 name 상태를 정의합니다.

❷ 입력 요소와 연결해 사용자가 입력한 값을 저장할 inputName 상태를 정의합니다.

❸ 오류 발생 시 메시지를 저장해 사용자에게 보여줄 error 상태를 정의합니다.

❹ 요청이 처리 중인지 여부를 나타내는 isPending 상태를 정의합니다.

❺ handleSubmit() 함수는 입력 값을 기반으로 updateName() 함수를 호출합니다.

코드를 실행한 후 입력칸에 값을 입력하고 [변경] 버튼을 클릭하면 1초 후 name 값이 업데이트됩니다. 이때 '홍길동'을 입력하면 오류 메시지가 화면에 표시됩니다.

그림 14-14 현재 이름 정상 입력 후 홍길동 입력 결과

현재 이름: 김길벗

김길벗 변경

이름 입력 시

현재 이름: 김길벗

홍길동 변경

이름 변경에 실패했습니다.

홍길동 입력 시

14.6.2 useTransition 훅으로 비동기 데이터 처리하기

11.6.2절에서 다룬 useTransition 훅은 리액트 18에서 도입되었고, 리액트 19에서는 기능이 확장되어 비동기 작업 처리에도 활용할 수 있게 되었습니다.

이번에는 앞에서 작성한 App 컴포넌트를 useTransition 훅을 사용해 다시 구현해 보겠습니다. 이 방식은 상태 관리가 간결해지고, 코드도 더 깔끔해지는 장점이 있습니다.

src/App.tsx

```
import { useState, useTransition } from 'react';
import { updateName } from './api/updateName';

export default function App() {
  const [name, setName] = useState('');
  const [inputName, setInputName] = useState('');
  const [error, setError] = useState<string | null>(null);
  const [isPending, startTransition] = useTransition();
  const handleSubmit = () => {
    startTransition(async () => {
      try {
        await updateName(inputName);
        setName(inputName);
      } catch (e) {
        setError(e instanceof Error ? e.message : '알 수 없는 오류 발생');
      }
    });
  };
```

```
  return ( (중략) );
}
```

이전에는 isPending 상태를 useState()로 직접 관리해야 했습니다. 하지만 useTransition()을 사용하면 자동으로 isPending 상태가 처리됩니다. startTransition(callback) 안에 작성한 비동기 코드는 실행되는 동안 isPending 값을 true로 설정하고, 작업이 끝나면 자동으로 false로 바꿔줍니다. 따라서 setIsPending(true)나 setIsPending(false) 같은 코드를 직접 쓸 필요가 없습니다.

실행한 후 입력칸에 값을 입력하고 [변경] 버튼을 누르면 1초 후 이름이 업데이트됩니다. '홍길동'을 입력하면 오류 메시지가 나타나고, 요청이 진행되는 동안 버튼은 자동으로 비활성화되어 중복 요청을 방지합니다.

14.6.3 useActionState 훅으로 비동기 데이터 처리하기

리액트 19에서는 <form>과 결합해 비동기 작업을 훨씬 간편하게 처리할 수 있도록 useActionState라는 새로운 훅이 추가되었습니다. useActionState 훅은 폼 전송 시 실행되는 비동기 액션 함수, 그 결과로 만들어지는 상태 값, 요청이 진행 중인지 나타내는 로딩 상태를 함께 관리할 수 있도록 도와줍니다.

형식
```
const [state, formAction, isPending] = useActionState(fn, initialState, permalink?);
```

- fn: 폼이 제출되거나 버튼이 클릭될 때 실행할 액션 함수입니다. 이 함수는 첫 번째 매개변수로 현재 상태, 두 번째 매개변수부터는 폼 데이터를 받습니다.
- initialState: 상태의 초깃값입니다. 문자열, 숫자, 객체 등 직렬화 가능한 값이면 모두 사용 가능합니다.
- permalink(선택): 폼이 수정하는 페이지의 URL을 나타냅니다. 자바스크립트가 아직 로드되지 않은 상태에서 서버로 요청을 전송할 때 사용합니다. 생략해도 무방합니다.

TIP — **직렬화 가능**(serializable)하다는 것은 데이터를 문자열로 저장하거나 전달할 수 있다는 의미입니다. JSON.stringify()로 변환할 수 있는 형태라면 대부분 직렬화 가능합니다.

useActionState 훅은 다음 3가지 값을 배열 형태로 반환합니다.

- state: 현재 상태 값입니다. 처음에는 initialState가 사용되고, 이후에는 fn에 지정한 함수가 반환하는 값으로 자동 업데이트됩니다.
- formAction: <form> 태그의 action 속성에 넣을 수 있는 액션 함수입니다. 이 함수는 폼 제출 시 호출되며 내부적으로 fn에 지정한 함수가 실행됩니다.
- isPending: 현재 요청이 처리 중인지 여부를 나타냅니다. 요청이 시작되면 true, 완료되면 자동으로 false로 바뀝니다.

앞에서 구현한 예제를 useActionState 훅으로 다시 작성해 보겠습니다. 이 훅을 사용하면 별도의 useState, setState, setIsPending 없이 액션 처리 함수, 상태 값, 로딩 상태까지 한 번에 관리할 수 있습니다.

src/App.tsx

```
import { useActionState, useState } from 'react';
import { updateName } from './api/updateName';

export default function App() {
  const [name, setName] = useState('');
  const [error, submitAction, isPending] = useActionState( ---------------- ❶
    async (error: string | null, formData: FormData) => { ---------------- ❷
      try { ------------------------------------------------------------- ❸
        await updateName(formData.get('name') as string);
        setName(formData.get('name') as string);
        return null;
      } catch (e) {
        return e instanceof Error ? e.message : '알 수 없는 오류 발생'; ---- ❹
      }
    },
    null ----------------------------------------------------------------- ❺
  );
  return (
    <div>
      <p>현재 이름: {name}</p>
      <form action={submitAction}> --------------------------------------- ❻
        <input name='name' />
        <button disabled={isPending}>변경</button> ----------------------- ❼
      </form>
```

```
      {error && <p>{error}</p>}
    </div>
  );
}
```

❶ useActionState 훅을 사용해 상태 값(error), 액션 처리 함수, 로딩 상태(isPending)를 한 번에 관리합니다.

❷ useActionState 훅의 첫 번째 인자인 액션 함수는 폼 제출 시 자동 실행됩니다. 이 함수는 이전 상태와 FormData 객체를 인자로 받습니다.

❸ try 블록에서 updateName()을 호출하고, 정상적으로 처리되면 이름을 변경하고 null을 반환합니다.

❹ 오류가 발생하면 catch 블록에서 오류 메시지를 반환합니다. 이 값이 error 상태에 저장됩니다.

❺ useActionState 훅의 두 번째 인자는 상태의 초깃값으로, 여기서는 null을 사용합니다.

❻ <form> 요소의 action 속성에 submitAction을 연결하면 폼이 제출될 때 자동으로 액션 함수가 실행됩니다.

❼ isPending 상태가 true일 때 버튼을 비활성화해 중복 클릭을 방지합니다.

useActionState 훅은 [state, actionFn, isPending] 순으로 값을 반환합니다. 여기서 첫 번째 값을 꼭 state라는 이름으로 받을 필요는 없습니다. 예제에서는 반환 값을 오류 메시지로 사용하므로 변수명을 error로 설정한 것입니다.

코드를 저장하고 실행하면 기존 코드와 동일하게 작동합니다. 이름을 입력하고 [변경] 버튼을 클릭하면 1초 후 이름이 변경되고, '홍길동'을 입력하면 오류 메시지가 표시됩니다.

이처럼 useActionState 훅은 <form>과 함께 사용할 때 비동기 로직을 매우 간결하고 선언적으로 처리할 수 있습니다. 별도의 setState, isPending 상태를 작성하지 않아도 되고, 자동으로 상태가 관리되므로 코드가 깔끔해집니다.

수코딩의 조언

예제 코드를 작성하면 error 부분이 옅은 회색으로 바뀌고 밑줄이 표시될 수 있습니다. 이는 VSCode에서 '해당 변수가 현재 코드에서 사용되지 않고 있다'는 의미를 나타내는 표시입니다. 이러한 현상은 타입스크립트나 리액트에서 흔히 발생합니다. 자세한 내용은 **14.6.5절**의 **Note VSCode에서 일부 코드가 회색 + 밑줄 표시가 나오는 경우**에서 확인할 수 있습니다.

14.6.4 useFormStatus 훅으로 비동기 데이터 처리하기

리액트 19에서는 <form> 태그의 제출 상태를 확인할 수 있는 useFormStatus 훅이 새로 추가되었습니다. 이 훅을 사용하면 폼이 제출 중인지, 어떤 데이터를 보내는지 등을 쉽게 확인할 수 있습니다.

형식
```
const { pending, data, method, action } = useFormStatus();
```

useFormStatus 훅은 반환 값이 4개입니다.

- pending: 폼의 제출 여부를 판단하는 상태 값입니다. 폼이 제출 중일 때는 true, 제출이 완료되면 false가 됩니다. 제출 중임을 감지해 버튼 비활성화 등에 활용할 수 있습니다.
- data: 폼을 제출할 때 입력한 값들을 담고 있는 FormData 타입의 객체입니다. <form>이 없거나 아직 제출되지 않았으면 null입니다. 즉, 폼이 실제로 제출될 때만 값이 들어 있고, 그 외에는 그냥 null 상태입니다.
- method: <form>이 데이터를 전송할 때 사용하는 방식(GET 또는 POST)을 나타내는 문자열 값입니다. 지정하지 않으면 기본값으로 'get'을 사용합니다.
- action: <form>의 action 속성을 참조하는 값입니다. <form> 자체가 없는 경우에는 값이 null입니다. 또는 action 속성에 URL 문자열이 지정되었거나 action 속성을 생략해도 null입니다.

비동기 데이터 기본 예제를 useFormStatus 훅을 사용하는 방식으로 바꿔 보겠습니다.

useFormStatus 훅은 상위 <form>의 action 속성에 지정한 함수가 실행 중인지(제출 중인지)를 판단합니다. 그런데 이 훅은 <form> 내부에서만 동작합니다. 그러므로 <form> 안에 있는 입력 요소나 버튼을 별도의 컴포넌트로 분리하고, 해당 컴포넌트 안에서 useFormStatus 훅을 사용해야 정상적으로 동작합니다.

여기서는 입력 폼과 버튼을 UpdateName 컴포넌트로 분리합니다.

src/components/UpdateName.tsx

```
import { useFormStatus } from 'react-dom';

function UpdateName() {
  const { pending, data } = useFormStatus();
```

```
  return (
    <>
      <input name='name' />
      <button disabled={pending}>변경</button>
      {data && <p>{data.get('name') as string}</p>}
    </>
  );
}
export default UpdateName;
```

UpdateName 컴포넌트에서는 useFormStatus 훅의 pending 값을 사용해 폼이 제출되는 동안 버튼을 비활성화하고, 제출한 입력 값을 화면에 표시합니다. pending 값은 폼이 제출되면 true, 제출이 완료되면 false로 자동 변경되기 때문에 이 값을 이용해 상태에 따른 동적인 UI를 쉽게 구현할 수 있습니다. 또한, useFormStatus 훅이 반환하는 data 객체를 이용하면 <form>에 입력된 모든 값을 data.get()으로 꺼내 사용할 수도 있습니다.

App 컴포넌트를 useFormStatus 훅을 사용하도록 바꾸면 다음과 같습니다.

src/App.tsx

```
import { useRef, useState } from 'react';
import { updateName } from './api/updateName';
import UpdateName from './components/UpdateName';

export default function App() {
  const [name, setName] = useState('');
  const [error, setError] = useState<string | null>(null);
  const ref = useRef<HTMLFormElement>(null); ------------------ ❶
  const handleSubmit = async (formData: FormData) => { ------ ❷
    try {
      await updateName(formData.get('name') as string);
      setName(formData.get('name') as string);
    } catch (e) {
      setError(e instanceof Error ? e.message : '알 수 없는 오류 발생');
    }
  };
  return (
    <div>
      <p>현재 이름: {name}</p>
```

```
      <form                                    ❸
        ref={ref}                              ❹
        action={async (formData) => {
          await handleSubmit(formData);
          ref.current?.reset();                ❺
        }}
      >
        <UpdateName />
      </form>
      {error && <p>{error}</p>}
    </div>
  );
}
```

❶ ref 객체를 생성해 <form> 요소를 직접 참조할 수 있게 합니다. ref 객체는 useTransition, useActionState 훅을 사용하거나 <form>과 관련 있는 비동기 처리 상황에서 입력 값 초기화 작업에 사용할 수 있습니다. ref 객체를 꼭 써야 하는 것은 아니지만, 이 예제에서는 useFormStatus 훅과 함께 <form> 안에서 직접 입력 값을 초기화하는 예시를 보여주기 위해 ref를 사용합니다.

❷ handleSubmit() 함수는 제출된 FormData에서 이름을 꺼내 updateName() 함수에 전달하고, 결과에 따라 상태를 업데이트합니다. useFormStatus 훅이 자동으로 isPending 상태 값을 관리하므로 handleSubmit() 함수에서는 더 이상 관리하지 않아도 됩니다.

❸ <form> 요소에 ref 속성을 사용해 ref 객체를 연결하면 해당 <form>을 자바스크립트 코드에서 직접 조작할 수 있습니다. 또한, <form>의 action 속성에는 비동기 함수(handleSubmit)를 지정하면 폼이 제출될 때 이 함수가 실행됩니다. 이렇게 작성하면 handleSubmit() 함수 안에서 필요한 작업을 처리한 후 ref.current?.reset()처럼 <form> 참조를 사용해 입력 값을 초기화하는 코드도 함께 작성할 수 있습니다.

❹ ref={ref}로 <form> 요소에 참조를 연결합니다.

❺ 제출하면 ref.current.reset()을 호출해 입력 값을 초기화합니다.

입력 요소를 초기화할 필요가 없다면 ref 객체를 생성하는 코드(❶), <form>에 ref를 할당하는 코드(❹), reset()을 호출하는 코드(❺)는 작성하지 않아도 됩니다.

이 예제에서는 useFormStatus 훅과 함께 <form> 요소를 직접 조작할 수 있다는 점을 보여주기 위해 ref를 사용했습니다. 또한, useFormStatus 훅은 항상 상위 <form>의 제출 상태를 기반으로 동작하기 때문에 해당 훅을 사용하려면 <form> 내부에 있는 입력 UI 컴포넌트를 별도로 분리하고, 그 안에서 useFormStatus 훅을 사용해야 정상적으로 작동합니다.

14.6.5 useOptimistic 훅으로 비동기 데이터 처리하기

리액트 19에서는 UI를 낙관적 업데이트하기 위한 용도로 useOptimistic 훅이 새롭게 추가되었습니다. **낙관적 업데이트**(Optimistic Update)란 비동기 작업의 결과를 기다리지 않고 먼저 UI를 변경해두는 방식을 의미합니다. 이후 실제 작업 결과에 따라 변경된 UI를 유지하거나 되돌립니다. 이 방식은 사용자에게 더 빠르고 즉각적인 반응을 제공하므로 사용자 경험을 크게 향상시킬 수 있습니다.

예를 들어 사용자가 버튼을 눌러 서버에 데이터를 전송하는 상황을 가정해 봅시다. 기존 방식이라면 서버 응답을 받은 뒤에야 UI를 업데이트합니다. 반면, 낙관적 업데이트에서는 응답을 기다리지 않고, 정상적으로 처리될 것이라 가정하고 먼저 UI를 변경합니다. 이후 요청이 실패하면 변경을 되돌리고, 성공하면 변경한 UI를 그대로 유지합니다.

useOptimistic 훅은 다음과 같은 형식으로 사용합니다.

형식
```
const [optimisticState, addOptimistic] = useOptimistic(state, updateFn);
```

- state: 실제로 사용하는 상태 값입니다. 이 값을 기준으로 낙관적 상태를 계산합니다.
- updateFn: 낙관적 업데이트를 수행하는 함수입니다. addOptimistic() 함수가 호출될 때 자동으로 실행되며 2개의 인자를 전달받습니다. 첫 번째 인자는 현재 상태 값, 두 번째 인자는 addOptimistic() 함수 호출 시 전달한 값입니다. 두 값을 바탕으로 새로운 상태 값을 계산해 반환합니다.
- optimisticState: 낙관적으로 계산한 상태 값입니다. 화면 렌더링 시 이 값을 사용합니다.
- addOptimistic: 낙관적 업데이트를 시작하는 함수입니다. 이 함수를 호출하면 updateFn에 지정한 함수가 실행되고, 그 결과가 optimisticState에 반영됩니다.

이번에는 **14.6.3절**에서 useActionState 훅으로 작성한 코드에 useOptimistic 훅을 적용해 보겠습니다. useOptimistic 훅은 일반적으로 transition 또는 action 속성과 함께 사용하는데,

이 예제에서는 action 속성을 함께 사용합니다.

src/App.tsx

```
import { useActionState, useOptimistic, useState } from 'react';
import { updateName } from './api/updateName';

export default function App() {
  const [name, setName] = useState('');
  const [optName, setOptName] = useOptimistic(
    name, ------------------------------------------------------------ ❶
    (currentState, optimisticValue: string) => { ---------------- ❷
      return optimisticValue;
    }
  );
  const [error, submitAction, isPending] = useActionState(
    async (error: string | null, formData: FormData) => {
      try {
        setOptName(formData.get('name') as string); ------------- ❸
        await updateName(formData.get('name') as string); ------ ❹
        setName(formData.get('name') as string); ---------------- ❺
        return null;
      } catch (e) { --------------------------------------------- ❻
        return e instanceof Error ? e.message : '알 수 없는 오류 발생';
      }
    },
    null
  );
  return (
    <div>
      <p>현재 이름: {optName}</p>
      (중략)
    </div>
  );
}
```

❶ useOptimistic 훅의 첫 번째 인자인 name은 실제 상태 값이며, 비동기 작업이 실패하면 복구용으로 사용합니다.

❷ 두 번째 인자(updateFn)는 낙관적 상태를 계산하는 함수입니다. setOptName() 함수를 호출

할 때 전달된 값(optimisticValue)을 기반으로 새로운 상태를 반환합니다.

❸ 사용자가 이름을 입력하고 폼을 제출하면 setOptName()을 호출해 화면에 새로운 이름을 즉시 표시합니다.

❹ 그다음 실제 서버에 요청을 보내는 updateName() 함수를 실행합니다.

❺ 서버 요청이 성공하면 name 상태를 업데이트해 실제 상태와 낙관적 상태를 동기화합니다.

❻ 실패하면 name 값은 업데이트되지 않고, useOptimistic 훅은 초기 상태였던 name으로 낙관적 상태도 자동 복원됩니다.

코드를 실행한 후 이름을 입력하고 [변경] 버튼을 클릭하면 응답을 기다리지 않고 바로 새로운 이름이 화면에 표시됩니다. 1초 뒤 서버 요청이 성공하면 name 값이 업데이트되어 낙관적 상태와 일치하게 됩니다. 만약 이름을 '홍길동'으로 입력해 요청이 실패하면 name 값은 그대로 유지되고, optName 값도 이전 값으로 자동 복원됩니다.

이처럼 useOptimistic 훅을 사용하면 비동기 요청 결과를 기다리지 않고도 UI를 먼저 반응시킬 수 있기 때문에 [좋아요] 버튼, 댓글 입력, 토글 전환 등 빠른 피드백이 중요한 UI에서 매우 유용하게 사용할 수 있습니다.

Note VSCode에서 일부 코드가 회색 + 밑줄 표시가 나오는 경우

useOptimistic 같은 리액트 훅을 사용할 때는 매개변수를 정해진 순서대로 작성해야 합니다. 하지만 모든 매개변수를 실제로 사용하지는 않을 수 있습니다. 이처럼 정의는 했지만 사용하지 않은 변수가 있을 경우 VSCode에서는 해당 변수를 옅은 회색으로 표시하고 밑줄을 그어줍니다.

그림 14-15 사용하지 않는 변수 표시

```
const [optName, setOptName] = useOptimistic(
  name,
  (currentState, optimisticValue: string) => {
    return optimisticValue;
  }
);
const [error, submitAction, isPending] = useActionState(
  async (error: string | null, formData: FormData) => {
    try {
```

예제에서는 useOptimistic 훅의 첫 번째 매개변수에 currentState, 두 번째 매개변수에 optimisticValue로 고정되어 있지만, 실제로는 첫 번째 값인 currentState를 사용하지 않을 수도 있습니다. 이럴 때 변수 이름을 _(언더바)로 바꾸면 VSCode 경고 표시를 제거할 수 있습니다. 이는 '이 위치에 값은 전달되지만 이 값을 사용하지 않겠다'는 개발자의 의도를 전달하는 관용적 표현입니다.

그림 14-16 _(언더바)로 사용하지 않는 변수 표시 제거

```
const [optName, setOptName] = useOptimistic(
  name,
  (_, optimisticValue: string) => {
    return optimisticValue;
  }
);
const [error, submitAction, isPending] = useActionState(
  async (_: string | null, formData: FormData) => {
    try {
```

이 방식은 코드의 가독성을 높이고, 의도를 명확히 할 수 있어 추천하는 스타일입니다.

14.6.6 use 훅 사용하기(리액트 19 이후)

리액트 18에서 실험적으로 도입했던 use 훅이 리액트 19부터 정식 기능으로 채택되었습니다. **use 훅**은 비동기 데이터를 마치 동기 데이터처럼 사용할 수 있게 도와주는 훅입니다. 즉, 비동기 작업의 결과를 기다렸다가 그 결과를 곧바로 변수처럼 사용할 수 있게 해줍니다.

use 훅은 Promise를 반환하는 비동기 함수의 결과를 기다렸다가 데이터를 불러올 수 있도록 하며, Suspense 컴포넌트와 함께 사용해야 합니다. 특히 use 훅과 Suspense를 함께 사용하면 여러 비동기 요청을 병렬로 처리할 수 있어 데이터 로딩 성능이 크게 향상됩니다.

use 훅을 사용해 사용자 정보를 비동기 요청으로 불러오는 간단한 예제를 살펴보겠습니다.

src/App.tsx

```
import { Suspense } from 'react';
import User from './components/User';

const fetchUser = async (id: number) => { --------- ❶
  const response = await fetch(
    `https://jsonplaceholder.typicode.com/users/${id}`
  );
  if (!response.ok) throw new Error('Network response was not ok');
  return response.json();
};

export default function App() {
  const userPromise = fetchUser(1); ---- ❷
  return ( ------------------------------ ❸
```

```
    <>
      <Suspense fallback={<div>User1 Loading...</div>}>
        <User userPromise={userPromise} />
      </Suspense>
    </>
  );
}
```

❶ use 훅을 사용해 데이터를 가져오려면 먼저 비동기 요청을 처리할 함수를 따로 정의해야 합니다. `fetchUser()` 함수는 특정 사용자의 정보를 가져오는 함수로, Promise를 반환합니다.

❷ `fetchUser(1)`을 호출하지만 `await` 키워드는 사용하지 않습니다. 그러면 호출 결과로 Promise 객체(`userPromise`)가 바로 생성됩니다.

❸ `userPromise`를 `<User>` 컴포넌트의 props로 전달하면 해당 컴포넌트는 내부에서 use 훅으로 데이터를 처리합니다. 이때 `<User>` 컴포넌트를 감싸고 있는 `<Suspense>` 컴포넌트는 Promise가 완료될 때까지 대기하고, 그동안 `fallback`으로 지정한 'User1 Loading...' 메시지를 화면에 표시합니다.

Promise 객체를 받아 해당 데이터가 준비될 때까지 기다린 뒤 사용자 정보를 출력하는 User 컴포넌트를 다음과 같이 작성합니다.

src/components/User.tsx

```
import { use } from 'react';

export default function User({
  userPromise,
}: {
  userPromise: Promise<{ name: string; email: string }>;
}) {
  const user = use(userPromise);
  return (
    <div>
      <p>Name: {user.name}</p>
      <p>Age: {user.email}</p>
    </div>
  );
}
```

코드를 실행하면 데이터를 요청하는 동안 <Suspense> 컴포넌트의 fallback 속성에 지정한 로딩 UI가 먼저 화면에 표시됩니다. 그리고 요청이 완료되면 User 컴포넌트가 렌더링되며 사용자 정보가 화면에 출력됩니다.

그림 14-17 use 훅을 사용해 사용자 정보를 비동기 요청으로 불러온 결과

User1 Loading...	Name: Leanne Graham Age: Sincere@april.biz

use 훅을 사용하면 여러 데이터를 동시에 요청할 때도 빠르게 처리할 수 있다는 장점이 있습니다. 예를 들어, API 요청 한 건당 2초가 걸리는 경우 요청 2개를 순차적으로 실행하면 총 4초가 걸립니다. 하지만 use 훅을 사용하면 두 요청을 동시에 시작해 약 2초만에 데이터를 모두 받아올 수 있습니다.

다음은 사용자 정보를 병렬로 요청하는 예제입니다.

src/App.tsx

```
import { Suspense } from 'react';
import User from './components/User';

const fetchUser = async (id: number) => {
  await new Promise((resolve) => setTimeout(resolve, 2000)); // 2초 지연
  (중략)
};

export default function App() {
  const userPromise = fetchUser(1);
  const userPromise2 = fetchUser(2);
  return (
    <>
      (중략)
      <Suspense fallback={<div>User2 Loading...</div>}>
        <User userPromise={userPromise2} />
      </Suspense>
    </>
  );
}
```

이 코드는 두 API 요청을 동시에 실행하므로 약 2초만 기다리면 두 사용자 정보를 한꺼번에 렌더링합니다. 이처럼 use 훅과 Suspense 조합은 여러 비동기 데이터를 병렬로 처리할 수 있어 매우 효율적입니다.

또한, 앞의 코드처럼 Suspense를 따로 사용할 수도 있고 하나로 묶어서 사용할 수도 있습니다. 따로 사용하면 요청별로 fallback 속성을 사용자별로 다르게 지정해 개별 로딩 메시지를 보여줄 수 있습니다. 하나로 묶으면 모든 요청이 끝날 때까지 공통 로딩 메시지를 표시합니다.

Suspense는 비동기 데이터를 불러오는 동안 로딩 화면을 표시해주는 역할만 수행합니다. 즉, 오류가 발생했을 때는 이를 직접 처리할 수 없습니다. 데이터 요청 중 오류가 발생했을 경우 이를 안전하게 처리하려면 **11장**에서 배운 ErrorBoundary 패턴을 함께 사용해야 합니다.

다음 명령어로 react-error-boundary 패키지를 설치해 오류 처리 기능을 추가해 보겠습니다.

TERMINAL

```
npm install react-error-boundary
```

<ErrorBoundary> 컴포넌트를 사용해 오류를 감싸는 방식으로 코드를 수정합니다. 다음 예제는 일부러 잘못된 API 주소를 입력해 오류 상황을 만들었습니다.

src/App.tsx

```
import { Suspense } from 'react';
import User from './components/User';
import { ErrorBoundary } from 'react-error-boundary';

const fetchUser = async (id: number) => {
  await new Promise((resolve) => setTimeout(resolve, 3000)); // 2초 지연
  const response = await fetch(`https://aaa/users/${id}/${id}`); // 오류 테스트용 주소
  if (!response.ok) throw new Error('Network response was not ok');
  return response.json();
};

export default function App() {
  const userPromise = fetchUser(1);
  const userPromise2 = fetchUser(2);
  return (
    <>
      <ErrorBoundary fallback={<div>Failed to load User1</div>}>
        <Suspense fallback={<div>User1 Loading...</div>}>
```

```
          <User userPromise={userPromise} />
        </Suspense>
      </ErrorBoundary>
      <ErrorBoundary fallback={<div>Failed to load User2</div>}>
        (중략)
      </ErrorBoundary>
    </>
  );
}
```

코드를 실행해보면 요청 오류가 발생했을 때 로딩 화면이 사라지고 <ErrorBoundary> 컴포넌트의 fallback에 지정한 오류 메시지가 표시됩니다.

그림 14-18 요청 시 오류가 발생했을 때 결과

Failed to load User1
Failed to load User2

use 훅과 Suspense, ErrorBoundary 컴포넌트를 함께 사용하면 로딩 상태와 오류 상태를 모두 안정적으로 관리할 수 있어 사용자 경험을 크게 향상시킬 수 있습니다.

14.6.7 use 훅 더 잘 사용하기(리액트 19 이후)

fetchUser() 함수를 다음과 같이 수정합니다. 2초 지연 코드를 삭제하고, ErrorBoundary 패턴을 테스트하려고 틀리게 입력한 주소를 올바른 주소로 변경합니다.

앞서 작성한 fetchUser() 함수에서 의도적으로 지연을 주거나 오류를 발생시키는 코드를 제거하고, 정상적인 API 주소를 사용해 기본 구조를 다시 정리합니다.

src/App.tsx

```
const fetchUser = async (id: number) => {
const response = await fetch(`https://jsonplaceholder.typicode.com/users/${id}`);
  if (!response.ok) throw new Error('Network response was not ok');
  return response.json();
};
```

코드를 실행하면 <Suspense>의 fallback에 지정한 UI가 잠깐 보이고 곧바로 사용자 정보가 표시됩니다. 이는 요청이 실제로는 1초도 걸리지 않는 매우 짧은 시간에 완료되더라도 리액트가

Promise 객체를 처리하는 동안 fallback에 지정한 UI를 무조건 한 번은 렌더링하기 때문입니다.

그런데 이런 아주 짧은 지연이라면 굳이 로딩 UI를 표시하지 않는 것이 사용자 경험 측면에서 더 자연스러울 수 있습니다. 이럴 경우에는 로딩 UI를 별도 컴포넌트로 분리하고, 일정 시간 이상이 지나야만 로딩 메시지를 보여주도록 제어할 수 있습니다.

다음은 로딩 UI를 일정 시간 후에만 보여주도록 만든 Loading 컴포넌트입니다.

src/components/Loading.tsx

```
import { useEffect, useState } from 'react';

export default function Loading({ children }: { children: React.ReactNode }) {
  const [isShow, setIsShow] = useState(false); ------- ❶
  useEffect(() => { ----------------------------------- ❷
    setTimeout(() => {
      setIsShow(true);
    }, 500); // 네트워크 환경에 따라 적절히 조정
  }, []);
  return <>{isShow && <div>{children}</div>}</>;
}
```

❶ isShow 상태는 로딩 UI 표시 여부를 판단합니다. 처음에는 false로 설정합니다.

❷ useEffect 훅을 사용해 컴포넌트가 마운트된 뒤 0.5초가 지나면 후에 isShow를 true로 변경합니다.

테스트를 위해서 App.tsx의 코드를 다음처럼 수정합니다.

src/App.tsx

```
(생략)
import Loading from './components/Loading';

const fetchUser = async (id: number) => { (중략) }

export default function App() {
  (중략)
  return (
    <>
      <ErrorBoundary fallback={<div>Failed to load User1</div>}>
```

```
        <Suspense fallback={<Loading>User1 Loading...</Loading>}>
          <User userPromise={userPromise} />
        </Suspense>
      </ErrorBoundary>
      <ErrorBoundary fallback={<div>Failed to load User2</div>}>
        <Suspense fallback={<Loading>User2 Loading...</Loading>}>
          <User userPromise={userPromise2} />
        </Suspense>
      </ErrorBoundary>
    </>
  );
}
```

이렇게 작성하면 0.5초 이내 짧은 지연에는 Loading 컴포넌트가 반환하는 UI가 전혀 렌더링되지 않으므로 화면에 아무것도 표시되지 않습니다. 만약 지연 시간이 0.5초보다 길어지면 로딩 UI가 정상적으로 화면에 표시됩니다.

이처럼 Loading 컴포넌트를 활용하면 화면에 잠깐 로딩 UI가 표시되었다가 바로 사라지는 현상(flicker)을 줄이는 데 효과적입니다.

> **수코딩의 조언**
> 네트워크의 상태에 따라 0.5초로 설정해도 로딩 UI가 보일 수 있습니다. 이럴 때는 네트워크 환경에 맞게 지연 시간을 적절히 조정해 주세요.

앞에서 살펴본 것처럼, 리액트 19에서는 비동기 데이터를 효율적으로 처리하기 위한 다양한 훅이 새롭게 도입되었습니다. useActionState, useFormStatus, useOptimistic, use 훅 등은 각각의 목적에 맞게 상황별로 활용할 수 있도록 설계되었습니다.

물론 처음부터 모든 훅을 상황에 딱 맞게 선택해 사용하는 것은 쉽지 않습니다. 하지만 이 책에서 소개한 다양한 예제를 기반으로 비슷한 상황에서 코드를 여러 번 작성해보고 익숙해지면 리액트 19가 지향하는 선언적이고 효율적인 비동기 처리 방식을 자연스럽게 체득할 수 있을 것입니다.

1분 퀴즈

정답 노트 p.812

13. useTransition 훅을 사용할 때 자동으로 관리하는 상태는 무엇인가요?

① loading ② isSubmitting

③ isPending ④ status

14. 다음 중 useActionState 훅의 반환 값이 아닌 것은 무엇인가요?

① 상태 값(state) ② 로딩 상태(isPending)

③ DOM 노드 참조(ref) ④ 제출 함수(submitAction)

15. useActionState 훅의 첫 번째 인자인 액션 함수의 두 번째 매개변수로 전달되는 값은 무엇인가요?

① 이전 상태 값 ② FormData 객체

③ 클릭 이벤트 객체 ④ 오류 객체

16. useFormStatus 훅은 어떤 조건에서 동작하나요?

① 리렌더링이 발생한 때

② <form> 외부에서 호출할 때

③ useState 훅과 함께 사용할 때

④ <form> 내부에서 사용된 컴포넌트에서 호출할 때

17. useOptimistic 훅을 사용하는 주된 목적은 무엇인가요?

① 입력 값을 검증하기 위해

② 상태 초깃값을 저장하기 위해

③ 스타일을 조건부로 변경하기 위해

④ 서버 응답을 기다리지 않고 UI를 먼저 업데이트하기 위해

18. 다음 중 use 훅의 설명으로 가장 적절한 것은 무엇인가요?

① 비동기 데이터를 동기 데이터처럼 사용할 수 있도록 도와주는 훅이다.

② 컴포넌트의 생명주기를 추적하는 데 사용하는 훅이다.

③ 동기적인 함수만 실행할 수 있는 훅이다.

④ 서버 상태를 저장하기 위한 훅이다.

1. **데이터 통신 기초**

① 데이터 통신: 디지털 환경에서 컴퓨터, 장치, 서버, 클라이언트 간에 데이터를 주고받는 과정입니다.

② 통신 프로토콜: 데이터를 주고받기 위한 공통의 규칙입니다.

③ HTTP: 웹에서 가장 많이 사용하는 통신 프로토콜입니다. 클라이언트가 서버에 보내는 요청(request)과 서버가 클라이언트에 응답하는 응답(response)으로 구성됩니다.

④ API: 클라이언트와 서버 간에 데이터를 주고받는 '통로'이며, 데이터의 요청 및 응답 형식을 정한 약속입니다. 프런트엔드에서는 주로 REST API 또는 GraphQL을 사용합니다.

2. **Fetch API로 데이터 통신하기**

① Fetch API는 브라우저에 내장된 기능으로, 자바스크립트에서 HTTP 요청을 보낼 수 있게 해줍니다.

② Fetch API의 기본 사용 형식

형식
```
const fetchData = async () => {
  try { // 응답 처리
    const response = await fetch(url[, options]);
    if (!response.ok) {
      throw new Error('Network response was not ok');
    }
    const data = await response.json();
    console.log(data);
  } catch (error) { // 오류 처리
    console.error(error);
  }
};
```

③ 주요 HTTP 메서드

메서드	용도	특징
GET	데이터 조회	기본 방식, 옵션 객체 생략 가능
POST	데이터 추가	headers와 body 속성 필요
PUT	데이터 전체 수정	기존 데이터를 통째로 덮어씀
PATCH	데이터 일부 수정	특정 항목만 선택해 변경
DELETE	데이터 삭제	body 없음, ID로 식별해 삭제

④ 리액트에서의 사용

- **컴포넌트 마운트 시점**: 주로 GET 요청에 `useEffect(() => { fetch... }, [])` 형태로 사용
- **이벤트 핸들러 내부**: 버튼 클릭 등 이벤트 발생 시 `fetch()` 요청 실행

3. Axios로 데이터 통신하기

① Axios는 Fetch API보다 많은 기능을 제공하는 외부 HTTP 클라이언트 라이브러리이며, 대규모 프로젝트에서 자주 사용합니다. 웹 브라우저에 내장되어 있지 않아 직접 설치해야 합니다.

② 기본 사용 형식

형식
```
axios(config)
.then(response => console.log(response.data))
.catch(error => console.error('Error:', error));
```

③ Axios는 `axios.get()`, `axios.post()` 같은 단축 메서드를 제공합니다.

④ Axios는 리액트에서 다음과 같이 사용할 수 있습니다. `fetch()`와 달리 `.ok` 체크나 `.json()` 변환이 필요 없고 응답 처리도 간단합니다.

- **컴포넌트가 마운트될 때**: `useEffect` 훅을 사용해 API 요청 실행
- **사용자 이벤트가 발생했을 때**: 버튼 클릭 등 사용자 액션에 따라 Axios 요청 실행

4. 데이터 통신 파고들기

① 타입 지정: useState() 사용 시 데이터 구조에 맞는 정확한 타입을 지정해야 합니다.

② 오류 상태 정의: API 요청 중 오류가 발생할 수 있으므로 try-catch 문으로 예외 처리를 해야 합니다.

③ 로딩 상태 관리: 데이터를 기다리는 동안 사용자가 현재 로딩 중임을 알 수 있도록 별도의 상태를 관리합니다.

④ 데이터 요청 취소: 컴포넌트가 언마운트된 뒤에도 요청이 계속되면 리소스를 낭비할 수 있습니다. AbortController()를 사용해 요청을 취소하면 이를 방지할 수 있습니다.

⑤ 커스텀 훅 사용: 중복되는 API 로직은 커스텀 훅으로 분리해 코드의 재사용성과 유지보수성을 높입니다.

5. 비동기 데이터 처리 심화

① useTransition 훅: startTransition() 내부에서 비동기 작업을 실행하면 isPending 상태가 자동으로 관리됩니다.

② useActionState 훅: <form> 태그와 함께 사용해 폼 제출과 상태 업데이트, 로딩 상태 관리까지 한 번에 처리할 수 있습니다.

③ useFormStatus 훅: <form> 내부에서 사용하며, 폼의 제출 상태나 유효성 검사 상태를 실시간으로 감지할 수 있게 도와줍니다.

④ useOptimistic 훅: 서버 응답을 기다리지 않고 UI를 먼저 업데이트하는 낙관적 업데이트를 구현할 수 있습니다. 서버 응답 결과에 따라 상태를 유지하거나 복원합니다

⑤ use 훅: Promise 객체를 받아 마치 동기처럼 데이터를 다룰 수 있게 하는 훅입니다. Suspense와 함께 사용해 로딩 UI를 자동으로 처리할 수 있으며, 병렬 요청에도 적합합니다.

셀프체크

정답 노트 p.813

소스 코드의 ch14/selfcheck/todo 폴더를 보면 지금까지 작성한 할 일 관리 애플리케이션의 전체 코드가 들어 있습니다. 이 코드는 현재 자체적인 상태를 정의해 데이터를 관리(로컬 상태 관리)합니다. 이 코드를 14.2절에서 제공한 API 서버를 사용한 방식으로 개선해 보세요. 데이터 요청은 Fetch API를 사용합니다.

15장

프로젝트: 나만의 블로그 만들기

지금까지 리액트의 다양한 개념과 문법을 배웠습니다. 컴포넌트 설계부터 상태 관리, 이벤트 처리, 훅까지 리액트의 기초와 핵심을 차근차근 익혔습니다.

이제 그동안 배운 내용을 바탕으로 '나만의 블로그 만들기' 프로젝트를 진행해 보겠습니다. 이 프로젝트에서는 리액트 기본 문법은 물론, 라우팅, 상태 관리, 데이터 통신과 같은 고급 개념도 실전처럼 다루게 됩니다.

블로그는 여러 기능이 유기적으로 연결된 복합적인 웹 애플리케이션입니다. 데이터를 주고받고, 사용자 인터페이스를 설계하며, 다양한 기능을 구현하는 과정을 통해 리액트의 진가를 직접 체감할 수 있습니다. 무엇보다, 지금까지 배운 개념들이 실제 애플리케이션 안에서 어떻게 연결되고 활용되는지 깊이 있게 이해할 수 있는 좋은 기회가 될 것입니다.

15.1

블로그 애플리케이션 개요

15.1.1 애플리케이션 UI

이 장에서 만들 블로그 애플리케이션은 다음과 같은 4가지 주요 페이지로 구성됩니다.

- **메인 페이지**: 등록한 글 목록을 확인하거나 키워드로 글을 검색할 수 있습니다.
- **인증 페이지**: 회원가입과 로그인 기능을 제공합니다. 이 과정에서 JWT(Json Web Token)를 사용해 액세스 토큰과 리프레시 토큰을 안전하게 처리하는 방법도 함께 배웁니다.
- **글 상세 페이지**: 글의 내용을 자세히 볼 수 있으며, 작성자 본인이라면 글을 수정하거나 삭제할 수 있습니다. 또한 연관된 게시글 목록도 함께 확인할 수 있습니다.
- **글쓰기 페이지**: 새 글을 작성하고 등록할 수 있는 페이지입니다.

그림 15-1 블로그 애플리케이션의 각 페이지 UI

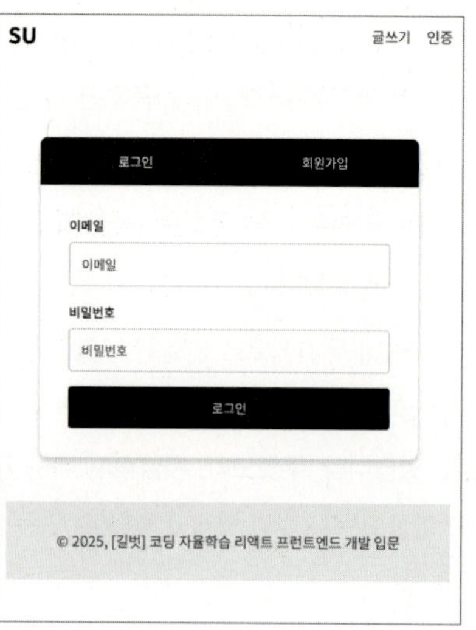

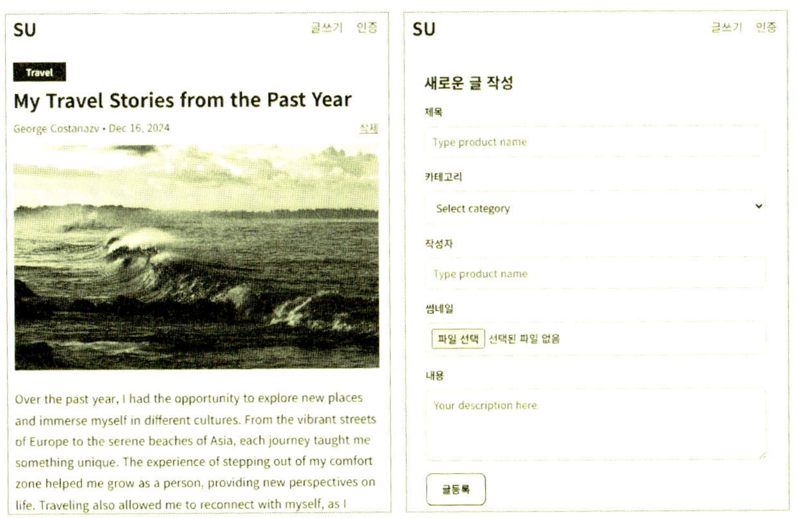

각 페이지의 기능은 단순화했지만, 이 프로젝트를 통해 실무에서 필요한 리액트 개발 역량을 종합적으로 익힐 수 있도록 구성했습니다. 프로젝트를 완성하고 나면, 여러분은 실무에서도 활용할 수 있는 수준의 리액트 애플리케이션 개발 능력을 갖추게 될 것입니다.

15.1.2 프로젝트 폴더 구조

블로그 애플리케이션을 만드는 데 필요한 기본 코드는 미리 제공합니다. 소스 코드에서 ch15 폴더를 열어보면 다음 4개 폴더가 들어 있습니다.

- **final_backend**: 블로그 애플리케이션에서 사용할 백엔드 API 코드가 들어 있습니다. 실제 데이터 요청과 응답을 실무 환경처럼 연습해보기 위해 백엔드 API를 직접 활용합니다. Node.js와 Express 기반으로 작성되었으며, 간편하게 변수를 데이터베이스처럼 사용합니다. 단, 서버를 재시작하면 데이터는 초기화된다는 점에 유의하세요.
- **final_html**: 퍼블리싱에 필요한 HTML과 CSS 파일이 들어 있습니다. 이 폴더의 파일을 활용해 스타일을 적용합니다.
- **final_react**: 블로그 애플리케이션을 실제로 구현할 폴더입니다. 처음에는 비어 있으며, 이 안에 새로운 리액트 애플리케이션을 생성한 뒤 프로젝트를 완성합니다.
- **final_react_complete**: 완성된 예제 코드가 담겨 있는 폴더입니다. 구현 중 참고해야 할 때 확인하세요.

이 중에서 final_backend, final_html, final_react 폴더를 복사합니다. 원하는 위치에 블로그 애플리케이션을 위한 새로운 폴더(여기서는 ch15)를 생성한 뒤 복사한 폴더들을 붙여 넣습니다. VSCode에서 ch15 폴더를 열면 다음과 같은 구조가 나타납니다.

그림 15-2 프로젝트 폴더 설정

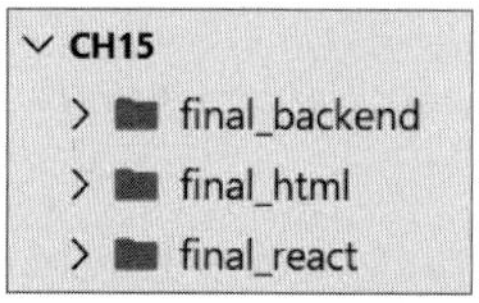

```
∨ CH15
  > final_backend
  > final_html
  > final_react
```

수코딩의 조언

제공되는 퍼블리싱 파일은 가장 일반적인 HTML과 CSS 형식으로 구성되어 있습니다. 하지만 실무에서는 CSS보다 CSS-in-JS 또는 Tailwind CSS를 사용하는 경우가 많습니다. 나중에 여유가 생긴다면 기존 CSS 스타일을 CSS-in-JS 방식이나 Tailwind CSS로 개선해 보는 것도 좋습니다.

UI 구성하기

블로그 애플리케이션의 UI를 구성해 보겠습니다. 리액트 애플리케이션은 직접 생성하고, UI는 미리 제공한 HTML과 CSS 파일을 사용합니다.

> **수코딩의 조언** 복사한 코드를 붙여 넣거나 같은 파일에서 일부 코드만 수정할 때는 지면 관계상 일부를 생략해서 표기합니다. 전체 코드는 final_react_complete 폴더에서 확인해 주세요.

15.2.1 스캐폴딩하기

먼저 스캐폴딩, 즉 애플리케이션 초기화 작업을 진행합니다.

1 터미널을 열고 final_react 폴더로 경로를 이동합니다. 이미 해당 폴더 안이라면 이 단계는 건너뛰어도 됩니다.

TERMINAL
```
cd final_react
```

2 Vite를 사용해 리액트 프로젝트를 생성합니다. 터미널에 마침표(.)까지 포함해 명령어를 정확히 입력하세요.

TERMINAL
```
npm create vite@latest .
```

3 프롬프트가 나오면 다음과 같이 설정합니다.

그림 15-3 프롬프트 설정

```
> npx
> create-vite .

|
◇  Select a framework:
|  React
|
◇  Select a variant:
|  TypeScript
|
◇  Scaffolding project in D:\react\ch15\final_react...
|
└  Done. Now run:

  npm install
  npm run dev
```

4 데이터 통신에는 axios, 상태 관리에는 zustand, 라우터에 react-router를 사용합니다. 각 라이브러리를 다음 명령어로 설치합니다.

```
TERMINAL
npm install axios zustand react-router
```

5 설치가 끝나면 불필요한 폴더와 파일을 삭제합니다(뒤에서 다시 만들지만 지금은 삭제합니다).

- src/assets
- src/App.css
- src/index.css

6 main.tsx 파일에서 index.css 파일을 불러오는 코드를 삭제합니다.

src/main.tsx

```
import { StrictMode } from 'react'
import { createRoot } from 'react-dom/client'
import './index.css' // 삭제
import App from './App.tsx'

createRoot(document.getElementById('root')!).render(
  <StrictMode>
    <App />
  </StrictMode>,
)
```

7 App.tsx 파일의 내용을 모두 지우고 다음과 같이 작성합니다.

src/App.tsx

```
export default function App() {
  return <div>App</div>;
}
```

8 앞의 단계를 마친 프로젝트 폴더는 다음과 같습니다.

그림 15-4 스캐폴딩 완료 후 프로젝트 구조

9 다음 명령어를 차례대로 입력해 애플리케이션을 실행합니다.

TERMINAL

```
npm install
npm run dev
```

10 웹 브라우저에서 실행된 주소(기본적으로 http://localhost:5173)를 열면 다음과 같은 화면이 표시됩니다.

그림 15-5 애플리케이션 실행결과

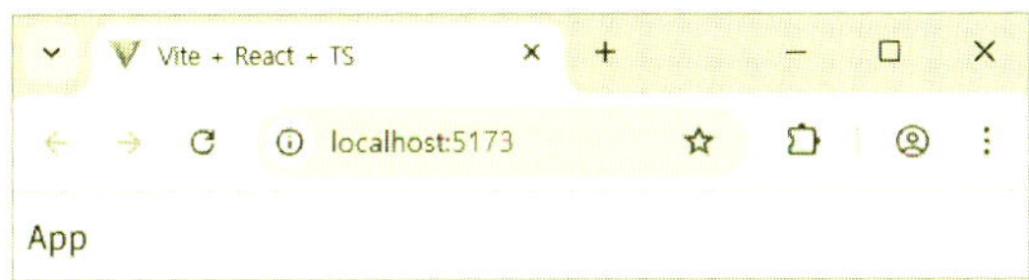

15.2.2 라우팅하기

기능 구현에 앞서 페이지 간 이동을 처리할 라우팅 기능을 먼저 설정하겠습니다. 리액트 라우터를 사용해 각 URL 경로에 따라 다른 컴포넌트를 렌더링하도록 구성합니다.

1 리액트 라우터는 웹 브라우저의 히스토리 API를 사용해 주소를 관리합니다. 따라서 App 컴포넌트를 BrowserRouter로 감싸야 합니다.

src/main.tsx

```
import { StrictMode } from 'react';
import { createRoot } from 'react-dom/client';
import App from './App.tsx';
import { BrowserRouter } from 'react-router';

createRoot(document.getElementById('root')!).render(
  <StrictMode>
    <BrowserRouter>
      <App />
    </BrowserRouter>
  </StrictMode>
);
```

2 블로그 애플리케이션은 총 4개 페이지로 구성됩니다. 이를 위해 src/pages 폴더를 만들고, Home.tsx(메인 페이지), Auth.tsx(인증 페이지), Read.tsx(글 상세 페이지), Write.tsx(글쓰기 페이지) 파일을 생성해 각 페이지 컴포넌트를 정의합니다.

src/pages/Home.tsx

```
export default function Home() {
  return <div>Home</div>;
}
```

src/pages/Auth.tsx

```
export default function Auth() {
  return <div>Auth</div>;
}
```

src/pages/Read.tsx

```
export default function Read() {
  return <div>Read</div>;
}
```

src/pages/Write.tsx

```
export default function Write() {
  return <div>Write</div>;
}
```

3 모든 페이지에 공통으로 표시할 헤더(Header)와 푸터(Footer) 컴포넌트를 작성합니다. src/components 폴더를 만들고 다음과 같이 파일을 생성합니다.

src/components/Header.tsx

```
export default function Header() {
  return <div>Header</div>;
}
```

src/components/Footer.tsx

```
export default function Footer() {
  return <div>Footer</div>;
}
```

4 헤더와 푸터를 포함한 공통 레이아웃을 위해 src/layouts 폴더에 RootLayout 컴포넌트를 만듭니다. Outlet 부분에 각 페이지 컴포넌트가 렌더링됩니다.

src/layouts/RootLayout.tsx

```
import Header from '../components/Header';
import Footer from '../components/Footer';
import { Outlet } from 'react-router';

export default function RootLayout() {
  return (
    <div className='page'>
      <Header />
      <Outlet />
      <Footer />
```

```
    </div>
  );
}
```

5 App.tsx에서 페이지 경로와 컴포넌트를 연결합니다. RootLayout을 기준으로 하위 경로에 각 페이지를 배치합니다.

src/App.tsx

```
import { Route, Routes } from 'react-router';
import RootLayout from './layouts/RootLayout';
import Home from './pages/Home';
import Auth from './pages/Auth';
import Write from './pages/Write';
import Read from './pages/Read';

export default function App() {
  return (
    <>
      <Routes>
        <Route element={<RootLayout />}>
          <Route index element={<Home />} />
          <Route path='/auth' element={<Auth />} />
          <Route path='/write' element={<Write />} />
          <Route path='/read/:id' element={<Read />} />
        </Route>
      </Routes>
    </>
  );
}
```

6 코드를 모두 저장한 뒤 웹 브라우저에 다음 주소로 접속하면 각 도메인에 따른 초기 화면을 볼 수 있습니다.

- **메인 페이지**: http://localhost:5173
- **인증 페이지**: http://localhost:5173/auth
- **글 상세 페이지**: http://localhost:5173/read/1
- **글쓰기 페이지**: http://localhost:5173/write

그림 15-6 라우팅 작업 결과

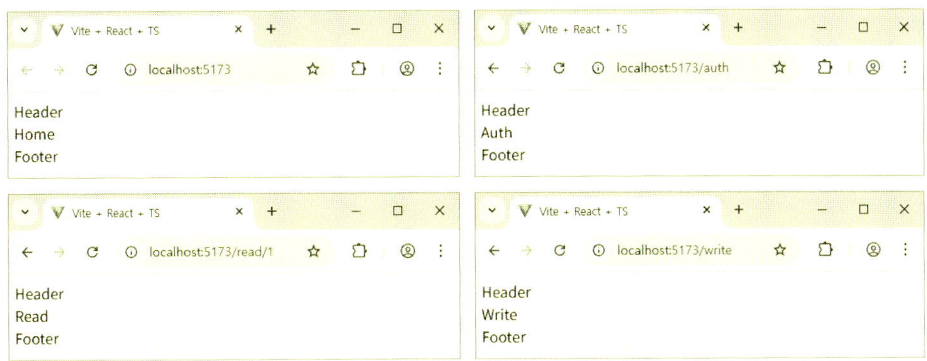

15.2.3 HTML 작성하기

이번에는 애플리케이션에 필요한 HTML 코드와 이미지, 스타일 폰트 등을 적용하겠습니다. 기본 코드는 제공한 final_html 폴더에 포함되어 있습니다. 이 파일들을 복사해 사용합니다.

1 final_html/assets 폴더 안에는 애플리케이션에서 사용할 이미지 리소스들이 포함되어 있습니다. 이 폴더를 통째로 복사해 final_react/src 폴더에 붙여 넣습니다(이후 final_react 경로 표기는 생략합니다). src/assets/images 폴더에 images.ts 파일을 새로 만들고 다음과 같이 코드를 작성합니다. 그러면 각 이미지 파일을 리액트 컴포넌트에서 매우 간편하게 불러올 수 있습니다.

src/assets/images/images.ts

```
import dummyImage1 from './dummy-image-1.png';
import dummyImage2 from './dummy-image-2.png';
import search from './search.png';

export { dummyImage1, dummyImage2, search };
```

2 final_html/index.html 파일을 열고, `<link rel="stylesheet">`를 제외한 나머지 `<link>` 태그들을 복사합니다. 리액트 애플리케이션의 src/index.html 파일을 열어 `<title>` 태그 아래에 복사한 코드를 붙여 넣습니다. **lang** 속성을 "ko"로, `<title>` 태그는 **Final Blog Project**로 수정합니다. 이렇게 설정하면 Noto Sans KR과 Merriweather 폰트를 리액트 애플리케이션에서 사용할 수 있습니다. 추후 스타일 파일에서 해당 폰트를 직접 적용하거나 CSS 클래스에서 사용할 수 있습니다.

index.html

```
<!DOCTYPE html>
<html lang="ko">
  <head>
    <meta charset="UTF-8" />
    <link rel="icon" type="image/svg+xml" href="/vite.svg" />
    <meta name="viewport" content="width=device-width, initial-scale=1.0" />
    <title>Final Blog Project</title>
    <link rel="preconnect" href="https://fonts.googleapis.com" />
    <link rel="preconnect" href="https://fonts.gstatic.com" crossorigin />
    <link
      href="https://fonts.googleapis.com/css2?family=Merriweather:ital,wght@0,300;0,
400;0,700;0,900;1,300;1,400;1,700;1,900&family=Noto+Sans+KR:wght@100..900&display=
swap"
      rel="stylesheet"
    />
  </head>
  (중략)
</html>
```

3 final_html/index.html 파일에서 <header> 태그 코드를 복사해 src/components/Header.tsx 파일에 붙여 넣습니다. 그리고 JSX 문법에 맞게 다음과 같이 수정합니다.

- class 속성 → className 속성
- <a> 태그 → <NavLink> 컴포넌트(react-router에서 import)
- href 속성 → to 속성(**15.2.2절** 참고)

src/components/Header.tsx

```
import { NavLink } from 'react-router';

export default function Header() {
  return (
    <header className='page__header'>
      <h1 className='page__logo'>
        <NavLink to='/' className='page__logo-link'>SU</NavLink>
      </h1>
      <nav className='page__navigation'>
        <ul className='page__nav-list'>
```

```
          <li className='page__nav-item'>
            <NavLink to='/write' className='page__nav-link'>글쓰기</NavLink>
          </li>
          <li className='page__nav-item'>
            <NavLink to='/auth' className='page__nav-link'>인증</NavLink>
          </li>
        </ul>
      </nav>
    </header>
  );
}
```

4 final_html/index.html 파일에서 <footer> 태그 코드를 복사해 src/components/Footer.tsx 파일에 붙여 넣습니다. 마찬가지로 class 속성은 className 속성으로 변경합니다.

src/components/Footer.tsx

```
export default function Footer() {
  return (
    <footer className='page__footer'>
      <p className='page__footer-copy'>
        &copy; 2025, [길벗] 코딩 자율학습 리액트 프런트엔드 개발 입문
      </p>
    </footer>
  );
}
```

5 final_html/index.html 파일에서 <main> 태그 코드를 복사해 src/pages/Home.tsx 파일에 붙여 넣습니다. 그리고 JSX 문법에 맞게 다음과 같이 수정합니다.

- class 속성 → className 속성
- <a> 태그 → <NavLink> 컴포넌트(react-router에서 import)
- href 속성 → to 속성
- autocomplete 속성 → autoComplete 속성
- <!-- 주석 --> → {/* 주석 */}
- <img src="..." /> → 이미지 파일 import 후 JSX에서 변수로 사용

src/pages/Home.tsx

```
import { NavLink } from 'react-router';
import { dummyImage1, dummyImage2, search } from '../assets/images/images';

export default function Home() {
  return (
    <main className='page__main'>
    {/* SearchArea */}
      <section className='search-area'>
        <article className='search-area__search'>
          <h2 className='search-area__title'>The Sucoding Blog</h2>
          <p className='search-area__description'>
            A Blog About Food, Experience, and Recipes.</p>
          <form method='get' className='search-area__form'>
            <input
              type='text' name='q' placeholder='Search'
              className='search-area__input' autoComplete='off' />
            <button type='submit' className='search-area__submit'>
              <img src={search} alt='search-icon' className='search-area__icon' />
            </button>
          </form>
        </article>
      </section>
      {/* PostArea */}
      <section className='posts-area'>
        <article className='posts-area__post'>
          <NavLink to='/read/1' className='posts-area__post-link'>
            <img src={dummyImage1} alt='dummy-image-1'
              className='posts-area__post-image' />
            <em className='posts-area__post-tag'>Travel</em>
            <h2 className='posts-area__post-title'>
              My Travel Stories from the Past Year</h2>
            <p className='posts-area__post-meta'>
              George Costanazv • Aug 16, 2025</p>
            <p className='posts-area__post-excerpt'>
              (중략)
        <article className="posts-area__post">
          <NavLink to="#" className="posts-area__post-link">
            <img src={dummyImage2} alt="dummy-image-2"
              className="posts-area__post-image"/>
```

```
            <em className="posts-area__post-tag">Food</em>
            <h2 className="posts-area__post-title">
              Delicious Chicken Dishes & Tips</h2>
            <p className="posts-area__post-meta">
              George Costanazv • Aug 16, 2025</p>
              (중략)
            </p>
          </NavLink>
        </article>
      </section>
    </main>
  );
}
```

6 final_html/read.html 파일에서 <main> 태그 코드를 복사해 src/pages/Read.tsx 파일에 붙여 넣습니다. 그리고 JSX 문법에 맞게 다음과 같이 수정합니다.

- class 속성 → className 속성
- <a> 태그 → <NavLink> 컴포넌트(react-router에서 import)
- href 속성 → to 속성
- <!-- 주석 --> → {/* 주석 */}
- <img src="..." /> → 이미지 파일 import 후 JSX에서 변수로 사용

TIP — JSX에 주석을 남긴 이유는 **15.2.5절**에서 해당 영역별로 컴포넌트를 분리하기 때문입니다.

src/pages/Read.tsx

```
import { NavLink } from 'react-router';
import { dummyImage1 } from '../assets/images/images';

export default function Read() {
  return (
    <main className='page__main'>
      {/* ReadArea */}
      <article className='page__read'>
        <section>
          <strong className='page__read-tag'>Travel</strong>
          <h2 className='page__read-title'>My Travel Stories from the Past Year</h2>
          <div className='page__read-meta-group'>
```

```
          <p className='page__read-profile'>George Costanazv • Aug 16, 2025</p>
          <button className='page__read-btn'>삭제</button>
        </div>
        <img src={dummyImage1} alt='' className='page__read-image' />
      </section>
      <section className='page__read-desc'>
        <p>
          (중략)
        </p>
      </section>
    </article>
    {/* RecommendationArea */}
    <article className='page__recommend'>
      <h3 className='page__recommend-title'>Recommend Reading</h3>
      <ul className='page__recommend-lists'>
        {/* RecommendationItem */}
        <li>
          <NavLink to=''>
            <div className='page__recommend-list'>
              <img src={dummyImage1} alt='dummy-image-1'
                className='page__recommend-img' />
              <div>
                <h4 className='page__recommend-subtitle'>
                  Why you don't need more than 3 pieces of clothing</h4>
                <p className='page__recommend-desc'>
                  (중략)
                </p>
              </div>
            </div>
          </NavLink>
        </li>
        <li>
          (중략)
        </li>
      </ul>
    </article>
  </main>
 );
}
```

7 final_html/write.html 파일에서 <main> 태그 안의 코드를 복사해 src/pages/Write.tsx 파일에 붙여 넣습니다. 그리고 JSX 문법에 맞게 다음과 같이 수정합니다.

- class 속성 → className 속성
- for 속성 → htmlFor 속성

src/pages/Write.tsx

```
export default function Write() {
  return (
    <main className='page__main'>
      <div className='page__write'>
        <h2 className='page__write-text'>새로운 글 작성</h2>
        <form action='#'>
          <div className='page__write-form'>
            <div className='page__write-group'>
              <label htmlFor='title' className='page__write-label'>제목</label>
              <input type='text' name='title' id='title'
                className='page__write-input' placeholder='Type product name'
                required
              />
            </div>
            <div>
              <label htmlFor='category' className='page__write-label'>카테고리</label>
              <select id='category' className='page__write-select' required>
                <option value=''>Select category</option>
                <option value='Travel'>Travel</option>
                <option value='Food'>Food</option>
                <option value='Life'>Life</option>
              </select>
            </div>
            <div>
              <label htmlFor='writer' className='page__write-label'>작성자</label>
              <input type='text' name='writer' id='writer'
                className='page__write-input placeholder='Type product name'
                required />
            </div>
            <div className='page__write-group'>
              <div>
                <label htmlFor='item-weight' className='page__write-label'>
```

```
            썸네일</label>
          <label className='page__write-file--hidden'
            htmlFor='user_avatar'>Upload file</label>
          <input
            className='page__write-file' aria-describedby='user_avatar_help'
            id='user_avatar' type='file' accept='image/*' required />
        </div>
      </div>
      <div className='page__write-group'>
        <label htmlFor='description' className='page__write-label'>
          내용</label>
        <textarea id='description' className='page__write-textarea'
          placeholder='Your description here' required></textarea>
      </div>
    </div>
    <button type='submit' className='page--btn'>Add Post</button>
   </form>
  </div>
 </main>
);
}
```

8 final_html/auth.html 파일에서 <main> 태그 코드를 복사해 src/pages/Auth.tsx 파일에 붙여 넣고 다음과 같이 수정합니다.

- class 속성 → className 속성
- for 속성 → htmlFor 속성

src/pages/Auth.tsx

```
export default function Auth() {
  return (
    <main className='page__main'>
      <article className='page-auth'>
        <section className='page-auth__container'>
          <nav className='page-auth__toggle'>
            <button id='login-tab'
              className='page-auth__toggle-button page-auth__toggle-button--active'>
              로그인</button>
            <button id='signup-tab' className='page-auth__toggle-button'>
```

```
            회원가입</button>
        </nav>
        <div className='page-auth__form-section'>
          <form className='auth-form auth-form--active' id='login-form'>
            <label htmlFor='login-email' className='a11y-hidden'>이메일</label>
            <input type='email' id='login-email' className='auth-form__input'
              placeholder='이메일' required />
            <label htmlFor='login-password' className='a11y-hidden'>비밀번호</label>
            <input type='password' id='login-password'
              className='auth-form__input' placeholder='비밀번호' required />
            <button type='submit' className='auth-form__submit'>로그인</button>
          </form>
          <form className='auth-form' id='signup-form'>
            <label htmlFor='signup-email' className='a11y-hidden'>이메일</label>
            <input type='email' id='signup-email'
              className='auth-form__input' placeholder='이메일' required />
            <label htmlFor='signup-name' className='a11y-hidden'>이름</label>
            <input type='text' id='signup-name'
              className='auth-form__input' placeholder='이름' required />
            <label htmlFor='signup-password' className='a11y-hidden'>
              비밀번호</label>
            <input type='password' id='signup-password'
              className='auth-form__input' placeholder='비밀번호' required />
            <label htmlFor='signup-confirm-password' className='a11y-hidden'>
              비밀번호 확인</label>
            <input type='password' id='signup-confirm-password'
              className='auth-form__input' placeholder='비밀번호 확인' required />
            <button type='submit' className='auth-form__submit'>회원가입</button>
          </form>
        </div>
      </section>
    </article>
  </main>
 );
}
```

리액트 애플리케이션에 필요한 모든 HTML 구조를 JSX로 변환해 적용했습니다. 코드를 저장하고 실행하면 아직 스타일이 적용되지 않은 기본 구조의 화면이 나타납니다.

그림 15-7 HTML을 적용한 메인 페이지 화면

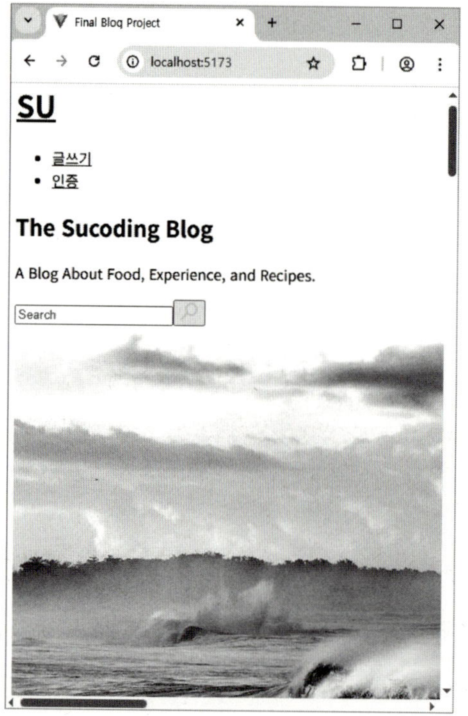

15.2.4 CSS 작성하기

이제 각 페이지와 컴포넌트에 디자인을 적용해 보겠습니다. 스타일 파일을 기능별로 나누고, 글로벌 스타일로 프로젝트 전체에 적용합니다.

1 src 폴더에 css 폴더를 만들고, index.css, reset.css, blog.css 파일을 생성합니다.

2 final_html/styles.css 파일의 코드 중 전체 선택자(*)와 `html`, `body`, `button` 선택자를 제외한 나머지 코드를 그대로 복사해 src/css/blog.css 파일에 붙여 넣습니다.

src/css/blog.css

```
.page {
  width: 100%;
  margin-left: auto;
  margin-right: auto;
  padding: 0 1rem;
}
(중략)
```

```
@media (min-width: 1024px) {
  .page { max-width: 1024px; }
  .search-area__title { font-size: 2.25rem; }
  .search-area__description { font-size: 1.35rem; }
  .page__read-desc { font-size: 1rem; }
}
```

3 final_html/styles.css 파일의 코드 중에서 전체 선택자와 html, body, button 선택자 코드만 복사해 src/css/reset.css 파일에 붙여 넣습니다.

src/css/reset.css

```
* {
  margin: 0;
  padding: 0;
  box-sizing: border-box;
  list-style: none;
  font-style: normal;
  text-decoration: none;
  color: inherit;
  background-color: transparent;
  outline: none;
  font-family: inherit;
}
html {
  position: relative;
  left: calc((100vw - 100%) / 2);
  overflow-x: hidden;
}
body {
  font-family: 'Noto Sans KR', sans-serif;
}
button {
  cursor: pointer;
}
```

4 index.css 파일은 프로젝트 전체에 글로벌 스타일을 적용하는 진입점 역할을 합니다. 여기서 reset.css와 blog.css 파일을 @import 문으로 불러옵니다.

src/css/index.css

```
@import './reset.css';
@import './blog.css';
```

5 리액트 애플리케이션의 시작점인 main.tsx 파일에서 index.css 파일을 import 문으로 불러옵니다.

src/main.tsx

```
import { StrictMode } from 'react';
import { createRoot } from 'react-dom/client';
import App from './App.tsx';
import './css/index.css';
import { BrowserRouter } from 'react-router';

createRoot(document.getElementById('root')!).render( (중략) );
```

모든 코드를 저장한 뒤 애플리케이션을 실행하면 페이지 전체에 디자인이 적용된 화면이 표시됩니다. 내비게이션 링크를 클릭하면 페이지가 자연스럽게 전환됩니다.

그림 15-8 디자인을 적용한 메인 페이지 화면

TIP — 글로벌 스타일을 적용할 때는 이처럼 역할별로 파일을 나누고, index.css 파일에서 `@import` 문으로 불러오면 스타일을 유지보수하기가 훨씬 쉬워집니다.

15.2.5 컴포넌트 분리하기

이번에는 코드의 재사용성과 가독성을 높이기 위해 컴포넌트를 세분하겠습니다.

메인 페이지 분리하기

src/pages/Home.tsx 파일을 보면 주석으로 구분된 두 영역이 있습니다.

- `{/* SearchArea */}`: 검색 영역
- `{/* PostArea */}`: 게시글 영역

두 영역을 기준으로 컴포넌트를 분리합니다.

1 검색 영역은 상단의 블로그 제목, 설명, 검색창으로 구성되어 있습니다. 해당 코드를 별도의 컴포넌트로 분리합니다. src/components/home 폴더를 만들고 SearchArea.tsx 파일을 생성합니다. src/pages/Home.tsx 파일에서 `{/* SearchArea */}` 주석 아래 `<section className="search-area">...</section>` 부분을 SearchArea.tsx 파일로 옮깁니다. 그리고 필요한 코드를 다음과 같이 추가합니다.

src/components/home/SearchArea.tsx

```
import { search } from '../../assets/images/images';

export default function SearchArea() {
  return (
    <section className='search-area'>
      (중략)
    </section>
  );
}
```

2 게시글 목록 영역은 `<article>` 태그를 기준으로 하나의 게시글 정보를 렌더링합니다. 이를 하나의 독립된 PostItem 컴포넌트로 분리합니다. src/components/home 폴더에 PostItem.tsx 파일을 생성합니다. src/pages/Home.tsx 파일에서 `{/* PostArea */}` 주석 아래 `<article className="posts-area__post">...</article>` 부분을 PostItem.tsx 파일로 옮깁니다. 그리고 다음과 같이 필요한 코드를 추가합니다.

src/components/home/PostItem.tsx

```
import { NavLink } from 'react-router';
import { dummyImage1 } from '../../assets/images/images';

export default function PostItem() {
  return (
    <article className='posts-area__post'>
      (중략)
    </article>
  );
}
```

3 src/components/home 폴더에 PostArea.tsx 파일을 생성하고 코드를 다음과 같이 작성합니다. PostArea 컴포넌트는 PostItem 컴포넌트를 감싸는 상위 컨테이너 컴포넌트로, 여러 개의 게시글 항목(PostItem)을 렌더링하는 역할을 합니다.

src/components/home/PostArea.tsx

```
import PostItem from './PostItem';

export default function PostArea() {
  return (
    <section className='posts-area'>
      <PostItem />
    </section>
  );
}
```

4 SearchArea와 PostArea 컴포넌트를 Home.tsx 파일에서 불러와 JSX에서 각각 렌더링하는 코드를 추가합니다.

src/pages/Home.tsx

```
import SearchArea from '../components/home/SearchArea';
import PostArea from '../components/home/PostArea';

export default function Home() {
  return (
    <main className='page__main'>
      {/* Search */}
      <SearchArea />
```

```
        {/* PostArea */}
        <PostArea />
      </main>
    );
  }
```

글 상세 페이지 분리하기

Read.tsx 파일을 보면 총 3개의 주석 영역이 있습니다.

- **{/* ReadArea */}**: 글 본문 영역
- **{/* RecommendationArea */}**: 추천 게시글 영역
- **{/* RecommendationItem */}**: 추천 글 하나

이번에는 이 구조를 기준으로 컴포넌트를 나눠 보겠습니다.

1 src/components 폴더에 read 폴더를 만들고, ReadArea.tsx 파일을 생성합니다. src/pages/Read.tsx 파일에서 {/* ReadArea */} 주석 아래에 있는 <article className="page__read">...</article> 부분을 ReadArea.tsx 파일로 옮깁니다. 그리고 필요한 코드를 다음과 같이 추가합니다.

src/components/read/ReadArea.tsx

```
import { dummyImage1 } from '../../assets/images/images';

export default function ReadArea() {
  return (
    <article className='page__read'>
      (중략)
    </article>
  );
}
```

2 src/components/read 폴더에 RecommendationItem.tsx 파일을 생성합니다. RecommendationItem은 추천 글 목록에서 하나의 항목을 렌더링하는 컴포넌트입니다. Read.tsx 파일에서 {/* RecommendationItem */} 주석 아래에 있는 <li>...</li> 두 군데 중 첫 번째 항목을 RecommendationItem.tsx 파일로 옮깁니다. 그리고 필요한 코드를 다음과 같이 추가합니다.

src/components/read/RecommendationItem.tsx

```
import { NavLink } from 'react-router';
import { dummyImage1 } from '../../ assets/images/images'';

export default function RecommendationItem() {
  return (
    <li>
      <NavLink to='/read/1'>
        <div className='page__recommend-list'>
          (중략)
        </div>
      </NavLink>
    </li>
  );
}
```

3 PostArea 컴포넌트와 마찬가지로 여러 개의 추천 게시글 항목(RecommendationItem)을 렌더링하는 RecommendationArea 컴포넌트를 생성합니다. src/components/read 폴더에 RecommendationArea.tsx 파일을 생성하고 src/pages/Read.tsx 파일의 `{/* RecommendationArea */}` 부분을 옮겨옵니다. 그리고 필요한 코드를 다음과 같이 추가합니다.

src/components/read/RecommendationArea.tsx

```
import RecommendationItem from './RecommendationItem';

export default function RecommendationArea() {
  return (
    <article className='page__recommend'>
      <h3 className='page__recommend-title'>Recommend Reading</h3>
      <ul className='page__recommend-lists'>
        {/* RecommendationItem */}
        <RecommendationItem />
        <RecommendationItem />
      </ul>
    </article>
  );
}
```

4 이제 Read 컴포넌트에서 분리한 2개의 하위 컴포넌트를 조합해 게시글 상세 페이지를 구성합니다. Read.tsx 파일에서 {/* RecommendationItem */} 주석 아래에 남아 있는 <li>...</li> 부분을 지웁니다. 그리고 ReadArea와 RecommendationArea 컴포넌트를 불러옵니다.

src/pages/Read.tsx

```
import ReadArea from '../components/read/ReadArea';
import RecommendationArea from '../components/read/RecommendationArea';

export default function Read() {
  return (
    <main className='page__main'>
      {/* ReadArea */}
      <ReadArea />
      {/* RecommendationArea */}
      <RecommendationArea />
    </main>
  );
}
```

Write와 Auth 컴포넌트는 분리할 부분이 없습니다.

5 마지막으로 일치하지 않는 경로를 입력한 경우를 처리하기 위해 App.tsx 파일에 다음과 같이 코드를 추가합니다.

src/App.tsx

```
export default function App() {
  return (
    <>
      <Routes>
        (중략)
        <Route path='*' element={<Navigate to='/' />} />
      </Routes>
    </>
  );
}
```

일치하지 않는 경로를 입력하면 NotFound와 같은 페이지를 보여줄 수도 있지만, 이 책에서는 루트 경로로 이동하도록 처리합니다.

지금까지 작성한 리액트 애플리케이션의 폴더 구조는 다음과 같습니다.

그림 15-9 리액트 애플리케이션의 폴더 구조

인증 기능 구현하기

블로그 애플리케이션의 기능을 하나씩 구현해 보겠습니다. 첫 번째로 구현할 기능은 회원가입과 로그인을 처리하는 인증 기능입니다.

15.3.1 백엔드 API 서버 실행하기

이번 프로젝트에서는 별도의 외부 API를 사용하지 않고, 소스 코드와 함께 제공한 백엔드 API 서버를 실행해 데이터를 주고받습니다. 백엔드 API 서버의 소스 코드는 final_backend 폴더에 있습니다.

1 백엔드 API 서버는 별도의 VSCode 창에서 실행하는 것이 편리합니다. VSCode를 하나 더 실행해서 터미널을 엽니다. final_backend 폴더로 이동한 뒤 다음 명령어를 입력합니다.

```
TERMINAL
npm install
npx nodemon api.js
```

2 서버가 정상적으로 실행되면 터미널에 다음과 같은 메시지가 출력됩니다.

```
TERMINAL
[nodemon] 3.1.10
[nodemon] to restart at any time, enter `rs`
[nodemon] watching path(s): *.*
[nodemon] watching extensions: js,mjs,cjs,json
[nodemon] starting `node api.js`
Server running on http://localhost:3000
```

3 웹 브라우저를 열고 터미널에 출력된 주소(여기서는 http://localhost:3000)로 접속합니다. 정상적으로 실행되었다면 서버가 작동 중임을 나타내는 초기 화면이 나타납니다.

그림 15-10 백엔드 API 서버 실행결과

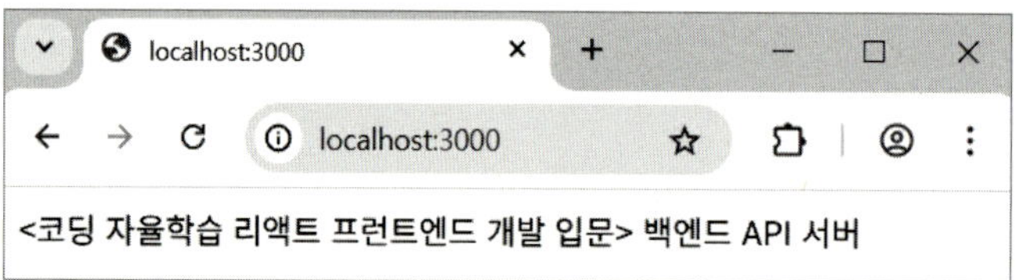

만약 이미 3000번 포트를 사용하는 다른 프로세스가 있는 경우 서버가 정상적으로 실행되지 않을 수 있습니다. 이럴 때 가장 쉬운 해결 방법은 컴퓨터를 재부팅한 후 다시 실행하는 것입니다. 또는 작업 관리자나 터미널 명령어로 3000번 포트를 사용하는 프로세스를 수동으로 종료할 수도 있습니다.

● 백엔드 API 명세서 살펴보기

백엔드 API의 코드는 final_backend/api.js 파일에 작성되어 있습니다. 하지만 이 책은 프런트엔드 중심으로 구성되어 있으므로 백엔드 API 코드는 설명하지 않고 API 명세서만 간단히 정리하겠습니다.

표 15-1 백엔드 API 명세서

HTTP 메서드	엔드포인트	설명	매개변수	응답	미들웨어
POST	/login	로그인 처리	Body: `email`, `password`	200: 유저 정보, 액세스 토큰 400: 인증 정보를 다시 확인해 주세요.	없음
POST	/logout	로그아웃 처리	Cookie: `refreshToken`	200: 로그아웃이 정상적으로 처리되었습니다. 204: 리프레시 토큰이 없습니다.	없음
POST	/token	새로운 액세스 토큰 발급	Cookie: `refreshToken`	200: 액세스 토큰이 필요합니다. 401: 리프레시 토큰이 필요합니다. 403: 토큰이 유효하지 않습니다.	없음
GET	/user	사용자 정보 조회	Header: `Authorization`	200: 유저 정보 반환 404: 사용자를 찾을 수 없습니다.	`authenticateToken`
POST	/register	회원가입 처리	Body: `email`, `username`, `password`	201: 회원가입이 완료되었습니다. 400: 이미 존재하는 이메일입니다.	없음
GET	/posts	게시글 목록 조회	없음	200: 게시글 목록 반환	없음

HTTP 메서드	엔드포인트	설명	매개변수	응답	미들웨어
POST	/posts	게시글 등록	Header: Authorization Body: title, category, thumbnail, desc, username	201: 새로 등록된 게시글 정보 반환 400: 필수 매개변수 누락	authenticateToken
GET	/posts/search	게시글 검색(제목 기준)	Query: title	200: 검색어와 일치하는 게시글 정보 반환	없음
DELETE	/posts/:id	게시글 삭제	Header: Authorization Path: id	204: 삭제 성공 상태 값 403: 게시글은 오직 작성자만 삭제 가능합니다. 404: 게시글을 찾을 수 없습니다.	authenticateToken
GET	/posts/:id	게시글 상세 조회	Path: id	200: 특정 게시글 정보 반환 404: 게시글을 찾을 수 없습니다.	없음
GET	/posts/:id/related	연관 게시글 조회	Path: id	200: 연관 게시글 목록 반환 404: 게시글을 찾을 수 없습니다.	없음

API 명세서를 보면 REST API로 제공하는 다양한 기능을 파악할 수 있습니다. 특히 미들웨어와 매개변수가 중요합니다. 미들웨어에서 authenticateToken이 적용된 API는 인증된 사용자만 접근할 수 있습니다. 즉, 로그인 후 발급받은 토큰을 요청에 포함해야 정상적인 응답을 받을 수 있습니다.

매개변수는 API 요청 시 데이터를 전달하는 방식을 구분합니다. 유형은 다음과 같습니다.

- **Body**: JSON 형식으로 요청 본문에 데이터를 담아 전달
- **Path**: URL 경로에 직접 값을 포함해 전달
- **Cookie**: 웹 브라우저의 쿠키 값을 통해 자동 전달
- **Query**: URL 쿼리스트링으로 값 전달

블로그 애플리케이션은 백엔드 API 서버와 통신하면서 데이터를 주고받습니다. 따라서 애플리케이션을 실행하기 전에 반드시 API 서버를 실행해 두어야 실습할 수 있습니다.

수코딩의 조언

API 명세서가 이해되지 않아도 걱정할 필요 없습니다. 백엔드를 공부해본 적이 없다면 이해하기 어려운 것은 당연합니다. 기능을 구현할 때 해당 API에 대해 다시 간단하게 언급하니 그때 **표 15-1**의 내용과 비교하면서 보면 쉽게 이해할 수 있습니다.

15.3.2 인증 기능 이해하기

대부분의 웹 애플리케이션에서 사용자 인증은 핵심 기능입니다. 인증은 사용자의 신원을 확인하고, 적절한 권한을 부여하는 역할을 합니다. 만약 인증 시스템이 없다면 애플리케이션은 모든 사용자에게 동일한 리소스를 제공할 수밖에 없습니다. 이러한 상황은 개인 정보 보호 실패, 권한 없는 접근 허용, 데이터 조작 가능성 등 심각한 보안 취약점을 초래할 수 있습니다. 인증 시스템을 도입하면 애플리케이션은 사용자가 누구인지 확인하고 해당 사용자가 접근할 수 있는 리소스나 기능을 제한하거나 허용할 수 있습니다.

리액트 애플리케이션에서도 사용자 정보를 안전하게 보호하고, 권한이 필요한 요청을 제어하는 구조를 반드시 마련해야 합니다. 이 책에서 구현할 블로그 애플리케이션은 JWT 방식을 사용해 인증 기능을 구성합니다.

● JWT란

JWT(Json Web Token)는 웹 애플리케이션에서 가장 널리 쓰이는 인증 방식으로, 서버가 생성해 클라이언트에 전달하는 디지털 토큰입니다. 클라이언트는 이후 요청을 보낼 때 이 토큰을 함께 포함해 인증된 사용자임을 증명합니다.

JWT는 다음과 같은 특징이 있습니다.

1. **JSON 형식의 텍스트 기반 토큰**: JWT는 JSON 객체를 텍스트 형태로 변환한 후 웹 브라우저의 쿠키나 HTTP 헤더에 담아 안전하게 전달할 수 있도록 URL-safe 방식으로 인코딩됩니다.

   TIP — **URL-safe 방식**이란 웹 주소에 사용할 수 있도록 특수 문자를 인코딩한 안전한 문자열 형식을 의미합니다.

2. **토큰 구조**: JWT는 다음과 같이 세 부분으로 구성됩니다.
   - **헤더(header)**: 토큰의 유형과 서명에 사용한 알고리즘(예 HS256 등)을 정의합니다.
   - **페이로드(payload)**: 사용자 정보, 권한, 토큰 만료 시간 등을 포함합니다. 암호화되지 않기 때문에 민감한 정보를 담아서는 안 됩니다.
   - **서명(signature)**: 헤더와 페이로드를 비밀 키로 암호화한 해시 값입니다. 서명을 통해 토큰이 위조되지 않았는지 확인할 수 있습니다.

3. **상태 비저장 인증(stateless authentication)**: JWT는 서버에 세션 정보를 저장하지 않습니다. 토큰 자체에 사용자 정보와 권한이 담겨 있기 때문에 서버는 매번 클라이언트가 보낸 토큰

만 검증하면 됩니다. 이러한 방식은 서버의 부담을 줄이고, 확장성 있는 서비스 구성에 유리합니다.

JWT 인증의 흐름

JWT를 사용해 클라이언트 인증을 처리할 때는 다음과 같은 과정을 따릅니다.

1. **로그인 및 토큰 발급**: 사용자가 로그인 폼에 이메일, 비밀번호 등 인증 정보를 입력하면 이 정보는 서버로 전송됩니다. 서버는 해당 정보를 검증한 후, 두 종류의 JWT 토큰을 생성해 클라이언트에 전달합니다.
    - **액세스 토큰(access token)**: 인증이 필요한 API를 호출할 때 클라이언트가 사용하는 토큰입니다. 일반적으로 유효 시간은 15분 내외로 설정하며, `Authorization` 헤더에 포함되어 전송됩니다.
    - **리프레시 토큰(refresh token)**: 액세스 토큰이 만료되었거나 탈취된 상황에 대비해 사용하는 예비 토큰입니다. 일반적으로 유효 시간이 30일 이상으로 길고, `HttpOnly` 쿠키로 전달되기 때문에 자바스크립트에서 접근할 수 없어 상대적으로 안전합니다.
2. **토큰 전달 및 저장**: 서버는 클라이언트에 액세스 토큰과 리프레시 토큰을 응답으로 전달합니다. 액세스 토큰은 웹 브라우저의 로컬 스토리지 또는 세션 스토리지에 저장되고, 리프레시 토큰은 `HttpOnly` 속성이 설정된 쿠키에 저장되어 자바스크립트에서 직접 접근할 수 없습니다.
3. **API 요청 시 토큰 포함**: 사용자는 인증이 필요한 API를 호출할 때 `Authorization` 헤더에 액세스 토큰을 포함해 서버에 요청을 보냅니다.
4. **서버에서 토큰 검증**: 서버는 전달받은 토큰의 서명과 유효 시간을 확인합니다. 토큰이 유효하면 요청을 정상 처리합니다. 만료되었거나 위조된 토큰이면 요청을 거부하며, 401 Unauthorized 같은 상태 코드를 응답합니다.
5. **토큰 만료 및 재발급 처리**: 액세스 토큰이 만료되면 클라이언트는 저장해둔 리프레시 토큰을 서버에 보내 새로운 액세스 토큰을 발급받습니다. 리프레시 토큰이 유효하면 서버는 새로운 액세스 토큰을 발급하고, 클라이언트는 이를 다시 저장해 사용합니다. 유효하지 않으면 서버는 토큰을 무효화하고 사용자 로그아웃 처리를 진행할 수 있습니다.

JWT 인증 방식은 클라이언트와 서버가 역할이 분리되어 있어 함께 작동해야 합니다. 클라이언트는 토큰을 저장하고 요청할 때 토큰을 포함해 서버에 보냅니다. 서버는 토큰을 발급하고 유효성을 검증하며 새로운 토큰을 재발급합니다. 따라서 이 책의 예제처럼 백엔드 API를 따로 제공하지 않으면 JWT 기반 인증 흐름을 실습하기 어려울 수 있습니다.

JWT의 단점과 보안 대책

JWT는 편리하고 확장성이 뛰어난 인증 방식이지만, 보안 면에서는 주의가 필요합니다. 특히 액세스 토큰이나 리프레시 토큰이 탈취되었을 경우 사용자의 정보가 노출되거나 악의적인 요청이 수행될 수 있습니다. 이를 예방하기 위해 다음과 같은 보안 강화 방안을 적용하는 것이 좋습니다.

1. 액세스 토큰의 유효 시간을 짧게 설정하기

액세스 토큰은 클라이언트에서 사용하고 암호화되지 않은 채로 HTTP 요청에 포함되어 전송됩니다. 이 때문에 탈취 위험이 상대적으로 높습니다. 토큰이 탈취되었을 때 피해를 최소화하려면 유효 시간을 짧게 설정해야 합니다. 일반적으로 5~15분 사이로 설정하는 것을 권장합니다. 짧은 유효 시간은 불편할 수 있지만, 리프레시 토큰을 함께 사용하면 사용자 경험을 해치지 않으면서도 보안을 유지할 수 있습니다.

2. 리프레시 토큰은 반드시 HttpOnly 속성으로 설정하기

리프레시 토큰은 새로운 액세스 토큰을 발급받기 위한 중요 토큰입니다. 따라서 자바스크립트로 접근할 수 없도록 `HttpOnly` 속성을 반드시 설정해야 합니다. 이는 XSS(크로스 사이트 스크립팅) 공격을 방지하는 데 매우 효과적입니다. 리프레시 토큰은 쿠키에 저장하며, 서버에서만 접근하도록 설정합니다. 액세스 토큰은 클라이언트 코드에서 직접 사용할 수 있어야 하므로 `HttpOnly` 속성을 사용할 수 없습니다.

3. 리프레시 토큰은 인증마다 새로 발급하고 서버에서 관리하기

리프레시 토큰은 안전하게 보관하더라도 탈취 위험에서 완전히 자유롭지 않습니다. 따라서 추가적인 보호 조치가 필요합니다. 리프레시 토큰은 서버의 DB에 저장하고, 유효성 검사를 통해 토큰의 정당성을 확인합니다. 그리고 사용자가 새로 인증할 때마다 새로운 리프레시 토큰을 발급하고, 기존 토큰은 무효화합니다. 이렇게 하면 탈취된 리프레시 토큰의 재사용을 방지하고, 피해를 최소화할 수 있습니다.

JWT는 편리성, 확장성, 성능 면에서 매우 유용한 인증 방식이지만, 보안을 강화하지 않으면 심각한 보안 취약점이 될 수 있습니다. 따라서 앞에서와 같은 조치를 취해야 안전하고 신뢰할 수 있는 인증 시스템을 구축할 수 있습니다.

15.3.3 인증 기능 구현하기

블로그 애플리케이션에서 인증 기능은 회원가입과 로그인을 의미합니다. 실제 환경에서는 회원가입하거나 로그인할 때 백엔드 API를 통해 액세스 토큰과 리프레시 토큰을 발급받아 클라이언트에 적용해야 하므로 구현 과정이 복잡합니다.

1 API 요청을 효율적으로 관리하기 위해 프로젝트의 src/api 폴더를 만들고 axiosInstance.ts 파일을 생성합니다. 생성한 파일에 다음과 같이 코드를 작성합니다.

src/api/axiosInstance.ts

```
import axios from 'axios';

export const axiosInstance = axios.create({
  baseURL: 'http://localhost:3000',
  withCredentials: true,
});
```

인증 기능을 구현하려면 서버와 데이터를 주고받기 위해 HTTP 요청 도구인 Axios 라이브러리를 사용해야 합니다. Axios에서 제공하는 `create()` 메서드로 기본 설정을 포함한 Axios 인스턴스를 생성할 수 있습니다. 여기서는 다음과 같은 설정을 적용합니다.

- **baseURL**: 백엔드 API의 기본 URL을 지정합니다.
- **withCredentials**: 웹 브라우저가 요청에 쿠키, 인증 정보 등을 함께 보낼 수 있도록 설정합니다.

2 Auth.tsx 파일은 로그인과 회원가입 폼을 하나의 컴포넌트에 탭 형식으로 구성합니다. Auth 컴포넌트는 분할해도 이점이 없기 때문에 하나의 컴포넌트에 폼 제어를 위한 기본적인 상태 처리를 하는 방식으로 구현합니다.

src/pages/Auth.tsx

```
import { useState } from 'react';
```

```
export default function Auth() {
  const [pageType, setPageType] = useState('login'); ------------ ❶
  const [email, setEmail] = useState('');                       --┐
  const [password, setPassword] = useState('');                   |
  const [passwordConfirm, setPasswordConfirm] = useState('');     | ❷
  const [username, setUsername] = useState('');                 --┘
  const handlePageChange = (type: string) => { ------------------- ❶
    setEmail('');
    setPassword('');
    setPasswordConfirm('');
    setUsername('');
    setPageType(type);
  };
  return (
    <main className='page__main'>
      <article className='page-auth'>
        <section className='page-auth__container'>
          <nav className='page-auth__toggle'>
            <button id='login-tab'
              className={`page-auth__toggle-button ${
                pageType === 'login' &&  'page-auth__toggle-button--active'}`}
              onClick={() => handlePageChange('login')}>로그인</button> -------- ❶
            <button id='signup-tab'
              className={`page-auth__toggle-button ${
                pageType === 'login' && 'page-auth__toggle-button--active'}`}
              onClick={() => handlePageChange('register')}>회원가입</button> --- ❶
          </nav>
          <div className='page-auth__form-section'>
            <form
              className={`auth-form ${
                pageType === 'login' && 'auth-form--active'}`} ----------------- ❶
              id='login-form'>
              <label htmlFor='login-email' className='a11y-hidden'>이메일</label>
              <input type='email' id='login-email'
                className='auth-form__input' placeholder='이메일'
                value={email} onChange={(e) => setEmail(e.target.value)} ------ ❷
                required />
              <label htmlFor='login-password' className='a11y-hidden'>
                비밀번호</label>
              <input type='password' id='login-password'
```

```
            className='auth-form__input' placeholder='비밀번호'
            value={password} onChange={(e) => setPassword(e.target.value)} ❷
            required />
          <button type='submit' className='auth-form__submit'>로그인</button>
        </form>
        <form
          className={`auth-form ${
            pageType === 'register' && 'auth-form--active'}`} ❶
          id='signup-form'>
          <label htmlFor='signup-email' className='a11y-hidden'>이메일</label>
          <input type='email' id='signup-email'
            className='auth-form__input' placeholder='이메일'
            value={email} onChange={(e) => setEmail(e.target.value)} ❷
            required />
          <label htmlFor='signup-name' className='a11y-hidden'>이름</label>
          <input type='text' id='signup-name'
            className='auth-form__input' placeholder='이름'
            value={username} onChange={(e) => setUsername(e.target.value)} ❷
            required />
          <label htmlFor='signup-password' className='a11y-hidden'>
            비밀번호</label>
          <input type='password' id='signup-password'
            className='auth-form__input' placeholder='비밀번호'
            value={password} onChange={(e) => setPassword(e.target.value)} ❷
            required />
          <label htmlFor='signup-confirm-password' className='a11y-hidden'>
            비밀번호 확인</label>
          <input type='password' id='signup-confirm-password'
            className='auth-form__input' placeholder='비밀번호 확인'
            value={passwordConfirm}
            onChange={(e) => setPasswordConfirm(e.target.value)} ❷
            required/>
          <button type='submit' className='auth-form__submit'>회원가입</button>
        </form>
      </div>
    </section>
  </article>
</main>
);
}
```

코드에서 관련이 있는 부분끼리 같은 번호를 지정했습니다.

❶ Auth 컴포넌트는 로그인과 회원가입 화면 전환을 별도의 라우팅 없이 CSS와 상태 관리만으로 처리합니다.

- **상태 정의**: 어떤 화면을 보여줄지 결정할 수 있도록 pageType이라는 상태를 정의합니다. 초깃값은 'login'으로 설정해 처음에 로그인 화면이 보이도록 합니다.
- **화면 전환 함수**: 로그인 또는 회원가입 탭을 클릭하면 pageType 값을 변경해야 하므로 각 탭에 handlePageChange 이벤트 핸들러를 연결합니다.
- **조건부 클래스 적용**: pageType 상태 값을 기준으로 <form> 요소에 CSS 클래스를 조건부로 적용합니다. 로그인 폼은 pageType === 'login'일 때만, 회원가입 폼은 pageType === 'register'일 때만 보입니다.

❷ 입력 요소는 모두 상태를 통해 값이 관리되는 제어 컴포넌트 방식으로 구성합니다. 사용자가 입력할 때마다 상태가 실시간으로 업데이트됩니다.

- **상태 정의**: 입력 필드마다 상태를 별도로 정의해 입력 값을 관리합니다.
- **value와 onChange 속성 연결**: 입력 요소의 value 속성에 상태 값을 연결하고, onChange 이벤트로 사용자의 입력이 상태에 반영되도록 합니다.
- **탭 전환 시 입력 값 초기화**: 사용자가 로그인과 회원가입 탭을 전환할 때 기존 입력 값이 남아 있지 않도록 handlePageChange 이벤트 핸들러 안에서 모든 입력 상태를 초기화합니다.

3 회원가입 요청은 <form>의 onSubmit 이벤트로 처리합니다.

src/pages/Auth.tsx

```
import { useState } from 'react';
import { axiosInstance } from '../api/axiosInstance';
import axios from 'axios';

export default function Auth() {
 (중략)
  const handleSignup = async (e: React.FormEvent<HTMLFormElement>) => { ----- ❶
    e.preventDefault(); -------------------------------------------------- ❷
    try {
      if (email === '' || password === '' || username === '') { -------------- ❸
        alert('모든 항목을 입력해 주세요.');
```

```
        return;
      }
      if (password !== passwordConfirm) { ---------------------------- ❸
        alert('비밀번호가 일치하지 않습니다.');
        return;
      }
      const { data } = await axiosInstance.post('/register', { ---------- ❹
        email, password, username,
      });
      if (data) { ------------------------------------------------------- ❺
        alert('회원가입을 완료했습니다.\n로그인 후 이용해 주세요.');
        setPassword('');
        setPasswordConfirm('');
        setUsername('');
        setPageType('login');
      }
    } catch (error) {
      if (axios.isAxiosError(error)) { ----------------------------------- ❻
        const msg = error.response?.data?.message ?? error.message;
        alert(msg);
      } else if (error instanceof Error) {
        alert(error.message);
      } else {
        alert("알 수 없는 이유로 실패했습니다.");
      }
    }
  };
  return (
    <main className='page__main'>
      <article className='page-auth'>
        <section className='page-auth__container'>
          (중략)
          <div className='page-auth__form-section'>
            (중략)
            <form
              className={`auth-form ${
                pageType === 'register' && 'auth-form--active'}`}
              id='signup-form' onSubmit={handleSignup}> ------------------ ❶
              (중략)
}
```

❶ **이벤트 핸들러 정의**: 회원가입 버튼을 클릭하면 실행될 handleSignup() 함수를 정의하고, 이를 <form>의 onSubmit 속성에 연결합니다.

❷ **기본 폼 동작 차단**: handleSignup() 함수에서 e.preventDefault()를 호출해 웹 브라우저의 기본 폼 제출 동작(페이지 새로 고침)을 방지합니다. 이렇게 하면 리액트 내부에서 API 요청을 제어할 수 있습니다.

❸ **입력 값 유효성 검사**: 사용자가 이메일, 비밀번호, 이름을 모두 입력했는지 확인하고, 비밀번호와 비밀번호 확인 값이 일치하는지 검사합니다. 문제가 있을 경우 alert()으로 안내하고 요청을 중단합니다.

❹ **회원가입 API 호출**: 유효성 검사를 통과하면 axiosInstance.post()를 사용해 백엔드 API의 /register 엔드포인트로 요청을 보냅니다. 요청 본문에는 email, password, username 속성을 포함합니다.

❺ **성공 처리**: 회원가입이 성공하면 alert()으로 성공 메시지를 출력하고, password, passwordConfirm, username 상태를 초기화합니다. 이메일은 그대로 유지해 사용자가 로그인 시 다시 입력할 필요가 없게 합니다. 그리고 pageType을 'login'으로 변경해 로그인 화면으로 전환합니다.

❻ **오류 처리**: try-catch 구문을 통해 예외 상황을 처리합니다. axios.isAxiosError(error)를 사용하면 Axios에서 발생한 오류인지 확인할 수 있는데, 이 경우 error.response?.data?.message 또는 기본 error.message를 안전하게 참조해 사용자에게 의미 있는 메시지를 제공합니다. Axios 오류가 아닌 경우에는 일반 Error 객체인지 확인한 뒤 해당 메시지를 출력합니다. 이마저도 해당하지 않는 예외 상황에서는 "알 수 없는 이유로 실패했습니다."라는 기본 메시지를 출력합니다.

애플리케이션을 실행한 후 http://localhost:5173/auth에 접속하면 로그인과 회원가입 폼이 표시됩니다. 회원가입 폼에 이메일, 이름, 비밀번호를 입력하고 회원가입 버튼을 클릭하면 서버에 회원가입 요청이 전송되고, 정상 처리되면 자동으로 로그인 탭으로 전환됩니다. 이때 입력한 이메일은 로그인 폼에 그대로 유지되므로 사용자는 비밀번호만 입력하면 바로 로그인할 수 있습니다.

그림 15-11 회원가입 기능 처리와 로그인 화면 전환

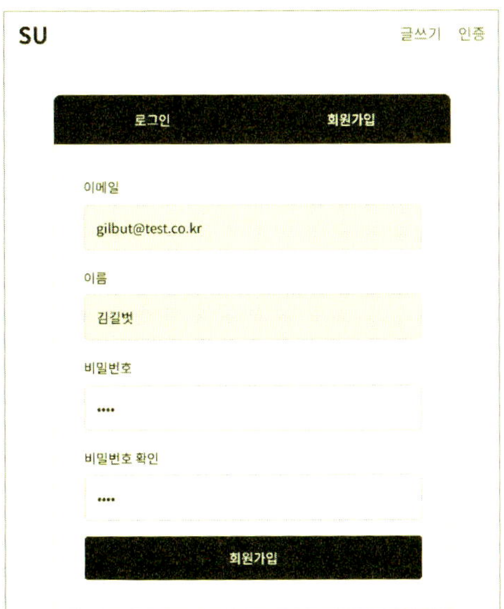

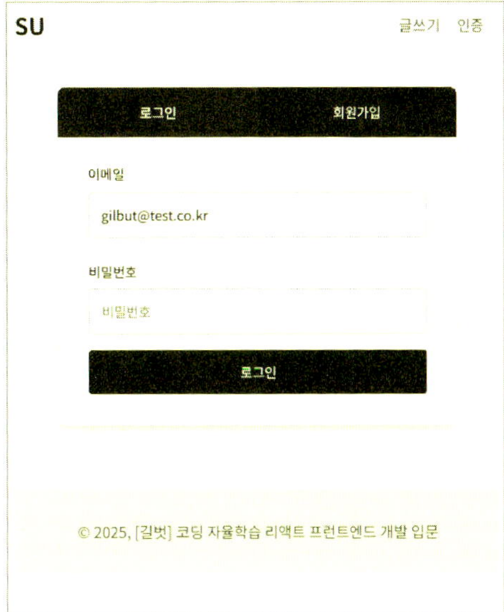

4 로그인 기능의 핵심은 액세스 토큰과 리프레시 토큰을 적절히 처리하는 것입니다. 로그인 요청을 처리하는 이벤트 핸들러는 다음과 같이 구현합니다.

src/pages/Auth.tsx

```
export default function Auth() {
  (중략)
  const handleLogin = async (e: React.FormEvent<HTMLFormElement>) => {
    e.preventDefault();
    try {
      const { data } = await axiosInstance.post('/login', {
        email, password,
      });
      console.log(data);
    } catch (error) {
      if (axios.isAxiosError(error)) {
        const msg = error.response?.data?.message ?? error.message;
        alert(msg);
      } else if (error instanceof Error) {
        alert(error.message);
      } else {
        alert("알 수 없는 이유로 실패했습니다.");
      }
    }
```

```
  };
  return (
    <main className='page__main'>
      <article className='page-auth'>
        <section className='page-auth__container'>
          (중략)
          <div className='page-auth__form-section'>
            <form
              className={`auth-form ${pageType === 'login' && 'auth-form--active'}`}
              id='login-form' onSubmit={handleLogin}>
              (중략)
}
```

handleLogin() 함수는 앞에서 구현한 handleSignup()과 구조가 거의 동일하므로 상세한 설명은 생략합니다.

사용자가 로그인에 성공하면 서버는 클라이언트에 2개의 토큰을 전달합니다.

- **액세스 토큰**: 로그인 API 응답 본문에 포함되어 전달됩니다. console.log(data)로 응답 데이터를 출력하면 액세스 토큰 값을 직접 확인할 수 있습니다.

그림 15-12 액세스 토큰 확인

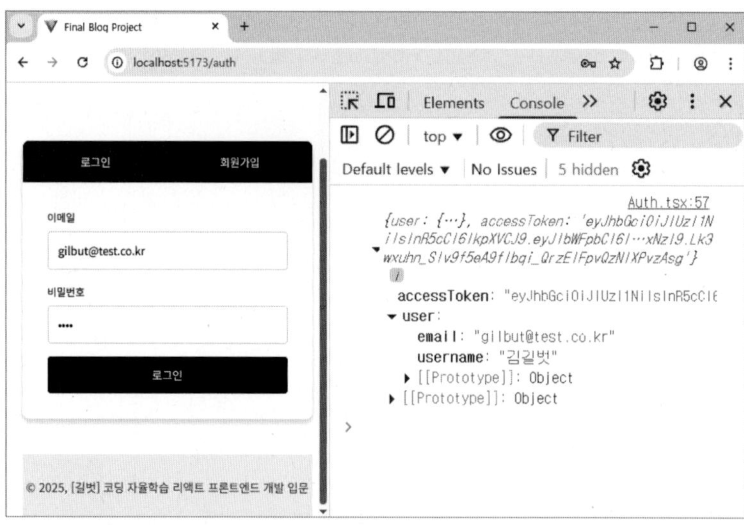

- **리프레시 토큰**: 보안을 위해 HttpOnly 속성이 설정된 쿠키에 담겨 전달됩니다. 개발자 도구의 Network → Headers → Set-Cookie 항목에서 쿠키 형태로 전달된 리프레시 토큰을 확인할 수 있습니다.

그림 15-13 리프레시 토큰 확인

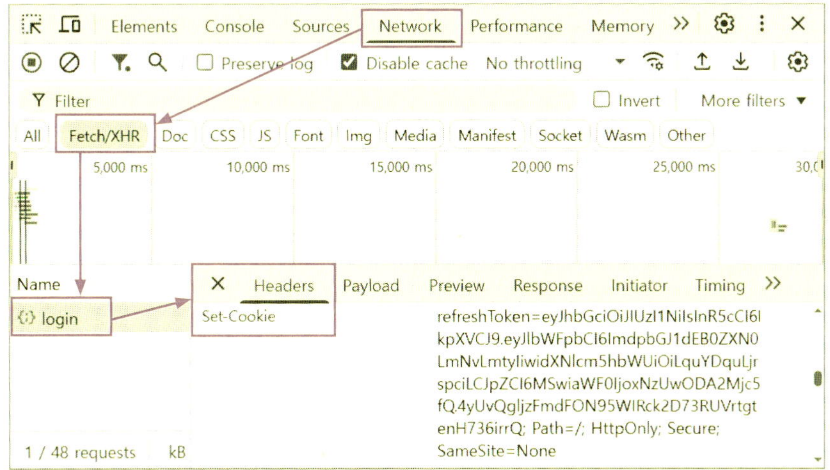

Axios 인스턴스를 구성할 때 `withCredentials: true` 옵션을 설정하면 웹 브라우저는 리프레시 토큰을 자동으로 저장하고 이후 요청 시 서버에 함께 전송합니다. 따라서 클라이언트에서는 리프레시 토큰을 별도로 관리할 필요가 없습니다.

5 이제 남은 과제는 액세스 토큰을 클라이언트에서 안전하게 저장하고 관리하는 일입니다. 여기서는 Zustand 라이브러리를 사용해 인증 상태를 전역으로 관리합니다. 먼저 Zustand 스토어의 타입을 정의해 프로젝트 전역에서 사용할 수 있도록 설정합니다. 이를 위해 src/types 폴더를 만들고, 그 안에 zustand.d.ts 파일을 생성한 뒤 다음과 같이 작성합니다.

src/types/zustand.d.ts

```
interface User {
  email: string;
  username: string;
}
interface AuthStore {
  user: User | null;
  accessToken: string | null;
  setAuth: (user: User, accessToken: string) => void;
  unsetAuth: () => void;
}
```

스토어 타입에는 다음과 같은 속성과 함수가 포함되어 있습니다.

- **`user`**: 로그인한 사용자 정보, 로그인하지 않은 경우 null

- **accessToken**: 현재 사용 중인 액세스 토큰, 로그인하지 않은 경우 null
- **setAuth()**: 로그인 성공 시 사용자 정보와 액세스 토큰을 저장하는 함수
- **unsetAuth()**: 로그아웃 시 사용자 정보와 토큰을 초기화하는 함수

이처럼 타입을 .d.ts 파일에 정의해두면 프로젝트 전역에서 사용할 수 있습니다.

6 실제로 로그인 상태와 사용자 정보를 저장하고 관리할 Zustand 스토어를 생성합니다. src/stores 폴더를 만든 뒤, 그 안에 useAuthStore.ts 파일을 생성하고 다음과 같이 작성합니다.

src/stores/useAuthStore.ts

```
import { create } from 'zustand';
import { createJSONStorage, persist } from 'zustand/middleware';

interface AuthStore {
  user: User | null;
  accessToken: string | null;
  setAuth: (user: User, accessToken: string) => void;
  unsetAuth: () => void;
}
export const useAuthStore = create<AuthStore>()(
  persist(
    (set) => ({
      user: null,
      accessToken: null,
      setAuth: (user, accessToken) => set({ user, accessToken }),
      unsetAuth: () => set({ user: null, accessToken: null }),
    }),
    {
      name: 'auth-storage',
      storage: createJSONStorage(() => sessionStorage), // 기본 값: 로컬 스토리지
      partialize: (state) => ({
        user: state.user,
      }), // user만 세션 스토리지에 저장
    }
  )
);
```

코드에서는 persist 미들웨어를 사용해 Zustand 스토어의 데이터를 세션 스토리지에 자동으로 저장하도록 설정했습니다. 인증 상태와 같은 정보는 페이지를 새로 고침해도 유지되어

야 하기 때문에 매우 유용합니다. 그리고 보안을 고려해 partialize 속성을 사용해 스토어 상태 중 사용자 정보(user)만 저장하고, 액세스 토큰(accessToken)은 저장하지 않도록 설정했습니다. 액세스 토큰은 인증에 민감한 정보이기 때문에 웹 브라우저의 저장소에 남기지 않고 메모리(전역 상태)에서만 관리하는 것이 더 안전한 방식입니다.

7 로그인 요청이 성공하면 서버는 사용자 정보와 액세스 토큰을 응답으로 전달합니다. 이 정보를 Zustand 스토어에 저장할 수 있도록 코드를 다음과 같이 수정합니다. useAuthStore에서 제공하는 setAuth() 함수로 상태를 업데이트하고, 로그인한 후에는 메인 화면인 루트 경로(/)로 이동합니다.

src/pages/Auth.tsx

```
(생략)
import { useNavigate } from 'react-router';
import { useAuthStore } from '../stores/useAuthStore';

export default function Auth() {
  (중략)
  const [username, setUsername] = useState('');
  const navigate = useNavigate();
  const setAuth = useAuthStore((state) => state.setAuth);
  (중략)
  const handleLogin = async (e: React.FormEvent<HTMLFormElement>) => {
    e.preventDefault();
    try {
      const { data } = await axiosInstance.post('/login', { (중략) });
      setAuth(data.user, data.accessToken);
      navigate('/');
    } catch (error) {
}
```

코드를 실행했을 때 로그인 성공 시 인증 정보가 상태에 저장되고 루트 페이지로 이동한다면 클라이언트 측 인증 기능은 정상적으로 구현된 것입니다.

15.3.4 헤더 영역 분기 처리하기

헤더 영역에는 글쓰기, 인증 메뉴가 있습니다. 이 중에서 인증 메뉴는 사용자가 로그인에 성공하면 로그아웃으로 바뀌도록 구성합니다. 이를 위해 코드를 다음과 같이 작성합니다.

```
import { NavLink } from 'react-router';
import { useAuthStore } from '../stores/useAuthStore';
import { axiosInstance } from '../api/axiosInstance';
import axios from 'axios';

export default function Header() {
  const user = useAuthStore((state) => state.user);            ❶
  const unsetAuth = useAuthStore((state) => state.unsetAuth);  ❶
  const handleLogout = async () => { ------- ❸
    try {
      const { status } = await axiosInstance.post('/logout');
      if (status === 200) { ---------------- ❹
        unsetAuth();
      } else { ----------------------------- ❺
        throw new Error('로그아웃에 실패했습니다.');
      }
    } catch (error) {
      if (axios.isAxiosError(error)) {
        const msg = error.response?.data?.message ?? error.message;
        alert(msg);
      } else if (error instanceof Error) {
        alert(error.message);
      } else {
        alert("알 수 없는 이유로 실패했습니다.");
      }
    }
  };
  return (
    <header className='page__header'>
      <nav className='page__navigation'>
        <ul className='page__nav-list'>
          (중략)
          <li className='page__nav-item'>
            {!user ? ( ---------------------- ❷
              <NavLink to='/auth' className='page__nav-link'>인증</NavLink>
            ) : ( <button className='page__nav-link' onClick={handleLogout}>
              로그아웃</button>
            )}
          </li>
```

```
        </ul>
      </nav>
    </header>
  );
}
```

❶ **Zustand 상태 불러오기**: useAuthStore 훅으로 현재 로그인한 사용자 정보(user)와 로그아웃 처리를 위한 함수(unsetAuth())를 가져옵니다. Zustand에서는 필요한 상태만 선택해서 가져오는 것이 성능상 더 효율적입니다.

❷ **조건부 렌더링 처리**: Zustand에서 가져온 user 값이 있다면 로그인한 상태로 판단하고, [로그아웃] 버튼을 렌더링합니다. 로그인하지 않은 경우에는 인증 메뉴를 표시합니다.

❸ **로그아웃 함수 정의**: handleLogout() 함수는 /logout 엔드포인트에 POST 요청을 보내 로그아웃을 처리합니다. 이 요청은 서버에서 리프레시 토큰을 제거하고, HTTP 응답 코드 200을 반환합니다.

❹ **로그아웃 성공 처리**: 응답 상태가 200이면 클라이언트에 저장된 사용자 정보와 액세스 토큰을 초기화하기 위해 unsetAuth() 함수를 호출합니다.

❺ **로그아웃 실패 처리**: 로그아웃에 실패한 경우에는 오류 메시지를 표시합니다.

코드를 저장한 뒤 웹 페이지를 새로 고침합니다. 인증 메뉴를 클릭해 회원가입과 로그인을 진행합니다. 로그인에 성공하면 헤더 영역 메뉴가 [로그아웃] 버튼으로 변경됩니다. [로그아웃] 버튼을 클릭하면 로그아웃 처리도 정상적으로 이루어지고 상태가 초기화됩니다. 이 기능이 작동하지 않는다면 백엔드 API 서버가 실행 중인지 확인해 보세요.

15.3.5 새로 고침 후에도 인증 유지하기

현재는 액세스 토큰을 Zustand 상태에 저장해 인증을 관리하기 때문에 페이지를 새로 고침하면 상태가 초기화되어 인증 정보가 사라지는 문제가 있습니다. 하지만 일반적인 웹 서비스에서는 새로 고침이나 페이지 전환 후에도 로그인 상태가 유지되어야 합니다. 이 문제를 해결하기 위해 리프레시 토큰을 활용한 액세스 토큰 재발급 방식을 사용해 새로 고침 이후에도 인증 상태가 유지되도록 구현하겠습니다.

로그인에 성공하면 사용자 정보는 persist 미들웨어에 의해 세션 스토리지에 저장됩니다. 이 값은 auth-storage라는 키로 관리하며, 로그아웃하면 자동으로 null로 초기화됩니다. 세션 스토리지는 웹 브라우저가 완전히 종료되기 전까지 데이터를 유지하므로 페이지를 새로 고침하더라도 로그인 상태는 유지됩니다. 이 특성을 활용하면 새로 고침 이후에도 상태를 복원하고 인증을 자동으로 재확인할 수 있습니다.

main.tsx 파일을 다음과 같이 작성합니다.

src/main.tsx

```
import { StrictMode } from 'react';
(중략)
import { axiosInstance } from './api/axiosInstance.ts';
import { useAuthStore } from './stores/useAuthStore.ts';

const refreshUser = async () => { ---------------------------------------------- ❸
  try {
    const { data, status } = await axiosInstance.post('/token');
    if (status === 200) {
      useAuthStore.setState({ user: data.user, accessToken: data.accessToken });
    } else {
      throw new Error('Failed to refresh user'); ------------------------------ ❹
    }
  } catch { ------------------------------------------------------------------ ❺
    useAuthStore.setState({ user: null, accessToken: null });
  }
};
const storage = JSON.parse(sessionStorage.getItem('auth-storage') || '{}'); -- ❶
if (storage?.state?.user) { ---------------------------------------------------- ❷
  refreshUser();
}
createRoot(document.getElementById('root')!).render( (중략) );
```

❶ **세션 스토리지 읽기**: 새로 고침할 경우 세션 스토리지에 저장된 auth-storage 값을 불러옵니다. 이 값은 JSON 문자열이므로 JSON.parse()를 사용해 객체로 변환합니다.

❷ **사용자 정보 확인 및 토큰 재발급 요청**: 불러온 객체에 user 값이 있다면 로그인 상태로 판단하고, refreshUser() 함수를 호출합니다.

❸ **액세스 토큰 재발급**: refreshUser() 함수는 /token 엔드포인트에 요청을 보내 새로운 액세

스 토큰을 요청합니다. 이때 쿠키에 저장된 리프레시 토큰이 자동으로 포함됩니다. 서버는 해당 리프레시 토큰의 유효성을 검증하고, 검증이 성공하면 서버는 HTTP 상태 코드 200과 함께 새로 발급한 액세스 토큰과 사용자 정보를 응답으로 전달합니다. 클라이언트는 이 값을 다시 Zustand 스토어에 저장해 페이지를 새로 고침하더라도 로그인 상태가 유지되도록 처리합니다.

④ **실패 응답**: 리프레시 토큰이 만료되었거나 유효하지 않은 경우, 서버는 해당 토큰을 삭제하고 인증 실패에 해당하는 응답을 반환합니다.

⑤ **실패 처리**: 클라이언트는 실패 응답을 받으면 Zustand 스토어에 저장된 사용자 상태를 초기화해 인증이 더 이상 유지되지 않도록 처리합니다.

코드를 저장하고 실행해 보세요. 페이지를 새로 고침해도 로그인 상태가 유지됩니다.

수코딩의 조언

인증 상태 복원 코드를 main.tsx에 작성하면 애플리케이션이 렌더링되기 전에 인증 검증을 선행할 수 있습니다. 이렇게 하면 애플리케이션이 초기화되는 시점에 인증 상태를 먼저 확인하고 필요한 경우 토큰을 업데이트할 수 있지만, 컴포넌트 기반 흐름과는 다소 분리됩니다. 필자는 이 방식을 선호합니다.

물론 App 컴포넌트의 `useEffect()` 훅 내부에서 처리하는 방식으로도 구현할 수 있습니다. 이때 인증 확인 코드는 모든 페이지에서 항상 실행되어야 하므로 App 컴포넌트 최상단에 위치해야 합니다. 이 방식은 컴포넌트 기반 흐름에 잘 녹아들고 구현이 간단하다는 장점이 있지만, 렌더링 이후에 인증 확인이 이뤄지는 단점도 있습니다.

각 방식에는 장단점이 있으므로 프로젝트의 구조와 목적에 맞게 적절한 방식을 선택하기 바랍니다.

15.3.6 페이지별 접근 제어 설정하기

이번에는 사용자의 인증 여부에 따라 접근 가능한 페이지를 제한하는 기능을 구현해 보겠습니다. 여기서는 인증 상태에 따라 사용자가 이동할 수 있는 페이지를 제어하려고 합니다. 이를 위해 라우트 설정에 레이아웃 컴포넌트를 응용하는 방식으로 접근 제어를 구현합니다.

1 인증이 필요한 페이지에 적용할 레이아웃 컴포넌트를 생성합니다. src/layouts 폴더에 AuthenticatedLayout.tsx 파일을 만들고 다음과 같이 작성합니다.

src/layouts/AuthenticatedLayout.tsx

```
import { Outlet, useNavigate } from 'react-router';
import { useAuthStore } from '../stores/useAuthStore';
import { useEffect, useState } from 'react';

export default function AuthenticatedLayout() {
  const navigate = useNavigate();
  const user = useAuthStore((state) => state.user); ----- ❶
  const [show, setShow] = useState(false); --------------- ❷
  useEffect(() => { ------------------------------------ ❸
    if (!user) {
      navigate('/auth');
    } else {
      setShow(true);
    }
  }, [navigate, user]);
  return <>{show && <Outlet />}</>; ---------------------- ❹
}
```

❶ **사용자 정보 확인**: useAuthStore 훅으로 현재 로그인한 사용자 정보(user)를 가져옵니다.

❷ **렌더링 제어용 상태 정의**: 인증 확인 여부를 판단하기 위해 show 상태를 정의합니다.

❸ **인증 여부에 따른 이동 처리**: 컴포넌트가 마운트되면 useEffect 훅으로 로그인 여부를 확인합니다. 로그인하지 않은 경우 로그인 페이지(/auth)로 강제 이동시키고, 로그인된 사용자라면 show 값을 true로 설정합니다.

❹ **조건부 렌더링**: <Outlet />은 중첩 라우팅에서 자식 컴포넌트를 렌더링하는 역할을 합니다. 여기서는 show가 true일 때만 렌더링되므로 인증이 완료된 경우에만 자식 페이지에 접근할 수 있게 됩니다.

2 로그인하지 않은 사용자만 접근할 수 있는 레이아웃 컴포넌트를 만듭니다. src/layouts 폴더에 UnauthenticatedLayout.tsx 파일을 만들고 다음과 같이 코드를 작성합니다.

src/layouts/UnauthenticatedLayout.tsx

```
import { useEffect, useState } from 'react';
import { Outlet, useNavigate } from 'react-router';
import { useAuthStore } from '../stores/useAuthStore';
```

```
export default function UnauthenticatedLayout() {
  const navigate = useNavigate();
  const user = useAuthStore((state) => state.user);
  const [show, setShow] = useState(false);
  useEffect(() => {
    if (user) {
      navigate('/');
    } else {
      setShow(true);
    }
  }, [navigate, user]);
  return <>{show && <Outlet />}</>;
}
```

이 컴포넌트는 앞서 구현한 AuthenticatedLayout 컴포넌트와 구조가 거의 동일합니다. 다만, 조건문이 반대라는 점에서 차이가 있습니다. Zustand에서 가져온 user 값이 존재한다면 이미 로그인한 상태이므로 사용자를 메인 페이지(/)로 자동 이동시킵니다. 반대로 user 값이 null이라면 로그인하지 않은 상태이므로 `<Outlet />`을 사용해 로그인/회원가입 페이지 등 인증 없이 접근 가능한 콘텐츠를 렌더링합니다.

3 앞에서 만든 AuthenticatedLayout과 UnauthenticatedLayout 컴포넌트를 사용해 사용자의 로그인 상태에 따라 접근 가능한 페이지를 분기하는 라우트 설정을 다음과 같이 구성합니다.

src/App.tsx

```
import { Route, Routes } from 'react-router';
(중략)
import AuthenticatedLayout from './layouts/AuthenticatedLayout';
import UnauthenticatedLayout from './layouts/UnauthenticatedLayout';

export default function App() {
  return (
    <>
      <Routes>
        <Route element={<RootLayout />}>
          <Route index element={<Home />} />
          <Route element={<UnauthenticatedLayout />}> ------- ❶
            <Route path='/auth' element={<Auth />} />
```

```
        </Route>
        <Route element={<AuthenticatedLayout />}> ---------- ❷
          <Route path='/write' element={<Write />} />
        </Route>
        <Route path='/read/:id' element={<Read />} />
      </Route>
    </Routes>
  </>
 );
}
```

❶ **/auth 경로**: UnauthenticatedLayout 컴포넌트로 감싸서 이미 로그인한 사용자가 접근하려 하면 메인 페이지(/)로 강제 이동됩니다. 즉, 로그인한 사용자는 /auth 페이지(로그인/회원가입)에 더 이상 접근할 수 없습니다.

❷ **/write 경로**: AuthenticatedLayout 컴포넌트로 감싸서 로그인하지 않은 사용자가 접근하려 하면 /auth 페이지로 강제 이동됩니다. 따라서 인증되지 않은 사용자는 글쓰기 페이지를 볼 수 없습니다.

코드를 저장하고 애플리케이션을 실행해보면 로그인한 상태에서는 /auth 페이지에 접근할 수 없고, 로그인하지 않은 상태에서는 /write 페이지에 접근할 수 없습니다. 즉, 인증 여부에 따라 접근 가능한 페이지 분기가 제대로 동작합니다.

15.3.7 액세스 토큰 값 요청에 포함시키기

인증 처리가 완료되었으므로 이제는 로그인에 성공했을 때 발급받은 액세스 토큰을 실제 API 요청에 포함해야 합니다. 그러면 인증이 필요한 API 요청도 문제없이 처리할 수 있습니다. 이 작업은 Axios의 인터셉터(interceptor) 기능을 사용해 구현합니다.

src/api/axiosInstance.ts 파일에서 Axios 인스턴스를 다음과 같이 설정합니다.

src/api/axiosInstance.ts

```
import axios from 'axios';
import { useAuthStore } from '../stores/useAuthStore';

export const axiosInstance = axios.create({ (중략) });
```

```
axiosInstance.interceptors.request.use((config) => {
  const accessToken = useAuthStore.getState().accessToken;
  if (accessToken) {
    config.headers['Authorization'] = `Bearer ${accessToken}`;
  }
  return config;
});
```

axiosInstance.interceptors.request.use()를 사용하면 요청을 보내기 직전에 실행되는 함수를 등록할 수 있습니다. 이 함수 내부에서는 Zustand의 useAuthStore에서 현재 저장된 액세스 토큰을 가져옵니다. 액세스 토큰이 존재하면 요청의 headers.Authorization에 'Bearer {토큰_값}' 형태로 Authorization 헤더를 추가합니다.

이렇게 인터셉터를 설정하면 액세스 토큰이 필요한 모든 API 요청에 토큰이 자동으로 포함됩니다. 즉, 요청마다 일일이 토큰을 수동으로 넣을 필요 없이 인증이 필요한 요청이라면 언제든 자동으로 토큰이 전송됩니다.

15.4

CRUD 기능 구현하기

CRUD는 데이터를 생성(Create), 읽기(Read), 수정(Update), 삭제(Delete)할 수 있도록 만드는 기능을 의미합니다. 웹 애플리케이션에서는 흔히 게시글, 댓글, 사용자 정보 같은 데이터에 대해 CRUD 기능을 구현합니다.

15.4.1 글쓰기 기능 구현하기

이번에는 로그인한 사용자가 새로운 게시글을 작성할 수 있는 글쓰기 기능을 구현합니다. 이 기능은 백엔드에서 제공하는 POST /posts 엔드포인트를 통해 서버에 새 글을 등록하는 방식으로 작동합니다. 글쓰기 페이지는 인증된 사용자만 접근 가능해야 하므로 앞에서 만든 AuthenticatedLayout 컴포넌트를 적용해 로그인한 사용자에게만 노출되도록 설정합니다.

글쓰기 페이지에서는 모든 입력 요소를 제어 컴포넌트 방식으로 구성합니다. 또한, 이미지는 별도의 업로드 서버를 사용하지 않고 Base64 인코딩 방식으로 처리합니다. **Base64**는 이진 파일(이미지 등)을 텍스트 형태로 인코딩하는 방식으로, 변환한 문자열을 `<img>` 태그의 `src` 속성에 직접 넣어 이미지를 표시할 수 있습니다. 이미지 업로드 서버가 없는 개인 프로젝트나 학습용 프로젝트에서 매우 유용한 방식입니다.

이미지 처리 방식과 제어 컴포넌트 방식을 모두 적용해 Write 컴포넌트를 다음과 같이 작성합니다.

src/pages/Write.tsx

```
import axios from 'axios';
import { useState } from 'react';
import { useNavigate } from 'react-router';
import { axiosInstance } from '../api/axiosInstance';
```

```
export default function Write() {
  const navigate = useNavigate(); ---------------------------------- ❶
  const [title, setTitle] = useState<string>('');
  const [category, setCategory] = useState<string>('');
  const [thumbnail, setThumbnail] = useState<string | null>(null); ❷
  const [username, setUsername] = useState<string>('');
  const [desc, setDesc] = useState<string>('');
  const encodeFileToBase64 = (image: File) => { -------------------- ❸
    return new Promise((resolve, reject) => {
      const reader = new FileReader();
      reader.readAsDataURL(image);
      reader.onload = (event) => {
        const target = event.target as FileReader | null;
        if (target && target.result) {
          resolve(target.result);
        } else {
          reject(new Error("File reading failed"));
        }
      };
      reader.onerror = (error) => reject(error);
    });
  };
  const handleFileChange = async ( ---------------------------------- ❹
    event: React.ChangeEvent<HTMLInputElement>
  ) => {
    const file = (event.target.files && event.target.files[0]) || null;
    if (!file) return;
    const convertedFile = await encodeFileToBase64(file);
    setThumbnail(convertedFile as string);
  };
  const handleSubmit = async (e: React.FormEvent<HTMLFormElement>) => { ----- ❺
    e.preventDefault();
    try {
      if (!title || !category || !thumbnail || !desc || !username) {
        alert('입력 값이 누락되었습니다.');
        return;
      }
      const { status } = await axiosInstance.post('/posts', {
        title, category, thumbnail, desc, username,
      });
```

```
    if (status === 201) {
      alert('글이 등록되었습니다.');
      navigate('/');
    }
  } catch (error) {
    if (axios.isAxiosError(error)) {
      const msg = error.response?.data?.message ?? error.message;
      alert(msg);
    } else if (error instanceof Error) {
      alert(error.message);
    } else {
      alert("알 수 없는 이유로 실패했습니다.");
    }
  }
};
return (
  <main className='page__main'>
    <div className='page__write'>
      <h2 className='page__write-text'>새로운 글 작성</h2>
      <form onSubmit={handleSubmit}>
        <div className='page__write-form'>
          <div className='page__write-group'>
            <label htmlFor='title' className='page__write-label'>제목</label>
            <input type='text' name='title' id='title'
              className='page__write-input' placeholder='Type product name'
              value={title} onChange={(e) => setTitle(e.target.value)}
              required />
          </div>
          <div>
            <label htmlFor='category' className='page__write-label'>
              카테고리</label>
            <select id='category' className='page__write-select'
              value={category} onChange={(e) => setCategory(e.target.value)}
              required>
             (중략)
            </select>
          </div>
          <div>
            <label htmlFor='writer' className='page__write-label'>작성자</label>
            <input type='text' name='writer' id='writer'
```

```
                className='page__write-file' placeholder='Type product name'
                value={username} onChange={(e) => setUsername(e.target.value)}
                required />
            </div>
            <div className='page__write-group'>
              <div>
                <label htmlFor='item-weight' className='page__write-label'>
                  썸네일</label>
                <label className='page__write-file--hidden' htmlFor='user_avatar'>
                  Upload file</label>
                <input className='page__write-file'
                  aria-describedby='user_avatar_help'
                  id='user_avatar' type='file' onChange={handleFileChange} --- ❻
                  accept='image/*' required />
              </div>
            </div>
            <div className='page__write-group'>
              <label htmlFor='description' className='page__write-label'>
                내용</label>
              <textarea id='description' className='page__write-textarea'
                placeholder='Your description here'
                value={desc} onChange={(e) => setDesc(e.target.value)}
                required></textarea>
            </div>
          (중략)
}
```

❶ **navigate 객체 생성**: 라우터에서 페이지 이동 기능을 사용하기 위해 useNavigate() 훅을 호출해 navigate 객체를 생성합니다.

❷ **입력 값 상태 관리**: 제목(title), 카테고리(category), 썸네일 이미지(thumbnail), 작성자(username), 내용(desc) 등 모든 입력 요소를 제어 컴포넌트 방식으로 상태로 선언하고 관리합니다.

❸ **이미지 파일을 Base64 문자열로 변환**: encodeFileToBase64() 함수는 <input type="file" /> 요소로 선택한 파일을 FileReader로 읽은 후, readAsDataURL() 메서드를 사용해 Base64 문자열로 인코딩합니다. 파일 읽기가 완료되면 해당 문자열을 Promise를 통해 반환합니다.

❹ **파일 선택 이벤트 처리**: handleFileChange() 함수는 사용자가 이미지를 선택했을 때 실행되는 이벤트 핸들러입니다. 선택된 이미지를 encodeFileToBase64() 함수로 변환한 뒤, 반환된 Base64 문자열을 thumbnail 상태에 저장합니다.

❺ **폼 제출 처리**: handleSubmit() 함수는 <form>의 제출 이벤트를 처리하며, 모든 필수 입력값이 존재하는지 확인한 후 /posts 엔드포인트로 데이터를 전송합니다. 서버 응답 코드가 201(Created)이면 "글이 등록되었습니다."라는 알림을 표시하고 메인 페이지로 이동합니다. 요청 도중 오류가 발생하면 예외 유형에 따라 적절한 오류 메시지를 출력합니다.

❻ **파일 업로드 이벤트 연결**: <input type="file" /> 요소의 onChange 속성에 handleFileChange() 함수를 연결합니다. 사용자가 이미지를 선택하면 자동으로 Base64 인코딩되어 thumbnail 상태에 저장됩니다.

애플리케이션을 실행한 뒤 글쓰기 페이지에서 제목, 카테고리, 작성자, 썸네일 이미지, 내용을 입력하고 [글 등록] 버튼을 클릭합니다. 그러면 해당 정보가 정상적으로 서버에 전송되어 게시글이 등록됩니다. 글이 등록되면 자동으로 메인 페이지로 이동합니다.

> **수코딩의 조언**
>
> 글 등록 시 "유효하지 않거나 만료된 토큰입니다."라는 메시지가 나타나며 요청이 실패할 수 있습니다. 이 경우 로그아웃했다가 다시 로그인한 후에 테스트해 보세요. 이 문제는 **15.4.6절**에서 해결합니다.

15.4.2 게시글 목록 표시 기능 구현하기

글쓰기 기능으로 게시글을 등록하면 메인 페이지에서 해당 게시글 목록을 화면에 보여주는 기능을 구현해 보겠습니다. 이를 위해 백엔드에서 제공하는 GET /posts 엔드포인트를 사용합니다. 이때 매번 API 요청 코드를 반복하지 않고, 커스텀 훅을 만들어 재사용할 수 있게 처리하면 훨씬 깔끔한 코드가 됩니다.

1 src/hooks 폴더를 만들고 그 안에 useAxios.ts 파일을 생성해 다음과 같이 코드를 작성합니다.

src/hooks/useAxios.ts

```
import { useState, useEffect } from 'react';
import { axiosInstance } from '../api/axiosInstance';
```

```
export function useAxios<T>(url: string, initialData: T) {
  const [data, setData] = useState<T>(initialData);
  const [error, setError] = useState<string>('');
  const [isLoading, setIsLoading] = useState<boolean>(true);
  useEffect(() => {
    const controller = new AbortController();
    const signal = controller.signal;
    const fetchData = async () => {
      try {
        const { data } = await axiosInstance(url, { signal });
        setData(data);
        setIsLoading(false);
      } catch (e) {
        if (e instanceof Error && e.name !== 'CanceledError') {
          setError(e.message || '알 수 없는 오류가 발생했습니다.');
          setIsLoading(false);
        }
      }
    };
    fetchData();
    return () => {
      controller.abort();
    };
  }, [url]);
  return { data, error, isLoading, setData };
}
```

이 커스텀 훅은 특정 URL로부터 데이터를 받아와 data, error, isLoading 상태를 자동으로 관리해 줍니다. useEffect 훅 내부에서 API 요청을 수행하며, 컴포넌트가 언마운트될 때 요청을 취소하도록 AbortController를 사용해 안전하게 처리합니다. 커스텀 훅의 기본 개념은 **14장**에서 다뤘으므로 코드 설명은 간단히 넘어갑니다.

2 useAxios 커스텀 훅을 사용하면 메인 페이지에서 글 목록을 간단하게 불러올 수 있습니다. 목록과 함께 게시글의 등록 날짜도 화면에 보기 좋게 표시하기 위해 날짜 처리에 특화된 date-fns 라이브러리를 사용합니다. 이 라이브러리는 날짜 포맷팅, 비교, 계산 등 다양한 날짜 관련 유틸리티 함수를 제공해 사용하기 매우 간편합니다. 터미널에 다음 명령어를 입력해 date-fns 라이브러리를 설치합니다.

```
npm install date-fns
```

3 불러온 게시글의 데이터를 명확히 다루기 위해 데이터 구조를 타입으로 정의합니다. src/types/post.d.ts 파일을 생성하고 다음과 같이 작성합니다.

src/types/post.d.ts

```
interface Post {
  id: number;
  title: string;
  category: string;
  author: string;
  username: string;
  thumbnail: string;
  desc: string;
  regdate: Date;
}
```

4 등록한 게시글을 메인 페이지에서 불러와 출력해 보겠습니다. 이를 위해 PostArea 컴포넌트에서 백엔드 API의 GET /posts 엔드포인트를 호출해 게시글 데이터를 가져온 뒤 화면에 동적으로 렌더링합니다. PostArea 컴포넌트에서는 useAxios 커스텀 훅을 사용해 게시글 목록을 가져와 로딩 중일 경우 'Loading...'이라는 메시지를, 요청이 실패했을 경우 오류 메시지를 출력합니다. 정상적으로 데이터를 받아오면 PostItem 컴포넌트를 이용해 각 게시글을 반복 렌더링합니다.

src/components/home/PostArea.tsx

```
import { useAxios } from '../../hooks/useAxios';
import PostItem from './PostItem';

export default function PostArea() {
  const { data, error, isLoading } = useAxios<Post[]>('/posts', []);
  if (isLoading) return <div>Loading...</div>;
  if (error) return <div>Error: {error}</div>;
  return (
    <section className='posts-area'>
      {data && data.map((post) => <PostItem key={post.id} {...post} />)}
    </section>
```

```
  );
}
```

5 PostItem 컴포넌트를 수정해 서버에서 전달받은 게시글 데이터를 바탕으로 화면에 동적으로 렌더링해 보겠습니다. 컴포넌트는 props로 Post 타입 객체를 전달받습니다. 이 객체에는 게시글의 제목, 카테고리, 요약, 썸네일 이미지, 작성자, 등록일 등의 정보가 담겨 있습니다. 게시글 영역 전체는 <NavLink>로 감싸 사용자가 해당 게시글을 클릭하면 /read/:id 경로로 이동해 상세 페이지를 볼 수 있도록 구현합니다. 또한, date-fns 라이브러리를 사용해 게시글의 등록일(regdate)을 보기 좋은 날짜 형식으로 변환해 표시합니다.

src/components/home/PostItem.tsx

```
import { format } from 'date-fns';
import { NavLink } from 'react-router';

export default function PostItem({
  id, title, category, desc, thumbnail, username, regdate,
}: Post) {
  return (
    <article className='posts-area__post'>
      <NavLink to={`/read/${id}`} className='posts-area__post-link'>
        <img src={thumbnail} alt={title} className='posts-area__post-image' />
        <em className='posts-area__post-tag'>{category}</em>
        <h2 className='posts-area__post-title'>{title}</h2>
        <p className='posts-area__post-meta'>
          {username} • {format(regdate, 'MMM dd, yyyy')}</p>
        <p className='posts-area__post-excerpt'>{desc}</p>
      </NavLink>
    </article>
  );
}
```

코드를 저장하고 애플리케이션을 실행한 후 글쓰기 기능으로 글을 등록하면 메인 페이지에 정상적으로 표시됩니다. 각 게시글에는 이미지, 제목, 카테고리, 작성자 이름, 작성일, 요약 내용이 동적으로 출력되며, 게시글을 클릭하면 해당 글의 상세 페이지로 이동합니다.

그림 15-14 메인 페이지에 게시글 목록 표시

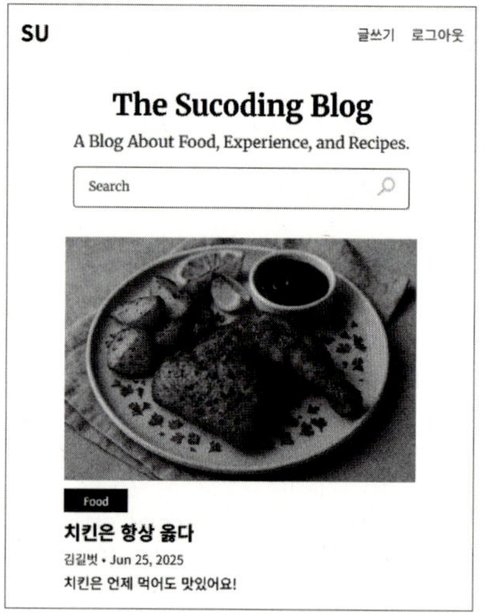

15.4.3 게시글 상세 페이지 구현하기

등록한 게시글을 클릭하면 경로가 /read/:id 형태로 바뀌고, 해당 게시글의 상세 페이지로 이동합니다. 이때 :id는 라우터에서 동적 세그먼트로 사용하며, 각 게시글의 고유 식별자 역할을 합니다. 이 값을 활용하면 서버에서 해당 게시글의 상세 정보를 조회할 수 있습니다.

이 작업도 마찬가지로 useAxios 커스텀 훅을 사용해 구현합니다. 상세 페이지 컴포넌트는 ReadArea.tsx 파일에서 작성합니다.

src/components/read/ReadArea.tsx

```
import { useNavigate, useParams } from 'react-router';
import { useAuthStore } from '../../stores/useAuthStore';
import { useAxios } from '../../hooks/useAxios';
import { axiosInstance } from '../../api/axiosInstance';
import axios from 'axios';
import { format } from 'date-fns';

export default function ReadArea() {
  const params = useParams(); ---------------------------------- ❶
  const navigate = useNavigate(); ------------------------------ ❷
  const user = useAuthStore((store) => store.user); --------- ❸
  const {
    data: { category, title, username, thumbnail, desc, author, regdate },
```

```
  isLoading, error,
} = useAxios<Post>(`/posts/${params.id}`, {} as Post); --- ❹
const handleDelete = async () => { ------------------------- ❺
  try {
    const { status } = await axiosInstance.delete(`/posts/${params.id}`);
    if (status === 204) {
      alert('삭제되었습니다.');
      navigate('/');
    } else {
      throw new Error('삭제에 실패했습니다.');
    }
  } catch (error) {
    if (axios.isAxiosError(error)) {
      const msg = error.response?.data?.message ?? error.message;
      alert(msg);
    } else if (error instanceof Error) {
      alert(error.message);
    } else {
      alert("알 수 없는 이유로 실패했습니다.");
    }
  }
};
if (isLoading) return <div>Loading...</div>;  ┐
if (error) return <div>Error!</div>;          ┘ ❻
return (
  <article className='page__read'>
    <section>
      <strong className='page__read-tag'>{category}</strong>
      <h2 className='page__read-title'>{title}</h2>
      <div className='page__read-meta-group'>
        <p className='page__read-profile'>
          {username} · {format(regdate, 'MMM dd, yyyy')}</p>
        {user?.email === author && ( ------------ ❼
          <button className='page__read-btn' onClick={handleDelete}>삭제</button>
        )}
      </div>
      <img src={thumbnail} alt={title} className='page__read-image' />
    </section>
    <section className='page__read-desc'>
      <pre>{desc}</pre>
```

```
      </section>
    </article>
  );
}
```

❶ useParams 훅으로 현재 URL 경로의 :id 값을 가져옵니다. 예를 들어 /read/3이면 params.id는 '3'입니다.

❷ useNavigate는 자바스크립트 코드로 페이지 이동을 처리할 수 있게 해주는 훅입니다. 게시글 삭제 후 메인 페이지(/)로 돌아갈 때 사용합니다.

❸ [삭제] 버튼은 글 작성자에게만 보여야 합니다. 이를 위해 useAuthStore에서 현재 로그인한 사용자 정보를 가져와 삭제 권한을 확인합니다.

❹ useAxios 커스텀 훅으로 GET /posts/:id 요청을 보내 해당 게시글의 상세 정보를 가져옵니다.

❺ handleDelete()는 게시글 삭제를 처리하는 함수로, 서버에 삭제 요청을 보냅니다. 삭제에 성공하면 홈으로 이동하고, 실패하면 알림을 표시합니다.

❻ useAxios 훅이 반환한 값을 사용해 요청 중에는 'Loading...' 메시지를, 요청 실패 시 'Error!' 메시지를 표시합니다.

❼ 현재 로그인한 사용자의 이메일(user.email)과 게시글 작성자의 이메일(author)이 일치할 때만 삭제 버튼을 보여줍니다. 다만, 이 검증은 클라이언트에서 수행하므로 서버에서도 유효성 검사를 해야 보안상 안전합니다. 이는 백엔드 구현 범위이므로 여기서는 생략합니다.

코드를 저장하고 애플리케이션을 실행해 기능이 잘 작동하는지 확인합니다. 게시글 목록에서 글을 클릭했을 때 해당 게시글의 페이지로 이동되어 상세 정보가 화면에 표시됩니다. 상세 페이지에서는 작성자 본인일 경우에만 [삭제] 버튼이 보이며 [삭제] 버튼을 클릭하면 메인 페이지로 자동 이동합니다.

그림 15-15 목록에서 게시글을 클릭하면 상세 페이지로 이동

15.4.4 연관 게시글 기능 구현하기

상세 페이지 하단에는 같은 카테고리에 속한 연관 게시글을 보여주는 영역(Recommend Reading)이 있습니다. 이번에는 해당 기능을 구현해 보겠습니다.

GET /posts/:id/related API는 특정 게시글의 ID를 전달하면 같은 카테고리의 다른 게시글 목록을 반환합니다. 이를 이용해 연관 게시글 목록을 동적으로 렌더링하겠습니다. 또한, 기존에 사용한 useAxios 커스텀 훅을 그대로 재사용합니다.

1 게시글을 기반으로 연관 게시글 목록을 동적으로 렌더링하도록 RecommendationArea.tsx 파일을 다음과 같이 수정합니다.

src/components/read/RecommendationArea.tsx

```
import { useParams } from 'react-router';
import { useAxios } from '../../hooks/useAxios';
import RecommendationItem from './RecommendationItem';

export default function RecommendationArea() {
  const params = useParams(); ------------------------------------ ❶
  const { data, isLoading, error } = useAxios<Post[]>( ------------ ❷
    `/posts/${params.id}/related`,
    []
  );
  if (isLoading) return <div>Loading...</div>;
  if (error) return <div>Error!</div>;
  if (data.length === 0) return null; ----------------------------- ❸
  return (
    <article className='page__recommend'>
      <h3 className='page__recommend-title'>Recommend Reading</h3>
      <ul className='page__recommend-lists'>
        {data && data.map((post) =>
          <RecommendationItem key={post.id} {...post} />)} --------- ❹
      </ul>
    </article>
  );
}
```

❶ useParams 훅으로 현재 URL의 :id 값을 추출해 params.id로 접근합니다.

❷ GET /posts/:id/related 엔드포인트를 호출해 같은 카테고리의 다른 게시글들을 받아옵니다. useAxios 커스텀 훅을 사용해 상태 관리와 에러 처리를 간결하게 처리합니다.

❸ 받아온 배열의 길이가 0이면 null을 반환합니다. 리액트에서는 null을 반환하면 해당 컴포넌트를 렌더링하지 않습니다. 즉, 빈 영역 없이 화면을 구성합니다.

❹ 응답받은 게시글 배열을 순회하며 <RecommendationItem /> 컴포넌트를 반복 렌더링합니다. 각 아이템은 게시글 제목, 요약, 썸네일 등을 보여주며, 이를 클릭하면 해당 게시글의 상세 페이지(/read/:id)로 이동합니다.

2 전달받은 연관 게시글 데이터를 카드 형태로 렌더링할 수 있도록 RecommendationItem 컴포넌트를 수정합니다. props로 받은 게시글 데이터 중 id, title, desc, thumbnail을 사용해 하나의 추천 게시글 카드를 구성합니다. <NavLink> 컴포넌트는 카드를 클릭하면 해당 게시글의 상세 페이지(/read/${id})로 이동할 수 있도록 처리합니다.

src/components/read/RecommendationItem.tsx

```
import { NavLink } from 'react-router';

export default function RecommendationItem({
  id, title, desc, thumbnail,
}: Post) {
  return (
    <li>
      <NavLink to={`/read/${id}`}>
        <div className='page__recommend-list'>
          <img src={thumbnail} alt={title} className='page__recommend-img' />
          <div>
            <h4 className='page__recommend-subtitle'>{title}</h4>
            <p className='page__recommend-desc'>{desc}</p>
          </div>
        </div>
      </NavLink>
    </li>
  );
}
```

애플리케이션을 실행한 후 같은 카테고리의 게시글을 여러 개 등록해 보세요. 특정 게시글의 상세 페이지로 이동하면 하단에 연관 게시글 목록이 자동으로 렌더링됩니다. 각 게시글 카드를 클릭하면 해당 게시글의 상세 보기로 연결됩니다.

그림 15-16 연관 게시글 기능 구현 결과

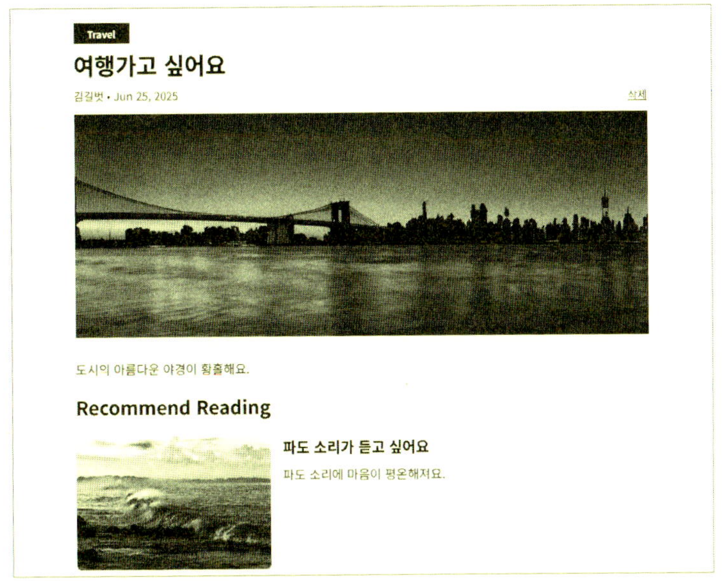

15.4.5 검색 기능 구현하기

마지막으로 게시글 검색 기능을 구현해 보겠습니다. 검색은 게시글의 제목(title)을 기준으로 수행하며, 백엔드에서 제공하는 GET /posts/search 엔드포인트를 사용합니다. 이때 검색어를 쿼리스트링으로 전달하면 제목에 해당 단어가 포함된 게시글 목록을 반환합니다. 예를 들어 `GET /posts/search?title=React`와 같이 요청하면, 제목에 'React'라는 단어가 포함된 게시글만 응답됩니다. 만약 조건에 일치하는 게시글이 하나도 없을 경우 서버는 전체 게시글 목록을 반환합니다.

검색은 단순히 입력 값만 처리하는 것처럼 보이지만, 실제로는 고려할 것이 많습니다. 특히 다음 두 가지가 중요합니다.

첫째, 현재는 PostArea 컴포넌트가 고정된 URL(/posts)을 기준으로 게시글 목록을 가져옵니다. 따라서 검색어가 바뀌어도 이 URL에 반영되지 않기 때문에 검색 결과가 적용되지 않습니다. 이를 해결하려면 검색어를 외부에서 상태로 관리하고, PostArea는 이 상태를 기반으로 요청할 URL을 동적으로 변경하도록 구조를 바꿔야 합니다.

둘째, 검색어를 입력할 때마다 바로 API 요청을 보내면 짧은 시간에 너무 많은 요청이 발생할 수 있습니다. 이를 방지하기 위해 디바운스를 적용합니다. **디바운스**(debounce)는 입력 값이 바뀔 때마다 함수를 즉시 실행하지 않고, 일정 시간 동안 입력이 멈췄을 때만 함수를 실행하는 방법입니다. 즉, 일정 시간(예 0.5초) 동안 입력이 멈췄을 때만 API 요청을 실행하게 합니다.

1 SearchArea 컴포넌트를 다음과 같이 수정합니다. 이 SearchArea 컴포넌트는 사용자가 입력한 검색어를 처리하고, 일정 시간 동안 입력이 멈추면 검색 상태를 전역에 반영하는 역할을 합니다. 검색어는 페이지 새로 고침 시 초기화되어도 무방하므로 상태를 영구 저장할 필요는 없습니다. 따라서 Zustand의 persist 미들웨어는 사용하지 않습니다.

src/components/home/SearchArea.tsx

```
import { useCallback, useEffect, useRef, useState } from 'react';
import { search } from '../../assets/images/images';
import { usePostStore } from '../../stores/usePostStore';

export default function SearchArea() {
  const navigate = useNavigate(); ---------------------------- ❶
  const [searchParams] = useSearchParams(); ------------------ ❷
  const [query, setQuery] = useState(''); -------------------- ❸
  const debounceTimer = useRef<null | number>(null); --------- ❹
  const handleChange = async (event: React.ChangeEvent<HTMLInputElement>) => {
    setQuery(event.target.value);                               ❺
  };
  useEffect(() => { ------------------------------------------ ❻
    if (debounceTimer.current) {
      clearTimeout(debounceTimer.current); // 이전 타이머 취소
    }
    debounceTimer.current = setTimeout(() => { // 디바운스: 입력 300ms 후에 검색 수행
      navigate(query ? '?q=' + query : '/');
    }, 300);
    return () => { // 클린업: 컴포넌트 언마운트 시 타이머 취소
      if (debounceTimer.current) {
        clearTimeout(debounceTimer.current);
      }
    };
}, [query, performSearch]); // query가 변경될 때마다 실행
  return (
    <section className='search-area'>
```

```
    (중략)
      <form className='search-area__form' onSubmit={(e) => e.preventDefault()}>
        <input type='text'  name='q' placeholder='Search'
          className='search-area__input' autoComplete='off'
          value={query} onChange={handleChange} />
        <button type='submit' className='search-area__submit'>
    (중략)
  );
}
```

❶ useNavigate 훅에서 navigate() 함수를 불러옵니다.

❷ useSearchParams 훅은 배열을 반환하며, 반환한 배열의 첫 번째 요소는 URLSearch Params 객체입니다. 이 객체는 쿼리 매개변수를 읽고 수정할 수 있는 메서드를 제공합니다.

❸ 사용자가 입력한 검색어를 관리하는 query라는 상태를 정의합니다.

❹ 디바운스를 구현하기 위해 useRef 훅을 사용해 이전 타이머 ID를 저장할 ref 객체를 생성합니다.

❺ handleChange() 함수는 검색어 입력 요소의 onChange 이벤트를 처리합니다. 사용자가 키보드로 입력할 때마다 입력된 값을 query 상태로 실시간 반영합니다.

❻ useEffect 훅은 query 상태가 변경될 때마다 실행됩니다. 단, 디바운스가 적용되어 있기 때문에 입력 도중에는 바로 검색을 실행하지 않고, 입력이 멈춘 후 0.3초가 지나야 navigate() 함수가 호출됩니다. navigate() 함수는 입력 값이 있으면 q?= 형태로 페이지를 이동하게 하고, 없으면 루트 경로로 이동하게 합니다.

2 디바운스를 적용해 사용자가 입력을 멈춘 지 0.3초가 지난 후 URL의 쿼리 스트링에 q=검색어 형태로 페이지가 이동하게 합니다. 이를 이용해 게시글 목록을 동적으로 렌더링하도록 PostArea 컴포넌트를 다음과 같이 수정합니다.

src/components/home/PostArea.tsx

```
import { useAxios } from '../../hooks/useAxios';
import PostItem from './PostItem';
import { useSearchParams } from 'react-router';

export default function PostArea() {
```

```
  const [searchParams] = useSearchParams();
  const q = searchParams.get('q'); ---------------------------- ❶
  const { data, error, isLoading } = useAxios<Post[]>(
    q ? '/posts/search?title=' + q : '/posts', -------------- ❷
    []
  );
  if (isLoading) return <div>Loading...</div>;
  if (error) return <div>Error: {error}</div>;
  return ( (중략) );
}
```

❶ URLSearchParams 객체에서 제공하는 메서드를 사용해 쿼리스트링 q의 값을 가져옵니다. 이 값은 사용자가 검색창에 입력한 문자열이며, 디바운스를 통해 일정 시간 입력이 멈췄을 때만 반영됩니다.

❷ q에 값이 있으면 /posts/search API를 호출해 검색 결과를 받아오고, 없으면 /posts API를 호출해 게시글 목록을 받아옵니다.

애플리케이션을 실행하면 검색어 입력에 따라 게시글 목록이 실시간으로 렌더링됩니다.

15.4.6 추가 기능: 토큰 만료 처리하기

블로그 애플리케이션의 핵심 기능을 모두 구현했습니다. 이번에는 추가로 액세스 토큰이 만료되었을 때 자동으로 재발급받는 방법을 알아보겠습니다.

기본적으로 백엔드에서 발급하는 액세스 토큰의 유효 시간은 15분(15m)입니다. 실습을 간편하게 진행하기 위해 만료 시간을 1분으로 줄여 보겠습니다. final_backend/app.js 파일에서 TOKEN_EXPIRE 상수 값을 1m(1분)으로 수정합니다.

final_backend/app.js

```
const TOEKN_EXPIRE = '1m'; // 토큰 만료 시간 1분으로 수정
```

서버를 재시작해야 변경 내용이 반영됩니다. 서버를 재시작하면 기존에 등록한 회원 정보와 게시글은 초기화됩니다.

블로그 애플리케이션으로 돌아가 다음 순서로 토큰 만료 상황을 테스트합니다.

1. 회원가입한 후 로그인합니다.
2. 글쓰기 페이지로 이동해 제목과 내용을 입력합니다.
3. 1분간 기다립니다(1분이 길다면 '1m'을 '10s'로 바꿔 테스트합니다).
4. 1분(10s로 바꿨다면 10초)이 지난 후 글을 등록해 봅니다. 이때 인증 오류가 발생하는지 확인합니다.

그림 15-17 인증 오류 발생

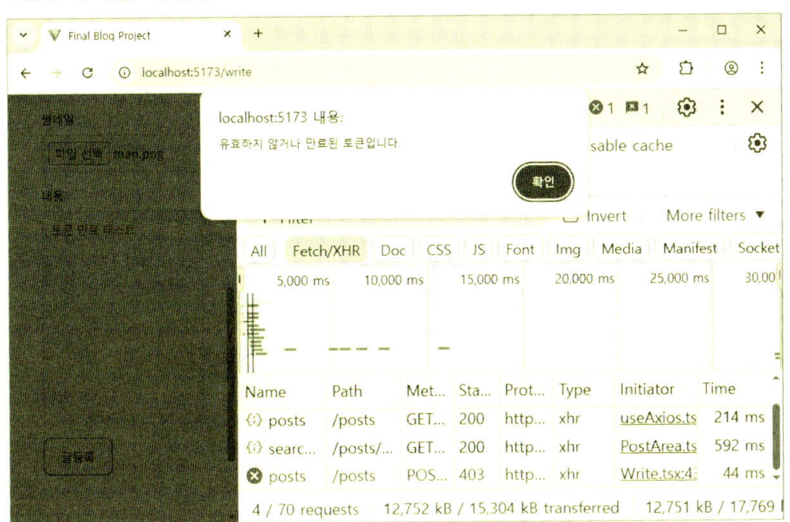

사실 이 경우에도 리프레시 토큰의 유효 시간은 남아 있기 때문에 액세스 토큰이 만료되었다고 해도 새로운 액세스 토큰을 재발급받을 수 있습니다. 하지만 현재는 페이지를 새로 고침할 때만 리프레시 토큰으로 새로운 액세스 토큰을 요청하도록 구현했습니다. 즉, 사용자가 새로 고침을 하지 않으면 만료된 액세스 토큰 때문에 API 요청이 실패하게 됩니다.

이런 불편한 점을 개선하려면 API 요청 중 액세스 토큰이 만료되었을 때 자동으로 리프레시 토큰을 사용해 새 액세스 토큰을 발급받고 실패한 요청을 다시 전송하는 로직을 추가해야 합니다. 이렇게 처리하면 사용자는 토큰이 만료되었는지조차 인식하지 못한 채 자연스럽게 서비스를 이용할 수 있습니다.

이를 위해 Axios의 응답 인터셉터 기능을 다음과 같이 설정합니다.

src/api/axiosInstance.ts

```
import axios from 'axios';
import { useAuthStore } from '../stores/useAuthStore';
```

```
export const axiosInstance = axios.create({ (중략) })
axiosInstance.interceptors.request.use((config) => { (중략) });
```

```
let retry = false; ------------------------------------------------------------ ❶
axiosInstance.interceptors.response.use(
  (response) => response, async (error) => { ---------------------------------- ❷
    const originalRequest = error.config;
    if (error.response?.status === 403 && !retry) { ----------------------- ❸
      retry = true;
      try {
        const { data, status } = await axiosInstance.post('/token'); ----- ❹
        if (status == 200) { ---------------------------------------------- ❺
          useAuthStore.setState({
            user: data.user,
            accessToken: data.accessToken,
          });
          retry = false; -------------------------------------------------- ❻
          originalRequest.headers[ 'Authorization' ] = -------------------- ❼
            `Bearer ${data.accessToken}`;
          return axiosInstance(originalRequest);
        } else {
          throw new Error('토큰 업데이트 실패');
        }
      } catch {
        useAuthStore.setState({ user: null, accessToken: null }); -------- ❽
      }
    }
    return Promise.reject(error);
  }
);
```

❶ 액세스 토큰 재요청이 무한 루프에 빠지는 것을 방지하기 위해 retry 변수를 사용합니다.

❷ 요청이 성공했을 때는 응답을 그대로 반환하고, 응답이 실패했을 때(오류 발생)는 비동기 함수로 처리합니다. 실패한 원래 요청 정보는 보존합니다.

❸ 응답 코드가 403이고 아직 재시도하지 않았다면 토큰 만료로 판단합니다. retry를 true로 설정해 중복 재시도를 방지합니다.

❹ POST /token 요청을 보내 새 액세스 토큰 발급을 시도합니다.

❺ 응답 상태 코드가 200인 경우에만 성공으로 간주해 전역 상태에 새 토큰과 사용자 정보를 저장합니다. 상태 코드가 200이 아닌 경우에는 강제로 예외 발생시킵니다.

❻ `retry` 변수를 다시 `false`로 바꿉니다.

❼ 실패했던 원래 요청에 새 토큰을 적용하고, 원래 요청을 다시 실행합니다.

❽ 리프레시 토큰까지 만료되었거나 서버 오류 발생 시 사용자 인증 정보를 초기화합니다.

코드를 저장한 후 다시 실행합니다. 개발자 도구에서 Network 탭을 열고 게시글을 작성한 후 서버에서 1분이 지난 뒤 글을 등록합니다. Network 탭을 보면 토큰 만료로 잠시 오류가 발생하지만 곧바로 새로운 액세스 토큰이 자동으로 재발급되고 요청이 재전송되어 화면에서는 아무런 문제없이 게시글이 정상적으로 등록되는 것을 볼 수 있습니다.

그림 15-18 토큰 만료 시 재발급 시도 후 정상 등록

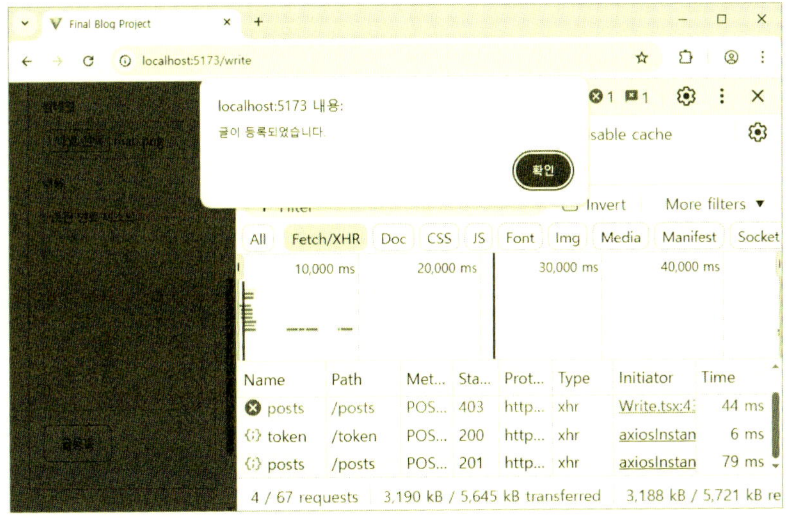

15.4.7 추가 기능: 오류 처리하기

리액트 애플리케이션을 개발할 때 오류 핸들링은 안정적이고 신뢰할 수 있는 웹 서비스를 만드는 데 필수적인 요소입니다. 리액트에서 오류가 발생할 수 있는 영역은 크게 데이터 통신 중 발생하는 오류와 컴포넌트 내부의 일반 자바스크립트 코드에서 발생하는 오류로 나눌 수 있습니다.

데이터 통신 중 오류가 발생하면 다음과 같은 방법으로 처리할 수 있습니다.

- **async/await 사용 시**: try-catch 구문 사용
- **Promise.then 사용 시**: catch() 메서드 사용

실제로 블로그 애플리케이션에서도 API 요청이 실패할 경우를 대비해 대부분의 비동기 로직에 try-catch 구문을 적용해 오류를 처리했습니다.

하지만 컴포넌트 내부에서 발생하는 일반적인 자바스크립트 오류는 지금까지 따로 처리하지 않았습니다. 예를 들어, 일부러 Footer 컴포넌트에 문법 오류를 넣어 보겠습니다. 다음 코드는 선언되지 않은 error 변수를 출력하기 때문에 런타임 오류가 발생합니다.

src/components/Footer.tsx

```
export default function Footer() {
  return (
    <footer className='page__footer'>
      <p className='page__footer-copy'>
        &copy; {error} 2025, [길벗] 코딩 자율학습 프런트엔드 개발 입문
      </p>
    </footer>
  );
}
```

코드를 저장하고 애플리케이션을 실행하면 웹 브라우저에는 아무 화면도 표시되지 않습니다. 개발자 도구의 Console 탭을 보면 오류 메시지가 출력됩니다.

그림 15-19 실행 시 오류 발생

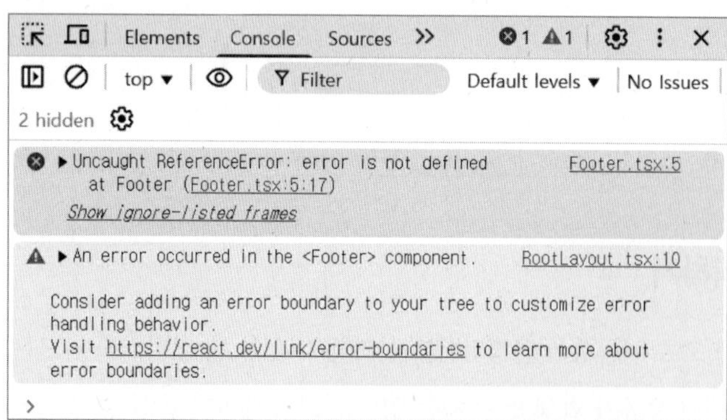

이처럼 예기치 않은 오류 상황에 대비하려면 오류 핸들링이 반드시 필요합니다.

ErrorBoundary

리액트 16부터는 컴포넌트 내부에서 발생하는 자바스크립트 오류를 안전하게 처리할 수 있도록 **ErrorBoundary** 기능을 도입했습니다. 이 기능을 사용하면 특정 컴포넌트에서 오류가 발생하더라도 전체 애플리케이션이 멈추는 것을 방지하고, 사용자에게 오류 메시지를 보여주는 등 더욱 안정적인 사용자 경험을 제공할 수 있습니다.

리액트에서 ErrorBoundary 기능을 간편하게 사용하려면 외부 라이브러리인 `react-error-boundary` 패키지를 설치합니다. 프로젝트 루트 경로에서 터미널을 열고 다음 명령어를 입력해 패키지를 설치합니다.

TERMINAL

```
npm install react-error-boundary
```

패키지 설치가 끝나면 애플리케이션의 진입점 파일인 main.tsx 파일에 ErrorBoundary 컴포넌트를 추가합니다. `fallback` 속성은 오류가 발생했을 때 대신 보여줄 UI 요소를 지정하는 역할을 합니다.

main.tsx

```
import { StrictMode } from 'react';
(중략)
import { ErrorBoundary } from 'react-error-boundary';

(중략)
createRoot(document.getElementById('root')!).render(
  <StrictMode>
    <ErrorBoundary fallback={<p>❗Something went wrong</p>}>
      <BrowserRouter>
        <App />
      </BrowserRouter>
    </ErrorBoundary>
  </StrictMode>
);
```

이제 컴포넌트 내부에서 자바스크립트 문법 오류가 발생하더라도 애플리케이션 전체가 멈추지 않고, 앞에서 설정한 fallback UI를 사용자에게 표시합니다.

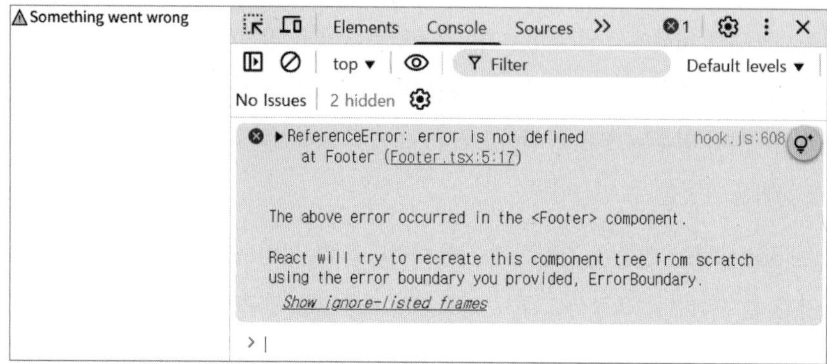

그림 15-20 ErrorBoundary 적용 후 화면

ErrorBoundary는 컴포넌트 단위의 오류 처리를 위한 리액트의 강력한 기능입니다. 사용자 경험을 해치지 않고, 예기치 못한 오류에도 서비스가 중단되지 않도록 도와줍니다. 특히, 사용자 수가 많거나 안정성이 중요한 서비스일수록 도입해야 할 기능입니다.

TIP — `react-error-boundary`에 대한 자세한 내용은 공식 깃허브(https://github.com/bvaughn/react-error-boundary)를 참고하세요.

15.5

배포하기

지금까지 만든 블로그 애플리케이션을 서버에 배포해 보겠습니다. Netlify, Github Pages, Vercel, Heroku 등 다양한 서비스를 이용할 수 있지만, 여기서는 가장 쉽고 간단한 Netlify를 사용한 배포 방법을 소개합니다.

> **수코딩의 조언** 블로그 애플리케이션에서는 실제로 데이터베이스와 연동하지 않고 데이터를 메모리에 임시로 저장해 사용합니다. 따라서 벡엔드 서버를 제외하고 리액트 애플리케이션만 배포한 후 로컬로 작동하는 백엔드 서버와 연동해 결과를 확인합니다.

15.5.1 빌드하기

먼저 리액트 애플리케이션을 빌드해야 합니다. **빌드**(build)란 리액트 애플리케이션을 프로덕션 환경에서 실행할 수 있게 최적화 정적 파일로 변환하는 과정을 말합니다.

빌드 방법은 간단합니다. 리액트 애플리케이션의 루트 경로(final_react 폴더)에서 터미널을 열고 다음 명령어를 입력하면 됩니다.

```
TERMINAL
npm run build
```

명령을 실행하면 프로젝트에 dist 폴더가 생성됩니다. 이 폴더는 Netlify에 업로드할 실제 정적 파일들이 들어 있는 폴더로, 배포 시 사용하는 핵심 폴더입니다. dist 폴더 안에는 HTML, CSS, JavaScript로 변환된 빌드 결과물이 자동으로 포함됩니다.

그림 15-21 dist 폴더 생성 확인

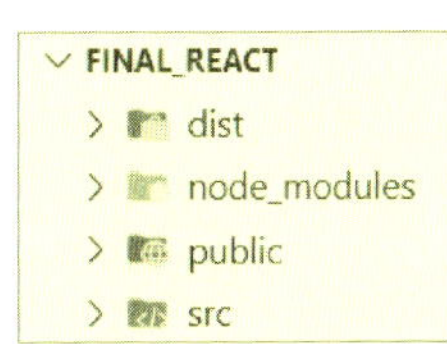

15.5.2 Netlify로 배포하기

Netlify(넷틀리파이)는 정적 웹 사이트를 무료로 호스팅하고 배포할 수 있는 서비스입니다. Netlify를 사용하면 리액트 애플리케이션을 간편하게 배포하고 관리할 수 있습니다. 배포 방법은 다음과 같습니다.

1 Netlify 공식 홈페이지(https://www.netlify.com)에 접속해 회원가입합니다. 회원가입은 저장소(GitHub, GitLab, Bitbucket) 계정으로 가입하는 방법과 이메일 주소로 가입하는 방법이 있습니다. 저장소 계정으로 가입하면 해당 저장소와 연동해 손쉽게 배포할 수 있습니다. 여기서는 이메일 기준으로 설명하지만, 본인이 편한 방법을 선택하면 됩니다.

그림 15-22 Netlify 회원가입

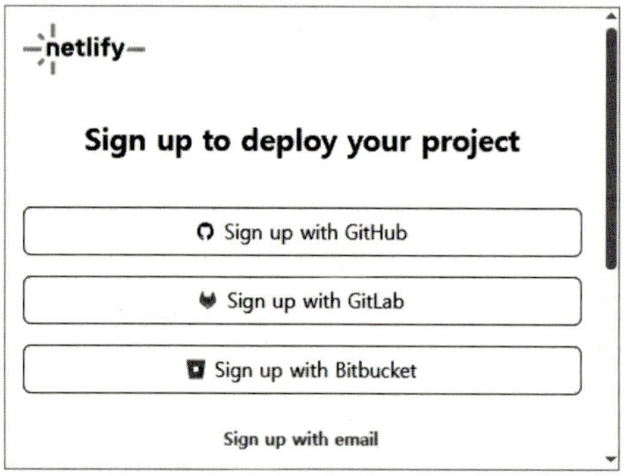

netlify

Sign up to deploy your project

Sign up with GitHub

Sign up with GitLab

Sign up with Bitbucket

Sign up with email

TIP — 이메일 계정을 네이버, 네이트, 카카오 등으로 가입하면 인증 메일이 제대로 오지 않는 경우가 있습니다. 그럴 때는 먼저 스팸 메일함을 확인해 보세요. 그래도 메일이 오지 않는다면 Gmail 등 다른 이메일 주소로 시도해 보세요.

2 회원가입을 진행하다 보면 몇 가지 기본 정보를 입력하라고 요청합니다. 중요한 항목은 아니므로 적당히 선택해도 무방합니다. 정보를 입력한 뒤 **[Continue to deploy]** 버튼을 클릭하면 다음 단계로 이동합니다.

그림 15-23 계정 정보 입력

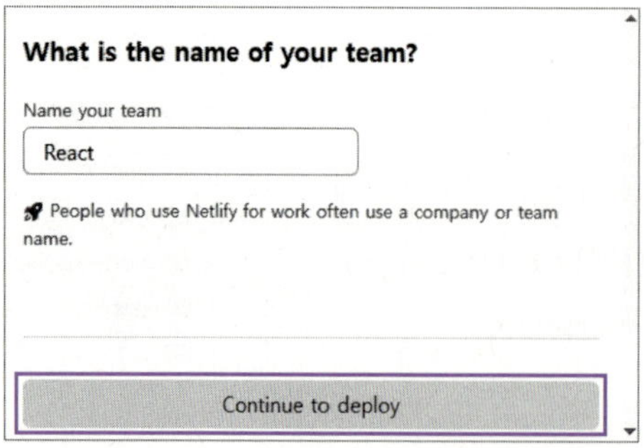

What is the name of your team?

Name your team

React

People who use Netlify for work often use a company or team name.

Continue to deploy

3 다음 화면에서 첫 번째 프로젝트를 어떤 방식으로 배포할지 묻습니다. 여기서는 저장소를 연결하지 않고, 파일을 직접 업로드하는 File Drop 방식을 사용합니다. 화면 하단의 **Try Netlify Drop**을 클릭하세요.

그림 15-24 배포 방식 선택

Deploy your first project.

Not ready yet? Skip this step for now.

GitHub

GitLab

Bitbucket

Azure DevOps

Get started another way

Try Netlify Drop or choose a template

4 파일을 업로드할 수 있는 화면으로 이동합니다. 앞서 생성한 dist 폴더를 여기에 통째로 드래그 앤 드랍합니다. Netlify는 dist 폴더의 정적 파일들을 자동으로 인식해 배포를 시작합니다.

그림 15-25 dist 폴더 업로드

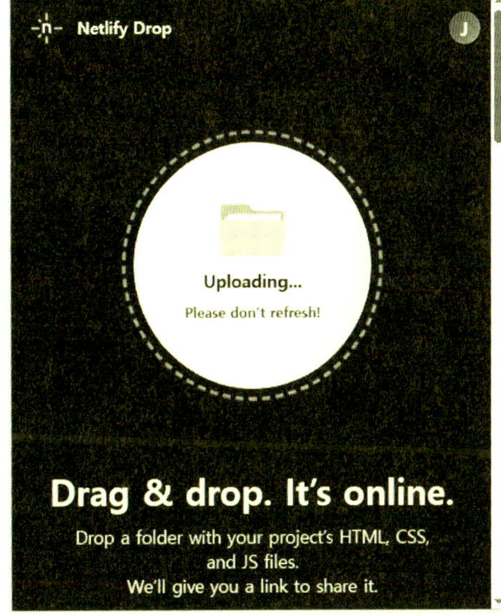

5 배포가 끝나면 성공 메시지가 표시됩니다. [Get started] 버튼을 클릭합니다.

그림 15-26 배포 성공

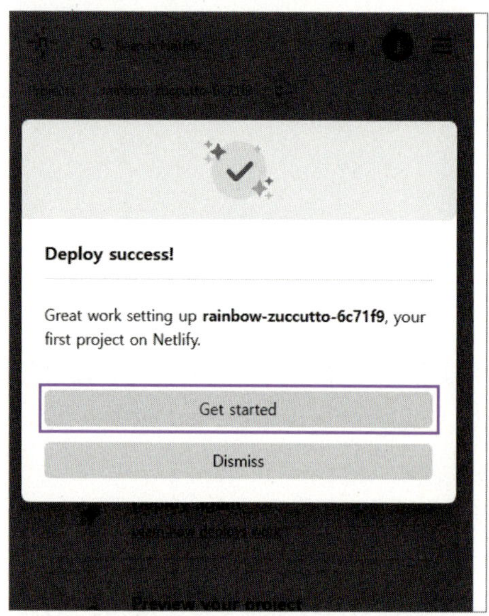

6 배포 정보를 보여주는 대시보드 페이지가 나오고 페이지 중간에 배포한 애플리케이션이 보입니다. 프로젝트를 클릭합니다.

그림 15-27 배포 정보

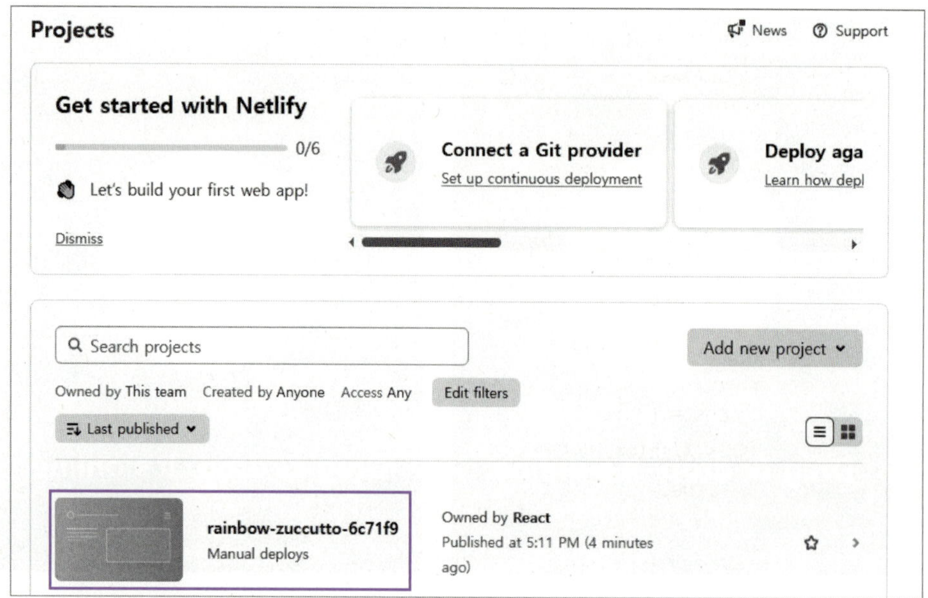

7 프로젝트 상세 페이지가 보이고 링크 주소가 나옵니다. 이 부분을 클릭하면 배포된 웹 페이지에 접속할 수 있습니다.

그림 15-28 애플리케이션 배포 주소 클릭

Projects / rainbow-zuccutto-6c71f9 Project navigation

Configuration for rainbow-zuccutto-6c71f9

rainbow-zuccutto-6c71f9.netlify.app

Manual deploys

Last update at 5:11 PM (13 minutes ago).

8 배포된 웹 페이지에 접속하면 오류가 발생합니다. 이는 별도의 백엔드 서버가 필요한 블로그 애플리케이션이기 때문입니다. 프런트엔드(리액트 애플리케이션)만 배포한 상태에서는 API 요청을 처리할 백엔드가 없으므로 정상적으로 작동하지 않습니다.

그림 15-29 실행결과

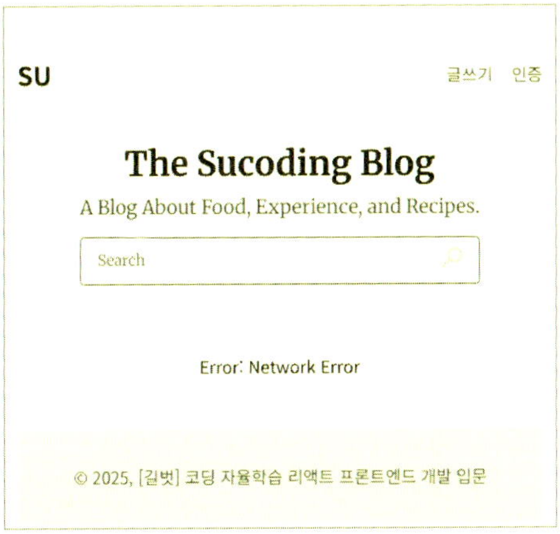

SU 글쓰기 인증

The Sucoding Blog

A Blog About Food, Experience, and Recipes.

Search

Error: Network Error

© 2025, [길벗] 코딩 자율학습 리액트 프론트엔드 개발 입문

9 가장 간단한 해결 방법은 로컬에서 백엔드 서버를 함께 실행하는 것입니다. app.js 파일에서 CORS 설정의 요청 허용 주소를 Netlify에서 배포한 주소로 수정한 뒤 서버를 실행합니다.

final_backend/app.js

```
const corsOptions = {
  origin: 'https://shimmering-melba-be18b9.netlify.app', // 각자 주소 입력
  credentials: true,
};
```

10 백엔드 API를 다시 실행한 후 배포 주소로 접속하면 더 이상 오류가 발생하지 않습니다.

책 마무리 후 할 일

이렇게 해서 필자가 독자 여러분께 전달하려던 리액트 전체 학습 과정이 마무리되었습니다. 이 책에서 다룬 내용만 익혀도 입문자 수준을 넘어 실무에서도 리액트를 무리 없이 사용하는 수준에 도달할 수 있습니다.

하지만 한 가지 잊지 말아야 할 점은, 리액트는 어디까지나 라이브러리, 즉 하나의 도구라는 사실입니다. 근본은 **자바스크립트**입니다. 자바스크립트 언어에 대한 이해와 숙련도가 높아질수록 더 깔끔하고 효율적인 코드, 더 나은 구조와 알고리즘을 작성할 수 있습니다. 따라서 자바스크립트 공부를 소홀히 해서는 안 됩니다.

이와 더불어, 리액트 학습을 마친 지금 시점에서 함께 공부해두면 좋은 기술 두 가지를 추천합니다.

1. 타입스크립트

타입스크립트는 점점 더 많은 프런트엔드 프로젝트에서 사실상 필수 언어로 자리 잡고 있습니다. 리액트는 타입스크립트와 매우 잘 어울리는 라이브러리이기 때문에 타입스크립트를 익히면 더욱 안정적이고 예측 가능한 애플리케이션을 만들 수 있습니다.

처음부터 타입스크립트로 시작하는 것이 어렵다면 자바스크립트로 먼저 학습해도 괜찮습니다. 다만, 언젠가는 반드시 타입스크립트로 넘어가야 할 시점이 온다는 점을 인지하고, 그때를 대비해 준비하는 것이 좋습니다.

2. Next.js

리액트는 기본적으로 CSR 방식이지만, 현업에서는 SSR 기능을 제공하는 리액트 기반 프레임워크인 Next.js를 널리 사용합니다. Next.js는 리액트 팀과 긴밀하게 협업하며 개발되는 프레임워크로, 향후 리액트만큼이나 중요한 기술이 될 가능성이 높습니다. Next.js도 결국 리액트를 기반으로 만들어졌기 때문에 리액트에 대한 이해가 탄탄할수록 Next.js 학습도 훨씬 수월해집니다.

이 책을 완독하신 여러분 모두 수고 많으셨습니다. 이제 리액트를 활용해 자신만의 프로젝트를 만들어보며 더욱 깊은 실력을 쌓아가시길 바랍니다. 필자도 진심으로 여러분의 성장을 응원하겠습니다.

정답 노트

2장

1분 퀴즈

01. ②	**02.** ④	**03.** ③	**04.** ②	**05.** ④	**06.** ③

3장

1분 퀴즈

01. ④	**02.** ④	**03.** ①	**04.** ④	**05.** ②	**06.** ②	**07.** ④
08. ①	**09.** ③	**10.** ④	**11.** ④	**12.** ②	**13.** ③	**14.** ③
15. ②	**16.** ②	**17.** ④	**18.** ①	**19.** ③	**20.** ③	**21.** ④
22. ②						

셀프체크

Button 컴포넌트를 `import`한 뒤, 버튼을 클릭했을 때 실행할 함수를 `handleClick`이라는 속성으로 전달합니다. 이때 Button 컴포넌트는 HTML의 시작 태그와 종료 태그처럼 사용해 버튼 내부에 표시할 내용을 `children`으로 전달합니다.

src/App.tsx

```
import Button from './components/Button';

export default function App() {
  return (
    <>
      <Button handleClick={() => alert('login')}>login</Button>
      <Button handleClick={() => alert('logout')}>logout</Button>
    </>
  );
}
```

Button 컴포넌트에서는 부모 컴포넌트에서 전달한 `children`과 `handleClick`을 받아 `<button>` 요소에 적용합니다. `children`은 버튼 내부에 표시할 내용이고, 타입은 `React.ReactNode`로 지정합니다. `handleClick`은 클릭 이벤트 핸들러이고, 타입은 `() => void`입니다.

src/components/Button.tsx

```
export default function Button({
  children,
  handleClick,
}: {
  children: React.ReactNode;
  handleClick: () => void;
}) {
  return <button onClick={handleClick}>{children}</button>;
}
```

4장

1분 퀴즈

01. ② 02. ③ 03. ④ 04. ③ 05. ④ 06. ① 07. ④
08. ④ 09. ③ 10. ① 11. ① 12. ④ 13. ④ 14. ①

셀프체크

1. 리듀서 함수 작성하기

useReducer 훅을 사용하려면 가장 먼저 리듀서 함수를 정의해야 합니다. 리듀서 함수는 2개의 매개변수, 즉 상태와 액션을 받아 새로운 상태를 반환합니다. 이때 상태와 액션 모두 타입을 지정해주는 것이 좋습니다.

조건은 다음과 같습니다.

- 사과, 바나나, 오렌지를 순서대로 한 번씩만 추가할 수 있습니다.
- 3개의 아이템이 모두 추가되면 더 이상 추가할 수 없습니다.
- 추가한 아이템이라도 삭제하면 다시 추가할 수 있습니다.
- 아이템의 추가와 삭제는 상태를 변경하는 행위이며, 이를 리듀서 함수로 처리합니다.

이 조건들을 바탕으로 다음과 같이 리듀서 함수를 구현할 수 있습니다.

src/types/cart.d.ts

```
type Item = { ------------------------------------------- ❶
  items: string[];
  availableItems: ['사과', '바나나', '오렌지'];
};
```

```
type ReducerAction = ------------------------------------------------------- ❷
  | { type: 'ADD_ITEM' }
  | { type: 'REMOVE_ITEM'; index: number };
```

❶ 추가 가능한 아이템 목록(availableItems)과 실제로 추가된 아이템(items)을 구분할 수 있도록 상태를 객체 형태로 정의하고 타입을 지정합니다.

❷ 액션 객체는 일반적으로 type과 payload 속성으로 구성됩니다. 여기서는, 아이템을 추가할 때는 payload가 필요 없지만, 삭제할 때는 삭제할 인덱스가 필요합니다. 따라서 액션마다 다른 payload 타입을 가질 수 있도록 유니언 타입을 활용해 액션 타입을 정의합니다.

src/reducer/itemReducer.ts

```
export function itemReducer(state: Item, action: ReducerAction) { ---- ❶
  switch (action.type) { ---------------------------------------------- ❷
    case 'ADD_ITEM': -------------------------------------------------- ❸
      // availableItems에서 아이템을 하나씩 가져와 추가
      if (state.items.length < 3) {
        const newItem = state.availableItems.filter(
          (item) => !state.items.includes(item)
        )[0];
        return {
          ...state,
          items: [...state.items, newItem],
        };
      }
      return state;
    case 'REMOVE_ITEM': ----------------------------------------------- ❹
      // 아이템 삭제
      return {
        ...state,
        items: state.items.filter((_, index) => index !== action.index),
      };
    default:
      return state;
  }
}
```

❶ 리듀서 함수는 상태와 액션을 매개변수로 받아 새로운 상태를 반환합니다. 앞에서 정의한 상태와 액션 타입을 사용해 타입 안정성을 확보합니다.

❷ 액션의 type 속성을 기준으로 ADD_ITEM과 REMOVE_ITEM 두 가지 동작을 switch 문으로 분기 처리합니다.

❸ items 배열의 길이가 3보다 작을 경우, availableItems에서 아직 추가되지 않은 아이템을 순서대로 하나씩 선택해 items 배열에 추가합니다. 이미 추가된 아이템은 중복 추가되지 않도록 합니다.

❹ 삭제할 아이템의 인덱스를 액션 객체를 통해 전달받아 items 배열에서 해당 인덱스의 아이템만 제거합니다. 이 로직은 availableItems에는 영향을 주지 않고, items 배열에만 적용됩니다.

2. 컴포넌트 화면 구성하기

리듀서 함수를 사용해 컴포넌트 로직을 다음과 같이 작성합니다.

src/App.tsx

```
import { useReducer } from 'react';
import { itemReducer } from './reducer/itemReducer'; ----------------------- ❶

export default function App() {
  const initialState: Item = { ------------------------------------------- ❷
    items: [], // 아이템을 저장할 배열
    availableItems: ['사과', '바나나', '오렌지'], // 추가 가능한 아이템 목록
  };
  const [state, dispatch] = useReducer(itemReducer, initialState); ------ ❸
  const handleAddItem = () => { ----------------------------------------- ❹
    dispatch({ type: 'ADD_ITEM' });
  };
  const handleRemoveItem = (index: number) => { -------------------------- ❺
    dispatch({ type: 'REMOVE_ITEM', index });
  };
  return (
    <div>
      <h1>아이템 목록</h1>
      <button onClick={handleAddItem} disabled={state.items.length === 3}> --- ❻
        아이템 추가</button>
      <ul>
        {state.items.map((item, index) => ( ----------------------------- ❼
          <li key={index}>
            {item} <button onClick={() => handleRemoveItem(index)}>삭제</button>
          </li>
        ))}
      </ul>
    </div>
  );
}
```

정답 노트

❶ 리듀서 함수를 컴포넌트에서 사용할 수 있도록 불러옵니다.

❷ 상태의 초깃값을 정의합니다. 이 값은 `useReducer` 훅의 초기 상태로 사용합니다.

❸ `useReducer` 훅을 사용해 상태와 액션 발생 함수를 생성합니다. 첫 번째 인자는 리듀서 함수(❶), 두 번째 인자는 초깃값(❷)입니다.

❹ 아이템을 추가하는 이벤트 핸들러를 정의합니다. `dispatch({ type: 'ADD_ITEM' })`을 호출해 리듀서 함수에 액션을 전달합니다. 리듀서 함수는 `type` 값이 `'ADD_ITEM'`인 로직을 실행합니다.

❺ 아이템을 삭제하는 이벤트 핸들러를 정의합니다. `dispatch({ type: 'REMOVE_ITEM', index })`를 호출해 삭제할 인덱스를 전달합니다. 리듀서 함수는 `type` 값이 `'REMOVE_ITEM'`인 로직을 실행합니다.

❻ 추가 버튼은 `items` 배열의 길이가 3 이상일 경우 비활성화되도록 `disabled` 속성을 설정합니다.

❼ 추가된 아이템은 `<ul>` 태그로 출력되며, 각 `<li>` 요소에는 해당 아이템 이름과 함께 [삭제] 버튼이 표시됩니다. 삭제 버튼은 삭제 이벤트 핸들러와 연결되어 해당 아이템을 목록에서 제거합니다.

리듀서 함수에서 정의한 타입은 .d.ts 확장자를 가진 별도의 타입 정의 파일로 분리해 관리하면 코드의 가독성과 유지보수성이 높아집니다.

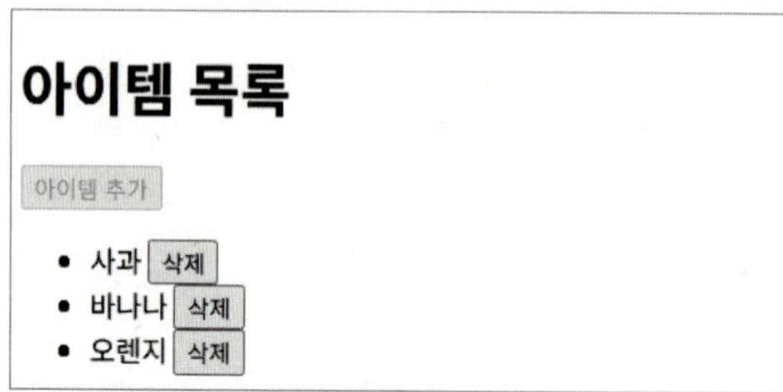

1분 퀴즈

01. ③	**02.** ④	**03.** ③	**04.** ②	**05.** ④	**06.** ④	**07.** ②
08. ③	**09.** ②	**10.** ③	**11.** ②	**12.** ④	**13.** ④	**14.** ①
15. ②	**16.** ①	**17.** ①	**18.** ④	**19.** ②	**20.** ④	

셀프체크

1. `npm create vite@latest .` 명령어로 리액트 애플리케이션을 생성합니다.

2. assets 폴더와 App.css 파일을 삭제합니다.

3. index.css 파일의 내용을 지우고 ch05/selfcheck/todo_html/style.css 파일의 코드를 복사해 붙여 넣습니다.

src/index.css

```
* {
  box-sizing: border-box;
  margin: 0;
  padding: 0;
  font-family: 'Inter', serif;
}
(중략)
.todo__action-button {
  display: flex;
  align-items: center;
  justify-content: center;
  width: 23px;
  height: 23px;
  border: 1px solid #4f4f4f;
  border-radius: 4px;
}
```

4. ch05/selfcheck/todolist/src/App.tsx 코드를 복사해 App.tsx 파일에 붙여 넣습니다.

src/App.tsx

```
export default function App() {
  return (
    <div className='todo'>
      <h1 className='todo__title'>Todo List</h1>
      <p className='todo__subtitle'>Please enter your details to continue.</p>
      {/* 할 일 등록 */}
      <form className='todo__form'>
        <div className='todo__editor'>
          <input
            type='text'
            className='todo__input'
            placeholder='Enter Todo List'
          />
          <button className='todo__button' type='submit'>
            Add
```

```
          </button>
        </div>
      </form>
      (중략)
    </div>
  );
}
```

5. main.tsx 파일에서 index.css 파일을 불러오는지 확인합니다.

src/main.tsx

```
import { StrictMode } from 'react'
import { createRoot } from 'react-dom/client'
import './index.css'
import App from './App.tsx'

createRoot(document.getElementById('root')!).render(
  <StrictMode>
    <App />
  </StrictMode>,
)
```

코드를 저장하고 실행하면 스타일이 적용된 '할 일 관리 애플리케이션'을 볼 수 있습니다.

7장

1분 퀴즈

01. ③ **02.** ④ **03.** ① **04.** ④ **05.** ② **06.** ③ **07.** ④

셀프체크

```
import { useState } from 'react';

export default function App() {
  const users = [ ---------------------------------------------------- ❶
    { name: 'Alice', isActive: true, role: 'Admin' },
    { name: 'Bob', isActive: false, role: 'User' },
```

```
    { name: 'Charlie', isActive: true, role: 'User' },
    { name: 'David', isActive: true, role: 'Guest' },
    { name: 'Eve', isActive: true, role: 'Admin' },
  ];
  const [selectedRole, setSelectedRole] = useState('All'); -------- ❷
  // 필터링한 사용자 목록 생성
  const filteredUsers = users.filter((user) => { ------------------ ❸
    if (selectedRole === 'All') return true; // 모든 사용자
    return user.role === selectedRole; // 선택된 역할만
  });
  return (
    <div>
      <h1>User List</h1>
      {/* 역할 필터링 버튼 */} ---------------------------------------- ❹
      <button onClick={() => setSelectedRole('All')}>All</button>
      <button onClick={() => setSelectedRole('Admin')}>Admin</button>
      <button onClick={() => setSelectedRole('User')}>User</button>
      <button onClick={() => setSelectedRole('Guest')}>Guest</button>
      {/* 사용자 목록 렌더링 */}
      <ul> ----------------------------------------------------------- ❺
        {filteredUsers.map((user, index) => (
          <li key={index}
            style={{
              backgroundColor: user.isActive
                ? user.role === 'Admin'
                  ? 'red' : user.role === 'User'
                  ? 'blue' : 'yellow'
                : 'gray',
              color: user.isActive ? 'white' : 'black',
              padding: '10px', margin: '5px 0', borderRadius: '5px',
            }}>
            {user.isActive ? user.name : `${user.name} (Inactive)`}
          </li>
        ))}
      </ul>
    </div>
  );
}
```

❶ 문제에서 제공한 샘플 데이터를 변수에 할당합니다. 이 데이터는 렌더링과 직접 연관되지 않으므로 일반 변수로 선언해도 됩니다.

❷ 역할 선택은 콤보 박스 UI와 상호작용해야 합니다. 따라서 useState로 상태(selectedRole)를 정의합니다.

❸ filteredUsers는 users 변수에 할당한 데이터를 콤보 박스의 선택 값과 조합해 필터링한 사용자 목록입니다. 역할이 'All'이면 모든 사용자를 포함하고, 그렇지 않으면 해당 역할만 포함합니다.

❹ 버튼을 클릭하면 선택된 역할이 변경되고, 이에 따라 사용자 목록(filteredUsers)이 자동으로 업데이트됩니다.

❺ 사용자 목록은 map() 메서드로 반복 렌더링합니다. 이때 role에 따른 배경색이 달라지도록 스타일을 적용합니다.

실행결과

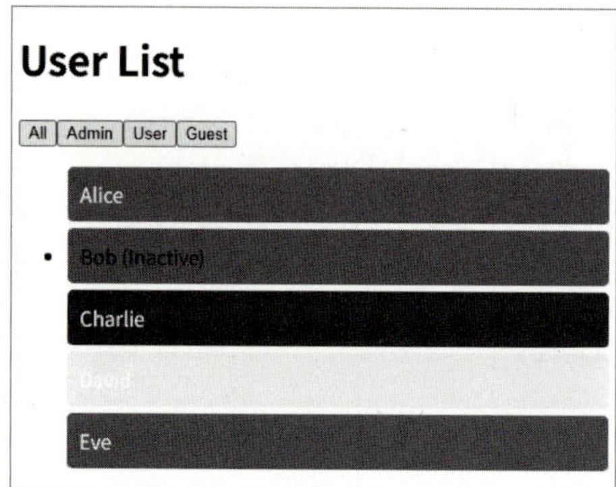

8장

1분 퀴즈

01. ③ 02. ① 03. ④ 04. ① 05. ④ 06. ④ 07. ③
08. ① 09. ③ 10. ① 11. ④ 12. ③ 13. ④ 14. ③
15. ① 16. ④

셀프체크

src/components/Login.tsx

```
import { useRef, useState } from 'react';

export default function Login() {
  const [email, setEmail] = useState(''); // 이메일 입력 값을 저장할 상태
```

```
const emailRef = useRef<HTMLInputElement>(null); // 이메일 요소를 가리킬 ref 객체
const [password, setPassword] = useState(''); // 비밀번호 입력 값을 저장할 상태
// 비밀번호 요소를 가리킬 ref 객체
const passwordRef = useRef<HTMLInputElement>(null);
const [isChecked, setIsChecked] = useState(false); // 약관 동의 여부를 저장할 상태
// 폼 제출 이벤트 처리 함수
const handleSubmit = (e: React.FormEvent<HTMLFormElement>) => {
  e.preventDefault();
  if (!email) {
    alert('이메일을 입력하세요.');
    emailRef.current?.focus();
    return;
  }
  if (!password) {
    alert('비밀번호를 입력하세요.');
    passwordRef.current?.focus();
    return;
  }
  if (!isChecked) {
    alert('약관에 동의해 주세요.');
    return;
  }
  alert('로그인에 성공했습니다.');
};
return (
  <>
    <div className='item-middle '>
      (중략)
        <form className='grid gap-4' onSubmit={handleSubmit}>
          <input ref={emailRef}
            type='email' className='input-style1'
            placeholder='someone@example.com'
            value={email} onChange={(e) => setEmail(e.target.value)} />
          <input ref={passwordRef}
            type='password' lassName='input-style1'
            placeholder='Enter Password'
            value={password} onChange={(e) => setPassword(e.target.value)} />
          <div className='flex items-center gap-2'>
            <input type='checkbox' id='chk'
              className="w-5 h-5 appearance-none border border-[#4f4f4f] bg-
```

정답 노트

```
white checked:bg-[#4f4f4f] rounded-[5px] checked:bg-[url('./check-icon.svg')]
checked:bg-no-repeat checked:bg-center"
                onChange={(e) => setIsChecked(e.target.checked)} />
              <label htmlFor='chk'>
                (중략)
}
```

10장

1분 퀴즈

01. ② **02.** ④ **03.** ③ **04.** ② **05.** ④ **06.** ②

셀프체크

모든 입력 값이 올바르게 입력되었는지 검사한 뒤 로그인 버튼을 활성화하거나 비활성화하는 기능을 구현할 수 있습니다. 이러한 입력 상태 감지와 버튼 속성 제어는 렌더링 이후에 실행되는 사이드 이펙트이므로 useEffect 훅을 사용해 처리합니다.

Login.tsx

```
import { useEffect, useRef, useState } from 'react';

export default function Login() {
  (중략)
  const [isSubmit, setIsSubmit] = useState(false); --------- ❶
  useEffect(() => { ----------------------------------------- ❷
    if (email && password && isChecked) {
      setIsSubmit(true);
    }
  }, [email, password, isChecked]);
  return (
    <>
      <div className='item-middle '>
        (중략)
            <div className='mt-4 grid gap-4'>
              <button
                (중략)
                disabled={!isSubmit}>Log In ----------------- ❸
              </button>
```

```
              </div>
            </form>
          </div>
        </div>
      </>
    );
  }
```

❶ isSubmit이라는 새로운 상태를 정의합니다. 이 상태는 로그인 버튼의 활성화 여부를 제어하는 용도로 사용합니다.

❷ useEffect 훅을 사용해 email, password, isChecked 상태의 변화를 감지합니다. 세 값이 모두 입력되거나 선택되었을 때 isSubmit 값을 true로 변경합니다.

❸ [Log In] 버튼의 disabled 속성은 isSubmit 상태 값을 기준으로 설정합니다.

- isSubmit이 true면 버튼 활성화
- isSubmit이 false면 버튼 비활성화

이렇게 구현하면 사용자가 이메일과 비밀번호를 입력하고, 약관에 동의해야만 [Log In] 버튼이 활성화됩니다. 세 항목 중 하나라도 비어 있으면 버튼은 항상 비활성화(disabled) 상태를 유지합니다.

버튼의 disabled 속성을 isSubmit 상태에 따라 동적으로 설정하면 입력이 유효할 때만 버튼이 작동하는 안전한 폼을 만들 수 있습니다. 사용자 실수를 미리 방지하고, 잘못된 요청을 서버에 보내는 것을 줄일 수 있어 웹 접근성과 사용자 경험을 모두 향상시킬 수 있습니다.

11장

1분 퀴즈

01. ② **02.** ③ **03.** ① **04.** ④ **05.** ④ **06.** ④ **07.** ①
08. ④ **09.** ② **10.** ① **11.** ② **12.** ③ **13.** ④ **14.** ④
15. ①

셀프체크

1. 코드에서 사용할 사용자 정보의 타입을 src/types/dashboard.d.ts 파일에 정의합니다.

src/types/dashboard.d.ts

```
interface User {
```

```
  id: number;
  name: string;
  email: string;
  followers: number;
  posts: number;
  isFollowing: boolean;
}
interface UserStats {
  totalUsers: number;
  totalFollowers: number;
  totalPosts: number;
  avgFollowers: number;
}
```

2. 사용자 데이터로부터 전체 사용자 수, 총 팔로워 수, 총 게시물 수, 평균 팔로워 수를 계산하기 위해 calculateUserStats() 함수를 정의합니다.

src/components/Dashboard.tsx

```
import { useCallback, useMemo, useState } from 'react';
import { Search } from 'lucide-react';
import UserCard from './UserCard';

const calculateUserStats = (users: User[]): UserStats => {
  return {
    totalUsers: users.length, // 전체 사용자 수
    // 전체 팔로워 수
    totalFollowers: users.reduce((acc, user) => acc + user.followers, 0),
    totalPosts: users.reduce((acc, user) => acc + user.posts, 0), // 전체 게시물 수
    avgFollowers: users.reduce((acc, user) =>
      acc + user.followers, 0) / users.length, // 평균 팔로워 수
  };
};

export default function Dashboard() { (중략) }
```

3. calculateUserStats() 함수로 계산한 결과를 useMemo 훅으로 메모이제이션합니다.

src/components/Dashboard.tsx

```
export default function Dashboard() {
```

```
  (중략)
  const stats = useMemo(() => calculateUserStats(users), [users]);
  return ( (중략) );
}
```

4. users를 기반으로 계산한 stats 값을 통계 섹션의 UI와 연결해 화면에 출력합니다.

src/components/Dashboard.tsx

```
export default function Dashboard() {
  (중략)
  return (
    (중략)
      {/* 통계 섹션 */}
      <div className='grid grid-cols-4 gap-4 mb-6'>
        <div className='p-4 bg-blue-50 rounded-lg'>
        <h3 className='text-sm text-gray-500'>전체 사용자</h3>
        <p className='text-2xl font-bold'>{stats.totalUsers}명</p>
      </div>
      <div className='p-4 bg-green-50 rounded-lg'>
        <h3 className='text-sm text-gray-500'>총 팔로워</h3>
        <p className='text-2xl font-bold'>{stats.totalFollowers}명</p>
      </div>
      <div className='p-4 bg-yellow-50 rounded-lg'>
        <h3 className='text-sm text-gray-500'>총 게시물</h3>
        <p className='text-2xl font-bold'>{stats.totalPosts}개</p>
      </div>
      <div className='p-4 bg-purple-50 rounded-lg'>
        <h3 className='text-sm text-gray-500'>평균 팔로워</h3>
        <p className='text-2xl font-bold'>{stats.avgFollowers}명</p>
      </div>
    </div>
  (중략)
}
```

5. 검색창의 검색어와 셀렉트 박스의 정렬 기준을 제어하기 위해 search와 sort 상태를 정의합니다.

src/components/Dashboard.tsx

```
export default function Dashboard() {
  (중략)
  // 검색 및 정렬 상태
```

```
  const [search, setSearch] = useState('');
  const [sort, setSort] = useState<'followers' | 'posts'>('followers');
  const stats = useMemo(() => calculateUserStats(users), [users]);
  return ( (중략) );
}
```

6. 검색창과 정렬용 셀렉트 박스를 JSX에 연결합니다. sort는 타입이 제한되어 있으므로 셀렉트 박스의 onChange 이벤트에서 타입을 명시적으로 지정해야 타입 오류를 방지할 수 있습니다.

src/components/Dashboard.tsx

```
export default function Dashboard() {
  (중략)
  return (
    (중략)
      {/* 검색 및 정렬 컨트롤 */}
      <div className='flex gap-4 mb-6'>
        (중략)
          <input type='text' placeholder='사용자 검색...'
            className='w-full pl-10 pr-4 py-2 border rounded-lg'
            value={search} onChange={(e) => setSearch(e.target.value)} />
        </div>
        <select className='px-4 py-2 border rounded-lg bg-white'
          value={sort}
          onChange={(e) => setSort(e.target.value as 'followers' | 'posts')}>
          <option value='followers'>팔로워 순</option>
          <option value='posts'>게시물 순</option>
        </select>
      </div>
      (중략)
    </div>
  );
}
```

7. 사용자 데이터의 isFollowing 속성 값을 기준으로 팔로우 여부를 전환하는 함수를 정의합니다. isFollowing이 false이면 버튼에 '팔로우' 텍스트가 표시되고, true이면 '팔로잉'이 표시됩니다. 사용자가 버튼을 클릭하면 팔로우 상태가 반전되며, 동시에 팔로워 수가 1 증가하거나 감소하도록 구현합니다.

src/components/Dashboard.tsx

```
export default function Dashboard() {
```

```
  (중략)
  const handleFollow = useCallback(
    (id: number) => {
      setUsers((users) =>
        users.map((user) => user.id === id
          ? {
              ...user,
              followers: user.isFollowing ? user.followers - 1 : user.followers + 1,
              isFollowing: !user.isFollowing,
            }
          : user
        )
      );
    },
    [users]
  );
  return ( (중략) );
}
```

8. 입력한 검색어와 선택한 정렬 기준(followers, posts)을 고려해 사용자 목록을 필터링하고 정렬합니다. 이 계산은 useMemo 훅을 사용해 불필요한 계산을 방지하도록 메모이제이션합니다.

src/components/Dashboard.tsx

```
export default function Dashboard() {
  (중략)
  // 사용자 필터링 및 정렬 메모이제이션
  const filterdUsers = useMemo(
    () =>
      users
        .filter((user) => user.name.includes(search))
        .sort((a, b) => b[sort] - a[sort]),
    [users, search, sort]
  );
  const handleFollow = useCallback( (중략) );
  return ( (중략) );
}
```

9. 필터링된 사용자 목록을 map() 메서드로 반복 렌더링하며, 각 사용자 정보를 UserCard 컴포넌트에 전달합니다. 이때 handleFollow() 함수도 함께 전달해 사용자별 팔로우 상태를 개별로 조작할 수 있도록 합니다.

src/components/Dashboard.tsx

```
export default function Dashboard() {
  (중략)
  return (
    (중략)
      {/* 사용자 목록 */}
      <div className='grid grid-cols-2 gap-4'>
        {filterdUsers.map((user) => (
          <UserCard key={user.id} {...user} handleFollow={handleFollow} />
        ))}
      </div>
    </div>
  );
}
```

10. UserCard 컴포넌트에서는 props로 전달받은 사용자 데이터를 바탕으로 UI를 구성합니다. 팔로우 버튼에는 현재 팔로잉 상태에 따라 적절한 텍스트를 표시하고 클릭 시 handleFollow()를 실행합니다.

src/components/UserCard.tsx

```
import { Users } from 'lucide-react';

export default function UserCard({
  id, name, email, followers, posts, isFollowing, handleFollow,
}: User & {
  handleFollow: (id: number) => void;
}) {
  return (
    <div className="p-4 border rounded-lg shadow-sm bg-white">
      <div className="flex items-center gap-3 mb-3">
        (중략)
        <div>
          <h3 className="font-bold">{name}</h3>
          <p className="text-sm text-gray-500">{email}</p>
        </div>
      </div>
```

```
        <div className="flex justify-between text-sm text-gray-500 mb-4">
          <span>팔로워: {followers}명</span>
          <span>게시물: {posts}개</span>
        </div>
        <div className="flex gap-2">
          <button
            className={`flex-1 py-2 px-4 rounded ${
              !isFollowing
                ? "bg-blue-500 text-white hover:bg-blue-600"
                : "bg-gray-200 text-gray-700"
            }`}
            onClick={() => handleFollow(id)}
          >{isFollowing ? "팔로잉" : "팔로우"}
          </button>
        </div>
      </div>
    );
  }}
```

코드를 저장하고 실행하면 사용자 목록이 필터링 및 정렬되고, 사용자마다 팔로우 또는 팔로잉 버튼이 정확히 동작하는 대시보드 UI가 출력됩니다.

전체 코드는 ch11/selfcheck/end 폴더에서 확인할 수 있습니다.

12장

1분 퀴즈

01. ③	**02.** ①	**03.** ③	**04.** ④	**05.** ②	**06.** ③	**07.** ①
08. ④	**09.** ③	**10.** ②	**11.** ④	**12.** ①	**13.** ②	**14.** ③
15. ①	**16.** ④	**17.** ②				

셀프체크

1. src/contexts/TodoContext.ts 파일을 새로 만들고, 이 파일 안에 컨텍스트 객체를 정의합니다. 렌더링 최적화를 위해 todos 상태와 상태를 변경하는 함수들을 별도의 컨텍스트로 분리해 관리합니다. 타입스크립트를 사용하므로 각 컨텍스트에 들어갈 데이터의 타입도 정확히 지정해야 합니다.

src/contexts/TodoContext.ts

```
import { createContext } from 'react';
export const TodoContext = createContext<TodoContext>({} as TodoContext); ---- ❶
export const TodoActionContext = createContext<TodoAction>({} as TodoAction); ❷
```

❶ todos 상태를 공유하기 위한 컨텍스트 객체입니다.

❷ addTodo, deleteTodo, modifyTodo, toggleTodo 함수를 공유하기 위한 컨텍스트 객체입니다.

2. src/types/todo.d.ts 파일에 컨텍스트에서 사용할 상태와 함수들의 타입을 정의합니다.

src/types/todo.d.ts

```
interface Todo { (중략) }
interface TodoContext { ----------------------------------- ❶
  todos: Todo[];
}
interface TodoAction { ------------------------------------ ❷
  addTodo: (title: string) => void;
  deleteTodo: (id: number) => void;
  modifyTodo: (id: number, title: string) => void;
  toggleTodo: (id: number) => void;
}
```

❶ 할 일 목록 전체를 저장하는 상태인 todos의 타입입니다. 이 값은 컨텍스트를 통해 컴포넌트에 전달됩니다.

❷ 할 일 목록을 추가하거나 수정, 삭제, 완료 상태를 변경할 때 사용할 함수들의 타입입니다.

3. 생성한 컨텍스트 객체를 공급하기 위한 Provider 컴포넌트를 만듭니다. Providen 컴포넌트는 src/providers/TodoProvider.tsx 파일에 구현합니다.

src/providers/TodoProvider.tsx

```
import { useMemo, useState } from 'react';
import { TodoContext, TodoActionContext } from '../contexts/TodoContext';

export default function TodoProvider({
  children,
}: {
  children: React.ReactNode;
}) {
  const [todos, setTodos] = useState<Todo[]>([]); ---------------------------- ❶
```

```
  const addTodo = (title: string) => { ----------------------------------- ❷
    setTodos((todos) => [
      ...todos,
      { id: new Date().getTime(), title, done: false },
    ]);
  };
  const deleteTodo = (id: number) => { ----------------------------------- ❸
    setTodos((todos) => todos.filter((todo) => todo.id !== id));
  };
  const modifyTodo = (id: number, title: string) => { ------------------- ❹
    setTodos((todos) =>
      todos.map((todo) => (todo.id === id ? { ...todo, title } : todo))
    );
  };
  const toggleTodo = (id: number) => { ----------------------------------- ❺
    setTodos((todos) =>
      todos.map((todo) => todo.id === id ? { ...todo, done: !todo.done } : todo
      )
    );
  };
  const memoizedActions = useMemo( --------------------------------------- ❻
    () => ({ addTodo, deleteTodo, modifyTodo, toggleTodo }),
    []
  );
  return (
    <TodoActionContext value={memoizedActions}> ----------------------------- ❼
      <TodoContext value={{ todos }}>{children}</TodoContext> ---------------- ❽
    </TodoActionContext>
  );
}
```

❶ 현재 등록된 모든 할 일 목록을 저장하는 상태입니다. useState 훅을 사용해 초깃값은 빈 배열로 설정합니다.

❷ 새 할 일을 등록하는 함수입니다. 제목(title)을 받아 현재 시간의 밀리초를 id로 사용해 새 할 일을 추가합니다.

❸ 특정 id를 가진 할 일을 목록에서 삭제하는 함수입니다. filter() 메서드를 사용해 해당 id가 아닌 항목만 남깁니다.

❹ 특정 id를 가진 할 일의 제목을 변경하는 함수입니다. map()을 사용해 id와 일치하는 todo 객체의 title 속성 값을 전달받은 title로 변경합니다.

❺ 특정 id를 가진 할 일의 완료 상태(done)를 반전시켜 완료/미완료를 체크하는 함수입니다. true → false 또는 false → true로 바뀝니다.

❻ 함수들을 하나의 객체로 묶어 메모이제이션합니다. 이렇게 하면 TodoProvider가 리렌더링될 때도 동일한 참조 값을 유지해 하위 컴포넌트의 불필요한 리렌더링을 방지할 수 있습니다.

❼ 상태 변경 함수들을 컨텍스트로 공급합니다. 하위 컴포넌트에서는 useContext 훅으로 이 값을 받아 사용할 수 있습니다.

❽ 실제 할 일 목록(todos) 상태를 컨텍스트로 공유합니다. 이 값 역시 하위 컴포넌트에서 쉽게 접근할 수 있습니다. 두 Provider는 중첩 구조로 감싸지만, 어느 것이 바깥쪽에 있든 동작에는 영향을 주지 않습니다.

4. TodoContext를 사용하는 커스텀 훅(❶)과 TodoActionContext를 사용하는 커스텀 훅(❷)을 만듭니다.

src/hooks/useTodoContext.ts

```
import { use } from 'react';
import { TodoActionContext, TodoContext } from '../contexts/TodoContext';

export function useTodoContext() { ---------------- ❶
  const context = use(TodoContext);
  if (!context) {
    throw new Error(
      'useTodoContex는 TodoProvider로 감싼 컴포넌트 안에서만 호출할 수 있습니다.'
    );
  }
  return context;
}

export function useTodoActionContext() { --------- ❷
  const context = use(TodoActionContext);
  if (!context) {
    throw new Error(
      'useTodoActionContext는 TodoProvider로 감싼 컴포넌트 안에서만 호출할 수 있습니다.'
    );
  }
  return context;
}
```

5. Provider 컴포넌트를 사용해 컨텍스트 범위를 지정합니다. src/App.tsx 파일에서 TodoProvider로 감싸줄 컴포넌트를 선택하면 됩니다.

src/App.tsx

```
import TodoEditor from './components/TodoEditor';
import TodoHeader from './components/TodoHeader';
import TodoList from './components/TodoList';
import TodoProvider from './providers/TodoProvider';

export default function App() {
  return (
    <div className='todo'>
      <TodoHeader />
      <TodoProvider>
        <TodoEditor />
        <TodoList />
      </TodoProvider>
    </div>
  );
}
```

TodoProvider는 TodoEditor와 TodoList 컴포넌트를 감싸고 있습니다. 두 컴포넌트는 모두 할 일 상태(todos)와 상태 변경 함수(addTodo, toggleTodo 등)를 사용하므로 컨텍스트 범위 안에 있어야 합니다. 반면, TodoHeader는 단순한 제목과 디자인 요소만 렌더링하는 컴포넌트입니다. 상태나 함수에 접근하지 않기 때문에 컨텍스트 범위로 지정할 필요가 없습니다.

6. TodoEditor 컴포넌트에서 컨텍스트에 저장된 addTodo() 함수를 사용해 새로운 할 일을 등록하는 기능을 구현합니다.

src/components/TodoEditor.tsx

```
import { useContext, useState } from 'react';
import Button from './html/Button';
import Input from './html/Input';
import { TodoActionContext } from '../hooks/useTodoContext';

export default function TodoEditor() {
  const { addTodo } = useTodoActionContext();
  const [text, setText] = useState('');
  (중략)
}
```

useContext(TodoContextAction)으로 컨텍스트에 저장된 addTodo() 함수를 가져옵니다. 이 함수는 TodoProvider에서 정의하고 공유한 상태 변경 함수입니다. 이전에는 상위 컴포넌트에서 addTodo() 함수를 props로 전달했지만, 이제는 컨텍스트를 통해 전역에서 사용할 수 있습니다.

7. TodoList 컴포넌트에서 컨텍스트를 사용해 할 일 목록을 가져오고, 이를 화면에 렌더링합니다.

src/components/TodoList.tsx

```
import { useTodoContext } from '../hooks/useTodoContext';
import TodoListItem from './TodoListItem';
import TodoListItemEmpty from './TodoListItemEmpty';

export default function TodoList() {
  const { todos } = useTodoActionContext();
  (중략)
}
```

TodoContext 컴포넌트에서 공유하는 todos를 가져와서 사용한다는 점만 다르고 기존과 동일합니다.

8. 마지막으로 각 할 일 항목을 출력하는 TodoListItem 컴포넌트에서 완료 상태 토글, 수정, 삭제 기능을 구현합니다. Context API를 사용하므로 필요한 함수는 컨텍스트에서 직접 불러와 사용합니다.

src/components/TodoListItem.tsx

```
import { memo, useState } from 'react';
(중략)
import Input from './html/Input';
import { useTodoActionContext } from '../hooks/useTodoContext';

export default memo(function TodoListItem({ todo }: { todo: Todo }) {
  // TodoContextAction에서 modifyTodo, toggleTodo 함수를 가져옴
  const { modifyTodo, toggleTodo, deleteTodo } = useTodoActionContext();
  // 수정 여부를 판단하는 상태 값
  const [isModify, setIsModify] = useState(false);
  (중략)
});
```

useContext(TodoContextAction)으로 modifyTodo(), toggleTodo(), deleteTodo() 함수를 가져온다는 점만 빼고 기존 코드와 같습니다.

코드를 저장하고 확인해보면 Context API로 전역 상태를 공유해도 문제없이 동작합니다. 또한, 불필요한 리렌더링도 발생하지 않습니다.

13장

1분 퀴즈

01. ③ 02. ④ 03. ② 04. ③ 05. ② 06. ④ 07. ③

08. ④ 09. ① 10. ② 11. ④ 12. ② 13. ③

셀프체크

1. 스타일을 위한 CSS 코드를 작성합니다. 다음 코드는 테이블 요소를 정리하기 위한 최소한의 CSS 코드입니다.

src/css/index.css

```
table {
  border-collapse: collapse;
  width: 100%;
}
th,
td {
  border: 1px solid black;
  padding: 8px;
  text-align: left;
}
```

2. main.tsx 파일에 BrowserRouter 컴포넌트로 라우팅 범위를 지정합니다.

src/main.tsx

```
import { StrictMode } from 'react';
import { createRoot } from 'react-dom/client';
import App from './App.tsx';
import { BrowserRouter } from 'react-router'; -------- ❶
import './css/index.css'; --------------------------- ❷
createRoot(document.getElementById('root')!).render(
  <StrictMode>
    <BrowserRouter> --------------------------------- ❸
      <App />
    </BrowserRouter>
  </StrictMode>
);
```

❶ react-router 패키지에서 BrowserRouter 컴포넌트를 불러옵니다.

❷ 전체 애플리케이션에 적용할 전역 CSS 파일을 불러옵니다.

❸ App 컴포넌트를 BrowserRouter로 감쌉니다. 그러면 App 컴포넌트 내부에서 사용하는 모든 Route, Link, useNavigate 훅 등의 기능을 사용할 수 있습니다. BrowserRouter가 없으면 리액트 라우터 기능은 정상적으로 작동하지 않습니다.

3. App 컴포넌트에서 리액트 라우터의 Route 컴포넌트를 사용해 페이지별 라우팅을 설정합니다.

src/App.tsx

```
import { Navigate, Route, Routes } from 'react-router';
import BookView from './pages/BookView';
import BookDetailView from './pages/BookDetailView';
import NotFound from './pages/NotFound';

export default function App() {
  return (
    <Routes> ---------------------------------------------------- ❶
      <Route path='/' element={<Navigate to='/books' />} /> ------- ❷
      <Route path='books' element={<BookView />} /> ---------------- ❸
      <Route path='book/:id' element={<BookDetailView />} /> ------ ❹
      <Route path='*' element={<NotFound />} /> -------------------- ❺
    </Routes>
  );
}
```

❶ 여러 개의 Route 컴포넌트를 Routes 컴포넌트로 감싸 컨테이너 역할을 하게 합니다.

❷ / 경로에 대한 라우트를 지정합니다. Navigate 컴포넌트를 사용해 사용자가 /로 접속했을 때 자동으로 /books로 이동시킵니다.

❸ /books 경로에 대한 라우트를 지정합니다. /books 경로로 접속하면 BookView 컴포넌트가 렌더링됩니다.

❹ book/:id 경로에 대한 라우트를 동적 세그먼트로 지정합니다. 이때 :id 값은 useParams 훅으로 가져옵니다.

❺ 정의한 경로 외 모든 URL에 대해 NotFound 컴포넌트를 렌더링합니다. 404 페이지 역할을 합니다.

4. BookView 컴포넌트를 생성해 도서 목록이 출력되게 합니다.

src/pages/BookView.tsx

```
import { NavLink } from 'react-router';
```

```
export default function BookView() {
  const books = [ --------- ❶
    { id: 1, title: '코딩 자율학습 HTML+CSS+자바스크립트',
      author: '김기수', year: 2022,
      description: '기초부터 반응형 웹까지 초보자를 위한 웹 개발 입문서', },
    { id: 2, title: '코딩 자율학습 나도코딩의 C 언어 입문',
      author: '나도코딩', year: 2022,
      description: 'C 언어의 완공을 돕는 프로그래밍 자습서', },
    { id: 3, title: '코딩 자율학습 나도코딩의 파이썬 입문',
      author: '나도코딩', year: 2023,
      description: '초보자의 눈높이에 맞춘 친절한 프로그래밍 자습서', },
    { id: 4, title: '코딩 자율학습 스프링 부트 3 자바 백엔드 개발 입문',
      author: '홍팍', year: 2023,
      description: '만들면서 배우는 친절한 백엔드 개발 자습서', },
    { id: 5, title: '코딩 자율학습 제로초의 자바스크립트 입문',
      author: '조현영', year: 2024,
      description: '12가지 프로그램을 만들면서 배우는 자바스크립트 자습서', },
    { id: 6, title: '코딩 자율학습 Vue.js 프런트엔드 개발 입문',
      author: '김기수', year: 2024,
      description: '기초부터 실무 프로젝트까지 만들면서 배우는 프런트엔드 개발 자습서', },
    { id: 7, title: '코딩 자율학습 리눅스 입문 with 우분투',
      author: '런잇', year: 2024,
      description: '입문자를 위한 가장 쉬운 리눅스 입문서', },
    { id: 8, title: '코딩 자율학습 자바 입문',
      author: '최원효', year: 2024,
      description: '입문자의 눈높이에 맞춰 문법과 개념을 설명하는 자바 입문서', },
    { id: 9, title: '코딩 자율학습 SQL 데이터베이스 입문',
      author: '홍팍', year: 2025,
      description: '기초부터 활용까지 입문자를 위한 SQL 자습서', },
    { id: 10, title: '코딩 자율학습 잔재미코딩의 파이썬 데이터 분석 입문',
      author: 'Dave Lee', year: 2025,
      description:
        'Pandas, Plotly 사용부터 생성형 AI 활용법까지 한 권으로 배우는 데이터 분석 입문', },
    { id: 11, title: '코딩 자율학습 컴퓨터 구조와 운영체제',
      author: '기술노트알렉', year: 2025,
      description: '이해하기 쉽게 체계적으로 정리한 CS 자습서', },
  ];
  return (
    <>
      <h1>Books List</h1>
```

```
      <table>
        <thread>
          <tr>
            <th>id</th>
            <th>title</th>
          </tr>
        </thread>
        <tbody>
          {books.map((book) => ( ---------  ❷
            <tr key={book.id}>
              <td>{book.id}</td>
              <td>
                <NavLink to={`/book/${book.id}`}>{book.title}</NavLink>
              </td>
            </tr>
          ))}
        </tbody>
      </table>
    </>
  );
}
```

❶ **도서 정보 배열 정의**: 문제에서 제시한 도서 정보를 books 배열로 정의합니다. 각 도서 객체는 id, title, author, year, description 속성을 포함합니다. 이 배열은 도서 목록 출력의 기반 데이터로 사용됩니다.

❷ **도서 목록 반복 렌더링**: books.map() 메서드를 사용해 각 도서 객체를 <tr> 요소로 반복 렌더링합니다. 도서 제목은 <NavLink> 컴포넌트로 감싸 도서 제목을 클릭할 때 해당 도서의 상세 페이지(/book/:id)로 이동할 수 있도록 링크를 설정합니다.

5. BookDetailView 컴포넌트는 도서 목록 페이지에서 도서 제목을 클릭했을 때 해당 도서의 상세 정보를 보여주는 컴포넌트입니다.

src/pages/BookDetailView.tsx

```
import { NavLink, useParams } from 'react-router';

export default function BookDetailView() {
  const { id } = useParams(); -------------------------------------------------- ❶
  const books = [
    { id: 1, title: '코딩 자율학습 HTML+CSS+자바스크립트',
```

```
    author: '김기수', year: 2022,
    description: '기초부터 반응형 웹까지 초보자를 위한 웹 개발 입문서', },
  (중략)
];
const filterdBooks = books.filter((book) => book.id === parseInt(id!)); -- ❷
return (
  <>
    <table>
      <thead>
        <tr>
          <th>id</th>
          <th>title</th>
          <th>author</th>
          <th>publishYear</th>
          <th>description</th>
        </tr>
      </thead>
      <tbody>
        {filterdBooks.length > 0 ? ( ------------------------------------ ❸
          filterdBooks.map((book) => (
            <tr key={book.id}>
              <td>{book.id}</td>
              <td>{book.title}</td>
              <td>{book.author}</td>
              <td>{book.year}</td>
              <td>{book.description}</td>
            </tr>
          ))
        ) : (
          <tr>
            <td colSpan={5}>도서의 상세 정보가 없습니다.</td>
          </tr>
        )}
      </tbody>
    </table>
    <NavLink to='/books'>Back</NavLink> ------------------------------ ❹
  </>
);
}
```

❶ **useParams 훅 사용**: useParams 훅을 사용해 URL에 포함된 동적 세그먼트(:id) 값을 가져옵니다. 이 값은 문자열 형태로 반환되며, 도서 ID와 비교하려면 숫자로 변환해야 합니다.

❷ **도서 데이터 필터링**: books 배열에서 book.id가 URL에서 받은 id와 일치하는 도서를 filter()로 찾아냅니다. URL 매개변수인 id는 문자열이므로 parseInt(id!)를 사용해 숫자로 변환해야 정확한 비교가 가능합니다. id가 undefined일 수 있기 때문에 널 아님 단언 연산자(!)를 사용해 타입 오류를 방지합니다.

❸ **상세 정보 조건부 렌더링**: 조건부 렌더링을 사용해 일치하는 도서가 있을 경우 해당 정보를 테이블로 출력하고, 없을 경우 '도서의 상세 정보가 없습니다.'라는 메시지를 출력합니다. 이 처리는 삼항 연산자를 사용해 구현합니다.

❹ **목록 페이지로 돌아가기 링크**: <NavLink>를 사용해 도서 목록 페이지(/books)로 돌아갈 수 있는 링크를 제공합니다.

6. 코드를 저장한 뒤 애플리케이션을 실행하면 다음과 같은 화면이 표시됩니다.

Books List

id	title
1	코딩 자율학습 HTML+CSS+자바스크립트
2	코딩 자율학습 나도코딩의 C 언어 입문
3	코딩 자율학습 나도코딩의 파이썬 입문
4	코딩 자율학습 스프링 부트 3 자바 백엔드 개발 입문
5	코딩 자율학습 제로초의 자바스크립트 입문
6	코딩 자율학습 Vue.js 프런트엔드 개발 입문
7	코딩 자율학습 리눅스 입문 with 우분투
8	코딩 자율학습 자바 입문
9	코딩 자율학습 SQL 데이터베이스 입문
10	코딩 자율학습 잔재미코딩의 파이썬 데이터 분석 입문
11	코딩 자율학습 컴퓨터 구조와 운영체제

1분 퀴즈

01. ④ **02.** ① **03.** ④ **04.** ③ **05.** ① **06.** ② **07.** ③

08. ④ **09.** ② **10.** ① **11.** ③ **12.** ④ **13.** ③ **14.** ③

15. ② **16.** ④ **17.** ④ **18.** ①

셀프체크

할 일 관리 애플리케이션은 이미 여러 번 다뤘기 때문에 데이터 통신으로 변경하는 부분만 살펴보겠습니다.

1. 데이터 통신에 사용할 API 주소를 환경 변수로 관리합니다. 프로젝트의 가장 상위 경로(src 폴더와 같은 위치)에 .env 파일을 만들고 다음과 같이 코드를 작성합니다.

.env

```
VITE_API_URL=http://localhost:3000
```

2. API 요청을 위한 유틸리티 함수를 생성합니다.

src/api/apiRequest.ts

```
export const apiRequest = async (url: string, options?: RequestInit) => {
  try {
    const response = await fetch(
      `${import.meta.env.VITE_API_URL}${url}`,
      options || { method: 'GET' }
    );
    if (!response.ok) {
      throw new Error('서버 상태가 이상합니다.');
    }
    return response;
  } catch {
    throw new Error('서버와의 통신에 실패했습니다.');
  }
};
```

3. 컴포넌트가 처음 렌더링되면 API 서버에 데이터를 요청하는 코드를 작성합니다.

src/App.tsx

```
import { useCallback, useEffect, useState } from 'react';
(중략)
import { apiRequest } from './api/apiRequest';

export default function App() {
  const [loading, setLoading] = useState(true); ---------- ❶
  const [error, setError] = useState(''); -------------- ❷
  const [todos, setTodos] = useState<Todo[]>(() =>
    JSON.parse(localStorage.getItem('todos') || '[]')
  );
```

```
  const addTodo = (todo: Todo) => { ----------------------- ❸
    setTodos((todos) => [...todos, todo]);
  };
  (중략)
  useEffect(() => { ---------------------------------------- ❹
    const fetchData = async () => {
      try {
        const response = await apiRequest('/todos');
        const todos = await response.json();
        setTodos(todos);
      } catch (e) {
        setError(
          e instanceof Error ? e.message : '알 수 없는 오류가 발생했습니다.'
        );
      } finally {
        setLoading(false);
      }
    };
    fetchData();
  }, []);
  if (loading) { ------------------------------------------ ❺
    return <div>로딩 중...</div>;
  }
  if (error) { -------------------------------------------- ❻
    return <div>{error}</div>;
  }
  return ( (중략) );
}
```

❶ loading 상태를 정의해 API 요청이 진행 중인지 아닌지를 표시합니다.

❷ error 상태를 정의해 API 요청 중 오류가 발생했는지 확인하고, 사용자에게 오류 메시지를 보여줄 수 있도록 합니다.

❸ addTodo 함수는 서버에서 응답받은 Todo 객체 전체를 받아 상태에 추가합니다. 기존에는 title만 받았지만, 이제는 id, completed 등의 정보가 포함된 객체를 다룹니다.

❹ useEffect 훅은 컴포넌트가 처음 렌더링된 직후 서버에서 할 일 목록을 가져오는 역할을 합니다. 이때 apiRequest() 함수는 내부적으로 오류 처리를 포함하지만, 컴포넌트에서 별도로 try-catch 문을 사용해 사용자에게 보여줄 오류 메시지를 정의합니다. 요청 성공 여부와 관계없이 로딩 상태는

마지막에 false로 설정합니다.

❺ 로딩 중일 때 표시할 UI입니다. 데이터를 받아오기 전까지 사용자에게 '로딩 중...' 메시지를 보여줍니다.

❻ API 요청 중 오류가 발생한 경우 error 상태에 저장된 오류 메시지를 화면에 표시합니다.

4. 할 일 등록할 때 API 요청을 통해 API 서버에 데이터 요청을 보냅니다.

src/components/TodoEditor.tsx

```
import { useState } from 'react';
import Button from './html/Button';
import Input from './html/Input'
import { apiRequest } from '../api/apiRequest';

export default function TodoEditor({ (중략) }) {
  const [text, setText] = useState('');
  const handleSubmit = async (e: React.FormEvent<HTMLFormElement>) => {
    e.preventDefault();
    if (!text.trim()) return;
    const response = await apiRequest('/todo2s', {
      method: 'POST',
      headers: {
        'Content-Type': 'application/json',
      },
      body: JSON.stringify({ title: text }),
    });
    const data: Todo = await response.json();
    addTodo(data);
    setText('');
  };
  return ( (중략) );
}
```

할 일을 등록할 때는 handleSubmit() 함수의 내부 로직만 달라집니다. 입력한 할 일 제목(text)이 비어 있지 않은 경우 apiRequest()로 서버에 POST 요청을 보냅니다. 요청이 성공하면 서버에서 생성된 할 일 객체를 JSON 형태로 응답받고, 이를 상태에 추가합니다. 이렇게 하면 추가로 GET 요청 없이도 todos 상태가 최신으로 유지됩니다.

5. 할 일을 수정하거나 삭제하거나 완료하는 기능은 TodoListItem 컴포넌트에 구현되어 있습니다. 이 기능들이 각각 API 요청을 보낼 수 있도록 코드를 수정합니다.

src/components/TodoListItem.tsx

```
import { memo, useState } from 'react';
(중략)
import { apiRequest } from '../api/apiRequest';

export default memo(function TodoListItem({ (중략) }) {
  (중략)
  const modifyHandler = async () => {
    setIsModify((modify) => !modify);
    setModifyTitle(modifyTitle === '' ? todo.title : modifyTitle);
    if (modifyTitle !== '' && modifyTitle !== todo.title) {
      await apiRequest('/todos/' + todo.id, {
        method: 'PUT',
        headers: {
          'Content-Type': 'application/json',
        },
        body: JSON.stringify({ title: modifyTitle }),
      });
      modifyTodo(todo.id, modifyTitle);
    }
  };
  const toggleHandler = async () => {
    await apiRequest('/todos/' + todo.id + '/done', {
      method: 'PATCH',
    });
    toggleTodo(todo.id);
  };
  const deleteHandler = async () => {
    await apiRequest(`/todos/${todo.id}`, {
      method: 'DELETE',
    });
    deleteTodo(todo.id);
  };
  return (
    <li className={`todo__item ${todo.done && 'todo__item--complete'}`}>
      {!isModify && (
        <Checkbox parentClassName='todo__checkbox-group'
```

```
        type='checkbox' className='todo__checkbox' checked={todo.done}
        onChange={toggleHandler}>
        {modifyTitle && modifyTitle !== todo.title ? modifyTitle : todo.title}
      </Checkbox>
    )}
    (중략)
    <div className='todo__button-group'>
      (중략)
      <Button className='todo__action-button' onClick={deleteHandler}>
        <SvgClose />
      </Button>
    </div>
  </li>
);
});
```

- modifyHandler(): 수정 버튼을 클릭하면 수정 모드로 전환되며, 사용자가 내용을 변경한 경우 PUT 요청을 보내 서버의 데이터를 수정합니다. 수정이 완료되면 로컬 상태도 함께 업데이트합니다.
- toggleHandler(): 완료/미완료 체크박스를 클릭하면 PATCH 요청을 보내 서버의 완료 상태를 변경합니다. 이후 로컬 상태도 변경합니다.
- deleteHandler(): 삭제 버튼을 클릭하면 DELETE 요청을 보내 서버의 데이터를 삭제하고, 로컬 상태에서도 해당 항목을 제거합니다.

이처럼 각 동작에 대해 API 서버에 직접 요청을 보내도록 구현하면 로컬 스토리지에 의존하지 않고도 항상 최신 할 일 목록을 유지할 수 있습니다.

전체 코드는 ch14/selfcheck/todo_complete 폴더에서 확인할 수 있습니다.

INDEX

ㅇ

ㅈ

ㅊ

ㅋ

ㅌ

ㅍ

ㅎ

기호